Independent Power Producer/Public Private Partnership

PF를 기반으로 하는

해외 IPP 사업 및 PPP 인프라 프로젝트 계약의 이해

이승교 저

도서출판 원

CONTENTS

PART 1

해외 PPP (Public Private Partnership) 인프라 프로젝트와 프로젝트 파이낸싱

제 1 장
해외 인프라 프로젝트 개관

Ⅰ. 인프라 프로젝트의 의의와 발전과정

최근 기술의 급속한 발전으로 산업이 점점 더 세분화되고 다양한 형태로 발전함에 따라, 산업발전의 중요한 기반을 담당하고 있는 사회간접자본(Infrastructure)이 산업전체에서 중추적인 역할을 담당하게 되었다. 이와 같이 중추적인 역할을 담당하고 있는 사회간접자본은 특정 산업만을 위한 것이 아니라, 특정지역 나아가 국가 전체, 산업전반에 관한 지원을 담당하는 분야이므로 공공성이라는 특성을 가지고 있으며, 이로 인해서 주로 국가 또는 지방정부에서 개발을 주도하고, 국민 모두가 차별 없이 이용할 수 있도록 노력해 왔던 것이 사실이다. 이처럼 공공성이라는 특성을 고려하여 제공되어 왔던 사회간접자본 조차도 근대이후 국가라는 개념과 조직이 실질적으로 형태가 갖추어지고 나서야 비약적으로 발전하게 되었고, 사회간접자본의 투자, 개발, 적절한 운영이 국가 운영의 중요한 틀을 담당하게 되면서, 국가 발전을 위한 필수요소로서 점점 더 주목을 받게 되었다.

각종 운송수단의 개발과 발달로 인해 국가 간 무역량의 급격한 증대와 국제 무역을 통해 국가이익 극대화를 위해서 치열한 경쟁이 벌어지다 보니, 국가, 기업, 개인 등 국가의 구성원 모두의 실질적인 경쟁력 강화를 위해서도 풍부하고 질 좋은 사회간접자본 제공이 필수적인 사항으로 자리 잡게 되었다. 개별 산업 자체의 경쟁력이 아무리 우수하다고 하더라도 질이 낮거나, 충분치 못한 사회간접자본으로 인해, 자칫 해당 산업분야의 국제경쟁력 강화가 점점 더 요원해 질 수 있기 때문이다. 이런 이유로 정부를 중심으로 공공분야에서 사회간접자본 확충과 개선을 위해 상당한 수준의 노력과 투자를 지속적으로 해오고 있지만, 과거의 그 어떤 시기보다 발전 속도가 빠르고, 그 분야 역시 다양하고 복잡하다보니, 최신기술과 시설로 여러 경제 주체의 수요를 동시에 충족시키기에는 선진국이라고 하더라도 재정상황이 여유롭지 않아 우선순위를 매번 고려하는 상황에서 개발도상국이나, 후진국의 경우처럼 재정 여건이 말할 나위도 없이 심각한 상황에서 사회간접자본의 확충은 언제나 최우선 과제라고 볼 수 있다. 이런 사정으로 인해 선진국, 후진국을 막론하고 인프라의 적절한 확충과 제공은 공공분야에서 언제나 중요한 화두 중에 하나라고 볼 수 있다.

국가별로 사정이 다를 수도 있겠지만, 투자규모로만 따져 볼 때에도 사회간접자본 투자규모가 민간분야에서의 투자 규모를 넘거나 이에 육박하는 수준으로 투자가 해마다 이루어지고 있음에도 불구하고, 여전히 민간 수요에 미치지 못하는 것이 현실이라고 볼 수 있다. 이런 배경으로 인해 공공분야 정책결정자들은 국가 재정의 한계를 극복하면서 동시에 재정의 탄력성을 도모하고자, 효율적인 공공분야 인프라 공급 방안을 여러모로 강구해오고 있으며, 이 가운데 하나가 공공 인프라 분야에 민간부문의 투자를 허용하여 사회간접자본 공급의 효율성을 높이는 방안이 고려되고 있다. 이러한 배경으로 공공 서비스 분야에 민간을 참여하게 하여 직접 공공서비스를 제공하는 다양한 방법들이 시도되고 개발되었으며, 종국에는 사회간접자본의 국가 경제 전체에 대한 파급효과나 영향을 고려하여 특정 분야에만 민간 투자를 허용하던 것에서부터 프로젝트 수준까지 공공 서비스를 제공하는 방식으로 발전되게 되었으며, 이러한 배경에서 실시양허(Concession)[1]가 도입되었고, 공공분야에서의 민간투자가 비약적인 발전을 이루게 되었다.

실시양허(Concession)라 함은 중세시대 프랑스에서부터 유래되었다고 알려져 있으며, 이후 점점 더 보편화가 되면서 공공서비스 중 일부를 민간에서 제공하는 방식 중 가장 선호되는 방식으로 발전되었다. 오늘날 실시양허의 방식은 매우 다양한 형태로 나타나고 있지만, 대체적으로 BOT (Build, Own and Transfer or Build, Operate and Transfer), BOOT (Build, Own, Operate and Transfer), BOO (Build, Own and Operate), ROT (Renovate, Operate and Transfer), ROM (Renovate, Operate and Maintain) 방식으로 세분화되었고, 이중에서 가장 표준화되고 일반화된 방식은 BOT 방식으로서 민간사업자가 특정 프로젝트의 건설 및 준공을 수행하고, 일정기간 동안 해당 프로젝트의 운영을 통해서 수익을 얻고, 프로젝트의 양허기간 만료 후에는 이를 공공부문에게 반환하는 방식이다. 즉, 민간사업자에게 공공영역인 사회간접자본 중 특정한 Project를 개발할 권리를 부여하는 방식으로서 사업승인권자(Grantor)가 민간사업자(Private Investor)에게 일정기간 동안 특정 프로젝트를 건설(Build)하고 운영(Operate)할 권리를 부여하고, 동시에 민간사업자는 양허기간(Concession Period) 또는 계약기간 동안 특정한 프로젝트를 합의한 수준 이상으로 운영한 대가를 민간사업자 자신의 수익으로 제공받는 사업구조를 말한다. 해당 수익은 특정 구매자(Offtake Purchaser) 또는 이용자가 프로젝트의 생산물(Output) 또는

1) Levy, Build, Operate, Transfer: Paving the Way for Tomorrow's Infrastructure, page 19 (1996).

서비스를 구매 또는 이용하는 것을 보장하고 이를 확약함으로써 실현되게 되는데, 일반 소비자를 대상으로 생산물 또는 서비스를 제공하여 수익을 얻는 순수한 의미의 실시양허와 발전사업과 같이 일반 소비자가 아닌 구매자가 송변전 사업자 또는 배전사업자가 되는 형태로 나누어질 수가 있다.

민간에서 참여하는 사회간접자본과 관련된 프로젝트 계약들을 살펴보기 전에, 본 장에서는 민자 인프라 사업의 가장 기본적인 형태인 BOT 프로젝트를 중심으로, 공공서비스 분야에 대한 민간에서의 투자방식 및 프로젝트의 위험 배분구조, BOT 방식의 장단점, 관련 계약의 개괄적인 형태를 살펴봄으로써 민자 인프라 사업의 이해를 위한 기초를 다지고자 한다.

II. 공공서비스 분야의 민간 투자

개발도상국에 있어 국가 경제규모가 커지면서, 이에 맞추어 일정 수준이상의 사회간접자본을 필요로 하게 되고, 경제규모나 생활수준 역시 급속히 향상됨에 따라, 도로, 발전, 항만, 보건, 환경 등 사회 공적 부분의 수요나 기대 욕구가 상승하고 이를 충족시키기 위한 사회간접자본의 개발이 국가 경제 발전의 중요한 과제로 인식된다는 것은 앞에서 살펴본 바와 같다. 그러나, 그러한 수요 및 필요성에 대한 인식과는 달리 사회간접자본 확충을 위해서는 막대한 자금이 소요되기 때문에, 선진국이나 후진국 등 어느 국가를 막론하고 해당 수요에 적극적으로 대응하기 어려운 상황에서 해당 국가의 경제규모에 맞게 사회간접자본의 확충을 어떻게 이루어낼지가 중요한 사회문제로 자리 잡게 되었다.

공공부문에 투자를 해야 할 정부가 재정이 충분치 못하거나, 공공부문 또는 정부의 예산규모를 미리 제한해 놓을 수밖에 없는 경우에는 사회간접자본에 대한 투자가 점점 더 어려워지는 경향이 있다. 이러한 사회구조적 상황 변화에 따라, 민간부문의 사회간접자본 투자가 점점 더 고려되고, 이를 바탕으로 민간에서의 공공부문에 대한 투자를 허용하는 사업구조의 형태가 만들어지게 되었다.

또한 공공부문인 사회간접자본 참여를 적극적으로 유도한 국제적인 프로젝트 파이낸싱 기관 또는 기타 금융을 제공하는 대주단들 덕택에 공공부문에 대한 민간투자 사업구조는 빠르게 자리를 잡게 되었다. 적극적인 금융 제공을 바탕으로 민간분야의 공공 인프라 참여가 가속화되고, 민간의 경영관리 기법이나 Risk 관련 기법이 공공분야에 적용되어 효율성도 높이고 비용 절감도 달성하게 됨으로써 공공부문 건설 및 운영에 있어서 민간 부문과의 교류나 참여가 더욱더 비약적으로 늘어나게 되었다. 이러한 배경에서 민간부문에서 공공서비스 참여가 주로 이루어진 분야는 민영화, 계약관리 그리고 BOT 분야라고 볼 수 있다.[2)]

공공서비스의 일부분을 민간사업자와의 계약을 통해서, 민간이 해당 부문을 운영토록 하고 공공부문에서는 일정수준 이상의 운영에 대해 약정한 대가만을 지불하는 방식을 통해, 해당 프로젝트와 관련된 위험은 민간사업자가 전적으로 부담하고, 동시에 민간 분야의 효율성, 기술습득 등 인프라와 관련된 이점을 공공부문에서도 누릴 수 있는 구조가 만들어지게 된 것이다. 민간사업자의 참여를 유도하기 위해서 공공부문의 지분 일부 매각 또는 실시양허를 제공하는 방식이 고려되었고, 이 두 가지 방식의 절충점으로서 차츰 BOT 방식이 많은 주목과 관심을 받게 되었다.

이처럼, 민간부문의 수익을 일정 수준까지 보장함으로써 공공부문으로의 투자 및 참여를 유인해야 함에도, 일반 국민들을 소비자로 공공서비스를 제공하는 상수도, 도로, 철도 등과 같은 사회간접자본은 확정적인 수익 보장이 곤란하다는 단점을 가지고 있어 이를 보완하기 위해서는 BOT 방식을 적용하고 활용해서 최소수익을 보장하는 방안이 최근 여러 가지 방면으로 고려되고 있다. 그러나, 이와 달리 일반 소비자를 상대하지 않는 발전사업은 일정기간 동안 해당 발전소 건설 및 운영을 담당하고, 전력공급 대가를 확정적으로 보장받는 사업이라는 점에서 시장 위험이 없다는 특성으로 인해 민간에서 가장 선호하는 인프라 사업이라고 볼 수 있다.[3)]

III. 인프라 프로젝트의 프로젝트 파이낸싱(PF : Project Financing) 도입

특정 프로젝트를 수행하기 위해서 필요한 비용을 해당기업 스스로가 자신의 능력으로 금융을 조달코자 하는 것이 일반적이므로, 재무구조가 탄탄한 민간사업자의 경우라면 직

2) Jeffrey Delmon, *Project Finance, BOT Projects and Risk*, at p 57 (2005)

3) 이와 같은 배경으로, 민간 인프라 사업자의 입장에서 해당 인프라를 건설하고 필요한 자금을 조달하며, 운영을 하게 되며, 해당 서비스를 최종 구매자 또는 이용자에게 판매, 제공함으로써 확정된 수익을 보장받게 되는 거래 구조를 선호하게 되었고, 이런 관점에서 서로간의 위험과 이점을 최대한 누릴 수 있는 방식으로 BOT 방식이 선호되게 되었다.

접 금융을 조달하거나, 자신의 신용을 바탕으로 차입을 통해 금융을 조달하는 것이 용이하겠지만, 공공부문에 해당하는 사회간접자본은 상당한 비용이 필요하고, 투입비용 회수가 장기간에 걸쳐 이루어지는 것이므로, 장기간 노출될 수 있는 재무적 위험을 예방하기 위해서 프로젝트 파이낸싱 방법이 선호되게 되었다. 이러한 프로젝트 파이낸싱 방법을 통해 민간사업자는 직접투자로 인한 재무적 부담을 줄이고, 해당 프로젝트를 전담하는 회사(SPC : Special Purpose Company)를 설립하고, 본 회사가 프로젝트의 금융조달, 설계, 건설, 운영을 전담토록 함으로써 유한책임이라는 회사의 특성을 통해서 민간사업자는 해당 프로젝트로부터 발생하는 위험을 사전에 차단할 수 있는 구조를 만들 수가 있다.[4)]

앞서 언급한 대로 BOT 사업구조하에서 금융조달, 건설, 운영을 민간사업자가 설립한 특수목적회사(SPC)가 직접 수행함으로써 공공부문의 서비스를 제공하고, 해당 정부는 일정기간 동안의 사업운영에 대한 허가, 즉 실시양허권만을 제공하며, 해당 서비스에 대한 대가로 프로젝트를 위해서 조달한 차관 및 투자액에 갈음하는 수익을 보장하게 된다. 이런 방식 하에서 민간부문이 직접 금융을 조달하지 않고 특수목적회사인 SPC가 프로젝트 파이낸싱으로 금융을 조달하면, 민간이 부담할 투자 위험이 제거되고, 공공부문에서는 사업기간만을 보장함으로써 부채증감이라고 하는 문제로부터 자유로울 수 있게 된다.

프로젝트금융방식으로 자금을 제공하는 대주단은 공적기관, 일반은행, ECA (Export Credit Agency), MDB (Multilateral Development Bank) 등 다양한 기관으로 구성되어 있다. 그러나, 이 기관은 각각의 설립 목적에 따라, 서로 다른 이해관계를 가지고 있으므로, 그 목적에 따라 금융 제공시에도 해당 프로젝트가 가지고 있는 위험에 대해서 각자 다른 방식으로 관리나 대처를 하게 된다. 또한, 사업주인 민간사업자가 부담할 수 없는 Risk는 보통은 대주단이 부담할 수밖에 없으므로, 가능한 한 최소한의 위험만을 부담하려고 하는 경향이 강하다. 따라서, BOT 프로젝트에 있어서는 프로젝트와 관련된 위험을 이해관계 당사자 사이에서 어떻게 관리하고 배분하느냐가 대단히 중요하다고 볼 수 있다. 이런 BOT 프로젝트의 위험은 대주단에서 해당 프로젝트에 대해서 대출적격성(Bankability)을 고려하는 과정에서 충분히 발견되고 검토되며, 다양한 이해 당사자와의 협상을 통해서 최종적으로 누가 부담할 것인지 결정된다고 볼 수 있다.

---

4) Jeffrey Delmon, (주3), page 58 (1996) 참조. 프로젝트 파이낸싱에 있어서는 해당 프로젝트의 특성에 따라, 비소구(Non-Recourse)방식 또는 제한적 소구(Limited-recourse)방식으로 금융조달이 이루어지고, 대주단에서는 해당 특수목적회사(SPC)의 현금흐름(Cash Flow)에 의존하여 금융을 제공하게 된다. 이런 구조를 통해서 대주단도 역시 일정수준의 위험을 부담하게 된다.

프로젝트와 관련하여 금융 조달은 대주단과 해당 민간사업자를 통해서 이루어지게 되는데, 대주단에서 해당 프로젝트의 준공 시점을 늦추지 않기 위해서, 해당 프로젝트의 사업 일정(Milestone)에 따라 각 단계별로 사업승인권자 또는 대주단에서 선임한 감리인이 확인을 하면 대출을 해당 사업의 공사비로 순차적으로 제공하게 되며, 동시에 민간사업자도 자본금을 이와 병행하여 제공하게 된다. 이 시기는 프로젝트 또는 시설이 준공되지 않은 시점이므로 대주단에서는 건설시공자가 부담하게 될 건설 위험과 무관한 사유로 인해 발생할 수 있는 준공지연 및 Cost Overrun에 대해서 민간사업자가 부담하도록 요구하게 된다.[5]

1. 프로젝트 파이낸싱을 통해 자금을 조달하는 인프라 사업의 특성

1) 발전사업

발전소 건설, 운영에 있어 가장 일반적으로 사용하는 자금 조달 방법 중 하나가 프로젝트 파이낸싱을 통해서 자금을 조달하는 방법이다. 발전사업에 있어 프로젝트 파이낸싱이 가능하기 위해서는 해당 국가에서 신용도가 높은 전력구매자와의 장기 전력판매계약 체결이 우선적으로 고려된다고 볼 수 있다. 이를 바탕으로 해서 파이낸싱이 진행되기 때문이며, 장치산업이라는 전력산업의 특성상 장기간의 전력구매가 일반적이므로, 신용도가 높은 전력구매자와의 계약 확정만 되면 프로젝트 파이낸싱도 비교적 용이하게 이루어진다고 볼 수 있다.

2) 플랜트, 배관사업, 저장 및 정유사업

신규 배관사업 및 정유사업에 있어서도 프로젝트 파이낸싱을 통한 자금조달이 이루어지고 있다. 대규모 장치산업이라는 특성상 정부의 직접적인 투자 또는 석유산업 관련 기업의 내부 현금흐름을 활용하여 금융조달이 이루어졌으나, 프로젝트 파이낸싱이 갖는 장점과 관련 산업의 재무적 부담 경감 등이 고려되고, 생산물인 유류가 산업 필수재라는 인식으로 최근에 점차 프로젝트 파이낸싱이 이루어지고 있는 분야이다.

5) Jeffrey Delmon, (주3), page 59 (1996) 참조

3) 유료도로 및 교량사업

도로사업의 경우 막대한 자본이 필요한 프로젝트가 대부분이므로 정부기관의 재정에 여력이 없는 경우에, 프로젝트 파이낸싱을 통해서 민간사업자가 도로사업에 참여하는 경우가 있고, 프로젝트의 파이낸싱의 근간이 되는 유료사용료가 필수적이므로 유료도로 또는 다른 방식의 수익보장 구조가 파이낸싱에 있어서 필수적이라고 볼 수 있다.

4) 폐기물 또는 수처리 사업

폐기물 처리를 위한 폐기물 처리 위탁 수수료의 장기계약을 바탕으로 하여 프로젝트 파이낸싱이 가능하거나, 정부기관의 양허 또는 허가를 통해서 해당 폐기물 처리권 확보를 하고, 이를 통해 프로젝트의 현금흐름을 담보하게 된다. 수처리 사업(상수도 및 각종 용수공급, 하수처리 사업)은 자본 집약적 산업이라는 특성을 가지고 있기는 하나, 지역기반으로 제공하는 것이 일반적이기 때문에 해당 지방정부의 재정이 부족한 경우에 프로젝트 파이낸싱을 통한 자금조달이 이루어지는 경우도 있다. 수처리 사업은 독점운영이 일반적이라는 특성으로 인해 시장위험은 없으나, 관련 국가 또는 지역의 주민 위생과 밀접한 관련이 있기 때문에 규제의 강도가 상당히 높고, 이런 기준을 준수하기 위해서 상당한 수준의 운영비용이 발생된다고 볼 수 있다.

5) 통신사업

이머징 마켓에 있어서도 통신의 발달과 수요의 폭발적 증가로 인해 공공 인프라 분야에서 민간사업자 참여를 허락하는 분야가 되고 있으며, 이러한 수요 증가에 적절히 대처할 만한 통신 인프라 제공의 필요성으로 인해 최근에 이머징 마켓을 중심으로 프로젝트 파이낸싱이 이루어지는 경우도 있다.

2. 민간 인프라 사업에 있어서의 위험배분

앞에서 BOT 방식의 프로젝트 탄생 배경과 BOT 사업 각 분야별로 프로젝트 파이낸싱이 어떻게 태어나게 되었는지 살펴보았다. 이제 좀 더 구체적으로 민간 인프라 프로젝트에 있어서 프로젝트 위험이 각 단계별로 당사자들 사이에서 어떻게 배분되는지 자세히 살펴볼 필요가 있는데, 우선 관련 이해 당사자를 살펴보면 다음과 같다. 우선 1) 해당 프로젝트의 사업권을 승인받고 건설, 시공, 운영의 책임을 지는 민간사업자, 2) 사업권을 승인하고, 해당 프로젝트와 관련된 법률적인 구조를 마련하고, 사업의 성격에 따라 필요시 관련 기관의 보증까지 제공하는 정부, 그리고 3) 금융을 제공하는 ECA, MDB, 일반 상업은행과 같은 대주단, 4) 해당 프로젝트의 건설을 총괄하는 건설시공자, 5) 연료 또는 원재료 공급자 및 6) 해당 프로젝트 운영자 그리고 7) 해당 결과물의 구매자 또는 이용자 등이 있다고 볼 수 있다.

프로젝트의 당사자들이 부담하게 될 위험을 살펴보면, 각 당사자들이 당연히 부담해야 할 위험이 있을 수 있는데, 예를 들면, 특정 기기 또는 건설 및 시공 결과물이 계약상 합의한 수준으로 기능, 성능 발휘 또는 운영을 하지 못하는 경우에 건설 시공자가 부담해야 할 위험, 연료수송 및 공급 또는 해당 프로젝트의 원재료공급이 제대로 이루어지지 못한 경우에 해당 공급자가 부담해야 할 위험, 해당 프로젝트의 운영기준 대로 운영을 하지 못한 경우에 민간사업자가 부담하게 될 위험 등은 각각의 당사자들이 당연히 부담해야 할 위험이라고 볼 수 있다.

그럼에도 불구하고 만약, 관련 기기의 문제가 건설업자의 시공 상 문제로부터 발생하지 않고 기기 자체의 문제로 발생하였다거나, 연료 또는 원재료공급이 공급자가 아닌 수송상의 문제로 인해 발생한 것이라면, 이러한 위험들은 각각의 상황에 따라 다르게 다루어 질 필요가 있을 것이며, 해당 위험이 당사가가 도저히 통제할 수 없는 사유로 인해 발생한 경우, 즉 "불가항력"으로 인해 발생한 경우에 과연 당사자들이 어떻게 해당 위험을 부담할 것인지도 대단히 중요하다고 볼 수 있다. 즉, 위험의 종류에 따라 예견 가능한 위험은 계약을 통해서 부담 또는 전가를 하고, 예견이 불가능한 계약은 "불가항력"이라는 개념을 통해서 모든 위험에 대해서 대비를 하고자 하는 것이 위험 부담의 배경이 된다고 볼 수 있다.

특정 프로젝트 위험을 한 당사자에게 배분하는 것은 다른 당사자와의 위험에도 영향을 끼칠 수 있다. 예를 들면, 민간사업자가 준공지연과 관련된 위험을 부담한다고 하더라도 해당 지연이 특정한 기기 공급자의 공급 지연으로 발생하였다면, 민간사업자는 당연히 해당 기기 공급자에게 그 위험이 이전되도록 할 것이고, 프로젝트 운영을 통해서 벌어들인 수익을 통해서 대출금을 상환하는 경우에도 대출금 상환의 의무를 부담하면서, 동시에 이와 관련된 환율 위험을 누가 부담할 것인지, 물가상승에 따른 각종 요금 인상과 관련된 위험은 누가 부담할 것인지가 추가적으로 고려되어야 할 필요가 있다. 이처럼 각각의 이해당사자 간에 다루어야 할 위험에 대해서는 다음에서 프로젝트와 관련된 개별 계약의 특성을 논하면서 개괄적으로 살펴보기로 하자.

3. 인프라 프로젝트의 당사자

사회간접자본 중 BOT 방식의 프로젝트와 관련된 이해 당사자는 매우 다양하며, 이러한 당사자들 간의 이해 상충 역시 매우 복잡하다고 볼 수 있다. 당사자는 기본적으로 크게 3 가지로 분류될 수 있는데, 해당 BOT 프로젝트의 사업허가와 수익을 제공하는 정부 측, 해당 프로젝트 사업을 건설, 운영하는 민간사업자 측, 그리고 마지막으로 금융을 제공하는 대주단 측으로 나누어진다고 볼 수 있다. 좀 더 자세히 보면 해당 프로젝트의 건설, 시공, 운영을 책임지는 민간사업자 측은 다시 건설시공자, 운영자, 연료 공급자로 나눌 수가 있으므로 이를 바탕으로 민자 프로젝트와 관련된 이해당사자의 특징을 살펴보면 다음과 같다.

1) 해당 정부와 사업승인권자 (Host Government & Grantor)

사회간접자본 프로젝트가 진행되는 국가의 정부는 프로젝트의 중요한 당사자라고 볼 수 있다. 기본적으로 프로젝트의 착수, 준공 및 운영 개시 여부를 최종적으로 결정하는 당사자로서 정부의 결정을 바탕으로 전체적인 투자환경, 규제상황 및 해당 국가의 정치적인 안정성, 프로젝트 운영기간 동안 정부로부터의 지원, 협력여부와 관련된 사항에 영향을 미치는 당사자이기 때문이다. 왜냐하면, 사회간접자본 중에 민간투자프로젝트는 기본적으로 지방정부, 정부기관의 허가 또는 승인을 통해서만 추진이 가능하며, 해당 사업승인권자를 통해서만 민간사업자와 정부와의 상호관계가 지속될 수 있기 때문이다. 일반적으로 민간사업자와 정부기관 사이에서 논의되고, 고려해야 할 사항은 1) 사회간접자본에 대한 접근권리(Right of Access), 2) 사업허가 및 승인, 3) 운영인력 관련 노동법, Visa 이슈, 4) 수용, 몰수 또는 국유화, 5) 법률변경, 규제 또는 세무 관련 사항, 6) 외국환 거래 및 태환과 관련된 것들이 있다.

2) 대주단 (Lenders)

해당 프로젝트에 금융을 제공하는 대주단은 프로젝트에 대해서 상당히 보수적이고 주의 깊은 접근과 검토를 하게 된다. 개념적으로 파이낸싱을 제공하는 시점에서는 해당 프로젝트가 가질 만한 미래의 현금흐름과 자산만을 보고 금융을 제공하기 때문에 이런 접근방법은 당연한 것이라고 볼 수 있고, 이런 전제하에서 대주단은 현금흐름에 영향을 끼치거나, 프로젝트의 자산 가치를 감소시킬 만한 위험에 상당히 민감하게 반응을 하게 된다. 이런 까닭에 상당히 엄격한 수준의 실사를 시행하고, 신용보강과 더불어 제한적인 범위 내에서 주주 보증, 대출 관련 확약(Loan Covenant), 기타 여러 가지 법률 조건 등을 설정함으로써 어떠한 경우가 발생하더라도 대출 상환이 가능하도록 계약구조를 만들게 된다. 실제로 대주단은 금융을 제공하는 것이 주된 역할이기는 하지만, 그 금액이 프로젝트 비용의 대부분을 차지하는 탓에 프로젝트에 대하여 상당한 영향력을 끼칠 수 있으며, 이러한 영향력을 바탕으로 프로젝트의 다른 계약 당사자들과 협상을 진행하고, 특히 대출금의 보호와 관련해서는 타협의 여지를 주지 않는 것이 대부분이다. 따라서, 이러한 배경으로, 당연히 대주단은 자신들이 측정 가능하고, 검증되고 사전적으로 대비가 가능한 위험만을 부담하려고 한다고 볼 수 있다. 즉, 대주단은 해당사업자나 건설시공자 또는 보험사업자가 아니기 때문에 자신들이 익숙하지 않고, 다른 당사자들이 적절히 부담할 수 있는 위험은 웬만해선 부담하지 않는 것이 일반적이라고 볼 수 있다. 설령 본인들이 부담하지 않는 위험이라고 하더라도 대주단은 계약서 초안 작성 및 공사 진행, 그리고 해당 프로젝트의 준공과 관련된 위험의 배분까지도 직간접적으로 관여하려 한다. 이러한 관여나 검토 참여는 제3의 독립기관 전문가들을 통해서 이루어지며, 필요시 대주단은 각각의 당사자들과 개별적으로 직접계약(Direct Agreement)을 체결하기도 한다.[6]

3) 사업개발자 (Sponsor)

프로젝트와 관련하여 또 다른 중요한 의사 결정자는 민간사업자라고 볼 수 있다. 민간사업자가 최초 프로젝트를 발굴하고, 잠재적인 사업기회를 포착해서 해당 프로젝트의 사업 타당성을 조사하고 이를 바탕으로 프로젝트를 위한 제반과정을 준비하고 수행하는 당사자로서, 프로젝트 파이낸싱에 해당하는 기본 틀을 만든다고 볼 수 있다. 일단 모든 사업타당성과 관련된 준비절차가 끝나게 되면, 사업개발자가 해당 프로젝트를 추진할지를 결정하게 되는데, 추진을 결정하게 되면 Leading 개발자가 프로젝트 파이낸싱을 주선하여 일으키는 주체가 되는 것이 일반적이다. 때로는 프로젝트가 해당 국가에 미치는 영향을 고려하여, 정부기관이 직접 프로젝트를 발굴하고 사업개발자로서 참여하기도 하는데, 대규모 사회간접자본과 관련된 프로젝트는 이런 경우가 다수 발생하게 된다. 일단, 사업개발자가 해당 프로젝트에 대해서 사업승인을 받게 되면 해당 프로젝트 건설 및 운영을 위한 특수목적회사인 SPC를 세우게 되는데, 해당 SPC가 사업승인권자와 해당 프로젝트의 건설, 운영, 유지보수 및 반환과 관련된 계약을 체결하게 된다. 이처럼 SPC를 세우고 프

6) Jeffrey Delmon, (주3), page 67 (1996) 참조

로젝트의 사업권을 바탕으로 민간사업자는 제한소구 또는 비소구 방식의 프로젝트금융을 일으키게 된다. SPC는 일반적으로 해당 프로젝트의 사업승인을 주도한 사업자가 주주로 참여하게 되며, 해당 프로젝트의 운영 경험이 있는 사업자도 주주로 참여하는 것 역시 일반적이다.[7] SPC에서 해당 프로젝트를 통해서 벌어들인 수익을 어떻게 배분할 것인지도 결정하게 되는데, 대주단은 대출금이 완전히 상환되기 전까지, 최대한 장시간 동안 사업개발자가 주주로서 참여하기를 희망하기 때문에 사업개발자가 일정한 수준까지는 직접 자본금을 조달하고 참여하는 지분투자(Equity Investment)를 하도록 유도한다.

4) 건설시공자 (Construction Contractor)

사회간접자본과 관련된 프로젝트는 해당 설비나 기반시설이 정해진 시간 안에, 예정된 프로젝트 비용 범위 내에서, 계약에서 요구되는 세부기준에 따라서 준공되어야 하기 때문에 경험이 풍부하고 신용이 높은(Creditworthy) 건설시공자를 필요로 하게 된다. 결국 적기에 예정된 프로젝트 비용 범위 내에서 준공에 실패하거나, 해당 용량이나 프로젝트에 요구되는 운영기준 또는 성능미달로 인해서 사업수익에 부정적인 영향을 끼친다면, 종국적으로 대출 상환불가 및 투자이익 감소로 이어질 것이기 때문에 적격한 건설시공자의 참여가 필수적이라고 볼 수 있다. 특히 준공 불가 또는 시공계약 해지에 준하는 극단적인 상황을 고려해서 이를 뒷받침할 수 있는 재무능력을 보유한 건설사업자를 선호하게 된다. 사업개발자가 사업승인권자로부터 요구되는 설계, 건설, 시험과 관련된 의무사항을 완전히 이행하기 위해서 일반적으로 턴키 계약(Turnkey)을 통해서 프로젝트의 준공과 운전 또는 성능과 관련된 위험을 건설시공자에게 부담토록 하는 것이 일반적이다.[8]

5) 프로젝트 운영자 (Operator)

프로젝트가 지속적으로 대출금 상환 및 투자이익을 충당할 만한 수준으로 수익을 발생시키기 위해서는 최초 예측한 또는 합의한 수준이상의 프로젝트 운영이 필수적이라고 볼

---

7) Jeffrey Delmon, (주3), page 72 (1996) 참조. 해당 국가의 사업승인권자의 요청에 의하여 해당 국가의 현지 투자자의 참여를 강제하기도 한다. 이는 현지 투자자 참여를 통해서 기술의 이전 및 일자리 제공, 현지인의 사업 참여를 유도하기 위해서 이며, 양허기간 이후에 반환된 프로젝트를 유지하기 위해서 일반적으로 요구된다.

8) Jeffrey Delmon, (주3), page 73 (1996) 참조. 이렇게 실시양허를 통해서 사업승인권자가 사업주에게 요구하는 조건들이 가능한 범위 내에서 EPC 턴키 계약을 통해서 건설시공자에게 이전되게 된다(Back to Back 구조). 또한, 건설시공자는 이러한 위험을 내부적으로 분산시키기 위해서 양허권 또는 EPC 턴키 계약의 조건대로 가능한 범위 내에서 하도급 계약을 체결하는 것이 일반적이다.

수 있다. 프로젝트의 운영은 제3자를 고용하거나, 사업개발자 중 한 당사자가 담당하는 것이 일반적이라고 볼 수 있다. 민자 프로젝트에 있어서 운영자의 역할이 중요한 이유는 프로젝트 운영과 관련하여 연료공급 또는 원재료공급이 필요한 경우에 해당 공급자와의 접점에서 적절히 이를 검수 및 운영하는 동시에 구매자와의 상호 접점이 되고, 건설시공자와의 관계에 있어서는 설계 및 시공 단계에서 해당 프로젝트의 운영과 관련된 의견을 제공하고, 준공 검사 지원, 인력 교육 등을 통해서 해당 민자 프로젝트의 인수에 기여하며, 사업승인권자와의 관계에 있어서는 사업기간 이후 반환과 관련된 준비를 담당하기 때문이다. 또한, 해당 프로젝트에 있어 가장 장기간에 걸쳐서 이루어지는 계약의 당사자이며, 프로젝트 운영수준에 따라 해당 프로젝트의 수익이 결정되기 때문에 실질적으로 사업개발자 또는 SPC의 수익여부를 결정하는 데 있어 중요한 역할을 한다고 볼 수 있다.

6) 구매자 또는 사용자 (Offtake Purchaser or User)

프로젝트에 있어서 프로젝트의 운영 결과물을 구매하거나 사용하는 당사자는 프로젝트 파이낸싱에 있어서 상당히 중요한 역할을 하는 당사자이다. 보통은 일반 소비자가 구매자 또는 사용자가 되는 것이 일반적인 인프라 프로젝트의 특징이나, 발전프로젝트의 경우 구매자는 송전선로 운영자일 수도 있으며 사업승인권자일 수도 있다. 물론 이 경우 해당 송전선로까지 연결을 누가 관리하고 책임을 부담하느냐도 중요한 문제라고 볼 수 있다. 프로젝트 운영 결과물에 대한 구매 대가를 통해서 해당 프로젝트가 수익흐름을 가지게 되며, 결국 이를 대출금 상환과 투자이익에 대한 환수에 사용하기 때문이다. 따라서, 프로젝트 파이낸싱으로 금융을 제공하는 대주단 역시, 구매자 또는 사용자의 신용과 신뢰성을 상당히 주의 깊게 평가하며, 평가결과가 만족스럽지 못하는 경우에는 해당 정부기관의 보증을 요구하거나, 기타 신용보강(Credit Enhancement)을 요구하기도 한다.

7) 연료 공급자 (Fuel Supplier or Input Supplier)

프로젝트의 원활한 운영을 위하여 프로젝트 운영기간 동안 적정한 수준의 연료나 재료 공급을 보장하는 것이 중요하다. 부족한 연료공급이나 투입으로 인해서 계약상 요구되는 수준의 프로젝트 운영을 달성치 못해서 문제가 발생하면 대출금 상환이나 투자이익에 갈음할 만한 수익이 발생하지 않을 수 있기 때문이다. 프로젝트에 있어서 연료 및 재료공급과 관련된 위험은 일반적으로 해당 연료 공급자가 부담하게 된다. 공급자는 미리 합의한 가격에 최소 연료공급량과 최소한의 연료 질적 수준에 대한 보장을 해야 하고 인프라 사업의 경우 연료 공급자는 단순한 연료공급뿐만 아니라 연료운송과 관련된 위험까지도 부담하는 것이 일반적이다.

4. 프로젝트의 당사자 간의 Risk 배분

사회간접자본과 관련된 프로젝트에 있어서 해당 프로젝트를 관리하는 SPC는 실체가 없는 경우가 대부분이고, 사업 초기에는 재정적으로 상당히 취약한 재무구조를 가지고 있어 해당 프로젝트로부터 유발되는 다양한 형태의 위험, 즉 건설 및 운영단계에서 발생하는 위험에 노출되지 않기 위해서, 가능한 한 많은 위험을 프로젝트 관련 당사자들에게 배분 또는 이전(Pass Through)하게 된다. 특히 위험 배분은 인프라 프로젝트와 같이 그 위험자체 만으로도 영향력이 상당히 크지만, SPC가 단순히 명목적으로만 존재하고, 특정 프로젝트를 건설하거나 운영할 만큼 전문성이 없는 경우에는 필수적인 사항이라고 볼 수 있으며, 이런 위험의 적절한 이전이나 배분은 해당 프로젝트에 금융을 제공하는 대주단의 관점에서도 상당히 중요하다고 볼 수 있다.

일반적으로 민자 프로젝트를 위해서 사업자와 승인권자 간에 체결한 양허계약상 민간사업주에게 요구하고 있는 위험요소 중 민간사업자가 계약을 통해서 이전해야 할 위험을 개괄적으로 살펴보면 다음과 같다.

1) **건설 및 운영업무:** 민자사업자와 사업승인권자가 체결한 실시협약 중 프로젝트의 성능 및 운영과 관련된 주요 요건(Specification)은 해당 건설 시공계약과 프로젝트 운영 및 유지보수 계약사항에 반영되어야 하고, 최종적으로 건설시공자와 프로젝트 운영자가 책임을 진다.

2) **지불:** 프로젝트 운영과 관련하여 민자사업자가 결과물 구매자(Off-taker)로부터 운영 또는 해당 물품 또는 서비스의 대가를 먼저 지급을 받아야만, 관련 계약상 지불이 필요한 연료대금, 프로젝트 운영대금 지불이 가능하게 되므로 실시협약상의 주요 지불조건이 민간사업자와 프로젝트와 관련하여 체결하게 되는 연료공급계약 및 프로젝트 운영 및 보수계약상 지불조건에 그대로 적용되어야 한다.

3) **준공:** 프로젝트 준공에 있어 실시협약을 통해서 민간사업자에게 요구되는 준공시기 및

성능 조건들은 건설계약을 통해서 건설시공자에게 이전되고 최종적으로 건설시공자가 책임을 지게 된다.

4) **손해배상예정액 (Liquidated Damages):** 건설단계에 있어 발생하는 성능미달 관련 손해배상예정액(Performance Liquidated Damages)과 지연 관련 손해배상예정액(Delayed Liquidated Damages)은 실시협약 상 민간사업자가 부담해야 하지만, 하위 계약인 건설계약을 통해서 전적으로 건설시공자가 부담토록 하고, 프로젝트 운영과 관련하여 Offtake 계약상 약정한 각종 성능 및 운영기준 (예를 들면, 발전사업인 경우, 가동률(Availability), 성능, 열효율(Heat Rate))에 미달하여 발생한 손해에 대해서는 민간사업자의 위험이 하위 계약인 프로젝트 운영계약을 통하여 운영자에게 이전토록 하며, 최종적으로 운영자가 책임을 부담하게 된다.

5) **불가항력:** 실시협약 상 불가항력의 조건과 내용들이 관련 계약, 즉 건설, 운영, 연료공급 등 모든 계약에 반영되어 각각의 계약별로 적용되게 된다.

5. 프로젝트와 관련하여 당사자 간 체결되는 계약

BOT 사업의 도입 배경 및 특성, 프로젝트 파이낸싱, 관련 위험의 배분 등 민자사업의 근간이 되는 BOT 사업의 특징에 대해서 살펴보았다. 이제 다음에서는 민자 인프라 사업의 구조와 이와 관련된 계약간의 특성을 한번 살펴보고 이를 통해서, 각 계약에서 다루어야 할 주요 이슈 사항들에 대해서 개괄적으로 살펴보고자 한다.[9]

민자사업을 위한 SPC(특수목적회사)가 일반적으로 민자사업 프로젝트를 수행함에 있어 체결하게 되는 주요 계약은 실시협약(Concession Agreement), 구매계약(Offtake Agreement), 건설계약(EPC : Engineering, Procurement and Construction Agreement)[10], 인프라 운영 및 유지보수에 관한 계약(O&M : Operation and Maintenance Agreement), 연료공급계약(FSA : Fuel Supply Agreement 또는 Input Supply Agreement) 등이 있으며 각각의 계약은 다음의 구조하에서 이루어지게 된다.

---

9) Damian Mcnair, EPC contacts in the power sector, Asia Pacific Projects Update, DLA PIPER, 2-3 (2011)

10) EPC란 설계(Engineering), 조달(Procurement) and 시공(Construction) 등을 일컫는 영어단어의 첫 글자를 따서 나온 용어로서 주로 거대 규모의 복잡한 Infrastructure 관련 프로젝트 또는 대형 건설 프로젝트 계약을 수주한 시공자가 설계, 부품/자재 조달, 공사를 직접 책임지고 시공하는 형태의 건설계약을 일컫는 말이다. Phillip Loots, Worlds Apart: EPC and EPCM Contracts: Risk Issue and Allocation, ICLR (2007), p 252 참조

| 그림 1. 민자사업 계약구조 |

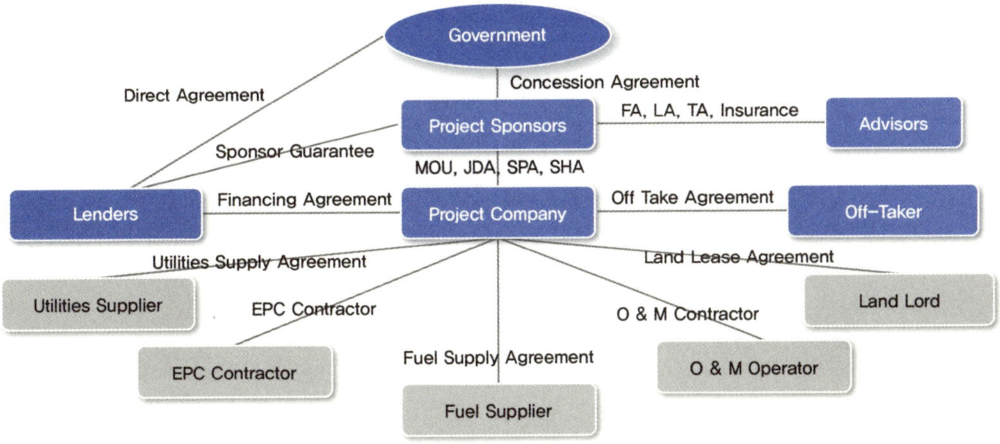

1) **실시협약 (Concession Agreement):** 특수목적회사(SPC)에게 해당 프로젝트를 구체화하기 위해서, 건설 및 운영을 하게 하고 생산된 결과물을 판매하거나, 운영 수익을 취할 수 있는 권리를 부여하는 계약으로서, 실질적으로 관련 정부기관이 민자사업자에게 프로젝트를 건설하고, 일정기간(약 15년에서 25여 년)을 운영토록 하는 양허권(Concession)을 주고 나중에 정부 또는 정부기관이 반환 받는 계약 형태라고 볼 수 있다. 그런 이유로 BOT (Build Operate and Transfer) 또는 BOOT (Build, Own, Operate and Transfer) 라고 불리기도 한다.[11)]

2) **결과물 또는 생산물 구매계약 (Offtake Agreement):** 전통적으로 프로젝트금융이 필요한 민자사업의 경우에 금융조달의 근간이 되는 민간사업자와 정부기관 또는 생산물 구매자간에 체결하는 가장 기본이 되는 계약이며, 본 구매계약을 통해서 민자사업자가 이행키로 합의한 프로젝트의 운영수준 (예를 들면, 이용률, 가동률, 성능보장 등)이 결정되며, 본 조건을 충족하는 것을 전제로 정부 또는 정부기관은 양허기간 동안 일정한 양의 운영 결과물을 구매해야 할 의무를 부담하게 되는데, 발전사업의 경우에는 실

11) 발전사업의 경우 최근 경향을 보면 전력시장 규제 완화와 경쟁체제의 도입으로 독립민자발전프로젝트보다는 Merchant 발전소 건설이 점차 증가하는 추세이며, Merchant 발전소라 함은 기존의 독립민자발전프로젝트처럼 발전소 건설에 소요되는 고정비 등을 보상하지 않고, 완전 경쟁체제를 도입하여 단순히 발전된 전력을 전력시장에 판매하고 그에 대한 대가만 받는 형태의 발전소를 말한다. 따라서, Merchant 시장에서 Concession이라고 하면 민간발전사업자에게 장기적인 전력판매계약(PPA)을 체결토록 하는 것이 아니라, 발전소 건설, 환경 및 건축허가 등 전력을 Market에 팔고자 하는 데 필요한 최소한의 주요 허가 및 승인사항에 대해서만 정부 측에서 보장하는 것이라고 보면 된다.

제로 얼마의 전력을 공급받았는지 와는 무관하게 발전소 운영 수준만 충족하게 되면 지불되는 형태이므로 "Take or Pay" 계약이라고 불리기도 하며, 기타 운송 관련 인프라 계약의 경우에는 특정한 수준 또는 운영이 가능한 상태를 유지하면 수수료를 지급하는 것으로 "Availability Payment"라고 말하기도 한다. 이러한 유형의 계약방식, 즉 프로젝트의 운영 실적과는 무관하게 구매자가 양허기간 동안의 고정비를 지불하는 Take or Pay 방식은 프로젝트금융의 기반이 되는 미래 현금흐름과 직결된 사항이므로, 본 계약상의 주요 내용 및 조건, 시점 및 시간(준공시기, 건설기간, 운영개시일, 운영 및 유지보수 기간 등)을 근거로 하여 프로젝트 계약이 체결된다고 볼 수 있다.

민자발전사업의 경우에는 Take or Pay 계약과 비슷한 형태로서 때로 Tolling Agreement가 체결되기도 하는데, 이는 전력구매자가 직접 급전 및 발전소 운영에 대해서 지시를 하고 이에 따라 전력을 공급하는 형태의 계약으로, 전력구매자가 연료공급책임까지 부담하게 되므로 연료공급에 대한 위험은 줄어드나, 민자발전사업자의 입장에서는 발전소 운영에 있어 유연성이 떨어진다고 볼 수 있다. 또한 전력시장이 전력구매계약이 없는 단순한 Merchant 시장인 경우, 발전회사와 대주단은 일반적으로 장기간의 전력구매계약을 통해서 벌어들일 수 있는 만큼의 현금흐름을 예측할 수 없으므로, 전력구매계약이 존재하고 있는 발전프로젝트에 비해서 위험이 크다고 보는 게 일반적이다. 따라서, 이런 형태의 계약인 경우에는 유사 전력구매계약을 체결하기도 하며, 또는 일정 정도의 고정 수익을 담보하기 위해 금융적인 기법을 도입한 헤지 계약(Hedge Agreement)을 체결하기도 한다.

여러 가지 형태의 인프라 사업형태가 있기는 하지만, 인프라 사업개발자와 대주단의 입장에서 가장 선호하는 형태는 민간사업자에게 유리한 최소 수익보전방식(Minimum Revenue Guarantee : MRG) 또는 발전사업의 경우에는 전력구매계약이 확정된 PPA 방식의 프로젝트라고 볼 수 있다.[12)]

3) 총액 건설 계약 (EPC or Lump Sum Agreement): 일반적으로 현재 시행되는 건설 계약은 여러 형태가 있으나, 그 중 EPC 계약이 프로젝트금융체제 하에서 가장 선호되는 계약이라고 볼 수 있다. 프로젝트 건설 시 주기기 공급 계약, 설계 또는 건설 계약 등 각각의 계약을 개별적으로 체결하는 경우도 있기는 하나, 이러한 형태의 건설 계

12) Barton D. Ford and Jane Wallison Stein, Off-takers and Power Purchase Agreements, Asia Law & Practice Publishing Ltd, (1997) at p 43-44

약은 건설을 위한 가용시간, 대주단 요청사항, 시공자의 능력에 따라 결정된다고 볼 수 있는데, 기본적으로는 민간개발자 및 대주단에서 EPC 계약을 선호하는 가장 큰 이유는 무엇보다도 EPC 계약이 가지는 Single Point of Responsibility라는 특성 때문이다.[13) EPC 건설 계약은 인프라 프로젝트 계약에서 중요한 계약 중 하나이며, 해당 프로젝트가 준공 이후 적기에 운영을 개시하여 수익을 벌어들이는 것이 필수적인 구조이므로 효과적인 프로젝트 운영을 위해서, EPC 계약상 준공시기, 프로젝트의 성능기준에 관한 조건들은 Offtake Agreement 또는 Concession Agreement의 요건과 반드시 일치되어야 한다.

최근 추세를 보면 민자 프로젝트에 EPC 시공자가 민자사업 목적회사의 지분을 직접 보유하는 형태가 많아지고 있다. EPC 시공자가 단순히 프로젝트 건설만 하는 것이 아니라 특수목적회사의 주주로서 준공 후 프로젝트 운영에 직접 참여하여 해당 건설이 종료되고 준공이 성공적으로 이루어진 이후, 하자기간이 모두 경과하게 되면 건설회사가 부담한 건설 관련 위험이 완전히 사라지게 되므로, 시공자로서 투자에 대한 건전하고 예측 가능한 수익을 보장한다는 측면에서 최근 많이 이루어지고 있다.[14)]

4) 프로젝트 운영 및 유지보수 계약 (Operation and Maintenance Agreement): 민자 프로젝트에 있어서 기간 상으로는 프로젝트 운영 및 유지계약이 가장 긴 계약이라고 볼 수 있다. 프로젝트 운영 및 유지보수 계약은 프로젝트별로 다양한데, 일반적으로 프로젝트 운영자가 해당 민자사업의 경험이 있거나, 관련 분야에서 Off-taker로서 사업을 운영하고 있는 경우에는 대주단 요구에 의해서 해당 사업자가 직접 프로젝트 운영을 하는 경우도 있으며, 인프라 프로젝트 또는 담수화 프로젝트와 같이 설비 중심 프로젝트의 경우에는 주기기 공급자로부터 해당기기의 운영과 관련된 기술적인 사항만을 지원 또는 제공받는 기술제공계약(TSA : Technical Service Agreement)을 체결하고 자신이 직접 프로젝트를 운영하기도 한다.[15)]

5) 연료공급계약 또는 원재료공급계약 (Input Supply Agreement): 연료공급계약을 통해서 해당 연료 공급자는 해당 프로젝트의 적절한 운영을 위하여 필요한 특정한 수준과 양에 해당하는 연료 또는 원재료를 공급해야 한다, 연료공급계약은 민자 프로젝트의 운영을 위해서 연료공급이 필수적인 경우에 체결되며, 인프라 사업의 경우 연료공

13) 시공자가 인프라 프로젝트의 적기 준공, 성능보장에 대해서 전적으로 책임을 지는 계약형태라고 보면 될 것이다.

14) Paul b. Abramson, Construction Documentation, Asia Law & Practice Publishing Ltd, (1997) at p 113

15) Damian Mcnair, (주9), at p 3

급의 안정성을 추구하기 위해서 장기계약을 체결하는 것이 일반적이지만, 장기계약 없이 현물시장에서 연료를 공급받기도 하는데 이는 시장의 수요에 따라 결정된다고 볼 수 있다. 발전사업의 경우 첨두부하(Peak Load) 시 전력을 주로 공급하는 발전프로젝트 이거나, 주위에서 연료공급 및 조달이 용이한 경우에 현물시장을 통한 공급이 선호되기도 한다. 물론 태양광 발전이나, 풍력발전의 경우에는 별도의 연료공급계약은 필요가 없다.[16]

6) **직접계약 (Direct Agreement):** 프로젝트 파이낸싱 방식으로 금융 조달을 한 경우에 대주단과 승인권자 사이에 Direct Agreement를 체결하기도 한다. 프로젝트 건설 및 운영의 당사자는 민간사업자이므로 대주단은 정부와의 관계에서 당사자가 아니긴 하지만, 프로젝트 파이낸싱 방식의 민자사업의 경우에는 프로젝트 비용의 약 50~70%까지 대주단이 제공하는 금융을 통해서 프로젝트 비용을 충당하기 때문에 예외적으로 당사자가 아님에도 불구하고 체결을 하게 되는 계약이다. 본 계약을 통해서 프로젝트 자산에 대한 대주단을 위한 담보권 설정, 주식 질권 설정 등이 가능하고, 민간사업자가 프로젝트를 적절한 수준으로 운영하지 못하는 경우에, 개입권(Step-in Right)을 행사하기 위해서 미리 이를 합의하기도 한다.

7) **주주 간 계약 (Shareholders Agreement):** 주주 간 계약을 통해서 민자사업 운영을 위한 특수목적회사의 기본적인 체계 및 지배구조를 갖추게 된다. 일반적으로 주주 간 계약서에서 과거에 민자 프로젝트가 구체화되기 전에 주주 간 논의되었던 사항 또는 Joint Venture Agreement 상의 주요 내용들이 반영되는 것이 일반적이며, 여기에는 신주발행 및 주식 양도, 정관의 주요내용뿐만 아니라, 주요 의사결정과정이 구체화되어야 하며, 인프라 사업이라는 점을 감안하여 해당 민자 프로젝트와 다른 프로젝트와 직간접적인 경쟁을 방지하기 위한 조항도 미리 규정해놓을 필요가 있는지 검토가 필요하다.

---

16) David K. Schumacher & Martin W. Gitlin, *Fuel Supply and Transportation Arrangements*, Asia Law & Practice Publishing Ltd, (1997) at p 21

제 2 장
민자사업의 금융조달 및 Project Financing

Ⅰ. 인프라 프로젝트의 금융조달

공공 인프라의 경우 설치, 운영과 관련된 비용은 사용자(보통은 일반 국민) 또는 조세 수입을 근간으로 하는 정부예산을 통해서 조달되는 것이 일반적이다. 물론 일부 후진국의 경우 외국의 재정지원 또는 국채 발행을 통해서 비용 조달을 하는 경우도 있을 수 있다. 그런 경우에는 재정지원의 규모가 해당 국가의 인프라 수요를 충족하기에는 턱없이 부족한 경우가 많아, 사업규모는 소규모 또는 제한적인 수준으로 이루어질 수밖에 없게 된다. 이와 같은 여러 제약사항으로 인해, 정부 주도의 금융조달에 제약을 느끼게 되면서 정부기관 또는 공기업이 직접 자금을 조달하거나, 정부예산을 일부 보전을 받으면서, 인프라 프로젝트를 추진하여 왔고, 상대적으로 금융조달의 규모나 회수기간 역시 상당히 길기 때문에, 민간사업자가 적극적으로 진출하기에는 다소 부담스러운 부문이 있었던 것도 사실이다. 이러한 한계를 극복하기 위해 민관합작투자 방식(Public Private Partnership)이 도입되었고, 이를 통해서 프로젝트 소유관계 또는 운영 내지는 의사결정 단계에서는 공적인 성격을 여전히 가지고 있으면서, 한편으로는 민간사업자의 효율적인 경영방식 및 민간을 통한 금융조달로 공공 재정의 부담이 줄어들게 되었다. 지금도 세계 여러 국가에서 인프라 프로젝트는 위와 같은 범주 내에서 프로젝트 개발, 운영 및 금융 조달이 이루어진다고 볼 수 있는데, 이를 정리해 보면 다음과 같다.

1. 정부조달 (Government Financing)

정부 또는 정부기관이 직접 자금을 제공하거나, 보조금 지급 또는 보증을 제공하여 해당 인프라 건설, 운영을 위한 자금을 조달하는 것으로, 정부조달이라는 측면 때문에 상대적으로 낮은 금리로 자금을 조달할 수 있다는 장점이 있기도 하지만, 정부 또는 정부기관의 신용을 전체적으로 고려해야 한다는 문제 때문에 상대적으로 그 규모가 작고, 민간 분야의 사업관리 능력과 비교해 보면 효율성이 떨어질 수 있다는 단점도 있다.

2. 기업조달 (Corporate Financing)

특정회사가 자신의 입증된 신용도와 보유 자산의 크기를 통해 직접 금융을 조달하는 것으로, 일부 공기업의 경우, 신용도에 있어서 정부조달 조건과 유사한 이점을 누리는 경우도 있으나, 인프라 사업이라는 특성상, 그 규모가 커지고 사업이 다양해진다면, 종국적으로 높은 비용을 부담하고 조달을 하는 경우도 생기게 된다. 결국, 직접 자금을 조달하는 기업의 신용도에 의해서 그 규모나 조건이 결정된다고 볼 수 있는데, 금융조달 규모가 커지고, 해당 기업의 수익성이 나빠지게 된다면, 기업에 큰 부담으로 작용되고 나아가 다른 프로젝트의 영업활동이나 운영활동에 영향을 미칠 수 있다는 단점도 있다.

3. 프로젝트 조달 (Project Financing)

직접적으로 해당 프로젝트를 운영하고 있는 프로젝트 회사(SPC)에게 제한소구 또는 무소구 방식으로 금융이 제공되고, 대주단은 단지 해당 프로젝트 회사의 현금흐름만을 대출원리금 상환의 근거로 삼아, 담보 자체도 해당 프로젝트의 자산에 국한하여 설정하고 금융을 제공하는 방식이다. 따라서, SPC의 주주사나 정부기관의 보증제공이나, 부채 부담 등 권리제한에 관한 장치들이 없는 것이 일반적이다. 그렇다고 무조건적으로 금융조달이 이루어지는 것은 아니며 해당 프로젝트 회사가 진출할 사회간접자본 시장의 사업성, 안정성 그리고 금융제공 가능 적격성을 종합적으로 고려해서 금융조달이 이루어지게 된다. 민간사업자의 수익을 보장하면서 민간사업자가 프로젝트 비용을 조달하고 이를 향후 해당 사업의 수익을 통해서 보전 받도록 하는 방식이 점차 관심을 받게 되었음은 앞에서도 말한 바가 있다.

II. 프로젝트 파이낸싱 (Project Fiancing)

프로젝트 파이낸싱은 일반적으로 제한적인 소구방식(Limited-recourse)으로 정부기관부터 일정기간 동안 해당 인프라 프로젝트를 건설하고 운영토록 하는 양허권을 받은 특수목적회사(SPC)에게 금융을 제공하는 형태가 일반적이다. 프로젝트 파이낸싱을 통해서 해당 SPC의 부채가 주주나 정부 승인권자에게는 부외자산으로 인식될 수도 있고, 프로젝트 소요자금의 많은 부분을 대주단을 통해서 조달이 가능하다는 이점을 통해서 SPC는 적극적인 Leverage효과를 이루어낼 수 있는 반면, 대주단 역시 상대적으로 높은 이자의 차관을 제공함으로써 재무적인 이익을 볼 수가 있게 된다.

일반적으로 PF는 인프라 사업에 있어서 크게 다음과 같은 순서대로 진행이 되게 된다. 건설 착공단계에서 대주단은 공사일정에 따라 대출금을 나누어 인출해서 공사비로 지급하게 되며, 이러한 인출과정은 건설단계 전반에 걸쳐 진행이 되나, 공사비 중 대출금 전액이 준공시점에 인출되는 것이 아니라 최종 준공시점에 지급해야할 금액 중 일부를 준공 후 하자보증기간 또는 성능시험 동안 유보하게 된다. 이러한 과정을 거쳐 PF로 조달한 대출금은 최종적으로 인출이 끝나게 되며, 프로젝트 운영이 개시되면 대출금 상환이 개시되게 되는데, 이 경우에도 거치기간을 두어 상환을 일정기간 동안 유예하는 경우도 있다. 보통은 SPC와 기 협의한 상환일정대로 상환 받게 되며, 이러한 상환 담보를 위하여 별도의 계정을 두어 프로젝트의 수익을 관리하는 것이 일반적이다. 프로젝트 운영을 통해서 발생한 매출은 최초 Project 계정으로 유입되어 운영비용 및 세금을 공제한 후 별도 계정에 적립되어 대출금 상환에 충당하게 되며, 잔액은 후순위 채무에 충당하거나, 주주에 배당되는 순서로 유출입이 이루어진다.

1. 출자 유형

1) 자본금납입 (Equity Contribution)

프로젝트 회사에 투자되는 자본금은 일반적으로 주금으로 납입이 되거나 기타 주주의 기금을 통해서 출자를 하게 되는데, 일반적으로 이렇게 주금으로 납입이 된 주식출자금은 자산 보호측면에서 가장 낮은 순위를 가지게 되므로 다른 선순위 투자자 또는 대주단이 수익배분 시 또는 해산, 청산 시 기존 주주보다 앞선 순위로 보호를 받게 된다. 이와 같은 사항을 반영하여 가장 높은 위험을 부담하는 대신에, 가장 많은 수익을 가지도록 하는 것이 일반적이다.

2) 브릿지 대출 (Equity Bridge Loan)

주주가 프로젝트 건설기간 동안 자신의 주금 납입의무를 대출을 통해서 우선적으로 충족하고 건설공사 완료 또는 특정 약정시점에 본 대출을 상환하는 방식으로 주금 납입의무를 이행하는 방식이다. 이러한 대출의 형태는 기존 선순위 대출을 감안하고 후순위 대출로 이루어지는 것이 일반적이므로 브릿지 대출제공 대주는 주주의 신용과 여기에 추가로 보증을 제공받는 등 여러 가지 담보를 요구하게 된다. 후순위임에도 대출이 가능한 것은 일반적으로 준공이후 현금흐름이 충분히 예상되는 인프라 사업의 경우에만 나타나는 특성이다.

3) 후순위 주주 대출 (Subordinated Shareholder Debt)

특정한 경우 예를 들면, 대주단으로부터 요구받은 주금을 납입한 이후에도 추가 출자 또는 자금수요가 발생한 경우, 주주들이 주금을 납입하는 대신 다른 방법, 즉 선순위 대주단의 대출금 보다 후순위인 대출을 이용하는 방법으로 프로젝트 회사의 자금을 충당하는 경우가 있다. 일반적으로 이런 방법이 선호되는 경우에는 세무적인 이익, 주주사 자체의 신용을 기반으로 하는 자체 조달의 편의성 등이 있는 경우로서 1) 대출 제공시 담보 취득이 용이하다는 점, 2) 해당 프로젝트 회사가 이자비용을 세무적으로 공제 받을 수 있다는 점, 3) 배당의 경우, 해당 지역의 법률에 따라 특정한 사항을 준수한 경우에만 가능하나, 대출의 경우에는 이자지급에 대해서 특별한 제한이 없고, 4) 주식과는 다르게 언제든지 상환이 가능하고, 5) 해당 상환 역시, 주주사로의 현금유입이라는 측면에서는 배당과는 동일하나 별도의 세무 의무부담이 없다는 장점을 가지기 때문에 선호되고 있다. 그러나, 이 경우에도 선순위 대주단의 대출과 비교하면, 후순위로서 1) 선순위 대주단의 담보 등에 대해서 후순위로 보호되며, 2) 해당 대출과 관련된 상환 요청 및 대출금 상환을 위한 절차는 아주 제한적인 경우에만 가능하고, 3) 해당 프로젝트 회사의 현금흐름을 파악하는 경우에 후순위 대출 상환과 이자의 지급은 현금흐름상 거의 배당에 준하여 처리되고, 4) 후순위 대출의 제공자인 주주의 동의 없이 선순위 대주단은 Refinancing이 가능하고, 5) 선순위 대출 보호를 위하여 집행절차 또는 해산, 청산 신청을 하는 경우에 영향력을 발휘할 수 없다는 단점이 있다.

4) 대출을 통한 자금 (Debt Financing)

인프라 프로젝트의 경우에는 일반적으로 은행권 대주단에서 제공하는 대출을 통해서 자금을 조달하는 것이 일반적이다. 대주단은 상업은행, 수출신용제공 기관, 다자간 은행 또는 기관 또는 해당 국가에서 제공하는 대출을 통해서 자금을 조달하게 된다. 대출 원리금의 상환은 확정이율로 확정기간 동안 상환하는 게 일반적이므로 위험은 낮다는 측면이 있고 이로 인해서 이자율도 예상 배당률보다는 낮다고 볼 수 있다. 위험이 낮은 까닭에 여러 종류의 자금출처 또는 제공원보다는 우선적으로 보호와 상환을 받게 되는 것이 일반적이다. 이러한 특성과 인프라 프로젝트의 규모를 고려해서, 대출은 주로 국제적인 규모의 상업은행이 주도하여 이루어지게 된다. 국제적인 상업은행은 해당 특정 인프라 산업 분야에 풍부한 경험을 가지고 있으므로 프로젝트에 영향을 미치는 여러 가지 사항들을 충분히 이해하고 있으며, 더구나 해당 분야에 전문적인 인력을 보유하고 있기 때문에 특정 인프라 프로젝트의 위험과 특성을 고려하여 해당 인프라 프로젝트를 위해 최적화된 자금을 제공하므로 효율적인 대출이 가능하다는 장점을 가지고 있기 때문이다. 일반적으로 대규모 인프라 프로젝트는 사업주가 선정한 은행이 주도하여 여러 다수의 은행을 모집하여 대출을 제공함으로써 위험을 분산하게 된다. 대출은 일반적으로 인프라 프로젝트의 건설, 일정기간 동안의 운전 자본으로 활용하게 되며, 대출기간은 해당 프로젝트의 특성과 지역을 고려하여 결정되게 된다. 일반적으로 이자율은 고정금리로 Libor금리를 기준으로 하여 특정 Premium을 부과하여 결정되게 된다.

5) 이슬람 프로젝트 파이낸싱

이슬람 국가의 성장과 인구의 증가에 따라, 이슬람 국가를 기반으로 하는 투자자로부터 투자가 많이 일어나게 되었다. 종교적인 특성으로 인해 이슬람 투자자들은 이슬람 국가의 법을 기반으로 하는 지역에서 발생하는 인프라 프로젝트에 투자를 선호하게 되었고, 최근에는 중동, 터키, 말레이시아 등에서는 금융조달의 주된 방식으로 자리를 잡게 되었다.

2. 프로젝트 파이낸싱의 특성과 고려사항

1) 프로젝트 파이낸스 관련 대출 계약

앞서 살펴본 바와 같이 프로젝트 파이낸스로 자금을 조달한다고 하면, 이와 관련하여 프로젝트와 별개로 다양한 형태의 Financing 계약을 체결하게 되는데, 일반적으로 민자 인프라 사업과 관련해서, 프로젝트 대출과 관련된 계약서라고 말하면, 보통 건설계약에 따라 인프라 건설에 필요한 자금을 충당키 위하여 차주(Borrower)인 민간사업자와 단수 혹은 다수의 대주(Lender)사이에 체결한 대출계약서(Loan Agreement)와 이와 관련한 이자, 담보권 및 각종 수수료 등을 결정하기 위해 체결한 각종 부수적인 계약을 전부 일컫는다고 볼 수 있다. 통상의 대출계약과는 달리 프로젝트 파이낸싱 방식으로 자금을 조달한다는 것은 금융계약을 체결하는 동안에는 사업자는 자산도 없고 금융계약상 책임을 부담하거나, 특정한 의무사항에 대해서도 보증을 제공할 수 없는 상황이므로, 대주단은 오로지 미래의 특정시점에 준공예정인 프로젝트로부터 생산되는 수익의 대가로 유입되는 판매대금을 통해 예상되는 수익만을 고려해서 금융을 제공하게 된다. 이런 까닭에 대주단은 준공 이후에 인프라 자산에 대해서 최우선 순위의 담보권을 요구하게 되고, 이와 더불어 관련 계약 및 보험, 차주의 수익에 대해서도 마찬가지로 우선순위의 담보가 요구된다. 심지어 차주의 주식에 대해서도 질권을 설정하기도 하는데, 이는 대주단이 대출 상환에 문제가 발생한 경우 인프라 사업자의 자산 처분을 용이하게 하기 위한 측면도 있고, 인프라 운영에 관해 직간접적으로 참여키 위한 측면도 있다고 볼 수 있다. 금융계약을 통해서 역외계좌에 국제통화로 일정한 현금을 유보하기를 요청하기도 하고, 대주단의 Collateral Agent가 대출금 상환이 적절히 이루어지도록 해당 프로젝트의 자금흐름에 관여하기도 한다.

2) Bankability

프로젝트금융방식으로 자금을 조달하는 경우에는 금융제공에 수반되는 다소 번거로운 계약이나 절차상의 특성, 담보 제공으로 인한 소유권의 제한 등 인프라 건설 및 운영에 대해서 여러 가지 제약이 발생할 수 있으나, 이런 상황에서도 해당 사업자는 다양한 금융제공 수단으로부터 최적의 금융조건으로 자금을 조달하고, 최대한 유리한 조건으로 계약을 체결코자 많은 노력을 하고 있다. 대주단의 관심을 끌고 최적의 금융조달을 이끌어내기 위해서는 무엇보다도 해당 인프라 프로젝트사업이 Bankability(금융조달적격성)가 있어야 하는 것은 당연하다고 볼 수 있다. Bankability라 함은 해당 인프라 프로젝트가 금융조달이 가능키 위해서 프로젝트 파이낸싱을 위한 여러 가지 조건이나 측면이 건전한 상태에 있느냐를 보는 판단기준이라고 보면 되는데, 만약 해당 인프라 프로젝트가 프로젝트 파이낸싱으로 금융조달이 가능한 구조라고 한다면, 경제적으로 건전하고, 대주단으로부터 충분히 금융제공이 가능한 방식으로 구조가 되어있어, 해당 프로젝트에 기꺼이 대출을 제공할만한 상태라고 보면 될 것이다.

Bankability를 평가함에 있어 객관적이고 절대적인 기준을 중심으로 평가를 해야 하는 것이 사실이기도 하지만, 개별 인프라 프로젝트의 특성을 고려하여 객관적인 기준 외에도 가변적이면서 동시에 일부 주관적일 수도 있는 기준도 포함해서 판단해야 할 필요도 있다. 왜냐하면, 아무리 건전한 상태의 인프라 프로젝트라고 하더라도 금융시장의 상황, 해당 인프라 프로젝트가 운영될 국가의 개발 정도, 신용상황 및 인프라 프로젝트 참여자의 수준이나 신용상태에 따라, Bankability가 다르게 판단될 수 있기 때문이다. 그래서 일부 국가에서 특정시점에 전혀 Bankability가 없다고 여겨지던 인프라 프로젝트도, 일정한 시간이 경과한 후에 또는 전혀 다른 국가에서는 Bankability가 있다고 보는 경우가 발생할 수 있다. 또한 대주단 사이에서도 일부 대주가 허용하는 인프라 프로젝트의 조건이 다른 대주가 받아들이기 어려운 조건이 될 수도 있어, 해당 인프라 프로젝트의 Bankability를 일률적으로 판단하거나 논하기에는 다소 어려움이 있다. 그러나, 이런 가변적인 특징에도 불구하고 프로젝트금융계약의 시발점이 되는 Bankability의 일반적인 사항에 대해서는 한번쯤 살펴보는 것이 중요하다고 볼 수 있다. 인프라 프로젝트의 특성에 따라 Bankability를 가지기 위해서 어떤 사항들이 고려되는지 살펴보고 이러한 사항과 조건들이 프로젝트 계약과 대출계약서에 어떻게 반영되는지 살펴보기로 하자.

3) 프로젝트 파이낸싱 과정

일반적으로 특정 프로젝트의 개발자나 참여자처럼 인프라 프로젝트의 사업 참여자들 역시 처음부터 해당 프로젝트의 금융조달을 프로젝트 파이낸싱 방식으로 건설하기 위해서 각종 금융조건에 대해서 고민을 하게 된다. 해당 프로젝트의 규모와 복잡성을 고려해서 외부 금융자문사를 고용하기도 한다. 이처럼 프로젝트를 개발하기 위한 전제로 프로젝트 파이낸싱 방식으로 금융을 조달하기 위해서 여러 가지 사항들이 선행적으로 고려되는데 이를 살펴보면 다음과 같다.

① 기술타당성 (Technical Feasibility): 무엇보다도 해당 인프라 프로젝트의 전체적인 비용을 산정하고, 비용투입 시기 및 국제통화 또는 현지통화로 투입될 비용 등을 산정하기 위해서 해당 인프라 프로젝트의 기술적 타당성에 대한 조사와 검토가 선행되어야 한다. 또한, 이런 자료를 통해서 국제통화 및 현지통화로 조달될 전체 조달비용을 산정하고 이는 해당 인프라 프로젝트의 금융모델(Financial Model)을 작성하는데 기초자료로 활용된다.

② 금융모델 (Financial Model): 해당 인프라 프로젝트의 가상 운영을 위한 금융모델 작성이 선행되어야 한다. 이런 가상의 금융모델은 최종적으로 금융조달 방식을 결정하기 위한 민감도 분석(Sensitivity Analysis)과 병행되어야 하는 금융조달 시나리

오 분석을 위한 필수적인 Tool이라고 볼 수 있으며, 금융모델을 통해서 해당 인프라 프로젝트의 운영기간 동안 지속적으로 재무적인 사항에 대해서 분석하여 각각의 단계별로 중요한 의사결정을 하는데 활용할 수가 있다.

③ **조달 관련 조사**: 그 외 중요한 것은 해당 인프라 건설을 위한 용역 및 주기기 공급과 관련하여 해당 인프라의 건설을 위한 주기기 조달이 가능한지, 조달이 불가능할 경우 대체가 가능한지에 대한 시장조사가 필요하며, 이와 관련해서 해당 용역 또는 기기와 관련된 국가의 잠재적인 수출금융 지원사항에 대한 조사도 병행하여 이루어진다. 그 이후에는 금융조달에 관한 기초적인 조사가 이루어지게 되며, 여기에서 각 국가별 조달 가능 여부, 분야, 금액 등에 관해 조사가 이루어지고, 동시에 금융조건(거치기간, 상환기간, 조달통화 등)에 관한 사항, 금융조달 비용 및 기타 조건 사항에 대한 조사를 통해 최적의 금융조건을 만들기 위한 평가가 이루어진다.

④ **재무계획 및 금융구조의 결정 (Financing Projection & Determination)**: 위와 같이 다양한 금융조건에 대한 조사가 이루어지고 나면, 금융재무계획에 따라 해당 인프라 프로젝트의 대출 상환능력을 판단하게 되며, 이때 해당 인프라 프로젝트의 미래 현금유입흐름(Expected Cash Flow)과 대출에 대한 잠재적인 담보가치, 인프라 사업자의 신용공여 여부를 기초로 하여 해당 인프라 프로젝트의 대출 및 자기자본비율(Debt to Equity Ratio)이 결정되게 된다.

⑤ **대주단 결성**: 이처럼 대출 및 자기자본비율이 결정되면, 이를 기초로 여러 가지 금융조달 상황을 가정하여 평가하고 조사하며 추가적으로 직접 개발하기도 하면서, 해당 인프라 프로젝트에 있어 가장 적합한 대주단 후보군을 선정하고, 대주단과 접촉을 하고 유리한 금융조건을 만들기 위한 전략을 구상하게 된다. 대주단 후보군과 협상하기 위해서 해당 인프라 프로젝트의 주요 사항들에 대한 기초자료를 준비하고, 대주단 후보군들과 접촉을 통해서 이자율 및 금융조건에 대한 조사와 평가를 시행하고 잠정적인 대주단 후보 리스트를 작성하게 된다. 이를 통해서 한두 군데 정도의 대주단 후보군을 선정하고 이후 본격적으로 금융조건을 위한 금융계약 협상이 시작되게 된다.

4) 프로젝트 파이낸싱 고려 시 주요 착안사항

인프라 프로젝트의 금융조달을 위해서 반드시 준수하거나, 따라야 할 표준화된 방법이나 규칙은 없지만, 그럼에도 불구하고 국제적으로 프로젝트 파이낸싱을 통한 금융조달이 가지는 특징적인 면을 살펴보면 다음과 같다.

① **비표준화된 프로젝트금융방식**: 일반적으로 정형화된 금융조달 방식은 없다고 보는 것이 타당하다고 볼 수 있다. 앞서 언급한 것처럼 각각의 프로젝트에 따라 금융조달 방식은 천지차이라고 볼 수 있다. 금융조달의 최종형태를 결정할 특정화된 구조는 없다고 볼 수 있다.

② **복잡성**: 인프라 프로젝트는 각각의 인프라 특성을 고려하여 프로젝트의 시기별 적합성과 각각의 시기를 고려해서 여러 가지 금융기관 및 금융상품을 통해서 조달이 이루어져 다양하고 복잡한 방식의 금융이 결정된다. 예를 들면, 단기간 또는 장기간 또는 주기기를 지원하는 수출금융 등을 통해서 금융조달이 이루어지는 것이 좋은 예이다.

③ **다양한 대주단**: 국제적으로 금융을 조달하는 인프라 프로젝트의 경우, 국제은행, 해당 국가의 Local 은행, 다자간 개발은행(Multilateral Development Banks), 개발기구, 수출입 금융기관과 심지어는 신용보강기관, 즉 상업 및 정치 관련 보험제공기구, 신용 및 특정위험 보증기구 및 Hedge 제공자 등 다양한 당사자들로 대주단을 구성하게 된다.

④ **금융시장의 변동성**: 일반 금융기관이 대주인 경우에는 금융시장의 상황에 따라 금융조건, 대출금액, 기간 등 여러 가지가 금융시장의 여건에 따라 수시로 변동할 수 있다.

⑤ **위험의 판단기준**: 일반 금융기관의 경우 해당 인프라 프로젝트가 가지는 위험과 수익에 상당히 민감하지만, 국제기구 또는 수출입금융 기구의 경우에는 위험보다는 해당 국가의 인프라 및 사회적, 국제적인 공동의 개발목적에 좀 더 무게를 두고 있다. 이처럼 금융을 제공하는 기관에 따라 위험에 대해서 서로 다른 접근을 하게 되는데, 최적의 금융조건을 이루기 위해서는 이런 목적을 잘 조합하는 것이 필요하다고 볼 수 있다.

⑥ **공적신용제공**: 금융을 제공함에 있어 다자간 개발은행 또는 수출입 신용기관, 즉 공적신용기관보다 일반 민간금융기관들이 규제나 여러 가지 측면에서 훨씬 유리한 입장에 있다고 볼 수 있다. 하지만, 일반 금융기관은 금융시장 상황이 변함에 따라 훨씬 변동성이 심하다는 단점을 가지고 있으므로, 신용상태가 좋은 국가에 몰리게 된다는 점이 특징이라고 볼 수 있다. 비록 조달금액에 있어서는 작은 금액이지만, 공적신용기관이 가지는 해당 국가와의 관계에서 오는 촉매작용으로 인해 비록 신용이 떨어지는 국가라고 할지라도, 이를 발판으로 삼아 일반 금융기관이 참여하는 경우도 있다.

⑦ **자기자본비율**: 해당 프로젝트의 방식, 국가, 인프라 사업개발자의 지위, 금융시장 조건과 결과물 구매자의 신용상태에 따라서 금융조달액이 결정되고 이에 따라 자기자본비율이 결정된다고 볼 수 있다. 프로젝트금융방식으로 자금을 조달한다고 하더라도, 사업자의 출자를 통해서 좀 더 책임감 있게 인프라 프로젝트를 운영토록 하는 것이 목적이므로 인프라 사업자가 어느 수준까지 참여할지도 중요하다고 볼 수 있다.

⑧ **Refinancing 위험감소**: 인프라 사업자는 상환기간이 비교적 긴 장기대출을 통해 Refinancing을 고려해야 하는 상황을 피하고자 한다. 차주가 단기간 대출을 제공받은 경우에 만기가 되면 추가로 금융조달을 해야 하는 부담이 생기고 자칫 금융시장이 상당히 불안하다면 상대적으로 불리한 조건으로 금융을 조달해야 할 위험을 부담하기 때문에 가급적 장기간 대출을 고려하게 된다.

5) 프로젝트 파이낸싱에 있어 사업 개발자와 대주단과의 관계

인프라 프로젝트에 참여하는 여러 참여자의 입장은 대체로 유사하다고 볼 수 있다. 기본적으로는 해당 인프라 프로젝트의 경제성과 건전한 재무구조에 가장 큰 관심을 가지게 된다. 이를 통해서 해당 인프라 프로젝트가 정해진 시간 내, 정해진 시점에 조달된 비용 범위 내에서 준공되기를 바라며, 동시에 인프라 프로젝트가 최초 예상한 대로 운영되어 대출금을 상환하고 투자자금의 이익을 보전해 줄 만한 수익구조를 가지기를 희망할 것이다. 이를 위해서 인프라 프로젝트가 건설 및 운영되는 현지 국가의 위험, 정치적 위험 그리고 자산의 가치 감소, 기타 잠재부채 및 환경 관련 문제가 주로 검토된다. 이런 사항에 대해서 인프라 프로젝트에 참여하는 당사자임에도 불구하고, 대주단과 프로젝트 사업자는 해당 프로젝트의 재무구조나 운영 계획을 결정함에 있어 몇 가지 사항들에 있어 서로 상이한 입장을 취하기도 한다. 예를 들면, 대주단은 가급적 인프라 사업자가 좀 더 자기 자본비율을 높여 적극적으로 사업에 참여토록 유도하고자 하는데 반하여, 프로젝트 사업자는 가급적 적은 비용으로 자본참여를 하여 그들의 투자비용대비 효과를 극대화 하고자 하는 입장을 가지기 때문에 서로 다른 입장이 될 수 있는 것이다. 또한, 인프라 사업자는 준공보증이나 비용추가 상황 발생 시 고려되는 Cost Overrun에 대한 보증에 저항을 할 수도 있고, 대주단은 반대로 이를 요구할 수도 있을 것이기 때문이다. 대주단이 프로젝트에 금융을 제공함에 있어 가장 큰 관심을 두는 것은 대출 상환기간 동안 매 상환시점마다 원금과 이자가 충분히 지불이 가능한지의 여부가 가장 큰 관심거리일 것이고, 인프라 사업자는 전략적인 관점에서 투자한 자본이 장기간 동안 예상수익과 같이 회수될 지가 가장 큰 관심이라고 볼 수 있다. 따라서, 대주단은 대출계약서와 다른 금융 관련 계약서를 통해서 인프라 사업자를 통제하고 관리하거나, 인프라 자산에 담보를 걸어놓기 위한 여러 조건 및 장치들을 포함시키려고 할 것이고, 이에 반해 인프라 사업자는 위와 같은 사항은 프로젝트 운영에 대한 제한이라고 생각할 수 있다. 그럼에도 불구하고 프로젝트 파이낸싱 방식으로 금융을 제공받는 프로젝트는 대주단의 우려와 주장이 항상 우선적으로 고려되게 되는데, 이는 프로젝트 비용 조달의 대부분을 차지하는 대출금을 조달하는 대주단의 우려를 해소하는 것이 재무계획을 작성하는 데 있어 가장 중요한 사항이기 때문이라고 볼 수 있다.

Ⅲ. 금융조달가능성 (Bankability)

1. Bankability 개관

Bankability라 함은 말 그대로 해당 인프라 프로젝트가 프로젝트 파이낸싱을 통해서 조달이 가능할만한 수준인지와 또는 그에 상응하는 구조를 가지고 있는지를 의미하는 것으로 정의될 수 있다. 본 단원에서는 금융조달 가능성을 이루기 위해서, 과연 인프라 프로젝트와 관련된 여러 계약에서 반드시 다루거나 담고 있어야 할 내용이 무엇인지에 대해서 살펴보고자 한다. 왜냐면, 프로젝트금융도 해당 프로젝트가 금융조달 가능성이 있어야만 고려해볼 수 있을 것이기 때문이다. 대주단의 입장에서는 해당 프로젝트의 미래 현금흐름만을 보고 금융을 제공하고 대출금을 상환 받고자 하므로, 프로젝트가 실패하게 된다면 모든 책임은 대주단이 떠안아야 하는 상황이기 때문에, 프로젝트금융방식으로 자금을 조달하기 전에 금융조달 가능성을 반드시 검토할 필요가 있음은 아무리 강조해도 지나치지 않을 수 있다. 이런 관점에서, 대주단은 해당 프로젝트에 대한 심도 깊은 실사와 분석, 검토 그리고 대외적으로 금융시장의 여건을 분석하고 과연 자신이 금융을 제공하기 위해서 어떻게 대주단을 결성할지 또는 채권을 발행하는 것이 용이한지 등 여러 가지 경우의 수를 살피게 된다. 이처럼 특정 프로젝트의 Bankability를 살핀다는 것은 어찌 보면 단순한 검토과정이라기보다, 차라리 창작활동에 가깝다고 볼 수 있다.

금융시장 자체가 유동적이고 이런 금융시장 여건에 따라서 Bankability는 시시각각 변하는 개념이기 때문에, 어느 시점에는 어떤 프로젝트가 충분히 Bankable한 조건을 가지고 있다고 하더라도, 약간 다른 구조와 조건을 가진 유사한 프로젝트에 있어서는 Bankable하지 않을 수도 있기 때문에 다분히 유동적인 개념이라고 볼 수 있다. 또한 Bankability 역시 대주단 특성에 따라서 달라질 수가 있다. 잠재적 대주들은 개별적으로 해당 프로젝트를 살피는데 있어 서로 다른 이해관계와 생각을 가지고 있다. 예를 들면, 공적 신용 제공기관은 특정한 정치적 위험에 일반 금융기관과는 다르게 둔감할 수도 있고, 공적 신용기관의 참여로 인해 정치적인 위험 부담이 덜어진 것에 대한 대가로 인프라 사업자에게 훨씬 더 많은 통제나 간섭을 요청할 수도 있다. 이처럼 Bankability가 있느냐 없느냐는 해당 프로젝트와 그 주변환경 및 대주단 특성에 따라서 상당히 차이가 날 수가 있으며, 금융시장의 여건도 수시로 변동하고 있으므로 대주단에서 Bankability를 살펴봄에 있어 일반적으로 중요하다고 여겨지는 사항들을 살펴보는 것이 해당 프로젝트의 프로젝트 금융 조달 가능성을 높이는 것이라 생각한다. 따라서, 본 단원에서는 Bankability를 위해서 살펴보는 사항들 중 1) 해당 프로젝트 자체의 사업성에 관한 사항, 2) 해당 프로젝트의 Risk에 관한 사항, 3) 해당 프로젝트의 계약에 관한 사항으로 나누어서 살펴보고자 한다.

2. 프로젝트의 사업성 분석

대주단이 프로젝트의 사업성에 대해서 분석을 하는 경우에는 4가지 측면을 살피는 것이 일반적인데, 인프라 프로젝트의 재무적인 측면, 경제적인 측면, 법률 및 제도적인 측면 그리고 기술적인 측면이다.

1) 프로젝트의 재무적 측면

일반적인 방식으로 금융을 조달하는 경우와 달리 프로젝트 파이낸싱 방식으로 금융조달을 하는 경우에는 담보물의 가치나 감가비율을 중요하게 생각하지 않고, 프로젝트의 건전성, 사업계획 그리고 미래의 현금흐름을 검토해서 금융조달을 결정하게 된다. 왜냐하면, 금융조달이 실제로 이루어지는 시점에는 해당 인프라는 준공이나 심지어는 착공도 이루어지지 않은 상태이고, 설령 인프라가 준공되었다고 하더라도 아직은 자산가치가 상대적으로 대출금 상환에 부족한 부분이 많기 때문이다. 따라서, 금융을 제공할 대주단에서 재무모델에 대한 실사를 통해 프로젝트의 현금 입출과 관련된 사항을 살피고, 또한 각각의 프로젝트 위험을 재무모델에 산입하여 계산함으로써, 해당 프로젝트의 민감도와 비용, 그리고 프로젝트가 얼마나 위험을 부담할 수 있는지 살펴보게 된다. 이후 프로젝트의 재무적 측면이 건전하다고 판단한 경우(대주단의 원리금 상환과 자기자본 출자분에 대한 회수 및 수익이 충분히 프로젝트의 미래 현금유입으로 가능하다고 판단하게 된 경우)에 재무적 측면에서 사업성이 있다고 판단되게 된다. 물론 프로젝트에 있어서는 구매자의 구매의무 여부까지 파악해서 사업성을 확정적으로 결정하는 것이 일반적이다. 이와 같이 재무적인 측면에서 일반적으로 살피는 요소들은 다음과 같다.

① 자기자본비율 (Debt to Equity Ratio): 자기자본비율은 인프라 프로젝트에 있어 자기자본 출자분에 대한 대주단의 대출금 비율이라고 볼 수 있으며, 대출금의 비율이 높을수록 대주단의 위험 노출 정도는 커지며, 인프라 사업자의 자기자본 대비 수익성은 높아진다고 볼 수 있다. 일반적으로 인프라 프로젝트에 있어 자기자본비율은 90:10에서부터 50:50까지 구성되는 것이 일반적이다.[17)]

② DSCR (Debt Service Coverage Ratio): DSCR은 특정기간 동안 대출금 상환에 충당할 금액과 관련된 비율로서, 인프라 프로젝트의 수익에서 인프라 운영비용을 차감한 금액과 대출금 상환액의 비율을 의미한다. 이는 매 기간별 현금흐름이 대출 원리금 상환에 충분히 가능한지의 여부를 나타내는 지표로서 쓰인다. 일반적으로 대주단에서 요구하는 DSCR은 해당 국가 및 프로젝트의 사업성 및 대주단 특성에 따라서 달라지지만, 보통 1.5에서 1.6까지로 결정되는데, 이와 더불어 매 기간별로 대출

17) 인프라 사업 중에서 발전사업과는 달리, 다른 SOC 분야인 경우에는 Offtake의 확실성이 떨어지므로 50~60% 정도까지 대출이 이루어지는 것이 일반적이라고 볼 수 있다.

금 상환 후에도 대출금 상환에 대한 담보로서 특정 계좌에 대해 유보금을 보존하기를 희망하는 경우도 있다.

③ LLCR (Loan Life Coverage Ratio): 원리금 상환기간 동안 대출 원리금 미상환액에 대한 순영업현금흐름의 현재가치에 대한 비율을 의미한다. 이는 원리금 상환에 대한 현금흐름의 현재가치가 대출잔액의 몇 배에 해당하는지 나타내는 지표로서 쓰인다.

2) 프로젝트의 경제적 측면

대주단에서 프로젝트의 경제적인 측면을 분석하는 경우에 프로젝트가 해당 국가의 경제에 미치는 영향이나, 해당 국가의 경제가 관련 프로젝트에 미치는 경제적인 영향에 대해서 고려를 하게 된다. 우선적으로 해당 인프라 프로젝트가 해당 국가에 미치는 영향을 고려할 때에는 환율, 인플레이션 상태, 기타 이자율 등 실질적으로 영향을 미치는 것들이 고려되고, 프로젝트가 미치는 영향은 대체로 해당 국가에 건설된 인프라 프로젝트의 사회간접자본으로서의 기여도, 해당 국가 산업의 인프라, 기술 및 Know-how의 이전, 환율, 현지 국가의 주식시장, 현지 국가의 기자재 공급, 수출 및 수입, 고용창출, 현지 업체의 활용, 수익의 재투자 등의 사항들을 통해서 판단하며, 그 외 프로젝트에 영향을 미칠만한 사항 중 해당 국가만이 가지는 특수성 측면에서 살펴볼 것들은 인프라 사업의 구매자(Off-taker), 최종 소비자, 연료 공급자 또는 연료공급 관련 사회간접자본, 노동시장의 유연성 및 기술수준, 해당 인프라 수요의 특성 및 변천사, 세무 및 정책의 변동성, 현지 국가의 외국인 투자에 대한 인식, 법률의 예측가능성, 현지기업의 경쟁력, 현지 산업분야의 경쟁 정도 등이 살펴봐야 할 요소라고 볼 수 있다.

3) 프로젝트의 법률 및 제도적 측면

대주단에서 현지 국가의 법률 시스템 특히, 프로젝트와 관련해서 해당 프로젝트에 영향을 미칠만한 사항들에 대해서 살펴보기를 희망하는데, 주로 살피는 사항들은 다음과 같다.

① **법률의 안정성**: 인프라 운영과 같이 공공부문의 사회간접자본을 담당하는 경우에는 장기적으로 운영이 가능하도록 하는 법적 장치와 재산권, 담보권, 자산관리 기타 회사의 법적 구조 등에 대해서 살펴볼 필요가 있으며, 만약 안정성이 낮아진다면 대주단은 해당 국가 또는 사업승인권자로부터 추가적인 보호장치를 요구하게 된다. 특

히 대주단은 해당 국가의 외국인 투자자에 대한 태도 등을 주의 깊게 살피고 있다.

② **법적 수단의 활용가능성**: 외국인 투자프로젝트로서 현지 법원을 통해서 구제가 가능한지, 가능하다면 시간은 얼마나 걸리는지, 외국인 투자기업에게는 차별은 하지 않는지, 중재결정에 대해서 집행이 가능한지 등이 고려대상이 된다.

③ **법적 집행가능성**: 법원의 결정이나, 중재소의 결정이 실질적으로 현지 국가에서 집행이 가능한지, 그리고 당사자가 외국인 투자기업으로서 현지 법원을 통해서 집행이 가능한지가 고려대상이 된다.

④ **담보의 활용가능성**: 담보권은 대주단이 인프라 프로젝트에서 문제가 발생한 경우에 가장 즉각적으로 활용이 가능한 법적 구제수단이다. 따라서, 현지 국가의 담보권에 관한 사항도 중요한 고려대상 중 하나이다.

⑤ **세무제도의 안정성**: 대주단의 장기간에 걸친 재무모델의 확실성을 담보하기 위해서 해당 국가의 법률시스템이 충분히 예견 가능해야 하는 것처럼, 프로젝트에 적용될 세무제도의 안정성도 중요하다고 할 수 있다.

4) 프로젝트의 기술적 측면

대주단에 의해서 인프라 프로젝트에 대한 검토가 이루어지는 경우, 해당 프로젝트에 적용될 기술사항 및 설계와 관련된 사항도 검토된다. 검토를 하는 경우에 최첨단 기술방식이나 상용화가 아직 안 된 방식에 대해서는 대체적으로 금융을 제공하기를 꺼리는 것이 일반적이다. 대주단에서 가장 중점을 두고 있는 것은 운영 및 보수와 관련된 비용, 수명주기비용(Life Cycle Cost) 등 인프라 운영 성능과 관련하여 미래에 발생할 비용이 어느 정도 정확하게 예측이 가능한지 확실성을 높이는 것이라고 볼 수 있다. 여기에 기술관련 사항의 연장선상에서 대주단은 프로젝트에서 요구되는 운용 성능, 인프라 부지의 특성 등 각종 기술사항에 대해서 추가적인 검토를 원하게 된다. 즉, 인프라 사업자가 해당 프로젝트를 추진하려는 초기 단계에 검토되었던 사항들과 유사한 검토가 대주단에 의해서 다시 이루어지게 되는 것이다. 간혹 인프라 사업자가 기술자문사를 통해서 검토했던 결과물을 그대로 인정하고 사용하는 경우도 있으나, 국제적인 금융조달 기관의 경우에는 별도의 전문가들로부터 해당 프로젝트의 기술적 타당성에 대해서 검토 받기를 희망하게 된다. 이처럼 대주단에서 프로젝트의 기술적인 사항을 보는 경우에, 플랜트 사업의 경우 해당기기별 출력 및 자본 및 운영비용, 보수의 필요성, 장비의 수명, 내구성, 장기간 O&M 비용 예상치까지 검토하게 되는데, 이러한 것들이 해당 프로젝트의 재무모델과 대주단의 Bankability의 검토의 기준이 되는 것이다. 일반적으로 기술 관련 사항에 대해서 보는 것은 1) 현장의 특성, 2) 접근권리 및 부지의 상태, 2) 허가 및 승인사항, 3) 기후조건, 4) 관련 지역의 사회간접자본 현황, 5) 환경 관련 기준 및 환경단체의 영향력, 6) 주기기 조달 비용, 7) 현지 인력의 자질 및 인력수급 시장, 8) 기타 건설 시 수반되는 기자재 사항 등이 검토 대상이 된다고 볼 수 있다.

3. 프로젝트의 주요 계약상 Bankability 요소

대주단이 인프라 프로젝트의 Bankability에 대해서 분석을 하는 것은 주변여건 및 각종 규제뿐만 아니라 해당 프로젝트의 주요계약도 그 대상이 된다. 인프라 프로젝트와 관련된 여건을 분석하고 그것을 토대로 인프라 프로젝트의 기본적인 구조, 운영방식 및 관련 Risk에 대한 대처 등은 해당 계약을 통해서 결정되기 때문이다. 각 계약서별로 대주단이 프로젝트 파이낸싱을 위해 고려하는 Terms and Conditions를 살펴보면 다음과 같다.

1) 주주 간 계약 (Shareholders' Agreement)

일반적으로 주주 간 계약(Shareholders' Agreement)에서 Bankability를 위해서 주로 고려되어야 할 Terms and Conditions를 살펴보면 다음과 같다.

① **사업주의 자본금 선납:** 대주단은 사업주가 자본금을 납입함에 있어 모든 자본금을 먼저 납입하기를 원한다. 사전에 사업주 참여를 확정 짓고자 이런 구조를 선호하는데, 사업주가 신용이 좋거나, 기타 Bond나 Letter of Credit을 제공하는 등, 신용을 보강할 만한 것이 제공된다면, 자본금을 나누어서 납입토록 하거나, 또는 후반부에 일괄적으로 납입하도록 유예해 주기도 한다.

② **사업주의 Cost Overrun 부담:** 대주단은 예비비 또는 자신들이 예비로 책정해 두었던 추가 대출을 제공하는 경우에 사업주 역시 추가적으로 출자를 할 것을 요청하기 때문에 Cost Overrun이 발생한 경우에 이를 사업주와 분담하여 부담코자 한다.

③ **사업주의 보험 관련 위험부담:** 대주단은 사업주가 보험으로 부보가 안 되는 부분에

대한 책임을 부담하기를 희망한다. 예를 들면, 검증이 안 된 Prototype의 기술 또는 자재, 기기를 사용하여 사업을 수주하여 인프라 프로젝트를 추진하고자 하는 경우에 보험사가 검증되지 않았음을 이유로 보험을 제공하지 않는다면 사업주가 해당 인프라 프로젝트의 검증을 위해 필요한 기간 동안 발생할 수 있는 손해에 대해서 위험을 부담토록 하는 것이다.

2) 양허계약 (Concession Agreement)

일반적으로 인프라 프로젝트에 있어 가장 중요한 계약 사항들을 다루고 있는 계약서가 양허계약이라고 볼 수 있으며, 이러한 주요한 계약조건들이 프로젝트의 장기 운영사항과 연결되어 있고, 이를 통해서 해당 인프라 프로젝트의 수입흐름이 예측된다. 이러한 배경으로 인해 대주단에서 일반적으로 Concession Agreement에서 고려되기를 원하는 Terms and Conditions를 살펴보면 다음과 같다.

① **양허기간**: 대주단은 기본적으로 양허기간이 프로젝트의 사업기간과 일치하거나 짧기를 희망한다. 이러한 전제를 바탕으로 재무모델이 작성되고 해당 재무모델을 바탕으로 대주단의 대출 상환 구조와 사업주의 투자수익이 결정되기 때문이다. 또한 불가항력이나 다른 사유로 인해서 불가피하게 양허기간이 연장되거나, 인프라 사업자에게 적절한 보상 또는 비용이 지불되지 않은 경우에는 해당 기간 동안만큼 연장되도록 해야 한다.

② **주요계약조건**: 대주단이 양허계약에 있어 가장 주의 깊게 살피는 것이 양허계약 조건이라고 볼 수 있다. 일반적으로 양허계약의 조건 및 Risk는 인프라 사업자가 부담하거나 혹은 사업자와 체결하게 되는 여러 가지 분야별 관련 계약의 상대방 당사자에게 이전되는 것이 보통이라고 볼 수 있다. 이러한 관점에서 지나치게 일방적인 계약조건, 즉 예를 들면, 손해배상예정액을 지나치게 무리하게 잡거나, 모든 위험을 사업자가 아닌 계약당사자에게 이전토록 하는 경우에는 계약협상 자체도 쉽지 않을 뿐만 아니라, 설령 계약이 체결되었다고 하더라도 채무불이행의 문제가 발생할 수 있다. 설령 문제가 발생하지 않는다고 해당 Risk로부터 보호받기 위해서 보험비용을 과다하게 지불하는 등 이로 인해 수익이 줄어들 위험이 있기 때문에 계약조건이 적절하게 유지되는 것도 중요하다고 볼 수 있다.

③ **법률변경**: 대주단은 사업자에게 운영기간 동안 관련 법규 준수의무가 부과된 경우, 사업승인권자가 해당 법률변경으로 인한 위험을 부담하기를 희망한다. 왜냐하면, 양허권의 승인권자는 대체로 정부기관이고 결국 사업승인권자가 해당 Risk를 가장 잘 관리하는 위치에 있으므로, 만약 이를 개별 사업자가 부담토록 한다면 결국 재무모델상 대출 원리금의 상환 또는 인프라 사업자의 수익에 문제가 발생할 수도 있기 때문이다.

④ **계약해지**: 양허계약이 해지되는 경우에, 대주단은 기본적으로는 계약해지사유에 대해서도 적극적으로 검토하기를 원하고, 사업승인권자가 계약해지를 하는 것을 제한적인 경우에만 허용하기를 희망한다. 또한 계약해지사유가 발생하였다고 하더라도 일방적으로 해지토록 하기보다는 일정한 유예기간을 두어 계약해지사유를 해소하기 위한 추가적인 기간을 주며, 그럼에도 불구하고 계약해지를 하는 경우에는 해당 해지사유와는 무관하게 대출 원리금이 먼저 상환되도록 하기를 희망한다. 설령 사업자의 귀책에 기인한 경우라고 하더라도 이는 동일하게 적용된다.

⑤ **사업승인권자**: 대주단은 사업승인권자가 적법한 권원에 따라 프로젝트에 대해서 양허권을 승인하였는지 살피고자 한다. 프로젝트라고 하면 여러 정부기관 및 해당 사업과 관련된 주체들 간의 협의, 허가 및 승인사항이 필수적이므로 이에 대한 검토가 필수적이라고 볼 수 있다. 또한 프로젝트는 장기간 운영되는 탓에 사업승인권자의 재무적인 신용상태도 중요하다고 볼 수 있다.

3) 장기구매계약 (Long Term Offtake Agreement)

일반적으로 장기구매계약을 체결하게 되면 인프라 산업 또는 시장의 Risk가 해당 계약을 통해서 구매자(Off-taker)에게 이전되는 것이 일반적이다. 이러한 장기구매계약을 통해서 사업주가 벌어들이는 수익이 대주단의 대출 원리금 상환과 인프라 사업자의 투자수익으로 사용될 예정이기 때문에 대주단이 장기구매계약에 있어 제일 중요하게 보는 요소는 구매가격, 해지 시 Buy-out 요건, Step-in Right 및 계약해지와 관련된 사항이라고 볼 수 있다. 대주단은 일반적으로 해당 프로젝트의 Risk 배분과 금융제공의 적정성을 살피기 위해서 프로젝트 계약서를 살핌과 동시에 보험 또는 기타 계약적인 구조도 살피게 된다.

① **구매가격**: 대주단은 대출 원리금 상환의 원천이 되는 구매가격이 대출 원리금 상환에 충분하기를 희망하며, 인프라 운영과는 무관하게 고정적으로 지급되기를 희망한다. 이런 배경으로 인해 기본적으로 인프라 사업의 경우 대가 지급을 고정비(Capacity Charge)와 변동비(Energy Charge)로 나눠지게 하고, 또는 기타 사업의 경우 이와 유사한 Available Payment를 통해서 대출 원리금 상환의 문제를 해결하게 하고, 기타 사업의 경우에는 최소 수익보장(Minimum Revenue Guarantee)을 통해서 이러한 위험을 회피하게 된다.

② **구매자의 신용**: 장기구매계약에 있어 중요하게 고려되는 것이 구매자의 신용인데 아무리 대주단의 입장을 반영한 장기구매계약이 체결된다고 하더라도 정작 계약상 의무를 이행할 장기 구매자의 신용이 적절치 못하면 프로젝트 자체의 존부에 위험이 발생할 수 있으므로, 장기간 동안 계속적으로 구매가 가능할만한 신용을 가졌는지가 중요한 요소가 될 수 있으며 장기구매자의 신용이 낮다면 이를 보완하기 위해서, 정부기관의 보증을 요구하기도 한다.

③ **요금지불화폐 관련 위험**: 대주단은 인프라 프로젝트의 수익이 대출 원리금 상환을 위해서 대금 지불 화폐와 서로 일치되기를 희망하고, 일치되지 않더라도 현지화폐로 지급되는 요금과 관련된 태환에 대한 Risk를 부담하지 않으려 하며, 이를 장기구매자가 부담하기를 바란다. 이와는 별개로 태환 Risk를 감소하기 위해서 Hedge Arrangement를 추가하거나 프로젝트의 요금 구조상 태환 Risk를 분석하기도 한다. 보통은 Direct Agreement를 체결하면서 구매자 또는 사업승인권자가 태환과 관련된 Risk를 부담토록 하는 것이 일반적이다.

④ **계약해지**: 인프라 산업의 특성상 장기구매계약의 해지가 쉽지 않기 때문에 구매자의 계약해지 권한은 대주단에게 상당히 제한적으로 허용되는 것이 일반적이다. 또한 이러한 경우라도 대주단에서는 사업자의 의무위반을 직접 치유하고 계약해지를 방지하기 위해서 Step-in Right를 가지고자 하는 것이 일반적이다. 또한 Buy-out 방식에 있어서도 사업자의 귀책사유로 인해서 구매계약이 해지된 경우이건, 구매자의 귀책사유로 인한 경우이건 대주단의 대출 원리금이 최우선적으로 상환되도록 하기를 희망한다.

4) 건설계약 (Construction Agreement)

대주단은 해당 프로젝트의 Risk 배분과 금융제공의 적정성을 살피기 위해서 프로젝트 계약서를 살핌과 동시에 보험 또는 기타 계약적인 구조도 살피게 된다. 이에 대한 일환으로 건설계약을 살핌에 있어 양허계약을 통해서 사업자가 부담하게 될 준공 및 인프라 운영을 위한 성능과 관련된 의무사항에 대해서 건설시공자가 적절히 해당 위험과 의무사항을 부담하는지도 살피게 된다. 건설계약상 상기와 같은 위험과 관련해서 대주단에서 일반적으로 살피게 되는 사항을 보면 다음과 같다.

① **Turnkey 계약:** 대주단은 기본적으로 인프라 준공과 관련된 모든 Risk를 건설시공자가 부담하기를 원하게 되며, 이는 Fixed Price와 Fixed Time을 바탕으로 한 건설계약이 이루어지는 것으로 나타나게 된다. 따라서, 아주 예외적으로, 인프라 사업자가 양허계약상 불가항력에 의한 경우 또는 인프라 사업자의 의무불이행 사유에 의한 경우에만 건설계약이 연장 가능한 것으로 인정한다. 설령 인프라 사업자가 관련 기기 및 보조기기 등을 공급하는 경우라고 하더라도, 건설과 관련된 Risk는 건설시공자가 모든 책임을 부담토록 하고, 동시에 건설과 관련된 위험을 최소화하기를 희망하므로 Turnkey 계약을 선호하게 된다.

② **주요 기기 성능:** 대주단은 건설시공자가 인프라 운용을 위한 기기가 필요한 경우에 주요 기기 성능뿐만 아니라 설계 및 건설위험까지 전부 부담하기를 희망한다. 이런 이유로 인해서 지연 준공 및 성능저하에 따른 손해와 관련해서 손해배상예정액(Liquidated Damages)을 건설시공자가 부담토록 하는 것이다. 해당 손해배상예정액은 인프라 사업자가 양허계약상 지불해야 할 금액은 물론, 대출 원리금 상환, 인프라 사업자의 수익 또는 기타 필수발생 비용을 전부 배상할 만큼 충분해야 하며, 이런 배경으로 인해 건설시공자의 준공의무는 사업자의 양허계약상 의무이행을 담보하고 고정된 수익을 통해서 현금흐름이 개시되기 전까지, 즉 상업운전 개시 전까지는 종결되지 않는다는 특징이 있다.

③ **건설기간의 연장:** 일반적으로 프로젝트 파이낸싱을 기본으로 자금이 조달된 경우에 건설기간 연장은 극히 예외적으로 인정이 된다. 인프라 준공은 단순한 건설 준공의 의미뿐만 아니라, 이 시점에서 상업운전이 개시되면서 대출 원리금 상환과 인프라 사업자의 수익이 실현되며, 동시에 관련된 모든 계약의 발효시점과 연결되어 있는

시점이기 때문에, 준공시점이 변경되는 건설기간의 연장은 아주 예외적인 경우에만 인정이 된다. 즉, 불가항력의 경우 또는 사업 부지의 지하유물이 발견된 경우 등에만 인정되는데, 이 경우도 무조건적으로 연장이 된다기보다는 양허계약에서 인프라 사업자가 해당 건설 기간 또는 의무의 이행을 면제한 경우에 한하여 연장이 가능하므로 주의할 필요가 있고, 설령 이에 수반되어 배상이 발생한다고 하더라도 일단 사업자가 배상이 되고 지불이 된 경우에 한하여 건설시공자에게 해당 배상이 인정되는 것이 일반적이므로 지불구조에 대해서 주의가 필요하다고 볼 수 있다.

④ **책임한도:** 건설계약에 있어 손해배상예정액한도와 전체 건설계약상 손해배상 한도는 상한방식으로 확정되는 것이 일반적인데, 이 경우에도 각각의 한도는 해당 사유로 인한 손해가 발생하는 경우, 이에 대한 배상이 적절하게 이루어질 것인지가 주요 검토대상이 된다. 손해배상예정액은 앞서 이야기 한대로, 해당 사유로 인해 발생할 손해를 모두 배상할 수 있어야 하며, 전체 손해배상한도 역시 해당 손해는 물론 제3의 건설시공자로 대체하는데 소요되는 비용까지 고려될 필요가 있어야 한다. 또한 하자보증의 경우에도 완전한 성능시험이 끝난 이후부터 장기간 동안 건설시공자가 보장을 하도록 요청하는 것이 일반적이다.[18)]

⑤ **공사대금 지불:** 대주단은 공사대금을 지불함에 있어 특정기간까지 실제로 건설이 진행된 경우에 한하여 공사대금을 지불함으로써, 건설위험을 전적으로 건설시공자가 부담토록 하고, 특정한 경우 일부 공사대금을 유보하기도 한다.

⑥ **준공 관련 Risk:** 대주단은 인프라 준공보증과 관련해서 건설시공사, 건설시공사의 모회사, 하도급회사 및 이해관계에 있는 제3의 당사자로부터 인프라 준공과 관련해서 보증을 받기를 희망하며, 이러한 보증은 실질적으로 성능보증, 공사대금 유보, Bond 수취의 형태로 나타난다. 심지어는 특수목적회사(Special Purpose Vehicle)를 설립함에도 불구하고, 사업자인 주주에게 직접 보증을 요구하기도 한다.

⑦ **보증:** 대주단에서는 건설시공자가 건설과 관련하여 시공, 설계에 관한 특정한 목적(Fitness for Particular Purpose), 양허계약상 의무이행 여부, 주기기 사용연한과 관련된 보증을 제공하기를 희망한다.

---

18) 일반적으로 플랜트나 발전사업의 경우 주기 관련 2~3년, 그 외 인프라 사업의 경우 토목분야는 5년 정도로 하자보증기간이 결정되며, 검증된 기술을 사용한 경우에는 보증기간이 단축되기도 한다.

⑧ **건설부지와 관련된 Risk**: 대주단은 건설시공, 부지의 상태, 환경오염, 기타 건설부지와 관련된 위험에 대해서, 사업승인권자가 해당 위험을 관리할 수 없는 한, 건설시공자가 이와 관련된 Risk를 부담하기를 원한다. 특히 부지 내 고대 유물과 관련된 건설 Risk는 사업승인권자 또는 건설시공자가 부담토록 하는 것이 일반적이다.

5) 프로젝트 운영 및 유지보수계약 (Operation & Maintenance Agreement)

대주단은 일반적으로 양허계약상 사업자에게 주어진 프로젝트 운영상 의무와 관련된 Risk를 프로젝트 운영자가 부담하기를 희망한다. 프로젝트 운영계약상 대주단에서 일반적으로 선호하는 Terms and Conditions를 살펴보면 다음과 같다.

① **운영 관련 Risk**: 대주단은 대출 원리금 상환에 충분한 수입을 확보하기 위하여 장기 구매계약상 여러 가지 요구사항을 충족시키는 범위 내에서 인프라를 운영하고 이와 관련된 Risk를 인프라 운영자가 부담하기를 바란다. 이런 Risk 부담은 결국 위약금(Penalty)을 부과하거나, 운영계약을 해지할 수 있는 것으로 나타나기도 한다.[19) 해당 위약금은 대출 원리금 상환에 부족한 금액을 충당하는데 사용되도록 하는 것이 일반적이다. 운영자의 운영 Bonus는 프로젝트 운영요건을 준수하고 효율성을 높인 경우에 지급이 되는데, 이 경우에도 운영자의 Bonus는 사업주의 수익에 따라서 결정이 되며, 결국 사업자의 수익이 추가적으로 발생한 경우에 지급이 되는 것이 일반적이다.

② **운영비용**: 최초 재무모델상 고려된 운영비용과 실제로 인프라 운영을 통해서 발생할 운영비용의 적정성에 대해서 대주단은 검토하기를 희망한다. 과다한 운영비용 발생으로 인해서 대출 원리금에 영향을 끼치기를 희망하지 않기 때문이며, 인프라 운영자를 대체하기도 쉽지 않는 상황이기 때문에 대주단에서는 선제적으로 고려하는 것이 일반적이다.

③ **인프라 운영자 대체**: 인프라 운영자가 약정한 인프라 운영 기준에 미달하고 계속적으로 운영계약상 의무가 불이행되는 경우에 대주단은 남은 운영기간 동안 인프라 운영자를 대체하기를 희망한다.

---

19) 설령 프로젝트 운영계약이 계약 당사자인 사업주와 운영자간 체결된 계약이라고 하더라도 프로젝트 비용의 70%~80%까지 부담하는 대주단의 입장에서는 Poor Performance로부터 대출 원리금 상환을 보호받을 장치가 필요할 수 있기 때문에 프로젝트 운영계약을 해지하고 또한 다른 운영자로 대체할 수 있는 Step-in Right를 가지기를 희망하는 경우도 있다.

6) 연료공급계약 (Fuel Supply Agreement)

프로젝트에 있어서 연료공급이 필요한 경우가 있는데, 이와 관련된 Risk 중에서 대주단이 주로 관심을 두는 위험요소는 연료공급으로부터 인프라의 원활한 운영, 그리고 필요시 적정한 운영수준을 유지하기 위한 연료품질, 연료공급의 안정성, 대체가능여부, 연료운송 Risk 및 연료비용과 관련된 Risk라고 볼 수 있다.

① **운송책임**: 대주단은 연료운송과 관련된 Risk를 연료공급계약을 통해서 연료 공급자 또는 운송책임자가 부담하기를 희망한다. 또한 일반적인 연료공급 책임뿐만 아니라, 연료공급의 안정성에 대해서도 많은 관심을 가지는데, 연료공급과 관련한 책임의 면제에 관한 사항도 일반적으로 상위계약인 양허계약상 사업승인권자가 인프라 사업자에게 허용하는 범위 내에서만 이루어지도록 하는 것이 일반적이다.

② **공급기간**: 대주단에서는 선호하는 연료공급 기간은 기본적으로 양허계약상 허용된 프로젝트의 운영기간 동안 공급하기에 충분한 기간이어야 하며, 계약이 연장될 경우를 고려해서 추가적으로 연료공급 기간 역시 연장될 수 있도록 하기를 희망한다. 실제로 프로젝트는 20여 년 동안 운영되는 것이 일반적이므로 해당 기간 동안 장기적으로 안정적인 연료공급을 확보하는 것은 대단히 어려운 일이다. 이러한 까닭에 대주단은 프로젝트의 운영기간 보다 짧은 기간 동안 대출 원리금이 상환되기를 희망하며, 따라서, 연료공급기간 역시 대출 원리금 상환기간보다 긴 것이 일반적이다.

③ **연료운송 Risk**: 대주단은 연료 운송자가 프로젝트 부지 내 연료공급기점까지 연료 운송과 관련된 일체의 책임을 지기를 희망한다. 따라서, 연료 운송상의 문제로 인해서 연료공급에 문제가 생긴 경우에는 연료 운송자에게는 연료 공급자에게 부과되는 동일한 수준의 손해배상이 요구되며, 일반적으로 단수인 연료 공급자와는 달리 운송단계에서는 운송자 그룹에 다양한 운송수단과 주체들이 관여할 수 있기 때문에 연료운송과 관련된 문제가 발생한 경우에 해당 책임소재를 판단하기가 어려울 수도 있으므로, 일반적으로 연료운송계약의 주체가 단수이기를 희망하는 것이 대부분이다.

4. 인프라 프로젝트의 Risk 분석

대주단이 프로젝트의 사업성에 대해서 분석을 하는 것 외에 추가적으로 프로젝트와 관련된 Risk 분석도 하게 된다. BOT 방식의 인프라 프로젝트는 기본적으로 프로젝트와 관련된 정부기관도 어느 정도까지는 이해관계의 당사자로 참여하는 만큼 정치적인 Risk, 행정절차와 관련된 Risk, 태환과 관련된 Risk, 인프라 산업과 관련된 Risk, 해당 국가와 관련된 Risk, 프로젝트의 구조에 따른 Risk를 크게 살펴보게 되는데, 이에 관해서 각 Risk 별로 살펴보면 다음과 같다.

1) 정치적인 Risk 사항

사회간접자본 프로젝트는 보통은 BOT 방식이 일반적이며, 이런 이유로 인해 역외뿐만 아니라 역내인 현지 국가의 다양한 이해관계자들의 참여가 필요하므로, 대주단에서는 현지 국가의 정치적인 Risk와 관련하여 다음과 같은 사항을 요청하는 경우가 있으며, 이에 대해서 살펴보면 다음과 같다.

① **현지 국가의 보증:** 현지 국가의 정부는 한편으로는 BOT 방식을 통해서 국가의 사회간접자본이 확충되기를 바라기도 하지만, 양허권을 통해 사업기간 중 민간사업자에게 프로젝트로부터 발생되는 재무적인 부담이나 책임을 정부가 아닌 사업주에게 직접 부담하게 하려는 경향을 가지고 있다. 이러한 상황임에도 불구하고 대주단에서는 최소한 Comfort Letter의 형태로라도 현지 국가의 보증을 추가적으로 원하는 경우가 있는데, 근래에 있어서는 정부보증을 제공하는 프로젝트는 점점 줄어드는 추세이다. 이를 보완하기 위해서 대주단을 세계 주요 MDB나 ECA가 인프라 프로젝트에 참여토록 하는 것을 선호한다.

② **현지 국가의 정책:** 대주단은 현지정부가 해당 프로젝트에 우호적이고, 동시에 국가의 정책 역시 투명하고 장기간 지속가능성을 가지고 있는지 검토하는데, 변경절차와 관련해서도 현지 국가의 정책이 무조건적으로 바뀌는 것이 아니라, 법률이 정한 절차에 따라 변경되는 지도 중요한 사항 중 하나로 보고 있다.

③ **국유화 및 수용가능성:** 대부분의 국가는 적절한 보상을 하는 것을 전제로, 해당 국가의 기업이나 재산을 국유화 또는 수용할 권한을 가지고 있다. 이러한 사항도 대주단에서 주의 깊게 살펴보는 분야이며, 프로젝트는 아니지만, 인프라 이용자 또는

구매자가 사기업화가 되기도 하는데 이것 역시 프로젝트에 금융을 제공하는 대주단에서 주의 깊게 보는 사항 중 하나라고 볼 수 있다.

④ **법률, 규제변경:** 인프라 프로젝트는 장기간 동안 이루어지는 프로젝트이므로 프로젝트 운영기간 동안 법률 및 규제 변경이 발생하면 자연스럽게 영향을 받게 된다. 가장 중요하게 고려되는 것 중 하나가 운영상 의무사항에 영향을 주는 변경으로, 예를 들면, 환경 및 연료 관련 법률의 변경으로 인해 비용이 증가하는 경우라고 볼 수 있는데. 이 경우 대주단은 법률 변경으로 인한 Risk를 부담하려고 하지 않기 때문에 사업승인권자나 인프라 사업자가 부담토록 요청하는 경우가 대부분이고, 이러한 변경이 장기간 영향을 미치는 경우에는 사업승인권자에게 요청을 해서 인프라 수익구조 또는 요금을 조정하기도 한다.

⑤ **인허가 관련 사항:** 프로젝트의 건설 및 운영기간 동안의 인허가와 관련된 사항도 대주단의 관심거리 중 하나이다. 대주단에서 인허가와 관련해서 관심을 가지는 주요 사항은 i) 양허기간 동안 계약상 요건을 충족하는 인허가 사항이 적절히 지속적으로 유지되는 것인지, ii) 인허가와 관련된 요건 및 환경 변화로 사업자가 추가적으로 비용을 부담할 것인지 또는 이로 인해 일정지연이 발생할 가능성이 있는지, iii) 양허기간 동안 특정 사건의 발생으로 Step-in Right가 행사되어 대주단 또는 사업승인권자에게 프로젝트가 이전되더라도 추가적으로 인허가사항에 변화가 발생하지 않는지에 대해서 많은 관심을 가지게 된다고 볼 수 있다. 이와 별개로 정부기관의 행정절차 중 하나로서 고려해야 하는 것이 수출입 규제와 관련된 사항이다. 프로젝트 건설 및 운영을 위해서 조달할 자재의 수입 또는 수출에 문제가 없는지, 예를 들면, 원자력 발전소 건설 및 운영과 관련하여 기술, 안보, 군사적 측면에서 제약이 없는지가 고려대상이 된다고 볼 수 있다.

2) 지불수단 및 지불방법 관련 Risk 사항

태환은 어떤 측면에서는 정치적인 Risk로 보여 질 수도 있지만, 대주단의 입장에서는 국제적인 투자를 통해 건설되고 운영되는 프로젝트의 화폐 관련 Risk, 즉 태환, 송금, 외화 보유여부 등에 대한 규제 또는 기준의 변화 또한 중요한 사항이라고 볼 수 있다. 실제로 화폐와 관련된 Risk가 프로젝트의 구조, 즉 화폐의 종류에 따라서 공사 또는 운영 기기 조달 및 운영 인력 구성이 바뀔 만큼 그 영향도 상당히 크므로, 관련 Risk를 최소화하기 위한 방안(Hedge Agreement)도 고려해야 하기 때문에 화폐와 관련된 Risk도 주요 고려 대상 중 하나라고 볼 수 있다.

3) 인프라 산업 관련 Risk 사항

대주단에서 프로젝트와는 별개로 해당 국가의 관련 인프라 시장 전체와 관련된 Risk도 주의 깊게 살피게 된다. 인프라 시장과 관련된 위험을 누가 부담하느냐는 해당 프로젝트의 위험과는 별개지만 장기간 투자 및 대출 원리금 상환과 관련하여 중요한 Risk 중 하나이기 때문이다. 예를 들면, 발전사업에 있어, 전력시장이 Merchant Market인지도 중요한 Risk로서 여겨지는데, 일반적으로 전력구매자가 전력시장의 Risk를 부담하나, Merchant Market에서는 인프라 사업자와 대주단이 전력시장의 Risk를 전적으로 부담해야 하기 때문이다.

4) 조달 관련 Risk 사항

프로젝트가 수행되는 지역의 국가 Risk도 중요한 요소 중 하나이지만, 해당 프로젝트의 조달과 관련된 Risk, 즉 기기와 관련된 금융, 보험, 주요 기자재, 인력, 건설시공자, 기타 필요한 연료공급이 이루어지는 조달국가의 Risk도 주된 관심 대상 중 하나이다. 특히, 주요 기자재 조달에 있어 해당 국가의 수출금융을 이용코자 하는 경우, 조달국가의 금융은 해당 기자재와 관련된 부문만 제공되는 것이 대부분이므로 주기기 선정에 있어 해당기기의 조달국가 역시 중요한 고려 요소 중 하나가 된다.

5) 기타 Project Risk 관련 사항

위에서 인프라 프로젝트와 관련해서 일반적으로 살펴본 사항과 별개로, 대주단이 추가적으로 살펴보는 것은 인프라 사업자와 관련된 Risk이다. 여기에서는 민간사업자의 재무적 능력과 자본금 출자여부가 주로 검토되며, 아울러 해당 프로젝트 중에 발생할 수 있는 Stand by Facility 또는 기타 보증 등 지원사항도 검토된다. 이러한 인프라 사업자의 재무적인 사항 외에 해당 국가의 규제 및 법률규정에 따라 현지 국가의 현지 사업주 참여가 필수적인 경우도 있는데, 현지 국가의 사업자 참여를 통해 각종 인허가 및 구매자와의 관계를 설정하는데 도움을 받을 수도 있으나, 간혹 현지 국가의 사업자의 참여로 인해 운영수준이 저하되는 경우에 결국, 대주단의 원리금 상환에 문제가 발생할 수도 있으므로 이러한 사항들이 복합적으로 고려된다고 볼 수 있다.

대주단은 그 외 프로젝트의 재무구조와 관련하여 1) 사업주들의 출자가 과연 적정한지, 2) 프로젝트의 수입이 과연 대주단의 원리금 상환에 부족함이 없는지, 3) 프로젝트 초기에 과연 충분한 자금이 준비되어있는지, 4) 프로젝트의 수익으로부터 대출 원리금 상환이 우선순위를 가지는지 고려하게 되며, 사업주의 출자시기와 관련해서도 프로젝트의 위험을 줄이기 위하여 초기에 출자를 완료하기를 원하기도 하나, 사업자가 신용이 높고 재무적 여력을 가지고 있다면, Bond나 Letter of Credit 등을 통하여 준공시점까지 출자금 납입을 유예해 주기도 한다. 사업자가 건설 중 발생할 수 있는 Cost Overrun에 대해서도 책임을 지기를 원하며, New Technology, 불가항력, 해상운송과 관련하여 가입한 보험으로 충당이 불가능한 경우, 이에 대해서도 사업자가 추가적으로 책임을 지도록 요구하기도 한다. 일단 프로젝트가 운영이 개시되면 대주단은 대출 원리금이 상환되기 전까지 사업주의 배당을 제한하기도 하고, 우선 상환주를 통하여 해당 프로젝트의 Risk로부터 우선적으로 보호되기를 희망하기도 한다.

그 외, 마지막으로 대주단은 제3자를 통하여 프로젝트와 관련된 Risk를 분석토록 하고, 일정수수료를 지급하는 대가로서 해당 Risk를 부담토록 하기도 하는데, 보험에 대해서는 기본적으로 보험을 통해 해당 프로젝트의 모든 위험으로부터 보호되기를 희망하는 탓에 여러 보험사에 복수로 보험을 가입토록 하거나, 사업자가 직접 모든 Risk로부터 보호되는 Program을 구성하여 보험을 가입토록 한다. 또한 보험을 가입함에 있어 대주단과 사업자가 복수의 명의로 보험에 가입하게 하고 보험사의 대위권을 포기하도록 하며, 심지어는 보험 관련 변동사항에 대해서도 대주단에 통보토록 하는 것으로 모든 위험을 예방코자 하며, 보험금의 사용과 관련하여 대주단의 원리금 상환에 먼저 사용토록 요청하는데, 이에 대해서 사업자 또는 사업승인권자는 인프라 운영을 위해서 가장 먼저 해당 손해의 복구를 원하는 것이 대부분이므로 보험금에 관해서는 어떤 방식으로 사용할 것인지에 대해서 미리 확정코자 한다.

5. 인프라 종류별 Project Financing의 특성

발전사업에서 프로젝트 파이낸싱을 통해서 자금을 조달하기 위해서는 일반적으로 신뢰성 있는 전력구매자와 장기간 전력공급을 계약하는 것이 중요하다. 이런 구조하에서 우선적으로 장기 전력공급계약에 대해서 검증이 되었다면, 발전사업 만을 위한 SPC를 별도로 설립하는 것이 필수적이라고 볼 수 있다. 이는 프로젝트 파이낸싱을 고려하고 진행하는 경우에 대주단의 자금제공 시점에는 담보자체가 없는 상황이고, 따라서, 대주단은 프로젝트의 현금흐름만을 보고 대출을 제공하게 되므로 프로젝트 전문회사를 반드시 설립하고자 한다. 또한 준공 이후 발전소 자산을 담보로 활용하기에도 이러한 구조가 용이하기 때문이다. 기타 프로젝트 파이낸싱이 비교적 용이한 사업으로는 송유관 프로젝트, 저장 또는 정제 프로젝트, 광산, 도로통행료를 근간으로 하는 도로 프로젝트 등 운송 관련 프로젝트 등이 있다.

이와는 달리, 상하수도 및 수처리 사업은 환경 및 안전 건강문제와 직결되어 있으므로 엄격한 운영수준, 과다한 시설 및 운영설비 비용, 상하수도 배관관리 비용 등에 비해서 정부규제, 지질학적 위험, 지방정부의 재정, 지방정부 또는 대도시 지역과 도서지역과의 분쟁에 따른 처리비용 등으로 위험이 일반 사업보다 크다고 판단되어 프로젝트 파이낸싱이 쉽지 않은 영역으로 분류된다. 그 외 통신시설의 경우 급속한 기술개발 및 통신인프라 구축의 필요로 인해서 프로젝트 파이낸싱이 고려되고 있으며, 최근에는 레저산업 또는 스포츠 시설에서 장기간 기업 명칭 사용계약, 특정 좌석 및 공간 활용 허가, 특정시기에 용도 외 콘서트나 공연 등 사용허가를 제공하고, 여기에 중앙정부와 지방정부의 신용공여를 통해서 프로젝트 파이낸싱이 점차 진행되고 있는 상황이다. 이처럼 확정적인 현금흐름이 없다고 하더라도 관련 산업의 지속적인 수요 증가 및 적정한 수익보장을 위한 가격 유지 가능성이 원리금 상환 기간 동안 충분히 유지 가능한 경우에 프로젝트 파이낸싱이 가능하다고 보며, 이는 장기간 프로젝트의 성과물 제공이 가능한지, 시장상황에 대한 예상 또는 예측 평가가 얼마나 좋은지에 따라서 결정되게 된다. 과거에는, 전통적으로 신용도가 높은 구매자와 장기간 계약을 하는 것이 필수적이었으나, 최근에는 위험분석 수준이 꾸준히 향상되어 오면서, 금융 조달 또는 투자가 가능한 수준까지 시장상황에 대한 분석이 가능하다고 여겨지는 경우에는 프로젝트 파이낸싱도 가능한 경우도 있다.[20]

20) 최근에는 Market Risk를 사업주가 부담하기 위해서 간혹 복수의 연속적인 단기간의 구매계약을 체결하고 이를 대출금 상환 기간과 일치시키고 그 대신 자기자본에 대한 수익은 포기하고 대출금 상환, 운영비용, 기타 필수비용만을 부담하는 형태로 진행되는 경우도 있다.

제 3 장
민관합작사업(Public Private Partnership : PPP) 의의

Ⅰ. PPP 사업 개관

1. PPP 사업의 정의

PPP (Public Private Partnership) 사업이라고 하면 일반적으로 민간과 공공분야 합작형태로 공공서비스를 제공하는 사업이라고 보는 것이 일반적이다. 합작의 형태로는 장기간의 Franchise 계약 또는 실시양허계약을 체결하는 형태로 공공서비스를 제공하거나, 특정 건설을 통하여 운영하는 프로젝트가 될 수도 있고, 아니면 특정한 용역 또는 서비스의 제공도 될 수도 있다. 따라서, 적용대상은 상당히 포괄적이라고 볼 수 있고, 실제로 도로, 교량, 철도, 운송수단, 학교 및 병원, 공항, 상하수도 및 수처리 시설 또는 항구까지 상당히 다양한 형태의 공공서비스 분야까지 이루어지고 있다. BOT 방식의 민자발전사업과 구분을 하자면, 특정 결과물을 제공해야 하는 발전사업, 광물개발사업과는 달리 공공분야 중 특정분야에 대한 서비스를 제공한다는 점이 가장 두드러진 차이라고 볼 수 있다.

이와 같은 다양한 분야에 걸쳐 이루어지는 PPP 사업이 가지는 특징이라고 볼 수 있는 것이 1) 민간투자 또는 기술, 인력 등을 활용해서 공공서비스를 제공해야 하며, 단순한 기술만을 제공하는 것이 아니라, 민간투자자가 특정한 공공서비스 제공을 위하여 자본적 지출행위를 하는 것이 필요하다. 이러한 자본적 지출을 위하여 자본을 조달하는 방식에 대해서는 자체 조달하는 Corporate Financing이나, 프로젝트만을 위하여 자금을 조달하는 Project Financing인지를 구분하지 않고 지출이 일어나게 되면 이를 인정한다. 2) 민간투자자의 의무사항은 일반적으로 특정한 시설 또는 자산을 제공하거나 서비스를 제공하는 것에 한정이 되어 있고, 해당 공공서비스 전체를 제공하는 것은 아니며, 민간에서는 해당 공공서비스 제공에 대해서만 중점을 두고 있고 따라서 공공서비스 제공을 위한 프로젝트 운영에 대해서도 민간이 책임을 부담하게 되는 것이 일반적이다.[21]

21) 특정국가의 전체적인 공공서비스 분야의 제도나 법률, 규정의 범위 내에서 해당 공공서비스를 제공하므로 해당 프로젝트별로 공공서비스 제공을 위한 각종 제도 의무사항을 민간투자자와 별도로 체결한 양허계약을 통해서 규정하고 관리하는 것이 일반적이다.

2. PPP 사업의 보편화 및 확대

이러한 방식의 민관합작투자가 최근에 점점 확대되어 가는 이유는 앞에서도 언급한 바 있지만, 1) 민간사업자가 특정사업 분야 운영에 있어서는 공공부문보다 더 효율적인 운영이 가능하고, 특정 프로젝트의 수주를 위해서 최적의 입찰조건을 찾아내고 이를 수익모델에 반영하고 해당 입찰제안액의 비용증가 분도 종국에는 민간사업자가 모두 부담해야 하는 상황에서, 민간사업자가 자신의 효율성을 극대화하고자 하는 것은 너무나도 당연한 것이라고 볼 수 있고, 2) 민간사업자가 해당 프로젝트를 운영한다고 하더라도 관련 법률, 인허가 및 민간사업자와 체결한 실시양허계약을 통해서 충분히 통제가 가능하며, 3) 재무적인 사항에 대해서도 해당 프로젝트를 진행하면서 필요한 재무적인 조달에 관해서 공공분야에서는 이를 부외투자로 하여 Off Balance-sheet 효과를 누릴 수가 있기 때문이다.22)

3. PPP 사업의 특징

민간이 추진하는 PPP 프로젝트의 경우 프로젝트 비용이 관련 유사규모의 공공사업보다 비용이 높다고 하더라도 이는 단순히 건설비용만을 비교한 것일 가능성이 높다. 따라서, 해당 비용은 건설이후 프로젝트 운영 시 효율성 증대 및 미래 보수비용의 절감 및 자본투자 비용의 감소를 통하여 실제 프로젝트 기간 동안 훨씬 더 높은 효율성을 기대할 수 있으므로 프로젝트 비용을 사업전체와 비교해서 본다면 민간 PPP 사업이 유리한 측면이 있을 수 있다. 다만, 이 경우 사업전체 기간을 살펴본다고 하더라도 민간사업자에게 무한한 운영 재량권이 부여된 것은 아니므로 실시양허계약을 통해서 부과되는 각종 의무사항 및 규제범위 안에서 해당 비용을 산정하여 비교할 필요가 있다.23)

---

22) 공공분야에서 부외효과를 누리고 인정받기 위해서는 민간과의 계약뿐만 아니라, 공공분야에서 해당 프로젝트의 위험을 부담하지 않아야 하며, 이를 위해서 민간사업자가 건설위험을 부담하고, 운영에 있어서 Availability Risk 또는 Market Risk를 부담하는 구조로 프로젝트의 구조가 이루어져야 한다. 좀 더 자세히 살펴보면, 건설위험이라고 하면, 준공지연 및 준공기준 미달, 추가비용 발생, 특정 기술의 검증, 성능미달과 관련된 위험을 말하고, Availability Risk라 함은 양허계약에서 합의한 대로 해당 결과물을 제공하고 각종 규제 사항을 준수하고, 성능수준을 일정수준으로 유지해야 하는 것을 말한다. 이와 더불어 성능 또는 운영수준이 미달하게 되면 해당 부족분에 대해서 이를 운영대가에서 Deduct 하는 수준이 되어야 운영위험을 부담한다고 보는 것이 일반적이다. Market Risk라고 하면 민간사업자의 의무불이행과 무관한 요소, 즉 사업환경, 새로운 시장규제, 신기술 개발에 따는 시장영향 등을 모두 민간사업자가 부담하는 것이라고 볼 수 있다.

23) 민간 PPP 사업의 경우 양허계약을 통해서 관리되거나 의무로 부과되는 사항은 안전, 환경, 가동률, 운영수준 및 해당 설비, 사회간접자본의 유지보수 수준들이 관리되게 된다.

이러한 가운데 민간 PPP 사업의 경우 서비스의 구매자가 최종 소비자이고, 최종 소비자들의 사용료를 바탕으로 해서 프로젝트의 수익을 결정하는 구조인 경우에는 좀 더 자세한 부문까지의 요금조정과 관련된 양허권 계약상 제약에 관해서 논의가 필요하다. 이를테면, 유사 공공서비스를 제공하고 있는 기존 공공기관의 요금체계, 요금 확정 및 조정한도, 사용료 인상 시 인플레이션 반영여부 등이 그것이다. 그 외 단순히 공공기관에게 해당 서비스를 제공하고 공공기관으로부터 사용료를 지급받는 구조의 PPP 사업의 경우에는 시장에 관한 위험은 어디까지나 양허권 승인권자가 부담하게 되므로 양허계약상 의무부담이 경감될 가능성이 있다.[24] 어떤 방식의 PPP 사업이든 간에, 프로젝트 파이낸싱 방식으로 자금을 조달한 경우에는 수익의 원천이 되는 사용료 또는 공공기관 지불비용이 프로젝트 기간 동안 대주단의 대출 원리금 상환과 투자금에 대한 원금 및 이익을 보장하는 구조로 이루어져야 하는 것이 중요하므로, 민간사업자 선정 시 단순히 저가 입찰을 통해서 사업이 진행되는 것보다는 장기간 프로젝트 운영이 가능한 전문성과 경험 역시 적극적으로 고려될 필요가 있을 수 있다. 또한, 일단 PPP 사업이 시작이 되면 일단 특수목적회사를 먼저 세우는 것이 투자자의 책임을 분산하기 위한 좋은 방법이므로 가장 첫 단계로 Project 회사를 세우는 것이 중요하다고 볼 수 있다.

4. PPP 사업의 장단점

1) PPP 사업의 장점

무엇보다도 공공기관의 입장에서는 공적자금 또는 세금 등 Public Fund에 대해서 크게 의존함이 없이 공공서비스 제공이 가능하다는 장점이 있다. 공공기관 또는 양허권 승인권자는 프로젝트 기간 동안 프로젝트 전체 비용을 계약기간 분할해서 지불하게 되어 재무적인 부담이 감소되고, 이는 공공예산 부담 감소 및 배분 및 운영에 효율성을 가질 수 있다는 장점이 생기게 된다. 또한 공공서비스와 관련해서 해당 프로젝트 건설부터 운영까지 프로젝트와 관련된 모든 위험을 민간사업자에게 이전할 수 있다. 즉, 건설기간 중에는 설계 및 조달 관련 위험을, 운영기간 중에는 운영 및 유지보수와 관련된 위험을 이전시킬 수 있고 기타 Cost Overrun이나 시장의 Demand risk 등 거의 모든 위험을 사업주에게 부

24) 양허권 승인권자의 제한이나 간섭이 덜하다고 하더라도 양허계약상 해당 구조에 영향을 끼칠 수 있는 중재조항, 주권면제 조항 등에 대해서는 세밀한 검토가 필요하다고 볼 수 있다.

담시킬 수 있다. 또한 건설비용 및 운영비용 계산을 통해 공공기관의 예산 운영의 확실성을 높일 수가 있고, 공공서비스 분야에 민간사업자가 참여토록 해서 건설, 운영 등에 관련 전문지식, 운영능력, 우수한 자원을 도입하여 효율적인 건설 및 운영에 대한 여러 가지를 배울 수가 있고, 무엇보다도 공공 부문에서는 프로젝트의 준공시점까지 어떠한 위험이나 재무적인 위험을 부담하지 않는다는 큰 장점이 있을 수 있다.

2) PPP 사업의 단점

상기 언급한 바와 같이 민간사업자에게 운영 위험을 이전하였기 때문에 민간사업자가 양허권 승인권자와 체결한 PPP 계약에 따라 건설 및 운영을 하고 있다면, 사업권 승인권자는 해당 공정이나 절차에 대해서 간섭을 할 수 없고 개입을 포기할 수밖에 없는 구조가 되므로 통제가 곤란하고, 기존의 정부 입찰방식의 대부분을 차지하는 단순 저가 입찰과는 달리, 공공부문에서도 적격의 민간사업자가 선정이 되도록 전문성, 경험 등 여러 부문을 평가, 측정할 수 있는 능력을 가지고 있어야 하므로 이러한 분야의 공공부문 역량이 있어야 한다는 점, 사업 운영측면을 고려하지 않으면 프로젝트금융비용과 투자자 수익보장이라는 측면으로 인해 초기 프로젝트 비용이 높아 보일 수도 있다는 점, 공공서비스를 민간을 통해서 취득하고자 하는 것이므로 관련 법제의 정비가 제대로 이루어지지 않는 경우, 별도의 계약으로만 공공서비스를 제공받기에는 정치적인 부담이 될 수 있다는 점이 단점이 될 수 있다.

5. PPP 사업의 전형적인 구조

PPP 사업만이 가지고 있는 특성과 앞서 언급한 취지를 충분히 발휘하기 위한 사항으로 고려되어야 할 것은 다음과 같다. 1) 특정 PPP 프로젝트를 구현하기 위해서는 해당 공공서비스에 대해서 독립적이고 구분이 명확한 Exclusive Right를 민간사업자가 가져야 하고, 2) 공공부지 등 PPP 프로젝트를 진행하게 될 지역에 민간사업자가 직접적으로 접근할 권리를 가지고 있어야 하며, 3) 민간사업자의 프로젝트 운영과 관련하여 특정시점까지의 의무제공 기한과 해당 기간 동안 분명하고 객관적인 서비스 제공이 명시되어야 하고[25],

25) 흔히 민간에서 투자가 가능한 공공서비스 분야는 발전사업 형태와 같은 분야와 일반 공공서비스 분야로 구분될 수 있는데, 이러한 두 분야의 서비스는 발전사업의 경우 특정기준을 충족하지 못하게 되면 발전자체가 인정이 안 될 수도 있지만, 기타

4) 민간사업자가 제공한 서비스에 대해서 공공분야에서 해당 서비스에 대한 대가를 지급할 의무가 분명해야 하고, 5) 해지 시 민간사업자의 PPP 인프라의 이전과 이에 대한 대가로 공공분야에서의 해지비용 지급의무, 6) 공공분야에서 프로젝트에 대해서 제공한 Information이 부정확한 경우의 해당 지역에 대한 위험 및 법률변경 및 불가항력과 관련된 위험도 공공분야에서 부담해야 한다. 그 외에도 PPP 프로젝트가 가지는 특성 때문에 다음 사항에 주의하여 구조를 짤 필요가 있다.

1) 운영수준 감독과 관련 비용 연동

기본적으로 PPP 프로젝트는 그 운영결과를 기준으로 그 대가가 지불되게 된다. 프로젝트를 어떻게 운영하여 수익을 발생할지 그리고 그에 대한 대가를 어떻게 지불받을지에 대해서는 본 프로젝트 제안시점에서는 물론이고 프로젝트를 구체화한 양허계약상에서도 이를 분명하게 명시해야 한다. 즉, 프로젝트의 운영수준을 분명하게 명시하고 운영수준 도달 또는 미달 시 어떻게 그에 따라 대가를 지불할지 아니면 대가를 일부 삭감하고 지불할지 대가 지불 구조를 명확하게 확정할 필요가 있다.[26] 프로젝트 운영과 이에 따른 대가관계가 연결되어 있기 때문에 이 경우 운영수준을 판단하기 위한 객관적이고 정량적 평가가 가능한 방법으로 평가를 해야 하며, Sampling, Customer Survey 등의 방법도 고려되는 것이 일반적이다. 만약 해당 PPP 프로젝트가 PF를 수반한 사업이라고 한다면, 대주단에서는 해당 프로젝트 회사의 현금흐름이 영향을 받아 대출 원리금에 문제가 생기기를 원하지 않을 것이므로 O&M 담당회사 또는 기타 관련 업무를 담당하고 있는 Sub-contractor에게 이러한 위약벌이 전가되도록 유도하고 그렇게 제안을 하게 된다.[27]

공공서비스의 경우에는 특정기준에 미치지 못하더라도 Availability가 가능하면 인정을 하고 대신에 해당 서비스의 수준을 별도로 측정해서 지불을 하는 방식이다. 즉, 가능한 Availability에 따라서 비용을 지불받게 된다.

26) 보통은 약정한 운영수준에 미달하게 되면 해당 건별로 그에 따른 위약벌을 산정하고 이를 특정 기간 동안 또는 특정수준이상이 되면 대가에서 차감하는 방식으로 진행을 하는 것이 일반적이다.

27) 이 경우 만약 Sub-contractor가 프로젝트 회사의 지분을 가지게 된다면, 주주라는 입장을 고려해서 본문과 같은 위험을 이전함에 있어서 어려운 점이 있다. 이런 위험이전을 Subcontract상에 이를 반영한다는 것이 쉽지 않고, 설령 반영한다고 하더라도 Exit 하게 될 경우를 고려해야 하며, 그 이후 단계에서도 해당 업무를 승계하여 진행할 차기 Sub-contractor가 동일한 수준의 계약조건을 받아들일 지도 고려해야 한다. 또한 무조건적으로 위약벌에 대해서 이를 Sub-contractor에게 부담하도록 하거나, 프로젝트 회사의 부담이 커지는 상황이 올 수 있다면, 결국 계약해지와 같은 극단적인 상황이 도래할 수도 있다는 점도 유의할 필요가 있다.

2) 시장 여건, 상황 및 변화의 반영

장기간 Offtake 계약을 체결하고, 일정비율로 장기간에 걸쳐 민간사업자의 요금을 인상해주는 것을 고려하였다면, 시장여건, 대외환경 변화로 인해 해당 요금구조에 문제가 발생하지 않도록 인플레이션 Index, 물가 상승률 반영 등과 같이 대가지급의 산식에 시장상황을 반영하도록 할 필요가 있다.[28] 그러나, 최근에는 인플레이션 Index 역시 공공서비스 시장상황을 완전히 반영할 수는 없기 때문에 이에 대한 대안으로 주기적인 Benchmarking and Marketing Testing 방식이 고려되기도 한다. 즉, 시장에서 해당 공공 서비스 분야에서 형성된 가격을 장기계약에 반영한다는 이야기이며, 주로 Benchmarking을 통해서 이루어지거나, 또는 Marketing Testing, 즉 양허계약상 해당 공공서비스에 대한 비용을 재입찰을 받는 방식으로 Re-tender해서 이를 산정하게 된다. 또는, 인상률을 감안해서 특정 숫자, 즉 Threshold를 넘는 경우에 이를 인정하는 방식도 고려되고 있다.

3) Refinancing

보통 프로젝트 파이낸싱을 한다고 하면, 대출부문 중 제일 많은 것을 차지하는 것이 선순위 대출(Senior Debt)이라고 볼 수 있다. 따라서, 시간이 경과하면서 선순위 대출이 줄어들고, 관련 수익잉여분이 늘어나게 되면 이를 적극적으로 향유하게 될 Scheme이 필요하게 된다. 잔여 계약기간을 고려하여 Refinancing을 적극적으로 고려하게 되는 것이고, 어차피 특정시점의 사업주 수익을 극대화하기 위한 것이므로 최근에는 해당 양허권 승인권자와 이를 향유코자 하는 방식이 적극적으로 고려되고 있는 것이 현실이다. 기존 실시양허계약의 일부 수정을 통해서 승인권자의 의무부담을 줄이고자 하게 된다. 따라서, 양허계약상 Refinancing을 조금 더 확대해서 정의코자 하는 것이 공공부문 또는 승인권자의 요청사항이고, 또한 Refinancing을 통해서 얻는 수익을 어떻게 나누는지도 큰 관심사항이라고 볼 수 있다. 결국 사업주의 IRR(내부수익률)이 늘어나는 것이 수익이 늘어나는 것이라고 보고, 이를 사업주의 Return이 늘어난다고 보는 것이 일반적이다. 보통 Refinancing을 통해서 IRR을 높이고자 하는 경우에는 주로 다음과 같은 방법을 많이 사용하게 되는데, 우선 1) 이자가 높은 후순위 대출을 주주가 먼저 변제하는 것, 2) 이자율을 낮추는 것, 3) 대출상환기간을 조금 더 연장하고 이를 통해서 원금의 상환비율을 낮추는 것, 4) 대출유보금(Debt Service Reserve)을 감소하는 것으로 IRR을 높이고자 한다.

---

28) Change in law와 같이 관련 규정 변경이 발생한 경우에는 일반적으로 특정시점에 변경으로 인한 요금 인상분을 반영해서 지불한다는데 차이가 있다.

6. PPP 사업에 있어 Risk 배분

앞에서도 여러 차례 언급하였듯이 사업과 관련된 위험 부담 및 이전은 해당위험을 가장 잘 이해하고, 가장 잘 관리할 수 있는 당사자가 관리를 해야 하고 이를 통해야만, 해당 위험과 관련하여 문제가 발생하면 최소의 비용으로 해당 위험처리가 가능하게 되고 이와 같은 위험부담이 가장 이상적이라고 볼 수 있다. 그럼에도 불구하고 해당 위험으로부터 미리 보호를 받고자 한다면, 해당 위험과 관련된 보험에 가입하여 보험회사가 해당 위험을 부보 하는 방법도 고려될 수 있다. 공공 인프라 사업의 경우에는 사업규모나 사업기간이 다른 사업에 비하여 상당히 규모가 크고 길기 때문에 민간에서 해당 PPP 사업을 문제없이 진행하기 위해서는 사업과 관련된 위험들이 적절히 위와 같은 기준으로 잘 분산되어져야 한다. 결국 프로젝트 회사가 부담하기 어려운 위험이라면 보험으로 이를 대비해야 하기 때문에 프로젝트 비용을 높이는 결과가 발생하게 되므로 이를 피하기 위해서는 민간사업자나 사업승인권자 사이에 적절한 위험배분이 중요하다고 할 수 있다. 고려해야 할 만한 위험 요소로는 정치적 위험(Political Risk : 법률 변경 및 각종 규제사항의 변경에 관한 위험), 사업부지 관련 위험(Project Site Risk : 사업부지 확정 및 구획과 관련된 위험 및 사업부지에 접근 가능할 권리, 기타 사업부지 관련 인허가 용역권 관련 위험)과 인허가 환경 관련 위험(Permit and License, Environmental Risk), 건설 및 준공 관련 위험(Construction and Completion Risk), 운영 및 프로젝트 유지 관련 위험(Usage, Operational and Availability Risk)이 있다.

이러한 위험들을 적절히 배분하기 위해서 프로젝트 회사는 여러 가지 계약을 체결하게 되는데, 건설 관련 계약에서는 우선적으로 정해진 비용으로, 정해진 기간 안에, 약정한 수준으로 준공이 가능한 계약구조가 선호되고 있으며, 준공이후 해당 프로젝트의 적절한 운영을 위해서 운영계약에 PPP 계약 또는 실시양허계약의 모든 계약상 의무 조건들이 준용될 필요가 있다. 이 경우 우선적으로 건설계약에 있어서는 해당 계약의 의무 조건 등은 관련 계약의 Subcontract에도 그대로 적용되어야 하고 이러한 관점에서 계약상의 Technical Specification, Schedules, Scope of Works, Performance Standard, Remedies for Breach of Contract 등이 일치되어야 한다. 운영계약에 있어서 프로젝트 Availability와 관련된 위험은 공공부문 또는 사업승인권자가 부담하거나 민간사업자가 부담하게 되는데, 만약 민간사업자가 부담한다고 하면 이것은 시장의 Demand Risk를 민간에게 넘긴다는 의미로 보면 될 것이다.[29)]

사업기간이 상당히 장기간이기 때문에 고려해야 하는 위험 중 하나가 불가항력이라고 볼 수 있다. 이 경우 불가항력에 관한 명확하고 정확한 근거 규정을 마련하여야 하며, 자칫 민간사업자가 불가항력이 아닌 경우에 부담하게 될 위험이 있다면, Sub-contractor에게 부담토록 유도하는 것이 일반적이다. 보통은 저개발 후진국에서는 불가항력 조항이 좀 더 포괄적이고 다양하다는 특징이 있으므로 유의할 필요가 있다.

7. PPP 사업 계약 개관

이러한 배경 하에서 일반적으로 PPP 사업 계약을 통해서 중점적으로 살펴보아야 할 내용은 다음과 같다. 자세하고 각론적인 이야기는 별도의 파트에서 계약별로 다루어 보기로 한다.

1) **PPP 프로젝트의 서비스:** PPP 프로젝트의 제공 서비스가 정확하고 객관적으로 정의되어 있어야 하며, 또한 양허권에 기인한 사업기간이 서비스 개시일로부터 분명히 명시되어야 한다. 왜냐하면, 해당 프로젝트의 사업기간을 근간으로 해서 프로젝트의 수익구조, 운영수준 및 대주단의 대출 원리금 상환기간을 산정하기 때문이다.

2) **양허권자의 의무사항:** 양허권자의 의무사항이 분명하게 명시되어야 하고, 이는 양허권의 승인 및 민간사업자의 프로젝트의 건설, 운영, 유지보수를 위한 권리 보장에 관한 사항, 사업의 성공적인 준공을 조건으로 공공서비스 대가의 지불 Schedule 및 금액이 명시되고, 이와 더불어 프로젝트 건설, 운영, 보수 등을 위한 인허가의 지원 및 PPP 사업권 실현을 위한 각종 부동산 권리관계의 명시, 프로젝트의 성공적인 운영을 위한 각종 사회간접자본 지원 및 책임제공 주체가 확정되고 기타 관련 프로젝트의 개발, 건설, 운영을 위한 규정의 제정 또는 개정이 필요한 경우 이를 양허권 승인권자의 의무사항으로 규정하게 된다.

---

29) 민간사업자의 입장에서는 단순한 Toll 방식의 프로젝트에 자본을 투입하는 것보다는, Availability 방식의 대가 지불 방식에 자본을 투입하는 것을 훨씬 더 효율적이라는 생각을 가지고 있다. 어떤 상황이든 간에 프로젝트 운영이 용이한 구조이기 때문이다.

3) 민간사업자의 의무사항: 1) PPP 계약기간 동안 정해진 일정에 따라, 프로젝트를 개발하고, 건설하고 운영하며, 2) 자금을 조달할 의무를 부담하게 되고, 3) 이와 더불어 프로젝트 개시 이후 적용법률의 준수의무가 규정된다.

4) 프로젝트 소유권 관련 사항: 사업운영기간 동안 해당 프로젝트의 소유권에 대해서도 명시가 되어야 하는데, 이러한 소유관계에 따라서 PPP 사업 방식이 구분되게 된다.

5) 손해배상의 예정 및 해지 조항: 양허계약상 상기한 의무위반, 특히 준공지연 및 성능미달과 관련된 사항에 대해서 손해배상예정액에 대해서 명시하고, 더불어 해지와 관련된 조항에 대해서도 명시되어져야 한다.

양허계약 해지 시 Termination Payment의 변화

사업주의 과실, 즉 운영수준 미달로 양허계약을 해지하는 경우에 기존 방식의 양허계약상 해지지급금의 경우에는 대주단의 잔여 대출 원리금 상환을 주된 지급금으로 해왔으나, 최근에는 1) 최초의 운영수준을 고려하여 현재가치(Net Present Value)를 산정한 것에서 성능미달로 인한 원인을 제거하고 정상화하기 위한 비용을 감안한, 나머지 금액으로 지급금을 지급하는 방식, 2) 또는 사업주의 과실이므로 과거의 역사적인 운영실적을 반영해서 현재가치를 산정해서 지급금을 산정하는 방식, 3) 대주단이 직접 개입(Step in)하도록 하거나, 4) 직접개입하지 않는 경우에 해당 실시양허권을 재입찰토록 해서 해당 가치를 객관적으로 시장에서 인정토록 해서 해당 가격을 해지지급금으로 산정하는 것이다. 물론 여기서 만약 입찰자가 없다면 이는 가치가 0인 것으로 간주될 수도 있다. 이러한 방식은 대체적으로 양허권 승인권자에 유리하다고 볼 수 있는데, 국가의 사업환경에 따라서 대주단이 선택적으로 협상을 하고 결정해야 할 것으로 보인다. 해지 시 대주단이 자신의 직접개입권을 행사하지 않았다면, 결국 양허권 승인권자가 정하는 방식의 가치산정에 의해서 해지지급금을 지급받게 될 것이기 때문이다.

PART 2

해외 IPP (Independent Power Producer) 프로젝트 계약의 이해

제 1 장
IPP 사업 전력구매계약(PPA)의 이해

Ⅰ. 들어가는 말

최근에 에너지 기업뿐만 아니라 Global 경쟁력을 갖춘 EPC 업체들로부터 많은 관심을 받고 있는 독립민자발전사업(IPP사업)에서 가장 중요하게 여겨지는 것이 전력구매계약(PPA : Power Purchase Agreement)이라고 볼 수 있다. 왜냐하면, 본 전력구매계약을 통해서 장기간 동안 전력을 생산하는 민간발전사업자와 전력을 구매하는 전력구매자 사이에서 지켜야 할 주요 조건과 의무사항이 결정되며, 이 내용은 프로젝트의 금융조달과 관련된 핵심 사항으로서[30] 이러한 전력구매계약의 계약구조를 바탕으로 프로젝트금융이 이루어지고, 일단 발전프로젝트 운영이 시작되면 20여 년 이상 장기간 동안 발생하는 현금흐름(Cash Flow)으로부터 대출 원리금을 상환하고, 운영비를 조달하며, 투자금에 대한 이익까지 보장하는 프로젝트의 근간을 이루는 내용이기 때문이다. 이런 구조를 확정하고 이를 유지해 나가기 위해서 전력구매자가 장기간 동안 전력구매가 가능한지 여부, 즉 전력구매자의 신용상태 또한, 중요하게 평가하고 있으며, 신용이 충분치 못하다고 한다면, 정부기관 보증을 통해서 이를 보완하여 해당 프로젝트의 구조를 강화한다. 민간발전사업자의 재정적 부담을 최소화하는 프로젝트금융이라는 매력적인 투자형태를 만들기 위해서는, 무엇보다도 프로젝트의 큰 그림을 그리는 전력구매계약의 성공적 체결이 절대적으로 중요한 사항이라고 볼 수 있다.

30) 프로젝트금융(Project Financing, 또는 프로젝트 파이낸싱)은 해외에서 도입된 선진금융기법으로 강력하고 탄탄한 미래 현금흐름(Cash Flow)을 근간으로 하여 금융을 조달하는 방식으로 장기간 수익이 보장되는 사회간접자본 시설의 건설 및 운영과 관련된 금융조달에 주로 사용되는 방식이다. 단순히 프로젝트의 현금흐름만을 담보로 금융을 제공하는 탓에, 독립민자발전사업에서는 프로젝트금융을 주선하는 대주단이 미래 현금흐름에 가장 큰 영향을 주는 발전소 성능 사항에 대해서는 지나칠 정도로 간섭을 하고 있고, 성능 관련 계약불이행이 발생하는 경우 손해배상예정액 역시 상당히 엄격히 요구하고 있다.

II. 프로젝트금융 하에서의 발전프로젝트의 전력구매계약 이슈

1. 전력구매계약의 주요 목적

전력구매계약을 통해서 민간발전사업자가 달성하고자 하는 것은 자신의 위험을 적절히 관리하여 투자이익을 적기에 환수하는 것이 가장 큰 목적일 것이고, 전력구매자의 입장에서는 민간발전사업자가 전력구매계약의 의무사항을 충실히 이행하는 한, 약정한 전력요금을 지불하고 민간발전사업자로부터 전력을 안정적으로 공급받아 전체적인 전력시장의 안정성을 꾀하는 것이 주된 목적이라 볼 수 있다. 전력구매계약이 장기간 동안 아무런 문제없이 운영되기 위해서는 계약 당사자가 각자 관리가 가능한 위험은 직접 부담하거나, 또는 직접 관리가 불가능하면, 이를 가장 잘 관리할 수 있는 당사자가 부담하도록 위험을 이전하는 것 또는 종국적으로 보험을 통해서 해당 보험을 부보 하는 것으로 위험을 예방하는 것이 필수적이라고 볼 수 있다.

이런 배경 하에서 일반적으로 민간발전사업자가 부담하는 위험들은 건설위험, 발전소 운영 및 유지보수에 관한 위험, 자연재해 등이 될 수 있고, 전력구매자가 주로 부담하는 위험은 전력구매자의 운영, 전력 수요 감소, 정치적인 불가항력이라고 볼 수 있을 것이다. 이런 전형적인 위험 외에도 국가나 해당 프로젝트의 특성에 따라 고려해야 할 위험으로 연료공급과 태환 관련 위험이 있다. 전력구매계약은 장기간 전력공급을 다루는 계약으로서 반드시 1) 재정적으로나 실질적으로도 양 당사자가 계약상 의무사항들을 이행가능 해야 하며, 2) 계약기간 동안 양 당사자에게 수익이나 전력공급이 보장되는 약정이어야 한다. 아무리 재정상태가 좋은 전력구매자라 하더라도 전력구매계약상 불공평한 의무로 인해 장기간 동안 위험에 노출되면, 종국적으로 계약자체에 문제가 발생하여, 해지하는 경우도 종종 발생하기 때문이다.[31)]

일반적으로 독립민자발전사업자로부터 전력을 구매하는 전력구매자는 크게 3가지로 나누어진다. 첫 번째로 전력구매자가 정부 소유기관 또는 송변전 설비 회사인 경우이며 주로 중앙정부나 지방정부가 소유하고 있는 회사이고, 두 번째로 민간이 보유하고 있는 전력회사 또는 배전회사가 될 수 있으며, 마지막으로 특정지역 내에서 직접 전력을 구매하고자 하는 소비자에게 전력을 판매하는 자로 나누어진다. 프로젝트금융을 수반하는 독립민자발전사업에 있어 전력구매자에 따라서 여러 가지 신용과 규제이슈가 발생하게 되는

31) Barton D. Ford and Jane Wallison Stein, (주12), at p 43-44

데, 정부기관 또는 정부가 지분을 소유하고 있는 전력구매자는 일반적으로 정치적인 불가항력을 받아들이기를 꺼리기도 하지만, 협상과정에서 비용문제라든지 재무적인 부담을 고려해서 판단을 요청하게 되면 결국 정치적인 불가항력을 전력구매자가 받아들이기도 하며, 연료공급에 있어서도 해당 연료공급의무를 정부기관에서 담당하는 경우에 연료공급과 관련된 위험을 부담하기도 한다. 따라서, 전력구매계약의 위험이란 어느 당사자가 해당 위험을 가장 잘 관리할 수 있느냐에 따라서 부담하는 주체가 달라지고, 이렇게 위험이 적절히 잘 분산된 사업일수록 프로젝트의 Bankability가 높아져 수익이 담보된다고 할 수 있을 것이다.

2. 전력구매계약의 형태

일반적으로 전력구매계약이라고 하면 민간발전사업자가 발전소를 건설하고 이를 장기간 동안 보유하고 있으면서 발전소 운영을 통해서 벌어들인 전력판매대금으로 대출을 상환하고 투자수익을 확보하는 형태가 가장 일반적이고 전형적인 독립민자발전사업의 계약형태라고 할 수 있다. 그러나, 이러한 형태도 현지의 여건에 따라 조금씩 달라질 수 있는데, 이는 민간발전사업자가 직접 발전소를 운영할 수도 있고 아닐 수도 있으며, 전력공급 계약기간 만료 후 전력구매자나 해당 정부에 발전소를 양도해야 하거나, 아닌 경우 등 다양한 형태가 있을 수 있기 때문이다. 또는 전력구매계약이 BOT나 BOOT 구조를 가지고 있으며, 동시에 해당 발전소를 정부의 허가 또는 승인을 받고 건설하고, 장기간 동안 운영하는 구조를 가지고 있고 정부가 계약의 당사자인 경우에는 실시협약(Concession Agreement)으로 불리기도 한다.[32)]

민간 인프라 사업에서 일반적으로 통용되는 전력구매계약의 형태를 살펴보면 BOT (Build, Own and Transfer) 계약, 즉 계약기간의 종료시점에 정부기관 또는 공공기관에 발전소를 양도해야 하는 계약으로 계약기간 동안 민간발전사업자는 해당 발전소를 소유만 하면 되므로 계약기간 중 발전소 운영을 할 수도 있고 아닐 수도 있다. 그 다음은 BOOT (Build, Own, Operate and Transfer) 계약으로 민간발전사업자가 소유하고 있는 기간 동안 발전소 운영까지 하는 계약형태를 말하며, 마지막으로 BOO (Build, Own and Operate) 계약, 즉 계약기간의 종료시점에 양도할 계약적 의무가 없는 계약 형태라고 볼 수 있다.[33)]

32) Barton D. Ford and Jane Wallison Stein, (주12), at p 45

33) Jeffrey Delmon, (주3), at p 348 (2005)

3. 전력구매계약 이행 관련 주요 이슈

1) 일반론

전력구매계약에서는 민간발전사업자와 전력구매자가 최초 약정한 대로 발전소를 특정 시점까지 건설하고, 계약상 요구되는 발전소 성능을 발휘하며, 준공시점 이후 본격적으로 상업운영을 개시하는 등 시간 순서에 따라 각 단계별로 주어진 계약상 의무를 이행하는 것이 상당히 중요하다. 안정적으로 전력을 공급해야 하는 전력구매자는 여러 종류의 발전소를 동시에 관리해야 하기 때문에 전체 전력시장의 수요를 관리한다는 측면에서 다른 민간발전사업자와 맺은 전력구매계약을 취소하거나, 시행을 연기하기도 하고, 동시에 전력시장 운영자에게 전력구매자가 공급할 계약 용량에 대해서 확약하기도 하는 등 거시적인 관점에서 효율적이고 안정적인 전력공급을 위해서 복수의 전력구매계약을 동시에 관리해야 하는 것이 필수적이라고 볼 수 있다. 이런 상황에서 최초 약정한 일정을 준수치 못한다면, 전력구매자 역시 전력시장 운영자로부터 규제를 받거나 심지어는 손해배상 책임을 부담하기도 하므로 전력구매계약의 의무를 성실히 이행해야 한다는 것은 상당히 중요하다고 할 수 있다.[34)]

이러한 이유로 인해서, 전력구매자는 민간발전사업자가 자신의 발전소건설 및 운영과 관련하여 전력구매계약상 합의한 Milestone(주요한 행위 or 일정)을 준수토록 요구하게 된다. Milestone은 해당 프로젝트가 약정기간 내 준공을 완료할 수 있도록 각각의 단계별로 특별히 지정한 날까지 완성하거나 끝내야 할 중요한 시점 or 행위를 일컫는 말이다. 당연히 민간발전사업자의 입장에서는 Milestone을 준수키 위해서, 시공 단계별로 정밀한 검사와 세심한 분석을 하고, 이를 통해 전체 준공 일정이 지연되지 않도록 미리 이를 확정하도록, 건설시공자와 협상을 하는데, 이때 긴급한 상황에 대비하기 위해서 건설기간에 여유기간을 두는 것이 일반적이다.

전력구매계약에 있어 Milestone의 가장 일반적인 예가 각 단계별 선행조건(Condition Precedent)이라고 볼 수 있는데, 이를 전력구매계약상 진행 순서별로 살펴보면, 전력구매계약을 체결하는 시점 또는 그 직후에 반드시 달성해야 하는 Milestone으로 1) 계약 이행보증금 수취, 2) 소유권 및 발전프로젝트의 허가 및 승인 취득, 3) 기타 발전사업에 필요한 정부기관의 허가 및 승인 등이 있고, 두 번째로 발전소 건설 단계에 달성해야 할

34) Scott L. Hoffman, *The Law and Business of International Project Finance*, Cambridge University Press (2008), p 3 참조

Milestone으로는 1) 전력요금 및 이율 승인, 2) 발전소 건설과 관련된 주요 허가사항 승인, 3) 건설, 연료, 운영 계약의 이행, 4) 보험 가입, 5) 금융조달 종결 및 출자완료, 6) 발전소 준공 및 시운전 통과, 7) 발전한 전력을 송변전 계통에 병입하기 위한 송변전 설비 준공 등이 있다. 그 이후의 Milestone으로는 상업운전일까지는 전력구매계약에서 요구되는 발전소 준공시험 통과 및 성능수준이 달성되어야 할 것 이다. 만약, 위와 같은 Milestone을 달성하지 못하고 이로 인해, 준공 지연이 발생한 경우에는 민간발전사업자는 전력구매자에게 준공 지연이 발생된 원인에 따라 손해배상예정액(Liquidated Damage)[35]을 부담해야 할 상황이 발생할 수도 있다.

2) 발전사업 계약 승인과 금융종결

전력구매자의 입장에서 해당 프로젝트의 성패는 초기에 일반적으로 어떻게 계약구조를 만들고 각각의 위험들을 잘 관리하느냐에 달려 있다. 따라서, 해당 프로젝트가 실질적으로 건설단계가 진행되기도 전에, 민간발전사업자가 발전사업과 관련된 여러 계약의 당사자로서 계약의 주요사항들을 합의하고 이행하였음에도 불구하고, 계약당사자가 아닌 전력구매자가 관련 계약들을 직접 검토하고 협상에 참여하는 경우가 종종 있다. 이는 기 체결한 계약에 대한 간섭이라는 의견도 있을 수 있으나, 최종적으로 전력요금을 지불하고 연료대금과 운영유지비를 지불하는 입장에서 관련 계약의 Milestone을 살피는 정도는 허용되거나 가능토록 해야 한다고 보는 것이 일반적이다.[36] 민간발전사업자가 건설비용을

35) 미래 현금흐름만을 보고 금융조달을 하는 발전사업에 있어서 프로젝트의 수익과 직결되는 발전소 성능은 중요하다고 할 수 있다. 약정기간 동안 발전소 성능에 따라서 발전사업자의 수익이 결정됨으로, 발전소 성능수준을 달성하느냐의 문제는 발전프로젝트의 성패에 영향을 미치는 중요한 요소이며, 더구나 발전소 건설에 있어 성능미달은 단순수리나 부품교환만으로 복구하기가 쉽지 않은 측면도 있기 때문에, 성능보장이 제대로 안 될 경우에 이를 보완하는 성능미달 관련 손해배상예정액(PLD : Performance Liquidated Damages)이 중요하다고 볼 수 있다. 발전소 성능과 별도로, 정해진 준공시점에 상업운전을 개시하는 것 또한, 이에 못지않게 중요하다. 발전프로젝트의 성공적인 준공은 발전소 운영의 기본 전제이자 시발점이고 관련 계약(O&M, FSA, PPA, Land Lease 계약 등)의 계약 당사자 간에 책임/의무 발생 시점과도 관련이 있어 지연 시, 손해배상 문제도 발생할 수 있기 때문에 이를 대비하는 지연 관련 손해배상예정액(DLD : Delayed Liquidated Damages) 역시 중요하다고 볼 수 있다. 이 두 가지 장치는 손해배상을 미리 확정한다는 것 외에 적극적으로 시공자가 의무를 잘 이행할 수 있도록 동기를 부여하는 역할도 한다고 볼 수 있다. 손해배상예정액에 대해서는 김승현, 프로젝트금융 하에서의 건설공사계약과 완공보증을 둘러싼 법률문제, 국제거래법 연구 제23권 제1호 (2014), at p 72-73 참고

36) 전력구매자의 계약검토 및 간섭에 대해서 프로젝트 파이낸싱을 위해서 대주단이 주요 계약사항들을 다시 검토하기 때문에 전력구매자의 검토는 무의미하다는 의견도 있으나, 대주단의 목적과 전력구입자의 목적은 서로 다른 관계로 각각의 목적에 맞게 각 당사자가 검토할 필요가 있어 보인다. 따라서, 전력구매계약뿐만 아니라 주요 계약에 대해서도 일반적으로 전력구매자의 검토가 필요하다고 보는 것이 타당할 것이다. 그러나, 앞서 이야기 한대로 지나친 간섭은 간혹 의무지연, 불이행 사유로 이용되기도 하기 때문에 Milestone 준수를 위한 의견 또는 수정요청에 그쳐야 할 것으로 보인다. Scott L. Hoffman, (주58), at p 224 참고

위해 자신이 자본금을 직접 출자하기도 하지만, 보통은 프로젝트금융 하에서 발전소 건설은 금융종결(Financial Closing) 없이, 혹은 대주단의 선지급 없이 시작할 수 없다. 이런 까닭에 전력구매자는 종종 금융종결을 전력구매계약의 Milestone으로 설정하여 특정일까지 금융종결이 일어나지 못한 경우에 계약을 해지할 수 있는 권한을 보유하기도 한다.

3) Milestone 미달성으로 인한 효과

일반적으로는 Milestone 일정 지연이 발생하게 되면, 일정기간 동안 해당 원인을 해결하도록 시간과 기회를 주고, 별도로 확정 또는 합의한 일자까지 해당 사유가 해결되면 사안에 따라서 손해배상이나 위약금이 부과되게 되나, 합의한 일자까지 해결하지 못하게 되면 전력구매자는 계약을 해지할 수 있게 된다. 이처럼 전력구매계약상 전체 계약 일정에 중요한 영향을 미치는 사항들은 어떤 것들이 있는지 살펴보도록 하자.

① **상업운전 지연**: 발전소 건설 지연으로 전력생산에 차질이 생기면 전력구매자에게 금전적으로 손해배상을 해야 한다. 이런 경우에 보통 민간발전사업자는 전력구매자에게 미리 약정한 만큼의 지연 관련 손해배상예정액(DLD : Delayed Liquidated Damages)을 지불해야 한다. 상업운전 지연사유가 불가항력이나, 전력구매자 귀책사유인 경우에는 위 손해배상예정액에 관한 책임은 면제가 되지만, 발전소 건설 시공자의 귀책인 경우에는 전력구매계약의 당사자인 전력구매자와 민간발전사업자가 아닌 다른 당사자의 귀책사유로 지연이 발생하였으므로 면제가 불가능한 것으로 본다. 왜냐하면, 설령 전력구매계약을 통해서 민간발전사업자가 금전적으로 손해배상을 부담한다고 하더라도, 민간발전사업자는 해당 건설시공자와 체결한 EPC 계약을 통해 구제가 가능하다고 생각하기 때문이다.[37]

② **준공실패**: 민간발전사업자가 준공에 실패하는 경우도 있는데, 프로젝트금융방식 하에서는 민간발전사업자는 전체 프로젝트 Cost와 비교해서 상대적으로 적은 금액만 출자하고,[38] 때로는 손해배상을 지불할 만한 능력이 부족할 수도 있으므로, 준공실

37) 발전프로젝트의 성공적인 준공은 발전소 운영의 기본 전제이자 시발점이고 관련 계약(O&M, FSA, PPA, Land Lease 계약 등)의 계약 당사자 간에 책임/의무 발생 시점과도 관련이 있어 지연 시, 손해배상 문제도 발생할 수 있기 때문에 이를 대비하는 지연 관련 손해배상예정액(DLD : Delayed Liquidated Damages) 역시 중요하다고 볼 수 있다. 이 두 가지 장치는 손해배상을 미리 확정한다는 것 외에 적극적으로 시공자가 의무를 잘 이행할 수 있도록 동기를 부여하는 역할도 한다고 볼 수 있다. Paul b. Abramson, (주14), at p 126 참고

38) 민간발전사업자는 일반적으로 프로젝트금융 하에서는 프로젝트 비용의 30~20% 정도만 출자하기 때문에 전체 비용과 비교하면 상대적으로 작을 수도 있다. Scott L. Hoffman, (주58), at p 225 참고

패와 관련해서는 Letter of Credit이나 신용이 충분한 연관회사로부터 보증을 수취하는 것이 일반적이다.

③ **성능미달**: 일반적으로 전력구매계약상에서 민간발전사업자와 전력구매자가 약정한 성능용량 수준에 미달하는 경우에도 최소 보증용량 이상이기만 하면, 고정비인 용량요금을 조정하는 것으로 민간발전사업자는 구제가 가능하다. 보통 석탄화력 발전의 경우에는 명목상 출력의 82.5%~85%까지, 가스발전의 경우에는 90%까지가 계약상 허용 가능한 정격출력이라고 보이며, 이 경우에 발생한 성능저하로 인한 손해배상예정액은 약정한 성능이 결국 대주단의 대출 상환과 연결되어 있기 때문에, 일반적으로 대출을 상환하는데 사용된다.[39)]

4) 상업운전

상업운전개시는 전력구매계약상에서는 상당히 중요한 Milestone이라고 볼 수 있다. 왜냐면, 시운전과 준공검사를 모두 마친 이 시점부터 민간발전사업자는 전력구매자에게 안전하고 신뢰할 만한 수준으로 전력공급이 가능하다고 보기 때문이다. 이런 까닭에 상업운전을 가능토록 하는 시운전과 준공검사와 관련된 구체적인 성능시험 절차를 미리 관련 계약에 명시하여 놓는 것이 상호 분쟁을 줄일 수 있는 방법이 될 수 있다. 성능 시험 절차는 발전소 운영과 관련된 종합적인 검사로서 운영절차, 성능보장 및 발전소 운전의 신뢰도 및 안전 관련 사항까지 다루게 된다.

민간발전사업자와 전력구매자, 양 당사자가 전력구매계약에서 합의한 상업운전일까지 상업운전이 곤란한 경우에는 1) 전력구매계약이 해지되거나, 2) 지체가 발생한 일자에 따라 지연과 관련된 손해배상예정액을 민간발전사업자가 전력구매자에게 지불하고 이를 보완토록 하기도 한다. 그러나, 보완을 위한 추가 일정이 지났음에도 불구하고 여전히 상업운전이 곤란한 경우에는 전력구매자는 계약을 해지할 수도 있다.[40)]

---

39) 약정기간 동안 발전소 성능에 따라서 발전사업자의 수익이 결정됨으로, 발전소 성능수준을 달성하느냐의 문제는 발전프로젝트의 성패에 영향을 미치는 중요한 요소이며, 더구나 발전소 건설에 있어 성능미달은 단순수리나 부품교환만으로 복구하기가 쉽지 않은 측면도 있기 때문에, 성능보장이 제대로 안될 경우에 이를 보완하는 성능미달 관련 손해배상예정액(PLD : Performance Liquidated Damages)이 중요하다고 볼 수 있다. 성능미달로 지급된 손해배상예정액은 일반적으로 발전사업자가 대출을 상환하는데 먼저 사용된다. Scott L. Hoffman, (주58), at p 225 참고

40) 건설 시공 및 준공 이후의 계약해지와 관련해서는 별도로 설명하기로 한다. 보통 전력구매계약상에서 부과되는 손해배상예정액은 일반적으로 해당 발생원인과 관련 있는 다른 계약(건설 중인 경우 EPC 계약 또는 운영 중인 경우 O&M 계약)과 연계되어 제3자가 발전사업자에게 배상하는 구조로 되어 있다.

이와 더불어 발전사업자가 상업운전일 이전에 실질적으로 원활하게 발전소 운영이 가능토록 주변 여건이 잘 갖추어졌는지 살피는 것 또한 중요하다. 민간발전사업자가 상업운전 개시를 위해서 필수적으로 갖춰져야 할 사항 중, 전력구매자의 협력이 필수적인 사항과 의무사항에 대해서는 전력구매계약상 미리 명시적으로 확정을 할 필요가 있다. 민간발전사업자가 전력공급을 위한 사전단계로서의 계통연결을 위한 송변전 설비 준공이 그 예라고 볼 수 있다. 이처럼 발전소의 전력공급을 위한 송변전 설비가 준공되고, 기타 상업운전을 위한 여건이 갖추어지면 성능시험을 통해 상업운전 여부가 결정되게 된다. 상업운전일 이전에 성능검사 및 운전 시험을 위해 공급된 전력에 대해서는 용량요금은 지불하지 않고 에너지요금만 지불하는 것이 일반적이다.[41)]

예외적으로 간혹 전력구매자가 자신의 재정적 문제 또는 발전된 전력을 수용할 만한 송변전 계통의 준비가 제대로 되지 않아 민간발전사업자의 상업운전 지연을 요청하는 경우도 있는데 이 경우에는 전력구매자가 지연을 요청한 날짜만큼 손해배상을 해야 할 것이다.

5) 전력공급 및 전력수급 의무

전력구매계약상 여러 가지 의무사항 중 장기간 동안 전력구매자가 전력을 구매하고, 이를 위해 발전사업자가 전력을 공급할 의무는 민간발전사업 프로젝트에 있어서 제일 중요한 부문이라고 볼 수 있다. 이런 양 당사자의 의무사항을 근간으로 하여 프로젝트금융이라는 구조가 이루어지기 때문이다. 따라서, 계약의무 사항이 제대로 이행되지 않는다면, 발전소 운영에 영향을 미치고 이런 영향으로 인해 미리 예정한 발전소 운영수준에 따라 확정한 수익모델의 현금흐름도 큰 영향을 받게 된다. 따라서, 이런 이유로 인해 전력구매계약상 양 당사자의 계약 의무사항이 면제받는 경우는 극히 제한적이다. 예외적으로 불가항력이 발생한 경우에 양 당사자의 전력구매계약상 전력공급 및 수급의무 이행을 면제해 주고 있으며, 전력구매자의 의무만을 면제하는 경우는 1) 송변전 계통 운영상 비상 상황 또는 2) 비상 전 긴급상황인 경우에 한하여 전력구매자의 의무이행을 면제해 주고 있는데, "비상상황"이라 함은 전력구매자의 계통이 전체 전력시장 상황상 긴급히 전력공급 중지를 고려해야 하거나, 또는 전력공급으로 인해 사람이나 재산상 손해를 끼칠 만한 경우

41) 전력구매계약에서는 에너지 사용량 요금으로 보상을 받는 게 일반적이나, 간혹 전력시장 수요와 공급의 상황상, 전력수요가 높은 경우에는 성능시험기간이라고 하더라도 여전히 전력구매자가 다른 발전사업자로부터 높은 가격에 전력을 구매할 수 밖에 없는 상황이고, 자가 발전을 한다고 하더라도 높은 비용으로 할 수밖에 없는 상황이라면, 에너지 사용량 요금 외 Bonus도 한번 협상해 볼만 하다고 할 것이다.

를 말하며, "비상전 긴급상황"이라 하면, 비상상황 돌입 전에 비상상황을 유발할만한 상당한 원인 또는 결과가 충분히 예상되는 경우를 말한다고 볼 수 있다.

프로젝트금융방식의 발전프로젝트의 근간이 되는 전력구매계약은 성격상 Output Agreement로서 발전사업 곤란 또는 발전용량에 대한 위험은 일반적으로 전력구매자가 부담을 하게 된다. 왜냐면, 전력구매계약을 통해서 장기간 동안 전력구매자가 민간발전사업자가 발전한 모든 전력을 받아들이고, 그에 대한 대가를 지불키로 계약을 체결하였기 때문이며, 따라서, 실제 전력수요의 불확실성으로 인해 발생하는 전력공급 관련 위험은 전적으로 전력구매자가 부담하게 되기 때문이다.[42)]

또한, 전력구매계약은 공급될 전력의 특성에 따라 다양한 형태의 공급 및 수전의무가 생길 수 있다. 전력수요가 날씨 등 기후조건에 의해서 유동적으로 변하기 때문에 여러 형태의 전력공급 계약이 체결될 수 있기 때문이다. 이런 전력수요를 감안하여 전력구매자는 전력구매계약상 급전지시가 가능한 상황을 미리 예정하는 경우도 있다. 물론 이 경우 발전소 운영을 위한 고정비는 원래 발전사업자의 고정비[43)]를 보상하기 위한 것이므로 전력공급과는 무관하게 해당 기간 동안 지급된다. 이렇게 전력구매계약에 따라 전력구매자는 일정 기간 또는 계약기간 동안 민간발전사업자가 발전한 모든 전력을 구매하게 되는데, 이러한 전력구매의무에 대해서 민간발전사업자가 약정한 용량을 공급하지 못하게 되면, 민간발전사업자에게 위약금이 부과되기도 한다. 따라서, 전력구매자가 고정적으로 지급하게 되는 고정비의 기준이 되는 용량요금은 반드시 민간발전사업자가 실질적으로 발전소 운영이 가능한 범위 내에서 설정되어야 한다. 그래야지만, 전력구매자가 민간발전사업자가 전력구매계약상 보증한 발전용량을 신뢰하고 이를 근거로 하여 매일, 매 계절 변하는 전력수요에 전력구매자가 적극적으로 대비할 수 있기 때문이다.[44)]

6) 전력공급 접속점과 계통연결

전력구매계약에 있어서 수급접속점 또는 공급접속점에 대해서는 반드시 분명히 명시적으로 언급되어야 한다. 이 지점은 단순히 전력공급을 위한 접속점일 뿐 아니라 양 당사자의 재산한계점으로서 역할도 하기 때문이다.

---

42) Scott L. Hoffman, (주58), at p 225

43) Capacity Payment (CP): 가용 가능한 발전설비에 대하여 실제 발전 여부와 관계없이 미리 정해진 수준의 요금을 지불하여 신규투자를 유인하기 위한 제도로서 CP 수준은 일반적으로 예비전력 수준과 공급지장비용 수준에 따라서 정해지게 된다.

44) Scott L. Hoffman, (주58), at p 226

또한 이와 더불어 전력구매계약에서 계통연결과 관련된 사항, 즉 송변전 계통설비의 설계, 건설, 소유, 유지보수 및 장기간 동안 발전한 전력을 전력구매자에게 원활하게 전달하기 위한 계통 개선사항에 대한 책임 및 관련 의무사항에 대해서 이를 누가 부담할 것인지도 미리 확정 할 필요가 있다. 일반적으로 전력구매자가 발전소가 준공된 이후 상업운전이 시작되면 원활한 전력공급이 이루어지도록 하기 위해서 송변전 계통설비에 대한 운영책임을 부담하게 된다.

기타 송변전 설비 운영과 관련하여 해당 송변전 계통설비가 토지점유사용에 대한 권원 또는 최소한의 부동산권리에 근거하여 설치가 되었는지 살피는 것도 중요하다. 왜냐하면 이러한 사항들이 장기간 동안 원활한 전력공급을 위하여 발전소 변전설비, 송전선, 다른 기타 계통을 연결하는 데 필요한 사항과 관련되어 있기 때문이다. 설령 전력구매자가 정당한 권원을 가지고 있다고 하더라도, 실제 송변전 설비의 점유가 일어나고 해당 송변전 선로를 사용하게 되면서 정치적인 저항 특히 시민단체들의 저항이 생길 수 있기 때문에 신중한 접근을 해야 한다. 만약 개발도상국에서 특정도시의 Business Interest를 위해 송전선로 건설이 필요하고 이를 위해서 해당지역의 극빈계층의 시민들을 이주하게 하거나, 또는 이들에게 부담을 주는 상황이 발생하게 된다면 적극적인 저항에 부딪히는 등 문제는 심각해질 수도 있다. 따라서, 각각의 설비에 대한 사용권원을 각각의 상황에 맞게 확보해 나가는 것이 중요하다고 볼 수 있다.

마지막으로 송변전 토지 사용과 관련하여 해당 토지 또는 사유지에 원활한 접근 또는 이용이 가능토록 적정한 권리를 확보하는 것도 중요하다. 다른 사유지 내에 있는 송전설비 또는 지상권 및 지역권 역시 설비유지보수를 위해서도 대단히 중요하기 때문이다. 마지막으로 전력구매계약상 민간발전사업자가 전력공급을 위해서 보유하게 되는 상기한 권리는 대주단에게 양도가 가능하도록 먼저 합의해야 하는데, 이는 차후에 대주단이 프로젝트 운영과 관련하여 민간발전사업자의 지위를 대신하도록 하는 개입권(Step-in Right)을 행사하는데 지장을 받지 않게 하도록 하기 위함이다.[45)]

7) Pricing

일반적으로 프로젝트금융을 기반으로 금융을 조달한 민간발전프로젝트는 기본적으로 전력구매계약 기간 동안의 현금흐름을 기반으로 하여 자금을 조달하게 되는데, 양허기간

45) Scott L. Hoffman, (주58), at p 227

동안 이런 현금흐름을 결정하게 되는 요금구조는 일반적으로 다음과 같은 두 가지 방식으로 나누어지게 된다.

① Take or Pay 방식: 전력구매자가 민간발전사업자가 약정기간 동안 전력을 생산하고 송전하는데 필요한 능력을 항상 유지하는 대가로, 발전소 운영과 관련된 여러 가지 요구사항을 충족한다는 전제하에 해당 발전소가 직접적으로 발전 가능한 용량에 따라 고정비인 용량요금을 지불하도록 하는 전형적인 민자발전프로젝트의 요금구조이다. 용량요금은 전력구매자의 급전지시에 따라 전력을 생산하는 것과 무관하게 지불되는 것으로 무조건적인 사항이라고 볼 수 있다. 따라서, 민간발전사업자가 전력구매자의 지시에 의하여 일정량의 전력을 생산하였다면 무조건적으로 용량요금을 지불하고, 실제 생산하고 공급한 전력량에 따라 에너지요금도 전력구매자는 지불해야 한다.[46]

② Take and Pay 방식: 이런 방식 하에서는 전력구매자는 반드시 일정한 형태의 서비스나 제품이 공급 또는 전달된 경우에 한하여 지불의무가 생긴다. 전력구매계약에서는 전력이 전력구매자에게 송전된 경우에 한하여 전력구매자는 민간발전사업자에게 미리 합의한 산식에 따라 송전된 전력량에 대해서 비용을 지불하는 것이다. Take or Pay 방식과는 달리 전력구매자에게 공급된 전력생산량에 대한 대가로 지급받는 전력요금이 대주단의 대출 상환에 충분하고, 발전소 운영비를 감당할 수 있으며, 나아가 민간발전사업자의 투자 회수까지 가능할지의 위험여부는 전적으로 민간발전사업자의 몫으로 부담해야 한다고 볼 수 있다.[47]

8) 전력요금 협상

일반적인 전력요금 구조인 Take or Pay 방식에서 민간발전사업자가 전력판매의 대가로 받는 전력요금은 용량요금과 에너지 요금으로 나누어지는데 용량요금과 에너지요금을 징수하는 모델은 다음과 같은 3가지 유형으로 나누어진다. 설령 전력요금 구조가 여러 가지가 있다고 하더라도 가장 중요한 것은, 반드시 민간발전사업자에게 사업개발을 위한 자본비용, 프로젝트 건설비용, 대출 원리금의 상환, 지분투자와 관련된 투자금에 대한 일정비

46) 전통적인 PPA 계약의 요금지불구조가 되어 왔으나, 최근에 전력시장의 Merchant Market으로의 변화, 신재생에너지 발전의 증가에 따라, 점차 Take and Pay 방식으로 변해가고 있다.

47) Scott L. Hoffman, (주58), at p 228

율의 수익을 보장해주는 것이라야 한다는 점이다.[48]

① Reasonable Rate of Return Model: 일반적으로 이런 모델 하에서는 전기요금은 민간발전사업자가 확정된 비용(대출 상환금 포함)을 충족하고 자신의 지분투자 수익 역시 합리적인 이율로 반영된 구조로서 일반적이고 전형적인 전력요금 구조라고 볼 수 있다.

② Market Price Model: 전력구매자가 경쟁 입찰을 통하여 발전프로젝트에 참여할 수 있는 기회나 권리를 민간발전사업자에게 부여하는 구조이다. 낙찰된 입찰자가 제안한 가격은 입찰가를 구성하고 있는 비용요소(매년 조정이 필요한 요소)를 제외하고는 전력판매기간 동안 고정되는 가격 구조이다.

③ Avoided Cost Model: 민간발전사업자에게 각각의 발전소 호기별로 전력구매자가 책정한 비용 상한선을 초과하지 않는 범위 내에서 전력요금이 지불되는 구조이다. 본 구조는 아시아지역 및 선진 전력시장에서 점점 사라지는 추세이다.

9) 요금구조

프로젝트금융방식을 기반으로 하는 민간발전프로젝트의 경우 전력요금은 전형적으로 다음과 같은 2가지 요소, 즉 용량요금과 에너지 사용량요금으로 나눈다. 이러한 구조를 통해서 민간발전사업자에게 반드시 대출 상환을 위해서 필요한 수익이 보장되어야 한다. 즉, 전력판매대금으로 지불될 금액이 고정 및 변동비를 포함한 연료비 및 발전소 유지비용, 대출과 관련된 상환비용, 직접투자에 따르는 수익까지 보전할 수 있도록 만들어져야 한다.

민간발전사업자의 수익보장의 근원은 전력구매자가 민간발전사업자가 양허기간 내 발전소가 발전이 가능한 성능용량을 갖추고, 해당 전력공급을 위해 전력구매자의 전력공급 지시에 항상 따를 수 있도록 준비하는 것에 대한 대가로 지불되는 고정비로부터 나오는 것이라야 한다.[49] 이러한 용량요금과 에너지 사용량요금 두 가지 구조하에서는 민간발전

48) Barton D. Ford and Jane Wallison Stein, (주12), at p 48-49; 이하 세 가지 구조에 대해서 참조

49) 기저부하 발전프로젝트에 있어 전력구매자는 발전소가 출력 가능한 모든 용량을 실질적으로 구매토록 요구되는 상황이므로 전력구매계약에 있어서 전력구매자가 발전소 호기별로 발전 가능한 전력의 전부를 구매해야 한다는 비교적 간단한 전력요금 구조를 가지고 있다. 그러나, 이런 경우 비용을 지불한다고 하더라고 무조건 해당 전력을 사는 것이 아니라, 급전 및 송변전 계통의 안전을 위해서 급전 (발전지시)에 있어 조금 더 여유를 가지기를 원하는데, 이는 부하가 상승하지 않는 수요가 낮은 시간대 또는 냉난방의 수요가 없는 시간대를 위해서 발전량의 조절이 필요한 경우도 있기 때문이다. Barton D. Ford and Jane Wallison Stein (주12), at p 49 참조

사업자는 발전가능 용량요금을 실제 전력구매자가 구매했든 아니든 간에 지불 받으며, 그 외 다른 구조하에서는 실제로 발생하고 구매한 양에 따라서 발생한 비용을 지불하는 구조로 구성된다. 전자를 용량요금이라고 하고 후자를 에너지 요금(사용량요금)이라고 한다.[50)]

① **용량요금** (Capacity Charge): 실제로 전력을 생산할 수 있는 용량에 따라서 결정되는 요금이며, 이러한 요금은 대출금 및 이자상환, 자본회수 및 투자이익을 회수하고 고정된 유지보수 비용을 보장받도록 짜여 있다. 석탄 발전의 경우, 계획정전 및 순간정전을 고려한 연간 가동률이 80%~90%이고, 가스발전의 경우 일반적으로 90% 이상의 연간 가동률을 가지는 것이 일반적이라고 볼 수 있는데, 이러한 가동률을 고려한 용량요금 체계를 통해 민간발전사업자는 인센티브를 보장받거나 위약금을 부담한다. 이러한 인센티브와 위약금 체계를 통해서 신중한 발전소 운영과 적절한 유지보수로 민간발전사업자는 가동률을 높이고자 하며, 이를 통해 추가적인 수익을 얻게 된다. 반대로, 수준 이하의 발전소 운영과 유지보수로 인해 가동률이 저조하거나, 성능이 미달되게 되면, 최초 용량요금보다 낮은 수준으로 용량요금이 확정될 수도 있으므로, 이로 인해 부채상환에 필요한 필수적인 수익이 감소될 수도 있다. 낮은 가동률로 인해 민간발전사업자가 부담한 위약금은 실질적으로 발전소 운영 및 유지보수 계약(O&M Agreement)을 통해서는 발전소 운영자가, 건설계약(EPC Agreement)을 통해서는 건설시공자가 해당 계약의 보증규정 및 손해배상예정 규정을 통해서 부담하는 방식으로 보호 및 보전이 된다. 하지만, 이런 상황이 발생하기 전에, 기본적으로 검증되고 경험 있는 발전소 운영자 및 건설시공자를 선택하고, 시장에서 검증된 발전소 주기기를 선택함으로써 사전에 이런 상황이 발생치 않도록 주의를 기울여 성능과 관련된 위험을 줄이는 것이 훨씬 더 효과적이라고 볼 수 있다.[51)] 용량요금은 기본적으로 대주단의 대출금과 발전사업자의 출자금을 보전하고 나아가 발전사업자의 출자금에 대한 투자수익 및 대주단의 대출이자를 보전하기 위한 목적으로 구성된 것이며, 이런 배경으로 인해서 전력구매자는 전력구매 유무와 무관하게 고정비, 즉 용량요금을 지불하는 것이다. 이런 용량요금을 구성하는 요소들을 살펴보면 1) 고정비용: 발전설비를 위해서 지출되는 고정 운영 및 보수비용(부품비용 포함), 연료와 관련된 고정비용(파이프라인 사용비용, 연료운송비용 등), 금융비용(대출원금, 이자, LC 및 확약 관련 금융비용 등), 보험료(재난, 사업 중지, 정치위험 관련 보험 등)와

50) Scott L. Hoffman, (주58), at p 228

51) Barton D. Ford and Jane Wallison Stein (주12), at p 50

2) 민간발전사업자 투자 분에 대한 투자수익, 3) 기타 발전사업 관련 개발 비용(건설과 관련된 비용, 관련 인허가 비용, 자문비용, 기타 환경 관련 비용 등)으로 구성되어 있다.[52] 설령 위와 같이 용량요금을 지불한다고 하더라도 전력시장 운영과 전력공급의 안정성을 도모하기 위하여 전력구매자가 최소 발전용량을 지정하여 해당 용량이상으로 발전하도록 유도하는데, 최소 발전용량은 특정시점에 발전소가 가능한 모든 사항들을 고려하여 결정된다. 최소 보증용량에 도달하지 못하게 되면, 최소 용량에 미달한 용량만큼 조정을 해서 용량요금을 감액(Penalty)하는 것이 아니라 전력구매자가 해당 전력구매계약을 해지할 수 있도록 하고 있으므로, 최소 발전 보증용량 미달로 인한 위험은 민간발전사업자가 부담하게 된다. 최소 보증용량 미달 시에는 Default로 간주하여 일정기간 동안 수정 또는 복구가 요청되기도 하며, 일정기간 이후에도 성능 도달이 불가능한 경우에는 민간발전사업자의 귀책사유로 전력구매자가 계약해지도 가능하다.[53] 이러한 특징을 가지고 있는 용량요금은 일반적으로 민간발전사업자가 전력생산이 가능한 시점(일반적으로 계약상 상업운전일) 또는 전력구매자가 신뢰할 만한 수준으로 전력생산이 가능하다고 결정한 시점부터 지급이 시작되며[54] 별다른 추가 약정이 없다면, 전력구매계약 존속기간 동안 계속적으로 지급된다.

② 고정비의 증감 및 조정 (Adjustment to Capacity Charges): 앞에서 살펴본 것처럼 용량요금을 결정함에 있어 민간발전사업자는 좀 더 신중한 접근을 해야 한다. 용량요금을 통해 보전되는 여러 요소들이 예기치 못한 사정으로 인해 증가되는 경우가 발생하기 때문이다. 이런 요소들의 증가분은 민간발전사업자가 부담하던가, 아니면 전력구매자가 부담하던지 당사자 간의 협상에 의해서 결정될 사안들이지만, 일반적으로 전력구매자가 정부나 정부기관인 경우에는 인플레이션, 환율변동의 위험 그리고 현지 대출이자 및 상환기간, 법규 및 세금제도의 변경 등에 따른 위험은 전력구매자가 부담하고 이를 용량요금의 조정을 통해서 반영하게 되며, 그 외 건설비용 증가, 외환 대출이자 및 상환기간, 고정비 중 운영 및 보수와 관련된 비용의 증가분

52) Scott L. Hoffman, (주58), at p 228

53) Jeffrey Delmon (주3) at p 266

54) 용량요금을 지급하기로 한 시점에 만약 전력구매자의 귀책사유로 인해서 운전에 지장이 생긴 경우에는 간주준공이라고 하여 용량요금이 지급되는 경우도 있다. 아니면, 해당 계약기간을 연장하는 것으로 용량요금을 보전해주는 구조이다. 만약 누구의 귀책사유도 아닌 경우라면 당연히 지급 시기는 미뤄져야 할 것이다.

에 대해서는 민간발전사업자가 부담을 하는 것이 일반적이라고 볼 수 있다. 개발도상국에서는 정부기관이 전력구매자인 경우가 많고 정치적이고 현지의 위험사항에 대해서는 정부기관이 위험관리 차원에서 훨씬 더 유리한 위치에 있기 때문에 일반적으로 이와 같은 위험을 부담한다고 볼 수 있다.[55]

③ 사용량 또는 에너지 요금 (Energy Charge): 사용량 요금이라고 하면, 발전소가 운영을 한 경우에만 지불되는 요금이다. 사용량 요금은 발전소의 운전을 조건으로 하기 때문에 전력구매계약기간 동안 발전소 운전을 하지 않는 기간에는 지불되지 않는다. 사용량 요금 대상은 연료비용과 운영 및 보수비용 중 변동비 부문이 그 예라고 볼 수 있다. 연료용은 단순히 사용된 연료를 계산하거나, 또는 연료비 전체를 전력구매자에게 전가하는 형태이며, 전력구매계약을 통해서 기 약정한 열효율(Heat Rate)[56]에 따라서 지불되게 된다.[57] 그 외 운영 및 유지비용 중 변동비 항목으로는 Sales Tax와 관련된 운전 및 유지비가 있다고 볼 수 있다. 연료비가 직접적으로 전력구매자에게 전가되는 요금체계로 인하여 전력구매자는 가급적 민간발전사업자의 연료구매계약 협상과정에 참여하여 연료비 지불구조를 자신에게 유리하게 하거나, 연료가격 상승을 유발하는 요인을 최대한 억제하고자 노력하기도 한다.[58]

④ 위약금과 인센티브 (Penalties and Bonuses): 전력 사용량 자체의 변동성으로 인해서 전력구매자는 불확실성을 가질 수 있고, 반면에 관련 비용들이 무조건적으로 전력구매자에게 전가되는 구조라면, 민간발전사업자에게 연료비나 운영 및 유지보수비 중 변동비 부문을 효율적으로 관리하도록 동기부여가 되지 않는다는 단점이 있을 수 있다. 그렇다고 이러한 부분을 전적으로 민간발전사업자에게 부담토록 한다면 결국 용량요금을 인상하여 변동성을 줄이려고 할 것이므로 이 또한 매력적인 방법이

55) Scott L. Hoffman, (주58), at p 229

56) 일정한 양의 전력을 생산하기 위해서 얼마나 많은 양의 연료를 Power Plant에서 연소를 해야 하는지를 나타내는 정도

57) 우리가 일반적으로 열효율에 대해서는 Heat Rate라고 명시하고 있는데, 일정한 양의 전력량(KWh)을 발생시키기 위해서 소모되는 연료량을 말한다. 일반적으로 해당 연료의 약정한 열효율을 전력구매계약을 통해서 미리 정하게 되고 이를 통해서 발전소의 Specification이 정해지게 되며, 이를 근거로 에너지 요금의 연료비용이 결정되게 된다. 만약 기 약정한 효율보다 높은 효율이 나오게 되면 이는 발전사업자의 수익이 되지만, 반대의 경우에는 손실로 되기 때문에 EPC 건설 준공검사 항목에 필수적으로 들어가는 항목이며 결국 열효율이 낮다면 손해배상예정액을 통해서 민간발전사업자의 이익으로 이를 보전해야 하는 경우도 발생하게 된다. Jeffrey Delmon, (주3) at p 267-268 참조

58) 연료비는 세심한 검토가 필요할 만큼 상당히 큰 비중을 차지하는 항목이다. 제한된 연료공급 상황에서 어떻게 미래의 연료공급을 확보하느냐는 시장상황에 따라서 달라지고 이에 따라 다양한 형태의 연료공급계약이 생길 수 있기 때문이다. 전력구매자의 입장에서도 단순히 Pass through된 연료비를 적당한 통제수단도 없이 지불하는 것도 곤란하기 때문에 사용량 요금으로 지불하는 데에도 여러 가지 조건과 전제가 있을 수 있다.

라고 볼 수는 없다. 따라서, 전형적인 전력구매계약에서는 위약금과 인센티브 제도를 통해서 이런 단점을 극복하고자 하는 경향이 있다. 위약금은 과도한 수준의 운영비가 발생하는 경우에 적용하고, 반대로 운영비를 절감하게 되면 인센티브를 부여하는 방식이다. 이러한 방식은 용량요금에도 적용할 수도 있다. 준공지연이나, 부적절한 운영 및 유지보수로 인하여 전력생산이 중단된 경우에는 일반적으로 전력구매자는 용량요금을 지불하지 않는다. 그러나, 이 경우 전체 전력의 부족분을 다른 발전사업자로부터 구입한다거나, 추가 발전운용을 통해서 채운다고 한다면, 단순히 용량요금을 받지 않는 것만으로는 전력구매자의 대체 전력을 구입하기 위해 부담한 비용을 충당하기에 부족한 면이 있다. 따라서, 용량요금의 경우에도 전력생산이 민간발전사업자의 귀책사유로 인해 불가능하게 되면 위약금을 부과하거나, 아니면 원래 약정된 보증용량 이상의 발전을 하게 되면 인센티브를 부여하는 방식으로 효율성을 높이게 된다.[59]

10) 민간발전사업자에게 요구되는 확약 및 담보

① **전력구매계약 이행 보증:** 프로젝트금융을 기반으로 하는 민자발전프로젝트는 발전사업자 입장에서야 지속적으로 장기간 전력요금을 통해서 수익을 담보하는 것이 중요하겠지만, 장기간 전력요금을 지급해야 하는 전력구매자 입장에서는 민간발전사업자가 신뢰할 만한 수준으로 발전소를 장기간 운영할 능력이 있는지가 중요하기 때문에 프로젝트금융의 근간이 되는 전력구매계약의 원활한 이행을 위해서 양 당사자의 신용상태는 무엇보다도 중요하다고 볼 수 있다. 일회성으로 물품을 거래하는 것이 아니라, 장기간 약 20여 년 동안 이 두 가지 사항이 담보되지 않으면 아무리 신중하게 협상을 한 계약이라고 하더라도 무용지물이 되기 때문이다.[60] 전력구매계약상 양 당사자의 신용을 보강하기 위해 일반적으로, 재정적으로 신용이 있는 기관의 보증(모회사, 관계회사 또는 정부기관 등), 금융기관에서 발행한 신용장, 이행보증 또는 예금예탁계정(Escrow Account)을 이용하기도 한다. 일반적으로 개발도상국에서 발전프로젝트가 많이 발생하게 되므로 민간발전사업자의 입장에서는 당연히 전력구매자의 신용상태에 대해 민감할 것이므로 상기한 일반적인 신용보강 방법 외에 추가적으로, 중앙정부의 보증, 취소불능 신용장, 예탁계정, 다자은행(Multilateral Bank)

59) Scott L. Hoffman, (주58), at p 230-231

60) Barton D. Ford and Jane Wallison Stein, (주12), at p 61

의 프로젝트금융 조달 참여, 전력구매자의 미수채권에 대한 질권 설정 등을 추가로 전력구매자에게 요구하기도 한다.

② **기타 발전사업 관련 담보:** 상기한 계약이행 보증과 관련하여 신용을 보강하는 일반적인 방법 외에도 전력구매자는 별도로 발전설비 자체에 담보를 설정하기도 한다. 이 같은 방법은 상기한 신용보강 방법을 통하는 경우보다 비용적인 측면에서 부담을 덜 수도 있지만, 전력구매자가 발전소 자산에 대해서 담보권을 설정한다고 하더라도 프로젝트금융을 통해 이미 자금을 조달한 상태이기 때문에, 대주단에서 미리 설정한 담보권으로 인해 순위가 밀려 다소 불리해질 수 있는 단점이 있다. 그 외에 고려되는 방법으로서 대주단이 민간발전사업자가 쉽게 사업을 포기하지 못하도록 직접 출자를 하도록 하는 방법이다. 이 같은 방법은 전력구매자의 입장이 대주단의 입장과 동일한데, 발전사업 중 일정부분 출자를 유도하여 장기적으로 발전사업을 유지토록 압박하는 효과를 누릴 수 있으므로 적극적으로 이를 요구하고 있다. 따라서, 프로젝트금융으로 조달을 하는 경우에는 처음부터 발전사업자가 직접 출자를 확약하고, 이를 이행해야지만 대출이 가능하도록 계약서에 명시하는 것이 일반적이라고 볼 수 있다.[61)]

11) 발전소 운영 관련 주요 이슈

전력구매계약에서는 발전소 운영 및 유지보수 업무와 관련하여 여러 가지 의무사항 또는 선행조건들을 두고 있는데, 발전소 준공시점에는 상업운전 절차, 상업운전 개시를 위한 기술요건 등을 두고 있으며, 상업운전 중에는 발전소 설비의 보수를 위한 예방정지 또는 순간정지 허용 횟수, 그 외 전력시장의 수요에 따라 전력구매자의 급전지시를 통해 발전 용량의 증가 및 감소를 시키는 절차와 수준 등이 있을 수 있다. 이러한 발전소 운영과 관련된 주요 사항들은 민간발전사업자가 발전소 운전을 통해서 직접적으로 벌어들여야 할 용량요금과 관계가 있으므로, 발전소 운영상 발생할 수 있는 기술적인 위험과 운영수준 미달로 인한 성능저하로 수익감소라는 상황을 피하기 위해서 전력구매계약상 민간발전사업자와 전력구매자가 체결한 기술적인 요구사항을 충족하고 또한 적정한 운영수준을 담보할 수 있도록 EPC 시공업체의 선정 및 신뢰성 있는 운영자의 선정이 중요하다고 볼 수 있다.

---

61) Scott L. Hoffman, (주58), at p 232 - 233

① **상업운전일:** 발전소 운영에 있어 제일 중요한 일정 중 하나가 상업운전일이라고 볼 수 있다. 왜냐하면, 상업운전일로부터 본격적으로 전력 생산을 개시하고 약정한 수익을 벌어들이기 시작하기 때문이다.[62] 미래의 약정기간 동안 요구되는 발전량을 발전할 수 있는 능력을 가지고 있다는 것을 보여주고 시연하는 과정(시운전)을 통해서 상업운전 개시여부가 결정된다고 볼 수 있다. 실무에서는 발전용량을 최초 설계 용량보다는 다소 작게 하는 경우가 대부분이고, 이를 전력구매계약상 해당 전력구매계약의 용량요금 기준으로 삼지만, 그럼에도 불구하고 약정한 용량보다 발전생산량이 부족한 경우에 발전량 감소에 따라 당연히 용량요금도 해당 비율만큼 감소하도록 합의하고 이를 관련 계약 규정에 따로 두지만, 바로 감액하기보다는 민간발전사업자가 해당 발전용량의 성능 부족을 시정할 수 있는 기회를 주는 것이 일반적이다. 상업운전일 개시 이후 18~24개월 동안 발전설비의 재검사 또는 개선 기회가 주어지는데, 이 기간 동안 민간발전사업자는 용량요금의 부족으로부터 발생하는 경제적 손실을 EPC 계약을 통해서 건설시공자와 합의한 손해배상예정액(LD)을 통해서 보호받는다. 그러나, 통상의 EPC 계약처럼 계약금액의 20~30%만을 손해배상예정액의 최대치로 설정한 경우에 이는 지극히 제한적인 보호수단에 불과하고, 전력구매계약상 민간발전사업자에게 발생하는 손해에 충분히 갈음할 만하다고도 볼 수 없으므로 EPC 계약자 선정 단계에서부터 기술적으로 검증되고 신뢰할 만한 EPC 계약자를 선정하여, 최초 설계한 대로 충분히 성능을 발휘할 수 있도록 시공하는 것이 제일 중요하다고 볼 수 있다. 마지막으로 성능 관련 사항과 더불어 상업운전일과 관련된 준공 위험을 줄이기 위해서라도 전력구매계약과 EPC 계약의 발전 성능 검사 항목 및 분야, 방법 등을 최대한 일치시키도록 하여 불필요한 논쟁과 지연이 발생토록 하지 않는 것도 중요하다고 볼 수 있다.[63]

② **송변전 급전 관련 이슈:** 전력구매계약상에서 전력구매자가 급전지시를 어떻게 할 것인지에 대해서도 분명하게 언급해야 한다. 대개 송변전 등 전력계통을 전체적으로 관리하기 위해서 전력구매자가 급전 관련 지시와 전력공급관리, 발전량 및 시간을 조정할 권한을 가지기를 희망하는 것이 대부분이다. 급전지시 및 송변전 사항은 발전소 운영 및 경제적인 사항과 관련이 있는데, 연료 조달에 있어 민간발전사업자는

62) 일반적으로 상업운전일 이전에, 즉 시운전 중이라도 발전한 양에 대해서는 일반적으로 일정량의 요금을 지불하기도 하는데 이 경우에는 사용량 요금 또는 단순한 연료비용 정도에 갈음할 수준의 요금이 지불된다고 보면 된다.

63) Damian Mcnair, (주9), at p 10

급전지시를 대비하여 발전을 위해 충분한 양의 연료를 준비하려 할 것이나, 이와 동시에 연료를 필요 이상으로 준비하는 것도 경제적인 낭비를 초래할 수 있기 때문에 급전 및 이와 관련된 운영사항은 중요하다고 볼 수 있다. 또한, 상업운전이 개시되고 발전소 운영이 본격적으로 시작된 경우에 비효율적인 발전소 운영이나 과도한 발전소 운전으로 기기 마모 또는 손상과 같은 결과가 유발될 수 있기 때문에 전력구매자의 급전운영 지시에 대해서 민간발전사업자 스스로를 보호하기 위하여 여러 가지 제도나 장치들이 필요하게 된다. 예를 들면, 전력구매계약상 발전소 정지 또는 재가동에 있어 급전지시 가능 횟수를 미리 정하고, 해당 횟수가 넘는 경우에는 해당 횟수에 따라 별도로 보상을 하도록 하는 것이다.

③ **계획정지 (Schedule of Outage)**: 전력구매계약상에서 미리 발전소 정지에 관하여 정하여 놓는 것도 중요하다. 장기간의 발전소 운영에 필요한 발전장비 유지 및 보수, 성능개선, 검사, 시험 등을 위해서 발전 정지가 필연적이므로 이를 위해 전력수요가 낮은 시점 또는 전력구매자와 민간발전사업자가 미리 약정한 시점에 발전정지가 이루어지는 것이 일반적인데, 전력구매자의 입장에서는 송변전 계통과 전체 전력수요까지 관리해야 하므로, 해당 민간발전사업자 외 다른 발전사업자의 일정까지 고려하여 계획정지시기를 정하게 된다. 그러나, 이러한 약정에도 불구하고 전력구매자는 전체 전력시장의 안정적인 공급이 최우선이므로 간혹 예측하지 못한 상황에 대비하여 (예를 들면, 전력구매자의 계통안전에 문제가 생겼다던가, 전력수요가 기후 등으로 인하여 갑자기 상승하여 즉각적으로 전력을 추가 공급해야 하는 경우) 전력구매자가 요청하는 경우에는 발전사업자가 계획된 정지일정을 조정토록 하는 것이 필요하므로 이에 대해서도 충분히 고려되어야 하며, 이 경우에도 계획 변경으로 인해서 발생하는 부수적인 비용에 대해서는 민간발전사업자에게 보상을 하도록 해야 한다.

④ **저조한 가동률 관련 이슈**: 전력구매자의 입장에서 전력구매계약을 체결하는 주된 이유가 자신이 관여하는 전력시장의 수요상황에 맞게 적절히 대처하기 위해 신뢰할 만한 민간발전사업자를 확보하는 것이 주된 이유라고 볼 수 있다. 그런데, 이런 전력수요에 대비하기 위해서 전력구매계약상 미리 공급받기로 했던 용량에 미달하는 경우가 생기면 어떻게 될 것인가? 전력구매자는 이렇게 발생한 전력부족분을 충당하기 위해 다른 발전사업자로부터 전력을 추가로 구입하는 것에 대해서, 용량 미달을

기 약정한 용량요금의 비율만큼 미리 약정한 위약금(Penalty)산식에 따라 용량요금을 조정하게 된다.[64)]

⑤ 일부 전력구매계약에서는 성능복구를 위해 계약상 허용된 기간만큼, 위약금 없이 연장하였음에도 불구하고 일정수준 이하로 발전용량이 계속적으로 나오지 않는 경우에 전력구매자가 직접 해당 발전 성능 및 용량을 향상시키기 위해서 발전소 운영에 참여가 가능토록 하는 "Step-in Right"를 가지는 경우도 있다.[65)] 만약 전력구매자가 Step-in Right를 행사하게 되면 (물론 이 경우는 당연히 민간발전사업자와 대주단에 통보를 할 것이고, 대주단의 담보처분권이 여전히 유효하다는 전제하에) 민간발전사업자의 대리인 또는 해당 발전사업자의 지위를 대신하여 발전소 운영책임을 인수하는 것으로 행사되게 된다. 이 기간 동안 전력구매자는 전력구매계약을 통해서 약정한 수준의 발전소용량으로 향상시킬 때까지 발전소를 운영할 수 있다. 그리고 그 이후에 민간발전사업자가 최대한 신속하게 발전소의 용량 부족을 치유할 수 있도록 실질적이고 기술적으로 실현 가능한 계획을 보여준다면, 대주단의 승인 하에 발전소 운영권을 다시 획득하게 할 수도 있다. 일반적으로 "Step-in Right"를 행사하는 기간 동안, 전력구매자는 전력구매계약상 전력요금 지급을 대신하여 해당 기간 동안 대주단 대출 상환, 모든 O&M 비용 등을 민간발전사업자 대신 보전하거나, 아니면 용량요금을 그대로 지불하고 대신에 전력구매자가 발전소 운영과 관련하여 지출한 모든 비용 및 상기한 용량부족을 수리하기 위해 소요된 비용을 다시 환수 받는 형식으로 발전소를 운영하게 된다.[66)]

12) Force Majeure (불가항력)

불가항력이라 함은 특정재난 또는 상황이 합리적인 수단과 방법 또는 통념상 해당분야에서 인정할 만한 상당한 수준의 노력을 기울였음에도 불구하고 어쩔 수 없이 발생하였고, 결국 계약 당사자 일방의 입장에서 도저히 통제가 불가능한 수준까지 이르게 된 사건을 말하는 것으로, 이러한 사건이나 사고가 발생한 경우 그 발생기간 동안 계약상 의무이

64) 용량 감소로 인한 용량요금의 조정은 일반적으로 감소분만큼 해당비율에 따라 조정하는 것이 일반적이나, 전력구매자 또는 해당 국가의 전력시장 상황에 따라 달라지기도 한다. 즉, 일부 국가에서는 비율보다 훨씬 높은 위약금이나 Incentive를 만들어 발전사업자의 신뢰도를 높이고자 하는 경우도 있다.

65) 일반적으로 설계용량의 90% 이하가 되고 해당 기간이 12개월에서 24개월 연속으로 지속되는 경우에 전력구매자가 Step-in Right를 행사할 수 있도록 하는 것이 일반적이다.

66) Barton D. Ford and Jane Wallison Stein, (주12), at p 54

행을 면제해 주는 것이 일반적이다. 물론 그 불가항력으로 인해서 의무면제를 받은 당사자 역시 해당 기간 이후 최대한 빠른 복구를 위해서 가능한 한 모든 수단을 동원하여 이를 구제할 의무 또한 주어지게 된다. 이처럼 불가항력에 관한 계약상 의무면제나 계약 이행중단으로 발생한 위험에 대해서, 이를 어떻게 부담할 것인지에 대해서는 계약마다 많은 차이를 보이고 있고, 특히 불가항력으로 인해서 발전 정지가 발생한 경우에 대체수단을 찾기가 쉽지 않은 전력분야에서, 상당히 중요하고 조심스럽게 다루어져야 할 것임은 말할 나위도 없다. 일부 개발도상국에서 진행되는 민자발전프로젝트의 경우에는 민간발전사업자는 전력판매기간 동안 발생할 수 있는 모든 불가항력의 위험을 전력구매자에게 전가하기 위해서 노력하지만, 이것 또한 쉽지 않은 게 현실인 듯하다. 불가항력이 적용되기 위해서는 계약상 의무가 실질적으로 영향을 받아 이행이 곤란하게 되어야 하는 것도 당연하지만, 일상적으로 예견 가능한 영업 지장, 보험사고와는 달리, 아주 예외적인 사건 사고이므로, 계약상 상당히 상세하게 명시되어야 하므로 전력구매계약상 불가항력에 관해서 주의해야 할 사항들을 한번 살펴보기로 하자.[67)]

① **정치적 불가항력 (Political Force Majeure)**: 정치적인 성격의 불가항력, 즉 시민폭동, 파업, 그와 유사한 형태의 불가항력 위험은 일반적으로 전력구매자가 부담을 하게 된다. 해당 발전프로젝트가 정부에서 주관하는 프로젝트라면 해당 위험을 가장 잘 통제하고 관리할 수 있는 위치에 전력구매자가 있기 때문에 이는 당연하다고 볼 수 있다.[68)] 이런 까닭에 건설기간 중에 파업이 일어나게 되면, 전력구매계약상 약정되어 있던 Milestone은 해당 불가항력의 발생기간 동안 연장되고, 발전소 상업운전 중 불가항력이 발생한 경우에는 해당 기간 동안 용량요금을 지급하던가 아니면, 전력구매계약기간을 연장하게 된다. 그러나, 전력구매자가 정부 또는 정부기관이 아니라고 한다면, 전력구매자 입장에서 정치적 성격의 불가항력과 관련된 위험을 부담하기가 어려울 수도 있다. 그렇다고, 만약 민간발전사업자가 상기한 위험을 부담하는 것을 고려하게 되면, 결국 해당 위험부담에 대한 대가로 비용이 추가로 발생하게 될 것이므로 이 또한 쉽지 않다고 볼 수 있다.[69)] 이런 까닭에 민간발전사업자가

67) Scott L. Hoffman, (주58), at p 233

68) 정치적인 성격의 불가항력의 경우에는 당연히 발전사업자가 정치적인 성격의 불가항력으로 인하여 발생한 의무불이행에 대해서 구제를 받지만, 동시에 전력구매자의 경우에도 자신의 해당 불가항력으로 인하여 구제를 받을 수도 있다. 정치적인 성격의 불가항력에 대해서 아무런 관련도 없는 전력구매자에게 그 위험을 떠안으라고 하는 데는 다소 논리적으로 맞지 않을 수도 있기 때문에 실제 해당 사례가 발생하면 자주 양 당사자 사이에서 다툼이 벌어지기도 한다.

69) Scott L. Hoffman, (주58), at p 234

초기에 사업을 추진하고자 할 때 해당 국가의 위험에 대해서 철저히 분석할 필요가 있고, 분석 후에 본격적으로 발전사업을 추진하고자 한다면 정치적인 불가항력과 관련된 보험가입을 고려할 수 있고, 정치적인 불가항력에 노출되지 않기 위해 해당 정부를 압박할 수 있도록 가능한 한 많은 이해 당사자의 사업 참여를 유도하는 것도 좋은 방법이라고 볼 수 있다. 실례로 개발도상국 프로젝트의 경우 일단 국제개발은행 또는 세계은행에서 작은 부문이라도 신용 제공에 참여하게 되면, 해당 기관을 통해서 향후 제공될 수 있는 재정적인 지원 등 여러 가지 사항을 고려해야 하기 때문에 국제관계를 고려하여, 해당 정부는 가급적 관련 프로젝트를 보호해주려는 경향이 있어 해당 발전사업의 위험이 많이 줄어들 수 있게 된다.

② **자연적 불가항력** (Natural Force Majeure): Act of God, 즉 태풍, 지진으로 인해서 발전소 성능저하로 발전량이 줄어들거나, 발전소 준공이 지연되었다고 한다면, 자연적인 불가항력으로 전력구매계약상 의무를 면제받을 수가 있다. 그러나, 이러한 경우에는 단순히 의무면제만을 인정하고 경제적인 보상은 이루어지지 않기 때문에 민간발전사업자는 용량요금에 대해서 보상을 받을 수 없게 된다. 이러한 경우를 대비하여 민간발전사업자는 영업지장에 따른 손실 보상이 가능한 재난보험에 가입함으로써 자연적인 불가항력으로부터 보호를 받을 수 있다. 여기서 불가항력으로 인한 유지보수뿐만 아니라 대주단의 대출금 상환에 대한 부분도 보험을 통해서 보호를 받도록 해야 한다.[70] 자연적인 불가항력에 대한 보험가입은 전력구매자와 체결하는 전력구매계약뿐 아니라, 발전사업을 위한 프로젝트금융계약을 통해서도 요구된다.

③ **법률변경** (Change of Law): 법률변경과 관련된 사항 역시, 불가항력 못지않게 반드시 다루어져야 할 사항이다. 개발도상국에서는 일반적으로 발전프로젝트가 많고 해당 국가의 경제변화 속도는 다른 선진국에 비해서 상당히 빠른 탓에 경제제도나 법률 변경과 관련된 사항들이 비교적 자주 발생한다고 볼 수 있다. 게다가, 전력구매계약기간 자체가 20여 년 이상 장기간 동안 진행되므로 계약기간 중 새로이 변경된 법률이 적용되는 것이 거의 필연적이라고 할 수 있다. 특히 환경 관련 규제의 변화는 법률변경뿐만 아니라, 새로운 비용 추가 부담 문제까지 발생할 수 있기 때문에 법률변경과 관련된 사항에 대해서는 전력구매계약상 반드시 한 당사자가 부담하도록

70) 자연적인 불가항력이 전력구매자에게 영향을 끼쳐 민간발전사업자가 발전한 전력을 수급하지 못한 경우에 발전사업자에게 용량요금 등 경제적인 보상을 해주는 경우도 있다. 물론 이것도 독립민자발전사업 자체가 프로젝트금융 하에서 진행되었고 대주단의 대출 상환이 가장 중요한 이슈이기 때문에 만들어진 것이라고 할 수 있다.

규정할 필요가 있다.[71]

13) 요금지불 (Payment)

전력구매계약에서는 전력요금지급과 관련하여 지급이 도래한 요금의 청구 및 지불절차에 대해서도 다루어져야 한다. 왜냐면, 전력요금의 지급여부는 전력판매와 관련된 다른 계약에서 발생하는 지불의무 및 청구 관련 사항과 밀접하게 연결되어 있으므로, 대출 상환금 지급, 연료비용, 발전소 운영비용 지불 등 여러 비용 지급전에 본 비용에 충당될 구매자로부터 전력요금이 먼저 지불되어야 하기 때문이다. 그렇지 않다면, 운전자본, 내부유보금 등을 통해서 필수자금에 소요되는 비용의 지불일정을 감안하여 미리 준비하는 것 또한 필요하다고 볼 수 있다. 일반적으로 전력요금지급은 민간발전사업자의 전력요금 청구 이후 합리적인 기간 안에 이루어지는데 통상적으로 30일 내에 지불된다. 해당 청구 이후에 지급이 되지 않는다면 유예기간을 준다던가 아니면 민간발전사업자의 소요자금 부족에 대한 대가로 지연이자를 지불하는 것이 일반적이고 그럼에도 지불이 이루어지지 않는 경우에는 계약해지사유로 간주되어 해지가 가능하다.[72]

14) 전력구매계약 해지 관련 이슈

전력구매계약이라는 것이 다른 계약과 비교하여 상당히 장기간 이행되고 해당 기간 동안 여러 변수로 인하여 여러 상황을 맞이할 수도 있기 때문에 계약해지와 관련된 사항은 전력구매계약에 있어 중요하다고 볼 수 있다. 대부분의 전력구매계약이 프로젝트금융을 통하여 자금을 조달하기 때문에 기본적으로 전력구매계약기간은 대주단의 대출금을 완전히 상환하는 기간보다는 길어야 할 것이고, 또는 계약을 중간에서 해지하는 경우에도 제일 먼저 민간발전사업자와 전력구매자 사이에 고려되어야 할 것이 대주단의 대출 상환금 의무를 어떻게 이행할 것인지 이기 때문에 일반적인 계약 해지 시의 해지비용을 산정하는 구조와는 사뭇 다른 형태의 해지비용 산식을 가지게 된다. 프로젝트금융을 기반으로 발전프로젝트가 운영된다는 특징으로 인해, 해지 시에 대주단의 대출 상환금, 기타 관련 계약과의 연결된 비용문제의 정리, 또한 대주단과 여러 이해당사자에 대한 통지 등 상당히 복잡하다고 볼 수 있다. 이에 대해서 한번 살펴보면 다음과 같다.

---

71) Barton D. Ford and Jane Wallison Stein (주12), at p 59-60

72) Scott L. Hoffman, (주58), at p 234

① **계약해지사유**: 전력구매계약상 해지는 민간발전사업자와 전력구매자의 각각 의무행위에 대한 불이행으로 우선 시작 되는데, 이를 각 당사자별 귀책사유를 중심으로 살펴보면,

ⅰ. **전력구매자의 해지 가능 사유**: 전력구매자가 해지 가능한 사유로는 1) 민간발전사업자의 금전채무의 불이행, 2) 민간발전사업자의 파산, 청산, 3) 전력구매자의 귀책 없는 사유로 인한 민간발전사업자의 발전소 방치 또는 포기, 4) 전력구매자의 귀책 없는 사유로 인한 기 약정계약사항의 해지 또는 변경, 5) 발전소 자산 매각, 6) 발전용량의 성능미달과 해당 기간의 지속, 7) 상업운전 개시일을 포함한 Milestone 도달 실패, 8) 민간발전사업자가 전력구매계약을 이행치 않을 것이라는 명백한 사유 발생, 9) 기타 중요한 전력구매계약 위반 등이 있다.

ⅱ. **민간발전사업자의 해지 가능 사유**: 민간발전사업자가 해지 가능한 사유로는 1) 전력요금을 포함한 전력구매자가 지급해야 할 금전채무의 불이행, 2) 전력구매자의 파산, 청산, 3) 전력구매자가 전력구매계약을 이행치 않을 것이라는 명백한 사유 발생, 4) 불가항력이나 전력구매자의 귀책 있는 사유로 인한 발전소 건설 또는 운영 불가능, 5) 기타 중요한 전력구매계약 위반 등이 있을 수 있다. 또한, 전력구매자가 정부기관이고 해당 정부의 보증을 득한 경우라면 정부가 보증인으로서 보증계약상 의무를 불이행한 경우도 계약해지사유가 될 수 있다.

ⅲ. 위와 같은 경우에, 대주단은 전력구매자와 협의를 통해 민간발전사업자의 귀책사유로 전력구매계약을 해지하고자 할 때, 다른 발전사업자로 대체할 수 있는 권한을 가지는 경우도 있다. 이는 프로젝트금융 하에서 진행되는 발전사업만의 특징이라고 볼 수 있는데, 해당 프로젝트 비용의 70~80%까지 부담하는 대주단이 대출금 상환 시까지 실질적인 주인이라고 볼 수 있으므로, 이런 권리를 가지는 것이 타당하다고 볼 수 있다. 이런 경우에는 전력구매자는 해당 발전소의 원활한 운영을 위해서 차기 발전사업자의 운영경험, 재무적 신용정도 등을 고려하여 결정하게 된다.[73)]

② **해지절차 및 해지비용**: 앞서 살펴본 바와 같이 전력구매계약이 다른 계약과는 달리 상당히 복잡하고 여러 이해당사자가 얽혀있기 때문에 상기한 계약해지사유가 발생하였다고 하더라도 바로 해지되는 경우는 드물다. 보통은 복구가 가능한 해지사유라면 우선 당사자에게 해당 해지사유의 치유 또는 복구를 요청하고 이를 위해 일정기간을

73) Scott L. Hoffman, (주58), at p 235

부여하기도 하는데, 그럼에도 불구하고 해지사유가 치유나 복구되지 않으면 계약을 해지하고 해지사유에 따라 해지 관련 비용을 지불토록 하게 한다. 해지와 관련하여 지급되는 비용은 해지사유 및 원인에 따라서 많은 차이가 있다. 전력구매계약에 있어서 발전사업을 위한 비용은 타 사업에 비하여 상당히 큰 규모이므로 귀책사유가 있는 당사자는 상당히 많은 해지비용을 부담하게 된다. 만약, 전력구매자가 자신의 귀책사유로 인하여 전력구매계약이 해지되면 해지비용에는 발전소 운영과 관련하여 민간발전사업자가 투자 또는 출자한 금액과 사업기회 상실로 인한 투자수익 손실비용, 프로젝트금융을 수반하였을 경우에는 대주단의 대출 상환금 등을 고려해서 해지비용이 계산되어야 할 것이고, 민간발전사업자의 귀책사유로 인하여 전력구매계약이 해지된다면 전력구매자는 금전적인 보상보다는 발전설비 자체의 인수에 좀 더 관심을 기울이게 된다. 따라서, 기존에 전력구매계약과 관련된 계약을 유지코자 하는 것이 일반적이다. 왜냐면, 기본적인 발전프로젝트의 목적이 전력구매자를 통한 전력공급이기도 하고, 민간발전사업자는 특별목적회사(SPC : Special Purpose Company)이기 때문에 금전적인 보상을 위한 충분한 재정적인 여력을 가지고 있지 않을 것이기 때문이다.[74)]

15) 기타 전력구매계약 관련 이슈

이상과 같이 전력구매계약에서 다루고 있는 건설, 그 이후 상업운전 그리고 운영, 계약해지까지 순차적으로 한번 살펴보았다. 각각의 Milestone 단계별로 중요한 사항 위주로 살펴보기도 하였지만, 장기간 동안 전력을 공급해야 하는 전력구매계약의 특성에 따라 한 번씩은 살펴볼 필요가 있는 사항도 있을 수 있다. 계약해지라는 극단적인 상황까지 갈 수 있는 중요한 사항은 아니라고 하지만, 발전사업이라는 특수성 때문에 간과해서는 안 될 사항들도 있다. 이런 사항에 대해서 간략하게 살펴보는 것도 당사자 간에 불필요한 논쟁을 줄일 수 있다는 장점이 있으므로 이에 한번 살펴보고자 한다.

① 손해배상예정액 (Liquidated Damages): 전력구매자는 해당 발전프로젝트뿐만 아니라 다른 발전사업자들과의 상관관계를 고려해서 전력구매계약을 체결하기 때문에 약정한 발전량과 상업운전시기를 준수하는 것이 대단히 중요하며, 이를 맞추지 못

74) 이처럼 전력구매자가 발전소를 운영코자 하는 경우에는 대주단과 협의가 필요하다. 앞서 이야기 한 것처럼, 대주단이 다른 발전사업자로 하여금 해당 발전소를 운영토록 할 수도 있기 때문이다. 이 경우에도 전력구매자가 대주단에게 대출 상환금과 이자수익 전부를 현가로 보장하는 것으로 자신들의 권리를 보장받는 경우도 있다. 따라서, 전력판매 계약협상을 하는 경우에 전력구매자의 신용정도, 재정적인 여력 등을 고려하여 해지 관련 보상금을 결정하는 것이 타당할 것이다.

한 경우에는 전력구매자에게 지연으로 인해 발생한 손해 또는 보증용량의 미달로 인한 발생한 손해를 상쇄할 만한 수준의 손해배상예정액이 산정될 필요가 있다.

② **기술표준사항 (Technical Standard)**: 전력구매계약상에서 상업운전이 시작되기 전에 발전소 운영 및 송변전 계통 규칙을 확정해 놓아야 한다. 왜냐하면 단순히 프로젝트만 살피는 것이 아니라, 전체적으로 다른 발전설비와의 관계, 즉 계통상의 안전과 신뢰도도 고려해야 하기 때문이다. 그러므로 이러한 기술적인 사항들의 적정성에 대해서 지속적으로 점검해야 하는데 이를 위해서, 발전소 건설 단계 그리고 성능검사 시에도 전력구매자가 적절히 건설지역에 접근할 수 있어야 하고, 건설 관련 진행상황에 대해서 정기적인 보고를 받을 수 있어야 한다.

③ **발전소 운영절차**: 전력구매자의 입장에서 보면 각각의 발전소 타입과 해당 시기별 전력수요의 차이로 인해서 각 발전소 정지 계획, 정지 상태에서 전력공급을 위한 상태로의 Warm up, 급전 상태를 유지하기 위한 조건사항, 보수 관련 절차, 정지가 허용되지 않는 시기 등에 대한 확정이 전력구매계약상 필요하다.

④ **검침**: 발전량의 검침은 발전사업자의 수익을 확정하는 중요한 과정이다. 따라서, 전력구매계약상에서 설치비용, 설치지점, 계량기 점검, 유지보수 절차에 대해서 미리 정해야 하며, 계량기가 고장일 경우 전력요금을 결정하는 방식에 대해서도 명시적으로 규정하는 것이 필요하다.

⑤ **전력구매자의 책임사항**: 민간발전사업자가 발전프로젝트를 원활하게 추진하기 위해서 전력구매자가 해야 할 주요 선결사항들이 있으며, 이런 조건들은 전력구매계약이 유효하게 이행되기 전에 미리 선행조건으로 확정되게 되는데, 주로 발전사업 허가 취득, 발전프로젝트 추진을 위한 사회간접자본 시설 확충 등 발전소 건설을 직접 추진하기 위해서 제반 여건을 마련하는데 중점을 두고 이와 관련된 선행조건들이 결정되게 된다. 특히 발전소 건설 중에 전력공급 및 송변전 설비를 확충하는 것도 주된 책임사항이라고 할 수 있다.

⑥ **발전사업자의 책임사항**: 위의 사항에 반하여 민간발전사업자의 책임사항이라고 하면 우선 전력구매자의 급전지시에 따라 송변전 계통규칙, 관련 법규 및 이에 상당하는 규칙, 정부 허가 및 통상의 Good Industry Practice에 따라서 발전소를 운영하는 것이 기본적인 사항이라 할 수 있다. 특히 발전소 유지보수를 위한 절차 준수는 전력

구매자와의 협의 하에 이루어져야 하는 중요한 사항인데, 사전에 발전소 유지보수 계획을 전력구매자와 협의하여 승인을 받아야 하고 이 경우에 연간 전체 발전소 유지보수 업무 일정이 고려되어야 할 것이다. 만일의 사태에 대비하여 전력구매자의 요청에 따라 유지보수 일정 조정이 가능하도록 유연성도 필요하고, 예기치 못한 발전중지도 고려해서 유지보수 업무를 협의하고 이행해야 할 책임이 있다.

⑦ **보험**: 전력구매자는 민간발전사업자가 일정한 보험에 가입하기를 요청하는 것이 일반적이다. 이는 프로젝트금융을 통해 자금을 조달하고, 용량요금을 별도로 지급하는 Take or Pay 방식 하에서는 당연한 것이라고 볼 수 있으며, 따라서, 계약상 보험 관련 조항에서 필수적으로 가입해야 하는 보험에 대해서 최소 조건들을 명시하고 있는데 이런 조건들은 예를 들면, 전력구매자를 책임보험의 피보험자를 지정하는 것, 지급된 보험금을 발전소 수리 등 특정한 목적에만 사용토록 하는 것 또는 모든 보험금 지급 시 보험금을 대주단의 대출금 상환에 먼저 사용토록 하는 권리 등이 있을 수 있다.

III. 개발도상국의 전력구매계약과 관련된 Risk Issue

이상과 같이 전력구매계약의 초기단계인 Milestone부터 전력구매계약의 해지 및 이와 관련된 기타 주요 사항까지 살펴보았다. 단계별로 한 번쯤은 협상 시에 다뤄야 할 사항들 중심으로 살펴보았지만, 계약을 아무리 잘 협상하고 체결한다고 하더라도 해당 국가의 Default 위험이나 정권 교체 등 사회 체제 자체의 불완전성으로 인해 이러한 협상 결과가 무의미해질 수도 있으므로 전력구매계약 외에 고려해야 할 위험 요소들도 많이 있다고 볼 수 있다. 특히 사회가 안정되지 못한 개발도상국에 있어서는 더 말할 나위도 없을 것이다. 개도국에서는 특히 정부기관이 대부분 전력구매를 담당하고 있으므로 이런 위험에 노출되는 것은 어찌 보면 당연한 일이라 할 수 있을 것이다. 이왕 민자발전사업의 주요 사항을 다룬 이상, 지금까지 살펴본 Risk 사항들이 개도국의 특수한 상황아래에서 어떻게 적용이 되는지 한번 살펴보도록 하자.

1. 발전소 건설과 관련된 위험

일반적으로 개발도상국에서 진행되는 프로젝트금융 방식으로 조달되는 발전소 건설 프로젝트에 있어서 건설 위험들은 시공자, 민간발전사업자 및 전력구매자가 위험의 특성에 따라 각자 해당 위험을 부담하게 된다. 보통은 건설 관련 위험은 EPC 계약을 통해서 민간발전사업자와 건설시공자가, 전력구매계약을 통해서는 발전사업자와 전력구매자가 건설기간 중 위험의 부담 주체가 된다. 건설기간 중 고려해야 할 중요한 건설 위험으로는 1) 건설비용 증가, 2) 준공지연, 3) 약정 성능미달 등이 있다.[75)]

1) 건설비용 증가

민간발전프로젝트에 있어서 해당 비용의 대부분을 차지하는 건설비용이 증가한 경우, 과연 누가 건설비용 증가와 관련된 위험을 부담하느냐가 대단히 중요하다고 볼 수 있다. 만약, 전력구매자가 건설비용 증가 위험을 부담한다면, 당연히 용량요금을 인상하는 것으로 나타날 것이고, 반대로 민간발전사업자가 건설비용 증가 위험을 부담한다면, 용량요금의 인상은 일어나지 않을 것이기 때문이다. 실제로 입찰이나 개발 사업을 살펴보더라도 대개는 민간발전사업자가 건설위험을 부담하게 되며 용량요금의 조정이나 인상을 통한 건설비의 증가는 상당히 예외적으로 허용된다고 보는 것이 일반적이다. 건설비용 증가 위험은 전력구매계약상 설령 민간발전사업자가 부담한다고 하더라도, 민간발전사업자가 시공자와 EPC 계약을 체결하면서 확정공사비(Fixed Price)로 발전소를 건설키로 약정하기 때문에 해당 건설비용 증가와 관련된 위험은 최종적으로 시공자가 부담한다. 법률 변경 및 세금의 변경으로 인하여 건설비용이 증가된 경우에는 정치적인 위험으로 간주되어 전력구매자가 부담을 하게 되는 것이 일반적이다. 왜냐하면 정치적인 사항으로 인해 건설비 증가가 발생한 경우에, 개발도상국에 있어서 전력구매자는 정부기관이 대부분이고, 해당 위험을 가장 잘 조절할 수 있는 자리에 있기 때문에 이런 위험은 보통 전력구매자가 부담하고 전력요금을 조정하여 종국적으로 발전소 시공자는 구제를 받을 수 있게 된다.

2) 준공지연

기타 중요하게 고려해야 할 위험으로는 발전소 준공지연과 관련된 위험이다. 발전소가

---

75) Scott L. Hoffman, (주58), at p 239-240: 개발도상국의 전력구매계약과 관련된 건설위험사항에 대해서는 별다른 참고문헌이 없어 주로 상기 저자의 서적을 참고하였음.

전력구매자가 기대하고 예상한 시점에 정상적으로 운전을 하지 못하게 되면, 전체 전력시장에서 전력수급에 차질이 발생할 수 있기 때문이다. 따라서, 전력구매계약을 통해서 전력구매자는 민간발전사업자와 준공일자에 대해서 미리 확정하고자 하며, 이런 배경으로 준공일자는 민간발전사업자와 시공자사이의 EPC 계약을 통해서 특정일자를 확정하게 된다. 주요 발전설비의 운송지연으로 인해 준공이 지연되었다면, 전력구매자는 용량요금의 지급을 연기하고 준공지연에 따른 손해배상예정액을 민간발전사업자에게 부과하게 된다. 이 경우에도 마찬가지로 민간발전사업자는 준공지연에 따르는 손해배상예정액(LD)을 EPC 계약에 따라 발전소 시공자에게 부담하게 함으로써 해당 위험을 최종적으로 발전소 시공자가 부담토록 하게 되는 것이다. 외형적으로는 전력구매계약상 민간발전사업자가 준공지연에 대해서 책임을 지는 것이 맞지만, 이 경우에도 마찬가지로 정치적인 문제로 인해서 준공지연이 발생한 경우에는 해당 위험이 완화될 때까지 준공지연에 대한 책임은 면제된다고 볼 수 있다. 역시 개발도상국에서는 전력구매자가 정치적인 위험에 대해서는 관리하기 제일 유리한 위치에 있다는 것이 주된 배경이기 때문이다.

3) 성능미달

전력구매계약상에서 민간발전사업자가 용량요금을 지급받기 위해서는 약정한 용량 및 열효율과 관련된 기준을 달성해야 하는데, 약정한 성능기준에 미달하는 경우에는 민간발전사업자는 성능미달로 인한 손해배상예정액(LD)을 부담하거나 용량요금을 낮추어야 한다. 결국 대주단의 대출 상환액과 민간발전사업자의 투자수익의 결손만큼 손해배상예정액(LD)을 최종적으로 부담하게 되는 발전소 시공자가 성능미달 위험을 부담하게 된다.

2. 발전소 운영과 관련된 위험

개발도상국에서 진행되는 민자발전프로젝트의 발전소 운영과 관련된 위험은 발전소 운영사업자, 민간발전사업자 및 전력구매자가 각각 그 위험을 나누어서 부담하게 된다. 운영 관련 위험은 발전소 유지 및 보수계약(O&M)을 통해서는 민간발전사업자와 발전소 운영사업자가, 전력구매계약을 통해서는 민간발전사업자와 전력구매자가 운영기간 중 위험을 부담하는 주체가 되기 때문이다. 일반적으로 발전소 운영기간 중 고려해야 할 중요한 위험으로는 1) 운영비용 증가, 2) 운영기준 미달 등이 있다.[76)]

1) 운영비용 증가

대부분의 발전소 운영과 관련된 위험은 운영 및 유지보수계약을 통해서 발전소 운영자가 부담하게 된다. 일반적으로 발전소 운영자가 연간 승인된 예산을 초과하여 운영비를 발생시켰다면, 발전소 운영자가 초과한 부문에 대해서 손해배상예정액(LD)을 부담하게 된다. 그러나, 위와 같은 경우에도 불구하고, 해당 위험이 정치적이거나 불가항력으로 발생한 경우에는 발전소 운영자는 구제를 받고 운영예산도 인상이 가능하다. 결국 전력구매자가 해당 국가의 위험을 가장 잘 관리할 수 있는 당사자이고 이를 보상해줄 것이기 때문에 민자발전사업자는 이를 근거로 발전소 운영자를 구제하는 것이다. 전력구매계약에 있어 민간발전사업자는 에너지 요금을 통해서 발전소 운영과 관련된 비용을 보상받게 된다. 이처럼 발전소 운영과 관련된 비용은 이자율 또는 물가 상승률에 따라서 조정을 해주는 것이 일반적이다. 그럼에도 불구하고 발전소 운영비용이 상기한 전력구매계약상 지급받는 에너지요금을 초과하게 되면, 그 차액은 종국적으로 민간발전사업자의 부담이 아니라 발전소 운영자의 부담, 즉 손해배상예정액(LD)을 통해서 지불되게 된다. 왜냐하면, 해당 위험은 정치적인 위험이나 불가항력과는 달리, 발전소 운영자가 운영과 관련된 위험을 가장 잘 관리할 수 있는 위치에 있기 때문이다. 마찬가지로, 발전소 운영과 관련된 에너지요금이 불가항력, 정치적 위험 또는 전력구매자의 귀책사유로 인하여 인상이 필요한 경우에는 결과적으로 발전소 운영비용 상승분에 대해서는 전력구매자가 책임을 진다.

2) 운영기준 미달

전력구매계약에 있어서 민간발전사업자가 계속적으로 약정한 발전소 운영 기준을 달성하도록 하고 있으며, 만약 약정한 수준의 운영 기준에 미달하는 경우에는 민간발전사업자가 손해배상예정액(LD)을 지불하거나, 용량요금의 감소를 부담해야 한다. 일반적으로 운영기준으로 보장받고자 하는 것은 발전사업자의 긴급정지 횟수, 열효율 또는 성능저하에 따른 발전용량의 미달에 관한 사항이다. 일반적으로 위와 같은 사항이 민간발전사업자, 전력구매자 또는 발전소 장비의 결함으로 인한 사항이 아니라면 이는 운영사업자의 책임으로 해당 위험을 부담하게 되며, 기타 정치적인 사항, 불가항력에 대해서는 전력구매자가 책임을 지고 해당 위험을 부담하게 된다.

---

76) Scott L. Hoffman, (주58), at p 240

3. 연료공급과 관련된 위험

개발도상국에서 진행되는 프로젝트금융으로 조달되는 발전프로젝트의 연료공급과 관련된 위험은 연료 공급자, 민간발전사업자 및 전력구매자가 각각 그 위험을 부담하게 된다. 연료 관련 위험은 연료공급계약을 통해서는 민간발전사업자와 연료 공급자가, 전력구매계약을 통해서는 민간발전사업자와 전력구매자가 운영기간 중 연료위험을 부담하기 때문이다. 일반적으로 발전소 운영기간 중 고려해야 할 중요한 연료 관련 위험으로는 1) 연료비용, 2) 연료공급, 3) 연료운송 등에 관한 위험이 있다.[77)]

1) 연료비용 위험

연료비용과 관련된 위험요소는 기본적으로 연료공급을 누가 담당하느냐에 달려 있다. 정부기관이나 전력구매자가 이 위험을 담당한다면 보통은 해당 연료비용은 전력구매자에게 전가되고 연료비용은 에너지 요금으로서 민간발전사업자에게 지불된다. 전력구매자가 연료조달을 하는 경우에도 두 가지로 나누어지게 되는데 전력구매자가 전적으로 연료와 관련된 모든 위험을 부담하는 Tolling Agreement가 있고, 일정 조건하에서 민간발전사업자가 최적의 가격으로 연료를 구매하게 되면 이에 대해서 전력구매자가 해당 연료 가격을 에너지요금의 형태로 지불하는 방식이다. 이러한 배경에는 일반적으로 전력구매자가 일반적으로 발전사업자 보다 훨씬 더 신뢰 있는 가격으로 구매가 가능하거나, 저렴한 가격으로 구매가 가능하다는 입장이 있기 때문이라고 볼 수 있다.[78)]

2) 연료공급 위험

연료공급계약의 위험은 연료가 국내에서 공급되는지, 해외에서 수입되어 공급되는지에 따라서 달라진다. 연료가 국내에서 공급된다는 이야기는 공급에 큰 문제나 차질이 생길 위험이 대단히 적기 때문에 큰 문제가 되지 않지만, 연료를 수입하는 경우에 연료 공급자의 귀책사유로 공급이 되지 않았다면, 연료 공급자가 민간발전사업자에게 공급 위험의 책임을 지고 손해배상예정액(LD)을 지급해야 하는데, 상기한 손해배상예정액은 연료공급 지장으로 인한 발전사업자의 손실, 그리고 전력구매자에게 지불해야 할 손해배상 비용을 감안하

77) Scott L. Hoffman, (주58), at p 241

78) Barton D. Ford and Jane Wallison Stein (주12), at p 55-57

여 결정되어야 할 것이다. 불가항력인 경우에는 연료 공급자는 당연히 연료공급의무에서 면제가 되지만 정치적인 불가항력 사유에 있어서는 전력구매자가 위험을 부담하게 되는 것이 일반적이다.[79)]

3) 연료운송

연료공급계약과 거의 동일하게, 연료 운송자의 귀책사유로 연료가 공급되지 않은 경우에는, 연료 운송자가 민간발전사업자에게 운송 지연 또는 실패로 인한 책임을 지고 손해배상예정액(LD)을 지급해야 하는데, 상기한 손해배상예정액은 연료공급 지장으로 인한 민간발전사업자의 손실, 그리고 전력구매자에게 지불해야 할 손해배상 비용을 감안하여 결정되어야 한다. 불가항력인 경우에는 연료 운송자는 당연히 연료운송의무에서 면제가 되지만 정치적인 불가항력 사유에 있어서는 전력구매자가 위험을 부담하게 된다.[80)]

4. 전력시장과 관련된 Risk

개발도상국에서 진행되는 발전프로젝트에 있어 해당 국가의 전력시장과 관련된 위험은 민간발전사업자 및 전력구매자가 각각 그 위험을 부담하게 된다. 발전소 운영기간 중 고려해야 할 중요한 시장 관련 위험으로는 1) 전력수요, 2) 전력요금, 3) 인플레이션, 4) 환율변동의 위험 등이 있다.[81)]

1) 전력수요

발전소 운영을 통해서 생산하는 전력이 전력시장의 수요에 충당하느냐의 위험은 전적으로 전력구매자가 담당하게 된다. 따라서, 전력수요가 감소하여 발전소 운영을 하지 않는다고 하더라도 전력구매자는 용량요금을 계속 지불해야 한다.

2) 전력요금

독립민자발전사업에 있어서 전력요금의 부정확성에 대한 위험은 전력구매자가 담당한

79) Scott L. Hoffman, (주58), at p 241

80) Scott L. Hoffman, (주58), at p 241

81) Scott L. Hoffman, (주58), at p 241-242

다. 전력구매계약을 통해서 고정비, 대주단의 대출금 상환 및 투자수익에 상응하는 용량요금, 그리고 발전소 운영 시 지급하는 에너지 요금 등 전력구매계약상 확정된 전력요금은 해당 전력구매계약의 실현을 위해서 체결되는 여러 가지 다양한 관련 계약의 주요 조건에도 영향을 미치기 때문에 일단 체결이 되고 확정이 되면, 수정이나 개정이 상당히 곤란하다. 따라서, 부적당한 전력요금에 대한 위험은 전력구매자가 담당을 하게 된다.

3) 인플레이션

인플레이션 위험은 전력구매계약의 요금구조상 용량요금과 에너지요금의 각각의 구성요건의 특성을 고려하여 전력구매자가 부담을 하게 된다. 인플레이션과 관련된 지표가 실질적으로 경제적인 영향을 고려한 것이라면 이에 따라 조정되는 부문에 대해서는 전력구매자가 해당 위험을 부담한다. 운영비용 등 해당 국가 밖에서 조달되거나 발생한 용역에 대해서는 국제통화 지표 증감에 따라 조정이 될 것이며, 해당 국가 내에서 조달되는 자재나 용역에 대해서는 해당 국가의 지표 증감에 따라 조정이 될 것이다. 또한 연료비용 역시 각각의 연료 형태에 따라 적용되는 지표 증감에 따라 조정이 된다.

4) 환율변동 위험

발전프로젝트가 해당 국가의 외부지역에서 대출과 건설자재, 그리고 운영비용 중 일부를 국제기준통화로 조달하였으나, 나중에 지불은 현지통화로 받는 경우에는 환율변동의 위험을 전력구매계약을 통해서 전력구매자가 부담해야 한다. 환율 지표는 국제기준 통화와 현지통화의 환율변동사항을 반영해야 할 것이다.[82]

5) Political Risk

개발도상국에서 진행되는 발전프로젝트의 정치적인 위험은 법률변경, 불태환 위험, 전쟁, 공공수용 등이 있는데 이러한 위험들은 대개 전력구매계약의 중지 또는 종결과 같은 효과를 초래할 만한 위험이기도 하지만, 주로 정부가 해당 위험을 가장 잘 관리할 수 있는 주체이므로 보통은 Implementation Agreement를 통해서 위험을 부담하게 된다. 이러한 위험의 부담 정도는 해당 국가의 사회적, 정치적, 경제적 상황, 그리고 현지 국가 사업주

82) 환율변동위험으로부터 보호받기 위해서 환율변동사항을 적정하게 현지통화로 지불되는 전력요금에 반영하는 것뿐만 아니라, 아예 처음부터 국제표준통화로 지불하도록 협의하거나, 아니면 대주단에서 보험가입이나 중앙은행에 환율에 관해서 보증을 요구하는 경우도 있다. Barton D. Ford and Jane Wallison Stein (주12), at p 58

의 발전사업 참여, 국제금융기구 또는 차관단의 참여, 해당 국가의 신용상태에 따라서 위험 부담 정도가 달라진다. 일반적으로 정치위험으로 인해서 프로젝트가 문제가 되는 경우에는 민간발전사업자는 자신의 투자수익 회수와 대주단의 대출금과 이자는 보장을 받을 수 있도록 정부로부터 보증을 취득할 필요가 있다.[83)]

Ⅳ. Tolling Agreement

일부 발전프로젝트에 있어서 전력구매자가 발전소 연료공급에 대해서 전적으로 책임을 지는 경우가 있다. 이러한 계약은 Tolling Agreement[84)]라고 말하기도 하는데, 일단 연료만 공급이 되면, 해당연료를 통해서 발전을 하고 발전된 전력을 전력구매자에게 다시 판매하는 계약구조를 가지고 있다. 어디까지나 전력구매자가 훨씬 더 연료 조달에 있어 유리한 위치를 가지고 있는 경우에 굳이 에너지 요금을 지불하지 않고 전력구매자가 바로 연료조달과 관련된 책임을 부담하는 것이다. 본 계약은 일응 전력구매계약과 유사한 점이 있으나, 약간 다른 사항도 있는데 연료공급과 관련된 사항을 중심으로 간략하게 살펴보도록 하면 다음과 같다.

1. 연료공급과 불가항력

전력구매계약상에 있어서 연료공급과 관련하여 불가항력이 발생한 경우에는 전력구매계약의 당사자인 발전사업자나 전력구매자의 책임이 아니므로 양 당사자는 의무이행으로부터 면제가 된다. 그러나, Tolling Agreement에서는 전력구매자가 연료공급의 의무를 부담하고 있으므로, 연료공급과 관련하여 불가항력이 발생한 경우에는 결국에는 전력구매자가 해당 사항에 대한 위험을 부담하고 용량요금을 지불하게 된다.

---

83) Scott L. Hoffman, (주58), at p 242

84) 이러한 명칭은 마치 도로사용을 위해서 통행료를 지불하는 모양에서 유래되었으며, 전력구매자가 연료를 프로젝트에 통과를 시키고 이를 에너지로 변환하는 모양과 비슷하다고 유래가 된 듯하다.

2. 연료의 효율과 연료사용

일반적으로 전력구매계약에 있어서는 전력구매자는 연료의 효율에 대해서는 큰 부담을 가지고 있지 않다. 해당 산식에 의거 용량요금만 지급하면 되기 때문이다. 그러나, Tolling Agreement에 있어서는 전력구매자가 연료공급을 담당하고 있으므로 열효율이 만약 낮다면, 결국 더 많은 연료를 조달해야 할지도 모르는 상황이 생기기 때문에 많은 부담을 가지고 있으며, 이런 이유로 인해서 발전소 운영자는 최소 열효율 수준에 대해서 보증을 받아 위험을 전가하게 된다.

제 2 장
IPP 사업 건설시공계약(EPC)의 이해

Ⅰ. IPP 사업의 건설시공계약

건설업계의 해외건설 수주가 외형적으로 보기에는 순항을 하고 있는 것처럼 보이지만, 이런 외형적 성장에도 불구하고, 실제 내용을 살펴보면, 실적 또한 그다지 반갑지 않은 것도 사실이다. 주된 실적조차도 대부분 중동지역 플랜트 시공사업에만 편중되어 있어, 시공지역과 건설 분야의 다각화에 여전히 어려움을 겪고 있다는 평가다. 또한 단순 도급사업에만 의존하다 보니 해외수주가 꾸준히 증가함에도 실질적으로 이익내기도 어려울뿐더러, 중국과 인도의 집중적인 추격에다가 엎친 데 덮친 격으로 새로운 분야에 대한 진출부담까지 더해져 수익성이 날로 악화되고 있는 상황이다. 이런 분위기에서 새롭게 주목받고 있는 분야가 해외 독립민자발전사업(IPP 사업)이라고 볼 수 있다.[85] 이처럼, 독립민자발전사업이 점차 각광을 받고 있는 이유는 세계적으로 도시화가 급속히 진행됨에 따라, 전력수요는 급증하는데 반하여, 글로벌 금융위기 이후 지속되고 있는 오랜 경기 침체로 사회간접자본 특히 발전시설 확충을 위한 재정투자 여력이 점차 한계를 드러내고 있고, 개발도상국에서 발전설비에 대한 재정투자를 줄일 수밖에 없어, 부족한 전력공급을 해결하기 위한 대안으로 민자발전사업을 선택하기 때문이다. 2000년대 초중반까지만 해도 풍부한 오일머니를 바탕으로 세계 건설시장에서 큰손 노릇을 해왔던 중동 국가들 역시, 계속된 경기침체와 석유 대체자원의 공급 확대로 사실상 민간투자를 전제로 한 독립민자발전사업을 그 대안으로 생각하고, SOC 투자 방향을 전환하고 있다. 뿐만 아니라, 국가 재정이 경제성장 속도를 따라가지 못하고 있는 인도를 비롯한 동남아, 중앙아시아와 남미 등 제3세계 국가들 역시 독립민자발전프로젝트를 통해 투자를 유치하고 전력 부족분을 채우는 데 주력하고 있다 보니, 미국, 일본 등 글로벌 민간발전사업자들이 막대한 자본력과 발전시설 운영 경험을 앞세워, 중동을 포함한 개도국 발전시장을 선점하기 위해 치열

85) IPP는 Independent Power Producer의 준말로서 정부 또는 공공기관에 해당하지 않으면서, 독립적으로 전기를 생산하여 공공기관 또는 최종소비자에게 전력을 공급하는 사업자를 일컫는 말이다.

한 경쟁을 펼치고 있는 실정이다. 특히 개발도상국의 독립민자발전사업은 단순히 발전사업뿐 아니라 국가적 자원개발, 각종 인프라 구축 등 또 다른 사업기회까지 덤으로 획득할 수 있어 '황금알을 낳는 프로젝트'로 여겨지고 있다. 이런 이유 때문에 일부에서 개도국 독립민자발전시장을 향한 글로벌 발전사업자와 선진 건설업체들의 행보를 보고 마치 "총, 칼을 앞세웠던 과거 제국주의 시대가 연상된다."라는 말까지 나오고 있다. 이에 따라, 한전을 비롯한 국내 발전사업자, 건설업체들도 중동 및 개도국 민자발전시장을 향해서 공격적으로 사업을 추진하는 동시에, 자체 경쟁력 향상을 위해 체질개선을 서두르고 있다. 그동안 국내 건설업체는 가격경쟁력과 한국인 특유의 성실성을 앞세워 EPC(설계 및 시공, 구매조달) 건설 수주액을 늘려왔고 시공능력도 인정받았지만, 국내기업에게 민자발전사업 분야는 시장이 가진 매력에 비해서 직접 사업을 개발해본 경험이 일천한 탓에, 수년간에 걸쳐 여러 가지 시도를 해왔음에도 불구하고 아직은 고전을 면치 못하고 있는 것은 분명한 현실이다.

세계적 경기침체와 전력난이 지속되고 있는 가운데, 해외 건설 공사 수익성 악화까지 겹쳐, 이제 민자발전시장 진출은 선택이 아니라 필수라는 인식이 점차 팽배해지고 있으며, EPC 분야에서 세계적으로 강자인 대형 건설사들이 앞장서 나가고 있고, 차곡차곡 실적을 쌓아온 중견 건설사들까지 가세하고 있는 만큼, 세계 초중반시장에서 우리 업체들과 글로벌 사업자와의 총성 없는 전쟁은 이미 시작됐다고 볼 수 있다. 이처럼 민자발전사업에 관심이 점점 고조되기도 하지만, 민자발전사업이 원래 공사비 규모만 해도 조 단위가 넘고 대부분이 프로젝트 파이낸싱으로 사업비를 조달하고 있는 탓에 금융을 제공하는 대주단 입김에 상당히 영향을 받는 것도 사실이다.[86] 이런 탓에 실제로 단순히 의욕만을 앞세워 발전사업에 뛰어들었던 많은 건설업체들과 민간발전사업자들이 EPC 건설 경험에만 지나치게 의지한 채, 민자발전사업 전반에 걸친 경험과 이해 부족으로 많은 어려움을 겪고 있는 것도 사실이다. 지금도 중동지역에서 민간발전사업자와 국내 EPC 업체들과 발전소 건설과 관련하여 다툼과 심지어는 중재도 끊이지 않는 것도 이와 무관치 않을 것이다. 이에 프로젝트금융이 필수적으로 수반되는 민자발전사업에 있어 특히 유의해야 할 EPC 계약의 주요 계약 이슈들에 대해서 본격적으로 한번 짚어보고자 한다.

---

86) 프로젝트 파이낸싱(Project Financing, 또는 프로젝트금융)은 해외에서 도입된 선진금융기법으로 강력하고 탄탄한 미래의 현금흐름(Cash Flow)을 근간으로 하여 금융을 조달하는 방식으로 장기간 수익이 보장되는 사회간접자본 시설과 관련된 금융조달에 주로 사용되는 방식이다. 단순히 프로젝트의 현금흐름만을 담보로 금융을 제공하는 탓에, IPP 사업에서는 프로젝트금융을 주선하는 대주단이 미래 현금흐름에 가장 큰 영향을 주는 발전소 성능 사항에 대해서는 지나칠 정도로 간섭을 하고 있고, 성능 관련 계약불이행이 발생하는 경우 손해배상예정액 역시 상당히 엄격히 요구하고 있는 것이 현실이다.

1. 민자발전사업 프로젝트의 특징

일반적으로 발전사업 분야는 장기간 확정적인 전력요금을 지불하는 구조로 인해서 미래 현금흐름을 예측함에 있어 가장 유리하고 정확한 예측이 가능하기 때문에, BOT[87] 사업과 프로젝트금융 구조하에서 가장 안정적이고 수익이 나는 분야로 선호되어왔다. 그러나, 발전소 건설을 위한 투자금액이 발전사업자에게 상당한 금융부담을 주기 때문에 사업참여는 항상 신중하게 고려되어 왔으며, 설령 재정이 튼튼한 기업 또는 공기업이라고 하더라도 최근 Global한 경제적 상황을 고려해 볼 때, 부담스럽고 신중하기는 마찬가지 입장이라고 볼 수 있을 것이다. 이런 민자발전프로젝트의 특성으로 인해 위험부담을 줄이고자 자금조달이 용이한 프로젝트금융방식이 자연적으로 선호되어 왔다.[88] 따라서, 민자발전사업프로젝트를 고려할 때는 항상 프로젝트금융도 고려해야 할 것으로 보인다. 앞서 이야기한 바대로 미래 현금흐름이 충분히 예측 가능하고, 대주단에게 담보로 제공될 자산도 분명하기 때문에 독립민자발전사업이야 말로 프로젝트금융에 가장 적합한 구조라고 볼 수 있다.[89] 이런 프로젝트의 구조적 특성과 배경으로 인해, 민자발전프로젝트와 프로젝트금융과는 불가분의 관계라고 볼 수 있으며, 프로젝트금융으로 자금을 조달하기 위해서 해당 발전프로젝트가 Bankability를 가져야 하는 것이 가장 중요한 선결조건이라 할 것이다. 이러한 이해를 바탕으로 독립발전프로젝트와 건설계약에 대해서 살펴보고, 상호간에 어떤 영향을 미치는지 한번 살펴보도록 하자.

2. 민자발전프로젝트와 건설계약

1) 민자발전프로젝트 관련 EPC 건설계약의 특징

일반적으로 발전전문 프로젝트 회사는 발전소 설계, 건설 및 시공과 관련된 역무를 해당 사업 경험을 가진 전문 건설업체를 지정하여 수행토록 하여 최대한 건설위험에 노출되지 않도록 노력을 한다. 이와 마찬가지로, 발전프로젝트는 보통은 프로젝트금융을 통해서 사업비용을 조달하게 되므로, 대주단 역시 민간발전사업자와 마찬가지로 건설위험에

87) B.O.T(Build, Operate and Transfer)란 시공자가 특정 프로젝트의 투자비를 부담하는 대신 시설물 완공 후 일정기간 관리권이나 운영권을 갖고 투자비를 회수한 뒤 정부기관 또는 정부 측에 시설물을 되돌려주는 식의 개발방식을 말한다.

88) 프로젝트금융에 대한 상세한 내용은 김승현, "프로젝트금융 하에서의 건설공사계약과 완공보증을 둘러싼 법률문제" 국제거래법연구 제23권 (제1호) 53면 이하 참조

89) Scott L. Hoffman, (주58), p 3 참조

노출되지 않는 계약 형태를 추구하게 된다. 프로젝트 비용의 대부분을 프로젝트금융 방식으로 조달하였지만, 이러한 조달은 건설이 채 시작되기도 전에 이루어진 것이므로 무형의 발전소 자산과 미래 현금흐름만을 예측해서 조달한 것이기 때문에, 그 첫 단추로서 성공적인 건설시공이 필수적이라고 볼 수 있다.[90] 프로젝트금융 조달이 확정된 후 건설이 시작된다고 하더라도 준공까지는 실제로 자산으로서 담보가치를 가질 만한 것이 거의 없기 때문에 미리 이러한 건설위험[91]으로부터 발전프로젝트를 완벽히 보호하기 위하여, 시공자의 책임사항을 명확히 하고 이를 근거로 건설 위험을 적절히 배분하는 것을 통해서 건설기간 중 건설시공자와 발전목적 프로젝트 회사와의 건설 관련 사항에 대한 책임관계를 명확히 규정해야 한다. 이처럼 확정이 요구되는 사항으로는 설계, 물품 및 장비 공급, 토목, 시운전 등에 관한 사항들이고, 이와 관련된 건설 위험은 현장상태, 현장접근, 허가 및 승인, 공급 장비 보증, 건설비용, 적기 준공 및 계약의 이행여부에 관한 사항들이다. 이러한 건설 위험으로부터 발전프로젝트의 신뢰성을 확보할 수 있는 건설 계약형태 중 가장 일반적으로 선호되는 것이 EPC 계약이며, 대주단 역시 건설 계약상 위험이 가장 잘 배분되어 있고, 금융 위험에도 노출되지 않기 때문에 EPC 계약을 선호하게 된다.

2) EPC 건설 계약

EPC란 설계(Engineering), 조달(Procurement) and 시공(Construction) 등을 일컫는 영어 단어의 첫 글자를 따서 나온 용어로서 주로 거대 규모의 복잡한 Infrastructure 관련 프로젝트 또는 대형 건설 프로젝트 계약을 수주한 시공자가 설계, 부품/자재 조달, 공사를 직접 책임지고 시공하는 형태의 건설계약을 일컫는 말이다.[92] 주로 발전사업, Oil and Gas, 운송, 상수도 및 통신 등 사회간접자본과 관련된 프로젝트에서 선호되는 건설계약형태로서, 프로젝트 준공 이후 사업주가 프로젝트를 바로 운영을 할 수 있도록 미리 약정한 날짜에 준공이 가능토록 하는 탓에 Turnkey 건설 계약이라고 불리기도 한다.[93] 사업주를 위해서 약정한 날짜에 완공된 목적물을 인도하는 것도 중요하지만, 이를 이행하면서 최초 약정한 기간 동안 약정한 금액(Fixed Price) 범위 내에서 약정한 성능수준까지 보장하는 건설시공계약으로 시공자에게는 상당히 불리하고 부담스러운 계약이라고 볼 수 있다.[94]

90) 김승현, "프로젝트 파이낸스와 EPC/Turnkey 계약" 통상법률 제8권 (2004) 133면 참고.

91) 일반적으로 가장 빈번히 발생하는 건설 위험은 준공지연과 성능부족과 관련된 건설 위험이다

92) Phillip Loots, Worlds Apart: EPC and EPCM Contracts: Risk Issue and Allocation, ICLR (2007), p 252

93) Josheph A. Huse, Understanding and Negotiating Turnkey and EPC Contract 2nd ed, Sweet & Maxwell (2002), p 2-3

최근 일부 중동국가에서 수주한 많은 EPC 계약 중에 해당 국가에서 발생한 테러, 사회불안 등으로 심각한 손해를 입은 사례도 점점 늘어나고 있는데 그만큼, EPC 계약은 시공자 측에 부담이 많은 건설계약이며, 이런 위험은 보험시장에도 영향을 끼쳐 건설시공자 입장에서 점점 더 EPC 계약을 부담스러워하고 있는 것도 현실이다. 그러나, 시공사들의 이런 위험과 어려움에도 불구하고, 여전히 프로젝트 개발자와 대주단은 앞에서 언급한 프로젝트 파이낸싱과 해당 발전프로젝트의 특성과, EPC 계약이 가지는 확실성과 안정성 탓에 여전히 EPC 계약을 선호하고 있으며, 앞으로도 Infrastructure 관련 프로젝트들 역시 프로젝트금융을 기반으로 수행되는 한 여전히 건설 시공자들에게 요구될 것으로 보인다.

따라서, 발전프로젝트 건설과 관련된 주요 EPC 계약 이슈들을 다룬다고는 하지만, 발전프로젝트는 기본적으로 프로젝트 파이낸싱 방식을 통해서 프로젝트 비용을 조달하기 때문에 발전사업과 관련된 EPC 건설계약의 특성을 살펴보기 전에, 먼저 프로젝트금융이 해당 EPC 계약에 어떤 영향을 끼치는지 살펴볼 필요가 있을 듯하다. 아무리 EPC 핵심 Issue가 중요하다고 하더라도 발전프로젝트 비용의 조달 없이는 전부 무용지물이 될 것이기 때문이다.

3. 프로젝트금융과 발전사업 관련 EPC 계약

1) Bankability

프로젝트금융이 수반되는 민자발전프로젝트의 경우에, 해당 프로젝트금융 조달의 근간이 되는 미래 현금흐름은 발전사업 프로젝트의 고정비항목을 구성하는 발전용량과 이를 보장하는 성능보장으로부터 나오게 된다. 성능보장과 관련된 주요 계약조건(Terms and Conditions)들이 프로젝트금융을 끌어낼 만한 수준이 된다면 해당 프로젝트는 Bankability를 확보했다고 보인다. 이를 조금 풀어서 말하면, 발전사업자와 시공자 사이에 Risk Allocation이 잘 되어있어 대주단이 보았을 때, 준공이 가능하고 발전소 운영이 개시되면 해당 프로젝트가 대출금을 상환할 만큼 수익을 발생할 수 있으며, 담보제공능력 여부에 대해서 높은 수준의 확실성을 가지고 있다는 의미로 설명될 수 있을 것이다. 발전프로젝트의 Bankability를 따지는 경우에 대주단은 시공자의 건설비용 증가 여부, 건설기간의 연장 또는 지체 가능성, 성능보장과 관련된 담보 제공능력 여부에 중점을 두고 이를 검토하

94) 김승현, FIDIC 국제건설 표준계약조건 연구, 박사논문, 서울대 (2014), p 12

게 된다. 이와 더불어 대출 상환기간 동안 아무런 문제없이 발전소 운영이 원활하게 되어야 하고 이와 관련된 기술 위험요소에 대해서도 이를 충분히 고려하여 Bankability를 결정하기 때문에, 조달할 대출금이 크다고 하더라도 일단 Bankability만 확보하면, 금액에 상관없이 충분히 금융조달이 가능하므로 프로젝트금융이 수반되는 민자발전사업은 해당 프로젝트의 Bankability가 상당히 중요시 된다고 볼 수 있다. 프로젝트금융 방식은 담보제공 측면에서 자산가치를 기준으로 대출을 실현하는 전통적인 금융조달 방식이 아니라, 향후 설립될 프로젝트 목적 회사의 미래 현금흐름만을 담보로 하기 때문에, 사업자의 담보를 별도로 요구하지 않거나, 일부만 요구한다고 해서 Non-recourse(비소구) 또는 Limited-recourse (제한적 비소구) 방식으로 불리기도 한다. 위 두 용어는 상호간에 비슷하게 혼용되기도 하는데, 정확히는 다른 의미로서, Non-recourse는 사업주에게 전혀 상환을 요구하지도 않고, Limited-recourse는 제한적으로만 상환을 요구한다는 의미에서 구별이 되며, 실제로 완전한 Non-recourse는 거의 없고, Limited-recourse 방식이 대부분이며 여기서 대주단은 상환을 담보하기 위해서 모회사의 보증을 일부 요구하는 것으로 대출을 진행한다.[95] 최근에는 사업주에게 단순히 차관을 제공하는 것뿐만 아니라, 보증증권 제공 및 정치적 위험에 대한 보험까지 요구하면서 담보수준을 높이는 경우도 있다.[96] 따라서, 해당 프로젝트의 Bankability를 살핀다는 것은 단순히 한 부문만을 보는 것이 아니고 프로젝트의 모든 위험요소들을 분석하고 분석한 위험들이 적절히 각 당사자들에게 전가되고 배분되었는지 살피는 것이라고 볼 수 있다. 이런 관점에서 대주단이 EPC 계약의 Bankability를 확보하기 위해서 중점적으로 살피는 계약내용은 다음과 같다.

- 확정 준공일 (Fixed Completion Date)
- 확정 비용 (Fixed Completion Price)
- 기술위험의 부존재 (Non or Limited Technology Risk)
- 출력보증 (Output Guarantees)
- 공사지연 및 성능부족에 따른 손해배상예정액 (Liquidated Damages for Delay and Underperformance)의 확정
- 건설 시공사 및 그 모회사의 보증 (Security from the Contractor and its Parents)

95) E.R. Yescombe, Principle of Project Finance, Academic Press (2002), p 180-181

96) 최근에는 주로 선진국에서는 사업위험이 거의 없다고 보아 상업은행이 주로 주도하지만 점차 중진국에서도 프로젝트가 많아지고, SOC 사업 특히, 인프라 사업 프로젝트가 많아지면서 다양한 형태의 금융 형태가 생기게 되었고 특히, 정부기관까지 가세하여 자국기관들의 수출입을 돕기 위해서 수출입 신용기관 또는 국제기구(WB, ADB) 등을 통하여 지원하는 금융도 점차 늘어나고 있다.

• 책임한도 (Large Caps on Liability)

• 공사지연 및 공사비 추가와 관련된 EPC 계약자의 Claim 제한 (Restriction on the Ability of the Contractor to Claim Extension of Time and Additional Costs)

일반적으로 위의 계약조건이나 위험들이 건설계약에서 적절히 명시되고 당사자 간에 이런 위험이 적절히 배분되어 있으며, 책임관계 역시 분명하게 명시 되어있다면 Bankability가 있다고 보고 있으며, 이처럼 대주단의 요구에 가장 잘 들어맞는 건설 계약 형태를 EPC 계약이라고 보고 있으므로, 프로젝트금융을 수반하는 사업에 보통 EPC 계약이 선호되고 있다.

2) 프로젝트금융 하에서의 EPC 계약 주요 이슈

프로젝트금융을 수반한 EPC 계약에 있어서 중요하게 여겨지는 주요 이슈들의 대부분은 프로젝트가 준공된 후 상업운영이 시작함과 동시에, 대출금과 이자상환이 아무런 문제없이 시작되고, 그 이후 장기간 동안 대출 상환이 안정적으로 이루어질 수 있을 것인지와 관련된 것이라 할 수 있다. 따라서, 약정한 일정시점에 기대하는 성능보장이 실현되고, 건설기간 중 사업비를 고정적으로 유지하는 것, 즉 1) 적기에 준공되어 약정기간부터 운영되고 (Time), 2) 최초 약정한 금액 범위 내에서 시공되어 수익구조를 악화시키지 않으며 (Cost), 3) 장기간 동안 일정 수준의 성능이 보장되는 것(Quality)과 관련된 사항이 대부분이라고 볼 수 있다. 민간발전사업과 관련된 EPC 계약에서 위의 3가지 주요 핵심사항이 Bankability를 달성하기 위한 주요 사항이며, 이를 달성하기 위해서 계약 조건으로 관심을 두어야 할 것은 다음과 같다.

① Single Point of Responsibility

앞에서 살펴본 바와 같이 EPC 계약에서는 시공자가 설계(Design), 감리(Engineering), 조달(Procurement), 건설(Construction), 시운전과 검사(Commissioning and Testing Activities)와 관련된 사항에 대해서 전적으로 책임을 지게 된다. 이를 EPC 계약에서는 Single Point Responsibility라고 하는데, 용어 그대로 시공자가 민간발전사업자가 EPC 계약에서 요구한 대로 주요 세부내역에 따라 시공을 하고, 합의한 준공시점에 해당 설비를 제공해야 하며, 위 사항에 대해서 문제가 발생한 경우에는 실제 시공자가 누구인지, 해당 문제의 책임이 누구에게 있는지와 무관하게 시공자가 전적으로 책임을 진다는 이야기이다. 이러한 Single Point Responsibility를 구현하기 위해서 EPC 계약자에게 계약상 몇 가지 의무사항이 부과되게 된다. 건설 시공자는 1) 모든 시공업무와 관련된 설계업무를 책임지며, 2) 설계에 따라 시공이 잘 이루어지도록 이를 적절히 관리, 운용하고, 그리고 3) 시공과정에 상당한 주의를 기울여 최종적으로 정해진 준공 기일 내에, 4) 약정한 수준의 성능을 제공할 의무사항을 부담하게 된다. 이런 Single Point Responsibility 책임구조를 통해서, 시공사항에 대해 문제가 발생하였다고 하면, 민간발전사업자가 Claim을 요청하면서 별도의 시공결함 또는 설계상 오류에 대한 원인이나 설명을 별도로 주장할 필요가 없이 직접적으로 바로 청구가 가능토록 해준다. 왜냐하면 EPC 계약에서는 건설 관련 의무사항은 전적으로 시공자의 책임이기 때문이다.[97] 민간발전사업자와 대주단 관점에서 Single Point Responsibility라는 형태를 통해서 가질 수 있는 이점은 다음과 같다.[98]

ⅰ. Design: 건설 분야에서 시공과 설계는 각각 별개의 분야로서 전문분야가 따로 나누어져 있는 게 현실이다. 전문분야를 고려하여 계약을 분리하여 체결한다면, 시공분야와 설계분야의 상호 연결점을 찾는 것이 무엇보다 중요하고 위험의 배분을 위해 많은 시간이 소요될 수도 있지만, Single Point Responsibility 하에서는 사업초기부터 설계자와 시공자가 적극적으로 협업을 해야 되기 때문에 비용 절감이나 준공기간 단축도 가능하다는 장점이 있다.

ⅱ. Coordination: 전통적인 방식의 건설인 경우에는 앞서 말한 것처럼 각각의 시공분야별로 시공하는 것이 대부분이다. 토목, 장비 설치 등등 여러 분야에서 시행되는 건설 행위 간에 상호연결을 위한 관리가 대단히 중요하게 여겨지고 있는데, 이런 위험을 극복하기 위해서 Single Point Responsibility라는 방식을 통해서 시공자가 모든 하도급 계약자, 장비공급자, 기술 관련 사항에 관해 책임을 부담토록 하는 동시에, 각 공사분야의 연결부문을 문제없이 진행토록 관리할 수 있다는 장점이 있다.

ⅲ. Completion: Single Point Responsibility를 통해서 공사기간 말에 준공 및 성능보장과 관련된 주요사항에 대해서 시공자가 책임을 지게 할 수 있다. 각종 기준(기술기준 포함)은 준공시점 전에 반드시 만족되어야 하며, 성능기준 역시 준공 전에 민간발전사업자가 계약상 요구한 성능기준에 부합되어야 한다. 또한 이러한 기준 등은 다른 계약 특히, 전력구매계약, 발전소 운영유지계약, 연료공급계약 관련사항과도 일치해야하므로 프로젝트 전체의 신뢰도가 상승하게 된다.

---

97) Brown, Opportunity and Risks of Design Build Projects, The Construction Super conference, San Fransico, USA (1995)

98) 이하 Single Point Responsibility의 장점에 대해서는 Jeffrey Delmon (주9) at p 193-195 참조

② Fixed Contract Price

일반적으로 EPC 계약은 설계 및 시공 대가를 미리 확정하기 때문에, 민간발전사업자의 1) 책임 있는 사유로 계약지연이 발생하거나, 2) 공사변경을 요청한 경우에 한하여 건설 시공자가 비용증감 요청이 가능하다. 그 외의 사유로 인해 비용증가 또는 비용절감이 발생하면 이는 전부 시공자의 책임, 추가부담 또는 이익과 연결된다. 시공 대가로서 확정된 금액만을 지급하기 때문에 민간발전사업자와 대주단은 건설 가격에 대해서 비용의 확실성을 높일 수 있게 된다. 또한 공사대금을 지불할 때에도 단계별로 공사대금 지불이 가능하기 때문에, 일단 공사금액과 주요 시공 일정이 결정되면, 시공 기간별로 용이하게 나눌 수도 있고, 각 시점의 지불금액이 확정되어 있기 때문에 대주단도 각 지급 시기별로 자금 유출입에 대한 조정이 훨씬 용이해지는 장점도 있으며, 시공자 입장에서도 시공 단계별로 지불이 되기 때문에 주요 일정을 단축하기 위해서 적극적으로 공사 관리를 추구할 수 있다는 장점을 가지게 된다.

③ Fixed Completion Date

민자발전사업과 같은 BOT 사업에 있어 적기준공은 필수적이다. 준공 지연으로 인해 해당 프로젝트와 관련된 여러 계약, 즉 연료공급계약, 발전소 운영계약, 전력구매계약 등 개별 계약의 시행시기에 영향을 미쳐 Penalty를 물 수도 있기 때문이다. 대주단 입장에서도 대출금 상환의무 개시일이 준공일 기준으로 확정되어 있고, 민간발전사업자 입장에서도 수익이 발생하는 시점과 관련이 있기 때문이다. 준공일자를 맞추지 못하면, DLD (Delay Liquidated Damages : 지연 관련 손해배상예정액)를 물게 되는데, 이 금액은 민간발전사업자가 발전소 건설 지연으로 인해 겪게 될 손실과 배상에 중점을 맞추고 있으며, 영미법상 손해배상예정액은 미리 손해배상액을 예정한 것이므로 해당금액이 실제로 준공지연으로 인해 민간발전사업자가 겪게 될 손해로 볼만한 상당한 경우에 한하여 인정 된다. 이처럼 예외적으로라도 인정을 받기 위해서는 지체상금이 실제 준공지연으로 발생한 비용(보험비용, 관련 처리비용, 금융비용 등)과 손실(Revenue from Completion)이 반영되어 계산되어야 하고 심지어는 하루 단위로도 계산이 가능해야 한다.[99]

99) 준공기일 지연과 관련하여 발전사업자의 작위나 부작위로 인해 지연이 발생할 경우도 있는 데 이 경우 시공자에게 공기연장(Extension)이 가능할 것 인지에 대해서는 정홍식, "해외건설 프로젝트에서 동시발생 공기지연" 비교사법 제21권 제2호 (통권 65호) 827면 이하 참조.

④ Performance Guarantee

프로젝트금융을 수반한 민간발전프로젝트에 있어 발전소 운영을 통해 일정수준의 수익을 벌어 들여야만 대출 상환의무를 부담하고 나아가 투자액에 대한 수익을 벌어들일 수가 있기 때문에 발전소는 반드시 EPC 계약에서 약정한 성능이 담보되어야 하고, 장기간 동안 문제없이 발전소 운영이 가능해야 되기 때문에 EPC 계약상 약정한 출력(Output)과, 효율성(Efficiency), 내구성(Reliability)을 확보한 채로 발전소가 실제 운영될 것인지가 상당히 중요하다. 보증용량에 대한 검증은 성능운전시험을 통해서만 가능하고, 통상의 검사처럼 일정시점에 한 번에 가능한 것이 아니라, 적당한 조건하에서 일정기간 동안 계속적으로 시운전을 거쳐야만 검증이 가능하기 때문에 어려움이 있고, 성능검사의 항목 자체도 단순히 출력뿐만 아니라, 연료의 상태(회분, 건조도, 황성분 등), 열효율, 용수공급, 대기 또는 기후변화, 환경요건 등 다양한 요소들을 감안하여 성능시험 검사를 수행할 뿐더러, 이마저도 발전소 세부내역과 전력구입자의 요청에 따라 많이 달라지므로 상당히 까다롭다고 볼 수 있다. EPC 계약에서 보장했던 성능을 만족시키지 못한다면 시공자는 PLD (Performance Liquidated Damages : 성능미달 관련 손해배상예정액)를 지불해야 하는데, 손해배상예정액(LD)에 대해서는 앞서 언급한 대로 미리 예상되는 손해가 비교적 정확하게 산정되어야 하기 때문에, 이 경우 손해배상예정액 산정은 해당 발전프로젝트의 존속기간을 감안하고 또한, 성능미달로 인해 전력요금을 통해서 받을 수 없는 고정비를 잔여 운전기간 동안 계산하고 이를 현재가치로 할인한 현금흐름이 PLD가 된다. 예를 들면, EPC 계약에서 약정한 성능사항보다 10MW 정도 출력이 떨어지고, 이를 유예기간 동안 복구하지 못한 경우에, 해당 프로젝트의 남은 계약기간 중 10MW를 팔지 못해 입은 손해를 현재가치로 보상하는 방식이다.

⑤ Caps on Liability

건설계약과 관련된 손해에 대해서 EPC 계약자는 무한책임을 지지는 않는다. 일반적으로 EPC 계약과 관련된 손해는 계약가격 대비 특정비율로 계산되게 되며, 전체 책임한도는 계약상 또는 해당 국가의 법에 의해서도 결정되지만, 계약금액을 한도로 하는 것이 일반적이다. 또한, 손해배상의 대상이 되는 손해도 Consequential Damage, Loss of Profit 항목 등 간접손해에 해당하는 사항은 일반적으로 보호되지 않고, 예외적으로 손해배상예정액(Liquidated Damages) 정도만이 인정되고 있다. 물론 이 경우에도 설령 100%를 손해배상 한도라고 정하고 있지만, 예외적으로 그 한계를 인정하지 않는 경우도 있다. 간접손해

중에서 일반적으로 인정되는 LD인 DLD와 PLD의 경우에도 각각 특정한 한도 내에서 개별 한도가 적용되는 형태로 한도가 정해지게 된다. 보통은 DLD(지연손해배상예정액)와 PLD(성능미달손해배상예정액)의 경우에는 각각 20% 정도를 상한으로 하고, DLD와 PLD의 전체 한도를 30%로 잡는 형태로 손해배상액을 제한하게 된다.[100] 또한, 기타 EPC 계약의 손해배상 한도가 적용이 안 되는 경우는 1) 사기 또는 불법행위, 2) 3자에게 끼친 손해에 대한 보전, 3) 지적재산권 보증사항에 위반된 경우에는 손해배상 한도가 적용되지 않는다.

⑥ Security

EPC 계약자의 계약상 의무이행을 보증하기 위해서 다양한 형태의 보증과 Bond가 요구되는데 발전사업자를 위해서 취할 수 있는 사항들을 살펴보면 다음과 같다.

ⅰ. **선급금 보증** (Advance Payment Guarantee): 일반적으로 건설공사비 지급은 해당 프로젝트의 건설 단계별로 성공적인 수행을 선행조건으로 하여 지급하는 경우가 대부분이다. 그러나, 예외적으로 건설 초기에 시공 준비 및 주요 장비구입을 위해서 시공자가 부담하는 비용의 일부 또는 전부에 해당하는 금액을 먼저 선급금으로 지불하는 경우가 있는데, 이는 단계별 시공의 대가가 아니기 때문에 결국 이에 대한 담보로 증권을 시공자로부터 수취하게 된다.

ⅱ. **계약보증금** (Performance Bond): 시공자는 일반적으로 계약이행 보증과 관련된 증권을 제공하게 된다. 이 금액은 대출금 또는 시공자의 신용 및 경제적 상황에 따라 결정되게 되는데, 보통 전체 계약금액의 5~50%에서 결정되며, 평균 10~25% 정도를 계약보증금으로 수취하는 것이 일반적이다.[101]

ⅲ. **유보** (Retention): 건설기간 중 시공단계별로 건설비용을 지불하는 경우에, 지불금액의 5~10% 정도 유보하고, 준공시점에 해당 유보금의 50%를 지불하고 나머지는

---

100) 이 경우 LD를 계산하기 위한 대주단 상환금액 및 발전사업자의 수익금을 계산한 손해배상액의 성격을 보면 다른 경우에는 좀처럼 인정되지 않는 Loss of Profit과 비슷하며 주로 프로젝트금융이 수반된 프로젝트에서만 예외적으로 인정되는 분위기이다. 왜냐하면, 이를 인정치 않는다면 프로젝트의 미래 현금흐름만을 담보로 금융을 제공한 대주단이 가지는 안전장치가 거의 없기 때문이며, 출자구조의 특이성에서 발생한 불가결한 상황이라고 보기 때문에 예외적으로 인정을 하는 듯하다. 그러므로 실무에서는 계약서 작성 시, 기술적으로 Housekeeping Provision에서 결과적 손해 또는 간접손해를 인정하지 않는다고 명시하더라도 지연과 성능미달과 관련된 LD는 여기에 해당하지 않음을 반드시 명시를 해야 한다.

101) 계약보증금을 은행보증의 형태로도 제공하는 경우에 일반적으로 건설 계약금액의 5~15% 범위 내에서 결정되게 되며, 이는 계약상 여러 가지 담보 수단이 있는 경우와 건설 계약상 지급 일정에 따라 결정된다. 왜냐하면, 건설계약상 지급해야 할 금액이 크면 클수록, 즉 발전사업주가 유보금이 클수록 해당 재원으로 DLD와 PLD조건들을 충족시킬 수 있기 때문에 굳이 은행보증금을 높이 잡을 필요가 없기 때문이다. 여기에 대해서는 Damian Mcnair, (주9), at p 5

하자보증기간이후에 지불하는 것이 일반적인데, 때로는 유보금을 은행보증 또는 Retention Bond로 대체하여 사용하기도 한다. 이처럼 증권으로 수취하는 경우가 시공자의 현금흐름을 방해하지 않으면서 동시에 발전사업자 담보가치에도 변화가 없어 일반적으로 선호된다고 볼 수 있다.

ⅳ. **모회사 또는 관계회사 보증**(Parent Company Guarantee): 세금과 관련된 사항으로 이를 회피할 목적으로 건설시공계약을 해당 국가에 자회사를 등록하여 시공을 하는 경우, 또는 자회사를 설립하지 않았다고 하더라도 시공자의 시공능력이 검증되지 않는 경우에 민자발전사업자가 시공자의 건설계약상 의무행위에 대해서 모회사 또는 신용이 좋은 관계회사에 대해서 건설계약상 의무행위에 대해 보증을 요구하게 된다.

⑦ 계약변경 (Variations)

발전사업자는 계약변경을 명할 수도 있고, 동시에 시공자가 요청한 계약변경을 승인할 권리도 있다. 아니면, 발전사업자가 별도의 계약을 통해서 변경된 사항을 시공할 수도 있다. 이 경우, 발전사업자가 직접 시공하거나 다른 적당한 시공자로 하여금 해당 시공을 하게 할 의도가 있다면 반드시 EPC 계약에 따로 명시해야 하고, 계약 변경에 따라 발생한 업무에 대해서도 별도로 계약금액의 산정방식을 명시해야 한다. 만약, 이를 미리 정해 놓지 않고, 양 당사자가 합의에도 이르지 못한다면 분쟁해결 절차를 통해서 결정해야 하기 때문이다.[102)]

⑧ Defect Liability

시공자는 준공 이후 12개월에서 최고 60개월 동안(토목 관련 시공사항) 하자보증을 하는 것이 일반적인데, 지나치게 긴 하자보증기간은 결국 건설비용 증가를 가져옴에도 불구하고, 발전사업자나 대주단은 가급적 하자보증기간을 최대한 길게 가져가려는 경향을 가지고 있다. 상기한 것처럼 대주단 입장에서는 비용증가보다 건설위험 및 성능보장에 좀 더 비중을 두기 때문이라고 볼 수 있다.[103)]

---

102) 물론 이 경우에도 다툼이 발생한 계약 의무사항과 별도로 기존에 수행하는 계약상 의무행위는 계속 이행해야 할 의무가 있음을 명시해 놓을 필요가 있다. 또한 해당 계약 변경 정도에 따라 만약 전체비용에 미치는 영향이 클 경우 별도의 담보를 추가로 요구하기도 한다.

103) 결국 시공자가 하자보증수리 의무를 이행하기 위해서 장비들을 해당 지역에 계속 보유해야 할 의무도 지게 되므로 건설비용 상승을 유발하게 된다.

⑨ 기타 EPC 계약상 주요한 Issue

ⅰ. **지적재산권** (Intellectual Property): 시공자가 발전소 건설업무를 수행하는데 있어 이를 사용할 적법한 지적재산권이 있고 또한, 제3자의 지적재산권이 침해된 경우에 발전사업자를 면책한다는 내용을 보증해야 한다.

ⅱ. **불가항력** (Force Majeure): 불가항력이 발생한 경우에 양 당사자는 각자의 의무이행이 면제된다. 이에 관해서는 추가적으로 별도 장에서 설명할 예정이다.

ⅲ. **공사중지** (Suspension): 발전사업자는 일반적으로 시공 또는 건설에 대해서 중지를 명할 권리를 가지고 있다. 물론 이 경우 시공자 의무사항은 면제되며, 공사기간은 발전사업자가 중지를 명한 기간만큼 연장된다.

ⅳ. **계약해지** (Termination): 건설계약상 양 당사자 모두 계약해지권을 가지고 있으나, 시공자의 경우에는 제한적인 경우에 한하여 계약해지가 허용된다. 건설비용 미지급, 상당한 기간 동안의 공사 중단 또는 불가항력의 지속 등에 한하여 제한적으로 계약해지를 요청할 수 있으며, 이러한 해지권조차도 프로젝트금융의 특성상 대주단과 체결한 Direct Agreement를 통해서 제한될 수도 있다. 이에 반해 발전사업자는 훨씬 더 포괄적인 계약해지권한을 가지고 있는데, 1) 주요 계약사항 위반 2) 시공자 파산, 3) 의무 불이행 이후 일정 유예기간 이후에 계약을 해지할 수 있는 권한 등 시공자의 해지권에 비해 상당히 포괄적이라고 볼 수 있다. 그러나, 이러한 경우에도 발전사업자의 계약해지권은 대주단과 체결하게 되는 Financing Agreement에 의해서 제한되기도 한다.

ⅴ. **성능기준** (Performance Specification): 다른 형태의 건설계약과는 다르게 EPC 계약은 일반적으로 세부적인 성능기준을 가지고 있다. 이러한 성능기준에는 시공자가 건설계약을 통해서 반드시 달성해야 할 성능과 관련된 요건들이 있다. 그렇다고, 이를 EPC 계약서상 구체적으로 어떻게 구현하거나 달성하라는 내용을 언급할 수는 없으므로, 그 성능기준을 달성하는 방법은 시공자가 직접 결정을 하는 것이 일반적이기 때문에 세심한 주의가 필요하게 된다. 발전사업자는 성능기준에 대해서 EPC 계약을 통해서 최종적으로 이행이 잘 되었는지 알 수 있기만 하면 되지, 발생한 문제에 대해서 시공자의 잘못이 아님을 굳이 입증할 수 있는 수준까지 필요가 없다.

3) Project Financed 하에서의 EPC 계약이 다른 건설계약에 있어 불리한 점

① 건설계약 비용의 증가

상기한 대로 EPC 계약은 발전사업자와 대주단의 입장에서 아주 많은 장점을 가지고 있는 계약이다. 이런 여러 가지 장점에도 불구하고 프로젝트 파이낸싱이 가지는 지나친 위험관리 특성으로 인해 결국 건설가격이 지나치게 높게 책정된다는 단점도 있다. 다른 유사 건설 형태보다도 높은 수준의 가격이 책정되는데, 이는 건설과 관련된 위험 대부분이 전적으로 시공자에게 전가되기 때문에 발생하게 된다. 즉, 위험을 자체적으로 부담하기 위해서, 해당 위험을 비용이라는 것을 통해서 책정하게 된 결과로 나타나는 것이다. 아울러 위험에 대한 적극적인 대처로 발생빈도가 현저히 낮은 위험도 대비를 하고자 하므로 결국 건설비용 예비비 항목이 증액되는 결과로 나타나게 되는데, 이처럼 건설계약 금액은 발전사업자가 그들의 발전사업 전체를 보는 관점에서 특정한 위험을 부담할지, 하지 않을 것인지 여부에 따라서 증액이 결정된다고 볼 수 있다.

② 위험 부담 주체 결정 문제

바로 앞에서 말한 것처럼, 발전사업자가 해당 프로젝트의 위험을 파악하는 것도 중요하지만, 파악해낸 위험을 어떻게 처리할 것인지도 무척 중요한 문제이다. 각각의 위험을 어떻게 전가할 것인지와 각각의 위험 부담주체를 결정하는 것은 자연스럽게 결정되는 것이 아니라, 주로 계약과 협상을 통해서 결정되기 때문에 각각 해당 위험의 특성을 파악하는 것이 중요하다고 볼 수 있다. 발전사업자의 위험에 대한 입장에 따라 전혀 다른 결과를 가져올 수 있기 때문이다. 예를 들면, 발전사업자가 건설부지에 대한 지질조사를 할 만한 시간이 없고, 이로 인해 지질특성을 알지 못하는 상태로 건설공사가 진행된다면, 발전사업자가 이러한 위험을 부담하는 것이 최선의 방법이 될 수도 있다. 위험을 부담하지 않는다면, 시공자는 해당 건설부지에 대해서 알 방법이 없으므로, 결국 예비비를 추가로 편성하여 대비해야 하기 때문에 건설비용이 인상될 우려가 있으나, 발전사업자가 위험을 부담하게 되면, 시공자의 위험부담금이 낮아질 수 있기 때문이다. 반대로 발전사업자가 이러한 건설부지 위험을 시공자가 부담하는 조건으로 예비비를 부담할 수도 있다. 따라서, 이러한 위험의 부담결정 문제는 입찰이나 사업개시 전에 반드시 결정되어야만 건설비용을 결정할 수 있다.

③ 적격 건설 업체의 제한

또 다른 하나의 EPC 계약상 제약사항은 해당 건설위험을 감당하고 EPC 계약구조에 따라서 책임을 질만한 적격 EPC 업체가 극히 제한되어 있다는 것이다. 더구나, 최근 Pandemic 사태 영향으로 인한 보험시장의 경색 역시 EPC 계약금액 상승을 가져올 것이기 때문에 적격 EPC 업체가 사업 추진하는 것을 주저하고 있는 것이 현실이므로 적격한 EPC 업체를 선정하는 것이 중요하다고 볼 수 있다.

④ 발전사업자의 건설 참여 제한

EPC 계약의 또 하나의 단점은 건설기간 중 문제가 발생한 경우에 명백히 나타난다. EPC 계약의 특성상 민간발전사업자는 건설기간 중 시공사를 관리할 여지가 거의 없다. 따라서, 건설기간 동안 문제가 발생했다면 발전사업자는 아주 제한적인 경우나 범위 내에서만 참여가 가능하다. 왜냐하면 발전사업자가 특정한 문제에 적극적으로 개입을 하면 할수록, 시공자는 이를 이유로 공기연장 및 공사비 증액에 대해 주장할 여지를 점점 더 많이 가질 수 있기 때문이다. 더구나 시공에 대한 적극적인 개입이 시공자 의무에 대한 간섭으로 보일 수도 있어, 나중에 발전사업자가 손해배상예정액이나 하자가 발생한 상황임에도 이를 주장할 여지가 줄어들 수 있으므로, 시공자에 대한 개입을 점차 피하는 경향이 생기게 된다. 외형적으로는 EPC 계약의 형태를 띠고 있다고 하더라도, 실질적으로 발전사업자가 건설 중에 지나치게 간섭하고, 이로 인해 시공과정에 지연이나 성능미달과 같은 문제가 발생하게 된다면, 시공자는 해당 사항에 대해서 책임이 없음을 주장할 수도 있기 때문이다. 이런 상황을 피하고 적기 준공을 이루기 위해, 충분한 경험과 전문성을 가진 시공자가 필요하고, EPC 계약자는 가격뿐만 아니라 다른 여러 가지 사항도 충분히 고려하여 선정해야만 모두가 만족하는 EPC 건설공사가 가능할 수 있을 것이다.

4) 분할 EPC 계약 (Split EPC Contract)

① 분할 EPC 계약이란

오늘날 역외에서 선호되는 EPC 계약의 형태로서 분할(Split) EPC 계약이 있다. 이는 앞서 언급한대로 대단위 사회간접자본 프로젝트에 있어 선호되는 EPC 계약의 한 형태로 이름 그대로 2개 또는 그 이상으로 분리하여 EPC 계약을 체결하는 것을 말하고 보통, 분할 EPC 계약은 역내 건설계약과 역외 건설계약으로 구분된다. 이렇게 분할 EPC 계약을 통해서 건설계약을 체결하는 가장 중요한 이유는 역내지역에서 행해지는 사항에 대해서 시공자가 세금 절감이 가능하다는 점이다. 결국 해당 절감 부분만큼 EPC 계약금액을 낮추는 효과를 가져올 수 있기 때문에 종국적으로는 EPC 계약 전체 금액을 줄일 수 있고, 더 나아가 결국 프로젝트 전체의 비용을 줄이는 효과를 가져오기 때문에 발전사업자의 입장에서 크게 손해 볼 것이 없는 구조라 할 것이다. 다만, EPC 계약이 역내와 역외로 나누어지기 때문에 과연, 원래 프로젝트금융이 수반된 EPC 계약에서 Single Point Responsibility 구조를 통해서 보호 받고자 했던 수준까지 보호가 가능할 것인가가 문제가 될 수 있을 것이다. 발전사업자의 관점에서 본다면, 설령 발전프로젝트 전체 비용이 절감된다고 하더라도 계약 분할로부터 발생하는 위험에 대해서 당연히 걱정을 할 수 있기 때문이다. 즉, Single Point Responsibility 원칙이 무너질 위험이 있기 때문이다.

일반적으로 분할 EPC 계약상 1) 역외 EPC 계약에서는 역외지역에서 행해진 설계 및 건설 기자재 공급과 관련된 책임 및 의무사항을 다루고, 2) 역내 EPC 계약에서는 역외계약을 통해서 조달된 기자재의 설치, 시공과 해당 국가에서 조달하는 물품에 관한 사항 그리고 건설, 검사, 시운전 등 기타 해당 국가 내에서 시행되는 사항에 대한 책임과 의무사항에 대해서 다루게 된다.

이처럼 건설이 진행되는 지역을 기준으로 나누어진 EPC 계약은 분할이라는 구조적 문제로 인해, 각각의 계약주체와 계약하는 것과 별도로 Single Point Responsibility 효과를 나타내기 위해 일괄보증(Wrap-around Guarantee)을 이용한다. 일괄보증을 통해서 역외 공급자나 계약당사자의 모회사가 각 계약 당사자의 의무사항에 대해 보증을 함으로써, 발전사업자와 대주단에게 Single Point Responsibility와 같은 효과를 주게 된다. 이때 본 계약상 각각의 계약 주체들은 역내 또는 역외에서 각자 부담해야 할 책임과 의무에 대해서 나누게 된다.[104)]

② 분할 EPC 계약의 주요 Issue

분할 EPC 계약을 체결하는 가장 큰 이유는 세금이다. 즉, EPC 계약 자체를 분할하여 해당 국가 외부에서 이루어지는 설계 관련 용역업무와 조달 장비에 부과될 수 있는 현지 세금 부담을 줄이고자 하는 것이다. 직간접적으로 민자발전사업에 부과가 가능한 세금을 살펴보면, 부가가치세, 원천징수세, 기술이전세, 수입관세, 인지세와 현지 발전소 건설 및 소유 관련 허가비용 및 법인세 등이 시공자 또는 발전사업자에게 부과될 가능성이 있는 세금이다. 그 외 기타 여러 상업적인 사항 때문에 분할 EPC 계약을 고려할 수도 있다.

---

104) Tim Burbury, Splitting EPC Contracts in Energy Projects, King & Spalading, Energy Newsletter (2012), at p 2

예를 들면, 현지 국가에서 조달할 수 있는 항목이나 공사는 낮은 수준의 장비와 설계능력으로 인해 EPC 계약의 취지를 살리기 어려운 경우도 있고, 반드시 거쳐야 할 행정처리 절차인 시공사항에 대한 허가 및 승인을 득하는데 소요되는 비용 등 여러 가지 사항을 감안하여 분할 EPC 계약을 선택하게 되는 것이다.[105] 발전사업자 입장에서 전체 프로젝트 비용을 절감할 수 있어 상당히 매력적인 것은 사실이지만, 이러한 비용절감이 과연 계약 분할로부터 발생할 수 있는 위험을 상쇄할 수준인지에 대해서 자세한 검토가 필요하다고 할 수 있다. 분할 EPC 계약이 가지는 장점을 살리기 위해서 일괄보증이 필수적이고 이를 상대적으로 신용여력이 있는 관계회사 또는 모회사가 제공함으로써 종국적으로 Single Point Responsibility를 추구하는데, 이는 발전사업자가 EPC 계약에서 필수적으로 보호되어야 할 사항을 분할 EPC 계약이라는 구조하에서 "일괄보증"이라는 추가적인 계약방법을 통해서 보호하게 된다. 또한, 일괄보증이라는 방법을 통해서 분리된 EPC 계약의 개별 당사자들이 다른 EPC 계약자의 이행지체를 이용해 본인들의 계약상 의무이행을 회피하는 것도 미연에 방지하는 역할을 하기도 한다. 이러한 취지를 살리기 위해서 일반적으로 일괄보증을 통해서 다루고, 확인되어야 사항들은 다음과 같다.

i. **보증과 면책**: 보증인은 반드시 역내와 역외에서 체결한 주요 계약사항뿐만 아니라, 시공 전체에 대한 이행과 분리된 시공분야에 대해서도 끊김 없이 보증을 해야 한다.

ii. **손해배상예정액**: 손해배상예정액과 관련된 사항은 Horizontal Defense와 연결되어 있는데 일부 계약 시공이 지연되거나 이행 불능하게 된 것과 무관하게 각각의 EPC 계약에 따라서 별도로 LD가 지불되도록 해야 하며, 일괄보증에서 적용되는 최대한도는 반드시 각각의 분할된 EPC 계약상의 책임한도를 감당할 수 있어야 한다.

iii. **보증인 또는 모회사의 계약보증금**: 보증인이 보증을 제공하는 것은 일괄보증을 제공하는 것이기 때문에, 분할 EPC 계약에서의 보증을 대체하거나, 보증을 추가하는 형식도 가능하므로 각각의 프로젝트 특성에 따라서 결정돼야 할 것이다.

iv. **보증인의 책임**: 보증인의 책임한도는 분할 EPC 계약 각각의 EPC 계약자의 책임한도의 총합계로 보면 될 듯하다

v. **보증기간**: 일괄 보증기간은 최소한 발전소에 하자가 발생했을 때 조치가 가능할 기간까지는 지속되어야 한다. 최소한 하자보증기간이 만료될 때까지 아니면 분쟁이 발생한 경우에 해당 분쟁이 종결될 때까지는 지속되어야 한다.

---

105) 이처럼 세금 절세효과를 누리고자 분할 EPC 계약을 선호함에도 불구하고 일부 국가에서는 이러한 세금 절세효과를 누리지 못하는 경우가 있으므로 주의가 필요하다.

vi. **분쟁해결:** 다른 지역에서 분쟁이 발생하고 구속력에 문제가 발생하여 재심의를 해야 할 수도 있기 때문에 분쟁 해결 절차는 서로 동일해야 하며, 발전사업자가 해당 분쟁사항들을 병합할 수도 있어야 한다.

vii. **계약해지:** 계약해지 전에 발생한 책임 관련 사항을 제외하고, 하나의 EPC 계약을 해지하면 다른 EPC 계약도 해지되며, 일괄보증도 해지되도록 해야 한다.

viii. **세무책임 면책:** 분할된 EPC 계약자들이 분할과 관련하여 발전사업자에게 부과된 세금에 대해서는 최초 EPC 계약 분할을 의도한 대로, (시공자의 이익을 구하고자 했던 의도대로) 분할로 인해 발생하고, EPC 시공자 자신들이 부담해야 할 세금이나 관련 과징금에 대해서는 발전사업자를 면책시키도록 해야 한다.

ix. **기타:** 일괄보증에서 실질적으로 분할 계약을 수행하면서 발생하는 행정 및 업무처리 절차에 대해서도 명시해야 한다. 예를 들면, 통지의 경우 한 시공자에게 통지를 하였다면, 나머지 시공자에게도 통지된 것으로 간주된다는 조항이 필요하다.[106)]

II. 발전사업 프로젝트 관련 EPC 계약 이슈

1. 발전프로젝트와 관련 계약 간의 이슈

지금까지 프로젝트금융이 수반되는 EPC 계약에 있어 Bankability를 끌어내기 위해서 주의하거나 신경 써야 할 주요 계약 이슈에 대해서 살펴보았다. 발전사업을 포함한 대규모 사회간접자본 사업이 그렇듯 대주단 관심사항에 중점을 두고 EPC 계약을 체결하는 탓에 민간사업자의 현금흐름과 관련된 주요사항(성능보장, 내구성, 효율, 상업운전일 등)들이 항상 주의 깊게 논의되고 협상에서 다뤄지는 것이 사실이다. 마찬가지로 프로젝트금융이 당연히 수반되는 발전사업도 예외는 아니기 때문에 지금까지 발전사업에서 Bankability를 위해서 필요한 주요 계약사항을 살펴본 것이라 할 수 있다. 발전소 시공을 통해서 결정될 성능과 효율이 20여 년 이상의 발전사업 존속기간 동안 현금흐름과 연결되어 있다는 점을 생각하면 준공 이후 전력구매계약, 발전소 운영 및 유지보수 계약, 연료공급계약 등 다른 프로젝트 계약들과 빈틈없이 연결되어 있는 것도 중요하다. 상기한 계약들 상호간에

---

106) 기본적으로 분할 EPC 계약을 하는 취지가 세무이익을 얻으려는 취지이므로, 반드시 세무적으로 유효한 구조가 되어야 하며, 현지 세무전문가로부터 최종적으로 자문을 반드시 받아야 할 것이다.

빈틈없이 연결되어야 할 사항들은 이미 프로젝트에서 고려해야 할 사항으로서 중복되기도 하지만, 1) 착공일과 준공일, 2) LD 손해의 범위와 청구 요건, 3) 책임의 한도, 4) 면책, 5) 공사기간 연장요건, 6) 보험, 7) 불가항력, 8) 지적재산권 등이 있고, 특히 발전사업 프로젝트만 고려해야 하는 사항들은 연료 및 송전 관련 EPC 이슈 사항으로 1) 준공, 시운전, 검사를 통한 EPC 계약자의 송변전 계통 병입, 2) 시운전과 성능검사 절차 및 방법의 일치, 3) 연료 세부 기준, 4) 시공자와 정부기관 또는 계통운영자와의 관계 등으로 볼 수 있는데 이에 대해서 각 분야별로 살펴보도록 하자.

2. 송변전 계통연결 관련 이슈

EPC 계약에서 모든 시운전과 신뢰도 검사가 성공적으로 끝나기 전에는 어떠한 경우에도 시공자의 의무사항이 종결되지 않고 해당 발전설비도 발전사업자에게 인도될 수도 없다. 왜냐하면 준공검사가 끝난 이후에 바로 전력구매계약에 합의한 바에 따라, 실질적으로 전력공급을 통하여 수익이 발생해야 하기 때문이다. 일반적으로 발전된 전력이 전력구매자에게 전달되기 위해서는 발전설비와 송전계통과 연결하기 위한 송변전 설비가 필요하므로, 송변전 계통연결에 관해서 미리 분명하게 규정할 필요가 있다. 송변전 설비의 준공이야말로 발전설비의 시운전과 준공완수를 위한 중요한 전제가 되는 사항이기 때문이다. 이런 이유로 대주단 역시 발전사업자가 송변전 관련 의무사항에 대해서 분명하게 규정하기를 바라고 있으며, 실제로 발전사업자가 송변전 설비를 준공할 의무사항을 제대로 이행치 않아 발전소 공기가 지체가 된 경우에 시공자가 공기연장이 가능한지, 그리고 그 이후 시공자의 귀책사유로 지체가 발생한 경우에 과연 누가 책임을 어떻게 질 것인지에 대해서 논쟁이 벌어지기도 한다.[107] 발전소 건설과 관련된 송변전 계통이슈로는 1) 송전을 위한 주요 설비 준공의무, 2) 시공자가 발전소 준공을 위해 전력을 송변전 설비를 통해 공급이 가능토록 할 의무가 주로 문제가 되는데, EPC 계약에 있어 송전 설비구축과 관련된 의무사항에 대해서는 시공자가 아니라 발전사업자가 그 책임을 부담하는 것이 일반적이다. 왜냐하면, 발전사업자가 직접 해당 송변전 설비를 건설하거나, 아니면 실시양허계약(Concession Agreement)을 통해서 정부기관 또는 전력구매자로부터 관련 설비를 제공을 받을 것이기 때문에 발전사업자가 해당 위험을 부담해야 할 가장 적합한 당사자

107) 이에 관해서는 뒷부분 동시지연에 관한 내용에서 좀 더 살펴보도록 할 예정, 기타 상세한 내용은 정홍식, "해외건설 프로젝트에서 동시발생 공기지연" 비교사법 제21권 제2호 (통권 65호) 827면 이하 참조.

라고 볼 수 있기 때문이다. 이와 관련하여 발전사업자가 주로 살펴야 할 사항은 1) 어떤 설비가 건설돼야 하며, 건설된 설비가 어떻게 발전소 설비와 연결될 것인지, 송변전 설비 건설의 근거가 전력구매계약인지, 아니면 실시양허계약(Concession Agreement)인지, 또는 별도 건설계약으로 건설할 것인지, 또한 그에 따른 발전사업자의 의무와 권리사항은 어떻게 되어있는지 살펴봐야 할 것이며, 2) 해당 송변전 설비의 건설기간이 얼마나 소요될 것인지와 그 기간이 EPC 계약상 건설기간과 잘 연결되어 있는지 살펴보는 것도 중요하다. 그 외 살펴볼 사항은 시공자의 성능검사, 시운전, 상업운전 개시와 관련된 발전사업자의 의무 사항인데, 즉 1) 송변전 연결 의무범위는 어디까지이며, 해당 설비를 단순히 설치만 하면 되는 것인지, 아니면, 송변전 선로가 시공자가 생산한 전력을 전부 송변전 계통에 연결이 가능한 수준까지 보장해야 하는 것인지, 2) 상기한 의무는 언제부터 시작되는 것인지, 그리고 목표시점이 도래하면 의무가 중단되는 것인지, 해당 목표시점이 지나면 의무사항이 변하게 되는 것인지, 3) 시공자의 시운전 능력이나 건설 정도가 송변전 계통에 연결할 만큼 신뢰할 수준이 아니라면, 과연 발전사업자에게 어떤 의무가 부과되는지 그리고 과연 그것이 합리적인 것인지의 여부, 4) 해당 송변전 선로가 발전소 최대출력까지 검사가 가능토록 병입이 가능한지, 5) 해당 현지 국가의 송변전 규정과 EPC 계약과 전력구매계약의 주요 조건들이 서로 잘 연결되어 있는지를 살펴봐야 할 것이다.[108)]

송변전 계통 병입과 관련하여 문제가 생기는 것은 대개 전력구매계약 또는 실시양허계약(Concession Agreement)상에서 부과된 주요 요건을 발전사업자가 충족시키지 못하여 계통 병입에 실패하는 것으로 인해 발생하는 것이 대부분이기 때문에 EPC 계약상 송변전과 관련된 발전사업자 의무사항을 전력구매계약상 발전사업자의 의무사항과 Back to Back으로 가져가는 것이 중요하며, 이를 통해 상호 예측 가능한 범위 내에서 관리하는 것이 중요하다. 따라서, 위의 사항들을 반드시 EPC 계약의 초기단계에서부터 관련 계약, 특히 전력구매계약과 실시양허의 주요 조건과 연결되도록 해야 할 것이다.

3. 시운전 및 준공검사와 관련된 이슈

EPC 계약상 성능검사 및 시운전 기준을 전력구매계약상 상업운전을 위한 성능요건과

108) Damian Mcnair (주9), at p 10 참조 필자가 해외 IPP 사업 협상을 진행하면서, 위의 사항에 대해서 문제가 생겨 다투는 것을 종종 봤었다. 전형적인 EPC 계약조건에 치중한 나머지, 송변전 계통 연결과 관련된 부문을 간과하여 발전소 준공과 송변전 설비 준공시점에 차이가 발생한 경우에 누구의 귀책인지 다투는 경우를 보았다. 공사 준공 또는 지연과 관련된 사항이므로 좀 더 세심한 주의가 필요하다고 할 것이다.

일치시키는 것이 매우 중요하다. 불일치가 발생한다면 결과적으로 준공지연, 수입감소 및 이로 인해 발생할 손해, 그와 관련된 책임문제로 결국 분쟁이 발생할 수도 있기 때문이다.

EPC 계약상에서 발전사업자를 만족시킬 수 있어야 하며, 동시에 만족이 전력구매계약상 검사 및 시운전과 관련된 당사자들, 즉 전력구매자 또는 계통운영자들 모두를 만족시켜야 하므로 상당한 주의를 기울여야 한다. 이와 관련하여, 1) 우선 전력구매계약과 EPC 계약상 요구되는 검사 및 시운전 사항이 다른 것인지, 만약 다르다면, 과연 그것이 발전사업자가 수용이나 조절이 가능한 것인지 아니면 향후 분쟁의 가능성은 없는지, 2) EPC 계약상 준공 절차를 통해서 발전소를 인수받는 시점에 상업운전을 위한 요구사항들과 일치하고 있는지 살펴보아야 하는데, 이로 인해 발생할 수 있는 문제들을 미리 방지하기 위해 EPC 계약과 전력구매계약의 요구사항을 Back to Back으로 만들어 놓는 것이 필요하며, 이를 통해서 검사과정과 시운전 과정이 원활하게 진행되고, 관련 감독과 승인절차 역시 별다른 다툼 없이 수월하게 진행될 수 있을 것이다. 프로젝트 파이낸스의 특성상 주요 일정(Milestone)별로 대주단이 확인 절차를 요구한다는 사실을 잊어서는 안 된다. 대주단이 최종적으로 자신들의 요구조건이 잘 충족되었는지 확인하는 과정을 거쳐야만 건설비용이 지급되고 다음 단계로 진행되기 때문이다. 이 단계에서 대주단의 확인절차 지연으로 인해 준공지연과 공사 중단이 발생하는 것을 미연에 방지하기 위해 대주단 감리자들이 프로젝트의 세부적인 내용을 인지하고 검사 체계의 자세한 부분까지 파악하고 있는 것이 중요하다. 그래야만, 발전소 상업운전 일정에 영향을 끼치지 않고 조기에 문제를 인지하고 해결할 수 있기 때문이다. 3) EPC 계약과 전력구매계약상 이루어질 검사 기준이 동일한지의 여부 그리고, 과연 그 검사들이 발전소 호기별로 진행되는 것인지 또는 발전소 전체를 검사대상으로 할 것인지, 4) 어떤 방식을 통한 검사방법이 사용되어지는지, 이런 방법이 국제적으로 표준화된 기준이나 Guide line, 특정한 참고지침을 따르고 있는지, 5) 시공자가 EPC 계약상 준공검수를 득하기 위한 필수적인 검사항목들이 과연 실질적으로 현실에서 가능할 것인지를 살펴보아야 할 것이다.

해당 발전소 세부기준이 World Bank 기준과 밀접하게 연결되어 있다면, 관련 기준 개정이나 변경에 대해서도 유념해 두어야 한다.[109] 즉, 전력구매계약과 EPC 계약에 적용될 표준도 충분히 예측 가능한 확실성이 있어야 한다. 즉, 성능시험에 이용되는 표준이 EPC 계약이 체결된 즈음의 표준인지, 아니면 성능검사 시점에 적용되는 표준인지 결정되어야

109) EPC 계약에서 기술기준이 계약 서명 시점에 존재하는 기준임을 정확하게 반영해야 한다. 그래야만 EPC 계약 이후에 수년의 시간이 지나, 환경 관련 기준 또는 법률이 변경된 경우에도 해당 불일치를 인정할 수 있기 때문이다.

할 것이다. 과거시점을 기준으로 작성된 세부적인 기술기준에 대한 시공자 의무사항이 현재 법률상 기준과 일치하지 않는다면, 이것을 어떻게 처리할 것인지도 정리될 필요가 있다. 이런 처리는 각각의 준용 법규에 따라 결정되는데, 법률변경 조항을 활용하여 어떻게 처리할지 고려돼야 할 것이다. 이처럼 성능검사와 시운전 관련 사항이 관련 계약별로 상이하게 체결된다면, 이로 인해 당사자가 예정한 준공시점에 준공이 곤란할 수 있기 때문에 EPC 계약과 전력구매계약의 준공검사 기준과 세부내용을 일치시키는 것이 무엇보다도 중요하다고 볼 수 있다.

4. 연료공급 세부기준에 관한 이슈

EPC 계약에서 시공자에게 시운전 및 준공검사를 위해서 공급돼야 할 연료 Type도 중요한 요소 중 하나이다. 서로 다른 세부 기준으로 인해서 준공지연, 공사기간 연장 등의 문제가 발전설비 시운전 단계에서도 나타날 수 있다. 일반적으로 연료 세부내역과 기술사항이 대부분 계약의 제일 뒷부분에 있어 주의 깊게 살펴볼 필요가 있다. 준공검사를 위한 성능검사가 계약상 미리 지정한 연료의 기준이나 효율에 대한 사항이 보장돼야만 가능한 것이라면, 시운전을 위해서 공급될 연료의 기준과 세부내역도 미리 정리될 필요가 있다고 볼 수 있다.

5. 건설 시공사와 전력구매자와 관계

발전소 시공자는 건설기간 중 송변전 설비, 연료조건, 검사기준과 준공시점에 관련된 내용들이 건설기간 동안 전력구입자 또는 전력계통 운영자에게 잘 전달이 되도록 해야 하는데, 이를 위해서 EPC 계약상 발전사업자가 전력구입자와 전력계통운영자와 연락하고 소통하는 직접적인 당사자임을 분명히 명시할 필요가 있다. 이런 내용이 계약상 불분명하게 명시되어 있는 경우, EPC 계약자가 시공기간 중 시공사항과 관련된 정보를 얻기 위해서 전력구입자와 전력계통 운영자와 직접 접촉을 하는 경우가 있는데, 이것으로 인해 발전사업자와 전력구입자, 전력계통 운영자 관계를 불안하게 만들 수가 있기 때문이며, 전력구매계약의 계약기간 동안 주요규정 또는 법률준수에 대한 책임과 전력구입자와 장기간 관계를 유지해 나가는 것은 발전사업자이고, 시공자는 EPC 건설을 통하여 일정 수익을 내야 하는 입장으로 공사비 범위 내에서 준공기간 또는 조기준공을 완료해야 하는 것이 시공자의 목표이기 때문에 장기적 관점과 단기적 관점의 이해관계 충돌로 인해 문제가 생길 여지도 있기 때문이다.

Ⅲ. 발전소 성능 보장 관련 주요 EPC 계약 이슈

1. 손해배상예정액 (Liquidated Damages)

미래 현금흐름만을 보고 금융을 조달하는 발전사업에 있어서 프로젝트의 수익과 직결되는 발전소 성능은 무엇보다 중요하다고 할 수 있다. 약정기간 동안 발전소 성능에 따라서 발전사업자의 수익이 결정되므로, 기대하는 발전소 성능수준을 달성하느냐의 문제는 발전프로젝트의 성패에 영향을 미치는 중요한 요소이며, 발전소 건설에 있어 성능미달은 단순수리나 부품교환만으로 복구되기 쉽지 않은 측면도 있기 때문에, 성능보장이 제대로 안 될 경우에 이를 보완하는 성능미달 관련 손해배상예정액(PLD : Performance Liquidated Damages)이 중요하다고 볼 수 있다. 발전소 성능과 별도로, 특정한 준공시점에 상업운전을 개시하는 것 또한, 이에 못지않게 중요하다. 발전프로젝트의 성공적인 준공은 발전소 운영의 기본 전제이자 시발점이고 관련 계약(O&M, FSA, PPA, Land Lease 계약 등)의 당사자 간에 책임/의무 발생 시점과도 관련이 있고 손해배상 문제도 발생할 수 있기 때문에 이에 대비하는 지연 관련 손해배상예정액(DLD : Delayed Liquidated Damages) 역시 중요하다고 볼 수 있다. 이 두 가지 장치는 손해배상을 미리 확정한다는 것 외에 적극적으로 시공자가 의무를 잘 이행할 수 있도록 동기를 부여하는 역할도 한다고 볼 수 있다.

손해배상예정액이 영미법상 제대로 인정받기 위해서는 실제로 발전사업자에게 발생한 손해를 사전에 정확하게 추정한 것이라야 된다. 따라서, 손해배상예정액은 해당 준공지연이나, 성능미달에 대한 독점적인 손해배상이어야 하며, 동시에 발전사업자에게 발생한 실제손해의 추정액(Genuine Pre-estimation)으로 산정된 배상액이 되어야 한다. 손해배상예정액이 실제 추정액보다 많다면 이를 이유로 Penalty 또는 이행불가로 간주될 여지가 있다. 반대로 손해배상예정액이 실제 추정액보다 작다고 한다면야 법률적으로는 큰 문제가 될 여지는 없지만, 손해발생의 원인인 준공지연 또는 성능미달로 인한 계약의무 불이행 나아가, 대출 상환의무 불이행으로 이어져 발전사업자에게 손해가 발생할 수 있고, 미래의 현금흐름에 영향을 미쳐 해당 프로젝트의 수익성에 심각한 문제가 발생할 수가 있다. 손해배상예정액의 태생적인 성격이 직접손해보다는 간접손해 또는 특별손해에 가깝기 때문에 기술적으로 조금 더 세심한 접근이 필요하다고 볼 수 있다. 예를 들면, 해당 손해배상예정액 조항들이 Penalty로 간주되거나, 기타 사유에 의해서 무효화가 된다고 가정하면, 이로 인해 발생한 손해는 계약법상 일반적인 이론에 따라서 보호받을 수밖에 없는데, 보통 계약서에 간접손해나 특별손해를 인정하지 않는다는 조항을 별도로 두는 것이 대부분이다. 따라서, 사전에 손해배상예정액으로 배상 받을 수 없는 경우를 대비해서, 손해배상예정액은 예외로 한다는 내용을 별도로 해당 손해배상 규정에 명시하지 않았다면, 손해배상예정액이 무효로 되고, 간접손해로 보아 마찬가지로 무효로 되기 때문에, EPC 시공자는 준공지연이나 성능미달로 인한 책임을 면할 가능성이 있다. 따라서, 손해배상예정액은 실제 손해 추정액(Genuine Pre-estimate Amount)이 되어야만 하고, 만일의 경우를 대비하여 간접손해배상 배척규정의 예외임을 명시해야 한다고 볼 수 있다.

손해배상예정액에 관한 목적이 EPC 계약의 Bankability를 높이고, 준공지연이나 성능저하로 인해 발전사업자에게 발생할지 모르는 손해에 대해서 시공자가 책임을 지도록 하기 위한 것이라면, 계약적으로 아주 세밀하고 자세하며, 기술적으로 관련 조항을 작성할 필요가 있다. 우선, 첫 번째로 성격이 다른 지연 관련 손해배상예정액과 성능미달 관련 손해배상예정액을 분리해서 작성해야 할 것이다. 이런 두 가지 유형의 손해배상예정액을 구별하지 않고 통합하여 동일하게 적용한 경우에, 준공지연으로 인하여 손해배상이 발생하게 되고 이 준공지연으로 인한 손해배상예정액이 자칫 Penalty로 간주되어 무효가 된다면, 준공지연 관련 손해배상예정액 규정과 통합하여 적용된 성능미달 손해배상예정액은 정당한 이유로 손해배상을 청구함에도 불구하고 배상을 받을 수 없을 가능성도 있다. 실제 사례에서도 준공지연과 성능문제가 상호 복합적으로 연결되어 발생될 가능성이 상당히 크기 때문에, 만약 계약상 준공지연 및 성능미달과 관련된 손해배상예정액을 통합하여 적용하면, 특정한 부분에 문제가 발생하여 무효화가 되면 통합되어 적용되는 탓에 다른 손해배상을 청구하기 곤란할 수도 있기 때문에 반드시 분리하여 작성해야 하며, 이를 성능미달과 관련된 손해배상예정액의 세부내용에도 적용하여 성능보장의 대상이 되는 1) 출력(Output)에 대한 손해배상예정액과 2) 열효율(Heat Rate)[110]에 관한 손해배상예정액 역시 각각 분리하여 각 항목이 무효가 되는 경우에도 여전히 별도 조항으로 적용이 가능토록 분리할 필요가 있다.[111]

---

110) 일정한 양의 전력을 생산하기 위해서 얼마나 많은 양의 연료를 Power Plant에서 연소를 해야 하는지를 나타내는 정도

111) 일반적으로 성능미달(Underperformance)이 생기는 경우보다 준공지연(Delayed Completion)이 발생할 가능성이 훨씬 크고,

2. 성능시험

일반적으로 준공시점에 행해지는 검사라고 하면 크게 3가지 정도가 시행된다고 볼 수 있지만, 본 장에서는 성능보증과 관련된 사항에 대해서만 중점적으로 살펴보기로 한다.[112] 앞서서 손해배상예정액 부문에서 살펴보았듯이 성능수준을 달성해야 할 의무는 시공자에게 있으며, 이는 EPC 계약 중 가장 중요한 Risk 중에 하나이다. 다른 운전 조건들이 동등하다면, 프로젝트의 성패는 발전소가 얼마만큼 성능을 잘 내느냐에 달려있기 때문이다. 성능시험을 통과하지 못하면 발전사업자는 대주단 채무상환 부족액 및 수익감소분에 대해서 손해배상예정액을 청구해야 하기 때문에 성능검사 항목 및 방법에 대해서는 세심한 주의가 필요하다고 볼 수 있다. 따라서, 성능검사 시 1) 언제 성능검사가 시행될 것인지, 2) 누가 시행할 것인지, 3) 어떤 검사들이 필수적으로 수반되는지, 4) 어떻게 검사가 진행되는지, 5) 검사 결과에 대한 분석은 누가 할 것인지, 6) 검사 통과 기준은 무엇인지, 7) 어떤 경우에 검사가 재시행 되는지에 대한 사항들이 다뤄져야 할 것이다.[113] 성능보장과 관련한 검사결과에 있어서는 크게 최소용량(Minimum Level)과 보증용량(Guarantee Level)으로 나누어 검사를 진행하게 되는 데, 일반적으로 최소보증용량을 맞추고 성능보증용량을 맞추지 못했다고 하면 성능미달 관련 손해배상예정액 대상이 된다고 볼 수 있다. 최소보증용량은 절대적인 의무사항으로서 준수하지 못했을 경우 계약해지사유가 될 수도 있다. 왜냐면, 최소기준은 성능미달과 관련하여 발전사업자가 발전소 운영

준공지연이 발생한 이후에 성능미달(Underperformance) 문제가 발생할 가능성도 크기 때문에 한도를 산정하는 경우에 지연 관련 손해배상예정액을 좀 더 고려할 필요가 있다. 또한, 두 가지 손해배상의 예정 한도를 공통으로 적용하면 성능미달 손해배상예정액이 장기간 동안 수익 결손을 반영한 것이기 때문에, 지연손해배상예정액의 한도보다 클 가능성이 있고, 이를 이유로, 준공지연이 발생한 경우에 시공자가 손해배상의 한도가 지나치게 많다는 취지로 Penalty를 주장할 가능성도 있다. 그렇다고 해당 손해배상예정액의 통합한도를 지연손해배상예정액 특성만을 고려해 산정하면 성능미달이 발생한 경우에 배상액이 부족하여 재정적 문제를 야기할 수도 있다. 따라서, 이러한 상관관계를 잘 고려해서 작성할 필요가 있다고 할 수 있다.

112) 1) Functional Test: 발전소 기능 관련 검사로서, Pumps, Conveyers, Pressure Vessels 등에 부품에 관한 성능검사를 말하며 손해배상예정액과 직접적인 관련은 없지만 발전소가 원활하게 운영되기 위해서 필요한 항목에 대한 검사이므로 절대적 의무사항으로 보면 될 듯하다. 일반적으로 이런 검사가 제대로 이루어지지 않았다면 다음단계로 진행이 불가능하게 된다. 2) Emission Test: 환경 관련 사항에 대한 검사이다. 검사실패로 인하여 법률의 환경 관련 규정을 준수하지 못한다면 발전소 운영자체가 어려울 수 있으므로 환경검사 또한 절대적인 의무사항으로 간주된다. 3) Guarantee Test: 본 검사는 EPC 계약상 성능항목에 대한 검사이며, 검사실패 시 손해배상예정액을 발생시키게 된다. Damian Mcnair (주9), at p 13의 검사항목 참조.

113) Damian Mcnair (주9), at p 13 참조; 개념적으로야 EPC 계약상에서 아주 세세하게 성능검사와 관련된 구체적인 사항을 규정하고 상세하게 확정하는 것이 타당하다고 보이지만, 성능 항목을 아주 자세하게 계약을 체결하는 것을 설계단계에서 확정하는 것은 대단히 어렵다고 보인다. 따라서, 실무에서는 검사절차에 대해서 건설기간 동안 시공자, 발전사업자, 대주단의 감리자 사이에서 합의를 통해서 결정하도록 하는 것이 일반적이다. 이런 경우에도 EPC 계약에 있어서는 그 대강의 가이드라인이라도 잡아놓아야 하며 보통은 1) 검사방법, 2) 검사장비, 3) 허용오차율, 4) 각 사례별 기본가정과 Variance Scheme, 5) 여러 호기가 있는 경우에 과연 검사를 호기별로 할 것인지, 전체 발전소별로 할 것인지 확정해 놓아야 하는 것으로 본다.

을 위해서 경제적으로 수용이 가능한 최소 수준이기 때문이다. 따라서, 성능보장과 관련된 보증용량기준을 설정함에 있어서, 각 당사자의 관점을 살펴볼 필요가 있다. 대주단은 자기들이 제공한 차관과 이로 인해 발생하는 이자수익만 보전되면 당연히 수용코자 할 것이지만, 발전사업자는 그와 더불어 자기 투자분에 대한 수익까지 고려해야 되기 때문에 각각의 당사자가 추구하는 성능미달 손해배상예정액이 다를 수 있다. 그리고 성능검사가 진행되는 시점도 간혹 발전사업자에게 인도된 후 이루어지는 경우도 있는데, 일단 인도가 이루어지면, 시공자에게 더 이상 준공지연으로 인한 지연손해배상예정액책임을 묻기가 곤란해 질 수 있어, 준공지연은 성능검사 항목에 대한 통과가 이루어지는 시점까지 계속적으로 고려되어야 한다. 즉, 시공자는 성능 보증수준으로 통과될 때까지, 또는 보증수준으로 운전할 수 없다면 성능미달 손해배상예정액이 지불될 때까지 지연손해배상예정액에 대해 책임을 져야 한다는 것이다. 발전사업자는 성능미달로 인해 준공지연이 발생하는 경우를 대비하여, 성능미달 관련 손해배상예정액을 청구하는 경우에 반드시 준공지연으로 인한 지연손해배상예정액을 청구할 권리와 발전소를 인수할 권리를 함께 가지고 있어야 한다. 그렇지 않다면, 발전사업자는 지연이 계속 발생함에도 해당 발전소를 인수할 수 없는 상황에 빠질 수도 있기 때문이다.

실무에 있어서는 성능검사를 통과하지 못하였다면, 시공자에게 발전소설비를 수리 또는 개선토록 하는 것이 일반적이다. 최초에 보증한 성능이 나오지 않는 경우에는, 성능보장과 관련된 손해배상예정액이 워낙 크기 때문에 시공자들 대부분은 차라리 준공지연과 관련된 지연손해배상예정액을 지불하고, 성능미달 손해배상예정액을 지불하는 것 대신에 성능향상을 위해서 시간과 비용을 조금 더 투자하기를 원하기 때문이다. 만약 이러한 것들이 시공자에게 주어지지 않는다면, EPC 계약금액의 상승을 가져올 수도 있다. 성능검사 실패로 인해 바로 성능미달 손해배상예정액을 지불하는 것을 피하기 위하여 발전소 건설 단계별로 관리를 강화할 것이고, 만일에 경우에 대비하여 예비비를 더 반영할 것이기 때문이다. 또한 앞에서 언급한 대로 각각의 손해배상예정액 한도가 구분된다고 해도, 한도는 통합해서 운영되는 것이 일반적이기 때문에 최소한의 성능보장 수준만 충족하면, 준공지연과 성능보장 손해배상예정액이 한도에 달할 때까지라도 발전설비를 수리 또는 개선할 기회는 주어져야 할 것으로 본다. 어차피 발전사업자는 성능미달 손해배상예정액을 부담하는 것보다는 약정한 대로 성능이 나오는 것을 더 선호할 것이기 때문이다. 마지막으로, 성능보장 검사와 관련하여 관련 소모품제공 사항을 살펴보면 EPC 계약에서 누가 성능검사를 위한 소모품과 연료비를 부담하는지 확정되어야 한다. 일반적으로는 발전사업자가 소모품 및 연료를 공급할 의무가 있고, 성능검사 실패로 재검사 하는 경우에는 재시험을 유발한 시공자가 부담을 하는 것이 일반적이며, 이 경우를 대비해서 제공되어야 할 소모품의 수량, 품질 및 제공시점에 대해서도 EPC 계약상에서 미리 확정하는 것이 대단히 중요하다.

Ⅳ. 기타 발전소 건설과 관련된 EPC 계약 이슈

1. 공기연장

일반적으로 EPC 계약의 가장 큰 장점 중의 하나는 발전사업자가 확정된 준공일자를 예견할 수 있다는 것이다. 물론 앞서 말한 것처럼 이 시기는 프로젝트의 다른 계약들의 이행시점과 연결되어 있을 뿐만 아니라, 프로젝트 비용의 70%이상을 차지하는 대출금 상환 개시일과도 연결되어 있다. 이런 상황에서 시공자가 확정된 준공기일까지 준공을 못하면 지연 관련 손해배상예정액에 대해서 책임을 져야 한다. 그러나, 만약, 준공지연에 있어 발전사업자가 자신의 귀책사유로 준공지연을 유발한 경우에도 준공지연에 대한 책임을 시공자가 져야 한다면, 이는 지나치게 일방적으로 불평등한 계약으로 보일 수 있다.[114] 따라서, 이런 경우에 제한적으로, 시공자에게 공기연장이 가능한 권리를 부여해서 이를 정당화하는 경우가 있는데 1) 발주자의 계약의무 불이행, 부작위 또는 작위에 의해 공사지연이 발생한 경우, 2) 발전사업자의 요청에 의해서 지연된 경우 (시공자의 잘못으로 인해 유발된 경우 제외), 3) 계약변경(Variation)에 의한 경우 (시공자의 잘못으로 인한 경우 제외), 4) 불가항력(Force Majeure)으로 인해서 공기에 영향을 주어 지연이 발생하고, 시공자가 EPC 계약상 정해진 시간 및 형식 요건에 맞추어 통지를 한 경우에 시공자가 공기연장을 주장할 수 있도록 해준다. 일반적으로 시공자 측에 의해서는 위 두 가지 요건사항, 즉 1) 귀책사유가 없이, 2) 계약상 정해진 시간이나 형식 요건에 맞추어 통지를 한 경우에 한하여 공기 연장을 해주는 것이 일반적이라고 볼 수 있다.

114) 방해원칙: 공기지연이 발주자의 책임 있는 사유로 인해 발생한 경우에는 시공자는 이로 인해 발생한 지연에 대해서는 책임을 지지 않는다는 이론. 이 이론에 따라 발주자가 자신의 작위 또는 부작위로 인해서 공기지연을 야기한 경우 계약상 공기연장 조항에 따라, 연장이 가능하고, 상기 조항이 없다면, 합리적인 기간 내(Time at large)까지 연장이 가능하다. 이에 대해서 자세한 것은 정홍식, "국제건설계약에서 완공의 지연" 국제거래법연구 제22집 제2호 (2013) 48면 이하 참조.

2. 동시지연

특수한 상황아래에 시공자 귀책으로 인한 공기지연과 발주자의 귀책사유로 인해 공기지연이 동시에 일어날 수도 있는데 이를 동시지연(Concurrent Delay)이라고 한다. 어떤 경우에는 두 당사자의 사유가 동시에 일어나게 됨으로 인해서 과연 누구의 귀책인지 구분하는 것이 매우 어려울 수 있다. 예를 들면, 시공자가 지연을 하고 있는 상황에서 발주자의 송전선로 준공의무 불이행이 발생하고, 이로 인해 시운전을 위해서 필요한 송전선로 연결이 지연되는 상황이 발생하였고 결국, 발전소의 준공을 지연시키게 된 효과가 발생한 것처럼, 둘 이상의 원인으로 인해서 한 결과가 발생한 경우에 과연 누가 책임이 있는지 그리고 어느 정도까지 책임을 져야 하는지 가려내기란 쉽지 않다. 만약, 이와 같은 상황을 가정하여 EPC 계약상에 별도의 규정을 두지 않았다면, 결국 중재를 통해서 해결을 해야 하므로 이에 대해서 세심한 검토와 당사자 간의 합의가 필요하다고 할 것이다.[115)]

3. 불가항력

민자발전사업을 추진하기 위해서는 필수적으로 많은 계약을 체결하게 되는데 여러 계약사항 중 전 분야에 걸쳐서 공통적으로 적용되는 사항이 불가항력 조항이라고 볼 수 있다. 주요 계약 서로 간에 걸쳐 밀접하게 연결되고 일치해야 함에도 불구하고, 계약 상호 간에 불가항력과 관련된 사항에 대해 불일치가 발생한 상태임에도, 실제로 불가항력 사유가 생기는 경우가 드물어 그리 큰 관심을 받지를 못해 불일치가 간과되는 경우가 많다. 그러나, 민자발전사업의 대부분이 중진국과 후진국에서 이루어지고, 최근 중동지방의 정치적인 불안정 상황까지 고려해 볼 때, 특히 정치적인 불가항력에 조금 더 세심한 검토와 계약협상이 필요하다고 할 것이다. 영미법상 계약상 의무에 대해 무과실 책임 원칙이 매우 엄격하게 적용되어 오고 있으므로 계약의무 이행에 있어 아주 예외적인 경우에 한하여 "Rule of Frustration"[116)]을 적용하여 계약당사자의 이행을 면제해 주고 있다. 이처럼 양 당사자의 계약상 의무를 면제하는 불가항력 조항이 상당히 엄격하게 적용되는 것이 일반적이므로, 불가항력으로 계약상 의무를 면제할 만한 사례들을 당사자의 합의를 통해

115) 동시지연에 대한 상세한 내용은 정홍식, "해외건설 프로젝트에서 동시발생 공기지연" 비교사법 제21권 제2호 (통권 65호) 827면 이하 참조.

116) 계약은 그 계약이 체결된 사정이 계속되어야만 이행할 수 있고, 그 사정이 변경되어 계약의 기초가 상실되면 이행할 수 없고 채무자는 면책되게 된다는 이론이다.

미리 계약서에 명시해 놓는 것이 중요하다. 이 경우, 각 당사자가 통제가 곤란하고 이로 인한 위험을 인수하기가 어렵고, 실제 발생이 가능한 사례들을 작성하여 이를 계약서에 반영하게 된다. 이런 관점에서 보면 불가항력은 개념적으로 적용하기보다는 계약상 직접 명시된 범위 내에서 인정한다고 보는 것이 일반적이라 할 것이다. 즉, 일반적인 개념사항 이후에 일련의 불가항력 사례들이 개별적으로 언급된다고 하면, 일반적인 개념 부분이 이후의 열거한 불가항력의 사례에 대해서만 제한적으로 적용된다는 것이다.[117] 이와 같은 경우에 불가항력으로 인정받기 위해서 다음과 같은 사항들이 기본적으로 충족되어야 한다. 1) 해당 사건이나 사고가 반드시 예견 불가능 하고, 적어도 계약체결 당시에 불가능했어야 하고, 2) 해당 규정을 통해서 구제를 받으려고 하는 당사자가 도저히 통제할 수 없는 불가능한 사건이나 사고여야 하며, 3) 실제로 불가항력으로 인해 의무의 이행이 불가능하였고, 4) 불가항력으로 인한 결과를 피할 수 없는 상황이었다면, 불가항력으로 인정받을 만 하다는 것이다. 따라서, 일단 불가항력에 대한 실제 사례들을 계약서상에 직접적으로 서술하여 양 당사자가 어떤 사건이나 사고가 불가항력인지 아닌지 구별을 할 수 있도록 해야 하고, 불가항력이 발생한 이후에 과연 양 당사자의 권리와 의무에 대해 어떤 효과가 발생하는지 자세히 명시적으로 작성할 필요가 있다고 할 수 있겠다.

4. 발전소 운영과 유지보수

준공 이후 장기간 운전 및 유지보수 업무를 원활하게 하기 위해 발전사업자가 시공자로부터 반드시 보장받아야 할 사항이 있는데, 발전설비라는 게 다른 상품처럼 규격화된 설비도 아니고, 최초 발주처에서 요청한 세부내역만 가지고 설계, 시공을 거쳐 준공한 것이기 때문에 각 프로젝트별 설비는 차이가 있을 수밖에 없으므로, 발전사업자는 생소한 발전소의 운영 및 유지보수를 원활하게 수행키 위해서 1) O&M Manual, 2) O&M 관리 인력의 교육 및 훈련에 관해서 계약상 명시하여 이를 보장받을 필요가 있다. 위 사항은 일반 EPC 사업에 있어서도 중요한 요소이긴 하지만, 실제로 발전사업자의 수익이 발전소 운영을 통해서 발생한다는 사실을 고려하면, 성능에 아무런 문제가 없는 한, 결국 수익은 발전소를 어떻게 운영하느냐에 달려있을 것이므로 O&M과 관련된 사항들이 다른 Project

117) 우리가 일반적으로 영미법 계약서에서 사용하는 “Anything beyond the reasonable control of the parties” 라는 catch all phrase들은 동일 계약서에서 합의한 일련의 불가항력의 사례에만 국한되어 적용된다고 볼 수 있다. 불가항력의 전체적인 배경과 EPC 적용사례에 대해서는 김승현, (주22), “사정변경과 불가항력” 부문을 참고.

보다도 훨씬 중요하다고 볼 수 있다. 발전소 운영 및 유지보수 매뉴얼은 발전소 시운전과 관련된 모든 정보, 절차와 정상 및 긴급 상황하에서의 운영방법, 그리고 발전소 시스템의 보수업무를 총망라하는 수준으로 작성되어야 하므로, 시공자는 최초 매뉴얼을 발전사업자와 대주단이 검토한 후 그들의 의견을 받아 수정이 가능하도록 처음부터 충분한 시간을 가지고 작성해야 하며, 동시에 발전소 준공시점을 고려하여 발전사업자의 의견이 매뉴얼에 반영될 수 있도록 시간 계획을 잘 짜야 한다. 또한, 이런 매뉴얼작성 외에도 시공자는 발전사업자로부터 의뢰를 받아 추후 발전소 운영 및 보수업무를 시행할 직원들의 교육업무도 담당하게 되는데, 교육 업무에 관한 비용 역시 EPC 건설계약에 포함되어 있어, 발전사업자는 위 교육을 통해 상업운전 시 직원들이 전문적, 효율적으로 발전소 운영을 할 수 있는 수준까지 교육을 받을 수 있도록 할 권리가 있으며 이에 대하여, EPC 계약상에서 가능한 한 자세히 명시해 놓아야, 후에 교육과 관련된 다툼을 방지할 수 있을 것이다. 발전소의 성능검사와 시운전 기간 동안 직접 운영을 담당할 발전사업자 직원들이 시공자로부터 감독, 지휘를 받아야 할 교육과정에 적극적으로 참여치 않아 시운전이 제대로 되지 않고 지연이 발생한 경우에 당연히 시공자는 공기연장을 주장하거나 동시 지연을 주장할 수도 있다. 따라서, EPC 계약상에는 1) 발전사업자는 검증된 인력을 제공할 의무가 있고, 2) 정당한 시공자의 지시, 지도, 지침에 따라 행동했음에도 문제가 발생하였다면 이는 시공자의 책임으로 본다는 정도로 명시할 필요가 있다고 할 것이다.

5. Spare Parts

준공 이후 20~30년간 발전소 운영과 관련하여 관련 부품 공급 조달을 원활하게 하는 것 역시 중요한 사항이다. 장기간의 발전소 운영에 필요한 부품을 구하는 것은 매우 중요한 일이며, 따라서, EPC 계약상 시공자에게 모든 중요 부품의 공급의무에 대해서 책임을 지도록 할 필요가 있다.[118] 계약상 상업운전 개시 시점에 실질적으로 이용 가능한 모든 부품에 대한 공급의무를 부과하는 것이다. 나아가, 하자 보증기간 동안에 시공자로 하여금 자신의 비용으로 하자부품을 교체할 의무가 주어지게 되는데, 이 경우에 해당 부품이 재고로 들어와야 할 시점에 대해서 시간제한을 둘 필요가 있다. 만약, 하자보증기간의 만료 시에 해당 부품이 교체되도록 요청되었고 부품이 조달되는 시간이 긴 품목이라면, 하

118) 실질적으로 실무에서는 EPC 계약의 Appendix를 통해서 조달 가능한 부품을 명시적으로 작성하여 놓고 있으며, 이를 통해서 발전사업자는 장기간 지속적으로 발전사업을 영위하게 된다.

자가 시정되지 않았기 때문에 하자보증기간이 연장되는 결과를 낳을 수도 있어 시공자가 피해를 입을 수도 있기 때문이다. 또한, 발전소 운영기간 동안 발전사업자가 해당 부품(Spare Parts)을 장기간 동안 유리한 조건으로 구매가 가능토록 명시할 필요가 있으며, 또한, 시공자가 주요 부품을 조달하거나, 제작하는 것이 불가능할 경우를 대비해서 1) 시공자가 관련 부품의 최종적인 구매 또는 조달시점에 대해 통지를 한다면 이는 해당구매나 조달이 충분히 가능하도록 시간적인 여유를 두고 이루어져야 하며, 2) 특별한 추가비용 없이 발전사업자를 위해서 여유 부품과 관련된 도면, 중요 기술사항들에 대해서 시공자가 조달하거나 제공토록 해야 하고, 3) 발전사업자의 요청이 있는 경우에는 시공자가 합리적으로 가능한 범위 내에서 해당 부품의 제작 설비 등을 적당한 가격에 매도토록 미리 규정할 필요가 있다.

6. Dispute Resolution

모든 계약이 그렇듯 발전사업자와 시공자의 책임과 의무사항에 대해서 많은 다툼이 생기고 이로 인해 분쟁이 발생하고 있다. 발전소 건설처럼 프로젝트의 규모가 큰 경우에 일단 EPC 계약 관련 분쟁이 발생하면 기간이나 금액부문에서 대단히 곤혹스러운 상황이 발생할 수 있다. 이를 원활하게 해결하기 위해 고려해야 할 사항들을 살펴보면 1) 중재나 소송으로 진행되기 전에 내부적으로 먼저 분쟁을 해결하기 위해서 대화와 타협 절차를 미리 정할 필요가 있으며, 2) 시공자는 일단 분쟁이 진행 중이라도 해당 건설공사를 계속적으로 진행해야 할 의무가 있으며, 3) 발전사업자에게 발전소의 건설과 관련하여 발생하는 여러 분쟁에 대해서 자신의 의지에 따라 이를 병합할 수 있는 권한을 두어 분쟁해결의 효율성을 높일 수 있도록 하는 것이다.

제 3 장
IPP 사업 연료공급계약(Fuel Supply Agreement)의 이해

Ⅰ. 연료공급계약의 특징

발전소 운영을 통해서 해당 프로젝트의 수익을 추구해야 하는 것이 프로젝트 파이낸싱의 가장 기본적인 사항이기 때문에, 동 프로젝트를 통해서 체결되는 모든 계약은 프로젝트를 실현 가능토록 유지하고 관련 Risk를 적절하게 배분하는 내용으로 구성되어야 한다. 특히 화력을 근간으로 하는 발전소의 경우 발전소 운영비 중 연료비가 비용항목 중 가장 큰 비중을 차지하고 있어, 연료의 안정적인 구매와 조달이 발전사업의 성패를 좌우하는 중요한 요소라고 볼 수 있다. 전력구매계약(PPA : Power Purchase Agreement)상 약정한 발전소 성능 및 전력판매량을 해당 양허기간 동안 안정적이고 지속적으로 공급하기 위해서, 적당한 품질과 적당량의 발전연료가 적당한 시간에 지정된 장소로 필수적으로 공급되어야 한다. 또한, 연료조달의 주요항목, 즉 품질, 적정량, 시간, 장소를 만족하면서 해당 발전사업의 수익성에 부합하는 조달가격으로 운송 및 구매가 되어야 하는 것도 중요하다고 볼 수 있다. 따라서, 연료공급계약 또는 관련 운송계약의 최종 목적은 안정적인 발전소 운영을 위해 확정적이고 경제적인 연료공급계약을 체결할 수 있느냐에 달려있다고 볼 수 있다.[119]

우선적으로, 연료공급계약상의 문제들로 인해 대주단에서 기대하는 대출 원리금 상환의 문제가 발생하지 않고, 나아가 발전사업자의 투자금 회수까지 영향을 끼치지 않기 위해서, 연료비 변동에 대한 예측이 도저히 곤란할 경우에 일반적으로 대주단은 불확실한 외부요인들로부터 원리금 상환구조를 보호하기 위하여 신용보강(Credit Enhancement)을 하게 된다. 즉, 연료공급, 운송, 법률변경, 시장혼란 등에서 발생하는 위험으로부터 보호받기 위해서 제3자 보증, L/C, 추가출자 확약, 보험 등을 통하여 이를 보호하고자 한다.

119) 일반적으로 Input Supply Agreement라고 하면 크게 2가지로 구분된다고 볼 수 있다. Supply Contract와 Depletion Contract로 구분이 되는데, Supply Contract의 경우에는 특정기간 동안 특정한 물량을 공급하겠다는 계약이고, Depletion Contract의 경우에는 Project Company가 해당 석탄광산으로부터 생산되는 모든 물량을 구매할 권리를 자기는 독점적인 권리를 가지는 계약관계를 말한다. Jeffrey Delmon, (주3), p 277 참조

일반적으로 연료공급과 관련된 계약은 장기간, Supply or Pay 형태의 장기 계약구조를 가지고 있다. 그러나, 연료공급과 운송수단이 비교적 용이하게 확보가 가능하면 장기계약은 굳이 고려하지 않아도 Risk는 높지 않다고 볼 수 있다. Supply or Pay 형태의 계약에서는 만약 연료 공급자가 해당 의무를 적절히 이행하지 못한 경우에 1) 자신의 비용으로 대체 가능한 연료를 공급하거나, 2) 발전사업자가 해당 연료공급 불이행으로 인해 발생한 비용과 손해에 대해서 배상을 해야 한다. 일반적으로 프로젝트 파이낸싱을 근간으로 하는 연료공급계약에 있어서, 가장 중요하게 다루어야 할 사항은 연료 공급자, 운송수단의 신뢰성, 연료공급 가격이라고 볼 수 있는데, 이를 연료공급계약에서 보호할 필요가 있다.

연료공급계약의 목적이 일정기간 동안 발전소 운영에 필요한 적정한 품질 수준 및 특정한 양 이상의 연료를 적절한 가격에 공급하는 것이 주된 목적이라고는 하나, 실제로 발전소 운영기간 전체에 걸쳐 위와 같은 조건으로 연료공급에 대한 확약을 하는 경우는 쉽지 않다고 볼 수 있다. 만약 연료시장이 안정적이지 않고 변동이 심하다고 한다면, 발전사업자 또는 연료 공급자 모두에게 곤란한 상황이 발생할 수도 있기 때문이다.[120)]

II. 연료공급계약의 형태

연료공급 시장에서 고려해야 할 사항은 운송과 관련된 사항으로서 연료공급뿐만 아니라 안정적인 공급을 위해서 장기간에 걸친 운송계약을 체결하기를 발전사업자나 Bankable한 프로젝트를 위하여 대주단에서 희망하는 것이 일반적이다. 해당 운송계약은 발전소의 위치, 연료의 종류, 해당 지역의 운송 인프라, 환경 관련 규제 등에 따라서 다양한 형태로 발생할 수 있다. 이러한 연료공급계약의 다양한 특성을 반영하여 여러 형태의 연료공급계약이 생겨나게 되었는데, 독립민자발전사업뿐만 아니라 일반적으로 활용되는 형태의 계약방식에 대해서 살펴보도록 하자.

120) 일반적으로 장기간 동안 확정된 가격으로 연료를 공급키로 계약한 공급자는 다른 공급자와의 Back to Back 계약을 통해서 미래의 위험으로부터 보호를 받으려 하거나, 해당 연료시장에서의 독점적인 위치가 주는 이점으로 인해 계약을 체결하는 경우라고 볼 수 있다.

1. Fixed Amount

이름 그대로 특정한 양의 연료를 공급하고 운송하고자 계약이다. 이런 형태의 계약을 통해서 연료 공급자나 운송자는 발전소 운영에 필요한 특정양의 연료를 공급하기로 약속을 하고, 동시에, 발전사업자는 해당 양을 구매하기로 하는 계약이다. 양 당사자에게 공급의 안정성에는 유효하나, 물량의 변경이 어렵다는 단점을 가지고 있다.

2. Requirement

본 계약구조하에서는 발전사업자가 필요로 하는 연료량에 대해서만 연료 공급자로부터 구매하고 운송을 하도록 하게 한다. 본 계약하에서는 연료 공급자가 불안정한 위치에 있게 되는 반면, 발전사업자는 연료조달과 관련하여 유연성을 가지게 된다. 발전사업자가 발전소 운영을 중단하거나, 운영하지 않기로 결정한 경우에도 어떠한 배상도 할 필요가 없게 된다. 반대로 연료 공급자나 운송자는 위와 같은 변동성에 대해서 대처할 만한 능력을 가지고 있어야 함으로 불리한 계약이 될 수 있다. 지나치게 연료 공급자에게 불리한 경우에, 프로젝트 파이낸싱 구조하에서는 필요 연료량을 공급하되 일정량을 넘지 못하도록 제한한다거나 아니면 최소 구매량을 미리 정하도록 하고, 아니면 예측가능성을 높이기 위하여 발전사업자가 연료 공급자에게 필요한 연료량에 대하여 미리 통지하는 방식을 취함으로써 이를 보완하고 있다.

3. Output

본 계약구조하에서는 연료 공급자가 생산하거나 또는 특정한 연료공급원으로부터 공급되는 모든 일정량의 연료를 발전사업자가 구매를 하게 된다. 특정 연료공급원이 해당 발전프로젝트에 연동되어 안정적으로 연료가 공급된다는 장점도 있지만, 그 생산량이 관련 해당 발전설비의 운영에 충분한지는 검토가 필요하다고 볼 수 있다.

4. Spot

현물시장에서 연료를 조달하는 경우, 구매시점의 연료시장에서 공급 가능한 조건과 가격으로 연료 공급자 및 운송자와 계약을 하는 경우이다. 프로젝트 파이낸싱 하에서는 선호하지 않는 연료공급 구조이나, 연료공급 자체가 풍부하고 가격이 안정적이라면 충분히 활용이 가능한 계약구조라고 볼 수 있다.

5. Dedicated Reserves

연료 공급자가 특정 매장량을 해당 발전프로젝트에만 활용토록 하는 경우이다. 일반적으로 이 경우 발전사업자는 해당 물량을 미리 구매하게 된다.

6. Firm or Interruptible

Firm한 연료공급계약에 있어서는 명칭 그대로 지속적으로 해당 연료를 공급하고 운송하는 것을 말하고, Interruptible한 연료공급계약의 경우에는 발전사업자의 수요에 따라서 연료공급에 유연성이 있는 경우를 말하는데, 발전프로젝트 자체가 발전소 운영에 유연성을 가지고 있다면 유리한 계약구조라고 할 수 있다.

7. Subordination of Project Costs to Debt Service

연료비 지급이 발전프로젝트의 대출 상환에 후순위로 보장되는 계약을 말한다. 우선 일정 정도의 연료비를 지급하고 발전프로젝트의 대출금 상환 및 기타 금융조건을 충족한 경우에, 지불 유예를 하였던 나머지 연료비용을 지급하는 계약구조를 말한다.

8. The Commodity Supplier as Project Partner

본 연료비 계약구조는 연료 공급자가 발전프로젝트를 소유하거나, 또는 파트너로서 참여한 경우로서 연료비용의 위험을 상당히 줄일 수 있는 구조이다. 연료 공급자가 운영하는 발전프로젝트의 경우에는 생산원가 수준으로 연료공급이 가능하고 이로 인해 좀 더 많은 이익이 창출될 수 있는 구조라고 볼 수 있다.

III. 연료공급계약과 관련 계약당사자와의 관계

연료 공급자는 해당 발전소 운영기간에 주로 발전소 운영자와는 연료 운송 및 하역, 검수, 저장 등과 관련한 업무가 발생하고, 발전소 건설 중에는 시운전 기간 동안, 시운전 및 성능시험과 관련하여 연료공급을 담당하는 업무를 통해서 시공자와 상호접촉을 하게 된다. 이러한 관계를 중심으로 연료 공급자가 다양한 이해관계자들과의 관계 사이에서 계약적으로 중요하게 다루어야 할 사항들에 대해서 살펴보면 다음과 같다.

1. 발전소 건설시공자와의 관계

발전소 건설 준공을 위하여 준공시점에 발전소의 시운전 및 발전소 성능시험을 위해서 연료공급이 이루어져야 하고, 이를 위해 연료 공급자는 발전소 시공자와 Interface를 하게 되는데 이 경우, 준공 관련 성능 및 시운전 시험의 신뢰성을 높이기 위해서, 건설시공자는 발전소 운영에 실질적으로 요구되는 연료 검수 절차와 동일한 방식과 절차를 통해 성능시험에 필요한 연료를 검사 및 검수하기를 희망한다.

2. 발전소 운영 및 유지 보수자와의 관계

연료 공급자는 연료 운송에 대한 적절한 관리와 발전소 운영에 필요한 연료 공급량을 확정하기 위하여 발전소 운영자와 원활하게 협조하는 것이 필수적이라고 볼 수 있다. 연료 저장시설이나 하역지점이 복잡하고, 연료저장과 관련하여 연료의 특성, 즉 발화가 쉬워 상당한 수준의 안전관리가 필요한 연료인 경우에는 연료 하역도 복잡한 절차를 거칠 수 있기 때문이다. 연료가 독성이 강하거나 쉽게 증발되는 성질을 가지고 있다면 여러 가지 기술적인 문제와 그 위험으로 인해서 연료 운송 및 하역 시 상당한 수준의 관리가 요구될 수도 있다. 설령 안전하게 하역되었다고 하더라도, 연료 사용을 위해서 추가적인 처리 절차가 필요할 수도 있으므로 연료 공급자에게 이를 요청하거나, 별도의 계약을 통해 추가 처리절차를 진행하기도 한다. 연료 공급자가 발전소 운영자를 위하여 연료 시험을 하기도 하며, 이 시험은 발전소 운영의 품질사항과 직결되므로 연료 공급자도 해당 시험에 참여하기를 희망하기도 한다. 연료 검사와 관련하여 제3의 중립적이고 신뢰할 만한 검사기관을 통해서 필수적인 사항에 대해 검사를 하고 이를 통해 신뢰성을 담보하기도 한다.

IV. 연료공급과 관련된 Risk

발전사업이든 아니면 고속도로, 통신, 항만 등 어떤 형태의 사업이든 간에 Input 또는 연료공급은 Offtake 만큼 중요하다고 볼 수 있다. 왜냐면 이런 종류의 프로젝트들은 확정적이고 지속적인 연료 또는 재화의 투입이 필수적이므로, 해당 연료나 재화도 재무적 예상치의 범위를 현저하게 벗어난 비용이 아닌 합리적인 수준의 비용으로 조달이 가능해야 한다. 또한, 연료조달 또는 공급과 관련된 기본 설비 역시 미리 적기에 설치 또는 준공이 되어 있어야 한다. 즉, 가스발전의 경우, 정확한 가스 공급량이 확정되어야 하고, 가스공급을 위한 파이프라인의 용량 또한 발전기간 동안에 확보가 되어 있어야 하기 때문이다. 또한 가스공급이 중단된 경우를 대비하여 일시적으로나마 중유나 유류 위주의 연료를 사용키도 하는데, 이 경우에도 가스공급이 재개될 때까지 공급이 가능한지도 중요하다.

연료 공급자는 기본적으로 필요한 물량의 연료와 적정한 수준의 연료를 정해진 시간에 정확하게 공급할 필요가 있다. 자칫 공급이 늦어지거나, 물량이 부족한 경우에는 발전소 운영 성능이 저하될 우려가 있기 때문이다. 이러한 부분에 있어서 연료 공급자가 부담해야 할 위험은 다양한데, 특정한 수준의 연료를 공급하는 것은 성능 검사 방법 및 항목 등에 상당한 영향을 받게 됨으로 유의할 필요가 있다. 이처럼 연료공급과 관련된 Risk는 각각의 특징에 따라 고려해야 할 사항들이 다양하고 외부의 변수에 영향을 많이 받으므로, 이에 대해서 한번 살펴보면 다음과 같다.

1. 연료비 상승 (Increase of Input Costs)

발전연료의 특성상 전통적으로 변동이 심하다는 점을 고려하지 않을 수 없다. 이런 까닭에 확정가격(Fixed Price)이라고 하더라도 물가지수 등에 연동되도록 하는 것이 전형적인 연료공급계약의 형태라고 볼 수 있다. 이런 위험을 줄이기 위해서 연료비를 대주단의 대출금 상환과 연계시켜, 연료비 제한폭을 넘은 부분에 대해서는 대출금 상환이 이루어질 때까지 지급을 연기토록 하는 방법도 고려되며, 또는 매장된 연료를 미리 구입하여 확정가격으로 공급할 수 있도록 하는 방법도 고려된다.

2. 운송 및 저장 설비 준공 지연

연료생산지가 발전소 인근에 있는 Mine Mouth 방식의 석탄화력 발전소인 경우에는 연료운송을 위해서 특정설비를 별도로 설치하기 위해 추가적인 지출이 발생할 여지가 거의 없다. 기껏해야 컨베이어 설비 또는 트럭운송을 위한 하역 설비 등이 기본적인 운송설비가 전부라고 보면 될 것이다. 그러나, 위와 같은 상황이 아니라면, 여러 형태의 운송수단, 예를 들면, 파이프라인, 철도, 도로, 기타 항만 또는 강가의 접안설비 등 다양한 형태의 운송수단이 필요하게 된다. 기존 설비를 지속적으로 이용할 수 있다면야 더할 나위가 없겠지만, 신설된 석탄화력 발전의 경우, 많은 양의 석탄이 필요할 것이므로 추가로 설비의 증축이나 신설이 필요한 경우가 대부분일 것이다. 이런 경우에 연료 운송을 위한 설비가 시운전, 성능시험 그리고 종국적으로 상업운전시기에 맞추어 준공 또는 증축되어야 하는 것이 필수적이라고 볼 수 있다.

3. 연료공급 능력

연료의 공급이 프로젝트의 존속기간 동안 지속적으로 가능해야 함은 필수적인 요소라고 볼 수 있다. 일반적인 민자발전프로젝트의 운영기간이 20~30년임을 감안하면 가격변동 위험이 있다고 하더라도 연료의 안정적인 공급이 최우선이라고 볼 수 있기 때문이다. 이를 위해서 검증된 연료 공급자로부터 특정 매장량 또는 특정지역으로부터 연료를 공급받는 것이 제일 좋은 방법이기는 하나, 차선책으로 신뢰성 있는 연료 공급자로부터 확약을 받거나, 발전사업자가 연료공급회사를 인수하거나 또는 다양한 계층의 연료 공급자와 다양한 방식의 연료공급계약을 체결하는 것으로 안정성을 추구하기도 한다.

일반적으로 연료공급의 안정성을 높이기 위해서 발전사업자 또는 대주단이 간혹 연료공급자로부터 연료 공급원과 연료공급계약 기간 동안 해당 광산 또는 가스광산의 개발계획을 직접 수령하기도 한다. 또한 계약상 진술(Representation)형태로 각종 기술자료, 지질학 자료를 통해서 광산개발 능력 및 생산가능 여부에 관한 자료를 제공하기도 한다. 이 경우 매장량 자료에 대한 신뢰성 검증은 말할 나위도 없이 필수적일 것이다. 만약 연료공급업자가 광산개발을 위한 각종 설비를 갖추어야 한다면 당연히 관련 설비에 대한 준공계획 검토도 이루어질 필요가 있을 것이다. 이와 더불어 연료저장 설비에 대한 고려도 필요하다. 단순히 운송된 연료를 보관할 목적뿐만 아니라, 운송지연이나 병목이 발생한 경우에 이를 충분히 감당할 수 있도록 충분한 여유 공간도 고려해야 할 것이다.

4. 연료운송 관련 위험

발전용 연료는 일부 Mine Mouth 방식의 발전소를 제외하고는 거의 대부분 발전소가 발전을 위해 공급될 연료가 원거리로부터 운송, 수송되어야 하는 지역에 위치하고 있다. 이런 경우에 운송과 관련하여 발생하는 여러 가지 위험을 사전에 차단하기 위해 발전사업자가 직접 운송수단을 소유하거나 관련 장비를 보유한 회사를 소유하기도 하며, 신뢰성 있고 검증된 연료운송업자로부터 확약을 수취하거나, 다양한 계층의 연료 운송업자와 다양한 형태의 운송계약을 미리 체결하기도 한다.

5. 불가항력과 관련된 위험

연료공급 또는 운송이 불가항력에 노출될 위험이 상당히 크다는 특성 탓에 연료공급 관련 계약은 불가항력과 관련된 위험 관리가 중요하다. 불가항력으로 인해 연료공급에 문제가 생긴 경우에 과연 누가 이런 위험을 부담한 것인가는 중요한 요소라고 볼 수 있다. 이와 더불어 법률변경에 대해서도 고려할 필요가 있다. 후진국 또는 개발도상국의 경우에는 해당 국가의 법률 역시 국가의 발전 형태에 따라 변경을 예상할 수 있으며, 장시간 지속되는 발전사업 기간을 고려해 보더라도 새로운 법률, 특히 환경 관련 규제사항과 같이 비용이 수반되는 법률 변경이 발생할 여지가 많다고 볼 수 있다.

6. 연료 공급자의 경험 및 연료공급 관리

연료 공급자와 연료 운송자는 연료공급계약상 의무를 이행하기 위해서 충분한 경험과 연료를 가지고 있어야 한다. 최소한의 재무적 능력, 노동력, 기술력, 기타 관리 능력 등 충분한 경험을 가지고 있는 것이 필수적이라 할 것이며, 이런 경험 있는 연료 공급자가 해당 연료공급과 관련하여 시의적절하게 연료를 공급하기 위해서, 연료공급과 관련된 여러 가지 관리사항, 즉 운송계획, 연료혼합, 기타 가격관리, 기타 이와 관련된 결정을 위해서 발전소 운영자가 연료공급관리 프로그램을 미리 준비할 필요가 있다고 할 수 있다.

7. 연료품질

연료의 품질에서의 차이, 즉 화력발전에 있어서 BTU value, 습도, 기타 요소 들은 발전 전력량과 발전사업자의 이익에 직접적인 영향을 미치게 된다. 따라서, 발전사업자는 연료 공급 및 운송사업자로부터 공급될 연료가 반드시 일정수준의 사양을 맞추겠다는 확약을 취득해야 한다. 연료가 일정한 수준을 맞추지 못하였을 경우에는 연료공급업자에게 지불하는 가격을 조정하기도 하며, 어떤 경우에는 발전사업자가 인수를 거부하고, 손해배상을 청구하거나, 연료 공급자를 대체하기를 희망하기도 한다.

연료의 질적 수준이나 특성에 대해 분명한 기준을 설립하는 것과는 별도로, 발전소에 공급된 연료에 대한 검수절차도 필요하다. 보통 검수는 독립된 기관 또는 발전소의 운영사업자를 통해서 이루어지는데, 이때, 누가 과연 관련 검수비용을 부담할 것인지, 얼마나 자주 할 것인지, 결과에 대한 책임은 누가 지는지에 대해서 분명히 결정할 필요가 있다.

연료의 질적 수준에 관한 사양은 반드시 해당 발전프로젝트의 기기 보증과 관련된 주요 사양과 일치해야 한다. 또한 연료 질과 수준에 있어 환경 관련 배출기준에 부합하는지도 반드시 고려해야 한다. 따라서, 연료공급업자가 해당 연료 수준의 사양에 준하는 연료를 공급하지 못한 경우에 발전사업자는 부합하지 않는 연료를 수취하되 금전적인 보상을 받거나, 아니면 수취거절하고, 부적합한 연료공급을 공급실패로 간주하여 손해배상이나 기타 이와 관련된 배상을 구할 수도 있다.

이와 관련하여 연료운송계약에 있어서도 연료의 질적 수준에 대한 기준이 명시될 필요가 있는 경우가 있다. 특히 파이프라인을 통해서 가스 연료 운송을 하는 경우에 발생하는데, 일반적으로 파이프라인을 통해서 공급되는 경우에는 여러 지역으로부터 생산되는 가스 또는 오일이 혼합되어 파이프로 공급되는 탓에 결과적으로 최종 소비자에게 때로는 최초 공급된 가스와 다른 질적 수준의 연료가 공급되기도 한다. 따라서, 발전사업자는 파이프라인을 통해서 운송되는 경우에 연료 공급자가 파이프라인에 공급한 것과 동일한 질적 수준의 연료가 공급되도록 확인할 필요가 있다.

일반적으로 이런 연료의 질과 관련된 위험은 연료공급 시 문제가 발생한 경우, 또는 연료운송에서 문제가 발생한 경우로 나누어 각각 해당 위험을 부담하게 된다. 이런 경우에 일반적으로는 발전사업자가 해당 연료의 질이 떨어진 만큼 연료비 감소분을 반영하여 지급하거나, 연료의 질 저하로 인해서 발전량이 감소한 경우에는 발전사업자가 책임을 지기도 하고, 또는 해당 연료비를 아예 Pass through 시키거나, 계약을 해지시키기도 한다.

8. 기타

지나치게 안정적인 장기계약을 선호한 나머지 확정계약으로 연료공급계약을 체결하는 경우에, 자칫 해당 가격이 미래의 실거래가격보다 높아지는 경우가 발생할 수도 있다. 그렇다면, 오히려 연료비 비중에 따라 발전사업자의 이익이 감소할 우려가 있으므로, 장기간의 연료공급계약에서 해당 가격을 재협상하거나, 시장가격에 대한 필수적인 Margin만을 보장하는 계약도 체결할 수가 있다.

연료공급에 대한 대가 지불에 대해서도 미리 지불일에 대해서 확정할 필요가 있다. 공급자의 청구서 수령 이후가 되든지 아니면, 성공적인 시험 이후가 되든지 명시할 필요가 있으며, 지불 관련 절차가 명확하게 규정되어 있어야 할 것이다.

V. 연료공급 및 운송 관련 계약 주요 이슈

연료 공급자의 기본적인 역무는 전력구매계약상 약정한 가동률 및 성능 보장을 위하여 해당 발전소의 연료특성을 고려하여, 약정한 수준 이상의 Quality가 담보되고, 약정한 물량을 적정한 가격에 약정한 시점까지 공급하는 것이 주된 역무라고 볼 수 있다. Time, Quality and Quantity가 중요한 요소라고 볼 수 있는데, 이러한 요소들을 만족하기 위해서 고려되는 연료공급 및 운송과 관련된 주요 계약 이슈 사항에 대해서 살펴보도록 하자.

1. 연료 공급자 또는 운송사업자의 계약상 의무

연료공급과 관련된 사항으로서 발전사업자가 연료 공급자 또는 운송사업자와의 협상에 있어 고려해야 할 사항은 두 당사자의 의무사항을 발전사업자의 발전소 운영조건과 일치시켜야 한다는 것이다. 기본적으로 연료공급계약의 목적은 발전사업자가 전력을 공급해야 하는 계약상의 의무사항을 준수하기 위하여 발전사업자가 예견한 수익모델과 일치하는 가격으로 정해진 시간 안에 발전에 필요한 충분한 물량의 연료가 공급되는 것이라 할 수 있다. 다시 말하자면 적기에, 정해진 물량의 연료를 공급하는 연료 공급자와 운송사업자의 의무사항이 발전소의 운영과 경제성에 밀접한 관련이 있다는 것이다. 연료 공급자와 운송사업자의 상기한 의무사항에 대한 확약은 시장에서는 일반적으로 “Firm Service” 또는 “Interruptible Service” 방식으로 나뉘는데 이러한 공급의무에 대해서 살펴보면 다음과 같다.

1) Firm Service

Firm Service라고 함은 명칭 그대로 요청한 시간에 요청한 물량의 연료를 공급하기로 연료 공급자가 확약을 하는 것을 말하고 운송자의 경우에는 불가항력기간을 제외하고 어떠한 여건하에서도 약정한 물량을 운송한다는 것을 의미한다. 따라서, Firm Service 연료공급 및 운송계약에 있어서는 발전소 운영에 필요한 물량을 정해진 시간 안에, 정해진 장소에 공급하는 것을 확정하는 것이라고 볼 수 있다. 이럴 경우, 연료 및 운송공급자의 공급 확약 수준이 확정적이면 확정일수록, 연료공급 및 운송비용은 높아진다고 볼 수 있다. 이런 계약구조하에서 때로는 본 확정적 의무를 이행치 못한 경우에는 연료 공급자나 운송사업자에게 손해배상예정액(Liquidated Damages)을 부과하는 경우도 있으며, 본 손해배상예정액은 긴급한 상황이 발생한 경우에 기 확정된 공급가격보다 높은 가격을 제안한 제3자를 통해서 공급하는 것을 가능하게 할 정도로 충분한 높은 수준의 손해배상이 될 필요가 있다.

2) Interruptible Service

이름 그대로 중단 가능한 방식의 연료공급으로 본 방식 하에서 다양한 종류의 공급의무가 부과되게 된다. 일반적으로는 확정적 공급 구조와 유사하나, 특수한 상황하에서 중단 또는 공급량 감소가 가능하도록 만든 구조이다. "Quasi-Firm"이라고도 불리는데 연료공급자 또는 운송업자가 특별한 사정이 생긴 경우 또는 연중 특별히 지정한 기간에 공급량 전부 또는 그 일부를 축소하여 연료를 공급하는 것이 가능한 계약구조를 말한다. 또는 이와 유사하나, 연료 공급자나 운송업자가 자신의 재량으로 연료공급이나 운송을 중지하는 것이 가능한 계약을 말하며 이럴 경우에는 "As available" 또는 "Reasonable efforts"을 기준으로 주로 사용한다.

3) 연료공급 및 운송방식의 선택

발전소 연료공급 및 운송과 관련하여 연료공급방식을 선택함에 있어 특별히 고려해야 할 몇 가지 사항들이 있다. 가장 중요한 것은 현물시장 또는 전력구매계약상 발전사업자가 가지는 전력공급의무와 관련된 것이라고 볼 수 있다. 만약 발전사업자의 전력공급의무가 주로 기저부하로서 역할을 담당하고 있고, 연료공급 및 운송과 관련된 수요가 대단히 높다고 한다면, 발전사업자는 확정적(Firm Supply & Transportation)인 구조의 연료공급계약을 고려해야 한다고 볼 수 있다. 확정적 공급의 경우 추가비용(Premium)이나 수요비용(Demand Charges)이 일반적으로 수반되고 이를 발전사업의 수익산정 시 고려해야 한다. 따라서, 확정적인 연료공급에 대한 결정은 전력구매계약상 용량요금이 발전사업자의 수익흐름을 얼마나 잘 보장하는 가에 달려있다고 볼 수 있다. 그 외 발전사업자가 확정적이 아닌 다른 방식의 연료공급계약이 체결 가능한지의 여부인데, 이는 주로 한 가지 종류 이상의 연료를 이용해서 발전이 가능하냐의 여부에 달려있다고 볼 수 있다. 가스복합발전처럼 주 연료가 가스이고, 보조 연료로 유류를 사용하는 발전소인 경우에, 가스공급이 중단되거나 축소될 경우를 대비하여 보조연료로서 발전을 위한 해당 유류 저장이 충분하다고 한다면 발전사업자는 훨씬 더 낮은 가격으로 연료공급과 관련된 계약을 체결할 수 있을 것이다. 추가적으로 발전사업자가 다양한 형태의 급전지시를 받을 가능성이 있다면, 이를 위하여 다양한 형태의 연료공급계약이 이루어져야 할 필요가 있다. 즉, 기저부하일 경우에는 확정적(Firm)인 연료공급계약 형태를 취하고, 연료가 충분히 공급 가능한 시기에 급전지시가 있다면, Interruptible 방식이나 현물시장에서 조달하는 것이 유리하다고 볼 수 있다.

① 위와 같은 상황에도 불구하고 프로젝트 파이낸싱 구조하에서는 대주단의 입장이 중요하다고 볼 수 있다. 대주단의 경우에는 대출 원리금 상환을 위하여 발전소 운영지시가 있을 때 마다, 발전이 가능하고 이를 통해 충분한 수익을 발생시키기 원하기 때문에 확정적인 연료공급계약구조를 선호하게 된다.

② 발전사업자가 어떤 방식의 연료공급계약을 취한다고 하더라도, 발전사업자가 원하는 시기에 반드시 운송이 가능해야 한다는 점에 유의를 해야 한다. 따라서, 발전사업자의 연료공급방식의 선택에 있어서는 항상 연료공급뿐만 아니라, 운송과 관련된 사항도 충분히 고려를 할 필요가 있다. 설령 연료공급은 충분히 가능하다고 하더라도, 운송이 불가능한 경우도 있으므로 이런 경우에는 연료공급은 중단이 가능한 구조(Interruptible)로 하고 운송은 확정적(Firm)인 방식으로 할 수도 있다.

2. 적정 연료량

발전소 시운전 및 운영을 위한 적정 연료량은 상당한 수준까지 고려되고 계산되어야 한다. 일반적으로 발전에 있어서 적정 연료량은 전력생산의 수요곡선을 고려해서 결정되는데, 즉 여름철과 겨울철의 전력수요가 적정 연료량 계산에 있어서 반드시 고려되어야 한다는 것이다.

이와 같은 여건하에서 발전사업자가 적정 연료량을 확정하고 구매함에 있어서는, 유일한 공급원을 가진 연료 공급자와 계약하기보다는 다양한 Source를 가진 연료 공급자와 계약을 하는 것이 유리하다고 볼 수 있다. 이처럼 다양한 Source를 가진 연료 공급자와 연료공급계약을 체결하는 것을 통해서 발전사업자는 다양한 연료 공급원 구성(Portfolio)이 가능하며, 한 연료 공급자의 의무위반으로 인해 발생할 수 있는 발전소 운영 위험을 차단할 수 있다.[121)]

연료공급의 예측 가능성은 프로젝트 파이낸싱을 근간으로 하는 거래에 있어 중요한 요소 중에 하나로서 계약상에서 해당 발전사업자는 필요한 연료의 공급물량에 대해서 확정할 필요가 있어, 이러한 내용들이 연료공급계약에 있어서 연료 공급자에게 특정 물량 또는 일정범위 내에서의 물량이 지급되도록 확정되어야 한다. 이와 더불어 연료공급 및 운송계약에 있어서 언제부터 공급의무가 시작되는지 명시하는 것도 중요하다고 볼 수 있다. 연료공급과 운송의무는 반드시 상업운전일 전에 시운전과 일정량의 연료 저장을 고려해서 결정해야 할 것 이다.

정기적으로 연료 운송이 발생하고 발전소 내에서 저장이 가능한 석탄발전과는 달리, 가스발전을 위해 연료공급량을 정하는 경우, 월별, 일별 소요량을 정할 때 조금 더 신중하게 결정할 필요가 있다. 가스발전은 기본적으로는 시간당 연료 소요량을 고려해야 한다는 것이다. 가스발전의 원가 특성상 기저부하라고 하기보다는 첨두부하의 성격이 강하므로 월별, 일별 소요량을 기본으로 계약을 체결하게 되면 시간당 연료 소요량과의 불일치가 발생할 수 있다는 점도 고려해야 한다.[122)]

일반적으로 준용되는 "Take or Pay" 방식 하에서는 발전사업자는 정해진 기간 동안 약정물량에 대해서 구매하기로 약정을 하고, 필요한 만큼의 연료량만을 구매하게 되는데, 이 경우 발전사업자는 해당 연료를 저장할 필요가 없이 특정 양의 연료를 운송 받으면 된다. 연료 공급자의 입장에서는 최소 연료량에 따른 수입이 보장되는 효과를 가지게 되는 장점이 있다. 일반적으로 Take or Pay 계약이라고 하더라도 전력판매량에 따라서 일정 정도까지 물량을 조절할 수 있도록 하는데, 전체 물량의 90~95% 정도까지만 확정할

121) 한 연료 공급자로부터 연료를 조달하는 경우는 다양한 source로부터 조달하는 것과는 달리 다양한 연료 수송과정을 관리할 필요가 없다는 장점이 상대적으로 있을 수 있다.

122) 이 경우 가스공급이 파이프를 통해서 공급이 되는 것인지, 아니면 단순히 운송수단에 의해서 공급되는 것인지도 중요하다. 파이프를 통해서 공급이 된다면 시간당 연료소모량 방식으로 계약이 가능하나, 선박 등과 같이 특정한 운송수단을 통해서 공급이 된다면 일별 연료소모량 방식으로 계약도 가능하다고 볼 수 있다.

수 있도록 하고 있다. 이런 구조를 통해서 연료 공급자는 전력수요가 감소되는 경우에도 일정 물량까지는 공급이 가능하여 보호를 받을 수 있으며, 발전사업자의 경우에도 전력수요의 감소에 따라 발생할지 모르는 연료 과다 확보위험으로부터 보호를 받을 수 있게 된다.[123)]

연료 공급자의 안정적인 연료의 공급은 해당 연료 공급자가 얼마나 안정적인 연료 매장량을 확보하고 있는지도 중요하다. 실질적으로 현존하는 매장량과 향후 생산가능성에 대해서는 불확실성이 여전히 존재한다고 할 수 있으므로 전력판매계약 기간 동안 안정적으로 일정량의 연료를 공급할 수 있느냐는 중요한 사항이기 때문에 연료 공급자가 조달가능한 매장량에 대한 분석도 중요하다고 볼 수 있다.[124)]

3. 연료운송

운송수단을 이용한 연료 수송의 경우에는 적정 연료량을 운송하는데 필요한 운송수단의 종류 및 운송가능량, 운송수단 확정, 그 이후 실제로 발전소까지 운송 가능한 시간에 대해서 주의를 기울일 필요가 있다. 연료공급지가 발전소 부지로부터 장거리에 소재하고 있다면, 발전사업자는 운송량이 상대적으로 큰 운송수단을 고려할 필요가 있다. 그렇지 않다면 잦은 운송과 저장시설의 확보를 위해서 비용적으로 불리해질 수도 있기 때문이다. 이 경우 발전사업자는 운송사업자의 운송수단을 이용할지 아니면 발전사업자가 소유하는 운송수단을 이용할지에 대해서도 고려해야 한다. 운송업자를 이용한 경우의 비용과 발전사업자가 운송수단을 확보하고 이에 대해서 자본적 지출을 한 비용을 비교해서 경제적으로 선택을 할 필요가 있다고 볼 수 있다.[125)]

---

123) Jeffrey Delmon, (주3), at p 277 아무리 확정적인 Take or Pay 계약이라고 하더라도 연료 공급자가 연료공급과 관련하여 충분한 Credit을 가지고 있지 못한 경우에는 관련 회사 또는 모회사로부터 별도의 보증을 받는 것도 필요하다고 볼 수 있다.

124) 이런 까닭에 발전사업자는 발전 연료의 70% 수준까지 만을 확인된 매장량으로 조달되도록 Portfolio를 정하고 일반적으로 25~30% 정도까지는 다른 Source로부터 조달하여 이에 대비하기도 한다.

125) David K. Schumacher & Martin W. Gitlin, (주16) at p 25 발전사업자는 때로 운송수단의 연료로서 발전용 연료가 사용되는 경우도 고려할 필요가 있다. LNG 또는 파이프라인의 경우에는 운송업자 또는 파이프라인 운영업자가 해당 연료의 운송을 위하여 발전사업자의 연료를 소모하기도 한다. 따라서, 발전사업자는 실제로 발전소 운영을 위해 필요한 소요량보다 좀 더 많은 양의 연료를 조달할 필요가 있다.

4. 연료 공급가격 및 운송 가격

연료공급 및 운송계약 하에서 다양한 형태의 가격결정 Mechanism이 있는데 우선 해당 가격을 결정하기 위해서는 운송 관련 제비용("All-in" Delivered Cost of Fuel)이 전력구매계약상 수익흐름과 일치하는지 아니면 현물시장인 경우 경쟁 발전소가 공급받는 가격수준에서 해당 연료를 공급받고 운송이 가능한지를 먼저 살펴볼 필요가 있다.[126] 이와 관련하여 현행 가격결정 Mechanism에 대해서 살펴보면 다음과 같다.

1) One or Two Part Prices

본 형태 하에서는 연료공급에 있어 두 가지 방식으로 연료가격이 정해지는데 "Fixed Demand Charge" 방식과 "Commodity Charge" 방식으로 나누어지며, Fixed Demand Charge라 함은 전력요금 중 용량요금처럼 연료 공급자나 운송자가 일정한 기간 동안 공급하기로 한 최대물량을 기준으로 비용이 결정되는 방식이며, Commodity Charge 방식은 실제로 판매를 위해서 공급 또는 운송된 양에 따라서 비용을 지불하는 방식을 말한다. 연료공급이 파이프라인을 통해서 이루어지는 경우에는 주로 Fixed Demand Charge와 Commodity Charge 방식 두 가지가 혼합된 형식으로 정해지거나, 아니면 단순히 Commodity Charge 단일 방식으로 정해지는데, Fixed Demand Charge의 경우에는 연료 공급자나 운송자가 확정적인 공급의무를 부담하는 경우에 종종 요청된다.[127]

2) Take or Pay, Use or Pay

Fixed Demand Charge처럼, Take or Pay 또는 Use or Pay 방식을 발전사업자에게 의무로 부과하는 것은 연료 공급자나 운송업자에게 최소한의 수익을 보장해주면서, 동시에 연료 시장 변동성 위험을 감소시키는 효과를 볼 수 있다. 이런 방식 하에서 발전사업자는 정해진 기간 동안 최소 연료량을 구매하거나 운송키로 확약을 하고, 설령 최소 연료량을 구매했다고 하더라도 해당 최소 연료량만큼 비용을 지불하기로 확약을 하는 것이다. 물론 연료 공급자나 운송업자가 Take or Pay 방식을 주장한다면, 발전사업자는 해당 기간 동

126) 또한, 가격을 결정하는 경우에도 세금, 관세, 기타 허가 및 중앙 지방 정부 납부 비용 등 그리고 연료의 검수 결과에 따른 연료 질적 차이로 인한 가격조정 사항에 대해서 명확하게 규정해야 한다.

127) 이런 가격은 연료 공급자나 운송사업자가 연료를 공급이 가능토록 하거나, 운송물량 또는 용량을 기 확보토록 하는 것에 대한 대가로서 최소한의 수익을 보장해 주어야 한다는 배경으로 결정이 된다.

안 지불은 하였으나 실제로 사용을 못하거나 또는 운송수단을 이용하지 못한 것을 후일에 사용토록 할 수 있는 “Make up right”를 요청하기도 한다. 그러나, 이와 같은 방식도 발전소 운영형태가 기저부하가 용도가 아니라 급전지시가 있는 경우에만 발전을 하는 경우에는 문제가 될 수 있다. 급전지시를 받은 해당 발전소가 실제로 구매한 최소 연료량을 소모할 정도로 발전을 하지 못한 경우가 발생할 수 있기 때문이다. 따라서, 발전사업자는 반드시 발전사업자의 전력구매계약상 확정 발전용량을 고려하여 확약이 가능한 연료량에 대해서 인지를 하고 있어야 한다.

3) Commodity Charge

Commodity Charge 방식이라고 하더라도 어떤 방법을 취하느냐에 따라서 달라질 수 있다. 가장 전형적인 방식은 연료의 단위당 가격을 첫해에는 고정시키고 그리고 매년 일정 비율만큼 또는 정부기관에서 발표하는 인플레이션 지수만큼 조정이 가능토록 연동시키는 방식이다. 그 외 특정지역의 특정연료의 가격을 참고로 하거나, 특정지역에서 판매되는 연료가격의 변동을 반영하기도 한다. 기타 일반적으로 선호되는 방식은 가격을 특정지역에 공급되는 동일한 연료가격 또는 연료생산이 되는 지역에 연동시키는 방식이다. 예를 들면, 연료공급계약상 공급가격을 매월 첫 영업일의 일본이나 싱가포르지역에 공급되는 특정 품질의 나프타나 오일 가격에 연동시켜 정하는 것이다. 물론 이 경우 발전사업자는 실제로 지불하는 가격이 연동되는 연료가격과 다를 수 있는 위험이 발생할 수 있는데, 이러한 가격변동 위험을 Hedge할 수 있는 금융수단, 즉 Swaps, Collars, Contracts 또는 Option을 통해서 보호를 받으려고 하는 것이 일반적이다.

4) Regulated Rates

일부 국가에서는 연료공급과 운송서비스에 대한 대가를 정함에 있어 정부기관의 규제를 따르도록 하는 경우도 있다. 주로 특정국가에서 연료공급과 관련된 서비스를 제공하는 자가 독점적인 지위를 누리는 경우에, 시장자체의 경쟁이 없고 독점적으로 해당 서비스의 가격을 결정할 수가 있는데, 이런 경우에 정부기관이 개입하여 소비자를 보호하기 위하여 직접 규제를 하게 된다. 해당 규제의 성격에 따라 연료 공급자와 운송사업자는 발전사업자와 다양한 형태의 가격협상을 하게 되는데, 해당 정부가 특정가격을 정하였다고 한다면, 그 비용이 발전사업자가 지불해야 할 비용이 된다고 볼 수 있다. 그 외 정부 규제상

가격에 일정수준의 유연성을 부여하였다면, 해당 규제가격을 최대가격으로 간주하고 그 가격으로부터 할인된 특정가격으로 협상을 통해 정하기도 한다. 물론 이 경우에도 발전사업자는 전력공급량을 통해서 벌어들일 수익에 부합하도록 가격을 협상해야 할 것이다.[128)]

5) 운송 관련 비용

운송과 관련해서 특히, 고려해야 할 가격 요소는 두 가지 사항이 있을 수 있다. 가장 먼저 고려해야 할 것은 연료 운송비용에 영향을 미치는 운송거리라고 볼 수 있다. 운송거리는 파이프라인 또는 실제 운송수단을 통한 운송방법에도 영향을 미친다고 볼 수 있다. 이처럼 운송거리가 운송비용 중에서 가장 큰 영향을 주는 요소라고 볼 수 있다.[129)] 기타 운송과 관련하여 추가비용이 발생할 수 있는데 발전사업자가 정해진 일정대로 운송사업자로부터 물량을 인수하지 못하거나, 운반되지 못하는 경우에 발생되는 비용이 있다. 파이프라인운송을 살펴보면, 공급과 운송의 물량 불균형으로 인한 추가비용(Imbalanced Charge)이 발생할 수가 있고, 이는 발전사업자가 실제로 연료 공급자로부터 구매한 물량과 달리 운송지점에서는 해당 물량보다 적거나 많이 공급을 받은 경우에 발생하는 것으로, 발전사업자에게 마치 가스를 저장하는 서비스를 제공했다는 취지로 부과는 것이라고 볼 수 있다. 그 외 일반 운송방식의 경우에 추가비용은 체선료(Demurrage Charge)의 형태로 발생하게 되는데, 선적이나 하적 시 운송 지연이 발생하고, 이때 운송사업자가 운송수단을 활용할 기회비용을 보상한다는 의미로 지불되는 것이라고 볼 수 있다. 따라서, 발전사업자는 이런 불균형 또는 체선으로 인한 추가비용을 피하기 위해서 신중하게 연료공급을 결정할 필요가 있다고 할 것이다.

5. 연료공급 및 운송계약 기간

발전사업자는 연료공급에 있어 항상 연료공급 및 운송과 관련하여 계약기간을 고려해야 한다. 일반적으로 발전사업자는 연료공급계약의 기간이 전력구매계약 기간과 일치하기를 바라고, 이를 통해 발전사업자가 전력을 공급할 의무를 부담하는 한, 연료공급과 가

---

128) 규제가격으로 연료공급계약 또는 운송계약을 체결했다고 하더라도, 해당 계약기간 동안 규제가 완화될 경우를 대비하여 이것을 전제로 적정가격을 산정하는 방식을 별도로 정하기도 하며, 아니면 최소한 별도로 협상을 하도록 하는 규정을 두기도 한다.

129) 설령 운송거리가 운송비용에 제일 큰 영향을 미친다고 하더라도 일률적으로 운송거리에 영향을 받기도 하지만, 기본 운송거리 운임에 추가로 운송비용을 부과하는 경우도 있다.

격에 대한 안정장치를 마련코자 한다. 예외적으로 발전사업자가 전력구매계약 기간보다 짧은 연료공급계약을 선호하기도 하는데 이는 연료시장 상황을 고려하여 볼 때 정기적으로 연료공급계약 체결이 가능하다는 판단하에서 가능한 것으로 볼 수 있다. 그럼에도 불구하고 연료공급과 연료운송에 있어서는, 발전사업자가 미래에 대체 가능한 연료운송계약이 가능함에 확신을 가지고 있지 않는 이상, 연료운송계약기간은 연료공급계약기간과 일치하도록 하는 것이 중요하다고 볼 수 있다.

그 외 발전사업자는 대주단의 관점에서 대주단이 대출금 상환기간 동안 안정적으로 연료공급이 지속적으로 이루어지길 원한다는 것을 인지할 필요가 있다. 그런 관점에서 대주단은 적어도 대출 상환기간을 연료공급 및 운송계약기간과 일치시킬 것을 희망하기도 한다. 예외적으로 발전사업자가 전력구매계약을 통해서 연료비를 보전 받을 수가 있고 실제 연료시장의 변동성이 반영될 수가 있다면, 대주단은 최초 연료공급계약 및 운송계약이 만료할 즈음에 새로운 연료공급 및 운송계약이 체결 가능하다는 전제하에 대출 상환기간보다 짧은 기간의 연료공급계약을 허락하기도 한다.

또한, 연료공급계약상 불가항력이나 기타 합리적으로 통제가 불가능한 상황하에서 발전소 준공이 지연된 경우에는 연료공급계약의 이행시점도 연기가 되어야 함을 명시할 필요가 있다. 그 외 발전사업자가 지연비용만 지불하면, 연료 공급자도 발전소 운영과 관련된 연료공급 개시 시점을 연기할 수 있도록 허용하기도 한다.

6. 연료공급지점

연료공급계약에서는 전형적으로 연료가 공급되는 지점, 즉 판매자에게서 구매자로 전달되는 지점, 또는 운송사업자에게 전달되는 지점을 명시할 필요가 있다. 만약 연료 공급자의 공급지가 공급자의 구내가 아니라면 발전사업자는 연료운송계약상 연료 공급자의 공급지점이 운송사업자의 인수지점과 일치하도록 해야 한다. 또한, 자의적으로 연료 공급자와 운송사업자간에 공급 및 수급지점을 발전사업자의 승인이나 허락 없이 바꿀 수 있도록 해서는 안 된다. 이는 해당 연료공급선에 문제가 발생하지 않도록 하기 위한 조치라고 볼 수 있다.

이와 동시에 연료운송계약 협상 시 발전사업자는 운송사업자가 연료를 인수하는 지점과 운송사업자가 연료를 발전사업자에게 인도하는 지점에 주의를 기울여야 한다. 이 지점간의 연결 또는 일치에 대해서는 우선 반드시 해당 지점에 특정 저장설비(가스탱크, 석탄저장)가 구비되어 있는지 확인할 필요가 있다. 특히 가스파이프 라인을 통한 연료공급의 경우 해당 파이프라인에 발전사업자가 필요로 하는 연료를 운송할 만큼의 용량이 확보되어 있는지 확인이 필요하다. 그 외 철도, 도로, 항만을 통해서 운송을 하는 경우에는 적정한 선/하적 시간과 불필요한 체선료 발생을 피하기 위해서 적정한 시간 안에 운송수단에 선적이 가능토록 하는 시설이나 설비가 반드시 확보되어 있어야 한다.

운송사업자의 공급지점은 주로 발전소 구내가 될 가능성이 높은데, 이 경우 연료공급을 위한 설비의 적기 준공 역시 대단히 중요하다고 볼 수 있다. 그 외 복수의 운송사업자가 운송을 해야 한다면 반드시 복수의 운송사업자간의 공급 및 수령위치가 반드시 일치하도록 해야 한다.

7. 공급 및 운송 관련 일정 조정

연료공급 및 운송계약에 있어서 기본적으로 연료공급과 관련된 일정이 전력구매계약상 일정과 일치토록 해야 하며, 만약 상기한 일정 간에 차이가 발생한 경우에는 이를 조정할 수 있도록 일정 조정 관련 조항을 둘 필요가 있다. 본 조항을 통해서 발전사업자는 자신이 저장 가능한 용량을 고려하고, 동시에 전력 수요를 충족시키기 위하여 필요한 연료량을 조달하기 위해 연료공급 일정을 조정할 수 있도록 유연성을 가지게 된다. 특히 일정 조정과 관련된 사항은 가스 공급 및 운송에 있어 중요한 요소 중 하나라고 볼 수 있다. 왜냐하면, 가스는 매일 매일 생산되고 공급되지만, 대부분 발전현장은 대규모 가스저장설비를 가지고 있지 않아, 특정 발전소가 전력 수요를 감당하기 위해 필요로 하는 가스 연료량은 정확하게 산정되어 공급될 필요가 있기 때문이다. 특히 발전소가 아주 긴급한 급전지시를 받은 경우를 대비하여 가스공급과 관련된 일정에 대해서 유연성을 가질 필요가 있다. 결국 발전사업자도 해당 긴급한 급전지시를 맞추기 위해서는 특정 양의 가스연료 역시 정확하게 공급되어야 하기 때문이다. 자칫 연료 공급상 유연성을 가지지 못한다면, 긴급한 급전지시에도 불구하고 연료부족으로 전력공급 의무를 이행치 못할 위험이 생길 수 있다.[130)]

또한, 공급일정을 조정하는 경우에도 연료공급계약과 해당 연료 운송계약상 동일한 수준의 유연성을 가질 수 있도록 협의를 하는 것이 중요하다. 만약 연료 운송계약과 연료공급계약이 일정상의 동일한 수준의 유연성을 가질 수 없으면, 자칫 연료공급이 중단되거나, 운송의 불균형으로 인해, 체선료가 발생할 여지도 생기기 때문이다.

---

130) 반대로 연료 공급자 또는 운송사업자의 입장에서도 아무리 긴급하다고 하더라도 발전사업자가 필요로 하는 모든 경우에 일정조정이 가능하도록 유연성을 주는 것도 곤란할 수도 있다. 긴급한 연료공급 요청에 대해서 매번 이를 충족시킬 수는 없기 때문이다.

8. 태환 관련 위험

연료공급 및 운송계약과 관련해서 지급될 화폐가 전력구매계약 또는 현물시장에서 지급되는 화폐와 다른 경우에 태환 관련 위험에 대해서도 고려할 필요가 있다. 연료공급 및 운송과 관련된 태환 관련 위험을 전력구매계약에서 방지할 수 있는 제일 좋은 방법은 전력구매자가 연료공급 및 운송계약상 지정되고 지급되는 화폐와 동일한 화폐로 동일한 비용을 지급받도록 하는 규정을 전력구매계약에 두는 것이다. 아니면 적어도 발전사업자는 연료공급 및 운송사업자와 협상을 통해 전력구매계약상 연료비용으로 지급되는 것과 동일한 화폐로 연료공급 및 운송과 관련된 비용을 지불할 수 있도록 해야 한다. 만약 전력구매계약상 지불되는 연료비용이 현지화폐인 경우, 이런 상황에서는 연료 공급자가 일정 수준의 태환 위험을 부담해야 할 수도 있다.[131] 설령 연료공급계약과 전력구매계약상 동일 화폐로 지불된다고 하더라도, 여전히 태환 관련 위험에 노출될 수가 있다. 예를 들면, 현지화폐로 지불되고 반드시 태환이 필요한 경우에 연료공급 및 운송계약상 연료비용의 지불시점과 전력구매계약상 발전사업자에게 연료 및 운송비용이 지불되는 시점에 차이가 발생한 상황하에서는 해당 시점별로 환율차이가 발생하게 될 수도 있으며, 이로 인해 발전사업자의 수입이 연료비용을 충당할 수 없는 상황도 발생할 수 있게 된다. 이를 예방하기 위해서, 발전사업자는 연료공급계약과 전력구매계약상 동일 환율이 적용되거나, 동일 방법으로 태환이 일어나도록 하여, 동일한 시점에 모든 태환이 일어나도록 규정을 해놓을 필요가 있다.

9. 연료공급을 위한 선행조건

발전사업자가 최초 시운전과 발전소 운영을 위해 연료가 필요한 정확한 시점을 고려해서 해당 시점에 연료공급 및 운송업자의 연료공급 및 운송의무가 시작되고, 발전사업자 역시 연료구매 의무가 시작되도록 하는 것이 중요하다고 볼 수 있다. 이를 위해서, 발전사업자는 연료공급 및 운송계약상 의무가 이행되기 전에 달성해야 할 여러 종류의 선행조건을 미리 정할 필요가 있다. 왜냐하면, 연료공급계약이 유효하게 시작되면 Demand charge이든 Take or Pay이든 간에 연료 구매의무와 연료비용 지급의무가 발생하게 됨으

131) 이처럼 연료 공급자가 태환위험을 부담하느냐 아니냐는 해당 연료 공급자가 태환 관련 위험에 대한 Hedge를 할 수단이 있느냐에 달려있다고 볼 수 있으며, 따라서, 현지화폐의 유통성과 연료 공급자의 신뢰도를 고려하여 연료공급계약을 체결하는 것도 중요하다고 볼 수 있다.

로 본 계약의 이행을 위한 선행조건을 신중하게 결정할 필요가 있으며, 일반적으로 본 사항과 관련하여 필요한 선행조건으로는 다음과 같은 것들이 있다.

- 발전소 준공,
- 발전소 연료공급을 위해 필요한 연료 운송 및 저장 설비의 준공,
- 발전소 운영 및 연료 사용, 운송을 위해 필요한 정부기관 승인 취득.

위와 같은 선행조건은 주로 건설 및 허가와 관련된 사항이므로 지연이 발생할 수 있음을 고려해서, 위 선행조건 충족 기한을 정해 놓을 필요가 있다. 일반적으로 발전사업자는 선행조건과 관련하여 가급적 연료 공급자가 의무사항을 조속히 이행토록 하기 위해 선행조건을 축소하려는 경향이 있고, 또한, 이러한 선행조건을 달성하지 못하는 경우에 다른 연료공급 및 운송계약으로 대체하기 위한 시간을 벌기 위해 조속히 계약 해지 권한을 가지길 희망하는 경우도 있다. 대주단의 경우에도 선행조건에 관심을 가지고 있으며, 특히 성취가 쉽지 않는 선행조건인 경우에는 금융종결 전에 성취되기를 희망한다. 이런 이유로 인해서 발전사업자는 연료공급 및 운송계약상 선행조건을 가급적 축소하고자 하며, 또한 해당 조건의 성취를 위한 일정 또는 기한을 두고자 노력을 하는 것이라고 볼 수 있다.

10. 불가항력

연료공급 및 운송계약과 관련하여 중요한 규정 중의 하나가 불가항력, 또는 양 당사자의 이행을 면제하는 사건에 관한 규정이라고 볼 수 있다. 기본적으로는 1) 계약상 정의되고 명시되어 있는 경우에 적용이 되고, 2) 계약상 의무이행이 실제로 영향을 받아 곤란하게 되고, 3) 일상적인 사건에는 적용되지 않으며 그리고, 4) 그에 대한 구제는 불가항력으로 인해 영향을 받은 경우에 한정된다고 볼 수 있을 것이다. 불가항력은 크게 보면 자연재해, 주요 설비의 파괴, 파손 또는 이행에 부정적인 영향을 미친 정부기관의 지시 등을 포함한다고 볼 수 있다. 연료공급 및 운송계약에 적용되는 법률이 불가항력에 대해서 특별히 명시하거나 정의를 내리고 있는 규정을 두고 있다면, 발전사업자는 필요시 당사자의 의무 이행면제가 가능한 별도의 사례에 대해서 해당 법률 규정이 정한 범위 내에서 협상을 할 수도 있을 것이다. 그러나, 이러한 경우에도 발전사업자는 발전사업 전체에 있어 중요한 전력구매계약에서 불가항력이나 기타 이행면제가 가능한 사건이 발생하고, 실제로 의무이행이 면제된 경우에 한하여, 동일한 불가항력 사건에 대해서 연료공급 및 운송계약상 의무이행을 면제할 수 있도록 주장할 수 있는 권리를 가지고 있어야 한다는 것이

중요하다. 이를 통해서 전력구매계약상 의무이행을 면제받는다고 하더라도 연료공급 및 운송계약상 의무를 이행해야 할 상황을 미연에 방지할 수 있을 것이다.

연료공급 및 운송계약상 해당 연료공급업자나 운송업자가 불가항력을 주장한 경우라고 하더라도 해당 연료공급업자나 운송업자가 제한적 또는 소량이나마 연료공급이나 운송이 가능하다고 한다면, 특정 발전사업자에게만 공급하도록 할 것이 아니라, 모든 사업자에게 골고루 일정비율대로 연료공급이나 운송을 하도록 해야 한다. 또한 발전사업자는 연료공급 및 운송업자들에게 불가항력 기간 동안 공급이 중단되더라도 발전소 운영에 문제가 발생하지 않는 범위 내에서 다른 발전사업자에 대한 물량을 줄이도록 요청할 수 있는 권한도 가질 수 있어야 한다.

또한, 불가항력에 영향을 받지 않은 당사자가 일정기간 동안 불가항력이 지속되는 경우에 연료공급 및 운송계약을 해지할 수 있도록 해야 한다. 일반적으로는 365일 동안 불가항력이 계속되면 계약 해지가 가능한 것으로 본다.

정치적인 위험 부담에 대해서도 고려해야 한다. 정치적인 불가항력이 연료공급 및 운송계약상 의무사항에 영향을 끼치는 것은 많은 것들이 있는데, 정부기관에서 연료를 공급하는 경우인지와 발전사업자가 전력구매계약상 정치적인 사건에 대해서 어떤 보호를 받는지가 많은 영향을 끼친다고 볼 수 있다. 만약 연료공급 및 운송계약자가 정부기관이 아니라면, 정치적인 불가항력은 다른 일반 불가항력과 동일하게 적용되고, 계약상 의무이행이 면제되고, 또한 일정기간 동안 불가항력이 지속되면 계약은 해지되고 누구도 그 책임에 대해서 물을 필요가 없어진다. 이런 경우를 대비해서 발전사업자는 연료공급 및 운송계약상 정치적인 불가항력에 대해서는 가급적 제한적으로 허용해야 할 필요가 있다.

연료공급 및 운송업자가 정부기관이라고 한다면, 발전사업자는 해당 정치적인 위험을 연료공급 및 운송업자가 부담하라고 주장을 할 수 있다. 이와 같은 상황에서 연료공급 및 운송업자가 정치적인 위험을 부담하는가의 여부는 전력구매계약상 정치적인 위험에 대해서 발전사업자가 얼마나 해당 위험으로부터 보호되는지에 따라서 달라질 수가 있다. 정부기관이 전력구매자인 경우에 해당 발전프로젝트가 정치적인 사건으로 인해 발전소가 운영을 중단한 경우에도 지속적으로 용량요금을 지불토록 하고, 관련된 정치적인 사건이 지속되는 경우에 발전소를 매수할 수 있도록 하고 있다면, 이런 경우에 발전사업자는 연료공급 및 운송업자가 어떠한 의무사항을 부담하도록 할 수는 없지만, 그 대신에 해당 계약을 일방적으로 해지하거나, 연료공급의무를 발전소를 매수한 자에게 양도하는 권리를 갖기를 희망할 수도 있다.

그러나, 만약 발전사업자가 해당 정치적인 위험으로부터 전력구매계약이나 정치 위험 관련 보험으로부터 보호를 받을 수가 없고, 정부기관인 연료공급 및 운송사업자 역시 정치적인 위험으로 인해서 연료공급을 하지 못하고 있어, 발전사업자가 일정기간 동안 연료공급을 받지 못한 경우라고 한다면, 발전사업자가 대체 연료공급업자를 구하는데 소요된 비용 또는 이익의 손실 부문과 동일한 금액에 대한 지불의무를 부담토록 할 수도 있을 것이다.

11. 의무불이행과 구제

특정기간 동안 치유되지 않는 의무불이행 상태가 계속되게 되면, 상대방이 손해배상을 청구하거나, 계약해지가 가능토록 이와 관련된 사항에 대해서 미리 연료공급 및 운송계약에서 규정해 놓을 필요가 있다. 발전사업자가 발전소 운영을 함에도 불구하고, 연료공급 및 운송사업자가 공급을 하지 않고 좀 더 높은 가격에 다른 수요처에 공급을 하거나 운송을 할 수도 있기 때문에 이로 인해 발생할 수 있는 실질적인 손해에 대해서 미리 연료공급 및 운송계약상 손해배상에 대해서도 규정할 필요가 있다.

연료공급 및 운송계약과 관련된 의무 불이행사항을 불이행 기간 및 중요도를 고려해서 살펴보면, 짧은 기간 동안의 의무불이행의 경우 손해배상만 지불하고 계약은 해지하지 못하도록 하고, 의무불이행이 상당한 기간 지속된다든가 또는 계약에 상당히 중요한 영향을 끼친 경우에 한하여, 이에 대한 구제를 좀 더 신중하게, 또는 연료공급 및 운송계약을 해지할 수 있는 권한을 행사할 수 있도록 해야 한다. 이와 같이 해지가 가능한 사례 중 발전사업자의 의무이행에 영향을 미치는 사항은 미리 규정할 필요가 있다. 즉, 단순히 하루 정도의 연료공급 불이행보다는 장기간의 공급 불이행 또는 해당 기간 동안의 소량의 연료공급으로 인해 발전사업자의 사업성이 위협을 받는 경우도 있기 때문이다. 이 경우 발전사업자는 계약을 해지하고 손해배상, 즉 손해배상예정액 또는 기타 법률에 의한 손해배상을 구해야 한다. 손해배상예정액을 통해서 발전사업자가 남은 계약기간 동안 다른 연료공급 및 운송사업자로 대체하는데 소요되는 최소한의 비용을 발전사업자는 배상받게 된다. 이러한 대체비용은 반드시 연료자체에 대한 대체비용뿐만 아니라, 이에 부수적으로 수반된 비용과 연료비용을 Hedge 하기 위해서 체결했던 계약의 해지비용 등이 고려되어야 한다. 그리고 만약, 연료공급 및 운송업자가 해당 국가의 정부기관으로서 유일하다면, 발전사업자는 손해배상예정액을 산정함에 있어서 대출 원리금 상환비용과 이익손실분도 반영해야 할 필요가 있다.

일반적으로, 발전사업자가 계약해지가 가능한 경우를 살펴보면, 1) 연료 공급자의 지불의무 불이행, 2) 연료공급업자의 파산, 청산, 3) 계약의무 불이행이 합리적으로 예상되는 경우, 4) 연료 공급자의 귀책 또는 불가항력으로 인한 발전소 준공 또는 운영불가, 5) 중대한 계약 불이행, 6) 연료공급업자가 정부기관이며, 정부보증이 제공된 경우에 정부의 보증의무불이행이 발생한 경우에 해지가 가능하다고 볼 수 있다.

대부분의 경우 연료 공급자는 발전사업자에 대해서 상호 동일한 수준의 손해배상 규정을 두도록 희망한다. 발전사업자가 수차례에 걸쳐 연료공급을 거절한 경우에는 발전사업자가 해당 연료공급을 위해서 지불해야 할 비용과 그 당시 해당 연료가 제3자에게 판매되었을 경우에 지급될 비용의 차액을 손해배상으로 구하고자 할 것이다. 또한, 특정기간 동안 발전사업자가 계속적으로 연료공급을 거절하면 연료공급업자는 연료공급계약을 해지하려고 할 수도 있다. 이러한 경우에도 발전사업자는 계약해지가 발효되기 전에 발전사업자가 해당 사유를 해소하거나, 발전사업에 특히 중요한 계약을 해지하는 것을 피하기 위해서 특정기간 동안 치유기간을 두도록 할 필요가 있다.

일반적으로, 연료공급업자가 계약해지가 가능한 경우를 살펴보면, 1) 발전사업자의 금전채무 불이행, 2) 발전사업자의 파산, 청산, 3) 연료공급업자의 귀책이 아닌 사유로 인한 발전소 포기, 4) 주요 발전사업 관련 계약의 해지 또는 변경, 5) 발전자산의 양도, 6) 상업운전 일정 지연, 7) 계약의무 불이행이 합리적으로 예상되는 경우, 8) 다른 중대한 계약의무 위반이 발생한 경우에 해지가 가능하다고 볼 수 있다.

해지 시 손해배상액에 대해서는 일반적으로 그 원인에 따라서 달라진다고 볼 수 있다. 단순합의에 의한 경우에는 계약해지를 희망한 당사자 또는 귀책사유가 있는 당사자가 손해를 배상해야 하며, 특히 연료 공급자가 연료공급계약을 계약해지를 희망하거나, 귀책사유가 있다면, 연료공급 의무불이행으로 인해 미지급된 대출 원리금 및 투자수익도 고려되어야 할 것 이다. 그러나, 손해배상 청구가 곤란하거나, 대체 공급을 구하는 것이 지나치게 부담되는 경우에는 특정이행청구(Specific Performance)를 통해서 연료공급을 직접 이행토록 하기도 한다. 그 외 연료공급업자나 운송업자가 직접 대체공급 및 운송업자를 제공하기도 한다.

12. 연료 공급자 및 운송자의 신용

발전사업자는 연료공급 및 연료운송계약을 체결하기 전에 반드시 연료공급업자나 운송업자의 신용상태에 대해서 확인을 할 필요가 있다. 신용상태의 확인은 연료공급 및 운송업자의 계약상 의무 이행이 가능한지에 대한 척도로서 연료공급의 실질적인 이행능력뿐만 아니라, 공급의무를 이행치 못한 경우에 이에 대한 손해배상의 지불능력까지 포함하는 것이라고 볼 수 있다. 이에 대해서 대주단 역시 연료공급 및 운송사업자의 신용상태 역시 금융조달을 위한 선결사항으로 살피는 것이 일반적이다. 이에 대한 측정 및 판단은 독립적인 신용평가기관으로부터 부여된 정확한 신용등급을 가지고 있느냐로 판단될 것인데, 실무에서 연료공급 및 운송회사는 모회사의 자회사로서 대부분 존재하고 있으며, 이런 까닭에 자신의 신용등급을 가지고 있지 않는 경우가 대부분이다. 따라서, 발전사업자는 연료 공급자나 운송사업자에게 다음과 같은 신용보강을 요청하기도 한다.

1) 보증제공

연료공급 및 운송업자가 신용상태가 좋은 회사를 통해 해당 계약상 의무사항에 대해서 이행보증을 제공하는 것이다. 이 경우에 보증은 손해배상액의 지급과 기 보증한 의무사항에 대한 이행이 그 대상이 된다.

2) L/C 개설

연료공급 및 운송업자가 계약상 자신의 의무사항을 담보하기 위해서 신용장(LC : Letter of Credit)을 제공하기도 한다. 이는 담보해야 할 금액 산정이 곤란하거나, 지나치게 높아 제공이 곤란한 경우에 담보로서 효과적인 수단이 아닐 수도 있다. 그러나, 신용장은 가장 유동화가 용이한 수단으로서, 의무불이행 발생 시 인출이 가장 용이한 탓에 발전사업자의 손해를 보전하는데 자칫 부족할 수 있음에도 불구하고 가장 유용한 수단으로 선호되어지고 있는 것이 현실이다.

3) 기타

그 외 연료공급계약에 있어서 계약상 의무이행을 위해서 특정 매장량을 해당 계약을 위해 특정하는 형태로 지정하기도 한다. 특정하는 형태는 연료 공급자가 의무불이행을 했을 때, 해당 발전사업자나 대주단이 담보권 행사가 가능하도록 해당 매장량을 담보로 제공하는 것이다. 이러한 담보권은 특정 매장량에 대해서 기존의 담보권이 이미 설정되어 있거나, 이를 설정하는데 상당한 노력과 시간이 필요하기도 하며, 해당 매장량을 정부가 소유하고 있는 경우에는 담보권 설정이 곤란할 수도 있다. 또 다른 방법으로는 연료 공급자가 직접 특정 매장량을 지칭하여 해당 연료가 연료공급계약 의무를 이행하기 위해서 사용될 것이라고 확약을 하는 방법이다. 설령 이런 방법이 발전사업자에게 연료공급에 있어 특정의 담보를 제공하는 것은 아니지만, 이것을 통해서 발전사업자가 해당 연료 생산이 가능한 권리를 가지고 있고, 발전사업에 필요한 물량을 공급하기 위해서 좀 더 많은 매장량을 제공키로 하였다면, 어느 정도까지는 Comfort를 줄 수도 있을 것이라 생각하기 때문이다.

13. 연료공급보증

연료 공급자의 신용에 추가하여, 발전사업자와 대주단은 연료공급과 관련된 이행을 위해서 공급보증을 통해서 이를 담보하기도 한다. 연료공급의 보증내용은 연료공급업자가 연료공급계약 기간 동안 매장연료를 보유하고 있다거나 혹은 연료공급계약의 이행을 위해서 필수적인 연료를 구매할 권리를 가지고 있음을 보증하는 것이다. 이를 통해서, 연료공급업자는 해당 연료 매장지를 개발하는 속도를 높이기도 하고, 특정 연료 매장지 또는 운송시설을 개발하는데 투자를 하기도 한다. 이를 통해서 발전사업자는 연료 공급자에 대한 연료공급확약을 주장하기 위한 추가적인 수단으로서 역할을 할 수도 있다. 즉, 설령 연료 공급자가 연료공급을 성실히 수행한다고 하더라도 발전사업자는 연료공급업자가 적정한 수준의 연료매장량을 확보하지 못했기 때문에 이를 중대한 계약위반으로 간주하여 발전사업자가 계약해지 및 손해배상을 청구할 수 있게 하는 효과를 줄 수 있기 때문이다.

14. 보험 (Insurance)

발전사업자가 연료 공급자에게 특정한 수준의 보험을 유지하기를 요청하는 경우도 있다. 연료공급업자의 보험을 통해서 발전사업자나 대주단에게 연료공급업자의 시설 또는 설비에 손해가 발생한 경우 또는 보험으로 보전이 가능한 손해임을 증명하는 것으로서,

연료 공급자의 연료공급 불가로 인해 발생할 수 있는 중대한 금융적 손실로부터 보호를 받을 수 있다는 일정 수준의 Comfort를 가질 수가 있기 때문이다. 따라서, 발전사업자는 연료 공급자가 책임보험을 유지하도록 요청할 수도 있으며, 연료공급이 바지선이나 탱크선에 의해 이루어지는 경우에, 해상보험에 추가로 가입하도록 요청할 수도 있다.

15. 중재 (Arbitration)

일반적인 국제 연료공급 및 운송에 있어서, 발전사업자는 연료공급 및 운송계약상 분쟁이 발생한 경우에 구속력 있는 중재절차를 통해 해결하려고 한다. 가장 중요한 중재사항은 중재 결정에 대한 집행가능성 여부라고 볼 수 있다. 이는 많은 요소에 따라 결정되는데 보통은 중재지 및 준거법에 의해서 가장 많은 영향을 받는다고 볼 수 있다. 또한, 중재와 관련해서 살펴야 할 사항은 1) 중재심판부의 선정, 2) 중재를 진행할 절차와 중재지, 3) 중재담당기관 또는 임시기관 중재(Ad Hoc Arbitration), 4) 중재 참여 거부 시 구제 방법에 대해서 살펴보아야 할 것이다.

16. 위험이전 (Liability during Possession)

연료운송업자가 발전사업자로부터 연료운송을 통해서 연료를 공급받는 경우에, 운송업자는 해당 연료에 대해서 소유권을 가지지는 않는 것이 일반적이다. 그럼에도 불구하고 연료운송사업자는 발전사업자가 연료운송을 위해서 연료를 제공하고 연료 운송자가 이를 다시 발전사업자에게 운송할 때까지 책임을 진다. 그런 까닭에 발전사업자는 연료가 운송업자의 점유상태에 있는 동안에는 위험부담을 운송사업자가 부담하도록 해야 하며, 또한 이런 상태에서 발생한 연료와 관련된 책임사항에 대해서 발전사업자를 면책시키도록 해야 할 필요가 있다.

제 4 장
IPP 사업 운영 및 보수 계약(Operation and Maintenance Agreement)의 이해

Ⅰ. 운영 및 유지보수 계약의 특징

발전소 운영 및 유지보수 업무(O&M : Operation and Maintenance)가 보통의 Project Contract와 밀접한 관계를 가지지 않고 있기 때문에 가끔은 등한시되어 모든 계약 협상이나 서명이 끝난 후에 논의되는 경우가 있는데 이는 잘못된 것이다. 일반적으로 발전소 건설 후 유지보수 업무가 제대로 되지 않는다면 현금흐름(Cash Flow)이 제대로 나오지 않기 때문이다. 이처럼 중요한 프로젝트의 미래 현금흐름을 담보하기 위해서 발전소 운영자는 1) 확정된 발전소 운영에 필요한 주요 요건을 충족하고, 2) 확정된 비용 또는 충분히 예측이 가능한 합리적인 비용으로 발전소 운영을 해내어야 한다. 결국, 이러한 확정비용 또는 합리적인 예측과 달리 이를 초과하여 비용이 발생하게 된다면, 이는 대주단 원리금 상환액 또는 발전사업자의 배당수익으로부터 이를 충당해야 하기 때문이다. 이러한 배경 탓에 O&M 계약에 있어 신중히 다루어야 할 사항들은 살펴보면, 1) 상세한 업무분장, 2) 발전소 운영에 필요한 모든 역무에 대한 확정 또는 예견 가능한 비용, 3) 성능보장, 4) 성능보장 관련 손해배상예정액, 5) 발전소 운영자의 신용신뢰도 등이 주요한 사항이라고 볼 수 있다.

일반적으로 BOT 프로젝트가 Underdeveloped Country에서 주로 이루어진다고 볼 때, O&M에 있어서 현지 국가의 상황이나 여건도 고려해야 한다. 발전소 운영 및 유지보수를 위한 노동력, 재화 및 지방정부와의 관계의 중요성 등 해당 국가와 비슷한 여건을 가진 국가에서 정치적이고 유사한 사업 여건하에서 사업을 해본 운영자가 상대적으로 유리하다고 볼 수 있다. 일반적으로 발전사업자는 프로젝트의 운영과 관련된 업무와 Risk를 운영자에게 이전코자 하고, 여기에는 운영과 관련된 필수조건 및 프로젝트와 관련된 전력구매계약의 주요내용과 관련된 당사자와의 업무 특히, 발전사업자와 전력구매자 또는 연료공급자와 관련된 위험도 포함이 된다고 볼 수 있다.

O&M 계약의 위험분담은 다른 계약, 즉 단순한 연료공급, 건설준공 계약과는 다르게 용역을 제공하는 계약이므로 O&M 계약과 관련된 위험에 대해서 이를 분명하게 구별하기 어려운 것이 사실이다.[132] 일반적으로 전력구매계약 특성상 전력요금의 일부로서 지급되는 O&M 비용에 대한 확실성이 있어야 하므로, 대주단이나 발전사업자는 이런 배경으로 인해서 확정된 비용이나, 예측이 가능한 가격구조를 형성하기를 원하게 된다. 그럼에도 불구하고, 때로 운영자는 Cost Plus Fee 방식(서비스 제공으로 인한 비용과 일정 수준의 이익 마진을 보장하고 지급하는 방식)을 선호하기도 한다. 물론, 운영자가 계약상 요청되는 수준만큼 발전소 운영을 못하였거나, 발전소 시공자의 하자보증 사항과 전혀 무관한 발전소 운영의무 위반과 관련된 사항으로 인해서 위약금을 물기도 한다. O&M 계약상 의무를 제대로 이행하지 못한 경우, 운영자는 교체되기도 하는데, 이 경우에도 대주단과 사업주가 새로운 발전소 운영자와 계약사항에 대해서 승인을 하기도 한다.[133]

II. O&M 계약의 형태

민자발전사업에 있어 O&M이 이루어지는 형태는 1) 발전사업자가 직접 O&M을 수행하는 형태[134], 2) 발전사업자가 관련 당사자인 주주 또는 그 관계사와 O&M 계약을 체결하는 경우, 3) 발전사업자가 정상적(Arm's length basis)으로 O&M 계약을 체결하는 경우, 4) 기타 발전사업자와 제3자가 역할을 분담하는 경우로 나누어지게 된다.

일반적으로 발전소 운영기능과 보수기능은 분리가 가능하고, Turbine 공급자가 보수기능만을 담당하는 것이 유리할 수가 있다. 그러나, 유지보수기능을 담당하는 당사자가 많아지게 되면 발전소 운영 중 문제가 발생한 경우에 책임소재를 찾는데 어려움이 생길 수도 있다. 왜냐하면, 해당 문제가 발전소 기기의 문제인지, 아니면 발전소 운영자의 잘못인지 구분하기가 곤란한 경우가 많기 때문이다.

---

132) O&M 계약자의 Risk 분담과 관련하여 PFI나 PPP 프로젝트의 활용 예가 많은 영국과 같은 선진국 시장에서는 적절하게 나누어진 업무구분에 따라 Risk가 잘 분담되어지나, Underdeveloped Country에서는 구분이 모호하여 O&M과 관련된 업무가 구분이 잘 안된 경우가 많이 있다.

133) 발전소 운영자에 대한 교체의 경우에는 건설 시공사의 교체와는 달리 운영자의 특정한 과실 유무와 무관하게 가능한 것으로 볼 수 있다. 그러나, 계약상 교체가 용이하다고 하더라도 실질적으로 발전소 운영의 난이도와 여건, 운영방식 또는 연료공급의 주체 등에 따라서 교체가 용이한지 아닌지 결정되는 것이 일반적이다.

134) 설령 발전소 운영을 발전프로젝트 회사가 직접 수행한다고 하더라도, 여러 Sponsor 중에서 발전소 운영 경험을 가진 한 Sponsor가 O&M을 수행하는 것이 일반적일 것이므로 대주단이나 다른 Sponsor들의 요구에 의해서 최소한 계약서 양식의 문서를 작성하는 것을 요구하기도 한다.

1. Self O&M과 기술지원계약 (Technical Agreement)

발전사업자가 직접 발전소 운영과 유지업무를 수행하는 경우, 최소한 발전사업자의 주주 중 일부 주주가 발전소 운영과 보수업무에 대해서 전문성과 충분한 경험을 가지고 있는 경우에는, 해당 주주 회사와 발전소 운영과 관련하여 기술지원계약을 체결하는 것이 일반적이라고 볼 수 있다. 이처럼 기술지원계약을 통해서 발전소 운영 및 유지보수 업무를 수행하는 경우 고려되어야 할 사항들을 살펴보면 다음과 같다.

1) 인력파견 (Secondment)

모회사 파견직원의 소속에 관한 사항이 주요 이슈가 될 수 있다. 만약 기술지원 인력의 소속이 주주로 되어 있고, 발전소 운영과 관련해서 기술지원 인력이 해당 업무에 대해서 책임을 져야 할 상황이 발생하게 되면, 주주는 회사에서 발생한 위험으로부터 보호되어야 한다는 취지에 반할 수 있고, 근로제공과 관련하여 지급되는 연금과 각종 사회보장 관련 보험 사항으로 인해 복잡해 질 수 있으므로 파견형태에 대해서는 세심한 주의를 기울일 필요가 있다. 파견 직원의 소속에 대해서는 발전사업자가 자체적으로 결정을 하는 것이 일반적이지만, O&M 계약내용과는 무관하게 일부 국가에서는 법률상 규정을 통해 이를 직접 규제하기도 한다. 그리고 발전사업자의 주주 중 한 당사자만 파견을 한 경우에 해당 인력과의 고용 계약해지 또는 근로자 해고가 곤란할 수도 있으므로 해당 사유 발생 시, 파견자 대체를 위한 구체적인 업무가 가능토록 명시되어야 한다.

2) 운영 및 유지보수와 관련된 역무의 제공

기술운영 계약상에서 발전소 운영주체는 발전사업 목적회사의 주주이므로 배당과 달리 운영 및 유지보수에 대하여 지급하는 대가는 분명한 근거를 마련하고 이를 계약서상 명시할 필요가 있다. 만약 해당 O&M 업무가 독특하고 상당한 수준의 기술력이 필요한 것이 아니라 일반적인 사업자나 운영자 그룹에서 충분히 운영이 가능한 수준이라면, 해당 대가가 과다하게 지급되지 않도록 명시할 필요가 있다.

3) 운영 및 유지보수 대가

발전소 운영수수료 구조를 분명히 할 필요도 있다. 즉, 기본적으로 파견하는 인력의 급여와 이와 더불어 제공되는 용역의 수준에 따라 단순히 기술적인 지원만 하는 경우에 어느 수준의 대가를 지급할지 또는 시간당 지급수수료 등과 같은 사항을 구체적으로 명시할 필요가 있다.

4) 면책

파견된 인력으로 인해 발생한 사항에 대해서 발전사업자가 영향을 받은 경우에는, 해당 파견 인력의 제공처인 해당 주주회사를 면책할 필요가 있다.

5) 운영수준의 결정

Self O&M을 하는 경우에는 발전소 자체적으로 O&M을 수행하게 됨으로써, 명백히 해당 업무수준에 대해서는 별도로 언급할 만한 계약이 없으므로 대주단과의 계약서인 차관제공계약서에서 일반적으로 원리금 상환 사항과 관련하여 일정 수준의 현금흐름을 정하게 함으로써 이와 관련된 발전소 운영과 관련된 성능, 가동률을 정하는 것으로서 발전소 운영수준을 결정하게 된다.

2. 일반적인 발전소 운영 및 유지보수 계약

Third Party와 별도로 O&M Agreement를 체결하는 경우에는 자체적으로 발전소 운영 및 유지보수 업무를 수행하는 것처럼, 발전소 운영업무와 관련하여 엄격한 규정들을 적용할 필요가 없지만, 그럼에도 불구하고 통상적인 수준의 O&M 계약을 체결하는 경우에 일반적으로 다루어야 할 주요 사항은 다음과 같다.

1) 발전소 운영 수준

발전소 운영 수준을 어떻게 명시하는지는 매우 중요한 문제이다. 일반적으로 1) 직접적으로 발전소 성능과 운영의 효율성에 대해 수치나 수준을 객관적으로 명시하고 이를 보증토록 하거나, 2) 단순히 일반적인 운영의무 사항만을 명시하는 방식으로 나뉘게 된다. 후자의 경우에 Good Industry Standards에 따라서 발전소 운영 의무를 지는 것으로 명시하는 것이 일반적이다. 그러나, 이처럼 Good Industry Standard라고 개념적으로 규정한다고 하더라도, 기기 설계 잘못이나, 잘못된 시공의 결과로 인한 경우에는 자신은 책임을 지지 않겠다는 것은 분명히 명시해야 한다. 만약, 해당 수준과 관련하여 이를 특정할 만한 용어가 없다면, "Western European Standards" "Good Industry Practice" 또는 유사한 수준의 기준으로 명시해 놓아야 한다.[135] 발전소 운영 기준을 명확하게 하기 위해서, 발전소 운영업무의 Standard를 건설 시공업체가 기 제공한 Manual 상의 주요 요건사항을 충족한 경우에 달성한 것으로 명시하기도 한다. 왜냐면, 시공업자가 요구한 수준에 적합하게 발전소를 운영한다면 특정 장비의 보증기간 중 장비에서 발생한 결함에 대해서는 시공업체가 전적으로 책임을 지기 때문에 운영업체는 굳이 위험을 부담할 필요가 없기 때문이다. 시공업자가 요구한 수준과 다르게 발전소를 운영하고, 이로 인해 문제가 발생한다면 해당 기기의 하자보증 조건에 따른 보상이나 수리를 제공받을 수가 없다. 그 외 발전사업자가 1년에서 5년 정도 기간에 걸쳐 발전소 운영 및 보수 관련 계획 및 주요 예산을 미리 수립하고 이에 따라 발전소를 운영하기를 원하기도 하는데, 이 경우 O&M 계약자들이 자신을 위험에 빠트릴 수 있는 경우나, 안전 및 보건 규정위반 등 불법행위가 있을 수 있는 경우에는 이를 거부하거나 수정을 요구하기도 한다.

2) Operator의 운영과 관련된 보수구조

O&M과 관련된 보수구조는 일반적으로 i) 발전사업자를 대표해서 부속이나 장비구입에 사용한 비용에 대한 지불, ii) 단위나 시간당 비용으로 발전소 운영자에게 지불되는 특수용역 사항, iii) 통상의 Good Industry Practice 수준으로 운영하고 얻게 되는 수익으로 구성되어 있다. 여기에 발전소 운영의 효율성을 제고하기 위하여 일정한 수준의 보너스와 위약금을 추가로 계상하는 구조로 되어 있다. 이 경우 일반적으로 위약금의 누적한도는 연간 발전소 운영비를 그 한도로 한다.

3) Operator의 지출 관리

O&M 관련 예산은 발전소 운영자의 지출행위를 조절하고 관리할 수 있는 주요 수단으로 예산범위 내에서 운영을 해야 하지만, 일정한 가격수준을 넘는 주요 부품이나 설비에

135) "Good Utility Practice"의 경우에 일반적으로 사용되는 조항을 살펴보면, Good Utility Practice means those practices, methods, techniques and standards that are from time to time generally accepted for use in the international electric utility industry in Western Europe and commonly used in Western Europe in prudent electric utility engineering and operations to operate and maintain equipment similar to the Project

대해서는 미리 구매 전에 발전사업자의 동의를 구하도록 할 수도 있다. O&M 예산이라는 것이 직접적인 책임이나 Risk에 관한 사항이 아니라, 단순히 연간 지출에 대한 예상치를 기준으로 작성된 것에 불과하기 때문에 이를 초과하여 집행했다고 하더라도 발전소 운영자에게 특별한 과실이 없는 한, 이는 여전히 발전사업자의 책임이므로 예산 지출관리에 세심한 주의를 기울일 필요가 있다.

4) Operator의 부속품 및 소모품 관리

운영자가 부속품이나 소모품, 기타 기기 등을 구매하는 경우에, 실제 구매자와 같은 역할을 할 것인지, 아니면 단순히 중개자 역할만을 할 것인지 구체적으로 명시할 필요가 있다. 왜냐면, 이와 관련해서 신용과 관련된 Risk가 존재하기 때문이다. 만약 발전소 운영자가 발전사업 분야에서 실질적으로 여러 발전소 운영분야에 참여하고 있고, 이를 바탕으로 여러 종류의 주기기 공급자 그룹과 탄탄한 Network로 연결되어 있다면, 이런 관계를 이용하여 좀 더 저렴하게 구매할 수도 있다. 그러나, 이런 거래관계의 경우 발전소 운영자는 실질적으로는 해당 기기의 직접 구매자가 되고 이를 다시 발전사업자에게 제공되는 형태가 되므로, 마치 발전소 운영자와 발전사업자 간에 거래관계가 한 번 더 발생하는 형태가 됨으로써 본 거래 관계는 상법을 따라야 하며, 해당 발전사업이 국제조달 관련 협정이 적용되는 사업이라면, 이것 역시 관련 법규에 따라서 조달행위가 이루어져야 하므로 좀 더 복잡한 거래 법률관계가 발생할 수 있다.

5) 발전소 운영 개시와 관련된 절차

발전소 운영자가 운영을 시작하기 위해서는 발전소 건설계약의 EPC 시공업체와 긴밀한 협조가 이루어져야 한다. 이런 협조는 시공업체로부터 발전소 운영자에게 발전소가 인도되는 기간 동안에 상당한 수준까지 요구된다. 일반적으로 발전소 운영자는 업체로부터 시운전을 위해 필요한 인력 투입을 요청하는 통지를 받고 발전소 운영에 참여하게 되는데, 이 경우에도 실질적으로 상업운전을 시작한 것은 아니므로 발전소 인도와 관련된 업무로 간주하여 전형적인 O&M 비용과 달리 추가역무로서 보상을 요구할 수가 있다.

6) Operator의 책임제한

일반적으로 발전소 운영과 관련하여 발생한 간접손해에 대해서는 발전소 운영자의 책임 규정에 대한 예외로 인정하지 않고 있으며, 설령 발전소 운영과 관련하여 직접손해가 발생하여 책임을 지는 경우가 생긴다고 하더라도 보통은 발전소 운영계약의 연간 수수료를 한도로 책임지는 것이 일반적이다.

7) 계약해지 관련 사항

발전사업자가 발전소 운영이 약정한 성능수준에 미달하게 되면, 대주단의 원리금 상환과 배당수익에 영향을 미치게 되고, 결국 발전사업자의 책임으로 귀결될 수 있기 때문에, 이런 경우에는 당연히 O&M 계약을 해지할 권리를 가지게 되나, 계약해지는 중대한 의무위반 사항으로 해지의 원인이 되는 발전소 성능미달을 개별적인 발전프로젝트에 따라 어떻게 측정할 것인지에 대해 많은 논란이 발생할 수 있다. 따라서, 이에 대한 명확한 규정이 필요하다고 볼 수 있으며, 발전소 운영과 관련된 지적재산권이나 Know-how에 대해서도 어떻게 다룰지 유의해야 한다. 발전사업자의 입장에서 O&M 계약해지 이후에, 새로운 발전소 운영자가 발전소 운영 업무를 적절한 수준으로 유지하기 위해 필요한 여러 가지 사항들이 제대로 전달되어야 하기 때문이다.

III. 발전소 O&M과 관련된 Risk

민간 발전사업의 수익창출과 직결되는 분야가 발전소 운영이며 수익은 적절한 수준의 발전소 운영으로부터 나오는 것이기 때문에, O&M 계약을 통해서 해당 발전사업과 관련된 모든 이해당사자를 만족시킬 만한 발전소 운영 수준을 정하고, 그 수준에 따라서 발전소 운영을 하는 것이 절대적으로 필요하다. 그러므로 발전소 운영자의 경험, 신용도(Credit Worthiness)가 신중하게 고려돼야 한다. 발전운영자는 계약기간 동안 성능미달로 인해 발생한 손해배상예정액(Liquidated Damages)을 감당할 충분한 재정능력과 일부 손해가 발생한 경우에도 이를 수용할 능력이 있어야 한다. 만약에 발전소 운영자가 이러한 금융적 기반이 없다고 한다면, 해당 계약은 Bankable하지 않다고 볼 수 있어, 다른 적합한 발전소 운영자가 고려되어야 할 것이기 때문이다.

그 외 전력구매자와 체결한 전력구매계약상 발전사업자에게 부과되는 여러 가지 의무 책임사항은 해당 사항의 특징에 따라 발전사업자와 발전운영자 또는 기타 당사자들에게 각각 부담토록 하는 것이 일반적인데 그 중에서도 특히, 발전소 운영과 관련된 Risk는 일반적으로 발전소 운영자가 부담하도록 하는 것이 일반적이므로, 이와 관련된 위험에 대해서 살펴보면 다음과 같다.

1. 발전소 운영비용의 증가

발전소 운영을 통해 벌어들이는 수익보다 더 많은 발전소 운영비용이 지출될 위험은 발전소 프로젝트에 있어서 중요한 위험요소라고 할 수 있다. 이는 건설 준공지연, 신기술의 적용에 따르는 운영 적응기간의 부족, 연료공급의 어려움 등 여러 원인으로 발생할 수 있는데, 이로 인해 자칫 대출 원리금 상환을 어렵게 하는 상황이 발생할 수 있다. 운영 및 유지보수 비용에 대해 운영자가 고정비용(Fixed Price)으로 계약한 것이 아니라면, 운영상 발생하는 비용위험은 민간발전사업자가 전적으로 지게 된다. 이 경우 전적으로 발전소 운영비용 증가 위험은 발전사업자가 부담을 하기 때문에 발전사업자가 운영비용 절감 및 효율적인 연료 운영에 대해서 책임을 지게 된다. 발전소 운영비용 증가분(Cost Overrun)에 대해서는 주로 발전사업자, 또는 출자자, 기타 Standby Equity 출자자가 책임을 지기도 하며, 기타 방법 중 하나로서 대주단으로부터 추가로 대출을 제공받거나, 후순위 대출을 이용해서 이를 부담하기도 한다. 예비비(Contingency) 계좌를 개설하여 운영비 상승에 대비하는 경우도 있다.

위와 같은 운영비 구조에 대한 대안으로 운영비용을 일정기간 동안만 고정시키는 경우도 있을 수 있다. 약정 운영기간의 만기가 도래하면, 시장상황에 대한 재평가 또는 검토를 하고, 그 결과에 따라, 발전소 운영비용을 재조정하거나 혹은 합의 결렬 시 신규 발전운영자로 대체하기도 한다. 신규 발전운영자를 선정키 위한 기본 전제가 발전소 운영이 가능한 다수의 운영자가 시장에 존재해야 한다는 것이기 때문에 이는 주로 선진국에서 고려되는 방법이라고 볼 수 있다.

그 외 비용증가 위험요소로는 법률변경, 불가항력, 기타 이와 유사한 형태의 사유가 있을 수 있으며, 해당 위험이 전력구매자(또는 양허권자)와 관련된 위험이라면, 양허권자에게 운영비용 상승 위험이 전가되게 된다. 그러나, 이런 경우에도 보험과 같은 필수적인 서비스 비용, 자재 시장가격 및 인건비 상승, 인플레이션으로 인한 운영비 상승은 전력구매자가 책임을 지지 않는다. 전력구매자는 자신이 구매한 전력에 대해서는 반드시 약정한 가격을 지불해야 하는데 이와 같은 전력요금은 전력구매계약상 용량요금과 에너지요금으로 구분되어 있으므로, 전력요금 Mechanism상 발전량에 영향을 미치는 전력시장에서의 비용 증감, 인플레이션으로 인한 전력요금 변경사항에 대해서는 일부 조정이 가능토록 반영하고 있다.

2. 발전소 성능보장과 관련된 위험

실시양허 또는 전력구매계약상 발전소 운영에 따른 주요 요구조건에 따라 부과되는 발전소 운영과 관련된 책임사항 중에서 1) 연료 공급자는 공급할 연료량과 적절한 품질, Specification에 미치지 못하는 연료공급으로 인해 발생하는 책임, 2) 전력구매자는 전력구매계약상 전력구매자가 설치해야 할 설비 및 송변전 시설에 관한 설치 책임, 3) 발전소 건설시공자는 EPC 요구조건에 맞는 발전 운전기준을 만족할 수 있도록 건설 및 준공 책임을 지고, 하자보수 기간 내 하자발생 시 이를 해결할 책임, 4) 운영자는 계약상 발전성능과 가동률 준수를 위해서 적절히 발전소를 운영 보수할 책임이 있다.

만약, 발전소 운영자가 발전소 준공 이후 상업운전 중 약정한 성능수준에 맞게 발전소를 운영치 못하고, 발전사업자와 전력구매자 사이에 체결한 전력구매계약상 요구되는 수준의 운영 역시 불가능하고, 또한 전력구매자의 과실도 없다면 전력요금지불을 유예하거나, 전력구매자가 입은 손해에 대해서 발전사업자가 손해를 보상하게 되는데, 그럼에도 불구하고 이런 상황이 지속된다면 결국 전력구매계약을 해지하게 된다. 물론 이 경우에도 발전사업자는 여전히 대주단에게 대출 원리금 상환의무를 부담하게 된다. 전력구매계약의 의무불이행으로부터 발생할 수 있는 발전사업자의 위험을 예방하기 위해 발전운영자에게 손해배상예정액(Liquidated Damages)을 지불토록 하여 이런 위험을 운영자에게 전가되도록 하는 것이다. 특히, 성능미달 관련 손해배상예정액(Performance Liquidated Damages)은 해당 원인으로 인해 운영비 증가 또는 수입감소가 발생한 경우에 지급되는데, 구체적으로 발전사업자가 전력구매자에게 지급할 위약금 또는 운영비 증가, 대출 원리금 상환부족액을 충당하는데 사용된다.[136)]

136) 손해배상예정액이라고 하더라도 기본적으로 건설계약상 Liquidated Damages와는 구별될 필요가 있다. 발전소 운영자가 부담하는 손해배상예정액은 상대적으로 금액이 적고 보통은 발전소 운영자가 O&M 계약을 통해서 벌어들일 1~2년 수익을 최대한도로 하는 것이 일반적이다. 상대적으로 LD 금액이 적은 만큼 발전사업자는 다른 계약과는 달리 손쉽게 O&M 계약을 해지하고 다른 발전운영자를 찾을 수 있는 권리가 있다. Scott L. Hoffman, (주58), at p 199 참고

이처럼 성능 관련 위험을 전가하기 위해서 신용상태가 건전한 발전소 운영자가 선호되는 것이 사실이다. 성능미달 발생 시 손해배상예정액을 통해서 대출 원리금 상환을 담보하려는 대주단은 신용상태가 좋은 회사의 보증, L/C, 또는 Bond, 기타 담보를 활용하여 이를 확보하고자 한다.

3. 발전소 운영과 관련된 위험

일반적으로 운영자는 다양한 형태의 발전소 운영과 관련된 위험을 부담하게 되는데, 양허계약과 전력구매계약상 발전소 운영과 관련된 사항, 즉 발전소 운전 성능과 이와 관련된 주요 기준과 조건 등이 O&M 계약을 통하여 운영자가 부담해야 할 의무사항 및 위험으로 확정되게 된다.

그 외 발전소 운영자가 부담하게 될 위험은 불가항력과 관련된 사항이다. 만약 O&M 계약을 통해 불가항력으로 인정을 받아 발전소 운영의무가 면제된 경우라고 하더라도, 발전사업자가 전력구매계약을 통해서 최종적으로 전력공급의무를 면제받지 못하게 된다면, 발전소 수입흐름에 문제가 발생할 수도 있다.[137)]

발전운영자는 해외사업을 함에 있어 각국의 현지 노동여건, 교통환경, 사회간접자본 여건에 국가별로 큰 차이가 있음에 주의를 기울여야 하며 특히, 어떤 사항들이 Political Risk로서 통제가 불가능한지 유의해야 한다. 또한, 서로 다른 법체계 하에서 불가항력 조항을 규정하는 경우에는 주의를 기울여야 하며, 특히 준거법과 중재지를 적절하게 결정하는 것이 불가항력 조항의 유효성을 높이는 중요한 요소라고 볼 수 있다. 최근에는 개념적인 불가항력 조항을 통해 보호를 받는 것 보다, 구체적으로 Stand by L/C, 일정 자금의 유보, 추가적인 고용제공 등 여러 대안을 고려하기도 한다.

풍부한 경험과 명성을 가진 발전소 운영자를 통해서만 프로젝트의 운영예산 범위 내에서 적절한 비용으로 효율적인 발전소 운영이 가능할 수 있음은 당연한 사실이다. 이와 동시에 발전사업자 역시 보호를 받기 위해서는 발전소 운영자의 손해배상예정액 지급가능 여부, 보증, 면책범위, 자가보험금액 등 발전소 운영자의 재정여력 또한 중요하게 다루어 진다.[138)]

137) 만약 불가항력 조항을 관련 계약에 동일하게 적용시키지 못하였다면, Resurrection 조항(부활조항)을 통해서 발전소 운영자가 받을 수 있는 Relief를 다른 관련 계약, 특히 전력구매계약상 받을 수 있는 Relief 수준 이상으로 받을 수 없도록 미리 정하게 되면, 이를 통해 전력판매와 관련된 여러 계약 사이에서 불가항력 조항의 불일치로부터 발생할 수 있는 손해로부터 미리 보호받을 수도 있다.

또한, 발전소 운영자가 O&M 계약상 의무를 성실히 이행하기 위해서, 유능한 인력과 기술력을 가지고 있어야 함은 두말한 나위도 없다. 그러나, 해외 발전프로젝트는 인력운영 및 물자조달에 있어 일정수준까지는 현지 조달이 필수적이므로 이로 인해, 자칫 O&M 계약상 의무를 이행하지 못할 위험에 노출될 가능성도 있으므로 주의가 필요하다.

발전소 운영과 관련하여 문제가 발생한 경우, 발전소 운영자는 해당 책임을 시공자나 발전사업자의 귀책사유로 주장하는 경우가 있다. 실제로 발전소 운영상의 문제가 발전사업자 또는 시공자의 책임인지 모호한 경우가 대부분이고, 하자있는 건설시공으로 인한 문제로 인해 적정한 발전소 운영 의무를 불이행하는 경우도 있고, O&M 계약상 발전사업자에게 부과된 의무를 이행치 못하거나, 발전사업 관련 허가 또는 부적당한 연료의 공급 또는 불충분한 자료제공으로 인해 불이행이 생기는 경우도 있기 때문이다. 이를 미연에 방지하기 위해서 발전사업자와 발전소 운영자의 책임 및 의무사항을 분명히 명시하거나, 스스로 책임이 없는 경우라고 하더라도 발전소 운영자가 발전사업자에게 서면으로 해당사항을 통지할 의무를 부과하여 다툼의 소지를 미연에 방지하기도 한다. 불가항력의 경우에 통지의무를 부과하는 것과 비슷한 방식으로 상기한 불이행에 대한 통지의무를 위반한 경우에는 발전소 운영자의 면책을 주장할 수 없도록 하여 실효성을 높이기도 한다.

4. 정치적인 위험

발전소는 해당 국가 공공서비스의 중요한 부분을 담당하는 설비인 동시에 발전소 운영 측면에서 발전소 운영에 참여하는 현지 근로자와의 노동관계, 기타 발전소 운영 시 법규 준수사항 등 여러 분야에 걸쳐 해당 국가의 공공 규제 및 법규 준수 의무를 부담하게 된다. 그러나, 이와 같은 사항은 개념적으로 중요하다고 생각할 수 있으나, 국가별 기준이라는 것이 다소 주관적일 수도 있어, 이를 단순히 발전소의 효율적 운영을 위해 O&M 계약상 당사자의 권리, 의무 사항들을 규정하는 발전소 운영 및 유지보수 계약에 구체적으로 명시하는 것은 해당 사항들의 정치적인 성격상 다소 곤란할 수도 있다.

발전소 운영자는 실제로는 발전소 운영이 주 목적이지만, 발전사업이 가진 공공성으로 인해 해당 정부로부터 여러 가지 직간접적인 영향을 받게 된다. 특히 발전소 운영자의 발

138) 발전사업자는 재정적으로 안정적인 발전소 운영을 위하여 연료공급, 주요 기자재의 안정적인 조달 등이 최초 예상한 금융조달 범위 내에서 이루어지길 희망한다. 이러한 경우에 조달 및 공급 자체는 발전프로젝트 수준에서 이루어지지만, 이를 효율적으로 관리하는 책임이 실질적으로 발전소 운영자에게 주어지기 때문에 Reputable & Trustful한 발전운영자가 중요하다. Scott L. Hoffman, (주58), at p 201 참고

전소 운영방식과 현지 노동인력과의 관계에 대해서는 해당 지역사회 나아가 국가적 차원에서 논의되어 지기도 하는데 이는 해당 발전소의 양허권 승인자인 정부가 현지국민의 정서를 고려해야 하는 배경과 같은 이유라고 볼 수 있다. 기본적으로는 보호를 받아야 할 사항에 대해서는 실시양허계약을 통해 정부 측의 승인을 득하는 것으로 일정한 수준까지 보호가 되지만, 현지 지방정부와 지역사회와 관련된 사항에 대해서는 주의가 필요하다고 볼 수 있다. 따라서, 넓게 보면 정부기관 또는 지방정부와의 관계 유지도 발전소 운영자의 역할 중 하나라고 볼 수 있다.

발전소 운영계약이라는 것이 전력구매계약의 상당한 부문을 차지하고 있으며, 명시적으로 법률 변경이나 일부 사항에 대해서는 전력구매계약과 양허계약을 통해서 보호가 가능하지만, 기타 일반적인 중앙정부나 지방정부의 정치 여건이나 환경의 변화위험에 대해서는 여전히 발전소 운영자는 노출되어 있다고 볼 수 있다. 이런 정치적인 위험에 노출되는 것을 피하기 위해서 발전소 운영자는 현지인들을 발전소 운영을 위해 고용하는 등 많은 안전장치를 두기도 하는데, 결국 발전소 운영자는 여러 지역의 발전소 운영 경험을 가지고 있어야 하며, 중앙정부와 지방정부와의 정치적인 변화를 읽을 수 있도록 평상시 충분한 유대관계를 유지할 필요가 있다고 볼 수 있다.

Ⅳ. O&M 계약과 다른 계약당사자와의 관계

프로젝트의 운영기간에는 O&M 운영자의 역할이 무엇보다도 중요하다. 누군가는 전적으로 운영 및 유지보수 업무에 신경을 써야 하는 상황이고, 적정수준 이상의 발전소 운영이야말로 해당 발전프로젝트 참여자들의 Interest를 보호하므로, 발전소 운영과 관련된 여러 계약 사이에서 O&M 계약이 중요한 연결고리 역할을 하는 것이라 볼 수 있다. 왜냐하면, 발전운영자는 건설공사 준공시점부터 시공자로부터 프로젝트를 인도받아, 상업운전이 시작된 이후에는 양허기간 동안 일정한 수준의 연료를 공급받으면서, 발전성능 및 가동률 등 주요 발전 운영 조건들을 충족시키면서 발전소 운영을 해야 하는 등 준공시점부터 지속적으로 여러 계약당사자들에게 영향을 주고받기 때문이다. 과연 발전소 운영과 관련하여, 다양한 이해관계자들 사이에서 어떤 사항들이 중요하게 다루어져야 하는지 살펴보도록 하자.

1. 건설시공자와의 관계

건설기간 중이거나, 준공 이후에 시공자와 여러 가지 형태로 발전소 운영자는 영향을 주고받게 되는데, 우선적으로 발전기기 설계가 발전 운영상 요구사항에 부합하는지에 대한 확인의무를 시공자나 운영자가 부담하는 경우를 들 수 있다. 만약 이런 의무가 운영자에게 지워진다면, 설계 단계에서 각각의 조건 사항에 대해서 설계자 또는 시공자가 운영자의 동의를 얻기 위해서 많은 시간이 소요될 수도 있으며, 이로 인해 전체 공기가 늦어지는 상황이 발생할 수 있다. 반대로, 이러한 의무사항 이행을 시공자가 이행토록 하게 하면, 건설 진행 중에 시공자의 의무 불이행이 발생하였다면, 운영자는 발전소 운영이 시작되기 전에 해당 사항이 충족되지 못하였음을 입증해야 적절한 보상이 이루어질 수 있다. 이처럼 시공자와 운영자 사이에 협조가 제대로 이루어지지 않아, 준공지연이나 발전소 운영비의 증가가 나타나게 되면, 누구의 귀책인지 구별해내기가 어려워 상대방을 서로 비난하게 되는 결과가 발생할 수 있다.[139] 운영자는 위 조건사항들이 결국 발전사업자의 책임사항과 연결되어 있으므로 운영자는 위 조건사항들을 주의 깊게 다루어야 한다.

발전소 운영과 직접적인 관련이 있는 사항은 아니라도, 발전소 운영자는 시공자와 여러 분야에 걸쳐 협조가 이루어져야 한다. 시공자는 O&M 운영 매뉴얼 및 운영사의 직원들에 대한 교육도 제공해야 하기 때문이다. 발전소 운영기간 동안에 발전소 운영과 관련된 사항에 대해서는 운영자가 책임을 져야 하는 것처럼, 각각의 의무이행을 위해서는 시공사와 운영사가 적절히 효과적으로 발전소 운영과 관련된 정보를 전달하고 제공해야 한다. 또한, 준공단계와 양도단계라고 할지라도 발전소는 실질적으로 운영을 하고 있는 상태이므로 시공자와 운영자 사이에는 여전히 발전소 운영관리 업무가 발생하게 된다. 예를 들면, Punch List의 경우처럼 현장에 시공자가 상주하여 준공업무를 이행하는 것과 동시에 발전소 운영자도 해당 사항에 대해서 점검과 시공자 확인을 받는 경우를 들 수 있다. 만약 이런 종류의 업무가 여러 가지로 나누어져 있다면 양 당사자 사이에 어떻게 해당 업무가 이전될 것인지 미리 정할 필요가 있는데, 업무자체가 구분이 가능하다고 하더라

139) 이런 경우를 대비하여 발전사업자는 Construction Manager을 고용하여 주의 깊게 시공사항과 발전소 운영사항에 대해서 Monitor를 해야 한다. 아니면 해당 계약의 당사자가 관련 건설 또는 운영계약의 Schedule을 인지하고 어떠한 계약상의 불일치도 없었음을 확인하는 규정을 두고, 이를 통해서 상대방의 계약을 검토하였음을 명시적으로 확인하도록 만드는 것이 필요하다. 그 외 위와 같은 다툼을 피하기 위한 방법으로는 시공자를 준공 이후에 일정시간 동안 발전소 운영자로 두도록 하여 1) 준공시점에 시공자와 운영자가 동시에 현장에 있어 업무가 복잡해질 수 있는 염려를 해소하고, 2) 문제가 발생한 경우 누가 해당사항에 책임을 지는지 따질 필요가 없으며, 3) 시공자이자, 운영자로서 발전소 건설을 직접 담당하였기 때문에 효과적으로 발전소를 운영할 수 있게 된다는 이점을 가질 수가 있다

도, 실제로는 발전소 인도 단계에서 집중적으로 여러 가지 업무이전이나 양도과정이 한꺼번에 진행될 수 있으므로 주의할 필요가 있다.

하자보수 기간 동안에는 운영자가 발전소 운영과 관련하여 직접적인 책임을 지고 있다고 하더라도, 시공자는 여전히 하자보수를 위하여 발전소 현장에 접근이 가능해야 하며, 설령 하자보수와는 무관하다고 하더라도, 시공자가 자신의 계약상 의무이행을 위해서 추가적으로 성능시험이 필요한 경우가 발생할 수 있다. 운영자는 발전소 운영에 불필요하게 방해가 되지 않는 범위 내에서, 수리와 성능시험을 위해서 시공자가 출입 및 현장접근이 가능하도록 발전소를 관리할 필요가 있다. 또한 시공자가 주요 부품에 대한 보수업무를 담당하게 되는 경우에도 운영자는 발전소 운영에 방해가 되지 않는 범위 내에서 시공자의 부품에 대한 보수업무가 가능토록 배려할 수 있어야 한다.

2. 전력구매자와의 관계

실질적으로 발전소 운영과 관련하여 직접적으로 지시를 내리는 당사자는 전력구매자이므로, O&M 계약과는 달리 각각의 전력시장 수요공급 상황에 대처하기 위해서 전력구매자의 요청이 있는 경우, O&M 계약의 운영 수준보다 훨씬 더 많은 전력을 생산해야 할 상황이 발생할 수도 있다. 일정한 수준의 전력을 제공한다는 것은 해당 전력의 품질, 전력량, 발전시간, 전력공급, 기타 사항들이 모두 만족된다는 의미이다. 그러나, 이러한 사항 외 추가적으로, 전력구매자는 발전소 운전지시 철회, 기동전력 공급 등에 대해서도 주의를 기울일 필요가 있는데, 전력구매자와 운영자는 발전소 운영과 관련하여 원활한 의사전달을 위해 양 당사자사이의 관계를 잘 구분하고 조정할 필요가 있다.[140] 발전소 예방정전, 보수기간 또는 수리기간은 전체 발전량에 영향을 끼치지 않도록 최소화해야 한다. 전력구매자는 발전소 예방보수를 위한 운전정지와 성능개선 그리고 송전시스템 유지보수를 위해서 전체 전력운영시장의 관점에서 급전 시스템 운영 및 일부 사업자의 운전 정지에 대해서 전체적으로 관리를 해야 한다.

140) 발전량의 품질과 전력량을 측정할 수 있도록 전력구매자의 시스템에는 검침장비도 포함되는데, 교육기관이나 병원처럼 단순히 발전의 가동률에만 중점을 두고 측정하는 경우가 있고, 전기품질이 중요한 정수시스템이나 천연 광물 제련시스템도 있을 수 있으므로 전력사용자의 입장에 따라 서로 다른 접근방법을 필요로 하게 된다. Jeffrey Delmon (주9) at p 247 참고

3. 연료 공급자와의 관계

발전소 운영자는 발전소 운영기간 동안 연료 공급자와 연료에 대해서 원활한 의사교환이 필요하다. 연료공급계약을 통해서 발전소 운영자의 요청에 따른 각각의 운송지점, 공급연료 종류 등에 대해서 약정해야 하며, 연료공급이라는 특수한 상황을 감안하여 해당 연료를 조달하지 못한 경우를 고려해서, 연료 공급자를 대신하여 공급할 제3의 연료 공급자와 적절한 연락수단을 가지고 있어야 한다. 또한, 발전을 위한 연료 품질과 물량이 제대로 공급되었는지 확인을 하기 위해서 공급된 연료는 철저한 검수가 이루어져야 하며, 본 검수는 쌍방의 입회하에 이루어지도록 해야 한다.

4. 사업승인권자와의 관계

BOT 사업에 있어 사업승인권자 또는 전력구매자는 계약기간 종결이 된 후에 발전소를 인도받아야 할 입장이므로 인도 이후에 발전소 운영을 고려해 볼 때 아주 적절한 상태로, 또는 최소한 추가보수가 필요치 않은 상태로 발전소를 인도받길 희망하게 되므로, 일정 수준까지는 해당 발전소의 운영 수준을 점검하기 위해서 성능검사를 하기를 희망한다. 따라서, 계약기간 종결시점이 도래하면 할수록, 성능점검과 관련된 사항이 점점 더 중요해지게 된다.

계약기간 이후 양도 시점에서 운영자는 양도 절차의 중심적인 역할을 하게 된다. 예를 들면, 계약기간 이후 발전소 운영을 위한 양허권자 직원교육, 기타 발전소 운영과 관련된 사항에 대한 지원 등을 통해서 자연스럽게 양도 절차에 참여하게 된다. 때로는 양허기간 이후에도 사업승인권자의 직원들이 완벽하게 훈련되고, 원활하게 운영 및 유지보수를 할 수 있을 때까지 발전소 운영자는 계속적으로 서비스를 제공하는 경우도 있다.

V. 발전소 운영자의 의무사항

운영자의 기본적인 역무는 기 약정한 대로 발전운영가동률을 준수하면서 동시에 발전소를 효율적으로 운영을 하는 것이다.[141] 가동률 준수란 일정한 수준의 발전성능을 유지

141) 발전소 운영자의 일반적인 역무는 다음과 같다; 운영, 유지 및 보수, 발전소 인력 운영, 고용, 훈련, 저장품 구매, 적정한 수준의 부품재고 유지, 보수계획 및 보수시행과 관련된 사항 등

하는 것을 말하는 것으로 일정기간 동안 전력구매자에게 일정수준의 발전량을 공급할 수 있는 상태를 계속적으로 유지하는 것을 말한다. 가동률은 특히 대주단에게 중요한 사항으로써 발전가능 용량은 가동률과 밀접한 관련이 있고 대주단의 대출금 상환과 직접적으로 연결되어 있기 때문이다. 따라서, 이러한 가동률은 전력구매계약이나 실시양허의 주요 조건사항으로 반영되는 것이 일반적이다. 또한, 운영자는 발전소 운영조건에 맞게 발전소를 운영할 책임이 있다. 즉, 일정한 수준의 연료를 효율적으로 사용하여 효율적으로 발전소를 운영해야 하는 것이다. 이처럼 발전소를 효율적으로 운영한다는 것은 재무적으로 발전성능조건과 수익을 분석한 재무모델에서 요구되는 조건을 충분히 만족시킬 만한 수준이어야 한다는 것이다.

1. 용역업무범위

일반적으로 O&M 계약 운영자의 Work Scope에는 발전소 운영에 필요한 모든 업무와 이와 관련된 용역 제공사항이 포함되어야 하고, 그것이 구체적으로 운영자에게 잘 배분되어야 한다. 기본적으로는 해당 Work Scope에 발전소 운영에 필요한 업무와 용역을 구체적으로 제공하는 것이 필요하나, 발전소 운영기간 전반에 걸쳐 제공될 용역과 업무를 정확히 파악하는 것은 쉽지 않다. 따라서, 최대한 구체적인 내용으로 작성하되, 작성이 곤란한 사항은 운영자를 통해 제공될 용역과 업무의 기준이나 수준을 명시하는 것으로서 이를 보완토록 해야 한다. 또한 Work Scope을 넘어서 추가역무에 대해서는 따로 명시를 하여 별도의 업무영역으로 간주하고 별도의 가격산정 방식에 따르도록 해야 한다.

발전소 운영자의 일반적인 용역업무 범위 예

1. Pre-Commercial Phase
- 인력조직 구성 및 각 조직별 인원 운영 계획을 포함한 O&M의 계획
- 주요 Staff의 선발 및 발전소 운영을 위한 훈련
- 발전소 운영 및 유지보수 업무 준비
- EPC 계약 및 발전소 운영 및 유지보수에 부합하는 주요 예비품 추천
- 예비품 운영
- 초기 발전소 운전 및 운영 계획 및 관련 예산 준비
- 성능검사 기간 중 기동시험 및 시운전요원 제공

2. Commercial Operation Phase
- 전력구매계약 및 관련 계약, 각종 법률 및 규정, 발전소 운영 및 Good Utility Practice에 부합하도록 발전소 운전
- 발전소 운영을 위한 필수 인허가 취득
- 발전소 운전에 필요한 현지인력 채용 및 교육, 훈련
- 연간 발전소 운영 관련 계획 수립 및 운영 예산 준비 후 발전사업자로부터 승인 구득
- 연료공급 및 조달 통제 및 관리
- 발전소 주변 환경 감시
- 전력구매계약 당사자 및 전력담당 정부기관과의 접촉 or 급전 운영기관과의 접촉

2. 용역서비스 제공의 기준

일반적으로 운영자는 전력구매계약이나 실시양허계약상 명시된 운영수준이나 운영조건을 바탕으로 계약상 운영기준을 설정하고 이에 맞추어 운영업무를 이행할 필요가 있다. 이와 동시에, 시공자가 기 제공한 운영 및 보수매뉴얼 또는 기타 하자와 관련된 보증사항을 유지하기 위해 부과된 특정 공급자의 요구사항을 준수하면서 발전소를 운영할 필요가 있다. 이 경우 만약 운영자가 그러한 요청사항에 따르지 않고 운영 중에 사고가 발생한 경우에는 발전소 운영자 본인이 직접 발전사업자를 위해서 해당 사항에 대한 책임을 직접적으로 부담해야 한다.

발전소 운영 및 유지보수 계약 중 가장 중요한 사항은 발전소 운영자가 전력구매계약이나 양허계약상 발전사업자에게 부과된 여러 의무사항 중에서 발전소 운영과 관련된 의무사항에 대해서는 절대적으로 책임을 져야 한다는 점이다. 물론 이 경우에도, 시공자 과실로 인해 발생한 사항 또는 전력구매자나 연료 공급자의 과실에 의해서 발생한 의무 불이행 사항에 대해서는 책임을 지지 않는다.

일반적으로 발전소 운영 및 유지보수 계약에 있어서는 운영수준을 계약상 특정하는 경우를 제외하고는 "Good Industry Practice"에 따르기를 명시하고 있는데, 이는 보통 "본 계약에서 명시한 발전소 운영 및 유지보수 주요 조건에 부합하는 여러 세부사항들에 대해서 안전하고 신중하며, 신뢰할 만한 수준으로 해당 프로젝트와 유사한 규모의 장비 또는 특징을 가지고 있는 발전소의 운영 및 유지보수를 위해 국제적으로 통용되며 일반적으로 이용되고 인정받는 방법, 방안, 기술, 기준을 일컫는다. 이러한 방법, 방안, 기술, 기준 등은 프로젝트가 속한 지역, 국가의 법률사항 및 물리적인 환경을 충분히 반영해서 수

정이 가능해야 하며, 하자보증을 유지하거나, 보증 및 보험정책과 관련된 사항을 유지키 위해서 필요한 프로젝트회사의 운영 및 유지보수사항에 대한 Guide-line 또한 위 사항을 고려해서 수정이 가능해야 한다."라는 것처럼 정의되는 것이 일반적이다.

3. 하자의 수리 및 치유

발전운영자는 시공자의 하자보증담보기간 동안 하자와 관련하여 시공사와 상호 연락 또는 관련된 사항에 대해서 직접 주도적인 역할을 해야 한다. 상업운전 이후 하자보증 기간 동안 운영자는 발전소 운영과 관련된 작업사항에 대해서 직접 관리를 해야 하고, 해당 작업 사항에 대한 주의 의무에 대해서도 관리 책임을 져야 한다. 또한 발전소 운영기간 동안 운영 및 유지보수 계약에 있어서 요구되는 운영 수준이상으로 발전소를 운영해야 할 책임도 가지고 있다. 이런 상황에서 시공자는 하자보증 담보기간에 발생한 하자에 대해서 현장에서 수리하고 보수를 해야 할 상황이 생길 수 있으며, 심지어는 여러 가지 하자 사항 들이 동시에 발생함으로 인해, 본 시공자의 하자 보수업무로 인해서 업무 지장이 발생하여 발전소 운영에 부정적인 영향을 미칠 수 있다. 발전소 운영자는 시공사의 하자 보수가 발전소 운영에 영향이나 지장을 주지 않기 위해서 다음사항을 Monitor하는데 주의를 기울일 필요가 있다. 1) 발전사업자와 시공사 사이에서 결함 확정과 이에 대한 고지 및 통지에 대한 사항, 2) 하자보증 담보기간 중 시공사 작업에 대한 관리 및 협조, 3) 발전소 운영상 하자와 관련하여 발생한 손실, 직간접상의 손해, 비용발생 등 일체의 손해와 관련된 사항, 4) 시공자의 하자보수로 인한 지장으로 인해 발전소 운영자가 요구되는 운영 수준을 맞추지 못한 경우, 5) 시공사의 하자보수로 인한 지장으로 인해 발생한 손해배상예정액 등에 대해서 적절하게 관리하고 주의를 기울여야 한다.

4. 현지 국가 조달 관련 의무사항

현지 국가에서 해당 국가에서 사업을 하는 외국기업에게 조달업무에 대해 제한을 두는 경우가 있다. 실질적으로 발전소를 운영하는 자는 O&M 운영자이기 때문에 해당 현지법률 또는 실시양허계약과 O&M 계약상 주요 요구사항들을 충족시킬 필요가 있으며, 이런 이유로 O&M 운영자는 이런 조건들을 충족하기 위해서 이행 지연이나 추가비용이 발생할 지에 대해서 고려해야 하며, 저장시설의 부족, 필수적인 노동력 부족 등으로 인해 해당 국가에서는 요구조건 수용이 곤란하거나, 또는 조건사항을 일정 수준으로 지속적으로 유지하는 것이 곤란할 수 있음을 충분히 검토해야 한다.

5. Spare Parts 관리 의무

발전소 건설계약에서 준공시점에 발전소 운영에 필요한 주요 Spare Parts를 시공자가 제공하도록 명시한 경우에, 하자보증담보기간 동안 시공사가 하자를 보수할 목적으로 해당부품을 사용하기도 하고, 직접 Spare Parts를 보충하기도 하지만, 때로는 발전소 운영자가 발전소 운영에 필요한 Spare Parts 사용을 원활하게 하기 위해서 O&M 계약을 통해서 조달하기도 하며, 해당 부품의 결함이나 하자가 발전소 운영에 영향을 끼치는 정도가 낮은 경우에는, 발전소 운영자에게 Spare Parts 부문과 관련된 의무를 직접 부담하게 하는 경우도 있다.[142] 실시양허권자의 경우에도 해당 양허기간이 끝날 즈음에는 자신이 직접 발전소를 운영하기 위하여 적절한 상태의 Spare Parts가 관리되기를 바라므로 O&M 계약을 통해서 발전소 운영자가 Spare Parts를 관리하기를 희망하기도 한다.

6. 주요 기기 교환 및 교체

발전소 운영에 영향을 끼치는 중요하고 비중이 큰 부품이나 자산 등은 장기간 계약기간 동안 교체되거나 제거되기도 한다. 이런 규모의 부품 또는 자산의 교체 시기는 전체 프로젝트 비용에 상당한 영향을 끼치는데, 프로젝트 진행 초기의 부품교체는 프로젝트 전체 비용을 증가시키기도 하지만, 반대로 운영자 비용은 감소시킬 수 있다. 발전소 운영기간 중에 부품 교체가 필요한 경우에는 1) 발전사업자를 위해서 우선 관련 비용에 대한 예산이나 재정적 준비를 하도록 선 통지를 하여야 하고, 2) 전력구매자에게는 부품재고나 교체를 위해서 해당 발전소 운영을 제한하거나 중지시켜야 하고, 동시에 관련된 다른 당사자에게 통지를 해야 하므로 발전소 운영기간 중 특정부품의 교체나 교환 시기에 대해서 서로 간에 예측이 가능토록 해야 한다. 그럼에도 불구하고 긴급하고 특수한 상황인 경우에는 간혹 사전통지 없이 교체나 교환이 이루어지기도 한다.

---

142) O&M 계약에서 파이프라인이나 통신광학섬유 Project에서는 부품값이 그리 높지 않지만, 관련 부품의 문제로 인해 프로젝트 전체의 가동률에 끼치는 영향이 큰 경우에는, 그 영향이 매우 크기 때문에 시공자나 운영자 중에서 누가 Spare Parts의 저장에 대해서 책임을 지고, 어느 정도까지 책임을 질 것인 지 미리 규정해 놓는 것이 매우 중요하다고 볼 수 있다.

주요 부품의 교체나 교환을 결정하는 시기는 발전사업자에 의해서 결정되는데 이는 부품 교환의 필요성, 다른 계획정비나 계획정전 시기 등 전체적인 일정을 고려한 Timing, 발전 성능, 전력시장에서 전력구매자의 전력수요, 기타 관련 소요비용을 종합적으로 고려하여 결정해야 하기 때문이다. 보통은 교체비용의 부담주체인 발전사업자가 해당 교체비용을 부담해야 하며, 이러한 부담은 금융조달을 통해서 이루어지기 때문에 금융모델에 반영되어 있어야 한다. 때로는 발전사업자가 전력구매자의 수요를 감안하여, 교환이 필요한 경우에 프로젝트 운영과 운영수익에 영향을 최소화하고 시의적절하고 책임감 있게 본 부품교환을 수행한 대가로 발전사업자가 발전소 운영자에게 Incentive를 제공하기도 한다.

7. Payment

BOT 프로젝트는 비소구금융을 제공케 하는 구조로서 프로젝트 회사는 전력판매대금의 확보가 주된 자산이 된다고 볼 수 있다. 대주단은 금융모델을 통해서 적정한 요금수준을 정하고 이를 통해 대출금 상환에 충분한 전력요금이 지급되도록 하여 프로젝트의 안정적인 흐름을 추구하는 것이 일반적이다. 그런 까닭에 발전소 운영자에게 지급되는 비용 및 프로젝트 수입 등 발전소 운영과 관련된 비용계산은 대주단의 대출 상환 가능 여부와 관련된 중요한 요소 중 하나이다.

1) Cost of Operation and Payment

프로젝트금융모델은 발전소 운영자가 제공한 발전소 운영비용의 예상치를 반영하여 작성되고, 그리고, 이러한 예상비용은 전력구매계약상 전력요금의 한 구성요소로서 반영되게 된다. 따라서, 대출 원리금 상환 여부를 판단하기 위해 검토하게 되는 금융모델에서 추정된 발전소 운영비와 실제 발전소 운영비가 일치되기를 대주단은 강력하게 희망하게 된다. 그럼에도 불구하고, 발전소 운영비용을 정확하게 산정하기 어렵기 때문에, 발전소 운영비가 변동이 가능토록 하기 위해서 발전소 운영비와 관련된 요소들을 전력구매자가 지급하는 전력요금 항목에 반영되도록 전력구매계약에서 미리 약정하는 방식을 통해서, 근로 관련 비용이나 원자재 관련 비용이 물가변동에 연동이 가능하도록 하고, 이를 전력요금의 용량요금이나 에너지 요금에 포함하여 연동되도록 한다.

O&M의 계약 당사자가 적극적으로 발전소 운영을 하여 전력구매자로부터 높은 수익을

낸 경우에 발전사업자에게 추가 Bonus를 요청하는 경우도 있다. 이와는 반대로, 발전운영자의 운영이 전력구매계약상 전력공급요건에 미치지 못한 경우 발전운영자에게 위약금을 부과하기도 한다. 이 경우, 해당 위약금이 만약 발전소 운영자의 적정 운영의무 위반으로 부과되었다면, 해당 위약금은 발전사업자에게 전력판매계약상 부과될 위약금은 물론, 본 운영의무 위반으로 인해서 영향을 받은 다른 계약상 부과된 위약금도 충분히 부담할 수 있을 정도라야 한다. 예를 들면, 대출 원리금 상환 및 연료공급계약상 부과될 수 있는 위약금까지 감당할 수 있어야 한다는 것이다.

일반적으로 통용되는 O&M 상의 운영비 형태를 살펴보면 다음과 같다.

ⅰ. Fixed Cost: 실시양허기간이나 특정하게 정해진 기간 동안 고정운영비를 발전소 운영 대가로 지급하는 방식인데, Project Financing 하에서는 다소 드문 형태의 운영비 지급 구조이다. 일반적으로 기 약정한 대로 Inflation에 연동하고 특정비용에 대해서 여러 다양한 전력요금 항목에 반영을 하지만, 15년에서 20년 이상 장기간 동안 확정하는 경우는 별로 없다. 설령 점점 상승(Escalation)을 한다고 하더라도 실제로 해당 발전사업의 경제적인 영향을 그대로 반영할 수는 없기 때문이다.

ⅱ. Cost-plus: 운영비 지급흐름이 특정수수료나 사전에 확정한 수익을 실질적으로 발생한 비용에 추가하여 지급하는 형태이다. 수익을 발전소 운영자가 운영비용을 감소시키는 것을 유도하도록 점점 더 늘어나는 방식을 취할 수도 있다. 발전사업자가 특정한 목표 운영비용을 확정하고, 발전소 운영자가 특정 운영비용 상한선을 넘지 않도록 유지하면 좀 더 높은 수익을 보장하는 경우도 있다.[143)]

ⅲ. Unit Cost: 발전소 운영비용을 운영자가 특정의 작업이나 용역을 수행한 대가로 각 작업 단위별로 비용을 계산하는 방식이다. 이를 위해서 발전사업자는 운영자가 수행할 특정업무를 지정하고 비용항목에서 관련 비용을 미리 정해 놓을 필요가 있다. 이러한 방식을 취하기 위해서는 상당히 자세한 비용 항목을 갖추고, 여기에 발전운영자가 해야 할 작업 목록을 모두 감안해야 한다. 이런 경우에는 발전소 운영자에게 전체적인 운영비용 관리를 위해서 동기를 부여하지는 못하지만, 수익을 극대화하기 위해서 자신이 할 수 있는 모든 업무를 하도록 하는 점은 유리하다고 볼 수 있다.

---

143) 이와 비슷한 방식으로 Cost나 해당 발전소 운영실적에 따라 최대 비용을 미리 정하고 초과되는 부분은 발전소 운영자가 부담하면서 해당 비용을 낮게 꾸준히 관리하면 Incentive를 지급하는 방식도 있다(Cost-plus-fee Contract with Maximum Price and Incentive Fee). 기타 발전소 운영을 통해 Financial Result가 예상보다 좋아서 Bonus를 지불하는 경우도 있다.

iv. Performance Based: 본 지급방식은 특정한 손해 발생 없이 예상보다 좋은 결과가 나온 경우에 좀 더 높은 운영비를 지급하는 방식이다. 이 방식은 발전용량을 최대한 가능한 부문까지 실현토록 유도하는 데는 효과가 있지만, 자칫 발전설비가 적절히 유지보수 되지 않고, 관리도 제대로 되지 않을 가능성도 있고, 지나치게 성능 위주의 발전소 운영으로 인해 종국적으로 발전소 수명을 단축시키는 결과를 초래할 수 있음에 유의해야 할 것이다.

v. Back-to-Back or Pay When Paid: 발전사업자를 가장 잘 보호하기 위한 지급방식으로 양허권자나 전력구매자에 의해서 전력요금이 지급된 경우에 한하여, 발전소 운영자에게 운영비를 지급하는 방식이다. 따라서, 발전소 운영자의 보상은 발전사업자의 출력 미달 또는 전력구매자의 제재로부터 직접적으로 영향을 받는다.

8. 부품, 기기 보수 및 시설운영 관련 예산 및 운영계획 수립

발전프로젝트 운영을 장기간 동안 원활하게 하기 위해서 발전소 Spare Parts 교환, 주요 자산의 교체 및 보수 업무를 적절히 수행하는 것이 필요하다. 특히 발전사업자가 해당 업무를 담당할 인력 Pool이 충분치 않고 직접 O&M을 수행할 만한 여력이 없다면, 발전소 운영자가 이러한 업무를 직접 수행하기도 하는데, 이런 경우에 O&M 계약에서 Spare Parts를 구매, 주요 자산의 교체, 주요 보수업무를 수행하기 위해서 발전사업자가 미리 연간 예산항목에 반영토록 발전소 운영자가 이를 제공해야 한다. 발전소 운영자가 상기한 업무를 해당 연도에 수행하기 위해서는 반드시 발전사업자가 승인한 가용예산에 포함된 경우에만 업무를 수행할 수 있기 때문이다.

9. 부품구매자로서의 의무

발전사업자는 발전소 운영자가 부품 조달이나, 주요 자산 교체, 주요 보수 업무를 수행함에 있어 발전사업자의 Agent와 같은 역할을 하기를 바라기도 한다. 이런 경우에 발전소 운영자와 발전사업자는 동일한 당사자로 간주되어, 세금 절세효과를 얻을 수 있기도 하며, 부품공급자의 보증사항이 바로 발전사업자에게 제공되기도 한다는 장점을 가진다. 그러나, 반대로 만약 발전소 운영자가 과거 오랜 시간 동안 풍부한 발전소 운전 경험과 이를 부품조달 시장에서 발휘할 수 있는 위치에 있고, 부품구매 시 상당 폭의 할인이 가능하고, 강력한 Network를 구축하고 있다면 오히려 발전소 운영자가 Agent로 활동하기보다는 직접 구매자로서 역할을 하기를 발전사업자가 원할 수도 있다. 이는 실질적으로 경제적 득실을 따져보고 판단해야 할 것으로 보인다. 또한 발전소 운영자가 직접구매자로서 구매를 한 경우에 해당하는 Warranty of Merchantability가 Agent로서 부품공급자로부터 제공되는 Warranty보다 훨씬 범위가 넓을 수도 있다는 장점이 있다.

10. 책임한도

O&M 운영자가 발전소 준공 후 발전소 운영개시 시점부터 부과되는 약정 가동률과 발전 성능보장에 관한 의무사항을 이행치 못한 경우에 손해배상예정액 또는 관련 손해배상에 대해서 책임을 지게 된다. 이런 손해배상에 대한 발전소 운영자의 책임은 각각 발생한 손해배상의 원인과 종류에 따라 결정이 되며, 이때 손해배상의 총 한도는 해당 년도 손해발생액의 최대 누적치 정도로 계산되는 것이 일반적이다. 그럼에도 불구하고 발전소 운영자의 책임한도는 해당 귀책사유로 인해 프로젝트의 현금흐름에 영향을 준 것이므로 대주단이나 발전사업자의 이익을 충분히 보전할 만한 수준이 되어야 하는 것은 당연한 것이라 할 수 있다.

11. Foreign Exchange and Convertibility

발전소 운영자는 외국환이나 현지화폐로 관련 비용을 발생시킬 수 있다. 발전소 운영과 관련된 인력공급이나 자재, 부품 조달이 발전소를 운영하는 현지 또는 역외에서 빈번하게 조달이 일어나기 때문이다. 그런 까닭에 현지 통화나 국제통화 요소를 반영한 비용구조를 가지고 있어야 한다. 일반적으로 발전사업자는 전력구매자로부터 각각의 전력요금 항목의 특성에 따라 여러 통화로 지급받기를 희망한다. 전력구매자가 다양한 통화로 지급하기를 거절하는 경우에, 발전사업자는 이와 관련하여 발생하는 환리스크나 화폐 교환 위험을 부담하기를 원치 않으므로, 전력구매자부터 지급된 화폐와 다른 화폐로 지급해야 하는 경우를 아주 예외적이고 특정한 경우로 제한하기도 한다. 만약, 해당 화폐로 지급되는 부문이 발전소 운영과 관련된 부문이라면, 해당 환리스크가 발전소 운영자에게 이전되기도 한다. 이러한 경우를 제외하고는 발전사업자가 Hedging이나 Swap Arrangement를 통해서 이를 보통은 직접 관리하는 것이 일반적이라고 볼 수 있다.

12. 기타 발전소 운영과 관련된 사항

상기한 주요 의무 사항 외에 O&M 계약을 통해서 발전사업자가 발전소 운영 및 성능과 관련된 사항 및 운영 시 의무준수 사항과 관련된 것들을 확인하고 모니터 하기 위해, 여러 가지 절차를 미리 정하는 것이 일반적이다.

1) 위험의 이전

O&M 계약상 특정 시점, 즉 시공자로부터 발전소 운영자에게 관리의무가 이전되는 준공시점과 양허기간의 경과로 발전소 운영자로부터 양허권자에게 관리의무가 이전되는 종료시점 등 중요한 시점에 대해서는 이를 명시할 필요가 있다. 일반적으로 특정시점에 발생할 수 있는 분쟁을 피하기 위해서, 해당 시점에 필요한 사항에 대해서 관련 시험결과의 합격과 확인서 발행을 통해서 위험이 이전되도록 한다. 위험이전과 관련하여 제일 중요한 시점은 발전소 준공시점과 관련된 사항이다. 준공이라는 시점이 건설계약에서는 중요한 부분을 차지하기도 하지만, 발전소 운영자의 입장에서도 해당 시점에 발전소 운영자가 발전소 운영과 관련된 프로젝트의 일부 또는 전체 위험을 어떻게 인수할 것인지 준공과 관련하여 해당 시점 및 절차를 분명히 명시하는 것이 필요하다. 보통은 준공시점에서는 발전소가 상업적 운전이 바로 가능하도록 특정수준 이상의 성능이 발휘되기를 요구하기 때문이다.

2) 감리업무와 관련된 절차

일반적으로 양허권자와 대주단은 독립된 감리자를 고용하는데, 해당 발전프로젝트가 제대로 운영되기 위한 여러 가지 사항이나 요건들이 제대로 충족되었는지 감독하고, 발전프로젝트의 주요 자산 및 수익흐름이 제대로 유지되고 보호될 것인지 관리할 목적으로 고용을 하게 된다. 따라서, O&M 계약을 통해서 양허권자나 대주단이 고용한 감리자들이 발전소에 직접적으로 출입이 가능토록 하거나, 성능 및 각종 검사 시 참가 또는 본인들이 직접 검사를 수행하기 위해서 현장 접근이 가능토록 허락해야 하며 관련 사항에 대한 통지 절차 등에 대해서도 다루어야 한다. 물론 이 경우에도 감리자는 발전소 운영에 방해가 되지 않는 범위 내에서 출입이나 접근이 가능해야 함을 물론이다.

3) 발전소 운영기록의 열람 및 제공

발전사업자는 발전소 운영의 적정성을 점검하고, 운영상 의무사항 이행, 전력구매자가 만든 발전소 운영 프로그램 및 규정 준수, 정전 관련 사항을 점검하기 위해서 발전소 운영자의 운영기록을 열람하거나 제공받기를 원한다. 양허권자 역시 발전소 운영자 기록과 자료에 접근하기를 원하는데, 이를 통해 발전소 운영과 보수업무가 여러 가지 요건을 충족하면서 올바르게 수행되었는지를 점검하고 발전소 운영에 관한 전반적인 체계를 잡기 위할 뿐만 아니라, 실시양허기간 이후에 본격적으로 발전소 운영에 관여하게 될 인력들에게 주요 정보를 제기할 목적으로도 위와 같은 권리를 희망하게 되는 것이다.

한편, 이에 대하여 발전소 운영자는 주요 비밀자료의 보호를 위해서 관련 기록에 접근을 제한적으로만 허용하기도 하며, 발전소 운영에 중대한 영향을 끼칠 수 있는 사항, 즉 관리비용 등에 대해서는 아예 접근을 제한하기도 한다.

4) 양허권자의 인력교육

양허권자는 양허기간이 만료되기 전, 즉 해당 발전소를 인수하기 전에 양허권자의 인력들에게 교육을 제공하기를 원하기도 한다. 일반적으로 이 경우 발전사업자는 이를 O&M 계약을 통해서 발전소 운영자의 의무사항으로 부과하게 된다. 본 훈련과정은 양허권자에게 발전소가 양도되기 이전에 주로 시행되며, 이 시기에 양허권자의 인력들은 발전소 운영, 보수 및 가능한 수리 업무에 대해 교육을 받게 된다. 이러한 교육제공의 의무는 발전소 운영 및 보수 업무에 관해서 여러 Know-how를 현지 인력들에게 제공한다는데 의의가 있다.

이와 관련하여 필요한 여러 가지 사항 특히, 해당 교육과정 기간, 훈련대상이 되는 인력의 선발, 사용할 교육방법, 주어지게 될 훈련의 범위와 훈련 인력들의 책임사항에 대해서 논의될 필요가 있다. 왜냐하면 교육인력의 선발은 양허권자가 하더라도 발전소 운영자가 교육훈련 기간 동안 해당 인력의 관리책임을 부담하는 경우에는 주의할 필요가 있기 때문이다. 해당 교육 인력들의 부주의로 인해서 발전소 운영상의 손해, 사고, 질병, 산업재해, 기타 다른 고용과 관련된 문제가 발생한 경우에, 양허권자는 해당 인력에 대해서 책임을 지지 않으려는 경향이 있고, 만약 훈련장소가 인력들의 거주지에서 상당히 떨어져 있어, 이로 인해 숙소, 교통 기타 생활과 관련된 필수적인 사항들이 발전소 내부에서 제공되는 경우에 위와 같은 문제가 발생한 경우에는 책임과 관련된 사항들이 복잡해 질 수 있기 때문이다.

5) 발전소 양도

양허기간의 만료시점에서는 해당 발전소는 양허권자 또는 기타 다른 운영자에게 이전된다. 이러한 경우에 이전되는 구조나 방식도 O&M 계약상 분명히 명시할 필요가 있다. 발전소 양도가 일어나는 시점에 수행되어야 할 시험, 제공되어야 할 부품의 제공, 양허권자의 인력 이동 및 책임 관련 사항, 해당 Risk의 양허권자에 대한 이전 등이 반영되어야 할 것이다. 이 경우에 양허권자에게 차질 없이 양도를 하기 위해서 전력구매계약이나 연료공급계약과 동일한 형태의 절차 또는 요건이 반영된 이전방식 또는 절차가 필요함은 말할 나위도 없을 것이다.

제 5 장
신재생 발전사업

Ⅰ. 신재생 발전사업의 특징

민자 신재생 발전사업의 경우, 전통적인 발전프로젝트의 구조와 위험분배에 대해서 거의 동일한 구조를 가지고 있다. Financing을 통해서 레버리지 효과를 극대화하고, 사업주에게는 비소구 또는 제한소구 수준의 책임을 요구하는 등 일응 매우 비슷한 면을 가지고 있기는 하나, 운영이나 발전 등 실질에 있어서는 아주 기본적인 것에서부터 차이가 있다고 볼 수 있다. 발전자체가 간헐적으로 이루어지고 있고, 신재생이 가지는 특징인 낮은 효율로 인해서 용량요금 설정기준이 낮아짐에 따라, 프로젝트의 현금흐름만을 담보로 금융을 제공해야 하는 프로젝트 파이낸싱 방식으로는 대출가능 수준이 전통적인 발전에 비해서는 상대적으로 낮다는 특징이 있다. 반면에, 이러한 단점을 극복하기 위해서, 신재생 기술의 발전에 따른 신기술 적용 프로젝트가 지속적으로, 폭발적으로 늘어나는 추세에 있으므로, 이를 배경으로 해서 위험분석에 있어서도 적극적이고, 좀 더 기술집약적인 검토와 분석이 점점 가능해 지고 있으며, 전통발전과는 달리 주기기가 중요한 부문을 차지하는 풍력이나 태양광 프로젝트의 경우에는 주기기 공급계약과 토목계약이 분리되어 시행된다는 것이 일반적인 특징이라고 볼 수 있으며, 여기에 연료의 계속적인 공급 및 연료비 변동성과 관련되어 있는 연료 위험으로부터 벗어날 수 있다는 장점도 고려할 필요가 있다.

1. 신재생 발전원의 종류

신재생 발전의 개념이 국가별로 여러 가지로 나누어져서 단정적으로 말하기 쉽지 않지만, 가장 통상적으로 사용되는 개념은 재활용이 불가능한 화석연료와 비교하여 사용하는 개념으로 1) 풍력터빈을 통해서 발전을 하는 풍력발전, 2) 태양열을 이용하는 집진방식(Concentrated Solar Power : CSP) 또는 판넬을 활용해서 직접 전기를 발생하는 태양광 발전방식(Photovoltaic : PV), 3) 자연적인 물의 흐름을 활용하는 일반적인 수력 또는 특정물을 인공적인 호수에 저장해서 필요시 낙차를 활용하여 발전하는 양수발전, 4) 지하의 지열을 활용하여 발전을 하는 지열발전, 5) 목재, 우드펄프 또는 기타의 바이오 물질(설탕수수, 옥수수, 식물)로 열과 전기를 발생시키는 바이오매스 발전으로 크게 구분이 된다. 이를 두고 다시, 간헐적 또는 지속적으로 가능한 발전이냐를 기준으로 다시 나눌 수 있다. 전력 수요에 즉각적으로 대응하여 운영이 가능하고, 지속적으로 이용이 가능한 경우는 담수형 수력, 지열, 바이오매스와 바이오 연료방식 등으로 구분되고, 그 외에는 간헐적인 발전 방식으로 보충적인 방식으로 부하관리에 활용한다. 최근에는 간헐적인 발전 방식이라고 하더라도 대단위 규모의 풍력발전이나 태양광 발전이 가능하거나, 실제로 실현되고 있는 경우도 있어, 지속적인 발전 방식에 문제가 생기게 되면, 간헐적인 발전 방식이라고 하더라도 풍력과 태양광이 번갈아 전력공급을 담당하기도 한다.

최근에 환경문제의 심각한 영향과 중요성에 대한 인식이 점차 강화되고 여기에 천연가스 발전 증가와 더불어 신재생에너지의 전력시장 진출이 점점 더 가시화되어 가고 있으며 실제로 전력시장에서도 적극적으로 일어나고 있다. 과거에는 높은 생산단가로 인해 전력시장 진입이나 경쟁에 어려움이 있어, 이를 환경 관련 인센티브와 각종 규제 신설 등을 통하여 전력시장에 진출토록 유도하였으나, 최근에는 전통발전 방식이 경쟁력이 떨어지는 일부 전력시장에서 기존 발전단가와 신재생 발전단가가 동일한 수준까지 오는 상황이 발생하고 있어 신재생 발전원의 성장과 확대가 점차 일반화되어 가고 있는 현실이다. 이러한 신재생 발전의 성장 배경에는 1) 기술의 비약적인 발전, 특히 풍력과 태양광 발전의 기술 향상으로 신뢰성, 효율성, 나아가 대단위 발전이 가능해짐에 따라, 규모의 경제를 활용해서 발전단가를 현저히 낮출 수 있게 되었고, 2) 전통적인 화석연료의 공급 및 가격의 변동성에 대한 우려, 환경 문제 등과 신재생에너지의 안정성 향상에 맞물려, 신재생 발전이 에너지 구성에서의 비중이 커지게 되었다, 3) 세금 인센티브, 기타 정부지원금, 신재생 강제 할당량 등 각종 규제 및 제도를 통한 지원책이 늘어나고, 신재생 발전원이 경제성을 확보함에 따라 전력시장에서 비중이 커지게 되었고, 최근에는 기후변화에 대응하고자 하는 일반 국민들의 지원으로 인해 가속화가 되고 있으며, 4) 가격에 있어서도 전통적인 발전원의 연료 시장의 상승과 신재생 발전가격의 하락으로 신재생 발전의 가격 경쟁력이 상승하고, 신재생 활용을 통한 분산형 에너지 구체화에 대한 움직임도 일어나고 있으며, 또한 5) 전통적인 발전으로부터 제기되는 각종 공기 오염, 탄소배출, 기후 변화의 영향으로 국가적, 국제적인 전통발전연료 소비 감소 운동이 확산되어, 이에 대한 해결책으로 신재생으로의 전환이 본격적으로 일어나게 되었다.

2. 신재생 투자를 위한 각종 인센티브 및 정책

신재생 발전의 변화는 해당 전력시장과 관련된 국가의 국민적인 관심, 기술과 산업의 발전, 경제성 및 시장성 분야의 성장에 따라 상승 또는 향상되는 속도가 점차 가속화되어 가고 있다. 그러나, 여전히 전통발전원과 경쟁하는 수준 정도로 상용화되기까지는 가야 할 길이 좀 더 남아 있으며, 적정한 경쟁관계를 유지하기 위해 정부의 제도 및 재정 지원정책이 필요하다. 예를 들면, 요금보조 및 세무 인센티브, 각종 비용지원 등과 같은 재무적인 지원정책과 신재생 발전원을 할당하는 정부의 강제정책(Renewable Portfolios Standard) 등이 그런 것이라고 볼 수 있다. 이 두 가지 정책은 신재생 발전원의 경쟁력이 담보될 때까지 병행될 필요가 있다. 일방적으로 신재생을 강제하기만 한다면, 해당 비용 또는 부담을 전력회사 또는 발전회사가 해당만큼의 비용을 최종 소비자에게 전가할 가능성도 고려해야 하고 또는 태양광 패널 가격 인상 및 다른 신재생 발전원과의 차별도 발생할 가능성도 고려해야 하므로 병행해서 추진하는 것이 균형적인 발전을 이루는 방법이라고 볼 수 있다.

II. 신재생 발전프로젝트

1. 신재생 프로젝트의 개발

신재생 발전프로젝트를 개발하기 위해서는 보통 타당성 조사 또는 실사를 진행하게 되는데 이러한 조사의 목적은 주로 실제로 제안된 프로젝트가 기술적으로, 경제적으로 실현 가능성과 타당성이 있고, 계획 또는 예정된 대로 시공이 잘 이루어질 것인지, 해당 시공이 관련 정부기관의 인허가 및 규제 등에 저촉됨이 없이 시공부터 운영까지 가능한지가 주요 사항이 될 수 있다.

일반적으로 이 조사에서 주로 고려하게 될 사항은 각종 전문분야의 컨설팅 회사에 의해서 진행되는 타당성 조사, 즉 현지 사업부지의 물리적인 상태 평가, 발전원 에너지 입력값에 대한 평가, 즉 풍력의 경우에는 바람의 세기와 방향, 해당 바람의 종류에 대해서 검토가 될 수 있을 것이며, 태양광의 경우에는 일조량과 일조시간에 대해서 검토가 필요하다고 볼 수 있다. 이러한 조사를 통해서 바람과 태양광을 고려한 유닛 설치 및 해당 유닛을 전부 고려하여 나오게 되는 프로젝트 전체의 부지 디자인 등을 고려하게 된다. 또한 발전원이므로 송전선로와의 연결 관련 사항에 대해서도 고려할 필요가 있으며, 결국 프로젝트 비용과 관련된 문제 또는 인근부지의 활용과 발전원에 대한 장애 가능 여부도 중요한 조사대상이 될 수 있다. 이러한 측면을 고려하여 신재생 발전프로젝트 개발을 위해서 필요한 사항에 대해서 프로젝트 파이낸싱 관점에서 간략히 살펴보기로 하자.

1) 사전 작업

신재생 프로젝트를 본격적으로 추진하기 위해서는 타당성 조사 등을 추진하는 것이 일반적이며, 타당성 조사의 주목적은 신재생 프로젝트가 가지고 있는 위험에 대한 전반적인 검토와 수익성 및 안정성에 대한 사항을 살펴보고자 하는 것이므로 프로젝트의 취약성, 투자실패에 대한 방지책 등이 추가로 고려할 대상이라고 할 수 있다. 즉 프로젝트 위험에 대해서 확인하고 해당 위험이 해소, 이전, 수용이 가능한지 까지 판단하기 위한 것이 주목적이라고 볼 수 있다.

우선적으로 프로젝트의 가장 기본적인 사항이라고 볼 수 있는 주요 계약의 당사자 및 계약구조, 건설 및 프로젝트 cost 등에 대한 검토가 필요하며, 프로젝트 회사의 인수를 목적으로 하는 경우에는 인수절차 및 Timeline 도 고려할 필요가 있을 것이다.

풍력발전 사업의 경우에는 육상과 해상 등으로 구분되어 있고 , 특히 해상프로젝트의 경우에는 상당한 건설기간, 비용 등으로 인해서 조 단위에 규모에 상당하는 프로젝트가 대부분이므로 아주 작은 위험요소로 인한 영향도 상당하다고 볼 수 있음으로 Risk 관리 차원에서도 좀 더 세심한 주의가 필요하다고 할 수 있다.

규모가 큰 신재생 발전 사업인 경우에는 준공 전이라고 하더라도 공사기간이 장기간이라는 점을 감안해서 송전선로 연결시점에 대한 확정과 준비가 중요하며, 기술적 준공이 이루어진 이후 또는 구획별 준공이 가능한 경우에 수익이 발생할 수도 있으므로 선로 준공시기, 송전가능여부 등에 대해서 살펴볼 필요가 있다.

신재생 프로젝트의 주요 당사자별 고려요소에 대해서 살펴보면 <u>1) 사업주</u> : 경험있고, 일정정도의 지분투자가 가능한 재무능력 및 사업수행 능력이 검증된 사업주가 선호된다. 사업개발 단계에 따라, 초기에는 주주사의 신용이 중요하지만, PF에 있어서는 현금흐름에 중점을 두기 때문에, 최종적으로 사업주 즉, 프로젝트 자체의 현금흐름을 견고하게 확보하고 있는지가 중요하다고 볼 수 있다. <u>2) 전력구매자</u> : 전력구매계약의 상대방으로 장기간 동안 프로젝트의 현금흐름원이 되는 전력구매대금을 지불할 능력이 있는지가 가장 중요하게 검토되어야 할 필요가 있다고 볼 수 있다. <u>3) 시공자</u> : 검증되고 경험있으며, 최종적으로 재무적으로 능력있는 시공사가 필요하다고 볼 수 있다. 풍력 프로젝트의 경우, 주기기와 BOP 시공으로 분리되어 진행되는 경우도 있는데, 당사자 간의 Interface와 관련된 위험을 줄이기 위해서는 가급적 single point 로 구조를 가져가는 것이 선호되기도 한다. 4) 기기공급자 : 주기기인 태양광 판넬 또는 풍력기기를 공급하는 자로 주요기기는 다른 프로젝트를 통해서 설치, 운영되어 검증된 기기들이 우선적으로 고려된다고 볼 수 있고, PF사업에 있어서는 보증을 장기간, 확정적으로 제공가능한 주기기 공급자가 우선시 되는 것이 일반적이라고 볼 수 있다. 5) 운영자 : 각각의 신재생 프로젝트의 특성을 고려해서 해당 프로젝트의 운영경험과 프로젝트의 현금흐름과 연관이 있는 성능보장 제공이 가능한 운영자가 선호되며, 6) LTSA : 주기기 공급자로부터 재무모델 상 예상한 성능을 담보하기 위해서 장기간 서비스 계약이 선호된다. 7) 송전선로 시공자 : Substation과 송전선로와의 연결을 담당하는 당사자로 프로젝트 특성에 따라 사업주가 프로젝트 시공시 직접 시공하는 경우도 있으나, 제 3자가 하는 송전선로를 시공하는 경우에 준공지연이 발생할 위험이 있다는 점도 유의할 필요가 있다. 이런 관점에서 신재생 프로젝트 추진이 가장 최적화된 요소들을 살펴보면 다음과 같다.

- 장기간 고정가격의 전력구매계약 (물가인상율 반영)을 정부기관과 체결하거나 또는 정부보증을 취하는 전력구매
- 유사 프로젝트 경험이 있으며 재무능력이 있는 시공자와 주기기 공급자
- 신뢰성 있는 신재생 에너지원에 대한 장기간 검증 데이터
- Base case와 down case 확인이 가능한 프로젝트 재무예측 자료
- 직접 지분 투자가 가능한 사업경험이 풍부한 사업주

2) 법률 검토 주요사항

- 대상회사 및 Project 회사와 관련하여 사업초기 단계인 경우 프로젝트의 주주사의 신용사항 및 출자확약사항에 대해서 검토가 필요하고, 사업진행 중 인수를 고려하는 경우에는 기존 주주사간 합의내용 및 전력구매자 또는 인허가 기관의 동의가능 여부 등이 고려되어야 한다.

- PF를 위해서 미래 담보제공이 가능한 프로젝트 자산 및 주주사 보증제공 여부에 대한 검토 (특히 해상풍력의 경우, 설치장소가 공해 또는 공유수면이라면 이와 관련된 담보설정 Process 및 관련 적용법률에 대한 검토포함)가 필요하다.

- 소송, Claim 또는 민원관련 진행사항에 대한 검토도 필요하다. 신재생 발전사업의 경우 대체로 정부주도로 진행되기 보다는 민간주도로 이루어지는 것이 대부분이므로 소송가능성, 계약 당사자 간의 Claim, 민원에 대해서도 살펴보아야 하며, 이로 인한 영향도 고려할 필요가 있다.
- 신재생 발전사업은 상업적인 사업이라기보다 규제중심의 사업이므로 발전사업과 관련된 각종 규제사항, 인허가, 기타 장애요소, 각종 인센티브 등에 대해서 살펴볼 필요가 있으며, 특히 해상풍력의 경우, 공해상 설치와 관련된 인허가 규정에 대한 검토가 필수적이라고 볼 수 있다. (발전사업인허가, 공유수면허가, 어업권 보상, 환경영향평가, 시공시 프로젝트의 재해영향평가, 시공관련 공사계획 인허가, 전기안전관련 인허가, 송전설비관련 인허가, 전력시장 인허가, 신재생 에너지제도관련 인허가 등)
- 신재생 발전의 특성상 환경관련사항에 대해서 민감한 지역에서 이루어질 가능성이 크므로 환경관련 이슈 및 이와 관련된 현지주민과의 민원사항도 고려할 필요가 있다.
- 신재생 발전사업 부지의 토지사용관련 인허가 및 송전선로관련 사항에 대한 검토도 필요하다.

3) 보험 및 환경관련 검토 주요사항

- 건설 및 운영단계별 필수가입 보험에 대한 확인이 필요하며, 해외에서 진행되는 신재생 프로젝트의 경우 자연재해 및 테러관련 필요보험에 대해서도 사전 검토가 필요하다고 볼 수 있다. 해당 보험을 고려할 경우에는 보험가액, 범위, 자체부담금, 부보예외사유 및 보험시장 상황을 고려한 적정한 수준의 보험료인지에 대한 검토도 필요하다고 볼 수 있다.
- 환경관련 사항에 대한 조사를 위해서는 현지사정에 밝은 환경컨설턴트를 통해서 조사할 필요가 있으며, 대상 장소의 각종 기록 Data, 외관중심의 조사를 통해서 우선, 환경문제, 오염상태 등의 환경이슈를 살피고, 환경이슈에 대한 우려가 크다면, 구체적인 지질조사 등을 통해서 프로젝트 지역의 환경을 적극적으로 살펴볼 필요가 있다. 주로, 사업부지에 환경관련 이슈가 있는지 살피고, 만약 이슈해결이 필요하다면, 비용발생 여지가 있는지, 어느 정도 비용이 발생할 것인지 고려할 필요가 있고, 사업종결 시 환경과 관련하여 별도 발생할 비용부문에 대해서 조사와 사업기간 중 소요비용에 대한 사전충당이 필요한지 고려할 필요가 있다.

2. 신재생 발전프로젝트의 계약 및 관련 위험요소

1) 전력구매자

전력구매계약은 신용있는 전력구매자로부터의 사업주의 수익원천과 경제성을 확정하는 구조를 만들어 주는 중요한 계약이다. 만약 전력구매자가 신용관련 위험이 있다고 한다면, 프로젝트 파이낸싱을 위해서는 전력구매자뿐만 아니라, 신용과 재무적인 능력이 있는 기관 등으로부터 보증이 필요할 수가 있다.

2) 전력구매계약의 형태

신재생 발전원으로 분류가 되나 지열, 폐기물 발전, 바이오 연료 발전의 경우에는 연료공급의 안정성을 고려해서 전통적인 발전사업과 유사한 요금구조 확정이 필요하다. 따라서, 고정적인 연료공급 제공이 불가능한 태양광 발전과 풍력발전의 경우에는 용량요금 또는 아주 낮은 수준의 발전량 보증 방식으로 요금을 책정하는 것이 일반적이고 이러한 분위기에 따라 차액결제거래 CfD (Contract for Difference) 방식이 고려되기도 한다.[144] 풍력발전의 경우 전력구매계약 또는 Energy Hedging 계약이 없이 발전사업을 하는 경우가 있는데, 이런 경우에는 설령 전력시장이 있다고 하더라도, 전력요금이 상당히 높아, 경쟁발전원의 전력가격이 상당히 높거나, 현물거래에서도 해당 전력거래가 아주 안정적으로 이루어지는 국가에서만 가능하다고 볼 수 있다. 즉, 가격변동성에 대한 예측이 충분히 가능하다는 점과 출력제한에 관한 위험이 없고, 송전선로의 불균형과 관련된 각종 벌금이나 제재가 없다면 충분히 가능한 구조라고 볼 수 있다.

3) 전력요금 구조

전력구매계약상 전력판매 요금은 주로 고정급 또는 변동요금 형태로 구성되며, 장기간이라는 특성을 고려해서 인플레 또는 전력시장의 도매거래 가격 변화에 연동하거나, 또는 확정요금 형태로 하는 경우도 있다. 전력량 요금 역시 건설비용, 이자율, O&M 비용, 법률변경 또는 세금변경에 따라 조정이 가능토록 하는 것이 일반적이고, 신재생 발전이라는 특성을 고려해서 최대발전량(Maximum Delivery Amount)을 정하고, 이를 넘어서 전력을

---

144) 실무에 있어서는 프로젝트 파이낸싱이 가능하다고 하더라도 전통적인 발전방식과는 달리, 사업주의 출자(Equity)를 비교적 많이 요구하거나, 각종 비용증가 상황에 대비하여 추가 출자의무(Contingent Equity Support)를 요구하는 것이 금융에 있어서 일반적이라고 볼 수 있다.

공급하게 되면, 특정 비율별로 조금씩 줄어드는 단위요금을 적용해서 지급하는 구조가 일반적이며, 최소발전량을 달성하지 못하면 위약금 또는 손해배상금을 지불하고 일정기간 지속되면 계약을 해지하기도 한다.[145] 태양광 발전과 같은 경우에는 열대지방 인근의 발전프로젝트라고 한다면, Peak 시간대가 한낮일 경우가 많으므로 Peak Time 시간대별로 전력요금을 협상하면 수익성을 증대시킬 수도 있고, 이 경우에도 최저가격에 대한 합의가 있으면 유익하다고 볼 수 있다.

4) 고려요소

성공적인 신재생 발전사업을 위해서는 해당지역 또는 국가의 1) 전력시장의 수요 판단, 2) 송변전 급전 순서, 3) 여러 기후 또는 상황에 따른 송전 조건에 대한 판단을 통해서 사업여부를 고려해야 할 것이며, 민자발전사업이라고 한다면, 여러 가지 형식의 전력요금이 소개되고 있기는 하지만, 결국 전력요금이 프로젝트의 고정비용과 변동비용을 전부 감당할 수 있는 수준이어야 할 것이다. 만약 연료공급이 지속적으로 필요한 바이오 발전이라고 한다면, 연료비용 역시 고려할 필요가 있다. 이 같은 여러 요소를 고려해서 수익이나, 각종 비용과 관련된 사항이 문제가 없다면, 해당 전력판매계약이 장기간 유효하게 유지가 가능한지가 큰 관건이 될 수 있을 것이다. 신재생의 발전원이 주로 기후의 영향을 많이 받는다는 점을 고려해 볼 때 불가항력 역시 중요한 고려요소가 될 수 있다. 또는 전력판매계약에 있어 판매대상이 발전 전력에 국한된 것인지, 아니면 탄소배출권 또는 신재생 공급인증서(REC)도 판매를 하는 것인지, 해당 국가의 제도를 고려해서 판단할 필요가 있다.[146] 예를 들면, 해당 국가에서 탄소배출권이나 각종 인증서와 관련된 제도가 미비한 경우에 전력판매계약상 관련된 사항에 대한 소유권을 미리 명시하거나, 때로는 법률변경 조항을 활용하여 미리 예견하고 수정할 필요가 있을 것이다. 즉, 해당 국가의 신재생 관련 제도의 발전 가능성 및 이와 수반되는 각종 제도의 조정여부에 대한 판단을 할 필요가 있다.

신재생 발전의 경우에는 발전전력의 100%를 구매하는 것이 일반적이나, 계통의 안정성을 위해 출력제한을 두는 경우가 있으므로 출력제한에 따른 보상기준 및 수준을 살펴

145) 보통은 이런 이유로 인해서 프로젝트 파이낸싱으로 자금을 조달하는 경우에 최소발전량을 산정함에 있어 확률지수를 보통 P99 또는 P90을 바탕으로 해서 금융을 조달하는 것이 일반적이다. 다만, 사업주의 입장에서는 사업 가능성을 고려해서 P50 정도로 해서 수익증가분에 대한 기대를 가지는 것이 일반적이다.

146) 유틸리티를 운용하는 전력구매자인 경우에는 보통 일괄구매 방식으로 전력요금, 신재생 공급인증서, 또는 각종 거래가 가능한 단위(예를 들면, 탄소저감 인증서 등)를 지급하고자 하는 것이 일반적이다.

볼 필요가 있다. 전력구매자의 출력제한 최대치를 미리 설정하고, 해당부분만 발전사업자가 수용토록 하여 확실성을 높여, 정확한 수익예측이 가능토록 하는 것이 일반적이다. 때로 전력구매자의 출력제한을 불가항력으로 두고자 하는 경우가 있는데, 이 경우, 불가항력 사유가 전력구매자에게 영향을 끼친 경우를 제외하고 구매자의 전력수요 또는 부하안정을 위해서 구매자의 자의적 판단에 따라 출력제한을 한 경우에는 불가항력에서 제외하거나, 특정 수준을 넘는 경우에는 보상토록 하는 것이 일반적이라고 볼 수 있다.

전력구매계약은 최근 10년 전후가 일반적이나, Leverage 효과를 극대화하기 위해서는 장기간 전력공급을 유지하는 것이 유리하다고 볼 수 있다. 전통적 발전프로젝트보다는 상대적으로 규모가 작기 때문에 대출원리금이 상대적으로 작고 이에 따라, 단기간 상환이 가능하다는 장점을 가지고 있기 때문이다.

5) 신재생 발전프로젝트의 건설계약

신재생 발전프로젝트라고 하더라도 전력구매계약상 전력구매자와 준공지연에 따른 손해배상예정액을 전력구매계약상 명시할 가능성이 있다. 그러나, 신재생 발전프로젝트는 일반적으로 Lump Sum 계약이 곤란하고 주기기와 기타 시공계약을 분리하여 발주하는 경우가 있으므로 준공시점 준수에 있어 유의할 필요가 있다. 하자보증 및 LD 지급수준이 유사 신재생 프로젝트의 수준과 비슷한지, 시공자가 이러한 사항에 대해서 제공능력을 가지고 있는지 살펴볼 필요가 있고, 공사일정과 전력구매계약상의 일정과 연동되어 있고, 준공검사 기간을 고려해서 최소한의 여유기간은 가지고 있는지 살펴보고, 하도급관련 사항에 대해서도 주 계약자인 시공자의 책임으로 진행이 되는지와 해외사업이라는 특성상 현지 시공인력관련 문제 또는 최소 현지인 고용비율 등에 대해서도 살펴야 할 것이며, 특히 풍력발전 프로젝트의 경우에 육상풍력이라면, 터빈설치를 위한 크레인 운용가능여부 및 비용, 그리고 해상풍력사업의 경우 설치선이 공사기간 내 충분히 운용이 가능한지도 선제적으로 살펴야 한다.

6) 주기기 공급계약 관련 이슈

주기기 공급계약을 별도로 진행하는 경우, 주기기 공급자가 주기기 설계, 제조, 및 지정된 장소까지 운송토록 하여, 주기기 설치 또는 시험운영까지 진행하는 경우도 있다. 다만, 이 경우 BOP 시공계약이 별도로 진행될 예정이므로 두 계약상 역무의 Interface가 되는 사항을 적극적으로 관리할 필요가 있다. 주로 사업주측 감리인을 통해서 적절히 지도 또는 협력토록 하는 것이 일반적이다. 풍력사업의 경우, 시장을 주도하는 일부 주기기 공급자들이 주도해서 계약을 진행하다보니, 사업주 측면에서는 다소 불리한 가격조건으로 계약을 체결하게 되는 경우도 있는데, 지급화폐에 따라 환율관련 위험이 있는지, 또는 추가적으로 물가변동에 연동되어 변경여지가 있는지 확인할 필요가 있다. 간혹 주기기 공급사가 대륙별로 Regional Center를 통해서 계약을 체결하는 경우도 있으므로 모회사 보증을 수취하는 것이 필수적이며, 사업주의 기술, 보험자문사를 통해서 터빈공급자의 신용 및 이행능력에 대해서 확인하고, 나아가 성능 및 하자보증의 수준에 대해서도 비교 및 검증을 할 필요가 있다.

7) 주기기 장기지원 계약관련 이슈

주기기관련 장기지원계약 (LTSA : Long Term Service Agreement)을 통해서 하자보증기간 이후에도 계약기간 종료까지 장기간 동안 주기기 유지보수 및 성능유지를 위해서 LTSA는 필수적이라고 볼 수 있고, 이를 위해서 현지에 주재하는 기술자 상주 및 24/7 실시간 감독 및 분석, 예방 및 긴급 정비의 제공, 주요기기의 부품 제공 및 숙련된 기술자 지원, Spare 파트 공급 및 발전소 운영자 훈련과 관련된 부분을 명확히 할 필요가 있다. 주요기기 특히 풍력발전의 경우 터빈 공급사와 LTSA를 프로젝트 운영기간 동안 체결하는 것이 일반적이며, 터빈공급사가 장기지원 계약의 당사자가 되면, 최초 기기의 하자보증기간 이후부터 계속해서 LTSA 기간 내 하자보증 및 보수가 가능하게 된다는 장점이 있다. 일반적인 운영계약에 따라 지급되는 운영비 외에 추가로 발생하는 비용성격을 가지고 있으므로 Project Cost에 반영할 필요가 있고, LTSA의 비중이 크다면 별도의 운영계약 없이 Self O&M을 하는 경우도 있다.

8) 발전원 측정 및 연료공급 관련 이슈

기후변화를 고려하는 신재생 발전과는 달리 바이오 매스, 바이오 연료, 폐기물 발전의 경우 연료공급 및 연료비 변동이 해당 프로젝트의 수익성에 영향을 미치지 않도록 해야 하므로, 연료공급의 안정성과 신뢰성을 중요한 요소로 생각해서 살펴야 하며, 이를 위해서 연료공급계약은 반드시 Indexing이나, 가격조정 산식이 반영되어 있어야 하며, 이 산식은 전력구매계약 또는 최소한 수익성 예측모델에 반영되어 있어야 한다. 즉, 최소한 대주단의 대출 상환기일까지는 예상 가능한 수준으로 대출 원리금 상환에 문제가 되지 않도록 관리되어져야 할 필요가 있다. 기타 자연환경변화를 기반으로 하는 발전의 경우에는 실사 시간 중 대주단이 신뢰할 만 한 수준으로 조사되고, 이를 구체화, 수치화를 통해서 분석할 필요가 있다.

9) 건설계약 관련 이슈

발전프로젝트에 있어서 물리적으로 정해진 시간 내에, 해당 예산의 범위 내에서, 보장하는 성능수준으로 준공되는 것이 가장 선호되고 있다. 따라서, 발전프로젝트에 있어서 발전원에 상관없이 본질적으로는 Lump Sum 계약을 선호하나, 관련 기술의 다양성, 해당 프로젝트를 개발하게 된 기술적 특성, 시장의 기준 차이 등으로 인해서 Lump Sum 계약이 곤란한 상황이 생길 수도 있다.

보통 풍력발전의 경우 두 가지 분야로 나뉘는데, 1) Turbine Supply Agreement (TSA)를 통해서 터빈 설계, 날개, 지지대 기타 관련된 모든 장비를 공급하는 계약과 2) BoP (Balance of Plant) 계약을 통해서 토목 공사(토목공사, 해당 풍력 타워의 지지기반, 도로, 제어센터 건설, 송전선로 건설) 등을 하게 되는 계약으로 나뉘게 되며, 해상 풍력의 경우 추가로 해상 관련 공사로 나누어지게 된다. 또한 태양광 발전프로젝트의 경우, Lump Sum 계약이 아닌 경우에는 기본 계약자(Prime Contractor)가 여러 항목들을 조달하고, 조립을 하게 되는데, Plug and Play와 같은 구조로 태양광 판넬과 PV 모듈 그리고 인버터, 등을 조립하게 된다. 이 경우 계약자 간에 생길 수 있는 업무영역의 괴리를 사업주의 기술자문사가 직접 나서서 해당 시공 및 건설, 토목분야에 대해서 괴리가 발생하지 않도록 관리하는 것이 일반적이다. 설령 기술자문사가 상기와 같은 업무를 진행한다고 하더라도 프로젝트 파이낸싱 방식의 프로젝트인 경우에 사업주가 결국 대주단에게 준공보증을 제공하는 방식으로 바뀌게 되는 것이 일반적이라고 볼 수 있다. 하자 보증의 경우에는 일반적으로 최종 Unit의 준공이후 1년에서 5년 정도까지 제공하는 것이 일반적이고, 신재생발전의 특성상 효율을 높이기 위해서 Unproven 기술을 사용한 경우에는 발전 성능과 관련해서 추가적인 하자보증을 요구하거나, 해당 공급자에게 추가적으로 장기 유지보수 용역 계약을 체결하는 것이 일반적이다.

10) Project 부지 및 환경 관련 이슈

사업 부지는 해당 사업의 시공, 건설을 통해서 발전을 하는 장소이며, 나아가 송변전선로 건설 기준이 되는 장소이다. 따라서, 프로젝트 파이낸싱에 있어서 소유권, 담보설정 가능성이 첫 번째 고려사항이 되어야 하며, 기타 부지 환경 및 특성도 고려되어야 할 필요가 있다. 환경 관련 책임에 대해서 부지매입 또는 임대를 하는 경우에 해당 매도인 또는 임대인으로부터 환경관련 이슈가 없고, 오염이 없다는 것에 대한 보증 또는 진술을 받을 필요가 있다. 또한 환경에 있어서 전통적 발전사업과는 달리, 신재생 발전의 경우에는 건설뿐만 아니라, 운영단계에서도 각종 인허가가 필요하므로 주의가 필요하다고 볼 수 있다. 풍력발전의 경우 (태양광과는 달리) 지상권과 같이 소유자 또는 임대인으로부터 특정 구간 또는 지역이 할당되는 것으로, 발전량에 따라 특정 Percentage만큼을 대가로 제공하는 로열티로 대가를 제공하기도 한다.

또한, 대규모 프로젝트인 경우 다양한 부지 소유자들과 계약을 체결해야 할 상황이 생길 수 있다. 형태는 어떤 방식이든 간에 토지사용권리(소유 또는 지상권은) 프로젝트의 사용연한이나, 대출 상환기간 이상은 되어야 하므로, 상당한 시간과 노력을 통해서야만, 해당 권리를 획득할 가능성이 높다. 또한, 풍력발전의 경우 인근 지역의 설비, 시설, 인접지 프로젝트가 해당 프로젝트의 풍질에 영향을 끼칠 수 있으므로 이러한 부분도 고려할 필요가 있다. 이를 위해서 Build Out Agreement라는 계약을 체결하기도 하는데, 신규로 건설된 풍력 프로젝트로 인해서 풍질, 풍량이 감소하였다면, 이를 보상토록 하는 계약이며, 또는 처음부터 바람에 관한 권리를 확보하는 것도 방법이라고 할 수 있다. 간혹 여러 개의 프로젝트가 순차적으로 진행되는 경우, 공동설비에 대한 비용분담, 상호 방해를 금지하는 조항을 합의하기도 하는데, 송변전선로, 변전소, 접속설비 등을 미리 고려해야 할 필요가 있다고 볼 수 있다.

11) 송변전 선로 및 접속설비

신재생 발전설비는 대체로 도시 인근이 아닌 격오지에서 이루어지는 것이 일반적이기 때문에 해당 발전소와 송변전 선로 및 접속설비를 개선하거나, 확장하기 위해서 상당한 투자가 수반된다고 볼 수 있다. 기타 도로 역시 신규로 건설할 필요가 있고, 기존 선로가 있다고 하더라도 신재생 설비 추가 여력이 있는지 확인이 필요하다. 해당 전력시장의 특성을 고려해서 출력제한과 관련된 검증도 필요하고, 또한 송전시설이 시공된다고 하더라도 신재생 발전설비의 준공시기 이전에 설치가 되어야 하는데, 송전선로 경과지에 상당한 수의 토지소유자가 참여하고 있다는 문제도 고려해야 한다. 추가 송전선로 시공을 위한 각종 인허가 취득의 어려움, 비용 충당 등도 고려할 필요가 있다. 송전선로 연결과 관련된 계약은 대체로 준공지연과 관련된 손해배상 조항이 없으므로 연결지연에 따른 사항에 대해서 해당 위험을 어떻게 관리하느냐도 중요하다. 또한 신재생 발전이라는 특성상 송전선로를 다수의 신재생 발전사업자가 공유해서 사용할 것이므로 특정사업자에게 유리한 측면은 없는지, 충분한 송전능력을 가지고 있는 것인지, 출력제한으로 인한 영향은 어떤지 살펴볼 필요가 있다.

III. 신재생 발전원별 특성

본 부분에서는 기존에 많이 논의되어 왔던 태양광 발전, 바이오 발전 외에 최근에 주목을 받고 있는 풍력발전 및 폐기물활용 발전의 특성에 대해서 추가적으로 살펴보기로 한다.

1. 풍력발전

풍력발전은 그 특성상 기술발달과 정부지원 여부에 따라, 충분히 상업화가 가능한 신재생 발전원으로서 태양광과 비교해 볼 때 다소 효율적인 발전원이라는 특징을 가지고 있다.

1) 환경 관련 특징

풍력발전을 위한 건설 및 시공, 운영단계는 물론 해당 풍력발전소의 위치와 관련하여 다양한 환경문제나 이슈를 야기한다. 풍력 발전의 특성상 아무리 빠른 풍속에도 손상이나 기기의 파손 없이 특정한 속도를 유지하면서 발전할 필요가 있기 때문에 상당한 수준의 기술이 필요하며, 해상풍력의 경우, 시공비 특히 기반조성 및 안정성 유지를 위해서 상당한 수준의 시공비 필요하고, 해당 풍력발전소가 각종 기후 상황에도 불구하고 해상 파도의 힘을 극복 가능해야 하고, 해상 송전선로 관련 비용 역시 고려할 필요가 있다. 또한 관련 기반시설의 설치, 전력공급의 안정성확보를 위해서 상당한 수준의 비용 부담이 필요하며, 각종 준설 또는 토사와 관련된 비용 및 조수 간만의 차이에 따른 영향도 고려할 필요가 있다. 만약 주변에 송전선로나 원유 또는 가스 저장지역이 있다면, 해당지역의 모든 유틸리티 사항에 대해서 고려해야 한다. 최종적으로 각종 유지보수를 위해서도 해당 프로젝트에 대한 접근성도 고려할 필요가 있다. 아무리 신재생 발전이 격오지에서 진행된다고 하나, 시공 및 운영 유지보수를 위해서는 어느 정도의 접근성은 고려되어야 한다.

2) 환경영향

기술발달에 따라 상당히 저감되었다고는 하나, 터빈에서 발생하는 소음 문제는 특히 풍력발전에 있어서 환경적인 이슈로 고려할 필요가 있다. 특히 내륙지방 풍력단지인 경우에는 일반적인 시공에서 발생하는 문제와 더불어 추가로 고려할 필요가 있는 공기의 질과 풍력발전기로 인한 각종 시각적 장애와 관련된 사항을 고려해야 한다. 대체로 풍질이 좋은 곳은 경치가 좋은 곳이 대부분이기 때문이며, 기타 방송, 라디오, 각종 비행고도 제한에 영향을 끼치기도 하기 때문이다. 풍력발전 시공 중 용수 문제 또는 운영 중 진동 문제가 발생할 가능성도 있다.

3) 법적요소 및 인허가

풍력발전을 운영하기 위해서는 각종 환경 및 시도 규제사항에 대한 충족이 필요하다. 풍력 발전의 계획승인단계에서 여러 기관 및 단체로부터 저항을 받을 수가 있고, 특히 이미 특별한 경관이나 경치로 인해 지정을 받은 곳인 경우에는 상당한 수준의 토지구획 상 요건이 있을 가능성도 고려해야 한다. 천연기념물 보호나 관광산업을 목적으로 계절에 따라 시공제한이 있을 수 있으므로 건설기간 산정에 유의할 필요가 있고, 해상풍력의 경우 기후 및 해상 운송과 관련해서 시공에 제한을 받을 가능성도 있다.

4) 사업 관련 특징

격오지에서 풍력발전이 이루어지고 있다는 특성상 송변전선로의 건설이 각종 토지계획 또는 환경 관련 계획을 준수해야 한다는 문제가 생길 수 있다. 해상풍력의 경우에는 해수의 특성 및 기후조건을 고려해서 상당한 수준의 피해를 예방하기 위한 조치가 필요하고, 이는 비용 증가 요소가 될 수 있으므로 주의가 필요하나, 해상 풍력발전 송전선로인 경우에 이는 일단 설치가 되고 운영을 시작하게 되면 확장성에 있어서 용이하다는 장점도 고려할 요소이다.

2. 폐기물 발전

쓰레기 폐기물의 문제는 전 지구적 토지 사용, 자원재활용 및 환경 관련 이슈들과 밀접하게 관계되어 있는 중요한 사항이므로 최근에 지속가능 경영의 화두로 인해 폐기물처리가 관심을 받게 되었다. 폐기물은 단순 매립을 통해서 바다와 토지에 매립해 왔는데 최근에는 이러한 매립이 환경오염 및 토지 부족 문제를 발생시킴에 따라, 폐기물 소각을 하고 동시에 발생한 열을 활용하여 발전을 한다는 취지로 고려되고 있으며, 발전비용은 전통발전보다 높고, 폐기물을 소각해서 발전한다는 특성을 가지고 있다. 최근에 이러한 분위기에 편승하여 각종 폐기물 처리에 대한 수요도 증가하고 있으며, 교토의정서 체결 및 환경인식 변화 등으로 각종 규제 신설 및 강화로 인해 매립감소 및 축소를 위한 노력이 진행되고 있어 점차 관심을 가지고 있는 분야라고 볼 수 있다.

1) 폐기물의 양

폐기물 발전에 연료로 활용하게 되는 공급 폐기물의 양에 대한 고려가 필요하다. 해당지역의 폐기물 공급량에 대한 기간별 자료를 점검해야 한다. 즉, 기간별 폐기물 발생량과 각종 개발로 인한 폐기물 유입량, 기타 수요와 공급에 관련된 모든 기록사항 등 폐기물 발전을 위한 최소 공급량 결정에 필요하다고 볼 수 있다. 프로젝트 파이낸싱을 하기 위해서는 폐기물 유입량에 대해 확정하는 것이 필요한데, 이 경우 승인권자가 보증을 하거나, 폐기물에 대한 독점 처분권을 부여하는 것(미래 및 현재의 유입량 고려) 또는 사업주의 사업성 보장을 위한 최소 물량 보증 등이 필요하다고 볼 수 있다.

2) 폐기물 열량

폐기물 발전소의 발전용량 및 연료 타입은 공급될 폐기물 및 그 열량에 따라서 형태가 결정된다. 따라서, 승인권자가 특정 열량을 보증하거나 아니면 특정한 형태의 폐기물에 대한 독점권한을 부여할 필요가 있으며, 만약 이것마저도 발전을 위한 최소 열량에 부족한 경우에는 보충적으로 추가 연료를 주입해서 열량을 맞추기도 한다.

3) 전력판매

전력판매의 경우에는 일반적으로 장기간 전력판매가 가능한 형태로 가야하고, 장기계약이라는 점을 고려해서, 장기간 발생할 수 있는 각종 문제에 대한 해결책을 고려해서 폐기물 유입량 및 폐기물의 열량 변화도 고려해서 계약이 체결되어야 한다. 계약해지 조항은 양허계약의 해지조항과 일치시킬 필요가 있으며, 최근에는 전력판매가격을 보조하거나, 또는 탄소배출권과 관련된 혜택을 주게 되는 경우도 고려하고, 보조금 지급조건에 대해서도 확정하여 안정성을 담보할 필요가 있다.

4) 재활용과의 관계

재활용 프로그램이 있다면 폐기물 매립 또는 처분보다 효과적인 방법이기는 하나, 제도적인 뒷받침이 필요하다고 볼 수 있다. 주로 재활용은 열량이 높은 물질 위주로 진행이 되므로 이로 인해 발전연료공급에 제한이 발생할 가능성도 있으므로, 재활용 프로그램의 미래 영향에 대해서도 고려할 필요가 있다.

5) 매립 및 용량

폐기물을 매각한다고 하더라도 각종 부산물 발생 및 사용 후 재매립 필요성이 증가하고 있으므로, 매립지의 용도에 따라서 이에 대한 비용 영향 및 매립지의 용량도 고려할 필요가 있다. 부정기적으로 다양한 형태의 폐기물이 도착한다는 특성으로 인해, 이러한 변동상황에도 불구하고, 가급적 Peak 시간대에 발전할 만한 수준으로 저장이 가능해야 수익성을 극대화 할 수 있으므로 저장량에 대한 고려도 필요하고, 또는 지나치게 고열량인 경우에는 이를 낮추는 작업도 필요하므로 이를 고려한 적극적인 저장량 산정이 필요하다.

6) 탄소배출 및 정부보조

폐기물 발전 역시 정부의 적극적인 지원이 필요한 분야이므로 정부보조금이나 각종 혜택을 받는 경우에는 탄소배출과 관련된 상당히 높은 수익이 발생할 가능성이 있으나, 폐기물 소각이라는 특성상 각종 벌금 또는 보조금 삭감의 문제가 발생할 가능성도 고려할 필요가 있다. 정부기관으로부터의 배출기준에 대한 확약과 미래의 변화기준에 대한 대처도 필요하다.

PART 3

해외 PPP (Public Private Partnership) 인프라 프로젝트 계약의 이해

제 1 장
PPP 사업의 실시양허계약의 이해

Ⅰ. PPP 사업의 실시양허계약의 의의

1. 실시양허계약 (Concession Agreement) 개관

일반적으로 실시양허(Concession)라 함은 민간사업자에게 공공부문인 사회간접자본과 관련된 프로젝트를 개발할 권리를 부여하는 권한이라 말할 수 있다. 즉, 양허권 승인권자의 관점에서 해당 특정 공공 인프라와 관련하여 민간사업자에게 양허기간 동안 소유 또는 점유, 개발하기 위해서 건설 및 운영하는 권한을 부여한다는 의미이다. 보통 Concession Agreement, License, Service 또는 Development Agreement라고 불리며, 이 계약을 통해서 공공 인프라 프로젝트 사업의 구체적인 정의와 범위 등이 구체화, 명확화 되며, 이와 더불어 필요한 정부기관의 승인사항도 기재하게 된다.

실시양허라는 제도를 통해서 인프라 특히 발전소 건설, 상수도, 플랜트, 항만, 도로, 철도 등 대규모 재원이 필요한 공사를 수행함에 있어 정부 또는 공공부문이 직접 자금을 조달하는 것이 아니라, 민간부문에서 프로젝트금융 방식을 통해서 금융을 조달하는 것이 가능해 지게 되었다. 이와 같은 성격으로 인해 실시양허는 민간과 공적 부문의 상호 파트너쉽 형태로 묘사되기도 한다. 실시양허라는 방식을 활용하여 프로젝트나 사업을 운영하여 수익을 극대화하려는 민간사업자와 저렴한 사용료 또는 요금을 지급하면서도 한편으로는 일정수준 이상의 공공서비스를 제공받고 이를 일반 사용자인 국민에게 제공하고자 하는 공공부문의 입장이 적절히 조화와 균형을 이루게 되어 민관합작투자사업 형태가 만들어지게 되었으며, 양 측의 요구사항을 적절히 충족하는 동시에 양 당사자의 사업 Risk를 적절히 배분함에 따라 점차 근래의 최적화된 Concession 형태가 완성되었다고 볼 수 있을 것이다.[147]

147) 실시양허의 방식은 매우 다양한 형태가 있을 수 있지만, 주로 BOT (Build, Own and Transfer or Build, Operate and Transfer), BOOT (Build, Own, Operate, Transfer) BOO (Build, Own, Operate), ROT (Renovate, Operate, Transfer) ROM (Renovate, Operate, Maintain)방식이 있으며, 일반적으로 가장 일반적인 방식은 BOT 방식으로서 민간사업자가 해당 프로젝트의 건설 및 준공을 수행하고, 일정기간 동안 해당 프로젝트의 운영을 통해서 수익을 얻고, 양허기간 만료 후에는 이를 공공부문에게 반환하는 방식이다.

일반적으로 민간부문과 공공부문이 합작하여 사회간접자본을 개발하고 운영한다고 하더라도 서비스가 공공부문에 대한 것이기 때문에 민간부문에서는 여전히 일정한 형태의 책임이나 부담을 지는 경우가 발생할 수 있다. 설령 민자발전사업의 경우에는 최종소비자인 국민을 대상으로 여러 가지 공적인 부담을 지는 다른 인프라 사업과는 달리, 오직 발전소 건설 및 운영에 대해서만 제한적으로 참여한다는 특성으로 인해 책임에 대한 부담이 상당히 경감되었다고 말할 수도 있지만, 결국 발전사업 역시 공공서비스의 일부이기 때문에 일반 소비자를 대상으로 하지 않는 민자발전사업이라고 하더라도 최소한 어느 수준까지는 공적인 책임과 부담을 지는 경우가 생길 수 있으므로, 인프라 분야를 개발, 운영함에 있어 공적인 책임사항에 대해서는 종합적인 검토가 필요하다고 볼 수 있다.

민간사업자의 인프라 사업에 대한 참여와 활동은 대체로 양허기간 동안 인프라를 운영하고 유지, 보수하는데 초점이 맞추어져 있으나, 개발도상국에서는 민간 인프라 사업자가 현지 국가의 기술 여건상 인프라 건설은 물론, 관련 부속시설까지 건설, 유지, 보수하는 책임을 부담할 뿐만 아니라, 나아가 관련 설비 예를 들면, 발전소 건설시 송변전 설비의 설치 및 연결까지 부담하는 경우가 종종 있다. 따라서, 이 경우에는 민간 인프라 사업자의 책임과 업무영역에 대하여 주의를 기울일 필요가 있다. 왜냐하면, 민간 인프라 사업자가 관련 설비, 또는 부대설비 건설 및 준공까지 부담하게 되면 자칫 인프라 건설이 완료되었음에도 불구하고, 관련 설비(송변전 선로, 가스관 미설치, 진입도로 등)의 미설치로 인하여 운영개시나 시험운영이 불가능하게 된 경우에, 이로 인해 발생하는 인프라 준공지연 및 성능시험과 관련된 모든 책임을 질 수 있기 때문이다. 최근에는 민간사업자의 참여범위가 점점 더 넓어지고 있고, 특히 발전사업의 경우 발전, 송변전 그리고 극단적으로 배전까지 이루어지는 경우도 있지만, 배전의 경우에는 민간사업자의 위험부담을 최소화하기 위해서 배전망 건설 및 관련 변전소 건설에 한정될 필요가 있다고 볼 수 있다. 배전망은 실질적으로 해당 국가의 최종 소비자에게 전력을 공급하는 서비스를 제공하는 것으로 전력요금에 대해 정부기관의 규제가 따르고, 또한 사회간접자본의 성격상 민간 또는 외국인 투자자의 참여를 제한시키고 있기 때문에 수익을 추구하는 민간사업자가 많은 제약을 받을 수 있기 때문이다.

이처럼 실시양허라고 하더라도, 해당 인프라 사업의 구조, 국가별 특성에 따라 다양한 형태로 나타날 수가 있다. 인프라 산업의 형태나 인프라 수준에 따라서 민간사업자의 역할이 확대되고 다양해짐에 따라, 그 역할에 대한 법률적인 책임과 위험도 다양화되고 있는 추세에 있다고 볼 수 있다.

2. 민간 인프라 사업을 위한 Legal Framework

해당 국가의 Legal Framework는 해당 인프라 프로젝트의 기본적인 형태 및 계약을 결정짓는 가장 기본적인 틀이다. 민간 인프라 프로젝트에 수반되는 프로젝트 파이낸스 방식의 금융조달도 해당 국가의 Legal Frame 위에서 개별 계약서의 Bankability를 높이는데 초점을 맞추고 있기 때문이다. 이처럼 프로젝트 파이낸싱이 필수적으로 수반되어야 하는 민간 인프라 사업의 성패는 해당 국가의 Legal Framework가 얼마나 잘 짜여 있는지에 달려있다고 볼 수 있다. 일부 동남아 국가에서 민자 인프라와 관련된 Legal Framework의 부재로 인해, 인프라 사업에 대한 담보제공 가능여부, 국가보증, 현지통화의 태환, 송금보장 등 여러 가지 사항에 대해서 법률문제가 발생하여, 프로젝트가 지연되거나, 이로 인해 종국적으로 실패한 사례를 빈번하게 살펴 볼 수 있다. 이처럼 특정국가의 Legal Framework는 사회간접자본에 대한 민간투자 또는 외국인 투자자와 정부기관 간에 체결하는 실시양허계약, 그리고 이와 관련된 여러 계약에도 상당한 영향을 끼친다고 볼 수 있다.[148] 따라서, 대주단의 금융제공이 필수적인 탓에 프로젝트 파이낸싱 방식으로 자금을 조달하는 민간 인프라 사업은 해당 프로젝트와 관련된 여러 계약의 주요 사항들 간의 불일치로 인해서 문제가 발생하지 않도록 Legal Framework가 제대로 구현되어 있는지 살피는 것이 필수적이라고 볼 수 있을 것이다.

3. 실시양허를 위한 정부허가 및 승인절차

민간 인프라 사업자의 인프라 사업 참여에 있어 Legal Framework와 함께 중요한 또 다른 사항은 인프라 사업을 구체화하기 위한 행정절차 특히 허가 및 승인절차가 분명하고 투명해야 한다는 점이다. 우선 어느 정부기관 또는 어떤 주체가 인프라 사업에 대한 사업권 승인권한을 가지고 있는지, 해당 인프라 사업에 대해서 필수적인 지원을 제공할 만한 능력을 가지고 있는지가 중요하다고 볼 수 있으며, 특히 양허권 승인 이후에, 인프라 사업을 구체화하기 위해서 필수적으로 거쳐야 할 사항, 즉 인프라 부지 제공, 관련 유틸리티의 제공(각종 용수, 도로 및 전력의 제공 등), 환경영향 평가, 인프라 설계 기본적인 기초사항, 노동 관련 사항, 연료공급의 문제, 수익구조, 요금 및 기타 Political 사항에 대한 처리

148) Legal Framework의 부재로 인해 외국인 투자 또는 인프라 사업에 민간투자가 여의치 않은 경우에 해당 인프라 프로젝트만을 위해서 관련 법률을 국회에서 통과 승인하는 경우도 있다.

및 이와 관련된 정부기관이 어디인지 파악하는 것도 중요하다고 볼 수 있다. 즉, 상기한 모든 사항에 대해서 과연 누가 승인권한을 가지고 있는지, 해당 이슈에 대한 결정권을 누가 가지고 있는지를 우선적으로 파악하는 것이 절대적으로 필요하다고 볼 수 있다.[149]

4. 양허권 승인 방식

특별히 민간 인프라 사업자를 위한 BOT 방식의 Legal Framework가 발달하지 않은 국가에 있어서는 양해각서(MOU : Memorandum of Understanding)나 의향서(LOI : Letter of Intent) 등을 정부기관과 민간사업자 사이에 우선적으로 체결하여 사업을 추진하는 것이 일반적이다. 여기에서 기본적인 사항들(인프라 형태, 인프라 부지, 인프라 회사 형태, 민간 인프라 사업의 방식, 양허기간)이 우선적으로 협의되고 논의된다고 볼 수 있다. 이러한 방식은 설령 법률적으로 구속력은 가지지 못한다고 하더라도, 인프라 사업의 기본사항에 대해서 어느 수준까지는 논의하였다는데 의의가 있다고 볼 수 있다. 물론 이 경우에도 구속력이 있는 조항을 통해서 일정기간 동안 독점권을 부여하고 양허계약의 협상과 서명을 완료토록 하는 경우도 있다. 또한, 이러한 기본적인 사항을 바탕으로 해서 기술적인 사항과 상업적 사항에 대한 논의가 추가되고 구체화된다는 것에 의의가 있다고 볼 수 있다. 양 당사자 간의 논의를 통해 바로 양허계약으로 진행되거나, 또는 양 당사자의 입장을 고려하여 비 구속합의서(Term Sheet) 형태로서 최종적으로 양허계약체결 전에 주된 이슈사항에 대해서 먼저 합의를 도출하기도 한다. 여기에도 해당 민간 인프라 프로젝트가 프로젝트 파이낸싱을 고려하고 있다면, 대주단에서 요구할 만한 사항들이 충분히 고려되어야 함은 말할 나위도 없을 것이다.

상기와 같은 협상방식의 민자사업개발과는 달리, 좀 더 일반적으로 진행되는 것이 입찰방식의 인프라 사업개발이다. 해당 인프라 사업과 관련하여 정부기관 요구사항을 일률적으로 반영시키기 위해서는 입찰방식이 선호된다. 왜냐하면, 본 요구사항에 대해서 잠재적인 민간사업자들과 별도의 협상을 거치지 않고 입찰참여로 기본적인 양허계약의 주요사항들이 결정되고, 정부기관은 그 중에서도 최저가로 입찰한 민간사업자를 선택할 수 있기 때문이다.

149) 위와 같이 민간 인프라 사업자의 인프라 사업을 위한 행정적 절차, 승인 및 허가사항에 대해 적극적으로 지원코자 일부 국가에서는 PPP 사업을 전담하는 정부조직을 설립하여 지원하는 경우도 있다. 이를 통해서 정부 부처 간에 발생하는 주요 이슈사항 또는 필수 승인 절차의 지원 등을 통해서 민간 인프라 사업자의 사업을 용이하도록 지원하게 된다.

5. 실시양허권의 종류 및 계약유형

공공 인프라와 관련된 실시양허계약은 민간사업자와 정부 또는 정부기관에서 체결하는 계약으로 정부에서 주관하는 공공 인프라 내용에 따라 단순히 서비스를 제공하거나 특정 자원의 채굴 및 수출을 허가하는 권한에 대한 계약 등으로 구분이 될 수 있다. 여기에서 정부기관은 중앙정부/지방정부, 또는 시정부, 공기업 또는 해당 실시양허를 위해서 특별히 정부가 설립하고 권한을 부여한 특수목적법인이 될 수도 있다. 이를 좀 더 구체적으로 살펴보면 i) 도로, 교량, 터널 등 최종 소비자인 일반시민을 대상으로 직접 통행료를 징수하는 방식의 프로젝트(Toll 방식), ii) 도로, 교량, 터널 등이기는 하나, 일반 시민이 지불하는 것이 아니라 사용 여부에 대해서 정부가 해당 통행료를 지불하는 방식(Shadow Toll 방식), iii) 대중운송 수단(철도, 지하철)을 운영하면서 직접 요금을 징수하는 방식, 또는 iv) 대중운송 수단에서 사용빈도에 따라서 지불하는 방식, v) 상하수도 시스템을 제공하고 정부나 최종 소비자인 일반시민으로부터 대금을 지급받는 방식, vi) 공항이나 항만처럼 사용자인 항공사나 선박회사로부터 대금을 지급받는 방식, vii) 기타 병원, 학교, 교도소, 정부빌딩 등 사용빈도에 따라 해당 정부기관으로부터 대가를 지급받는 방식으로 크게 구분할 수 있다.[150] 이러한 방식을 기반으로 크게 공공서비스 제공에 대한 시장위험이 없고 단순히 해당 서비스만을 제공하고 위험은 부담하지 않는 Service Agreement와 민간사업자가 서비스를 제공하고 그 대가를 서비스 사용자로부터 또는 사용량에 따라 지불을 받는 계약으로 시장 위험을 직접 부담하는 Toll Agreement로 나누어지게 된다.

Service Agreement의 경우 전력이나 상수도와 같은 공공서비스의 경우에는 제공된 서비스의 수준이나 사용량이 명확하게 구분 측정이 가능하지만, 그 외 공공서비스의 경우에는 측정하기가 어렵다는 단점이 있어 이를 보완하기 위해서 부분적으로 일부 지역 또는 분야만 서비스를 제공하거나, 특정 공간이나 지역의 공공 서비스가 더 중요할 경우에는 가중평균 사용량을 고려해서 대가를 지불하고 해당 가동률이 저하되는 경우 이를 조정하는 방식으로 대가를 지불하기도 한다.

Toll Agreement의 경우에는 일반적으로 도로, 교량, 터널, 철도에서 행해지는 방식으로 보통은 해당 자산에 대해서는 정부기관에서 보유하고 있고, 프로젝트 수익을 위한 통행료 징수를 위해서 정부기관에서 부지 및 접근 경로에 대한 편의를 제공하는 것이 일반적이

150) 프로젝트 종류나 방식에 따라서 PF가 필요하다고는 볼 수 없다. 프로젝트의 규모가 작은 경우에는 직접 사업주가 조달을 할 수도 있고, 즉 공공 부지를 상업용도로 개발하고 그에 대한 대가로 학교, 병원 등을 지어주는 경우에는 조달자체가 필요 없음으로 기타 단순 서비스 제공, 즉 공공장소 청소용역과 같은 경우에는 자본출자 등이 필요하지 않을 수도 있기 때문이다.

고, 특정기간 동안 경쟁이 될 만한 공공서비스나 양허를 허가하지 않으며, 통행료 산정에 있어서 최고 요금은 정해져 있고 민간사업자가 어느 정도까지는 요금조정이 가능하도록 권한을 주었지만, 운영수준이 최소 기준에 미달하는 경우에 Penalty를 부과하게 된다. 기타 최초 약정된 수익이 대출 상환 및 투자금 회수를 충족할 만한 정도로 과다하게 발생한 경우, 양허기간이 남아있다고 하더라도 해지가 가능하다는 특징을 가지고 있다.[151] 그 외 상기한 통행료 징수 방법에 있어서 Shadow Toll이라는 방식의 통행료 징수 계약이 있을 수 있는데, 이 경우는 Availability와 관련된 위험은 여전히 사업주가 부담을 하지만, 최종적인 지불은 관련 정부기관이 하는 경우가 된다.[152]

6. 계약 당사자와의 관계

양허계약을 통해서 사업권을 승인하는 것은 정부기관이기 때문에 양허계약은 해당 국가의 특성을 반영하고, 인프라 프로젝트 역시 Input이나 인프라 방식에 따라서 다양한 형태와 특성을 띠고 있어, 정형화된 양허계약을 찾아보기 어려운 것이 현실이다. 보통은 양허계약을 바탕으로 인프라 프로젝트가 인프라 사업자에 의해서 구체화되면서 관련 계약의 여러 당사자들의 업무와 범위를 협의해 감에 따라 점점 더 복잡, 다양하게 진행되므로, 해당 인프라 프로젝트를 효율적으로 운영하기 위해서는 실시양허계약과 관련된 계약 당사자 간의 상호관계에 주의를 기울여야 할 필요가 있다.

1) 건설시공자

사업승인권자는 인프라 현장 접근 및 부지 소유권과 관련된 사항뿐 만 아니라, 여러 가지 분야에서 인프라 시공자와 상호 협력해야 한다.[153] 또한, 사업 승인권자가 인프라 부지 상태에 대해서 일정 수준의 진술이나 보증을 제공하는 경우도 있다. 왜냐하면, 인프라 시공자가 시간적 물리적인 제약으로 인해서, 인프라 건설과 관련된 주요 정보, 부지 측량

---

151) 그 외 변형적인 구조의 요금제도를 반영하기도 한다. 즉, 최소 수준의 사용량만을 보증한다든가 또는 대출 원리금 상환 수준까지만 보증하는 경우도 있다. 따라서, 이 경우 사업주는 나머지 수익을 통해서 미보증 대출 원리금 및 투자이익, 추가 출자와 관련된 자본비용을 충당해야 한다.

152) Toll을 설치하기가 곤란한 상황인 경우, 즉 도로가 복잡하게 연결이 되어 있거나, 우회도로 변수, 및 지나치게 작은 도로상황 등과 맞물려서 통행료 징수가 곤란한 상황에 고려되는 방식이다.

153) 승인권자는 건설시공계약의 원활한 체결과 이행을 선행조건으로 인프라 사업자에게 현장 접근과 인프라 부지에 대한 권리를 제공하기도 한다.

(Site Survey), 수지질학(Hydrologic), 기후(Climate) 등 건설에 중요한 영향을 미치는 여러 가지 정보를 가지지 못하고 오히려, 사업 승인권자가 해당사업의 타당성 조사를 통해서 인프라 부지의 중요한 정보를 사업추진 전에 취득한 경우가 대부분이기 때문이다. 이와 반대로 사업 승인권자가 인프라 부지와 관련된 정보를 가지고 있지 않거나, 사전조사를 시행하지 않은 경우, 또는 인프라 부지와 관련된 Risk를 취하려고 하지 않는 경우에는 전적으로 인프라 건설 부지에 대한 위험은 인프라 시공자가가 부담해야 한다.

인프라 건설을 위해서 원활하게 현장에 접근하고 시공하기 위한 접근성은 해당 국가의 운송수단, 즉 철도, 도로, 상수도 등 여러 가지 사회간접자본의 수송능력이나 운용가능성에 따라 달라진다고 볼 수 있는데, 따라서, 이와 관련된 사회간접자본의 제공 및 운영에 관한 위험에 대해서는 사업승인권자가 부담을 해야 한다.

건설시공자는 프로젝트 건설과 관련하여 건설 및 시공을 진행키 위해서 필요한 여러 가지 허가 및 승인을 득하기 위하여, 정부기관 특히 사업승인권자를 만날 필요가 생기기도 한다. 이처럼 허가 및 승인이 필요한 사항은 건설허가, 인프라 운영 및 주요 외국 건설 인력의 비자문제까지 상당히 다양하다고 볼 수 있다. 더구나, 주기적으로 갱신을 해야 하는 허가 및 승인사항에 대해서는 사업의 연속성을 유지하기 위해서라도 사업 승인권자의 도움이 절대적이라고 볼 수 있다.

사업 승인권자의 입장에서도 건설기간 동안, 인프라 건설이 건설계약 또는 양허계약에서 요구한 바대로 적절히 잘 수행되고 있는지 확인하고, 검토하기 위해서 건설 시공업자와 상호 접점을 가지게 된다. 이 경우 사업승인권자는 각각 건설단계별로 Monitoring 하기도 하고, 시운전 상황을 점검하기도 한다. 이런 중요한 건설과정 및 시운전 단계에서의 Test가 사업승인권자 또는 대주단을 대리하는 전문가 또는 감리업자를 통해서 이루어지기도 하는데, 이 경우 건설단계 및 시운전 단계에서의 사업승인권자와 건설업자와의 상호 업무는 주로 감리업체의 역할에 따라 구별된다고 볼 수 있다.

2) 프로젝트 운영자

각종 허가 및 승인과 관련해서는 사업승인권자와 인프라 운영자와의 관계는 건설 시공업자와 관계와 거의 동일하다고 볼 수 있다. 인프라 운영자가 인프라 운영과 관련하여 사업승인권자 또는 정부기관에 허가 및 승인을 요청한다는 점에서 거의 건설 시공업자와의 관계와 유사하다. 주로 인프라 운영허가, 환경평가, 폐기물 처리허가, 인프라 운영인력의 주거 및 노무 관련 사항이 허가와 승인대상이 된다고 볼 수 있으며, 일단 승인이나 허가가 났다고 하더라도 갱신 또는 연장과 관련하여 사업승인권자 또는 관련 정부기관과의 협력이 여전히 필요하다고 할 수 있기 때문이다.

인프라 운영 및 운영과 관련된 검사에 대해서도 사업승인권자와 협력이 필요하다. 사업승인권자는 인프라 운영자가 양허계약에서 요청한대로 인프라를 운영하고 있는지 확인하고 점검하기 위해서 양허계약에서 인프라 운영과 관련된 검사항목 및 방법 또는 검사 주체에 대해서 미리 명확하게 규정할 필요가 있다.

그 외 인프라 운영자와 사업승인권자와의 관계 중 중요한 것은 양허기간의 종결시점에 인프라 인수과정과 관련하여 고려해야 할 사항이다. 인프라 운영자로부터 사업승인권자에게 적절한 절차를 거쳐 인수가 이루어질 것인지, 또한 사업승인권자의 인력을 교육하고 인프라 운영에 참여하고 운영이 가능토록 할 수 있을 것인지, 인수 이후에 일정기간 동안 인프라가 적절하게 운영될 수 있도록 어느 정도 수준까지 인프라 운영에 참여할 것인지 등이 고려되어야 한다.

3) 기타 관계자

BOT 사업에 있어서 사업승인권자와 최종 소비자를 구별하는 것은 큰 실익은 없지만, 사업승인권자가 양허기간 이후에도 관련 계약 유지 등 최종 소비자와 일정한 관계를 유지하기를 원하는 경우도 있다. 이 경우에 사업승인권자와 최종 소비자는 별개의 법적 주체이어야 하고, 사업승인권자와 결과물 구매자는 구분이 되어야 할 필요가 있다. 그 외 연료 또는 원재료 공급자와의 관계에 대해서도 해당공급이 사업승인권자 또는 기타 정부기관, 또는 민간기업을 통해서 이루어질 수 있음을 고려해야 하고, 민간기업이 연료공급을 담당하는 경우에는 연료공급기간은 반드시 양허기간 이후까지 이루어져야 한다는 점도 주의해야 할 것이다.

7. 양허계약과 관련하여 고려해야 할 위험

앞에서도 언급했듯이 국가별, 인프라 형태별 특성을 감안하여 양허계약이 체결되기 때문에 해당 계약내용을 반영한 인프라 사업 프로젝트 역시 각양각색의 다양한 형태를 가지고 있게 된다. 또한, 인프라 프로젝트의 형태 역시 민간 인프라 사업자가 어떻게 구현하는지에 따라서 달라지므로 모든 인프라 프로젝트의 위험이 일률적으로 동일하다고는 볼 수 없지만, 그럼에도 불구하고 일반적으로 양허계약에 있어서 주의해야 할 위험을 살펴보면 다음과 같다.

1) 정치적인 위험

일반적으로 위험은 해당 위험을 가장 잘 관리할 수 있는 당사자가 관리하는 것이 가장 효율적이라고 볼 수 있다. 이런 이유로 인해 인프라 프로젝트의 정치적인 위험, 즉 전쟁, 국가적인 규모의 파업, 기타 정치적인 사건 등 정치와 관련된 위험은 주로 정부기관인 실시양허의 사업승인권자가 부담하는 것이 보통이며, 이는 정부기관의 행정행위와 관련된 위험도 당연히 부담하는 것으로 보는 것이 일반적이다. 이런 까닭에 사업승인권자는 인프라 사업의 허가 및 승인과 관련된 사항은 물론, 해당 인프라 사업에 영향을 미치는 정부기관 또는 지방정부, 관련 행정부처 또는 기관으로부터의 작위나 부작위로부터 인프라 사업자를 보호해야 할 필요가 있다.[154)]

2) 준공과 관련된 위험

준공위험은 일반적으로 사업승인권자의 귀책사유로 인한 것이거나, 사업승인자가 부담하는 위험으로 인해 지연이 발생한 것이 아니라면 일반적으로 인프라 사업자가 부담을 하게 된다. 이런 위험은 민간 인프라 사업자를 통해서 건설시공자에게 위험이 다시 이전되는 것이 일반적인데, 예외적으로 인프라 부지와 관련된 위험의 경우에, 이를 사업승인권자가 부담을 하는 경우도 있다. 왜냐하면, 인프라 부지의 고대유물 매장 등 부지 상태와 관련된 위험은 사업승인권자가 제일 잘 알고 있기 때문이며, 고대유물이 발견된다면, 이는 전적으로 사업승인권자인 정부기관의 소유물이기 때문이다.[155)]

3) 운영과 관련된 위험

운영과 관련된 일반적인 위험은 민간 인프라 사업자가 부담을 하게 되지만, 사업승인권자가 부담을 하는 분야도 있을 수 있다. 예를 들면, 인프라 운영과 관련하여 운영에 필

---

154) Jeffrey Delmon, (주3), at p 168 (2005) 정치적인 위험의 부담 주체에 대해서는 논란의 여지가 있을 수 있다. 선진국 예를 들면, 영국의 경우에는 PPP 사업이나, PFI 사업에 있어 사업승인권자가 정치적인 위험을 부담하는 것에 대해서 부정적인 입장을 취하고 있다. 누가 정치적인 위험을 부담하느냐는 해당 국가의 시장상황에 따라 결정된다고 볼 수 있으며, 인프라 사업자에 대한 보험이나 보증 제공 여부 및 그 범위에 따라서 그 부담주체가 결정된다고 볼 수 있을 것이다.

155) Jeffrey Delmon, (주3) at p 169 (2005)

요한 주요 사회간접자본의 제공에 대해서 사업승인권자가 책임을 지고 있는 경우, 즉 인프라 접근 도로 설치, 공업용수의 제공 등 인프라 운영에 필요한 사회간접자본의 설치, 설비 및 각종 용수의 제공, 인프라 사업기반 구축을 제공하기 위한 관련 유틸리티의 공급과 같은 위험을 부담하는 것으로서, 이는 민간 인프라 사업자의 인프라 운영, 시운전에 있어 필수적인 사항이라고 볼 수 있다.[156)]

II. PPP 사업 실시양허계약의 주요 이슈

양허계약은 앞서 언급한 바와 같이 각각의 인프라 프로젝트의 특성에 따라 다양한 형태의 계약구조와 다른 명칭으로 불리기도 하면서 존재한다. 이처럼 다양한 계약형태로 나타나기도 하지만, 기본적으로 정부 또는 정부기관에서 승인하는 여러 가지 사항들을 담고 있는 계약으로서 공통적으로 주의해야 할 사항들도 꽤 있는 편이다. 일반적으로 실시양허계약에 포함되어야 할 주요 사항으로는 양허계약기간(Term of Concession), 프로젝트회사의 권리(Description of Project's Company's Right), 프로젝트 회사의 구조 및 운영에 관한 사항(Permissible Equity Structure for the Project Company, Management of Project Company), 외국인 투자 관련 사항에 대한 내용 및 프로젝트 회사의 지배구조(Restrictions on the Foreign Ownership and Control of the Project Company), 프로젝트 회사의 허용된 수익구조(Fixed Rate of Equity Permissible for the Project Sponsors), 프로젝트 건설 및 운영 관련 회사의 장비 및 설비 관련 사항(Sense, Terms for Importation of the Equipment and Supplies into Country), 프로젝트 회사의 요금 조정 관련 사항(Adjustment of Price and Tariff), 의무 불이행 관련 조항(Default Provisions), 해지 절차 및 보상(Termination Procedure and Payment), 양허 연장 관련 절차(Concession Renewal Provisions) 등이 있을 수 있고, 공공 인프라를 다루고 있는 계약이므로 프로젝트 측면의 계약서와 정부(Sovereign Act) 측과 관련된 두 가지 측면의 성격을 가진 계약이라고 볼 수 있다.

156) Jeffrey Delmon, (주3) at p 169 (2005)

1. 계약 당사자

양허계약의 당사자는 사업승인권자와 민간 인프라 사업자로 볼 수 있는데, 사업승인권자가 양허계약을 체결할 권한과 능력이 있는지 살펴보는 것이 무엇보다도 중요하다. 즉, 실시양허에 대해서 논의를 하는 당사자, 특히 해당 정부기관 또는 공공기관이 개별 객체로서 양허계약의 당사자가 될 수 있는 자격이 있는지 살펴봐야 할 것이다.[157] 공공 인프라 프로젝트의 경우에는 그 특성상 프로젝트를 추진하기 위해서 다양한 분야에서 해당 국가 기관으로부터 지원을 받아야 한다. 예를 들면, 사업부지 확보, 프로젝트 운영을 위한 각종 인프라 지원, 환경영향평가, 설계 및 안전 관련 기준, 원재료공급과 관련된 사항, 노동 관련 문제, 기타 각종 사회적 정치적 현안에 대한 사항을 확정하고 지원을 받아야 하므로 어떤 기관이 양허계약상 상기한 내용에 대해서 권한을 가지고 있는지 확인하고 명시하는 것이 필요하다.[158] 이와 더불어 정부기관과 양허계약을 체결할 당사자는 보통 해당 공공 인프라 프로젝트를 전담해서 추진하는 특수목적회사를 별도로 설립하는 것이 일반적이다. 이럴 경우 해당 법인이 특수목적회사라는 특성으로 인해서 해당 회사의 신용상태와 관련해서 문제가 발생할 수 있으므로, 이를 위해서 정부기관에서 발행하는 Comfort Letter를 수취하는 등 Credit Enhancement를 통해서 신용상태의 결점을 보완토록 하는 경우도 있다. 마찬가지로 사업승인권자의 대금지급의무를 보증하기 위해서 해당 국가의 재무부처의 지급보증을 취하는 경우도 있다.[159]

2. 양허기간 및 요금

BOT 방식의 인프라 사업의 경우 경제성과 주변 여건에 따라 10여 년에서 30여 년 정도 운영되는 것이 일반적이다. 이처럼 양허기간을 고려함에 있어 중요한 것은 해당 양허

157) 해당기관의 법률적 지위와 계약 행위능력에 대해서 인프라 사업을 하기 위한 국가의 Local Counsel을 통하여 확인을 하는 것이 필수적이라고 볼 수 있다. 예를 들면, 과거 중국의 경우에 정부기관은 구속력 있는 계약이나 확약을 할 수 없도록 되어 있어, 양허권에 기인한 사업을 하기 위해서 양허계약의 당사자가 될 법인을 따로 설립해야 하는 경우도 있었다.

158) PPP 사업 경험이 많은 국가는 전담기구를 마련하여 이를 지원하고 있으나, 실무적으로 통상적으로 Under Developed Countries 등의 경우 개별 정부기관이 각각의 사항에 대해서 권한을 가지고 있으므로 이를 통합적으로 관리할 수 있도록 계약을 작성하는 것이 중요하다.

159) Duncan Macnab and Jeremy Connick, (주11), at p 10. 인프라 사업의 경우 프로젝트 파이낸싱이 주로 수반되는데 이머징 마켓이나 개발도상국에서, 다양한 국제 금융기관이 프로젝트 파이낸싱으로 금융을 제공한 경우에는 해당 국가의 재무부처의 보증이 필수적이라고 볼 수 있다. 그러나, 실질적으로는 해당 국가의 재무부처에서 보증을 한 경우에는 결국 해당 국가의 부채로 인식될 수 있기 때문에 상당히 소극적으로 예외적인 경우에 한하여 보증을 제공하고 있다.

기간 동안 대출 원리금을 상환하고 일정 수준의 투자수익 및 자본회수가 보장되어야 한다는 것이다. 이러한 사항들을 고려하여 인프라 수익구조를 산정하는 경우에, 사업승인권자는 해당 국가의 관련 기관이나 최종 소비자의 저항을 고려하여 상기한 부문에 대한 요금이나 대가지급이 가급적 장기간에 걸쳐 이루어지는 것을 선호한다. 이와 같이 장기간 일정비용을 지급하는 구조를 통해서 갑작스러운 인프라 이용 요금의 상승으로 인해 발생할 수 있는 부작용을 예방하는 것은 물론, 공공부문에서 장기간의 양허계약을 통해 외국인 투자자와의 관계를 개선하고, 해당 인프라 프로젝트를 통한 사회간접자본의 시설 개선, 공공부문의 인프라 인력능력배양, Know-how의 제공 및 최신 인프라 운영기술 전수 등 다양한 목적을 이루기 위해 장기계약을 선호하고 있다. 결국 인프라 프로젝트를 통해서 공공부문의 서비스 개선뿐만 아니라 해당 국가 전체의 인프라 산업 수준 향상도 이루어질 수도 있기 때문에 사업승인권자의 입장에서는 중요한 사항이라고 볼 수 있다.[160) 이처럼 최소한 짧은 시간 내에 대출 원리금을 상환하고 투자금의 원금 및 수익을 회수하려는 민간 인프라 사업자의 입장과 최대한 장기간에 걸쳐 인프라 사업을 영위케 하여 공공의 이익을 도모하려는 사업승인권자의 입장을 고려해서 양허기간이 결정되게 된다.

인프라 이용 요금을 통해서 상기한 민간투자자의 투자 목적이 충족되기 위해서 해당 국가의 공공부문 인프라 설비 준공 전에 미리 여러 해 동안 이용 요금을 점진적으로 인상하여, 갑작스러운 이용 요금 인상을 피하기도 한다. 국가별로 특색 있는 이용 요금 구조를 가지고 있다고 하더라도, 균형 있는 시장가격을 형성하기 위해서 인프라 이용 요금의 인상이 불가피한 경우도 있다. 이처럼 요금 인상이 급하게 필요한 경우, 이에 대한 충격을 줄이고자 정부에서 보조금을 지급하는 형태로 시장가격의 균형을 맞추기도 한다. 또한 미래의 인프라 산업 국유화를 위해서 양허계약상 사업승인권자의 매입청구권을 보장하기도 하는데, 본 매입청구권 행사 시 매입가격의 수준을 대출 원리금을 상환하고, 민간투자자 투자액의 미래가치를 현재가치로 환산해 주는 것으로 민간 인프라 사업자의 수익을 보장하게 된다.

민간사업자의 입장에서도 양허계약 기간과 관련 시점을 협상하는데 주의를 기울일 필요가 있다. 단순히 양허계약 서명시점으로부터 양허기간이 시작하도록 한다면, 예정된 일

160) Duncan Macnab and Jeremy Connick, (주11), at p 11. 여러 차례 언급한 것처럼 BOT 인프라 프로젝트의 양허기간은 해당 프로젝트의 상업성 및 정치적인 사항에 달려있다고 볼 수 있다. 사업승인권자의 입장에서 다소 짧은 기간의 양허기간을 선호하는 경우가 있을 수 있는데, 해당 인프라 사업을 통해서 외국자본의 투자를 유도할 목적을 가지고 있고, 정부 규제기관에서 인프라 시장 자체를 공모(Public Offering)을 통해서 민영화할 의도를 가지고 있다면, 해당 인프라 프로젝트 BOT 방식이 관련 시장 여건상 곤란하므로 짧은 기간의 양허기간을 선호할 수도 있다.

정과 달리 건설 착공 지연이나 인프라 준공 지연이 발생한 경우에 여러 가지 문제가 발생할 수 있다. 따라서, 양허계약의 서명 또는 선행조건의 성취로 인해 양허기간이 시작된다고 하더라도, 양허기간의 만료시점은 인프라 건설 착공 또는 상업운전의 개시로부터 특정기간 이후로 설정할 필요가 있을 것이다. 이러한 방식으로 양허기간 설정을 통해서 민간사업자나 인프라 목적회사는 자신의 통제권한 밖에서 벗어난 사유로 인해서 지연이 발생하고 이로 인해 양허기간이 줄어 발생할 수 있는 재무적 위험을 줄일 수가 있다. 허가 및 승인과 관련된 위험에 있어, 이러한 위험은 주로 공공부문에서 통제가 가능하므로, 이로 인해서 건설 착공 지연 또는 인프라 운영 지연이 발생하였다면, 공공부문, 즉 사업승인권자가 위험을 부담토록 하여야 한다. 프로젝트 파이낸싱을 수반하는 인프라 프로젝트의 성공여부는 관련 위험을 실제로 관리 가능한 자가 부담하였는지에 따라 결정되므로 위험의 적절한 배분이 중요하다고 볼 수 있다.

양허계약을 통해서 양 당사자 또는 일방 당사자에게 양허기간 연장이 가능한 Option을 부여하거나, 양당사자가 합의하는 경우에 양허기간의 연장이 가능하다는 규정을 만들 수도 있다. 보통은 양 당사자의 합의에 의한 경우에만 양허기간의 연장이 가능한 것으로 하고 있으나, 예외적으로 일방적으로 연장이 가능토록 하는 경우도 있다.[161)]

이러한 여러 배경을 바탕으로 계약기간을 선정하고 최종적으로 계약기간 기산점을 언제로 두느냐에 대해서 상업운전개시일(COD : Commercial Operation Date)로부터 시작하여 계약기간을 정하거나, 또는 이와는 무관하게 처음부터 특정종료일(Back Stop Date)을 정하고 진행하는 경우도 있을 수 있다. 그 외 아예 서명일로부터 계약기간을 산정하여 준공과 관련된 프로젝트 지연 위험을 민간사업자에게 이전하는 경우도 가능하다고 볼 수 있다. 프로젝트 사정을 고려하여 계약기간 중 프로젝트의 운영 가능 기간을 고려하는 것이 중요하다고 볼 수 있다. 그만큼 사용기간이 길어지게 되면 프로젝트 운영의 효율성, 경제성, 안전성에 문제가 발생할 여지가 많이 있으므로 이를 적절히 평가해야 할 필요가 있다. 예를 들면, 단기간 동안 프로젝트를 운영할 경우 프로젝트 파이낸싱으로 자금을 조달한 사업이라면 해당 기간 동안 대출 원리금 상환 및 사업주의 이익 확보 등으로 프로젝트를 과하게 운영할 가능성이 있으므로 자칫 유지보수 비용이 더 많이 발생하여 손실을 입을 가능성도 있으므로 주의가 필요하며, 장기간 사업으로 하는 경우에는 대출기간을

161) Duncan Macnab and Jeremy Connick, (주11), at p 13. 일방적으로 양허계약의 연장이 이루어지는 경우에는 민간사업자에게 일정 정도의 수익을 보장하였으나, 양허기간 동안에 약정한 수익이 달성되지 않은 경우에 민간사업자에게 보장한 수익이 달성될 때까지 연장토록 하는 경우라고 볼 수 있다.

사업기간보다는 짧게, 그리고 사업기간이 장기라면 중간에 Refinancing을 고려해서 금융비용을 낮출 필요도 있을 수 있다. 또한 프로젝트의 특성에 따라 BOT 사업의 경우에는 사업기간 만료 시 잔존가치를 고려할 필요가 있고, BOO 사업인 경우 잔존가치를 처음부터 고려할 필요가 없으므로 특정기간 이후의 잔존가치를 관련 요금에 반영할 필요가 있다.

양허계약의 특성상 승인권자와 관련하여 고려해야 할 사항

인프라 계약은 기본적으로 프로젝트 파이낸싱을 고려하여 프로젝트를 진행하고 있기 때문에 장기간 동안 해당 프로젝트가 대주단의 대출 원리금 상환 전까지 사업이 적절히 운영, 유지되어야 할 필요가 있으므로 양허계약 시, 협상 시 민간 사업주는 다음사항에 대해서 고려할 필요가 있다.

- ▸ 정부기관의 민간사업에 대한 계약 및 공정 입찰 등과 관련된 지지도
- ▸ 정부기관의 부패 / 수의 입찰 진행 가능여부 및 낙찰제도의 공정성
- ▸ 유사 프로젝트에서 적용되는 주요 조건사항에 대한 반영 여부
- ▸ 해당 프로젝트 진행기간 중 언론기관으로부터 비난 여부
- ▸ 국유화 진행 가능성 / 정권이양으로 인한 정치적 불안
- ▸ 집권층의 지배가능성 및 범위

3. 이용 요금과 Incentives

인프라 이용 요금구조는 기본요금 구조와 추가적인 요금 수정 Mechanism으로 구성된다고 볼 수 있다. 이용 요금 구조에서 가장 중요한 점은 이용요금이 최소한 인프라 운영을 위한 운영비와 대출 원리금 및 민간사업자의 투자수익을 감당할 수 있을 만 해야 한다는 점이다. 또한, 이용 요금을 통해서 특정기간 동안 특정한 서비스 또는 이용을 구매토록 강제하는 의무가 부과되고, 설령 이용자가 해당 서비스 이용이 불가능하더라도 최소 서비스 공급을 약정했던 특정수준 만큼은 무조건적으로 이용 요금으로 지불해야 하는 Take or Pay 방식 또는 이와 유사한 방식이 프로젝트 파이낸싱에서 가장 선호되는 요금구조이기 때문에, 이와 같은 이용 요금 구조의 확정이나 합의가 없이는 설령 다른 조건들이 합의되었다고 하더라도 양 당사자 사이에 계약은 체결되지 않고, 프로젝트가 더 이상 추진되지 않는 경우가 발생하기도 한다. 이처럼 양허계약의 주요 이슈 중 협상과정에 있어 가장 많은 시간이 소요되고 난항을 겪는 것이 이용요금과 인프라 사업자의 적절한 수익의 보장과 관련된 이슈라고 볼 수 있다.

기타 이용요금을 통한 보상 외 민간사업자를 보상하는 방법으로는 1) 투자유치를 위해

서 특정한 수준의 Incentives를 보장해 주는 것, 2) 세무상 Incentive를 보장해 주는 것, 3) 민간사업자에게 인프라 주변의 토지를 개발할 권리를 보장하는 것, 4) Take or Pay 구조를 통해서 이용 또는 구매하기로 약정한 인프라를 구입 또는 이용 가능토록 하고 5) 특정한 소비자에게 인프라 이용을 허락하는 등 여러 가지 Incentive를 통하여 민간사업자의 개발 및 투자를 유도하기도 한다.

4. 사업승인권자와 사업권자의 관계

양허기간 이후에 사업승인권자가 실제로 해당 인프라 프로젝트를 양수받거나 이용 연장을 허가토록 할 예정이기 때문에 해당 프로젝트에 대한 상세한 정보, 기술사항에 대해서 민간 인프라 사업자와 사업승인권자 사이에는 인프라의 인수와 관련하여 어떤 방식으로 진행할 것인지에 대해서 세부적으로 자세한 합의가 필요하다. 또한, 해당 인프라가 사업승인권자의 관련 설비와 문제없이 연결 또는 운용이 가능토록 해야 하며, 인프라 운영을 위한 지시에 관한 사항도 양 당사자가 원활하게 합의해야 하는데, 위 합의사항들이 인프라 프로젝트 건설 및 운영을 위해서 필요한 주요 계약서에 적절히 반영될 수 있도록, 해당 조건들에 대한 합의가 먼저 이루어져야 한다. 서로 간에 양허계약을 통해서 요청하고 보장하는 사항들은 다음과 같다.

1) 양허계약상 승인권자가 보장받고자 하는 권리와 양허권자에게 요청하는 사항은 양허권자가 공공서비스로 제공하게 될 서비스의 질적 수준, 계약을 통해서 제공되는 서비스 수준에 대한 가격산정, 양허기간 종료 후 반환이 필요한 경우 이를 고려한 운영, 보수, 수리 절차상의 적절성 유지여부, 준공일자와 관련된 건설기간 및 인프라 서비스 제공가능 시점, 기타 특정사안 발생 시 양허계약을 해지할 수 있는 권한 등이다.
2) 그 외 양허권자 입장에서 양허계약상 보장받고자 하는 권리와 양허권 승인권자에게 요구하는 사항으로는 프로젝트 파이낸싱 조달 시 승인권자의 양허권 확인, 또는 허가 및 관련 계약상 확인, 해당 프로젝트에 대한 독점적 권리 및 건설, 운영, 서비스 처분에 관한 권리, 원재료 또는 연료공급 필요시 이에 대한 보증, 각종 비자 관련 지원, 사업부지와 관련된 권원확보 제공 또는 지원, 각종 국가 Risk 및 정치적 위험으로부터의 보호, 불가항력, 법률변경, 세무여건 변경, 외화 반출 거래 여부 등에 대한 보호 또는 지원, 국유화 방지 및 각종 프로젝트 관련 장비 및 기기 처분, 사업부지 활용가능에 관한 사항이 될 수 있다.

3) 기타 추가로 논의해 볼만한 사항으로는 프로젝트 파이낸싱 관련으로 양허기간 동안 정부 승인권 보장, 일정수준의 투자수익 보장, 대주단의 대출제공에 따른 각종 담보 제공 여부, 채무불이행 발생 시 대주단의 Step in 이후 프로젝트 운영 가능 여부, 각종 처분절차를 통한 프로젝트 양도 가능 여부, 각종 법률 및 정치적인 사항으로 인해 프로젝트의 운영에 문제가 생겼을 경우에 해결 방안 등에 대해서 논의가 필요할 것으로 보인다.

   A. 승인권자는 인프라 제공이라는 PPP 사업의 특성상 양허계약을 통해서 프로젝트에 어느 정도까지는 영향력을 발휘하고자 하나, 지나친 참여는 독립적인 민자사업 운영에 대한 간섭으로 간주되어 민간사업자로부터 각종 Claim의 대상이 될 수도 있다. 따라서, 승인권자의 입장에서는 가급적 그 역할에 대해서는 구체적이라기보다는 개념적인 수준으로 명시를 하고 사업주가 해당 인프라 사업의 건설 및 운영에 대해서 전적인 책임을 지도록 하는 구조가 최적이라 생각을 하지만, 현실적으로 사업주는 승인권자의 간섭에 대해서 나중에 이를 프로젝트 성능이나 운영이 수준에 미치지 못하는 경우에 이것을 방어를 위한 빌미로 활용하려고 하기도 한다. 따라서, 다툼의 여지가 있는 특정항목에 대해서는 기준을 미리 협의하고 확정하는 것이 중요하다. 그 외 사업주가 프로젝트 건설 운영을 위해서 체결하는 여러 가지 계약에 간섭하는 방법으로는 양허계약상 여러 조건들이 사업주가 체결하는 계약에 제대로 반영되었는지 확인하는 것이다. 또한 이 경우에도 원칙적으로 사업주가 체결하는 각종 프로젝트 계약에 양허계약상 Terms and Conditions가 제대로 반영이 되어야하고 충돌 시 우선한다는 원칙을 각종 프로젝트 계약에 명시하기도 한다.

4) 그 외 BOT 방식의 인프라 프로젝트는 주로 개발도상국에서 최근 많이 이루어지는데, 인프라 운영에 있어 사업승인권자나 정부기관은 특정한 기술수준 또는 인프라 운영과 관련된 각종 기준에 대해서 엄격한 기준을 요구하기도 한다. 이런 경우에 관련된 기술 수준, 가스 배출기준, 폐기물처리, 폐수처리 기준 등 인프라 운영수준 및 기준에 대해서 문서화 작업이 필요하다고 볼 수 있다. 또한, 해당 국가의 공공부문이 본 인프라 운영을 통해서 인프라 운영의 Know-how나, 국제기준을 배울 수 있다는 장점도 있으므로, 사업승인권자가 양허계약에서 특정기술 이전에 대한 자문, 훈련교육 Program, 인프라 관리 및 운영사의 Know-how 제공을 요청하기도 한다. 이처럼, 외국자본의 유입으로 인해 국부유출을 우려하는 해당 국가의 정부기관 또는

사업승인권자는 인프라 서비스 제공 외 점점 더 부수적인 의무사항에 대해서도 많은 관심과 요청을 하고 있다.[162)]

5. 인프라 이용자 신용 및 정부기관의 지원

인프라 프로젝트의 수익은 전적으로 인프라 제공 대가로 인프라 이용자가 지불하는 대가에 의해서 결정되고, 장기간에 걸쳐 이루어지므로 인프라 이용자의 신용이 무엇보다도 중요하다고 볼 수 있다. 따라서, 인프라 사업자나 대주단은 인프라 이용자 또는 계약자의 신용상태를 주의 깊게 평가할 필요가 있고, 인프라 이용자의 신용이 충분치 못하다면, 양허계약상 이용 의무에 대해서 신용보강(Credit Enhancement)을 요구한다고 볼 수 있다. 이런 신용보강의 방법 중 하나로서 중앙정부, 지방정부 또는 재무부처의 지급 보증 제공이 요구되기도 한다. 그러나, 해당 정부 및 관련 부처에서 보증 제공을 꺼리는 것이 일반적이라고 볼 수 있다. 왜냐면 양허계약을 체결하는 주목적이 국가 재정의 부족으로 인해 해당 인프라 사업을 민간 부문에서 주도토록 하는 것이고, 만약 보증을 제공한다면, 보증을 제공한 정부의 부채로 간주되어 국가재정의 보완이라는 최초 취지와는 전혀 달라지기 때문이다. 이처럼 정부보증이 제공되지 않는 경우에 해당 인프라 프로젝트가 대출이 가능하도록 여러 가지의 신용보강이 요청되기도 한다.

6. 불가항력

불가항력 조항은 기본적으로 특정한 조건하에서 계약상 의무의 이행을 면제토록 구성되어 있다. 즉, 이는 일반적인 계약의무 불이행으로부터 발생할 수 있는 손해배상의 예외라고 볼 수 있는 것이다. 이처럼 계약의무 불이행으로 인한 손해배상의 예외라는 사실 때문에, 불가항력 조항은 여러 가지 종류의 위험을 적절히 배분하는 기능을 가지고 있어 프로젝트 계약에 있어 중요한 조항이라고 볼 수 있다. 그러므로 해당 인프라 프로젝트와 관련된 여러 계약의 불가항력 조항들이 양허계약상 불가항력 조항과 잘 맞추어져 있어야 한다. 양허계약상 필수적으로 다른 프로젝트 계약에 반영되어야 할 사항들을 완벽하게 이

162) Duncan Macnab and Jeremy Connick, (주11), at p 13. 일방적으로 양허계약의 연장이 이루어지는 경우에는 민간사업자에게 일정 정도의 수익을 보장하였으나, 양허기간 동안에 약정한 수익이 달성되지 않은 경우에 민간사업자에게 보장한 수익이 달성될 때까지 연장토록 하는 경우라고 볼 수 있다.

해하는 것은 실현가능한 양허계약을 완성시키는데 있어 상당히 중요하다고 볼 수 있다. 그 외 건설기간과 인프라 운영기간 동안 불가항력의 결과로서 발생한 피해에 대한 보험의 이용가능 여부와 보전 범위에 대해서도 이해를 하는 것이 중요하다고 볼 수 있다.

7. 계약 당사자의 책임

그 외 심각한 협상이 벌어지는 분야는 민간사업자와 사업승인권자 사이의 책임과 그 범위에 관한 사항이다. 사업승인권자는 민간 인프라 사업자의 귀책으로 인해서 제3자에게 미친 일신상, 재산상 손해와 사업승인권자 시설에 끼친 손해에 대해서 민간 인프라 사업자가 책임지기를 희망한다. 이와 반대로 민간 인프라 사업자는 제3자나, 양허계약의 당사자인 사업승인권자를 위해 부담할 책임을 최소화하기를 희망한다. 이와 같은 경우에 있어, 위 사항에 대해 민간 인프라 사업자가 부담하는 책임의 범위 및 정도는 해당 책임과 관련된 보험료를 이용요금에 반영될 수 있을 것인지 그리고 반영이 가능하다면 어느 정도 합리적인 수준에서 보험료가 결정될 것인지에 따라 민간 인프라 사업자의 책임 범위도 결정된다고 볼 수 있다.

민간 인프라 사업자 또한 인프라 이용 감소 또는 공급 불가능한 사유로 인하여 양허계약의 당사자가 아닌 제3자인 최종 소비자에게 발생한 손해나 손실로 인해 제기될 수 있는 Claim으로부터 면책을 받고자 한다. 이런 면책사항은 제3자가 사업승인권자 또는 인프라 이용권자에게 제기한 Claim이 성공한 경우, 해당 사업승인권자로부터 면책되는 것까지 포함하여 양허계약상 명시되기도 한다. 이처럼 양허계약상 제3자에 대한 책임이 면책된다고 하더라도, 해당 국가의 국내법상 제3자가 민사소송을 제기하는 경우에, 민간 인프라 사업자를 대상으로 손해배상에 대한 청구를 금하도록 하는 것은 불가능하다고 볼 수 있으므로 이에 대해 유의할 필요가 있다. 또한, 민간 인프라 사업자는 인프라 이용 감소 또는 공급불가로 인해 공공부문 또는 사업승인권자가 입은 손해를 특정하고 제한하기를 희망하는데 이는 최소 구매 의무량 감소 또는 이로 인한 손해배상예정액을 지급하는 방식으로 책임을 제한하도록 하는 것이 일반적이다.[163)]

---

163) Duncan Macnab and Jeremy Connick, (주11), at p 19. 이 경우 민간 인프라 사업자는 해당연도에 손해배상예정액을 지정하고 또한 최종적으로 전체 양허기간 동안의 손해배상 예정을 상한으로 하여 책임한도를 정하게 된다.

8. 태환 및 송금

민간 인프라 사업자는 인프라 프로젝트의 운영을 통해 다양한 형태의 화폐로 이용요금을 지급 받을 수도 있고, 이 경우 해당 국가의 화폐운영에 관한 규제를 받게 된다. 이러한 규제 하에서도 외국사업자는 최소한 해당 국가의 은행에 계좌를 개설하고 일정수준의 예금을 운영할 수 있어야 한다. 또한 이와 관련하여 태환 역시 해외투자를 통해 인프라 사업에 참여한 민간사업자의 입장에서 대단히 중요한 사항이라고 볼 수 있다. 설령 현지 은행이 태환이 불가능하다고 하더라도 민간 인프라 사업자는 현지화를 외환으로, 외환을 현지화로 자유롭게 태환이 가능해야 하여, 이를 사업승인권자로부터 보호받을 필요가 있으며, 이는 민간사업자 측 특히 대주단에서 불필요하게 오랫동안 프로젝트의 수입을 보유하지 않고, 자유롭게 송금할 수는 여건을 만들어, 대출금 상환에 활용토록 해야 되기 때문에 중요한 사항이라고 볼 수 있다.

9. 법률변경

BOT 방식의 인프라 프로젝트는 장기간 인프라를 운영하고 투자수익을 얻는 구조이기 때문에 사업기간 동안 새로운 법률의 제정, 현행법의 개정 또는 법령의 해석, 관련 시행령의 변경으로 인해 당연히 영향을 받게 된다. 또한, 이와 비슷하게 인프라 운영과 관련된 허가 및 승인절차에서도 해당 정부기관이 허가 및 승인을 위한 주요 조건사항들을 수정하거나 개정하여 인프라 프로젝트에 좋지 않는 영향을 끼치기도 한다. 이런 경우를 대비하여 민간 인프라 사업자는 법률변경이나 허가 및 승인사항의 변경으로부터 프로젝트가 보호되기를 희망하며, 장기간 인프라 사업에 안정성을 도모하고자 한다.[164)]

법률변경으로 인한 영향은 크게 세 가지 형태로 나눌 수가 있는데, 우선, 법률변경으로 인하여 단순히 해당 인프라 프로젝트가 경제적인 부담이 가중되는 경우가 있을 수 있다. 이와 같이 법률변경이 건설 중에 발생한 경우에는 전체 프로젝트 비용을 인상해 주거나, 공공부문에서 해당 비용을 부담하거나, 또는 민간 인프라 사업자가 지불한 비용을 정산해 주는 방식으로 보전을 해준다. 법률변경이 인프라 운영 기간 중에 발생한 경우에는 사용요금을 조정하는 것으로 해당 비용을 보전해주는 것이 일반적이다.

---

164) 때때로 법률변경과 관련된 사항에 대해서 이를 불가항력의 한 사유로 포함시키는 경우도 있다. 물론 이는 계약상 양당사자의 합의에 따라 결정되기도 하지만, 기본적으로 이 두 이슈는 별개로 보는 것이 타당할 듯하다.

두 번째로 법률변경으로 인하여 추가적인 시설확충 또는 자본이 투입되어야 하는 경우이다. 일례로 환경 관련 규제가 강화되어 인프라 설비의 확충이 필요한 경우가 제일 흔한 예인데, 이 경우에는 추가적인 금융조달이 이루어져야 하며, 일반적 해당하는 부분만큼의 이용 요금을 일부 조정하는 것이 일반적이다.

세 번째로는 법률변경으로 인해 민간사업자의 수익에 상당한 악영향을 미쳐 인프라 사업자가 해당 인프라 사업을 운영하기 힘든 경우이다. 또는 해당 프로젝트가 국유화 또는 몰수되는 경우가 있을 수 있다. 이 경우에 민간 인프라 사업자는 인프라 프로젝트의 경제성을 유지하기 위해 새로이 양허계약의 개정을 위해서 협상을 하거나, 또는 계약을 해지하고 이에 대한 보상을 원하기를 희망하는 것이 일반적이다.[165)]

10. 세금 (Taxation)

민간 인프라 사업자가 인프라 프로젝트 사항에 대해서 해당 국가의 법률변경으로부터 보호를 받기 원하는 것과 같이 프로젝트에 적용될 세무적인 정책변경이나 세금에 대해서도 사업승인권자 또는 정부기관에게 일정한 수준의 보호를 요청할 수도 있다. 양허계약을 통해서 프로젝트에 부과되는 세금, 관세, 허가료, 사용료, 기타 추가 세금 등의 최대 액수를 명시하는 방식으로 보존해주기도 하는데, 이 경우 총 금액 또는 연간 금액 혹은 대출금 상환 및 인프라 운영비용을 공제한 수익을 기준으로 계산할 수도 있으며, 혹은 세금제도와 관련된 변경이 발생한 경우에 이를 법률변경으로 보아, 이용 요금을 해당 세금부담 부문만큼 인상하여 보전해주기도 한다. 특히 세무와 관련된 보상의 경우에는 단순한 행정기관의 조치에 의한다기보다는 입법적인 차원에서의 논의가 이루어져야 하는 경우도 있어 보상자체의 구현과 실행에 있어서 보다 자세한 검토가 필요한 경우도 있을 수 있어 주의가 필요하다.[166)]

11. 정부보상

양허내용 중 사업승인권자가 양허계약상 재정적 위험을 부담하기로 한 경우에, 인프라 사업자의 위험부담으로 인한 손실, 손해, 비용 등에 대해서 보상을 해줄 필요가 있다. 이

165) Duncan Macnab and Jeremy Connick, (주11), at p 17.

166) Graham Vinter, Project Finance 4th edition, at p 101 (2013)

런 경우에 보상은 직접 현금지원을 통해서 보전을 해주는 방식, 양허기간을 연장하여 민간사업자의 수익을 추가적으로 보장하는 방식, 또는 이용요금의 조정을 통해서 보전하는 방식을 취하게 된다.167)

12. 주권면제특권 포기 (Waiver of Sovereign Immunity)

정부/공공기관 간 체결하게 될 양허계약(또는 그 외의 정부를 대상으로 하는 계약포함)에서는 반드시 주권면제특권 포기 조항이 필요하다. 주권면제특권(Sovereign Immunity)은 기본적으로 정부의 동의가 없으면 정부를 상대로 피해당사자가 소송제기 등을 못하도록 하는 것이므로 국제적으로 프로젝트 파이낸싱을 통해 자금을 조달하는 경우에는 일반적으로 주권면제특권 포기 조항을 담도록 하는 것이 일반적이다. 즉, 정부를 상대로 독립된 기관에서 소송을 제기할 수 있고, 정부를 상대로 해당 결과에 대한 집행도 가능토록 하는 것이다. 주권면제특권이 공식적으로 면제된 경우는 문제가 안 되나, 간접적으로 포기한 것처럼 보이는 경우에는 설령 보장을 받더라도 구제할 방법에 대해서 어려운 상황이 도래할 수 있으므로 주의가 필요하다.

13. 양허계약 해지 시 보상

양허계약 기간의 만료로 인하여 양허계약이 해지된 경우에는 BOT 방식의 프로젝트에 있어서 인프라 회사가 소유하고 있던 인프라 자산 및 관련 부속자산은 자동적으로 공공부문에게 양도된다. 이 경우 해당 양도를 통해서 어떠한 대가도 발생하지 않는 것이 원칙이다.

이러한 사항과는 달리, 양허계약이 계약기간 만료 전에 조기에 해지되는 경우는 1) 민간 인프라 사업자의 귀책사유로 인한 경우, 2) 사업승인권자인 공공부문의 귀책사유로 인한 경우, 3) 기타 불가항력의 사유로 인하여 계약상 의무이행이 곤란한 경우로 나누어 질 수 가 있다. 이 경우 양허계약을 통해서 일정 금액을 민간 인프라 사업자에게 지불하게 되는데, 위의 세 가지 원인에 따라 해당 금액이 달라진다.

---

167) Jeffrey Delmon, (주3), at p 174 (2005)

사업승인권자의 귀책사유로 인한 경우에는 양허계약에서 우선 1) 해당 민간 인프라 사업자가 잔여 양허기간 동안 벌어들일 수 있는 현금흐름에, 2) 조기 해지에 따라 현재의 일정 할인율에 따라 이를 공제하고, 3) 계약해지에 따라 발생하는 비용을 공제한 후에 지급하는 것이 일반적이다.[168) 이를 통해서 사업승인권자 또는 해당정부는 민간사업자가 소유한 인프라와 관련 시설을 위 금액을 지급하는 대가로서 인수하게 된다.

민간 인프라 사업자의 귀책사유로 인한 경우에는 양허계약상 대주단에게 지불해야 할 원리금 잔존액 만큼만 지불하게 되며 민간 인프라 사업자에게 지불되는 것은 없다고 볼 수 있다.

기타 불가항력이 지속적으로 유지되어 양허계약의 당사자가 의무를 이행하기 곤란한 경우 중 1) 정치적인 불가항력의 경우에는 해지시점에 사업승인권자의 귀책사유로 인한 경우에 지불해야 할 금액으로, 2) 양 당사자가 통제가 곤란한 불가항력으로 인한 경우에는, 양 당사자가 미리 약정한 할인율에 따라 공제한 금액으로 정하거나, 또는 자연재해 등 일반적인 불가항력으로 인한 경우에는 민간 인프라 사업자의 귀책사유로 인해 계약해지 시 지급해야 할 금액으로 정하는 것이 일반적이다.

특정 국가의 사업승인권자나 정부기관은 상기한 사유가 없이도, 해당 인프라가 준공되고 상업운전을 시작하게 된 이후에 어떤 시기라도 인프라와 해당 부속설비에 대한 매수권(Buy-out Option)을 가지기를 희망하기도 하며, 이 경우 매수권은 사업승인권자의 귀책으로 인해서 계약 해지 시 지불해야 할 금액과 동일한 금액을 지불하는 방식으로 행사되기도 한다.[169)]

사업주 귀책으로 인한 계약 해지 시 보상방식에 대한 최근 동향

1. 전통적으로 PPP 사업상 민간사업자의 귀책으로 인한 계약 해지 시 전적으로 사업주에게 책임을 물어 모든 해지비용에 대해서 부담토록 하는 것이 일반적이었으나, 최근에는 이를 보완하여 최소한의 비용을 회수코자, 다음과 같은 배경으로 이에 대한 수정 또는 대안이 논의되고 있다. 사업주의 논지는 설령 사업주의 귀책이 있다고 하더라도 1) 이행이 어느 정도 이루어졌으므로 특정 수준의 보상이 없이는 일방적인 철수나 몰수는 불가능 하며, 2) 양허권 승인권자인 정부 또는 정부기관의 설립 배경이 되는 기본적인 인권을 존중코자 하는 헌법상 정신에도 위해 되는 사항이며, 3) 계약 위반임에도 위약벌의 성격이 강하고, 4) 따라서, 사업권자의 이행결과물을 특정한 배상이나 보상 없이 취하게 되므로 양허승인권자는 부당이득을 취하게 된다는 주장을 제기할 수 있고, 이에

---

168) 자세히 추가적으로 설명을 하면 해당금액은 잔여기간 동안 대주단에게 지급해야 할 원리금, 사업자의 투자금액과 투자이익으로서 일반적으로 해당 프로젝트의 금융모델(Financial Model)을 참고로 하여 결정된다.

169) Duncan Macnab and Jeremy Connick, (주11), at p 19-20.

대해서 양허권 승인권자의 반박논리는 1) 양허계약에 대한 이행을 충실히 져 왔고, 불이행과 관련 없음에도 책임을 져야할 이유가 없고, 2) 지나치게 쉽게 보상을 해준다면, 민간사업자가 어려움에 직면할 때마다 해지를 고려할 가능성이 커지기 때문에 곤란하고, 3) 정부기관의 공공자금을 쉽게 보상하는데 쓴다면 모든 BOT 프로젝트의 안정성이 나빠질 수도 있으며, 4) 정히 지불코자 한다면, 유예기간을 경과 후 분할하여 지급하겠다고 대응하기도 한다.

2. 보상방식에 있어서도 최근에는 Market Value 방식으로 하는 경우가 점차 관심을 받고 있는데, 예를 들면, 건설 중이거나, 준공 후 잔존가치에 대해서 이를 입찰을 통해서 최종 낙찰가를 해당 매수 가격의 기준으로 결정하게 되는 방식이다. 물론 이 경우에 유의할 점은 양허계약 체결 이후 Direct Agreement에서 논의될 대주단의 개입권(Step-in Right)이 행사되는 상황도 고려할 필요가 있다. 보상과 관련해서 고려해야 할 사항은 자본증가세(Capital Gain Tax)와 관련된 사항이다. 세무 관련 지식이 없어 정확하지 않을 수 있으나, 일반적인 법 관점에서 기본적으로 아무런 실제 또는 재무적인 가치가 없는 인프라 프로젝트가 중간에 해지되게 되어 보상을 받게 된다면, 해당 국가의 세무정책상 자본증가세가 발생할 수 있으며, 만약 발생한다면, 누가 부담을 할 것인지에 대해서 미리 확정할 필요가 있다.

14. 해당 국가의 인력 및 기기활용

민간 프로젝트에서 실질적으로 활용해야 할 현지 국가의 인력이나 기기에 관한 사항은 특별한 규칙이 있는 것은 아니지만, 해당 인프라 프로젝트의 비용 또는 해당 국가의 외환 사정에 미치는 영향 그리고 해당 프로젝트가 해당 국가의 관련된 산업에 미치는 영향에 따라 그 정도와 수준이 정해진다고 보는 것이 일반적이다. 민간사업자의 입장에서 보면 대체로 현지 국가의 기술 수준이 낮은 수준이므로 해당 국가의 인력이나 기자재를 사용하는 것 자체를 꺼릴 수도 있다. 게다가 해당 프로젝트의 민간사업자가 ECA (Export Credit Agency)가 제공하는 금융을 이용하려고 하는 경우에 최초 의도한 ECA 금융을 이용하기 위해서는 일정 수준이상의 ECA 금융제공 국가의 공급자 기자재를 사용할 필요가 있어 해당 국가의 Local 기자재를 활용하는데 있어 어려움이 있을 수 있다.

민간사업자는 이처럼 외국으로부터의 기자재 공급뿐만 아니라, 사업승인권자가 요구한 수준대로 해당 국가의 현지 기자재, 인력, 부품들이 공급 가능한지와 그 수준도 살펴보아야 한다. 이와 동시에 민간사업자는 현지 기자재 공급자들이 정해진 시간 안에 또는 정해진 기일에 맞추어 공급이 가능한지에 대해서도 확약을 받을 필요가 있다. 현지 기자재 생산업자로부터 공급이 되지 않거나, 지연된 경우에 설령 손해배상예정액(Liquidated Damages)나 보험(Insurance)을 통해서 보상을 받는다고 하더라도 손해발생액의 전부를 보상받기는 쉽지 않으므로 이에 대한 주의가 필요하다고 할 수 있다.

인프라 운영단계에서도 민간사업자가 해당 국가의 인력을 활용해야 할 수도 있다. 설령 해당 국가의 인력들이 기술수준이나 자질이 높다고 하더라도, 양허계약상 민간 인프라 사업자 자신에게 부과된 계약상 의무사항들을 준수하기 위해서 경영층의 경우에 인프라 사업자가 직접 임명하기를 희망하는 것이 일반적이라고 볼 수 있다.

각각의 인프라 프로젝트 특성에 따라, 해당 국가는 법률이나 규정에 따라, 사업승인권자 또는 공공부문이 인프라 전문회사의 과반수이상의 지분을 가지기를 요구하기도 한다. 이 경우에 민간 인프라 사업자는 이사회의 과반수 운영권을 요청하기도 하며, 설령 과반수 이사회를 확보하지 못한다고 하더라도 다른 안전장치, 즉 인프라 운영과 관련하여 중요한 의사결정 시 Veto Right를 행사할 수 있도록 한다거나, Super Majority 요건을 두어 과반수이상의 주주의 전횡을 방지하기도 한다.[170)]

15. 기타 양허계약상 주요 이슈

기타 상기한 주요 조건 외에 양허계약을 통해서 사업승인권자는 사업승인권자나 최종이용자를 위해서 이들의 요구사항에 부합하는 조건들을 양허계약상 반영하기를 원하는데 이에 대해서 살펴보면 다음과 같다.

1) 설계, 건설, 기술요구사항

해당 민간 인프라 사업이 해당 국가사업 중 큰 부문을 차지하거나, 기타 사회간접자본과 밀접하게 연관되어 있는 경우에 사업승인권자는 양허계약상 특정한 건설사항의 세부내역이나 기준, 설계기준의 준수를 요구하기도 한다. 이를 통해서 인프라 프로젝트가 특정수준 이상의 인프라 서비스를 제공하고 일정기간 유지되기를 희망하기 때문이다. 이를 구현하고 유지하기 위해서 사업승인권자는 인프라 사업에 적용해야 할 주요 사항과 기기를 특정하거나, 기본 설계사항에 대해서 미리 정하기도 한다.[171)] 그러나, 건설단계에서

---

170) Duncan Macnab and Jeremy Connick, (주11), at p 14.

171) 이런 경우라고 하더라도 사업승인권자는 민간 인프라 사업자가 인프라 설계와 관련하여 책임을 지기를 원하며, 설령 사업승인권자가 기본 설계에 관해 지시나 의사표시를 했다고 하더라도 여러 에러나 결함에 대해서는 여전히 민간 인프라 사업자가 책임을 지도록 하는 것이 일반적이라고 볼 수 있다. 따라서, 사업승인권자가 건설단계에서 특정한 설계기준을 제안하거나, 지시를 한 경우에, 만약 인프라 운용상 성능에 문제가 발생하게 되면, 이를 빌미로 인프라 사업자가 Claim을 제기하는 경우가 발생할 수도 있다.

사업승인권자의 지나친 요구나 지시, 권고가 있었고, 준공이후에 문제가 발생한 경우에는 인프라 사업자가 면책을 주장할 수 있으므로 사업승인권자는 개념적인 수준의 설계 또는 성능을 요구하는 것이 타당할 것으로 보인다.

2) 기술사항에 대한 변경

사업승인권자는 기본적으로 자신의 동의 없이 상기한 주요 기술요구사항들이 수정되는 것을 원하지 않는다.[172] 또는, 이와는 별개로 사업승인권자가 직접 기술요구사항들의 수정을 요청하는 경우도 있다. 이런 기술적 요구사항들로 인하여 민간사업자는 그러한 수정이나 변화가 인프라 건설 또는 운영단계에 영향을 미쳐 인프라 성능을 현저하게 저해하거나, 프로젝트 비용을 증가하게 할 수도 있고, 나아가 이로 인하여 인프라 건설이나 운영상 준수해야 할 환경 관련 기준을 위반하게 되는 경우도 발생할 수가 있다. 이런 경우를 대비하여 사업승인권자가 자신의 요청을 통해 발생한 수정 또는 변경사항으로 인하여 준공지연, 비용증가 및 성능저하가 발생한 것에 대해서 민간 인프라 사업자는 이에 대한 보상을 요청할 수 있도록 해야 한다.

3) 준공 및 프로젝트 Schedule

대단위 사회간접자본 프로젝트에 있어서 시간의 중요성은 더 말할 나위도 없다. 인프라 시공자는 전체적인 프로젝트의 일정에 따라 인프라를 준공하는 것이 필수적이다. 본 프로젝트의 일정은 사업승인권자로부터 제시된 일정을 고려하여 수립되며, 상기한 일정으로부터 지연이 발생되는 경우에는 합의한 준공일 이후부터 위약금이 부과되게 된다. 준공일자는 아주 예외적으로 양허계약상 연장이 허락되는데, 사업승인권자의 계약위반 또는 사업승인권자가 부담하기로 한 Risk와 관련된 사항, 불가항력 등으로 인한 경우에만 연장이 허락된다고 볼 수 있다.

4) 인프라 운영

사업승인권자는 민간 인프라 사업자가 1) 인프라 설비의 적절한 유지보수, 2) 환경 관련 기준의 준수, 3) 양허계약상 이용자, 연료공급계약상 연료 공급자 및 인프라 사업과

172) 민간 인프라 사업자가 인프라의 안전과 전체적인 기술상 안정성을 고려하거나, 긴급한 경우에 사업승인권자의 동의 없이 수정을 하는 경우도 있다.

관련된 정부기관의 법률상 요구사항 충족, 4) 기타 인프라를 적절하고 지속적으로 운영해 나가기 위한 각종 규제사항을 준수하기를 희망한다. 사업승인권자가 규제기관이 아니라면, 민간 인프라 사업자를 직접적으로 규제하는 것이 대단히 어렵기 때문에 양허계약상 상기한 사항에 대한 기준을 마련하고 합의를 하는 것이 일반적이다.[173] 또한, 사업승인권자는 민간 인프라 사업자가 특수목적회사(SPV)의 목적 외 사업을 하는 것을 제한하기도 한다. 예를 들면, 사업수익 금융제공, 다른 사업에 대해서 투자 또는 보증 제공 등이 그러한 것이라 할 수 있으며, 주로 사업승인권자의 동의 없이 특수목적회사의 목적을 넘어서 인프라 사업을 하는 것을 금지토록 하는 것이다.[174]

5) 설계도면, 인프라 운영지시서 관리

사업승인권자는 민간 인프라 사업자가 특정기록, 운영지시서 및 설계도면 등 인프라 시공업자로부터 제공받은 자료들을 보존하기를 바란다. 특히 해당 인프라 사업 프로젝트가 양허기간 이후에 사업승인권자에게 양도되어야 하는 사업구조라면 해당 기록이나 문서의 Update나 보존은 필수적이라고 할 수 있다. 또한, 사업승인권자는 특정기록에 직접 접근이 가능하기를 희망하고, 이를 인프라 운영 및 유지보수 인력 교육에 활용코자 하며, 민간 인프라 사업자를 통해서 유지되는 해당 인프라 프로젝트가 사업승인권자의 요구사항에 맞추어 정상적으로 운영되는지 검사하기 위해서 접근하기를 희망한다.[175]

6) 인프라 기술사항의 Update

인프라 운영과 관련된 Know-how나 기술이전을 담보하기 위해서 사업승인권자는 양허계약상 민간 인프라 사업자가 인프라 운영기간 중 기술 관련 사항에 대한 정보를 습득하거나, 스스로 관련 기술을 개발한 경우에 이를 양허기간 만료 시에 사업승인권자에게 제공하기를 원한다.[176]

---

173) 이처럼 계약상 사업승인권자가 일방적으로 해당 인프라의 운영기준을 설정하는 것과 관련하여 민간 인프라 사업자는 인프라에 적용될 기준과 사업수익성에 미칠 영향을 고려해야 하기 때문에 해당기준의 합의가 어려울 수도 있다.

174) Jeffrey Delmon, (주3), at p 176 (2005)

175) Jeffrey Delmon, (주3), at p 176 (2005)

176) Jeffrey Delmon, (주3), at p 176 (2005)

7) 훈련 및 교육

사업승인권자는 민간 인프라 사업을 통해서 얻게 되는 Know-how와 기술이 해당 국가로 이전되기를 희망한다. 따라서, 사업승인권자는 유효한 Know-how가 이전될 수 있도록 민간사업자와 해당 국가의 사업주, 기업, 사업승인권자의 인력들이 최대한 접촉을 많이 하기를 희망하고, 민간 인프라 사업자가 사업승인권자의 인력들을 훈련시키는 형태를 구축하기도 한다. 이를 위해서 민간 인프라 사업자가 사업승인권자의 인력을 채용하거나, 또는 사업승인권자가 인프라 양도가 이루어진 이후에 인프라 운영을 위하여 민간 인프라 사업자의 인력을 채용하기도 한다.[177)]

8) 정부기관의 차별금지

민간 인프라 사업자가 장기간 동안 안정적으로 인프라 사업을 영위하기 위하여 해당 국가로부터 일정수준의 확약을 받기를 희망하는데, 대주단, 사업주, 인프라 회사, 해당 인프라 회사의 의무이행 사항에 반하는 행위를 하지 않고, 또한, 인프라 회사의 자산 몰수, 국유화 또는 강제합병, 인프라 운영에 중대한 영향을 미칠만한 행위, 또는 민간 인프라 사업자에게 부여된 권리를 침해하는 행위를 하지 않도록 미리 확약을 하는 것이 중요하다. 그럼에도 불구하고 해당 국가의 정치적 상황이 상당히 불안하거나, 위와 같은 행위가 간접적으로 발생할 수도 있으므로, 이를 방지하기 위해 정치위험 관련 보험(Political Insurance)을 들거나, 해당 국가에 정치적인 영향력을 발휘할 수 있는 다양한 국가의 공적 수출신용기관(Export Credit Agency), 국제금융기관(International financial organization)의 참여를 유도하는 것도 한 방법이다. 이와는 별도로 쌍방의 의사가 충돌된 경우 투자 중재(International Center for Settlement of Investment Disputes)를 통해서 분쟁결과에 대한 민간 인프라 사업자의 집행력을 높이는 것도 한 방법이라고 볼 수 있다.[178)]

9) 인프라 회사 주식이전 제한

민간 인프라 사업자인 주주의 재정상태나 사업운영능력이 중요하기 때문에 사업승인권자는 주주구성이나 주주변동 시 사전승인을 얻도록 하고 있다. 이는 장기간 동안 일정한 수준 이상의 인프라 사업을 영위하기 위해서 재정적, 기술적으로 자격 있는 주주가 인프

177) Jeffrey Delmon, (주3), at p 177 (2005)

178) Jeffrey Delmon, (주3), at p 177 (2005)

라 운영에 참여하는 것이 필수적이기 때문이다.[179]

10) 개입권 또는 계속운영권

민간 인프라 사업자가 양허계약을 위반하고, 사업승인권자가 계약위반을 이유로 양허계약을 해지하려고 하는 경우, 대주단은 개입권(Step-in Right)을 행사하고, 해당 프로젝트를 준공하도록 하여, 무분별한 양허계약 해지를 방지하는 경우도 있다. 따라서, 사업승인권자는 양허계약 또는 직접계약(Direct Agreement)을 통해서 개입권을 대주단에게 부여하기도 한다. 인프라 운영 중에 양허계약이 해지되게 되면 사업승인권자는 해당 인프라를 계속적으로 운영할 수 있는 권리를 가지기를 희망하기도 하며, 때로는 계속 운영권을 행사하여 이용자 또는 관련 공기관에 인프라 운영 책임을 맡기기도 한다.[180]

11) 기타 양허계약과 관련된 사항

인프라 사업의 특성에 따라 인프라 사업자가 승인권자에게 양허료를 지급하도록 하는 조항, 인프라 사업자가 인프라 사업의 손괴 또는 파손으로부터 보호를 받도록 하는 보험가입 조항, 실시양허계약이 프로젝트 계약 중에서 가장 우선적으로 보호받도록 하는 조항, 또는 Refinancing과 관련하여 인프라 사업자가 최초 제안대비 추가 수익이 발생하는 경우 이를 사업승인권자와 공유토록 하는 조항이 최근에 많이 논의되고 있다. 또한 프로젝트의 경제적인 효익을 얻고자 해당 국가의 세무지원(Tax Benefit)을 얻고자 하는 경우에는 이를 명시적으로 양허계약에서 표현하는 것이 좋다.[181]

179) Jeffrey Delmon, (주3), at p 177 (2005)

180) Jeffrey Delmon, (주3), at p 177 (2005)

181) Financing Balance Clause 라고해서 사업권 승인권자의 예기치 못한 변경으로 인해서 사업주의 비용이 증가한 경우 이를 어느 정도 보상할 것인가의 문제에 대해서 일반적으로 재무모델을 활용하여 이를 보완하고자 하는 것이 일반적이고, 보통은 1) 직접적인 Cash Compensation을 제공 하거나, 2) 요금을 조정해주는 경우(Tariff, 특정 수수료 등)로 나뉘게 된다. 이와는 반대로 양허권자가 재무모델 상 예상한 수익을 초과하는 경우, 이를 정부 측과 나누어야 한다는 조항으로 특정한 변경사항이 전체 Project의 재무구조상 어떠한 영향을 끼치게 되는 것인지, 재무모델을 통해서 정확히 파악하는 것이 중요하다. 이런 파악을 통해서 양허권 승인권자의 변경으로 인해서 발생하는 손실을 미리 충당하고 나서, 수익이 발생하게 되면 이를 나눌 수 있어야 하기 때문이다.

성공적인 양허계약을 위한 주요 조항 Check List

1. SPC의 의무와 관련하여 양허권자는 반드시 최초 양허계약상 요구되어진 특정한 시공기준대로 해당 시설이나 간접자본은 설계하고 특정기일까지 준공을 완료
2. 양허권 승인자는 최초 합의한 양허권을 변경할 수 있는 권한을 가져야 하고, 필요시 현장 방문이 가능하며, 사업주가 진행하고 있는 관련 절차, 계약이행, 설계 등에 대해서 조사할 수 있는 권한을 보유

III. Implementation Agreement

일반적으로 양허계약의 당사자인 정부 또는 정부기관과 민간사업자간에 체결되는 계약이라는 점에서는 양허계약과 비슷하나, PPP 사업이나 민자 인프라 사업을 위한 법이나 제도가 잘 구비되어 있는 국가나 양허계약과 같이 자세한 내용보다는 해당 프로젝트의 구체적인 실현을 위해서 필요한 부분만 담아낸 계약이라고 볼 수 있다.[182] 정부 또는 정부기관과 민간사업자가 계약의 당사자가 된다는 점에서는 공통점이 있다. 약식형이라고 볼 수 있는 Implementation Agreement에 대해서 살펴보면 다음과 같다.

1. Implementation Agreement 주요 이슈

1) 정부 측 당사자는 누가 되어야 하는지는 크게 문제가 되지 않으나, 최소한 정부 측의 의무사항에 대해서 이를 보증하거나 약속하고, 각종 정부 관련 업무에 대해서 의무이행이 가능한 정부 또는 정부기관이 당사자가 되어야 한다.

2) **Sovereign Guarantee:** 정부나 정부기관에서 관리가 가능한 정치적인, 법률 또는 규정에 있는, 재무적인 위험에 대해서 정부보증이나, 기타 유사한 신용보강(Credit Enhancement)의 형태로 명시되고 서술되어야 한다. 계약협상 초기에는 정부 측의 국가보증을 요구하기도 하지만, 실제로 이는 국가의 재정상황과 연결이 되어있어 어려운 측면이 있어, 협상이 후에 조금 낮은 수준의 보증(Guarantee) 또는 Comfort Letter 정도로 합의하기도 한다.

182) 이런 취지를 살려 Stability, Direct or Support Agreement라고도 한다.

3) **수용 (Expropriation):** 정부의 수용금지 또는 수용 시 적정한 보상에 대해서는 기본적인 확약이 필요한 분야로 보인다. 단순히 수용뿐만 아니라, 간접적인 영업방해도 포함하는 것으로 여기에는 법률변경(Change in Law)도 포함하는 것이며, 적정한 보상이라고 한다면, i) 잔여기간 중 대출 원리금과 ii) 기축통화로 지불되는 사업주 투자분에 대한 적정한 현재가치 정도라고 볼 수 있을 것이다.

4) **정부 인허가 (Permit and Other Governmental Approval):** 정부 인허가 사항에 대해서는 기본적으로 명시가 되어 있어야 하며, 나아가, 민간사업자의 관점에서 정부 측의 협력의무(Responsibility for Cooperation)가 반드시 본 계약에 포함이 되어야 하며, 인허가 취소, 변경과 관련하여 반드시 해당 처분에 대한 합리적인 이유나 처분 전 협의 규정(Reasonable Background and Chance to Hear and Notice)이 반영되어 있는지 확인할 필요가 있다.

5) **외환 (Currency Transfer and Exchange):** 일반적으로 민간 인프라 사업이 저개발국에서 진행되므로 미리 태환과 관련하여 최소한 대출 원리금 상환 및 투자수익금, 연료비용 등에 대한 태환이나, 송금이 원활하게 가능하도록 보장이 되어야 하며, 민간 인프라 회사가 해당 지역에서 벗어난 역외에 별도의 기축통화 계좌 개설이 가능한지도 확인이 필요하다.[183] 현지 국가의 외화 사정은 전반적으로 고려해야 할 사항이므로 협상에는 상당한 노력과 시간이 필요할 수도 있다. 따라서, 이러한 상황을 대비해서 설령 해당부문을 [blanket]처리하는 하는 한이 있더라도 사업주 입장에서 초안정도는 제공하고 시작을 하는 것이 유리할 수 있다.

6) **각종 세무혜택 (Tax Benefit and Customs Duties Relief):** 대상 세금은 민간사업자가 해당 민자 프로젝트를 진행하면서 부과될 모든 세금에 해당이 되며, 이는 관세도 포함한다. 따라서, 세무혜택에 대해서는 면제 또는 해당 세금에 관해서 요금에 반영토록 하는 구조도 가능하므로 이에 대해서는 미리 합의가 필요하다. 또한, 민간사업자가 아니라고 하더라도, 경쟁력 있는 이용요금 부과를 위해서 민간 프로젝트 관련자, 즉 Subcontractor, 운영자, 연료 공급자에게도 적정한 혜택이 가능한지, 어느 정도 수준으로 가능한지도 중요하며, 세무구조상 Tax Haven과 같은 지역에 역외 회사 설립이 가능한지도 고려되어야 할 것이다.

183) 만약 해당 프로젝트가 광산 프로젝트라면 수출대금으로 Hard Currency를 받아야 한다는 점에 유의할 필요가 있다. 또한 태환에 대해서 정부에서 확약을 해주지 않는다면, 보험을 통해서 이를 보장받을 수도 있으며, 그 범위는 보통 대출 원리금, 투자수익, 수출입 관련 사항, 기기, 원재료, 연료, 외국기업과의 License Fee까지 고려할 필요가 있다.

7) **법규 및 제도 관련 사항 (Legislative Protection):** 해당 국가의 법규와 관련해서 법률변경으로 인한 사업 영향에 대해서 보호를 받을 필요가 있으며, 또한, 외국인 투자자로서 내국인과 구별되어 차별받지 않을 권리(Non Discrimination against Native Entities)와 가능하면 특정 인프라 프로젝트가 해당 분야에 있어 우선대우(Most or More Favored Status)를 받기로 하는 규정을 추가하기도 한다.

8) **정치적 불가항력 (War, Insurrection, General Strikes and Political Violence):** 전쟁, 반역, 대규모 파업, 정치적인 폭력 등 보험으로 보전이 어려운 Uninsurable Event가 생기는 경우에 이를 대비하기 위해서 사업해지 관련 조항 또는 정치적인 불가항력인 경우에 해지비용으로 대출 원리금 상환과 투자수익, 기 발생 O&M Cost 등에 대해서 보상토록 규정해야 한다. 또한 운송 또는 파이프라인 사용과 관련해서 내국인 대비 차별을 받지 않고 사용할 수 있도록 소수자 우대정책(Affirmative Action by Sovereign)에 대해서도 검토할 필요가 있다.

9) **사업허가 (Authorization to Do Business):** 민자 인프라 사업 실행을 위해서 정부 역할에 대해서는 분명히 내용이 명시되어 있어야 하며, 여기에 일부 가격조정 및 사업주의 수익에 대한 사항까지 규정하는 경우도 있다. 사업주 입장에서는 해당 프로젝트를 최소한 내국인과 차별 없이 간섭받지 않고, 건설 및 운영할 만한 분명한 권한이 주어질 필요가 있다.

10) **독점권 (Exclusive Right to Develop Project):** 민간사업자의 수익을 보장하기 위해서 특정기간 동안 독점적인 권리를 인정해야 한다. 여기에 추가적으로 가능하다면, 정부는 해당 프로젝트를 차별하지 않고, 민관을 불문하고 다른 경쟁 프로젝트를 지원하지 않는다는 내용도 포함하는 경우도 있다.

11) **정부기관의 조력의무 (General Cooperation for Project Development and Non Discrimination):** 정부기관 또는 정부로부터 조력의무를 규정할 필요가 있다. 예를 들면, 프로젝트 관련 인력의 근무 허가, Visa 협력 의무, 면세 가능한 주요 부품의 구입, 프로젝트 건설 및 운영을 위한 각종 간접시설 등 Infra의 구축(철도, 도로 등) 기타 용지취득 및 교통사항에 대한 지원이 해당된다고 볼 수 있다.

12) **차별금지 (Non-discrimination)**: 정부기관으로부터 동종의 유사 프로젝트와 비교하여 각종 대우에 있어서 전혀 차별받지 않도록 하는 조항이다.

13) **복지 혜택 (Good Citizenship)**: 주관 정부기관의 각종 사회복지제도에 기인한 혜택 수혜 여부 및 범위에 대해서 명시할 필요가 있다.

14) **권리 이행 및 분쟁해결 (Enforcement and Dispute Resolution)**: 특정국가의 법률이 구비되어 있음에도 불구하고, Implementation Agreement를 통해서 별도의 권리 또는 의무관계를 확정한다는 것은 어려움이 있을 수 있으므로 주권특권면제조항을 도입할 필요가 있고, International Project Finance로 자금을 조달하는 경우에 분쟁으로 인한 결정에 대해서 집행(Enforcement)이 가능하도록 특정 Convention에 가입이 되어있는 국가에서 중재가 이루어질 수 있도록 하는 규정도 필요하다.

15) **합헌성 (Constitutionality Consideration of IA)**: Implementation Agreement 상 실제 계약된 내용이 헌법이나 관련 법률에 의해서 별도의 승인이 필요한지 확인이 필요하다. 만약 계약 내용이 현재의 법규 수준보다 포괄적인 경우 법 개정이 필요할 수 있으며, 이 경우 주로 문제되는 것은 정부보증, 법률변경조항, 세무양허와 관련된 내용이라고 볼 수 있다.

16) **손해배상 (Damages)**: 정부 측의 정치적인 위험이 발생할 경우를 대비해서, 정부 측 정부부터 확인 및 보증(Assurance and Guarantee) 정도의 수준으로 보호를 받아야 한다.[184]

17) **CSA (Country Support Agreement)**: 일반적으로 이는 대주단과 해당 국가의 재무 관련 기관(Financing Authority)과 체결하는 계약으로 주로 수출신용기관(Exporting Credit Agency), 다국가 보증보험기관(Bilateral Risk Insurer and the Government)의 활동에 대해서 포괄적으로 이를 보호하기 위한 계약으로 대체로 그 범위가 넓어서 일반적이고 다양한 목적을 위해서 체결하는 계약이라고 볼 수 있다.

---

184) 일반적으로 고려되는 것이 정치적인 불가항력 또는 정부 측의 귀책으로 인해 계약 해지 시 손해배상과 관련된 사항이며, 그 범위는 Buyout remedy including reasonable minimum rate of return, supplement amount or tariff to cover the increased cost result from governmental action 정도로 볼 수 있다.

18) 외국인 보호 관련 조항 (Stabilized Clause): 외국인 투자자 보호를 위한 규정으로 장기간 진행되는 인프라 프로젝트의 경우에는 행정부 변경과 관련하여 정책변경이 생기는 경우에도 지속적으로 계약이행을 위한 토대를 마련할 필요가 있다는 취지로 필요한 조항이며, 외국인 투자환경에 관한 한 필수적인 사항이라고 볼 수 있다. 실제로 저개발 국가의 경우에는 정부가 협상에 있어 우위를 가지고 새로운 정부나 행정부에서 재협상을 요구하는 경우가 종종 발생하기도 한다. 이 경우 변경이 생긴다면 해당 정책변경이 실행되기 전 상태로 돌려놓던가 아니면 재무적으로 계약해지에 준하여 해지 비용 수준으로 보상하는 것이 일반적이다.

19) 정부관점에서의 보증제공 관련 사항 (Sovereign Guarantee): 정부의 보증의무를 지나치게 고려하게 되면, 민간 인프라 프로젝트라는 장점이 퇴색될 우려가 있다. 특히 장기간 계약으로 진행되는 경우에는 관련 시장 상황을 왜곡시키는 결과를 가지고 올 수도 있으므로 주의가 필요하다. 프로젝트 파이낸싱이라는 점을 고려해서 정부보증의 수준은 크게 1) 해당 국가 경제규모의 국제화 또는 거시경제규모에 따라서 2) 충분히 예견 가능한 구조가 짜져있는지의 여부, 3) 정치집단으로부터 독립된 규제기관의 존재 여부, 4) 사법부의 완전한 독립 5) 국제분쟁 해결 관련 절차 확립 여부에 따라서 결정이 된다고 볼 수 있다.

20) 발전프로젝트의 경우, 중앙정부보다는 지방정부 또는 해당지역의 정부기관과 계약을 체결하는 경우가 있는데, 이 경우 중앙정부 차원의 보증을 받는 것은 쉽지 않으므로, 이런 경우 정부보증의 어려움을 들어, 특정 상황 발생 시 해당 민자사업을 특정 공기업화 하는 것도 고려할 필요가 있다. 아니면, 각종 정부보증이 필요한 사항에 대해서 이를 보전하기 위해서 미리 합의된 수익 상한을 결정하고, 이런 수익이 달성될 때까지 계약기간을 연장하기도 한다.

21) 반드시 정부보증을 제공하고자 하는 경우에는 예상되는 경제적 효과(Expected Economic Effects)를 고려해야 하며 이를 정부 예산이나 회계상 반영할 필요가 있다. 보통의 경우에는 충분한 검토 결과를 거쳐서 정부보증을 제공하거나, 아니면 보조금(Subsidies)을 제공할 것인지 결정할 필요가 있다.

22) **기타 각종 유틸리티 및 간접자본 제공:** 프로젝트를 성공적으로 건설하고 운영하기 위해서 기본적인 사회간접자본의 제공이 필요하며 이는 프로젝트의 건설일정에 따라서 추진할 수 있도록 해야 한다.

23) 프로젝트 건설을 위해서 해외에서 해당 국가로 수입을 해야 하는 상황이라면, 육상 및 항공 교통의 경우에는 각종 운송수단의 수용가능성, 접근성, 안전 관련 규제사항을 고려해야 하고, 해당 프로젝트 부지로 운송수단 접근이 용이한지도 중요한 요소가 된다.[185] 특히 국내운송금지(Cabotage) 정책에 따라 일부국가에서는 국내운송에 있어 국가에 등록된 선박에 한하여 운송을 허락하는 경우가 있을 수 있으므로, 자칫 시장에서 경쟁적인 가격제공이 쉽지 않아 과도하게 Cost가 발생할 여지가 있다. 따라서, 이런 경우에는 경쟁력 있는 가격으로 제공이 가능하도록 관련 규제에 대한 Waiver Relief를 제공받을 필요도 있다. 해상 운송이 필요하고, 해당 해상 운송이 상당한 부문을 차지하고 있다면, 즉 건설자재 운송 및 원재료 운반, 연료 및 완성품 재수송 등을 위해 해상운송 수단의 수용가능성을 고려해야 하나, 실제 특정국가에서의 해상운송을 위한 항구의 수용가능성이 여유가 없고, 이런 상황에서 체선료로 인해서 상당한 비용이 발생할 수도 있다는 점을 고려해서 우선권 또는 별도의 접안시설을 갖추도록 하는 것이 중요하다.

24) 프로젝트 건설 및 운영을 위해서 전력공급은 필수적인 사항이라고 볼 수 있으며, 사전에 프로젝트 인근 지역에 공급가능 전력 및 송전가능 여부에 대해서 확인이 필요하다.

25) 용수에 있어서는 프로젝트의 성격상 해당 용수의 용도가 고려되어야 한다. 용수의 활용대상에 따라, 수질, 화학요소 및 연결 가능성 및 제공가능 수량 등에 대한 확인이 이루어져야 하며, 이를 위해서 별도의 상하수도 기관을 통할 것인지 아니면 직접 조달할 것인지 고려할 필요가 있다. 중공업 분야의 경우에는 용수 및 폐수 처리 양에 대한 검증이 필요하다.

26) 폐수처리는 환경 관련 이슈로 인해 관련 규제에 따라 해당 폐기물을 적절하고 지속가능한 수준으로 처리하는 것이 필수적이므로 직접 설치할 것인지 고려해야 한다.

---

185) 보통은 인접한 도로/철도인 경우에서는 민자사업자가 직접 부담하나, 먼 거리일 경우에는 Host Gov.가 하도록 하는 것이 일반적이다.

27) 사업부지가 격오지인 경우라면 부지에서 적절한 통신이 가능하도록 정부 측의 지원이 필요하다고 볼 수 있다.

28) 현지화 관련으로 중앙정부가 지방정부에 대해서 영향력을 발휘할 만한 여건이 되지 않는 상황에서 부지 인근의 지역사회와 어떻게 유대관계를 가질 것인지도 고려할 필요가 있다. 이를 위한 방법으로 특정 시설물 제공 또는 장학사업 등의 공익사업이 고려되는 것이 일반적이다.

29) 원재료공급과 관련해서 프로젝트의 원재료 또는 연료공급이 원활하게 이루어져야 하는 것은 대단히 중요한 사항이다. 따라서, 누가 더 안정적으로 공급이 가능한지 고려되어져야 하며, 만약 해당 자원들을 정부가 소유하고 있는 경우에는 해당 국가와 해당 원자재의 가격과 관련된 조건에 대해서 미리 합의할 필요가 있다.

30) 저개발국가의 경우에는 건설을 위한 건설장비 수급에 문제가 발생할 여지가 있으므로, 원활한 수급을 위해서 이를 선제적으로 확보할 필요가 있다면, 정부 측에 독점사용권 또는 우선권에 대해서 논의할 필요가 있고, 수입이 필요한 장비라고 한다면, 수반되는 비용(부가세, 관세 등)에 대해서 이를 해당 정부와 미리 협의할 필요가 있다. 이 경우 유의할 점은 건설단계에서는 관세가 면세라고 하더라도 특정기간 이후에 반출을 조건으로 부과하거나, 이를 다시 역내 매각하게 되는 경우에 매각대금에 대해서는 세금이 부과될 가능성도 있으므로 확인이 필요하다.

31) 민자 인프라 사업의 이용요금 규제와 관련해서 해당 국가의 인프라 요금수준을 감안하여 가격 규제가 있을 수 있으므로 이를 고려해서 정부수준의 확약이 필요할 수도 있다. 즉, 가격상한이나 기타 제한사항에 대해서 해당 프로젝트가 수익률을 확보하기 위해서 이를 상쇄할 만한 수단을 만들어 놓기 위한 것이다. 이런 경우에 규제 수준을 객관적으로 설정하기 위해서 특정지역 또는 국제가격(Regional or International Bench-mark Price)을 기준으로 해서 연동되게 하는 것도 가능하다.

32) 특정 재화를 정부/공공기관을 통해서 독점적으로 공급하는 경우에는 일반 국민을 대상으로 영업행위를 하는 것을 제한할 수도 있으므로 확인할 필요가 있다.

33) 수출입제한을 정부에서 규제하는 것이 일반적이므로 수출입법 또는 관련 규제에 따라 재화 수출입에 제한이 있는지 확인할 필요가 있다. 특히 수입의 경우 원자재가 이에 해당하는 것이 일반적이므로 현지에서 조달이 가능한지 살펴볼 필요가 있다.

34) 건설단계부터 운영단계까지 전문성 있는 인력의 공급 및 왕래의 자유가 필수적이라고 볼 수 있으므로(간혹 장기간 체류를 위해서는 가족구성원까지 지원하는 것이 일반적), 현지 인력과의 비교 우위를 주기 위해서 해당 인원들에게만 제한하여 각종 세금 면제 등 세제혜택에 대해서 미리 논의할 필요가 있다.

35) 대주단 이자에 대한 세무역무와 관련해서 세법상 이자수익에 대해서 이자 지급주체가 원천징수를 하는 것이 일반적인데, 과연 대주단의 이자에 대해서도 민간사업자가 원천징수를 해야 하는지, 해당 이자에 대한 세금이 프로젝트 파이낸싱에 있어 어떤 영향을 미치는지 확인이 필요하다. 예를 들면, 수출신용공여기관(Export Credit Agency)의 경우에는 국가 간 세무협약을 통해서 면제하는 경우도 있기 때문이다.

36) 다자 국가 간 보험기구(Multilateral Insurance Guarantee Agency)의 참여로 인해 Project Risk 감경 및 PF가 성취될 가능성이 높으므로 해당 국가가 해당 기관의 참여 등을 허락할 것인지 확인하는 것이 필요하다고 볼 수 있다.

제 2 장
PPP 사업의 구매/용역제공계약의 이해

Ⅰ. 구매/용역제공계약 (Offtake Agreement) 개관

1. Offtake Agreement란?

Offtake Agreement란 기본적으로는 구매계약을 의미하는 것으로 약정한 기간 동안 프로젝트의 생산물을 구매하거나 용역(Service)을 제공받는 것과 관련된 계약을 말하는 것으로 반드시 장기계약이 있어야 하는 것은 아니라는 것이 일반적인 견해이고, 거래관계의 특성이 순수하게 구매 또는 용역제공 계약이므로, 실제 시장과 분야별 상황에 따라서 계약 기간도 달라질 수 있다. 또한 특정한 구매자에게 결과물을 제공만 하면 되는 것이므로 수요와 관련된 시장 위험과 프로젝트의 결과물에 대한 구매, 용역가격과 관련된 위험도 구매자에게 이전되는 것이 일반적인 개념이라고 볼 수 있다. 이러한 측면에서 민자발전사업의 PPA도 큰 범주에서 보면 전형적인 구매계약 중 하나로 인식되기도 한다. 구매자(Offtake Purchaser)는 현지 Utility 관련 기업이기도 하고, 공공서비스 제공자일 수도 있다. 즉, 민간사업자가 최종소비자에게 제공하는 것이 아니라, 이를 구매한 구매자가 최종소비자에게 공급하는 형태를 가지고 있는 것이 일반적이다. 따라서, 최종 서비스를 제공하는 대상자가 일반소비자가 아니라는 점에서 PPP 사업 중 고속도로, 철도사업 등 운송 사업 등과는 구별이 된다고 볼 수 있고, 대상이 되는 종류로는 전력, 상수도, 특정 석유 또는 각종 광물 원재료 정제 등이 있을 수 있다. 이와 같은 구조하에서 구매자에게 시장 수요(Market Demand)와 각종 비용 부담에 대한 위험을 프로젝트 사업자가 이전토록 하는 것이 가능하게 된다. 따라서, 보통 현물시장에서 언제든지 구매가 가능하거나, 사용량과 관련된 고속도로 사용료를 내는 경우와 같이 민간사업주가 직접 요금을 수취하는 구조는 여기에 해당하지 않는다고 볼 수 있으며, 구매계약을 통해서 1) 적정한 수준의 구매량과 제공 기준이 정리되어 있거나, 2) 구매와 관련된 위험이 완전히 이전되어 특정 결과물을 생산만 하면 되는 경우를 통칭해서 구매계약(Offtake Agreement)이라고 한다. 해당 결과물에 대한 대가는 여러 가지 형태가 있지만, Take or Pay의 형태로 민간사업자에게 일정 정도의 수익은 보장하도록 하는 것이 가장 보편적인 형태라고 볼 수 있다.

2. 구매계약의 의의

이러한 전형적인 구매계약의 구조하에서 프로젝트 파이낸싱을 통해서 자금을 조달하고자 하는 경우에는 해당 민간 인프라 프로젝트가 특정구매계약이 체결되어 있는지가 금융제공 적격여부(Bankability)의 중요한 요소가 될 수 있다. 즉, 프로젝트 파이낸싱의 근간이 되는 민간사업자의 현금흐름을, 민간사업자가 생산한 결과물을 구매자를 통해서 시장에서 판매하고 이를 시장에서 지속적으로 수용이 가능한지가 관건이 된다. 이처럼 시장과 관련된 위험을 판단하기 위해서 Market Risk를 고려하기 위한 요소는 1) 시장에서의 수요(Demand of Market for the Output)와 2) 구매가격(Price)이 있는데, 이러한 두 가지 요소를 고려하여 다양한 형태의 구매계약(Offtake Agreement)이 생기게 되었고, 이러한 두 가지 요소를 통해서 시장수요 관련 위험(Market Demand Risk)과 생산물 가격에 대한 위험을 구매자가 부담하는 구조가 이루어지게 되고 민간사업자는 시장에 관한 고민 없이 약정한 수준의 생산물만 만들어내면 되도록 위험을 이전하는 구조가 만들어지게 되었다. 이러한 구조하에서 프로젝트 파이낸싱을 달성하기 위해서는 민간사업자는 구매계약상 합의한 약정기간 동안 수익흐름(Revenue Stream) 및 해당 수익이 대주단과 사업자에게 먼저 지불되어야 함을 반드시 명시해야 할 필요가 있다. 이를 위해서 수익흐름의 변경이나, 정의 및 범위에 대해서는 명시적으로 규정할 필요가 있다. 이러한 구조가 적용될 만한 프로젝트로는 전력구매계약(Power Purchase Agreement), 수처리 계약(Water Treatment Agreement), 기타 생산물 구매계약 등이 있다.

1) 구매계약(Offtake Agreement)의 종류

앞서 말한 바와 같이 Offtake Agreement는 특정 제품이나 용역서비스를 제공하고 그 대가를 받지만 시장이 가지고 있는 Demand와 관련된 위험은 구매자가 부담하는 구조라고 이야기한 바 있다. 이러한 구조를 기본으로 해서 Offtake Agreement는 몇 가지 형태의 계약으로 나누어지게 되는데, 기본적으로는 특정 서비스 제공 여부와 관련하여 생산량 유무와 관련 없이 제공하게 되는 Capacity Charge(해당 프로젝트가 가지고 있는 수용량 또는 생산량을 지속적으로 제공할 만한 능력을 가지고 있는 것에 대한 대가로 요금을 지급하는 것이므로, 실제 생산 또는 제공물에 대한 생산과 무관하게 지불하는 비용으로 고정비용, 금융비용, 및 운영과 관련된 고정비, 즉 보험료 등)와 Usage Charge(실제로 사용이 된 기간만큼 지불이 되는 비용, 즉 각종 변동비, 수리비, 생산을 위해서 소요된 연료비 등을 말하여, 무조건 적으로 지불되는 것은 아니고, 최소한의 운영 수준 또는 서비스 수준

이상으로 제공해야 가능)로 나뉘게 된다. 구매계약에서 가장 많은 부분을 차지하고 있는 것이 연료비 또는 원재료비라고 볼 수 있다. Market Risk를 부담하지 않는 계약의 특성상 연료비도 구매자가 부담하는 것이 일반적이고, 1) 수자원과 관련된 프로젝트의 경우 구매자가 원재료(수량 등)를 직접 공급하는 경우, 2) 파이프라인 프로젝트, 즉 구매자가 특정 가스나 석유를 격오지에서 투입하고 나머지를 뽑아내는 경우, 3) 구매자가 발전연료 조달에 대해서 책임을 지는 경우로 사업에 따라서 구분이 될 수 있다.

구매계약은 상기한 바와 같이 요금구조에 따라 다음과 같이 나누어진다.

① Take or Pay 계약: 구매자가 계약을 통해서 민간사업자의 생산물을 구매해야할 의무를 미리 특정해 놓았기 때문에, 구매의 대가로 약정한 특정비용을 지불해야 하는 계약을 말한다. 즉, 구매자는 민간사업자가 구매계약상 의무를 이행한 경우(때로는 생산결과물을 제공하지 않더라도 생산결과물을 제공할만한 능력을 가지고 있는 경우에도 인정됨)에 구매자는 결과물 여하를 불문하고 구매자는 지불의무가 발생하게 된다. 즉, 구매자가 Offtake 계약상, 특정수준의 결과물을 특정기간동안 특정한 가격방식으로 구매한다는 조건을 확정하고, 결과물 운송이나 배송 준비만 갖추게 되면, 직접적인 배송 없이도 비용지불책임이 발생하는 계약이다. 주로 Oil, Gas, Metals and Commodity 또는 전력생산과 관련된 계약에 적용되며, 생산과 운송 위험은 민간사업자가 부담하게 되므로 구매자의 최소 구입물량과 구입비용이 해당 국가의 시장가격보다 높게 되면, 문제가 발생할 수 있다. 이런 경우, 불가항력, 국내 정치적인 문제로 인해 가격 재협상을 구매자가 요청할 수도 있으므로 이를 반드시 Offtake Agreement상 명시를 해야 할 필요가 있다. 간혹 영미법상 간결하고 분명하지 못한 명시로 인해서 Penalty로 인정되는 경우가 있으므로, 해당 국가의 법률을 고려해서 반드시 Penalty로 간주될 위험이 없는지 살펴야 한다. 간혹, 특정 지역 공급 또는 지리적인 문제(Captive 형태 또는 Geographically Isolated된 경우)로 인해 구매자의 신용에 전적으로 의존해야 하는 구조가 발생하는 경우, 즉 다른 시장(신뢰할 만한 신용 수준을 가진 시장)에 접근하기가 어렵다면, 구매계약상 지불되어야 할 모든 비용(대출금, 투자수익, 운영비용 등)을 보전하도록 해야 할 것이며, 대안적으로 만약 신용이 있는 별도의 거래시장진입이 가능한 경우에, Take or Pay 계약을 통해서는 운영비용이나 대출금만을 보전토록 하는 게 최근의 추세라고 볼 수 있다.[186)]

186) 구매자의 입장에서 보면 Offtake 계약상의 Take or Pay 의무로 인해, 회계적으로 제3자에 대한 채무로 분류되기도 하기 때문에 간혹, 구매자의 채무사항과 관련하여 본 건 외에 기존 채무를 지고 있는 대주단 승인을 받을 필요도 있기 때문에 유의할 필요가 있다.

② Tolling Contracts: Take or Pay 구조와 비슷하기는 하나, 시장 및 수요와 관련된 위험(Market Demand Risk), 연료 조달 관련 위험을 전적으로 구매자가 부담하는 구조로, 민간사업자가 SPC에게 제공한 특정의 연료, 원재료 또는 생산물을 다른 형태의 연료 또는 생산물로 전환하여 제공하는 계약구조를 말한다. 전환하는 특정 양에 따라 대가를 지급받는 구조로서 민간사업자는 해당 연료나 광물을 소유하는 것은 아니며, 대가의 형태인 가격구조는 용량요금(Capacity Charge)구조와 비슷하다는 특징이 있다. 발전사업에 있어서 연료 조달책임이 있기는 하나, 연료비를 전가하는 방식의 PPA 계약과는 이런 점에서 차이가 있다. 주로 발전, LNG, 광산 또는 파이프라인과 관련된 프로젝트에서 주로 활용되는 계약구조이다. 예를 들면, 1) 최종구매자가 자신이 보유하고 있는 가스를 사업자를 통해서 전력으로 전환토록 한다거나, 2) 기체형식의 LNG를 터미널을 통해서 유통할 목적으로 재가스화(Re-gasfication)를 시키는 경우, 3) 반가공된 광물을 민간사업자를 통해서 완전 가공된 형태의 광물로 전환하는 것이 그것이다. 이 경우 계약상 중요한 점은 해당 민간사업자의 잘못이 아닌 경우로 인해 서비스를 제공하지 못한 경우, 예를 들면, 발전사업에 있어서 송변전 관련 문제로 인해서 발전을 못한 경우에는 이를 보상하도록 계약을 체결하는 것이 중요하다. 일반적인 Offtake 계약과는 달리 단순히 가공 또는 전송업무만을 하는 것이 민간사업자의 입장이므로 결과물에 대해서는 담보 제공이 곤란하다는 특징을 가지고 있다. 파이프라인, 송변전, 기타 유사 Utility Project의 Financing에 근간이 되는 계약이며, 파이낸싱을 위해서 최소 생산량 또는 서비스양에 대해서 확정이 필요한데, 이를 통해서 운영비와 대출에 대한 근거를 삼고자 하기 위함이다.

③ Take and Pay: 구매자가 결과물을 수취한 경우에 한해서 대금지급 의무가 발생하기 때문에, 시장위험에 대해서 장기간 노출이 우려되기 때문에 프로젝트 파이낸싱이 곤란할 수도 있다. 즉, 앞에서 언급한 Take or Pay 계약형태에서 Capacity Charge에 대한 부문을 사업자가 부담하는 형태가 되는 것이다. 주로 결과물이 제공된 경우에 대가를 지급하는 형태로 Input Supply Agreement에 적합한 계약구조이다. 시장위험을 일부 부담하고자 하는 형태로 장기구매계약을 체결하되 구매자가 민간사업자가 생산 또는 공급하기로 한 약정 물량을 시장가격에 따라 구매하기로 하거나, 또는 최초 계약한 가격에서 물가지수에 연동하여 지급하기로 하는 계약을 체결하기도 한다. 시장가격에 대한 위험을 최소가격에 대해서만 확정하고 최대가격은 Open해 놓기도 해서 위험을 서로 부담하는 경우도 있다.[187]

④ Hedging Contract: 일반적으로 원재료 시장(Commodity Market)에서 확정가격으로 장기구매계약을 체결하는 계약형태라고 볼 수 있다. 즉, 최저가격만을 결정하고 최저가격이하로 떨어지는 경우에만 본 계약의 상대방이 최저가격에 해당 결과물을 매입해 주고 그 외에는 해당 시장에서 형성된 가격으로 처리하는 형태의 계약이다. 마찬가지로 여기에 최대가격(Ceiling Price) 조건을 붙이는 것도 가능하다. 즉, 특정한 범위를 정하고 그 범위를 벗어나는 경우에 특정가격 이상, 이하인 경우에 Hedge 계약의 당사자가 매입을 하는 구조이며, 가격이 상승 또는 하락을 하게 되면 결국 추가 마진이나 손해는 구매자(Hedge Contractor)가 부담 또는 이익을 향유하게 된다.

⑤ Contract for Difference (CfD): 해당 결과물을 무조건 시장(Market)에 파는 것은 동일하지만, 대신에 Hedge Contract와 같이 최소가격 이하나, 최대가격 이상이 되면 구매자나 Off-taker가 이를 보조해주거나, 차액을 지급하는 계약이라고 볼 수 있다. 구매자(Off-taker)나 헤지 계약 상대방(Hedge Counterpart) 없이, 구매자에게 특정되지 않고 일반 시장에 파는 것이 차이라고 볼 수 있다.

Ⅱ. 구매계약상 고려해야 할 주요 이슈

1. Risk Allocation 및 당사자 간의 관계

프로젝트의 위험에 대해서는 Concession Agreement를 통해서 다양한 위험들을 분석하고 검토하였고, 민자발전사업에 대해서는 PPA 분야에서 별도로 살펴보았으므로, 본 장에서는 일반적인 민자사업에 있어 Offtake 계약의 특성을 고려해서 짚어보아야 할 위험에 대해서만 살피고자 한다.

1) 시장위험 (Market Risk)

일반적인 구매계약(Offtake)인 경우에는 해당 재화 또는 용역 시장에서 가격, 비용, 수요에 대한 위험은 전적으로 구매자인 Off-taker가 부담을 하고, 이는 구매계약(Offtake

---

187) Marketing Contracts라고 해서 Take and Pay한 형태로, Market이 투명하고 공정하여 튼튼한 상황이고 구매자가 시장가격에 생산물을 사줄 수 있다는 것만으로 충분히 자금조달이 가능하다면, 이러한 구조를 바탕으로 가격, 생산물에 대한 책임을 전적으로 사업자가 부담하는 형태이다.

Agreement)상에서 계약기간 동안 결과물에 대해서 확정된 공식을 통해서 생산자에게 구매 또는 용역 대금을 지불하는 방식으로 나타나게 된다. 설령 상품 운송이 수반되는 경우라고 하더라고 해당 운송비용이 인상하게 되는 경우 이는 전적으로 구매자(Off-taker)의 책임으로 부담되며, 민간사업자는 어떠한 영향도 받지 않는 상황이 된다. 또한 이런 상황에서 정부가 관련 세금인상을 하더라도 이는 역시 구매자가 부담을 하게 되는 것이다. 따라서, 시장위험은 전적으로 구매자가 부담하는 구조라고 볼 수 있다. 그러나, 최근에는 시장위험에 대해서 구매자의 부담을 줄이고자, 해당 분야와 관련해서 별도의 Market이 형성되어 있고, 구매자가 생산물을 구매하지 않은 경우에 해당 기간의 고정비용을 전부 지불하는 것이 아니라, 해당 결과물을 다른 구매자에게 판매가 가능한 경우라면, 해당 시장가격과 그 고정비용의 차액만 지불하면 되는 구조가 도입되고 있으며, 구매자가 다른 공급자와의 물량 조절을 위해서 생산물 물량에 대해서 다양한 재량을 가지고자 하는 구조도 적극 도입되는 것이 현실이다.

2) 운영위험 (Operation Risk)

생산물을 약정한 대로 생산하지 못하면 당연히 민간사업자가 책임을 지게 되는데, 만약 결과물을 운송수단 또는 송전선로 등을 통해서 최종 목적지까지 전달하는 것이 의무사항이라고 한다면, 운송수단이나 송전선로를 과연 어느 정도까지 구매자가 관리할 수 있느냐가 관건이 된다. 만약 운송수단이나, 송전선로에 대해서 구매자가 관리가 가능하다면 해당 위험에 대해서는 구매자가 책임을 진다. 예를 들면, 공급경로 또는 운송수단 불비로 인한 생산된 결과물이 공급 되지 않는 경우, 구매자가 책임을 지는 것이다.

3) 기타 고려할 위험요소

구매계약(Offtake Agreement)은 계약으로서의 특성과 담보로서의 특성을 동시에 가지고 있을 필요가 있다. 프로젝트 파이낸싱이 필수적인 PPP 사업에 있어서는 금융조달을 전적으로 염두에 둘 필요가 있고, 이는 금융계약 이행이 실행되고 대출금이 공사대금에 사용되었음에도 즉시 대금지급의무는 이행되지 않고 특정기간, 즉 준공이후부터 대출 상환의무가 발생하는 계약이므로 의무사항에 대해선 정확하게 명시할 필요가 있으며, 대주단의 입장을 고려해서 개정 또는 수정가능성이 고려된 상황에서 계약이 체결되기도 한다는 특징이 있다. 이를 위해서는 우선 프로젝트의 현금흐름을 분명히 하고자 구매자의 확정적인 대금지급 의무 및 채무불이행 사유, 그에 따는 보상방안을 구체적으로 명시해야 한다. 또한 분쟁이 발생한 경우, i) 구매자 소재지 국가의 법률시스템에 참여할 수 있는지, ii) 집행을 위한 비용과 소송기간은 어떻게 되는지, iii) 판결이 아닌 중재 조항을 선택하게 되는 경우 실행가능성이 있는지를 고려할 필요가 있다.

4) 프로젝트 운영자와의 관계

구매자와 프로젝트 운영자간의 원활한 Communication이 상당히 중요하다. 구매자의 입장에서는 Take or Pay 형태로 계약을 체결한 이상 프로젝트가 운영만 가능한 수준이라면 계약기간 내에 해당 비용을 지불하고, 운영이 필요한 경우에 별도로 운영에 수반되는 각종 변동비를 부담하는 구조이므로, 구매자는 자신이 원하는 결과물 또는 시장의 요구사항에 부합하는 결과물을 얻어야 할 필요가 있다. 이러한 결과물을 얻기 위해서는 결과물의 적기 운송, 각종 검사과정도 필요한 과정으로 여겨지며 이러한 과정은 운영책임에 포함되는 것이 일반적이다. 이러한 경우, 운영책임과 관련된 역무에 대해서 정확하게 명시하고 이러한 절차를 통해서 향후 발생할 수 있는 분쟁의 소지를 제거해야 할 필요가 있다. 프로젝트의 갑작스런 정지 또는 특정기간 또는 여러 가지 원인에 의한 수리와 관련해서도 구매자와 운영자가 협의가 필요할 수도 있는데, 이는 프로젝트의 유지 또는 보수 업무를 위한 운영 정지 또는 일부의 정지뿐만 아니라, 구매자 측의 설비 유지 및 보수업무를 위해서도 필요한 사항이므로 프로젝트가 운영이 개시되면 원활하고 적절한 Communication이 필수적이라고 볼 수 있다.

5) 프로젝트 건설시공자와의 관계

기존 구매자 또는 구매자가 원하는 수준으로 프로젝트를 건설하고 또한 운송수단 또는 송변전 선로의 운영 수칙을 고려하여 건설을 해야 하고, 이와 관련해서 구매자 측에 프로젝트 건설과 관련된 각종 기술정보를 제공하고, 시험 시 참여 또는 허가를 해주어야 한다. 또한 준공검사(Commissioning Test)기간에도 성능시험을 통해서 발생한 결과물을 구매 또는 수용이 가능해야 할 필요가 있다. 이는 주로 전력, 상수도, 플랜트 등에 적용된다.

2. 구매계약 주요 이슈

1) 업무영역

구매자가 원하는 수준으로 프로젝트를 운영하고, 해당 운영을 위해서 적절한 Communication이 가능해야 한다. 특히, 구매자의 경우 구매계약의 결과물 운송을 위하여 운송준비 또는 송전선로 준비와 같은 작업을 완료해야 하며, 이를 위해서 별도 운송시설 설치 또는 개선 등이 요구되고, 필요시 적절한 자료 등도 제공할 필요가 있다.

2) 물량 (Quantity)

구매계약을 통해서 민간사업자가 생산 또는 제공하게 되는 용역결과물을 구매자가 구매하는 의무를 부담하게 되나, 그 물량에 대해서 특정 하는 것이 필요하다. 즉, 모든 결과물을 구매하거나, 일부만 구매도 가능하기 때문이다. 이는 현지의 시장상황을 고려해서 결정해야 하며, 구매자의 경우에도 최소 물량만을 구매키로 약정하기도 한다.

3) 기술 및 운영기준 (Technical and Performance Specifications)

Take or Pay 계약인 경우에는 특정수준만 달성하게 되면 생산 또는 서비스 제공여부와는 무관하게 대가를 지불하는 구조이므로 최소 운영기준 또는 물량 수준(Minimum Level of Performance and Capacity)을 확정할 필요가 있다. 이러한 수준이나 기준은 해당 국가의 각종 기후 및 주변 여건을 고려하여 아주 상세한 수준까지 (전력, 수도의 경우 내부 기준 또는 각종 법률 등 규제수준까지 감안해서) 제공할 필요가 있고, 이를 준수하지 않은 경우에는 구매자가 Penalty 부과하는 것도 가능하도록 할 필요가 있다. 예를 들면, 철도의 경우 선로 지침, 선로신호, 주요 시설 설치 등과 같은 각종 Code 사항을 준수할 필요가 있는 것과 같다.

4) 프로젝트 설비 또는 운영방식 변경 불가

프로젝트 준공이후에는 해당 프로젝트의 운영기준 또는 물량수준에 따라 대가가 지급되기 때문에 구매자의 요구수준에 맞지 않는 수준으로는 해당 프로젝트를 변경할 수가 없다.

5) 구매자 제공설비

구매자가 해당 프로젝트의 건설 및 운영을 위해서 특정한 지원 또는 각종 인프라 지원 및 선로 연결과 관련해서 직접적으로 지원할 필요가 있는 경우, 이를 직접 제공하거나, 구매자의 부담 또는 책임 하에 관련 정보를 제공할 필요가 있다. 그 외 구매자가 직접 저렴한 현장부지를 확보하고 프로젝트 건설 및 운영을 위한 기본적인 설비 또는 연결 장치를 구매자가 제공하는 경우도 있다. 예를 들면, 각종 파이프라인, 항구 또는 도로, 교량 건설을 제공하고 기타 각종 전기, 용수까지 지원하는 경우가 그것이다. 만약 프로젝트의 준공지연이 구매자의 이러한 의무사항 불이행으로 인해서 발생한 경우에는 고정요금을 지불할 책임이 생기는 것이 일반적이다. 이와 같이 송전선로, 용수관로 등에 대해서 구매자가 해당 프로젝트와 관련된 연결에 대해서 책임을 지고, 구매자의 부작위 등에 대해서도 책임을 지도록 명시할 필요가 있다.

6) 준공 및 운영개시

준공시점과 운영시점을 반드시 특정한 시점까지 달성해야 할 필요가 있고 이는 구매계약뿐만 아니라 건설계약까지 연결되어 있는 사항이므로 주의할 필요가 있다. 최소한 이 시점까지는 구매자의 운영요구 수준을 반드시 맞추도록 해야 한다. 특히 준공시점의 의미는 건설단계에서 운영단계로의 전환을 하는 시점으로 반드시 특정한 시험 또는 허가서의 발행이 필수적으로 요구되게 된다. 따라서, 준공과 관련된 요구사항은 건설계약상 주요사항과도 연결되어 있어야 하며, 이는 필수적인 검토사항이라고 볼 수 있다.

7) 계약기간 이후 양도

구매자와 계약기간 이후 해당 프로젝트를 승인권자에게 이전토록 하는 조건을 두는 경우도 있다. 이처럼 이전을 시행하는 경우에는 각종시험을 필요로 하게 되며, 이를 위해 양허승인권자와 구매자는 별도의 직접계약(Direct Agreement)을 체결하기도 한다.

8) 해지비용 (Nature of Termination Compensation)

기본적으로 해지 시 발생하는 비용에 대해서는 일반적인 손해배상과는 달리 실질적인 손해를 계산하지 않고 지급한다는 점에서 LD와 유사한 형태의 구조라고 볼 수 있고, 만약 BOT 사업의 경우라고 한다면 해당 프로젝트 자산을 구매자가 가지고 가는 형태가 되므로 해지비용에 대해서는 다른 접근 방법, 즉 대주단의 대출 원리금 상환 등을 고려하는 보상이 이루어질 필요가 있다.

9) 분쟁해결 (Dispute Resolution)

일반적으로 계약당사자 간에 분쟁이 발생하게 되면 법원 또는 중재법원 등을 통해서 서로 합의된 분쟁해결절차(Contractual Dispute Resolution Procedure)를 따르게 된다. 법원을 통하는 분쟁해결은 중재방식보다 훨씬 엄격하게 진행되는 절차이나 3자 참가가 가능하고 더구나 법원의 판결에 따라 Summary Judgement도 가능하다는 장점이 있으나, 다만 비용이 다소 과하게 발생하게 된다는 단점이 있다. 이에 비해서 중재(Arbitration)의 경우 절차의 긴급성 또는 저렴함이 장점이라고는 하나, 복잡한 사건의 경우에는 소송만큼 상당한 비용과 시간이 수반된다는 문제점도 있다. 또한 소송비용 외 해당 전문가의 비용까지 부담해야 한다. New York Convention의 경우에는 일부 국가의 제척조항, 즉 다른 Jurisdiction으로부터 받은 결정에 대해서 집행이 불가하다는 법령이 있을 수 있는데 해당 조항이 있음에도 불구하고 집행이 가능하다는 장점을 가지고 있다.[188]

10) 구매가격

구매대금은 다음에서 자세히 다루겠지만, 개략적으로 프로젝트의 고정비를 보전하고자 하는 기본요금 또는 용량요금(Capacity or Availability Charge)과 실제 운영 시 발생하는 비용을 보전하고자 하는 변동비용 또는 이용요금(Variable Cost)으로 나누어지게 된다. 여기서 대주단의 원리금과 고정 운영비는 보통은 기본요금 또는 용량요금으로 분류하는 것이 일반적이고, 민간사업자의 투자비용에 대한 수익은 고정비나 변동비로 분류가 모두 가능하다는 특징이 있으므로 해당 리스크를 누가 부담하느냐에 따라 달라질 수가 있다.

11) 대가 지불

구매계약의 성격상 장기간 동안 지속적으로 대가 지불이 가능한지가 검토되고 이를 감안하여 계약에 반영할 필요가 있다. 이 경우에는 특정금액에 대해서 Escrow Account, 은행보증, 국제 신용보증기관의 보증 등으로 보강하는 경우도 있다.

188) 그러나, 이 경우에도 통지를 받지 못하거나, 판결에 따른 집행자체가 공공의 이익에 반한다고 판단되면, 집행이 불가능한 경우가 있을 수 있다.

12) 외화송금 (Foreign Exchange)

구매계약의 특성상 일반적으로 구매자가 위험을 부담해서 환율에 따라서 보전을 해준다. 보전이 어렵다면 환율위험에 대비하기 위한 헤지 계약을 체결하고 해당 비용을 사업자가 부담하는 형태로 가되 해당 비용을 구매대가에 고정비로 반영하는 형태로 전가시키기도 한다.

13) Regulation

PPP 분야 자체가 상당한 규제산업이라고 볼 수 있다. 따라서, 규제기관이 해당 인프라 프로젝트에 대해서 문외한이거나, 민간과의 합작투자에 대해서 생소한 경우에 구매계약을 체결했다고 하더라도 계약사항에 대해서 강제되는 것은 아니므로 양허승인권자나 구매자를 통해서 특정한 Requirement가 부과되었다면 이를 계약 외로 해결해야 할 필요가 있다.

3. Price and Payment

본 프로젝트와 같이 구매계약(Offtake Agreement)을 근간으로 해서 프로젝트 파이낸싱을 하기 위해서는 구매계약상 대출 원리금 상환의 근간이 되는 현금흐름이 확실하게 구현되어 있어야 하며, 더불어 이러한 현금흐름과 관련된 구매계약상 여러 가지 조건들이 대출계약, 연료계약, 운영계약, 건설계약에 잘 반영되어 있어야 한다. 이를 위해서 구매계약상 현금흐름과 관련된 여러 사항에 대해서 한번 살펴 볼 필요가 있으며, 이를 위해서는 먼저, 구매계약상 대가 지급과 관련된 구매대금의 계산이 정확하게 산출될 수 있어야 한다. 대금 계산과 관련된 절차, 검침 또는 구매량 산정, 청구 및 계산절차 등이 명확하게 들어가 있어야 하며, 장기계약이라는 점을 감안하여 물가상승이나 인플레이션(Inflation)은 어떻게 반영할지에 대해서도 살펴볼 필요가 있다 예를 들면, 지수를 반영하되 어떤 지수가 객관적인지에 대해서도 검토가 필요하다. 보통 이러한 구매계약상 지불대금 산정방식 중 일반적인 방식은 i) Cost Plus Pricing(또는 Cost Plus Fee)이라고 해서 특정 수수료를 지급하되 각종 운영비용 또는 세금 등을 구매자가 부담하고 적정 수준의 수익을 보장하는 방식, 또는 2) 실질적으로 제공하고 이를 구매한 양에 따라서 지불하는 방식 (단 이 경우에도 Project 운영을 위해서 변동비 정도는 보상하도록 하는 방식), 3) 그 외 기본요금 또는 고정요금(Capacity Charge)과 사용량요금(Usage Charge)으로 나누어서 지불하는 방식이 있는데, 본 편에서는 프로젝트 파이낸싱 방식을 수반하게 되는 기본요금(Capacity Charge)과 사용량 요금(Usage Charge)을 중심으로 살펴보도록 한다.

1) 고정요금 및 기본요금 (Capacity Charge)

구매자가 자기가 필요한 만큼의 구매량(Capacity)과 또는 서비스(Service)를 민간사업자가 제공하는 조건으로 지불하는 요금구조라고 볼 수 있다. 결국 이것을 바탕으로 해서 민간 프로젝트는 고정요금으로 보장받게 된다. 보통은 구매하게 되는 특정 단위로 계산되게 되며, 미리 약정한 단위만큼을 제공 가능해야만(흔히 말하는 프로젝트가 생산가능 또는 용역제공이 가능한 경우) 지급이 되는 요금이다. 따라서, 구매량 또는 서비스 제공량에 조금이라도 제공이 불가능 한 경우(Shortage)가 생긴다면 불가능한 부문 만큼에 대해서 고정요금을 감하고 지불하게 된다. 이 경우 감소분에 대해서 요금 감소를 적용한다고 하더라도, 해당 제공량에 대해서 최대, 최소량을 미리 약정하여 일반적으로 약정한 최대치가 넘는 경우 인센티브(Incentive), 최소량에도 부족하면 감소하는 것이 아니라 요금지급을 하지 않는 구조가 된다. 요금과 관련된 사항이므로 해당 제공량에 대해서 언제, 어떻게 제공량에 대한 검사를 할지, 해당 시점을 연기 또는 반복할 수 있는지 확정할 필요가 있으며, 분쟁을 방지하기 위하여 시험결과 처리 관련 절차도 미리 확정할 필요가 있다. 예를 들면, 위약벌(Penalty) 또는 재시험을 위한 요건 등에 대한 것이다.[189)]

2) 사용량 요금 (Usage Charge)

사용량 요금은 주로 프로젝트를 운영하게 되면서 발생하게 되는 필수적인 비용으로 주로 변동비와 같이 사업자에게 발생한 비용(Input Cost, Variable Operation and Maintenance Cost)으로 연료비 또는 원료비의 경우에는 변동비에 포함되거나, 그대로 구매자에게 전가되는 것이 일반적이라고 볼 수 있다. 고정비용을 통해서 대주단의 대출 원리금만을 보전받는 경우에, 사용량 요금(Usage Charge)을 민간사업자의 투자수익 재원으로 활용하기도 한다. 이는 고정요금과는 달리 실제 해당 프로젝트가 생산해낸 결과물의 특정단위로 계산

---

189) 첨두부하 또는 수요가 상당히 높은 시점에서 생산물이 공급되지 않는 경우에, 구매자는 일반적인 시장가격보다 훨씬 더 큰 손해가 발생할 수 있다. 따라서, Peak Demand의 경우에는 위약벌이 더 높은 경우도 있다. 또한 생산물에 대해서 정기적으로 생산이 가능한지(Availability)에 대해서 구매자가 정기적으로 확인할 필요가 있다. 이는 고정비용을 지급하는 구조에서는 당연한 구매자의 권리라고 볼 수 있으며, 특히 Demand Cycle이 높은 산업(전력, Telecommunication, Hospital)인 경우에는 짧은 주기마다 진행되는 정기적 확인이 필요하다고 볼 수 있다.

을 하고 지불하게 된다. 연료비 또는 원재료 비용에 있어서 고려할 것은 효율성(Input Efficiency)이라고 볼 수 있다. 특정 연료나 원재료를 구입하여 결과물을 생산해냄에 있어 지나치게 과한 수준의 소비가 이루어진다면 이러한 부분도 구매자의 입장에서는 반영할 필요가 있다. 특정구간을 정해서 효율성에 기반한 요금구조를 작성하게 되는데, 약정한 수준으로 운영을 하지 못하게 되면, 즉 효율적인 생산이 이루어지지 못한다면, 민간사업자 역시 손실을 부담해야 할 수도 있다. 보통은 건설 후 성능시험 단계(Performance Test)를 통해서 결정이 된다. 건설시공자가 제대로 성능을 발휘하지 못했다면, 이를 감안하여 손해배상예정액(Liquidated Damages)을 정하고 지불하게 하여야 사업자가 부담하게 될 손실을 보전 받을 수가 있다. 원재료공급(Input Supply)을 원활하게 하기 위해서 간혹 특정한 설비를 요청하기도 하는데, 예를 들면, 항구시설, 파이프라인 접속, 기타 운송설비 설치 등이며, 이는 고정비용으로 받을 필요가 있다.

3) 생산량 측정 (Metering)

생산량 측정을 위해서 특정한 측정설비가 필요한 경우도 있다. 발전사업의 경우 계량기를 측정함으로써 고정비용 및 운영비용을 산정하게 되므로 민간사업자의 책임 하에 관리되도록 구매계약에서 명시할 필요가 있다. 발전사업의 경우 최초 발전소 가동을 위해서 자가 전기소비가 필요하므로 이를 위한 별개의 계량기가 필요하기도 하며, 상수도 공급 프로젝트인 경우 매설된 파이프라인에서 누수가 발생하기도 하기 때문에 사용량 측정과 관련해서는 요금계산의 근간이 되는 사항이므로 주의가 필요하며, 또한 해당 사용량 측정 기기의 설치지점을 구매자와 민간사업자의 재산한계점으로 보는 것이 일반적이므로 그 설치 지역 역시 중요하다고 볼 수 있다.

4) 부가서비스 또는 복수의 서비스 제공

열병합 발전소의 경우 열과 발전을 동시에 제공하는 프로젝트로서 계절 및 기후 변화에 따라, 특정 서비스 제공이 더 필요한 경우가 발생할 수도 있다. 예를 들면, 겨울에는 열 공급 수요가 늘어나는 것이 그 예라고 볼 수 있다. 이 경우, 고정비용으로 지불받는 요금과는 달리, 구매자 요청에 의한 것이므로 이 경우에 사업자의 수익구조에 어떠한 영향을 받을 것인지 고려하고 최초 합의된 수준의 수익이 보장되도록 구조를 짤 필요가 있다.

5) 기타 요금 구조

시설물 이용에 관한 계약인 경우 병원 및 교육시설에 제공하는 경우에도 고정요금과 사용량 요금으로 구분하여 요금 계산이 가능하며, 보통은 시설물 설치와 관련해서는 고정 비용으로 보상을 하고, 시설물 운영을 통해서 변동비용과 민간사업자의 수익을 보장하는 구조가 일반적이라고 볼 수 있다.

6) 보너스 (Bonus)

약정한 운영능력을 초과하여 생산물을 공급하여 구매자가 추가적인 수익을 누리거나, 또는 효익을 얻은 경우에는 보너스를 제공받기도 하는데, 이 경우 초과생산에 따르는 프로젝트의 가치 감소분도 고려해야 하며, 이를 요금계산 구조에 명시할 필요가 있다.

제 3 장
PPP 사업의 건설시공계약의 이해

Ⅰ. 건설계약 개관

1. 건설계약의 의의

민간사업자가 프로젝트 운영을 위해서 프로젝트 건설을 시작하고자 건설 시공자와 체결하는 계약으로 인프라 프로젝트라는 일반적인 특성을 고려하고 프로젝트 파이낸싱이라는 점까지 감안하여 체결하게 되는 건설 계약은 프로젝트 건설 기간 동안 프로젝트의 설계 및 시공과 관련된 모든 위험을 건설시공자에게 이전할 목적으로 체결하는 계약으로서 건설 기간 중 민간사업자가 양허승인권자 또는 구매자가 요구하는 수준으로 시공이 필요한 프로젝트의 책임과 위험을 완전히 건설 시공자에게 이전한다는 데 의미가 있다. 따라서, BOT (Build, Own and Transfer) 사업의 경우 일반적으로 이러한 계약을 설계 및 시공(Design and Built) 계약 또는 턴키(Turnkey) 계약이라고 한다. 그러나, 실제로는 하나의 건설 시공자가 모든 분야를 전적으로 책임시공 하는 것이 어려운 경우에 턴키(Turnkey) 계약과 같은 시공 관련 위험이 완전히 이전하는 효과만 볼 수 있다면 다른 형태의 계약도 가능한 경우도 있다. 물론 이 경우에 문제가 발생한 경우, 건설시공사는 컨소시엄 내부에서 별도의 책임분담 확정 절차가 필요할 것이다. 이런 형태의 건설시공계약은 주로 컨소시엄사 간 연대보증(Joint and Several) 책임을 지고 시공하도록 하되, 일반적으로 대주단이나, 구매자, 양허권 승인권자는 준공보증(Completion Guarantee)은 사업주에게 요구하는 것이 일반적이다.[190] 또한, 시공과 관련된 자재구입 또는 인력조달과 관련하여 해당 국가의 관세를 고려할 필요가 있으므로 수입, 현지조달이라는 관점에서 세무 구조가 다른 국가별로 시공전문 회사를 별도로 세우고, 역내 또는 역외지역 회사별로 시공 또는 조달을 하는 경우도 있다. 그러나, 이 경우에도 반드시 시공 관련 책임을 이전하는 효과를 발

---

190) 컨소시엄이라고는 하나, 실질은 하도급 계약형태로 진행되는 경우가 많고 이 경우, 수직적인 관계 또는 Single Point Responsibility 형태로 진행될 것이므로 계약상 수평적인 관계로 인해 지급된 시공대가로 인해서 복잡한 대금 정산 및 세무 관계가 발생할 여지가 있다.

생해야 하므로 턴키 계약에 준하는 책임부담 구조를 시공자에게 요구하게 된다. 역내 또는 역외에서 발생할 수 있는 위험을 전체적으로 부담토록 할 수 있게 Warp up Guarantee 형태로 계약구조를 만들어 문제가 발생하지 않도록 할 필요가 있다.

앞서 논의한 바대로 어떠한 형태의 계약구조이든 결과적으로 약정된 수준의 성능(Fixed Performance)을 가지고, 약정한 준공기일(Specific Date)내에 확정한 건설공사 금액(Fixed or Predictable Price) 범위 내에서 준공되고 설치하기로 약정하였기 때문에 건설시공자가 사업주와의 계약관계에 있어서는 설계, 시공, 조달까지 시공자의 책임 하에 직접 처리하도록 해야 하고, 성능시험(Commissioning Test & Start up)까지 마쳐야 한다. 그러나, 이러한 건설 계약을 체결하였음에도 불구하고, 건설시공자는 결국 공사비 증액사항과 관련해서 적극적이고 유리한 규정을 두고자 하며, 사업주는 공사비의 증액 관련 위험을 감소하고 준공지연과 성능미달과 관련된 사항에 대해서 민감하기 때문에 유의해서 계약을 작성할 필요가 있다.

2. 시공자의 일반적인 책임 사항

프로젝트 파이낸싱에 있어서 건설과 관련된 모든 위험과 책임은 가급적 시공자가 직접 Design을 수행토록 하는 것이 일반적이므로 시공자는 건설과 관련된 모든 업무, 즉 설계, 조달, 시공, 구매, 건설 등과 관련된 모든 업무에 대해서 책임을 지고 시공을 하게 된다. 실제로 조달과 설계 등 계약상 의무를 하도급 또는 별개의 계약을 체결하고 진행하는 경우에는 설계분야와 시공분야와의 협업 및 최종단계인 준공분야에 대해서 빈틈없는 종결 및 하자보증 관련 업무가 필요하다고 볼 수 있다. 시공자의 일반적인 책임사항 중 중요하다고 생각되는 사항에 대해서 몇 가지를 살펴보면 다음과 같다.

1) 적기준공 (Time Completion)

건설계약의 준공시점은 프로젝트의 운영과 관련된 여러 계약이 맞물려 있으므로 예를 들면, 연료공급 또는 원재료공급계약(Input Supply Agreement), 운영 및 보수 계약(O&M Agreement), 구매계약(Offtake Agreement)의 개시 시점과 물려있고, 준공 지연을 대비하여 각종 위약벌 또는 손해배상예정액(Penalty or LD)의 기산 시점이기도 하며, 대주단의 원리금 상환 개시일이기도 하므로 유의할 필요가 있다.

2) 건설가격 (Construction Price)

특별히 명시적으로 계약상 제한적인 경우를 제외하고 건설가격은 변동이 불가능한 것이 일반적이다. 다만, 실제로는 고정확정가격(Fixed Lump Sum)이기는 하나, PPP 사업의 경우에는 조기 상업운전 개시로 인해서 사업주의 이익이 예정보다 먼저 실현된 가능성이 크므로 선준공으로 인해서 인센티브도 가능할 수도 있다.

3) 운영수준 (Performance Standard)

프로젝트 파이낸싱으로 자금을 조달한 프로젝트의 경우 대출 원리금 상환 및 투자수익 달성 나아가, 확정적인 수익흐름을 담보하기 위하여, 특정수준(Specified Standard)의 운영기준을 정하고 달성토록 확정할 필요가 있다. 일반적으로 준공 시 시험하게 되는 분야는 원재료 요청사항 준수여부(Input Requirements), 연료효율(Heat Rate), 폐기물 처리(Waste Output), 기후변화 관련 환경사항(Climate Variations), 환기상태(Ventilation), 연료소비율(Consumption of Input), 기온 및 환경 관련 영향(Temperature and Environmental Impact) 등에 대해서 검사를 하게 된다.

4) 부지 상태 (Site Condition)

건설시공에 있어서 부지와 관련된 위험은 계약 당사자의 특성과 전문성에 따라서 결정할 문제로 볼 수 있다. 설계 및 시공, 토목 사항과 밀접한 관련이 있으므로 지리학적(Geographical), 지질학적(Geological), 수리학적(Hydrological)인 부분까지 살펴야 할 필요가 있어 대단히 중요하다. 상당한 수준의 조사를 시행한다고 하더라도, 부지 상황에 대해서 명확하게 결론을 내리기 어려운 것이 현실이다. 인공적으로 어느 정도 가공이 진행된 지질 상태에 대해서는 훨씬 더 높은 수준의 조사가 필요하므로 결국 건설시공자의 책임이라면 건설비용의 증가를 불러올 가능성이 상당히 크다고 볼 수 있다.

5) 하자보증 (Defect Liability)

건설시공자는 준공검사 기간에 발생한 결함에 대해서 책임을 지며 동시에 준공 이후 하자보증 기간에 발생한 하자에 대해서도 책임을 지게 된다. 영문 표현으로는 Defect Liability Period, Maintenance Period, Warranty Period라고 표현되며 일반적인 계약상 관례에 따라서 기간이 결정되지만, 일부 지역에서는 하자보증 기간에 대해서 법률상 제한을 두는 경우도 있다.

3. 건설계약의 특징과 주요 계약 위험

건설계약과 관련해서 주의해서 보아야할 사항은 1) 업무영역(Work Scope)이 과연 건설 시공계약에 준하는 만큼 모든 사항들을 포함하고 있는지, 2) 확정 건설비용(Fixed Price)이 관련 프로젝트 준공과 관련된 모는 필수적인 역무를 제공하는데 충분한지, 3) 성능보장과 하자보증(Performance Guarantee and Warranties) 사항은 최초 약정한 대로 충분히 건설 및 시공 상태를 유지할 수 있는지, 4) 준공지연 및 성능미달 손해배상예정액(Liquidated Damages for Delay and Underperformance)은 적절히 산정이 되어 있는지, 5) 성능시험(Performance Test)은 최초 약정한 성능대로 시행되는지, 문제가 발생할 경우 어떻게 처리하는지, 6) 이러한 사항에 대해서 건설 계약의 당사자들이 신용(Credit Worthiness of the Contract)상 문제가 없는지에 대해서 살펴볼 필요가 있다. 이와 관련하여 건설계약상 살펴보아야 할 위험은 다음과 같다.

1) 건설비용 증가 (Increase Construction Cost)

주로 건설계약 분야 중에서 부정확한 설계 및 디자인, 그리고 장기간 건설로 인해 건설기간 중 인플레이션(Inflation)과 성능시험(Commission Test) 시 비용이 증가하게 되면, 이는 전적으로 건설시공자가 부담을 하게 된다. 그러나, 고정가격(Fixed Price Turnkey Contract)의 계약을 체결한 경우라고 하더라도 귀책사유에 따라 사업주가 부담을 하는 경우가 있을 수도 있는데, 이 경우 사업비 초과(Cost Overrun)상황을 대비해서 사업주, 또는 특정 주주, 사업주가 제공하는 Standby Equity 또는 L/C를 통해서 사업주에 의해서 보충이 되거나, 또는 Escrow Account나 Contingency Fund를 미리 설립하고 대비하게 된다.

2) 준공지연 (Delay Completion)

프로젝트 건설 준공이 지연되면, 프로젝트 비용 증가, 및 대주단 대출금 상환 곤란으로 각종 이자비용 증가, 기타 각종 프로젝트 운영비용 증가로 귀결되는 상황이 발생하게 된다. 만약 지속적으로 공사지연이 발생하게 되면, 관련된 여러 계약상 합의된 위약별 및 계약

해지 문제가 발생할 가능성이 있다. 이런 상황에 대비하기 위해서 공사 준공 일정(Milestone Schedule)을 적극적으로 관리할 필요가 있고, 이러한 일정을 적기에 성취할 수 있도록 일정에 따라 공사대금을 미리 지불토록 하는 것도 한 방법이 될 수 있다.

3) 성능보장 (Performance Guarantee)

일반적으로 성능미달이 발생한 경우에는 건설시공자부터 제공받은 성능미달 관련 손해배상예정액(Liquidated Damages for Underperformance)으로 지불하게 된다. 이는 건설시공자의 부족한 성능으로 인한 사업주의 결과적 손해를 보전토록 하기 위한 것이므로 그 내역은 프로젝트 파이낸싱으로 조달된 대출금을 지급하기 위한 대출 원리금 부족분을 미리 지급하는 수준정도는 보장될 필요가 있다. 이러한 손해배상예정액은 기술적인 위험요소를 고려해서 결정하게 되는데, 보통 10~30%선에서 그 한도를 정하게 된다. 결국, 이러한 배상을 건설시공자가 과연 지불할 수 있느냐가 중요한 문제가 될 수 있는데, 시공자 자신의 신용이나 부담으로 제공하기도 하지만, 신용이나 자산이 부족할 경우, 일반적인 보증의 방법과 같이 지불능력이 있는 기관의 보증, LC수취, 이행보증, 기타 담보설정 등의 방법으로 성능보장을 담보하게 된다.

4) 불가항력 (Force Majeure in International Construction Contract)

건설계약상 또는 건설계약과 관련된 기타 계약 간에 불가항력의 불일치로 인해서 관련 계약별 의무면제 가능여부에 대해서 문제가 발생할 수가 있다. 이럴 경우를 대비해서 Resurrection 조항을 고려할 필요가 있는데, 불가항력의 조항, 대상사건 등에 불일치가 발생한 경우, 시공자는 발주자 또는 사업주가 받게 될 관련 계약상 보호조치 또는 보상이상을 받을 수가 없도록 제한하고, 불가항력으로 인한 기간연장이 발생하더라도 해당 기간 이상 연장을 허락하지 않는 것이다. 간혹 국가별 지역별 차이로 인하여 특정국가나 해당 지역에 따라서 특정 사건을 통제 가능한 것으로 보거나, 통제가 불가능한 것으로 보기도 하므로, 이에 대한 확인이 필요하다. 보통은 예측 불가능한 기후 상황(Unforeseeable Weather Conditions)은 나라마다 다른 정의를 두고 있으므로 유의할 필요가 있다. 단순히 심한 정도의 기후변화로는 불가항력으로 인정이 되지 않고, 계약서상 불가항력 규정에 관한 차이도 각기 다름에 주의가 필요하다.

5) 건설시공자의 경험 (Experience, Reputation and Resources of Contractor)

시공에 있어 건설시공자, 하도급 건설자, 설비제공자의 경험과 명성도 중요하지만, 특히 턴키 계약에 있어서, 재정적인 능력은 상당이 중요하다고 볼 수 있다. 이러한 것들은 손해배상예정액, 작업수준의 보증, 각종 면책사항, 보험가입 여부 등에 대해서 이행력을 검토하는 경우에 고려된다. 또한 약정한 수준의 건설시공계약 이행을 위해서 인적 기술적 요소까지 잘 갖추고 있어야 하는 것도 중요하다. 따라서, 건설시공계약을 실행하기 위해서는 동일 유사 프로젝트의 경험(Experience in Similar Projects), 재정능력(Financial Strength), 적정자본금(Capitalization of the Contracting Entity), 고용인력 및 기술수준을 고려한 건설시공사의 규모(Size of Contractor Including Employees and Technical Resources), 각종 건설시공 관련 문제해결 능력(Ability in Problem Solving) 등을 고려하게 되는데, 이는 건설 위험을 고려하여 보증을 미리 수취한다고 하더라도, 사업주나 대주단은 손해배상을 통한 해결보다는 해당 프로젝트의 적절한 운영을 좀 더 중요하게 생각하기 때문에 일반적인 시공능력을 우선적으로 고려할 필요가 있다.

6) 건축 관련 사항 (Building Materials)

건축자재를 적당한 가격에 시공시점에 늦지 않도록 조달하는 것도 필요하다. 적기 조달은 프로젝트의 경제성과 관련된 위험 요소 중 하나이다. 따라서, 지나치게 과도한 주문을 하거나, 조달 지연이 발생하는 경우에는 지연 또는 비용초과(Cost Overrun)가 일어날 수 있으므로 현장 소재지 국가의 수출입 관련된 문제도 철저히 고려할 필요가 있다.[191] (풍력의 경우 Crane, 현지의 사회간접자본 현황 등)

7) 시설물 건설 (Facility Construction)

프로젝트의 원활한 건설을 위해서 관련 부속 설비의 건설이 중요하다. 건설을 위한 가스배관망, 각종 하역설비, 기타 기계제작 설비, 전력 및 상하수도 연결, 운송도로 연결 등이 미리 조사되고 설치되어야 할 필요가 있다.

191) 특히 풍력발전이나, 계곡을 연결하는 교량건설이 포함된 사업인 경우 각종 자재뿐만 아니라, 대형 크레인 등의 수배가 필요할 수 있으므로 물류, 도로, 저장, 사용가능 일수 등을 고려할 필요가 있다.

8) 원재료공급 (Raw Material Supply)

건설을 진행하기 위해서 원활한 원재료공급이 이루어질 수 있도록 하는 것이 필요하다. 이를 위해서 원재료를 적정한 가격으로 건설 진행과정에 따라, 시의적절하게 장기간 조달이 가능하게 할 필요가 있다. 상기 사항 외에 고려할 요소는 수출입 비용(Cost of Import and Export Fee), 운송비용(Transportation Charge), 저장비용(Storage Cost), 지속공급 가능성(Stability of Product), 독점가능여부(Monopolies), 기타 금융비용(Finance Cost) 등이고, 당연히 원재료 공급자의 신용 또한 중요한 고려 요소가 된다.

9) 건설시공자의 성능미달 관련 주의사항 (Excuses for Contractor Nonperformance)

건설 시공자에게 성능미달을 사유로 손해배상예정액을 요청하는 등 책임을 묻고자 하는 경우에, 시공자는 오히려 민간사업자의 과실(Fault of Project Company)을 주장하며 면탈을 요구할 수도 있다. 주된 면탈 사유로는 민간사업자가 적정한 시기에 구체적인 정보를 제공하지 않았거나, 건설계약상 민간사업자 또는 발주자의 의무를 제대로 이행하지 않았거나, 민간사업자 또는 발주자가 취득해야할 인허가 사항 미취득, 성능시험시기에 연료조달 실패 등이 주로 주장될 수 있을 것이다. 따라서, 이를 방지하기 위해서 시공자와 민간사업자 또는 발주자의 책임이 분명히 구별되어야하며, 동시에 발주자의 책임은 최소화시킬 필요가 있다. 시공자가 책임을 면제받는 경우라고 하더라도 시공자가 처리가 가능한 기간 내에 해당 사항을 치유하고 이를 문서상 공지하도록 요건을 별도로 구성하는 것이 일반적이며, 이는 불가항력(Force Majeure)의 경우도 마찬가지라고 볼 수 있다.

10) 건설시공자간의 협력 (Coordination)

만약 건설시공계약이 Single Point Responsibility가 없고, 개별적 계약의 집합체라고 한다면 책임을 연대보증의 형태로 진다고 하더라도 개별 시공자가 체결한 계약 간에 문제가 생기면 안 된다. 따라서, 이 경우, 개별적으로 건설시공계약을 체결하는 경우 최소한 관련된 다른 시공계약의 건설 일정, 계약 조건에 대해 인지하고 있음을 확인해서 이를 미연에 방지토록 할 필요가 있다.

11) 건설시공자의 신용 (Credit Worthiness)

프로젝트 파이낸싱 방식으로 자금을 조달하는 인프라 프로젝트에 있어서 시공자의 신용도는 중요한 사항이다. 시공능력 및 전문성 등도 중요한 고려요소가 되나, 자본집약적인 인프라 사업에 있어서 각종 보증에 대한 금전적인 보상 및 배상가능 여부, 즉 시공자의 재정적인 능력이 무엇보다 중요할 수 있다. 당연히 이러한 재무능력을 건설계약 체결시부터 준공이후 하자보증 의무 종결시점까지 부담하고 책임을 질 수준이어야 함을 말할 나위도 없다. 보통은 일반적으로 각종 손해배상예정액(Liquidated Damages for Delay and Underperformance), 공사비용 초과(Cost Overrun), 성능 및 하자보증(Performance Guarantee and Warranties) 분야를 중점적으로 살피게 되며, 이를 보완하기 위해서 모회사 보증(Parent Guarantee) 또는 L/C(Letter of Credit), 보증서 제공(AP and Performance bonds), 기타 각종 하도급 계약에서의 하자보증(Warranty from Other Subcontractors) 등의 방법으로 신용을 보강하게 된다.

시공계약 종류별 업무 및 특징

시공계약의 종류별로 각각 다루는 분야가 다르고 해당 계약별로 특징 역시 다르게 가지고 있으므로 이를 중심으로 살펴보면 다음과 같다.

1) Engineering Contract 또는 관련 분야에서 다루는 내용은 preparation of preliminary and general design, preparation of specifications, preparation of initial cost estimates, preparation, solicitation, analysis of bids for work and supplies, preparation of detailed drawing for bidding purpose, review of detailed drawing produced by suppliers, scheduling of work, inspection and testing and during construction phase, administration of the construction contract가 주된 업무 영역이 된다.
2) Procurement Contract에서 다루는 내용은 machinery equipment, material and supplies 등과 관련된 bidding procedure를 확정하고, 이와 관련하여 현지 프로젝트 site까지 필요한 각종 수출입허가사항을 처리하며, 이와 관련된 일정 수립 및 관리와 관련된 사항은 물론 이와 관련된 운송 arrangement까지 관할하고 이에 수반되는 자금계획, 각종 서류 review 등도 업무분야가 된다.
3) Construction Agreement에서 다루는 내용은 시공계약은 해당 목적물의 complete construction of project가 목표이므로 업무영역은 all construction related service, construction supervision, labor and management, construction facilities, tools and supplies, site investigations and field engineering 등이 될 수 있다.

4) EPC에서 다루는 내용은 engineering, procurement and construction을 하나의 계약으로 담은 계약으로 계약의 특성상 fast track contracts와 같이 모든 업무를 한 번에 진행하는 관계로 훨씬 더 빨리 진행된다는 이점이 있다.
5) Fixed Price Contract: 고정금액이나 예외적으로 합의된 사항이 발생하면 계약 금액변경이 가능한 계약(fixed sum subject to adjustment based on agreed on index)이기는 하나, 예측이 곤란한 상황과 예외적인 경우에 한하여 계약금액 조정을 인정해주므로 고정금액(fixed lump sum price)에 어느 정도 여유(cushion)를 두는 것이 일반적이다. 이 경우 contingency로서 일반적으로 12%에서 20% 정도까지 두게 된다. 일반적으로 계약금액 조정이 가능한 경우는 Force Majeure (FM), delays caused by the project company, unexpected site conditions 등이며, 일부 계약에서는 FM의 경우에 extension of time의 경우만 인정 가능하기도 한다. 그 외에는 발주자가 계약변경을 요청한 경우에는 그에 상응한 보상이 주어져야 하므로 계약금액 변경이 가능하다.
6) Cost Plus Fee Contract: 일반적인 EPC 계약과는 달리 이런 유형의 계약에서는 발주자는 contingency risk와 관련된 비용을 지불할 필요가 없으나 대신에 예상된 비용보다 건설비용이 증가하는 경우에 전적으로 이를 부담하게 된다. 다만, 무한정 비용이 증가토록 할 수는 없으므로 cost plus fee with maximum price and incentive fee 방식을 통해 우선적으로 예산에 따른 시공진행시 인센티브나 penalty를 부과하거나 지급하면서, 시공자는 자신이 제시한 maximum price guarantee를 넘으면 시공자가 construction fee를 부담한다.
7) Turnkey Contract: PF로 진행되는 건설계약은 예측가능성(Predictability)이 중요하므로 이를 위해서 고정가격(Fixed price), 확정일자(date certain), 성능수준(Performance)에 대해서 시공자는 이를 최대한 확정하고자 하며, 확정이 곤란하거나, 어려운 경우 최대한 이를 해소하기 위해서 이를 프로젝트 가격에 Risk premium으로 이를 반영하게 되는 것이 일반적이다. 이와 반대로 시공자는 해당 위험을 최대한 줄이고자, 프로젝트 파이낸싱 건설계약에 있어서 중요한 요소인 준공지연(late delivery)과 성능수준확보(performance)에 대한 충분한 여유를 가지기를 원하게 된다. 이러한 일련의 중요한 요소들이 프로젝트 파이낸싱 계약에 있어 중요한 협상 이슈가 된다. 준공지연과는 달리 조기 준공과 관련해서 시공자에게 인센티브나 보너스가 지불되는 것도 논의가 되기도 하지만, 프로젝트 전체의 특성을 고려해서 결정되는 것이 일반적이다. 즉, 연관계약, 연료공급 또는 운영계약 등과의 관계와 영향을 고려해서 결정되는 것이 일반적이다. 예를 들면, 전력구매계약에 있어서 발전전력공급과 연료공급이 동시에 이루어져야 하기 때문에 과연 이러한 과정들이 문제없이 가능한지가 확인이 되어야 하고, 해당 인센티브나 보너스의 재원도 고려할 필요가 있다. 사업주의 입장에서는 추가 주금납입이나, 대출의 필요가 없이 지불하는 것이 best case가 된다고 볼 수 있기 때문이다.

Ⅱ. 건설계약의 주요 조항

건설시공계약에 있어서 중요한 사항은 확정기간(Fixed Time), 건설비용(Cost) 그리고 성능의 보장(Quality)이며, 이는 건설시공계약의 중요한 요소가 된다. 이러한 사항들과 관련된 위험들을 시공자에게 전가하여 모든 시공책임을 건설시공자에게 부담토록 하는 건설총괄 책임(Single Point Responsibility)이 필요하며, 기술준공과 성능시험 간에 차이부재(No Gap in Construction and Commissioning)를 유지하고, 관련 양허계약 또는 구매계약상 지정한 날짜가 명시적으로 확정된 경우 해당기일까지 상업운영을 위한 준비를 마치도록 할 필요가 있으며, 이러한 상업운전일은 대출 상환 및 해당 프로젝트의 운영, 연료공급과 연결이 되어 있으므로 확정기일을 준수하는 것이 중요하다. 또한 프로젝트의 수익모델 역시 성능과 건설비용 및 기간에 연결이 되어 있으므로 이러한 사항을 보전하고자 건설시공계약의 모든 조항들이 유기적으로 연결될 필요가 있다고 볼 수 있다. 이를 위해서 일반적으로 프로젝트 파이낸싱을 근간으로 하는 건설시공계약에 있어서 중요하게 다루는 조항은 기술 분야 및 주요 항목별 시공내용(Work Scope with Technical Scope and Specifications), 시공자의 책임(Responsibility), 비용 지불 및 기간(Compensation and Payment Term), 하도급(Subcontractors), 인수 및 성능시험(Acceptance and Performance Testing), 시공변경(Changes in Work), 공사거절(Rejections of Work), 하자보증(Warranties), 작업결과물 소유(Title to Work), 계약위반 치유(Remedies for Breach), 성능 및 하자보증(Performance and Warranty), 보험(Insurance), 중재(Dispute Resolution)와 하자보증(Warranty Bonds), 보상 또는 면책(Indemnification), 양도(Assignment), 조업중지(Suspension of Work), 해지(Termination), 불가항력(Force Majeure) 등이 될 수 있으며, 이에 대해서는 조항별로 자세히 살펴보기로 한다.

1. 시공분야

프로젝트 파이낸싱 방식의 시공계약은 확정된 건설 공사금액으로 해당 가격범위 내에서 시공이 이루어져야 하는 것이 절대적으로 중요한 사항이라고 볼 수 있다. 따라서, 확정된 가격범위 내에서 이루어져야 할 Work Scope가 분명하게 결정되어야 하며, 명시하지 않는 Work Scope의 경우에는 공사변경 등의 절차를 통해서 추가 공사비가 발생할 여지가 있으므로 해당 시공분야를 명확하게 하는 것이 더할 나위 없이 중요하다고 볼 수 있다.

2. 책임시공

프로젝트 건설과 관련된 모든 분야에 대해서 전적으로 한 시공사가 건설, 조달, 설계와 관련된 모든 분야에 책임을 진다는 것은 프로젝트 파이낸싱을 기반으로 하는 건설 분야에 있어서는 필수적인 사항이다. 대주단이나, 사업주로부터의 건설위험을 전적으로 부담해야만 금융조달이 가능하기 때문이다. 그러나, 예외적인 경우, 즉 한 시공자가 전체적인 건설, 조달, 설계 등에 대해서 보장이 곤란한 경우가 있을 수 있고, 시공자의 능력을 벗어난, 특정한 기술 적용이 필요한 사항이 발생하고, Main 건설시공자의 전문성이나, 능력이 안 되는 경우, 또는 최초 또는 검증되지 않는 기술방식인 경우에 예외적으로 책임시공을 적용하지 않을 수 있으며, 책임시공을 적용하기에는 도저히 경제적으로 여건이 되지 않아, 건설시행이 불가능한 경우, 또는 신규광산 또는 가스, 석유 개발 프로젝트인 경우, 기술이나 설계가 정확히 구분이나 설정이 되지 않는 경우에 기존 책임시공에 대한 대안으로 설계 및 시공 계약(Design and Build Contracts), 공사비 정산방식 계약(Cost Reimburse Contracts), 변경가능 총액계약(Convertible Lump Sum Contracts), Cost Plus Fee Contracts, EPC 관리계약(Engineering, Procurement and Construction Management)이 고려되기도 한다.

3. 시공자의 의무사항

일반적으로 프로젝트 파이낸싱 계약에 있어 시공건설 계약 중 시공자의 의무사항인 것은 설계, 시공, 조달 및 건설 그리고 각종 기기 공급 등이라고 볼 수 있으며, 나아가, 시공인력 구성, 프로젝트 운영인력 교육 및 개별 인력관리, 훈련 관련 일정 수립, 준공 이후 해당 프로젝트를 운영자에게 이전하는 시점에 이르기까지 시공 및 건설과 관련된 각종 인허가 사항 신청 및 획득, 유지 및 공사기간 중 발생하는 사항에 대해서 책임을 지게 된다.

4. 발주자의 의무사항

시공자가 원활하게 자기 책임 하에 시공을 시작하고 준공할 수 있도록 사업주는 사업부지 정리 및 접근이 가능토록 하고, 시공하기 위한 사업여건이 확보되도록 해야 하며, 각종 인허가 사항의 취득, 필요시 성능시험단계에서 소요 연료공급 및 자재제공 등 각종 유틸리티 제공을 해야 한다. EPC 계약에 있어서 발주자의 의무 불이행은 자칫 시공자의 성능미달 또는 준공지연으로 이어질 수 있으므로 적극적으로 최소화하는 노력이 필요하다고 할 수 있다.

5. 공사착공지시

프로젝트의 현금흐름만을 보고 자금을 조달하는 방식에 있어서 처음에는 자산으로서의 가치를 가지고 있는 것이 아무것도 없는 경우가 대부분이므로 착공에 대해서는 민감하고 조심스러울 필요가 있다. 이는 시공자의 입장에서도 마찬가지이므로 보통 착공지시를 내리는 경우에는 1) 금융조달의 증빙, 2) 공사 착공을 위한 필수 인허가 사항의 취득 및 승인, 3) 환경 관련 이슈에 대한 종결 또는 환경영향평가 보고서 승인, 4) 공사대금의 즉각적인 인출 가능여부에 대해서 확인하는 것이 일반적이라고 볼 수 있다.

6. 공사대금

일반적인 프로젝트 파이낸싱 시공계약의 공사대금은 총괄대금, 즉 고정된 시공 계약금액에 프로젝트 준공에 필요한 일반적인 금액뿐만 아니라, 이와 같은 시공에 수반되는 모든 비용들이 포함되는 것이 일반적이다. 이 비용에는 시공과 관련된 인부의 임금, 고용과 관련된 세금 각종 비용, 프로젝트의 일부로서 시공되어야 할 물건, 자재, 각종 기기, 현지까지 수반되는 운송비용이 포함되어야 하고, 하도급으로 진행시 관련 하도급 비용, 시공 관련 기기의 임대, 구매, 확보와 설치 등에 소요되는 비용과 시공자의 신용을 보강하기 위해 수반되는 일체의 비용, 즉 보험비용, 이행보증 및 지불보증에 수반되는 비용, 각종 세금 및 준조세 비용, 심지어는 준공시점에 사업부지 정리 및 각종 시공 자재 처리비용까지 포함해야 한다고 볼 수 있다.

7. 대금 지급 및 유보[192)]

공사 진행 상황에 따라 대금을 지급하는 Milestone Payment 방식으로 지급하는 경우,

192) 협상의 여지에 따라서 대주단이 바로 시공자에게 건설비용을 지급토록 하거나, 기타 발주자의 EOD나 과실의 경우에 이를 시공자에게 통지토록 하는 등 여러 가지의 Notice를 주기를 원하기도 함. / 기타 발주자에 문제가 생긴 경우에도 발주자의 채무자들과 무관하게 바로 비용지급이 가능토록 하는 문장을 둘 필요가 있음.

만약 조기준공이 가능하다면, 상업운전 이전이라도 운영이 가능토록 함으로써 발주자, 즉 사업주가 자금조달 관련 부담을 줄일 수 있다는 이점이 있는 반면에, Milestone Payment 방식에서 각 단계별로 준공이 이루어졌다고 하더라도 최종시점에 무조건적으로 잔여 대금을 지불하는 것은 아니며, 준공시점이후 발생할 하자를 위한 보증이나, 기타 성능과 관련된 부분에 대한 일종의 담보로서 특정 금액을 유보하기도 한다. 대금지급과 관련해서 예외적으로 선급금(Advancement Payment)이 허용된 경우에도 제한 없이 해당 비용을 지출할 수 있는 것이 아니라, 해당 프로젝트와 관련된 자재, 장비, 원료(Purchase Materials, Equipment and Supplies)를 구매하는 목적에 한하여 지급되며, 해당 목적 외 사용을 제한하고 이를 방지하기 위해서 선급금 보증(Advance Payment Bonds)을 사용하는 것이 일반적이다. 즉, 해당 보증금을 약정한 특정시간 내 조달을 완료하지 못하거나, 계약이행을 달성치 못하는 위험에 미리 대비하는데 활용하는 것이다.

그 외 대주단이 직접적으로 특정 감리인을 임명하거나, 엔지니어를 활용하여 공사일정에 따라, 감독하고 건설대금 요청을 위한 확인서를 직접 수취하기도 한다. 이는 대주단이 시공과정을 감독하면서, 일정에 따른 공사대금을 지불하는 역할을 동시에 수행함으로써 대출 계약서상 대출 실행절차가 건설공사 공사대금 일정 및 절차와 일치하도록 관리하는데 그 목적이 있다. 조속한 준공을 통해서 수익을 극대화하고자, 인센티브 지급을 염두에 두고 시공하기도 하지만, 아주 사소한 문제로 준공이 되지 않으면 인센티브가 아무런 의미가 없을 수도 있다는 점에 유의해서 완벽한 준공이 되도록 하는 데 집중할 필요가 있다. 최종단계에서 유보하는 금액의 정도는 공사금액의 5~10% 정도를 유보하는데, 이를 신용장(L/C) 또는 보증서로 대체해서 특정금액을 유보하는 효과를 얻기도 한다. 이 경우 이를 Retention Money Guarantee 또는 Retainage Guarantee라고 한다.

시공자 외에 기기공급자 또는 각종 자재공급자가 시공자로부터 대금을 지급받지 못한 경우에, 해당 프로젝트에 유치권을 행사하는 경우가 있다. 이에 대비하기 위해서 발주자가 노무 및 기자재 지급 보증(Labor and Material Payment Bond)을 직접 시공자로부터 수취하기도 하고, 이런 보증을 활용해서 미지급 공급자, 기기 제공자, 하도급자와의 문제가 발생할 경우를 대비해서 지불하기도 한다. 다만, 이 경우 지나치게 시공자의 업무에 참여를 하게 되면 시공을 전적으로 맡기고자 하는 EPC 계약의 취지에도 반하고, 준공 지연이나 성능미달이 발생한 경우에 발주자의 간섭을 이유로, 시공자에게 책임을 회피할 빌미를 제공할 가능성도 있음에 유의할 필요가 있다.

8. 준공, 성능보장 및 손해배상예정액

프로젝트 파이낸싱을 통해서 자금을 조달하는 인프라 프로젝트에 있어서 준공은 매우 중요한 의미를 가진다. 정상적인 프로젝트 운영을 위해서 해당시점을 기준으로 여러 가지 계약시점이 연결되어 있기 때문이다. 예를 들면, 운영계약, 연료공급계약, 대출계약상 대출 원리금 상환의무 시작 등이 그것이다. 준공은 크게 다음 3가지 단계를 거쳐서 이루어지게 되며, 이는 시공일정 중 필수적으로 거쳐야할 중요한 일정에도 반영되어 있는 중요한 단계로서, 기술적 준공(Mechanical Completion), 실질적 준공(Substantial Completion), 최종적 준공(Final Completion)이 있다.

1) **기술적 준공 (Mechanical Completion):** 건설 관련 공정을 모두 마친 단계로서 Start up과 성능시험이 가능한 바로 전 단계를 말하고, 프로젝트의 본연의 목적에 비추어 볼 때 아주 사소한 공정(Painting, Grading 등) 또는 이와 유사한 업무들은 이루어지지 않아도 무방한 단계를 말한다.

2) **실질적 준공 (Substantial Completion):** 시공계약을 통해서 약정한 수준의 성능으로 충분히 운영이 가능한 상태로 준공되어 있는 상태를 말하는 것으로, 프로젝트 파이낸싱에 있어서 요구되는 대출 원리금 상환과 사업주의 투자이익을 보장할 만한 수준으로 수익이 발생하는 상태로 준공이 이루어진 것으로 말한다. 예를 들면, 발전프로젝트인 경우 성능수준의 달성(Performance Guarantee)이 이루어져, 보증 용량의 달성, 열효율, 기타 소비전력필요량 등에 대한 검증이 완료되고, 환경 및 각종 법적 기준 준수(Compliance with Law)과 약정한 시험기간 동안 문제없이 운영이 가능한 상태(Availability & Reliability Guarantee)를 말하거나, 성능수준에 미달한다고 하더라도, 손해배상예정액(Liquidated Damages)을 통해서 부족액을 충분히 충당을 하고 이러한 충당이 대출 원리금 상환과 투자수익을 전부 보장하는 수준까지 제공된 시점의 준공을 말한다. 이 경우 손해배상예정액은 성능미달과 관련된 유일하고 독점적인 손해배상이 된다. 실질적인 준공을 이루어내기 위해서는 프로젝트별로 보통 25에서 40개 정도의 시험항목을 거쳐야 하며, 해당항목에 대해서 시험을 거치지 못하는 경우, 특정기간 동안 이를 보완하거나, 수정하도록 해서 보완, 수정할 수 있는 기회를 시공자에게 제공하고 나서, 최종적으로 손해배상예정액을 부담하는 것이 일반적이다. 다만, 환경 관련 보증의 경우에는 최소기준이 준공기준이 되므로 손해배상예정액 수취보다는 치유에 좀 더 유의할 필요가 있

다. 일반적으로 실질적 준공이 이루어지고 나면, 시공자는 해당 프로젝트를 준공하게 되고 상업운전을 위해서 양도하게 되며, 하자보증기간이 시작되게 된다.

3) **최종준공 (Final Completion):** 실질적 준공(Substantial Completion)이 일어나고 준공에 필요한 모든 조건을 충족하거나, 기타 준공과 관련된 부수적인 업무 또는 손해배상예정액이 완전히 지급되게 되면 일어나게 된다. 보통 최종적으로 마지막 단계의 공사대금과 시공 관련 유보금이 시공자에게 지불되는 시점이라고 볼 수 있다.

4) **수정 (Correction):** 준공임에도 불구하고 성능보장 기준을 달성하지 못하여 미 충족 시 이를 충족시키기 위한 기회를 시공자가 다시 한 번 제공받는 것이다. 따라서, 수정이 진행되는 기간 동안 성능기준을 달성하지 못하였으므로 해당 기간으로 인해 지연이 발생한다면, 성능기준은 물론 지연이 발생한 기간에 상응한 손해를 배상하고, 또한 위험최소화 유지의무(Duty to Mitigate)를 부담하게 되어, 지연이 발생하면 약정일자부터 지연이 발생한 기간만큼 해당 기간 동안에 벌어들여야 할 수익, 즉 대출 원리금 상환, 운영사 O&M 비용 등에 대한 정도는 부담을 해야 한다. 또한, 만약 프로젝트가 운영 중이라고 한다면, 적정한 운영을 방해하지 않는 수준으로 수정(Correction)이 이루어져야 한다. 물론 이 경우 수정이 허용되는 기간은 구매계약(Offtake Agreement) 또는 관련 계약이 허용하는 시간까지만 수정이 허용된다.

5) **준공지연 손해 (Delay Damages):** 상기한 3가지 준공절차를 거쳤음에도 준공을 달성하지 못하게 되면, 준공지연에 따르는 손해배상예정액(Delay LD)을 부담해야 한다. 지연에 따르는 손해배상액은 기본적으로 지연일수를 고려해서 일별정산(Daily Basis)하는 방식으로 지연배상금을 계산하고, 그 내역은 대출 상환 연기 및 결과물에 대한 구매계약 지연으로 인해 발생한 금액 또는 관련 계약 (운영계약, 연료공급계약)의 불이행으로 인해 발생한 비용을 배상하는 정도가 되어야 한다는 것이 일반적이다. 그 성격이 실질적인 손해배상과 간접손해도 포함하는 개념이므로 준공 지연으로 인해 발생한 운전자본(Working Capital Cost) 증가분 또는 해체비용(Demobilization) 증가분이 있다면 이 역시 감안할 필요가 있다.

6) **성능시험 (Test):** 성능시험 단계는 해당 프로젝트의 운영수준을 가늠하기 위한 것이기도 하나, 성능미달이 발생한 경우 최종 준공을 위해서 수정작업이 발생할 수도 있는 단계이므로 준공지연(Delay)과 관련이 있고, 이러한 두 가지 경우는 동시에 발생한 가능성

이 상당히 높기 때문에 시험을 위한 특정한 항목과 그 절차를 분명하게 합의하고 명시할 필요가 있다. 또한 여기에 더불어 성능시험과 관련된 비용을 누가 부담할 것인지, 해당 시험에 소요되는 노동력, 연료비 등에 대한 부담 주체에 대해서도 합의할 필요가 있다.

7) **조기준공 관련 보너스 (Bonus for Early Completion):** 조기 준공과 관련된 보너스는 조기준공으로 인해서 사업주가 얻게 되는 조기 수익(Early Revenue)과 이로 인해서 선 상환으로 인해서 얻게 된 대출금 감소(Reduce Debt)이득을 감안하여 지급하는 것으로, 시공자에게도 역시 시공 예정기간 대비 기간의 단축으로 잔여기간 동안의 비용 절감이 가능하므로 조기 준공의 경우에는 인센티브나 보너스를 주는 게 일반적이다. 보너스 계산은 총액일별계산(Lump Sum Payment Per Day) 방식에서 대출금 상환으로 인한 이익(Debt Service Saving)으로 기준을 삼거나, 사업주의 경제적인 이익(Benefit)을 근거로 계산하는 것이 일반적이다. 조기 준공 보너스는 지불하고자 하는 계정이나 계좌에 바로 지급이 가능한 상태를 유지하기 위해서 예비계좌(Contingency Account)에 준비를 하는 것이 필요하다. 만약 그렇지 않다면, 향후 발생하게 되는 프로젝트 수입에서 대출원리금 상환액과 운영비용을 제외하고 지급해야 할 사태가 생길 수도 있기 때문이다. 조기 준공과 관련해서 최종적으로 검토해야 할 사항은 조기준공으로 인한 운영 조기착수, 관련 결과물 구매계약, 연료공급계약, 운영 및 유지보수 계약이 해당 조기 준공과 관련된 사항을 충분히 반영하고 있는지를 살펴야 할 것이다.

9. 환경 관련 사항

프로젝트의 환경기준은 현지의 인허가 사항 및 현행법규(Permit, Law, Regulation)에 따라야 하고 만약 해당 사항이 없다면, 대주단 또는 대주단을 대표하는 대표사(Financing Agency)의 요청과 기준에 따라야 한다. 환경과 관련해서는 환경기준 변경(Change in Environment)이 되어, 추가비용이 발생하게 되면, 해당 비용의 부담주체를 결정하는 것이 중요하다. 만약 비용부담 주체에 대해서 확정적인 내용이 없다면, 법률변경(Change in Law)에 근거한 방식으로 처리하거나, 시공자가 효율적인 시공을 위해서 최적의 시공방법(Best Available Technology)을 하기로 미리 계약을 통해서 약정하였다면 해당 시공으로 인해서 발생하는 환경 위험은 보통은 시공자가 지는 것이 일반적이다.

10. 보증의 예외

보통의 시공자는 공사금액대비 손해배상예정액 비중이 클 경우에는 보증사항에 대해서 상당히 민감하게 반응을 한다. 이 경우 무조건적으로 보증하기보다는 예외항목을 세부적으로 지정해서 구체적인 사항에 대해서만 보증을 제공하기도 하는데, 일반적으로 예외가 되는 사항은 다음과 같다. 법률변경(Change in Law), 발주사의 지시(Interference by Owner), 발주자의 의무위반(Breach of Owner's Obligation), 시공자의 승인 없이 시행한 발주자의 설계 및 건설 변경(Change in Design or Construction of Facility by Spv but Not Approved by Contractor), 불가항력(Force Majeure) 등이고, 다만 불가항력 사항 중 시공자 노무인력의 파업, 태업 및 부지 상태에 대해서는 여전히 보증이 제공되기도 한다.

11. 보증의 여러 형태

사업주가 최종적으로 얻고자 하는 것은 시공자의 보증을 통해서 결국 금전적으로 복구, 회복 또는 약정한 수준으로 시공을 하는 것이 목적이므로 이러한 점을 감안하여 이행보증증권(Performance or Completion Bonds), 또는 시공자의 보험(Builder's Risk Insurance and System Insurance)으로 해당 목적을 이루고자 하는 것이 일반적인데, 요약하면, 최초 채권(Bond)을 제공함으로써 건설 리스크에 대비를 하고 해당사항에 대해서 다시 보험(Builder's Risk Insurance)을 통해서 여러 재해로부터 발생하게 되는 준공지연 또는 그로 인한 대출원리금 상환지연 비용을 충당토록 해서 해당 리스크에 대비하고, 이를 종국적으로 여러 당사자가 분담하는 차원에서 Bond 및 보험가입을 독려하는 것이라고 볼 수 있다. 그 외 준공지연이나 성능미달의 경우에도 이것이 당사자의 과실로 인한 것이 아니라면, 인프라 프로젝트의 경우에는 구매자가 최종적으로 해당 비용을 지불토록 하는 방식도 고려할 수 있다.

12. 하자보증

최초 시공계약의 당사자가 합의하고 대가를 지불하기로 한 설계, 시공, 각종 기자재 또는 내용물에 대해서 특정기간 약정한 수준의 성능이나 품질을 보장해 주는 것으로 다음과 같은 특징을 가진다.[193] 설계 또는 해당 부품 및 시공과 관련된 하자보증은 문제가 발생

193) Warranty는 하자보증이라고 불리었으나, 이는 이행보증 및 성능보증에 사용되고 있는 Guarantee 등과 혼용되어 사용되고

한 경우, 해당 부품을 수리 또는 대체하는 것이 일반적이며, 이는 해당 설계나 시공이 결함이 없다는 것을 입증하거나 또는 최소한 해당 분야에서 일정하게 통용되는 실무적인 기준을 따르고 있다는 것에 대한 보증이라고 볼 수 있다. 시공자가 EPC 계약을 통해서 총괄하는 Single Point Responsibility를 진다고 하면, 물품 또는 부품 공급자 또는 하도급자의 보증사항 또는 기준에 대해서 동일한 수준으로 사업주에게 보증을 하여야 한다. 그 외 특정부품에 대한 보증은 해당 부품이 새것이라는 보증이기도 하므로, 예외적으로 중고품 또는 재사용된 경우 이를 명시적으로 표시해야 한다. 그 외 Warranty에 포함되는 사항은 해당 부품이나 물건들은 소유권의 본질에 충실하고 사용에 제한이나 방해를 받지 않는다는 보증으로 지적재산권에 대한 내용 또는 특정 부품의 경우 사업주가 사용함에 있어 특정한 제한을 받지 않는다는 내용도 포함되어 있다. 그 외 시공자가 할 수 있는 보증사항은 건설단계에서 일반적인 Good and Workmanlike한 수준의 주의를 기울였다는 보증이고, 여기에는 시공/건설 계약서상 명시한 세부내용을 준수했다는 보증을 포함하기도 한다. 따라서, 시공계약에 있어서 작업영역을 구분하는 Work Scope이 명시적이고 구체적으로 작성되어야 한다. 여기에 건설 및 시공이 관련 법률, 규정, 산업계의 규칙 규정, 그리고 허가관청의 기준을 따르고 있음도 보증하는 것이다. 다만, 보증과는 달리 이러한 보증을 달성하기 위해서 건설기간 중 법률 또는 규정 변경 발생 시 누가 비용부담을 할 것인지 명시적으로 작성해 놓을 필요가 있다. 보통은 국제계약에 있어 현지 또는 적용법률에 대해서 일일이 시공자가 인지하기가 쉽지 않으므로 사업주가 부담하는 것이 일반적이다.

13. 공사변경

계약상 업무영역을 통해서 시공과 관련된 모든 영역을 담기를 희망하나, 확정적으로 프로젝트를 진행함에 있어 실제 수행해야하는 모든 영역을 담아낸다는 것은 쉽지 않다. 따라서, 공사변경은 필연적으로 시공계약에서 세심하게 고려해야 할 사항이라고 볼 수 있다. 일반적으로 시공을 하면서 발생하는 공사변경은 주로 기술사항에 대한 변경 또는 계약금액의 변경 또는 프로젝트의 성능과 관련된 변경과 관련된 것이 대부분이라고 볼 수 있다.

있어 혼란의 여지가 있으나, Warranty를 지칭하는 경우에는 최초 약정하고 합의한 수준임을 보장하고 이에 미치지 못하는 경우 수리 또는 대체 또는 배상을 해주는 것이고, 일반적인 Guarantee는 채무자의 의무이행을 보장하는 것이라고 보면 될 듯하다. 즉, Warranty는 해당 물건 또는 프로젝트 결과물의 성능의 수준, 상태에 주안점을 둔 것이고, Guarantee는 해당 계약에 있어 미래의 채무자의 의무 이행에 대한 확약으로 이해하면 될 듯으로 본다.

14. 부품의 소유권

준공이 되면 소유권이 이전되는 것은 말할 나위도 없이 당연하지만, 시공이 진행 중인 경우에 개별적인 부품으로 제공된 경우에, 개별적인 부품 및 부속의 소유권은 일반적으로 사업주가 지불행위를 하는 순간 사업주에게로 이전되는 것이 일반적이고, 별도의 특약이 없는 한 이는 설치나 운송이 이루어지고, 현장에 도착하는 시점 등과는 무관하게 사업주가 소유하게 되는 것이라고 보는 것이 일반적이다.

15. 의무 불이행 치유

시공자의 시공계약 의무불이행에 대해서는 그 피해의 정도에 따라 다양한 형태로 치유가 될 수 있다. 성능미달(Underperformance)이나 준공지연(Delay)의 경우에는 손해배상예정액으로 보상을 하고, 그 이외에는 일반적으로 사업주가 시공 중지 요청하는 것부터 시공자 변경을 요청하는 정도의 수준까지 다양하게 이루어진다. 계약자 변경과 관련해서는 인프라 프로젝트라는 특성 및 프로젝트 파이낸싱이라는 특성을 고려해서 지정한 날짜부터 운영이 개시되고 대출금 상환이 이루어져야 하는 프로젝트의 특수성을 감안하여 시공자가 시공일정을 지연시킬 가능성에 대비해서 사업주가 계약자 변경 또는 직접 해당 시공을 시행할 수 있어야 한다는 취지이며, 이런 취지로 계약해지권을 인정하는 것이 보통이다.

16. 시공 중단 또는 해지

인프라 프로젝트와 관련된 시공에 있어서는 반드시 발주자 또는 사업주가 시공자의 시공을 중지시키거나, 시공 계약을 해지할 수 있는 권한을 가지고 있어야 한다. 중지 이후에 해지가 되면 시공자는 중지시점부터 준공이 이루어질 때까지의 건설계약상 미래의 역무에 대해서는 바로 지불 받을 수가 없다. 오히려 시공자의 귀책으로 인한 해지 이후에 다른 제3의 시공자가 해당 역무를 맡아 시공하여 준공을 하게 된다면 보통은 실제 해지 이후 준공시점까지 발생한 비용이 최초 시공계약의 해지시점까지 발생한 비용보다 높으면 이를 부담하거나, 비용이 낮으면 시공자가 해당 초과사용분을 지급받게 된다.

17. 보증채권 종류 및 역할

1) **이행보증 (Performance Bond):** 사업주에게 시공자의 건설계약상 의무 이행을 담보하기 위해서 발행하는 것인데, 프로젝트 파이낸싱 방식의 프로젝트에 있어서는 일반적으로 대주단에게 제공하는 담보물로 여겨져서 양도되는게 일반적이다. 채무 불이행에 대한 담보 역할을 하는 동시에 완전 준공에 대한 담보로서의 역할도 하게 되는 것이다.

2) **지불보증 (Payment Bond):** 해당 보증채권 역시 사업주에게, 그리고 대주단에게 담보물로서 양도되는 것이 일반적이다. 즉, 시공자의 특정 대금 지불의무에 대한 담보로 활용되며, 보통은 손해배상예정액에 대한 담보로 준공지연 또는 성능미달과 관련하여 시공자의 금전채무를 보강하는 기능을 하게 된다.

3) **하자보증 (Warranty Bond):** 시공자가 준공이후 하자보증기간 동안 수리나 부품대체를 해주지 않을 것에 대비하여 안전판 역할을 하는 것으로 마찬가지로, 대주단에게 담보로서 양도가 가능하다. 간혹 별도로 제공하지 않는 경우에는 기존 제공 보증서의 보증기간만 준공이후 특정기간까지 연장하여 이행보증(Performance Bond)이나 지불보증(Payment Bond)의 범주 내에 같이 두고 제공하기도 한다.

4) **시공 금액 유보 보증 (Money Retention Bonds):** 공사대금을 유보하는 것에 갈음하여 일정 수준의 대금을 지급하는 보증증권을 발행하는 것이다. 최종 준공이 제대로 이루어지지 않으면 해당 증권으로 충당이 가능토록 한다.

18. 보험

일반적으로 건설과 관련된 모든 위험(All Risk)에 대한 보험으로 Property Damage에 대해서 부보를 해주는 것이 일반적이며, 보통 특별히 부보에 대해서 예외적으로 명시하지 않는 이상 제조사의 공장, 운송 또는 현장 구분을 하지 않으며, 설계결함, 자재 또는 부실시공 등에 대해서도 크게 차이를 두지 않는다. 프로젝트 파이낸싱 프로젝트의 경우에 보험약관 또는 계약을 통해서 보험사인 채권자로부터 발주자나 대주단에 대한 대위를 인정하지 않도록 명시하는 것이 일반적이다. 보통은 준공지연이 발생한 경우, 보험을 통해서 먼저 시공자를 보호하고 난 다음에 보험금액이 그 손해배상금액에 미치지 못하는 경우에 손해배상예정액을 지급하게 된다.

19. 불가항력

시공계약뿐만 아니라 해당 프로젝트의 다른 관련 계약과도 충분히 연계가 되어 있어야 한다. 불가항력이 발생하여 의무면제를 받는다고 하더라도, 관련 계약상 인정받지 못하는 경우가 발생하면 결국 발주자나, 시공자가 어려움을 겪을 수도 있기 때문이다. 관련된 계약을 모두 살필 수가 없다는 물리적인 한계를 감안하여 관련 계약상 불일치가 발생한 경우에는 Resurrection 조항을 통해서, 우선적으로 구매계약 또는 프로젝트의 주가 되는 계약을 통해서 보호 또는 구제를 받고, 그 받은 내용과 범위정도만 보호를 받을 수 있다는 단서조항을 두어 이에 대비를 하게 된다. 즉, 시공자는 사업주가 다른 계약을 통해서 받게 되는 구제 정도보다 더 큰 구제를 받을 수 없도록 한다는 내용이다. 그러나, 이는 어디까지나, 구제금액에 대해서 적용되는 제한이므로, 시공자는 주된 구매계약(Offtake Agreement)을 통해서 연장되는 기간을 넘는 경우라고 하더라도, 해당 시공 계약상 연장되는 기간까지 의무가 면제 가능하다.

20. 다른 시공사와의 관계

여러 시공업체가 사업부지에 상존하며 공사를 진행하고자 한다면 관련 계약 간 협력조항(Coordination Provision)이 필요할 수 있다. 즉, 시공을 함에 있어 다른 시공업체를 불합리하게 방해하지 않도록 해야 한다는 것이다. 즉, 본인의 시공을 위해서 결국 시공지연 또는 비용증가가 발생하도록 해서는 안 된다는 취지로서 그 합리적인 범위라고 한다면, 시공인 경우에 한계는 준공지연이나 비용증가를 유발하지 않는 범위라고 볼 수 있다. 이와는 달리 현재 운영 중인 프로젝트를 확장하는 방식(Expansion Project)인 경우에는 현재 운영 중인 운영자의 운영업무를 방해해서는 안 되며, 그 범위는 합리적인 수준에서 성능 또는 운영계약상 의무를 이행치 못하게 되는 경우를 의미한다. 여러 시공자가 있는 경우에 특별히 약정을 체결하지 않는 이상, 프로젝트 개발자는 사업부지내 시공자 전체를 관리할 책임을 진다. 그럼에도 불구하고, 시공자는 이러한 상황하에서 시공 진행과 관련하여 어떠한 비용청구도 불가능하며, 최초계약 시 금액을 준수해야 한다.

21. 교육 및 훈련

상업운전이 시행되기 전 단계에서 프로젝트 운영을 위한 운영사 교육 및 훈련은 시공자가 최적의 위치에 있다고 볼 수 있다. 단순 운영방법 교육 외에도 프로젝트의 운영과 관련된 연료공급 및 각종 처리 및 기타 서비스 제공자와의 관계 등을 고려해서 운영절차까지도 준비해야 한다. 즉, 프로젝트 운영인력 훈련과 함께 운영절차까지 별도로 준비를 해야 한다.

22. 하도급 시공자

인프라 프로젝트의 경우, 장기간 다양한 형태의 시공이 필요한 관계로 상당한 수의 하도급 시공자가 필요하고 존재하게 된다. 다만, 사업주는 프로젝트 파이낸싱 방식의 시공계약에서 하도급자를 관리하고자 하지는 않으며, 총괄계약이므로 시공자가 하도급자를 전부 관리토록 하는 것이 일반적이고, 심지어는 하도급자의 비용증가, 준공지연, 성능미달에 대해서도 시공자가 책임을 지는 구조이나, 시공의 적절한 수준을 유지하기 위하여 사업주는 하도급자와의 관계에 있어서 최소한 승인정도의 권한을 가지는 것이 일반적이다. 시공계약상 시공자의 의무불이행으로 인하여 시공계약이 해지되는 경우, 사업주가 시공자의 위치를 양도받을 수 있도록 하는 규정을 건설계약에 두고 있으며, 마찬가지로 이를 하도급계약에도 반영하도록 해서 하도급 계약의 당사자는 아니지만, 시공자의 불이행으로 해지가 발생한 경우에 해당 하도급계약도 양도토록 하는 것이 일반적이다.

23. 책임한도

일반적으로 시공자의 책임한도는 시공계약에서 시공자의 책임한도(Maximum Liability)를 규정하는 것으로 제한을 두게 된다. 보통은 이 경우 시공계약 금액의 100%로 하는 경우가 대부분이다. 그러나, 프로젝트 파이낸싱 사업에 있어서 자칫 준공지연이 계속해서 발생이 하는 경우 그 책임한도가 상한을 넘을 수도 있는 경우가 발생한다. 이와 같이 시정이나, 의무 불이행 사항에 대한 치유절차가 없게 된다면, 사업주가 손해를 보게 되는 상황이 발생할 수도 있으므로 이 경우 사업주는 해당 계약을 해지하고 시공자를 교체할 수 있는 권한을 주는 것이 일반적이다. 다만, 계약해지 또는 재계약으로 인한 손해배상액은 보통은 후속 시공자가 준공을 한 이후에, 발생한 금액을 비교해서 정산하게 된다. 일반적인 책임한도 적용의 예외 항목은 시공자의 준공보증 시 해당 시점까지 무조건적으로 해당금액으로 준공할 의무를 지게 되는 경우(책임준공), 보험으로 해당 비용의 보상이 가능한 경우, 고의적으로 행위가 발생한 경우(Willful Misconduct), 또는 별도의 약정으로 체결한 특별 손해, 징벌적 손해 또는 간접손해배상의 경우 한도 적용이 되지 않음으로 유의할 필요가 있다.

24. 부지조건

현장의 부지 조건 역시 건설비용 증가 및 준공지연의 잠정적인 원인이 될 수도 있으므로, 일단 별도의 특약 없이 총괄계약으로 시공을 시작하게 되면 어떠한 경우에도 시공자의 의무이행에 대한 면제가 불가능하다. 이러한 배경에는 현장부지에 대해서 보통은 시공자가 해당 부지를 조사하면서, 지질조사, 기후상태 변화, 부지의 상태에 대해서 검토를 진행했으며, 이러한 검토를 바탕으로 부지에 대한 이해가 높아서, 현장에 접근하고 부지를 조성하였고, 결국 시공을 위한 부지조성이나 시공은 이러한 조사의 결과라고 보기 때문이다. 해당 조사는 부지의 표면뿐만 아니라, 통상적으로 토목공사가 이루어지는 지하까지 검토를 해야 하고 이를 바탕으로 시공금액을 산정하였다고 보는 것이 이러한 배경이 된다고 볼 수 있다.

25. 기타 다른 계약과의 관계

준공지연이나 성능미달로 인한 결과에 대해서 인프라 사업의 특성상 다양한 계약이 존재하고, 각종 연관계약의 조건들을 충분히 살펴보아야 한다. 따라서, 이러한 검토를 바탕으로 시공자의 성능 및 이행불능으로 인한 파급효과를 예상하고 손해배상 한도에 대한 협의를 할 필요가 있다.

26. 임의해지

인프라 사업의 시공이라는 것이 프로젝트 파이낸싱이라는 큰 틀 아래에서 사업비용을 확정하고 확정한 금액을 바탕으로 시공과 운영을 이루고자 시공금액을 확정하는 것이므로 금융조달이 불가능하거나, 적정한 시공비용으로 준공이 불가능하다면, 임의 해지를 하고자 하는 경우가 생기는데 특정한 책임 없이 해지토록 하는 것이 일반적이기는 하나, 시공 진행 중에 임의해지가 불가능하도록 착수지시서를 발행한 이후, 또는 발주자가 지시를 내린 업무 중 해당 해지일 이전에 발생한 사항에 대해서는 이를 적정한 수준까지 시공책임을 지도록 하는 것이 일반적이다.

27. 양허계약 조건 준수

시공자는 양허계약상 시공과 관련하여 준수되어야 할 사항에 대해서 시공계약에도 반영하여 준수토록 해야 하는데, 양허계약의 준수사항으로는 착공일, 준공 및 시운전 관련 사항에 대한 것이 일반적이다.

III. 프로젝트 파이낸싱 시공계약에 있어서 주의할 점

1. 계약구조

한 시공자가 모든 책임을 지는 계약구조가 프로젝트 파이낸싱을 주로 하는 인프라 프로젝트 사업에 있어 선호되는 시공계약이나, 필요에 의해서 개별적인 시공계약을 하는 경우도 있을 수 있다. 이 경우, 이를 총괄하는 시공관리계약(Construction Management Agreement : CM)을 체결해서 관리토록 하는 것이 일반적이다. 이처럼 개별계약을 체결하여 시공을 하는 경우에는 반드시 발생할 수 있는 Claim 소재에 대해서 이를 미리 염두에 두고 가능한 한 상세하고 확정적으로 업무구분을 하는 것이 필요하다. 기타 복수의 시공업체가 참여한다고 하더라도 처음부터 해당 시공사들끼리 컨소시엄을 결성토록 하고 연대보증 책임을 지도록 하는 방식으로 책임에 대한 위험을 이전하는 것도 좋은 방업이다. 이러한 구조를 통해 다른 시공사가 담당하는 분야에 대해서 간섭이나 영향을 끼치지도 않으면서 사업주는 시공책임부분에 대한 걱정을 덜 수 있다는 특징이 있다. 특히 해안, 풍력, 석유화학, 제련분야의 프로젝트는 총괄계약의 어려움이 있는데, 이런 경우에 유용하게 적용할 수 있는 시공계약구조라고 볼 수 있다.

2. 설계 관련 책임

종전에는 사업주가 설계에 대해서 책임을 지는 경우도 있었으나, 설계대로 시공을 했음에도 공사비 초과의 문제가 발생하게 되면, 사업주 또는 시공자의 책임인지 불명확하므로, 최근에는 아예 시공자에게 일괄적으로 맡기는 EPC 또는 총괄계약이 추세라고 볼 수 있다. 계약에 있어서 시공자가 책임을 지는 구도로 계약을 체결한다고 하더라도 책임에 대한 주의 의무를 어떻게 부과하느냐가 중요할 수 있다. 시공자의 주의 의무는 크게 계약의 일반적인 목적에 준하는 합리적인 노력을 할 의무(Reasonable Endeavor to Fit for Relevant Purpose) 또는 특정한 목적을 달성하기 위해서 기울어야 할 주의 의무(Produce a Design Fit for Particular Purpose)로 나누어지는데, 계약상 합리적인 수준의 주의 의무인 경우에는 과실(Negligence)이 없었음을 입증만 하면 되지만, 특정한 목적달성을 위한 주의 의무인 경우에는 상당한 주의 의무 책임(Strict Liability)을 부담하게 되므로 현저한 차이가 있다고 볼 수 있다. 그러나, 이러한 경우에도 시공자가 상기한 상당한 주의 의무를 면하기 위해서는 명시적으로 계약서에 서술하고 합의만 하였다면, 해당 의무를 면제받을 수 있다는 점에서 명시여부에 대해서 유의할 필요가 있다.

3. 확정금액

확정금액의 시공계약이라고 하더라도, 기준금액에 대해 재협의가 가능한지 살피는 것도 중요하다. 일부 계약에 있어서는 총공사금액을 확정하고 분야별 가격을 정하는 방식(부품가격 반영 등)의 혼합된 형태가 나타나기도 한다. 발주가 확정되지 않는 시점에서 제공하는 견적은 그 특성상 수주가 결정된 이후 확정하는 단계에서 현실적인 물가 및 시장상황을 반영하게 되면 금액변동이 발생할 수 있다는 특성을 감안하고 제공하는 것이라 볼 수 있다. 또한 확정금액이라고 하더라도 사업주가 부담하기로 한 위험 또는 의무사항의 변동이 일어나게 되어 시공자가 추가적인 업무를 진행하게 되면 당연히 금액은 오를 수도 있다. 예를 들면, 예측이 불가능한 부지여건, 화석 또는 고대유물 등의 발견, 기타 시공업무에 영향을 주는 법률변경 또는 각종 안전 규정의 변경 등으로 인해 금액변경 사유가 발생한 경우가 그것이라 하겠다. 자원개발 프로젝트인 석유시추 프로젝트의 경우 시추장비는 지표면과 지하의 지질 상태에 따라 달라질 수 있으므로 이에 대한 금액 증가를 부담하는 것도 그 예라고 볼 수 있다. 또한, 입찰요청서를 받고 입찰시 제출했던 가격과 실제 착공시점에 시간적인 괴리가 상당히 발생한 경우에는 물가상승률을 감안하여 금융 종결 시점까지 반영되도록 하는 경우도 이에 해당한다고 볼 수 있다.

4. 확정준공일

준공일이 확정되어 있다고 하더라도 예상하지 못한 부지 상태, 예외적인 기상변화로 인한 경우에는 공기연장이 가능토록 할 필요가 있다. 공사기간 연장에 관한 사항은 시공자의 의무이행 기간이 늘어난다는 것뿐만 아니라, 준공일이라는 시점과 연관이 있는 다른 계약 당사자의 의무이행 시기와도 관련된 것이므로, 공기 연장과 관련된 절차를 명확히 규정할 필요가 있다. 공기 연장과는 별개로 확정준공일은 준공지연으로 인한 손해배상예정액의 발생시점과 금액의 계산과 관련이 있으므로 반드시 정확하게 명시되어 있어야 한다. 준공 지연이 발생하는 것은 일반적인 사항이므로 분명히 규정되어 있지 않다면, 시공자에게 유리해 질 수 있고, 자칫 손해배상예정액 청구가 어려워질 가능성이 있으므로 주의해야 한다.

5. 준공과 관련하여 고려할 사항

1) 토목공사의 경우 일반적인 준공 검사가 진행이 되면 실질적으로 준공된 것으로 보는 것이 일반적이다. 이 경우 실질적인 준공이라 함은 설령 일부업무가 남아있기는 하나, 프로젝트가 최초 의도한 목적 및 운영을 위해서는 아무런 문제가 없는 상태를 의미한다.

2) 설비 및 전기시설 등이 포함된 건설계약의 경우, 준공은 일반적으로 2가지 단계로 나누어서 진행이 된다. 우선적으로 모든 설비들이 시공, 설치되고 최종적으로 아주 Minor한 절차만 남아있는 단계, 즉 최종점검과 관련된 절차만 남아 있는 경우가 그 예라고 할 수 있다. 그 이후 플랜트와 설비가 성능시험을 거치게 되면 최종 준공 또는 양도가 일어나

는 단계가 다음 단계이다. 최종 준공단계에서는 최소기준에 미치지 못하게 되면 성능미달과 관련된 성능미달손해배상예정액(Performance LD)을 부담하게 되어 있다.

3) 일반적으로 성능시험 단계에서 문제가 생기면 준공지연이나 성능미달 이슈가 동시에 발생하게 되는 것이 일반적이다. 이와 같은 상황에서 만약 양허권자와 한 번의 준공검사만을 수행하기로 합의하였다면, 각각의 경우에 해당하는 손해배상예정액의 득실을 철저하게 따져서 결정할 필요가 있다. 즉, 성능미달을 개선하기 위해서는 상당한 수준의 노력과 시간이 필요하게 되므로 당연히 준공날짜가 늦어진다는 것이 충분히 예견될 것이므로 계속적으로 성능개선에 주력을 할지 또는 최소 성능기준에 부합하게 되면 바로 나머지 미달된 성능에 대해서 손해배상예정액을 부담하고 준공처리를 할 것인지 고려할 필요가 있다. 시공자가 프로젝트에 참여하여 준공이후에도 치유가 가능하다면, 우선적으로 손해배상예정액을 지불하고, 재수정 또는 치유토록 해서, 성능이 개선된다면 성능과 관련된 손해배상예정액을 다시 반환토록 하는 방식으로 협의하기도 한다. 물론 이 경우 하자보증기간 중 시공자가 하자 보수를 하는 경우와 마찬가지로, 사업자의 프로젝트 운영을 방해하지 않는 범위 내에서만 가능하다. 즉, 준공이 확정되고 운영기간 중이라면 예정수리 기간 중 운영이 공식적으로 중단된 경우에만 상기한 치유가 가능하다는 이야기이다.

4) 준공검사는 검사 진행 중에 일어날 수 있는 분쟁을 줄이기 위해서 제3의 기관이 준공검사를 시행하고 확인서를 발행하는 방식을 선택하기도 한다. 상당히 복잡한 형태의 프로젝트(석탄가스화 발전소, 또는 다양한 화학물질 정제 프로젝트)등의 경우에는 성능검사 자체가 완전히 다르므로 개별적으로 진행되어야 한다. 그러나, 일정상의 편의를 위해서 사업승인권자는 전체적으로 한 번에 성능검사를 진행하기를 희망하는 것이 일반적이므로 일정수립에 유의할 필요가 있다.

5) 프로젝트 파이낸싱에서는 건설계약의 준공을 양허계약상 준공기준을 적용토록 하여 양허계약상 준공에 준하는 절차가 마무리 된 이후에 시공계약의 준공을 인정하는 경우도 있다. 이 경우 시공자는 계약의 당사자가 아니므로 양허권 상의 준공기준에 대해서 이의제기가 곤란하다는 논의도 있을 수 있으므로, 준공검사와 같은 절차가 양허계약에서 논의가 된다면, 양허권 계약 협상에 시공자를 참여시키는 것도 좋은 방법이라고 할 수 있다.

6) 준공과 양도의 의미: 이 시점이 가지는 의미는 준공지연과 관련된 손해배상예정액이 소멸되고, 프로젝트 설비의 위험이 시공자에게서 사업주로 완전히 이전되며, 사업주는 설비의 소유권 인정이 가능하고, 하자보증기간이 시작되며, 유보했던 공사대금에 대해서 시공자가 지불을 요청할 수 있는 시기이며, 또는 그 동안 제공했던 채권(Bond), 신용장(L/C)의 Release를 요구할 수 있는 시기라고 볼 수 있다.

6. 건설대금 지급

사업주가 시공자에게 일시에 건설대금을 지급하게 된다면, 사업주는 상당한 자금 부담을 안게 되므로, 인프라 프로젝트의 경우, 상당히 장기간에 걸친 시공기간 동안 유동성 문제 등으로 인해서 시공과정별로 대금을 지급하는 것이 일반적이다. 즉, 주요공정별 지급 또는 특정 단계별로 감리인 또는 발행권자로부터 확인증을 받으면 대금이 지급되는 방식이다. 프로젝트 파이낸싱 시공계약의 경우에는 여기에 매 지불시 마다 지급 공사비의 약 5% 정도가 유보되게 하는데, 이와 같은 현금 유보의 목적은 시공자가 의무이행을 제대로 하지 않고 문제가 생긴 경우에 사업주가 직접 개입하여 해당 문제를 처리하기 위해서 준비금 형태로 가지고 있는 것이다. 이런 목적으로 인해서 하자보증기간이 끝날 때까지 해당 금액을 유보하는 것이 가능하다. 현금에 상응하는 은행의 보증서(Bond) 또는 신용장(L/C)을 발행토록 해서 대체하기도 한다. 이를 통해서 사업주는 문제 발생 시 해당 금액 집행이 용이하고, 시공자는 현금유동성 풍부해진다는 장점을 가질 수 있다.

지급 방식은 실질적인 시공과정 따라서 대금이 지불되도록 하는 방식과 특정금액 이상이 되는 시공을 한 경우에 이를 지불하는 방식이 있을 수 있다. 특정한 시공이 실제로 이루어진 경우에 한해서 지불하는 것이므로 시공자가 제대로 일을 못했다면 지불할 필요도 없고 (당연히 대주단이 엄격한 수준의 확인을 하게 되므로) 잔여 미지급 금액으로 대체 계약자를 찾을 수도 있다는 장점이 있다. 이에 반해 계약자들은 가능한 한 조속히 공사대금을 받고자 한다. 이와 같이 지급받은 금액이 있는 상태에서 프로젝트가 중단되게 되면, 일정 수준까지는 재무적인 부담을 덜 수 있고, 중단이 아니라면, 지급받은 공사금액으로 지분투자를 병행하는 경우 또는 투자가 필요한 경우에 지분참여에 관한 납입의무를 바로 이행할 수 있도록 하는 역할을 할 수가 있다.

7. 소유권(Title)과 위험(Risk)의 이전

특정 목적물의 소유권은 보통 해당 시공계약의 대상이 되는 건축물의 준공시점에 이전되는 것이 영미법의 일반적인 입장이었으나, 건설도중에 시공자에게 문제가 생기는 경우에 준공전이라고 하더라도 해당 물건에 시공자의 채권자들이 유치권을 행사할 가능성이 있으므로, 사업주의 소유권 행사에 제한이 생기는 경우가 발생할 수 있다. 따라서, 인프라 등 대규모 건설사업의 경우에는 소유권은 해당 목적물이 납품자로부터 인도 시점(COB 방식이던, FOB이던지 무관하게)에 이전되는 것으로 본다. 위험 역시 보통은 소유권(Title)의 인도 시점에 이전되는 것이 일반적이나, 건설계약의 경우 시공자가 전체가액보험을 부보 하는 경우도 있으므로, 인도 이후에 프로젝트의 준공 이후 양도 시점까지는 시공자가 위험을 부담하도록 하는 다소 완화된 상태로 운영되기도 한다.[194)]

8. 사업주 보증

시공자의 보증은 보통 시공계약상 의무이행을 위하여 시공자의 대금지급 의무나 계약 의무이행을 담보하기 위한 것으로 보증서 형태로 제공되는 것이 일반적이다. 요구불(On Demand) 조건으로 사업주가 요청을 하게 되면 별도의 이의제기나 다툼 없이 바로 인출이 가능하도록 하는 보증서 특성으로 인해, 다른 방식으로 직접 제공도 가능하기도 하나, 이렇게 직접 제공하는 경우에는 시공단계별로 특정금액을 유보하는 형식으로 제공하는데, 비록 일시적이라고 하더라도 시공자가 부담하게 되는 금액이 보증서 대비 높다는 단점이 있다. 또한, 시공 착수시점에는 상대적으로 시공 준비와 관련된 비용 지출 또는 사업부지의 Mobilization을 위해서 소요되는 비용이 높기 때문에, 이 경우에도 사업주는 선급금 지급 관련 보증서(Advance Payment Bond)를 요구하는 것이 일반적이다.

---

194) 프로젝트 양도(Takeover)이전에 프로젝트의 붕괴로 재시공이 필요한 경우가 발생하면 해당 보험금 수익과 관련하여 복수의 이해당사자가 분쟁을 벌일 가능성이 있다. 즉, 시공자는 해당 보험금으로 재시공에 활용코자 할 것이고, 대주단은 만약 기일이 도래할 것이 예상된다면 이를 대출 원리금 상환에 충당하고자 할 것이기 때문이다. 따라서, 보통은 물적손해담보와 더불어 결과적 손해담보를 위한 보험도 동시에 가입토록 하여 이러한 위험으로부터 보호를 받게 된다.

9. 하자보증 및 기간, 성능 관련 손해배상예정액

준공이후 시공상 하자에 대한 치유를 위해서 시공자가 하자보증을 제공하는 것이 일반적인데, 하자보증의 성격은 자기가 직접 공급하거나 시공한 것인지, 또는 해당 부속 또는 기자재를 공급받아서 단순히 전달해주는 형태인지에 따라 차이가 발생할 수 있다. 프로젝트 파이낸싱 방식으로 자금을 조달한 인프라 프로젝트 시공에 있어 총괄책임시공(Single Point Responsibilities) 방식으로 시공하게 되면, 보증에 있어서 여러 Subcontractors의 보증을 단순히 전달하는 형식을 취한다고 하더라도 자신이 부담하는 수준과 동일한 수준의 하자보증을 제공하는 것과 단순히 전달만 하는 형태의 하자보증으로 나누어지게 되는 것이다. 이런 경우 보증의 법적 성격이 문제가 될 수 있는데, 양도가 가능한 성격의 보증이면 양도가 되고, 그게 아니라면 시공자가 해당 사항에 대해서 재보증을 하는 형태로 제공되어야 할 것이다.

1) 성능시험은 준공을 위한 최종단계라는 특성을 가지고 있으나, 성능이 최초 예정된 기준에 미치지 못하는 경우에는 시공금액을 성능미달 손해배상예정액을 통해서 낮추는 역할도 하게 된다. 왜냐하면, 사업주는 해당 금액만큼을 시공금액에서 감하고 지급하는 것이 일반적이고, 그럼에도 불구하고 손해배상예정액의 한도가 다 차는 경우에는 이를 해지할 수 있는 권리를 가지고 있다.

2) 성능시험 항목은 발전사업의 경우 실질가동용량(Net Dependable Capacity Test), 신뢰도시험(Reliability Test), 실질출력시험(Net Electrical Output Test), 연료효율시험(Net Heat Rate Test), 배출 및 환경기준준수여부시험(Test for Compliance with Relevant Emission and Other Environmental Requirement) 등이 있고, 성능시험 결과는 순발전용량((Net Electrical Output Test)과 순연료효율(Net Heat Rate)에 따라서 결정이 된다. 이 경우 순발전용량 중 미달 분은 손해배상예정액으로 계산을 하게 되는데, 기준 용량의 미달분에 따라서 지불하고, 연료효율의 경우에는 특정 발전량을 위한 투입연료량을 기준으로 대비 연료투입 증가분에 대해서 지불을 한다.

3) **가동률 또는 이용률 보증:** 특정 프로젝트의 경우 가동률 또는 이용률(Availability) 보증도 제공하는데, 이는 실제로 상업운전일 또는 준공 이후에나 확인이 가능하기 때문에 시공자의 잘못인지 운영자의 잘못인지 판별이 어려운 경우가 대부분이고, 운영이 시작되면 귀책 원인에 대해서 분쟁의 여지가 있으므로 명시적인 사항에 대해서만 보증을 하

거나 아니면, 가동률 또는 이용률(Availability) 결함에 대해서는 책임을 지지 않는다고 명시를 할 필요가 있다. 보통은 보증을 제공하게 되면 가동률 대비 실질가동률부족분(Actual Availability Shortfall)에 대해서 각각의 Percentage당 책임을 지는 방식으로 보증을 제공하는데, 최근 가스터빈 발전프로젝트에 있어서 실질적으로 해당 가스터빈 제조사가 시장협상력을 가지고 있어, 이용률 보증을 받는 것은 쉽지 않는 것이 현실이다. 예외적으로 효율을 극대화하기 위해서 신규 가스터빈을 사용하고 그 터빈이 최초 운용단계라면, 보증을 요구하지만, 이는 아주 예외적인 경우라고 할 수 있다. EPC 시공자가 보증을 제공하고 책임이 있다면 당연히 손해배상을 하는 것이 맞지만 실질적으로 이미 준공이 지난 이후에 청구하는 데는 한계가 있어 손해청구를 위해서는 면책 조항 또는 손해배상을 통해야 하고 손해배상예정액을 근거로 청구하는 것은 법리적으로 어려운 점이 있다.

10. 보험

사업주는 시공기간 중 발생하는 각종 사고나 손해발생에 대비하기 위해서 사망 또는 개인상해뿐만 아니라, 물적손해담보(Construction All Risks)에 대해서 보험에 가입하기를 요청하는 것이 일반적이다. 수익자는 시공자라고 하더라도 각종 손해 또는 위험만 부보되면 되므로 결과적으로 시공자가 아닌 사업주가 될 것이므로 시공자의 위험을 담보할 목적으로 가입하기도 한다. 그러나, 보통 이 경우 좀 더 경제적인 보험료를 지불하고자 하는 목적과 시공사를 감독하고자 하는 목적으로 시행되는 것이 일반적이다. 전손담보(All Risk)는 부보대상이 시공자, 발주자, 대주단, 하도급자까지 포함하는 구조라야 그 목적달성에 용이하다고 볼 수 있다.

11. 시공감독 또는 관리

시공관리를 하는 방식은 크게 2가지 방식의 감독관리가 있다. 사업주를 대리하여 관리하는 방식과 독립적으로 중립적인 위치에서 감독하는 방식이 있는데 이는 시공자와 이해당사자간의 분쟁의 가능성을 줄이고자 하는데 목적이 있다. 즉, 독립적인 위치에서의 감독자는 시공자 또는 사업자 모두를 위해서 일하도록 되어 있고, 공사대금 지불 및 각종 변경사항(Variation) 관리 및 공기연장(Extention of Time) 등을 관리하는 역할을 수행한다. 이렇게 하기 위해서는 시공계약상 해당 감리인의 확인이나 승인이 그 최종적이고 유효할 수 있도록 권한을 부여해야 하며, 중재조항이 계약서에 명시되어 있고, 해당 중재인에게 해당 확인서류를 다시 재개할 권한을 주는 것에 대해서도 시공계약의 준거법이 이를 유효하게 인정해야 하는데, 이는 주로 영미법을 준거법으로 하는 경우에 유효하다고 볼 수 있다.

12. 예견 불가능한 부지 상태

부지 상태에 대해서는 일반적으로는 사업주가 제공한 부지에서 시공자가 시공을 하도록 하는 것이므로 사업주가 책임을 지는 것이 일반적이다. 그러나, 이 경우에도 단서나 특수 조건을 부여해서 예를 들면, 시공자가 시공계약의 제안서를 준비함에 있어서 부지 현장 조사를 통해서 당연히 확인할 수 있었던 사항에 대해서는 시공자의 부담과 위험으로 전환이 가능하다. 일부 양허계약에 있어서 정부기관에서 사업 부지를 제공하였고, 이 경우 부지 환경에 대해서 정부기관에서 부지와 관련된 위험을 부담하도록 하기 위해서 정부기관에서는 양허권자에게 부지를 제공하기 위해서는 사전에 부지 조사가 당연히 수반되어야 한다고 주장하기도 하나, 사업주가 사업을 시행함에 있어 입찰준비 과정에서 또는 수주 후 협의기간 중에 다수의 제안자들이 현장 조사를 하고, 사전에 사업주와의 계약 합의조건으로 이를 합의 하였다면 부지조건에 대해서는 정부기관의 책임을 물을 수 있는 상황이 아니므로, 사업주 또는 예비사업주가 상세한 수준의 조사를 수행해야 한다는 어려움이 있고 이는 결국 비용증가로 나타나게 될 가능성이 높다고 볼 수 있다.

13. 인허가 승인의 주체

인허가 승인의 주체에 대해서는 시공계약의 내용과 협상에 따라 결정되는 것이 일반적이나, EPC 계약에 있어 설계(Design)나 시공(Build)과 관련된 인허가 또는 승인은 시공자가 받는 것이 일반적이라고 볼 수 있다.

14. 사업주의 해지권

시공계약의 해지 자체는 상당한 위험을 가지고 있다. 왜냐하면, 해지가 되면 인프라 프로젝트의 경우 특정한 기간 내 준공 완수를 위해서 다른 시공자를 찾아야 하기 때문이고, 이에 수반되는 절차, 재계약시간 등을 고려해야 하기 때문이다. 따라서, 시공계약에 있어 불가결하게 시공자의 과실로 인해 해지하는 경우에는 관련 시간을 최대한 단축하기 위해서, 추가 대금 지급행위도 없이 현장을 즉시 비우고, 사업주가 모든 필수적인 설계, 시공절차에 대한 자료를 이용가능토록 해야 하며, 사업주의 시공자에 대한 손해배상 또는 이의제기 등은 대체 시공자가 준공을 하는 시점까지 중단되게 된다. 이러한 방식으로 대체 시공자가 완전히 준공한 이후에 대체 시공자에게 지급할 금액이 기존 시공계약상 잔액을 넘는 경우에 한하여 사업주는 기존 시공자에게 이를 청구하게 된다. Turnkey 계약의 경우에는 계약에서 요구하는 대로 시공자가 모든 불확실한 상황을 충실히 조사하고 이를 가격에 반영해서 계약을 해야 한다는 것이 일반적인 생각이며, 이는 하도급(Subcontract) 관리에 대해서도 마찬가지로 적용된다고 볼 수 있다. 따라서, 시공자는 하도급자(Subcontractor) 또는 기기공급자의 모든 작위 또는 부작위에 대해서도 책임을 져야하며, 심지어는 하도급 계약상 불가항력에 대한 정의가 시공계약의 불가항력 정의와 동일함에도 사업주에게 영향을 미치지 않았다면 이러한 불가항력에 대해서도 책임을 져야할 상황이 발생할 수도 있다.

제 4 장
PPP 사업의 운영 및 유지 계약 주요 이슈

Ⅰ. 운영 및 유지보수 계약(O&M Agreement)의 의의

인프라 프로젝트의 운영 및 유지보수 계약(이하 운영계약)은 업무의 특성상 프로젝트 관련 계약들이 어느 정도 협의가 이루어지고난 이후에 협의가 시작되고 체결되는 경우가 대부분이므로, 계약상 협상의 여지가 별로 없는 경우가 많아, 상당히 어려운 상황에서 합의가 이루어지는 경우가 대부분이다. 그럼에도 운영계약은 준공이후 본격적으로 개시되는 프로젝트의 현금흐름과 직접적으로 연결이 되어있고, 최종적으로 해당 프로젝트가 제공하는 서비스를 직접 담당하게 되므로 중요한 부분을 다루는 계약임에는 틀림이 없다고 볼 수 있다. 따라서, 운영계약상 양허계약이나, 프로젝트 구매계약에서 다루는 내용 중 운영에 관한 부문은 반드시 Back to Back 방식으로 운영계약에 동일하게 연결되어 있어야 한다.

1. 운영 및 유지보수 방식

운영 및 유지보수는 크게 두 가지 형태, 즉 자가 운영 및 유지보수(Self O&M) 또는 별도의 법인을 통해서 운영 및 유지보수(실무에서는 주로 사업주 그룹 중 하나 또는 그 관계회사) 업무를 제공하면서, 프로젝트 운영 및 유지보수와 관련된 모든 측면에 대해서 책임을 지는 방식이다. 운영비용은 프로젝트 파이낸싱 특성상 대출 상환에 영향을 미치지 않아야 하므로 예산상 계획된 비용을 절대 넘어서는 안 되며, 사업주의 별도 지원 한도 역시 넘어서는 안 되는 사정이 있으므로 프로젝트에 있어서 절대적인 기준이라고 할 수 있다. 왜냐하면, 운영 및 유지보수 비용이 남는다고 하더라도 보통은 사업주의 계정에 보관하여야 하고, 모자라게 되면 우선적으로 사업주의 배당재원으로부터, 극단적으로 대출상환재원으로부터 해결해야 할 상황이 올 수도 있기 때문이다.

운영계약자의 변경은 건설계약과는 달리, 운영수준에 큰 문제가 없다고 하더라도 적극적으로 교체가 가능하다. 그러나, 여기서 운영자 교체가 용이하다는 이야기는 대체 운영자를 쉽게 구할 수 있다는 이야기는 아니므로 최소한의 기준으로 운영기술 보유, 연료관리, 각종 기자재 관리 정도는 가능한 수준이 요구된다고 볼 수 있다. 자가 유지보수(Self O&M)를 한다고 하더라도 해당 회사의 주주 중 관리운영 경험이 풍부하고 재무적으로 각종 위험 부담이 가능한 주주와 별도의 관리운영 계약을 하도록 하는 것이 일반적이다.

2. O&M 계약의 주요 항목

관리 운영계약에서 다루어야 주요 항목은, 세부적인 업무영역(Detailed Work Scope), 운영비용(Fixed or Variable Cost for All of the Work Necessary to Operate the Project), 성능보장(Performance Guarantee) 성능미달 관련 손해배상예정액(Liquidated Damages for Failure Performance Guarantee) 및 운영자의 신용상태 및 보강 관련 사항 등이 될 수 있다.

3. 관리운영자의 역할

관리운영자는 양허기간 또는 판매계약 기간 동안 프로젝트를 운영하고 적정한 수준을 유지하기 위하여 유지보수 업무를 시행하고, 각종 장비, 기기를 교체하며, 연료의 도입 및 관리, 나아가서 현지 정부 및 지역사회와의 유대관계도 유지해야 할 필요가 있다. 관리운영자는 프로젝트 운영의 접점에서 현지 사정에 밝아야 하므로 현지 시장에 대한 이해를 가지고 있어야 한다. 또한 현지에서 프로젝트의 운영, 보수 및 수리 업무 담당하면서, 운영유지에 필요한 부품 또는 각종 자재 및 인력 고용 및 관리 나아가 현지 감독기관과의 관계를 고려할 필요가 있기 때문이다.

4. 운영 및 관리계약의 특징

1년 이상의 장기계약(Long Term)으로 용역을 제공해야 하고, 시공계약이나 원료공급(Input)계약과는 달리 수익분야가 그리 높지 않으므로, 사업주가 계약과 관련된 손해를 면책 받는다고 하더라도, 계약금액 자체만으로는 프로젝트 전체의 크기를 고려해 볼 때 그리 높은 수준의 책임을 지기는 어려운 점이 있다는 특징을 가지고 있다. 또한, 관리 운영자의 의무는 양허계약 또는 판매계약의 주요 조건들과 동일해야 하고 이러한 조건을 장기간 지속적으로 이행을 해야 하므로 효율적인 운영이 적극적으로 고려되어야 할 필요가 있다. 운영관리 계약에서 중점적으로 보아야할 대상은 다음과 같은 대상들이 있다.

1) **성능보장 및 운영 관련 사항:** 프로젝트 운영에 근간이 되는 양허계약이나 판매계약(Offtake Agreement)에서 요구하는 기준 또는 성능수준에 도달하고, 시공계약과 관련해서 시공자가 제공하는 운영 매뉴얼(Construction Contractor's Operation and Maintenance Manuals)을 준수하여 하자 보증 발생 시 운영과 관련된 논란을 일으키지 않는 정도의 운영 및 유지보수가 가능해야 한다. 미달 시 그 위약 또는 손해배상예정액도 역시 상위계약의 범위 내에서 이루어져야 한다.

2) **운영비용:** 총액고정방식, 변동비 방식 또는 사안별로 운영 및 관리가 가능하도록 운영비용을 지급하는 방식이 있고, 특정한 기간 이후에 정기적으로 이를 참고하여 특정기간별로 재수정하는 방식도 최근에는 논의되고 있다. 최근에는 관리 운영자가 기본적인 유지보수 업무를 책임지는 경우에 Cost Plus Margin 방식도 많이 고려되기도 한다. 고정방식이라고 하더라도 인력들의 인건비 및 운영자의 수익은 보장하고 기타 유지보수 관련 부품 또는 자재 기기 등에 대해서는 사업주로부터 보상(Reimburse)받는 것이 일반적이다. 운영비용과는 별도로 양허계약 또는 판매계약상 해당 조항이 있다면, 합의한 수준보다 운영을 잘하면 보너스를 받거나, 특정 수준보다 낮으면 벌금을 내는 경우도 있다.

3) **대정부 및 대민 관련 서비스 수행:** 사업주를 대리해서 현지에서 현지 정부와 현지 주민을 직접적으로 상대하고 있으므로 민원 및 정부대응 시 적절한 수준으로 대응하고, 고용관계 및 민원 대응에 적극적으로 나설 필요가 있으므로 이를 미리 고려할 필요가 있다.

5. 운영 및 관리 형태에 따른 운영계약의 종류

일반적으로 한 운영관리자와 운영 및 유지보수 계약을 체결하는 것이 사업주 입장에서는 성능보장을 위한 책임을 계약을 통해서 운영자에게 전가한다는 측면에서 유리하기도 하지만, 일부 인프라 프로젝트의 경우에는 운영과 유지보수 업무를 분리하는 것이 운영 및 유지보수 업무 전체를 위해서 효율적인 경우가 있다. 예를 들면, 요금소 운영이 필수적인 고속도로 프로젝트의 경우에는 해당 인프라의 운영과 유지보수 업무를 구분하는 것이 유리할 수도 있다. 또한, 시공계약의 시공자 또는 주기기 공급자가 해당 주기기의 장기간 유지보수(Long Term Maintenance)를 제공하면서 운영자는 아주 사소한 업무만을 담당하는 것이 효율적인 경우도 있기 때문이다.

장기간 주기기 보수계약(Major Maintenance Contract)과 같이 보수업무가 중요한 프로젝트의 경우 보수부문만을 분리해서 체결하는 경우도 있는데, 프로젝트의 중요한 부문을 차지하고 있는 상황에서 해당 부문에 국한하여 성능 및 유지보수 업무를 책임지도록 하거나, 기기 제조사에게 특정 유지보수 업무만을 비용을 지불하고 일정기간 동안 제공토록 하는 것도 가능하다. 고정 수리비용이라는 점으로 인해 운영관리 측면에서 예산 또는 계획을 작성함에 있어 유리한 측면이 있기는 하나, 운영자와 업무가 분리되어 있는 상황에서 복합적인 문제가 발생한 경우에는 귀책을 구분하기도 까다롭고 이로 인해서 멸실이익 등에 대한 논란이 있다면, 계약상 이를 명시하거나 합의하기에 어려운 측면이 있으므로 주의가 필요하다.

6. 운영계약상 업무영역

운영유지계약상 업무영역은 분명하고 구분이 가능해야 한다. 이를 통해서 사업주는 이를 직접적으로 감독할 수 있어야 하고, 회사 운영 전반에 관한 역할은 여전히 사업주가 담당을 하는 것이 일반적이다. 예를 들면, 사업주가 처리해야 하는 항목은 행정, 재무, 보험 및 인력관리에 관한 사항이고, 관리 운영사는 프로젝트 관리 및 주요 인력 파견, 프로젝트 관리를 담당해야 한다. 상업운전 시험기간 중에는 프로젝트 운영인력의 훈련 등도 담당하게 된다.

7. 운영자의 프로젝트 단계별 제공 역무

실질적으로 프로젝트를 운영하는 운영자의 입장에서 1) 설계단계에서는 최적 설계를 위해서 운영과 관련된 각종 자료 제공 및 운영기간 중 주요 비용항목 및 변수 등을 제공하여 최적의 설계가 진행되도록 협조하며, 2) 시공단계에서는 착공 전에 시험운전 기간을 통해 원활하게 상업운전을 진행하기 위해서 필요한 여러 가지 준비사항 및 지원을 제공하며, 3) 본연의 임부인 운영기간 중에는 운영허가 준수 및 유지, 일반적인 산업계의 평균적인 운영수준 및 일별 관리 수준 및 각종 운영기준에 따라, 프로젝트 운영, 연간 운영 및 보수 예산 작성, 각종 연료 또는 원재료 관련 주문 및 관리, 자재 저장 및 관리, 연간 예산 범위 내에서 운영비용 관리, 안전보건 수칙 준수, 운영 보수 및 인력 운영사항 관련 기록 유지 보관, 시공사로부터 제공되는 운영 매뉴얼 보관 및 업데이트, 시공자의 보증 관련 사항에 대한 의무사항 준수 및 정기적 검수 및 수리업무 계획 및 진행, 긴급공사 직접 수행 등의 역무를 제공하게 된다.

II. 운영 및 유지보수 계약 주요 이슈 및 특징

1. 운영 및 유지보수 적정 수준의 의미

기본적으로 운영 및 유지보수 업무의 최종 목적은 사업주의 대출 원리금 상환과 투자수익을 적절한 수준으로 유지할 수 있도록 프로젝트 운영기간 동안 적정한 기준 이상으로 운영 및 유지보수를 수행해야 하는 것에 목적이 있다고 할 수 있다. 이를 위해서 운영자는 운영 및 유지보수와 관련하여 풍부한 경험이 있어야 하며, 특정한 운영기간 동안 예정된 혹은 예기치 못한 갑작스러운 사항에 대해서도 적절히 대처할 수 있는 능력을 가지고 있어야 한다는 의미이며, 재무적으로는 대주단과 사업주가 설정한 현금흐름에 어떠한 부정적인 영향을 주는 운영 관련 문제가 발생해서는 안 된다는 이야기이다. 따라서, 정제플랜트의 경우에는 정제시설의 갑작스러운 정지에 대비하여 미리 기자재 창고를 준비하거나, 광산의 경우 각종 여유 부품 및 대체품의 보관을 유지하여 적절하게 광산이 지속적으로 운영되도록 하고, 국제공항의 경우 주요 자본 확충을 취하며, 발전사업의 경우 터빈 성능 연장 또는 재활용을 위한 각종 유지품 및 계획의 작성 등을 처리하는 능력 보완이 요구된다고 할 수 있다.

2. 운영 및 유지비용의 적성성

인프라 프로젝트는 전체 운영수익에 비해서는 상당히 낮은 수준의 운영비용이 책정되는 것이 일반적이다. 따라서, 운영상의 문제로 인해서 책임을 부담한다고 하더라도 이는 운영유지계약 이상의 책임을 부과하기에는 어려운 점이 있다. 따라서, 보험가입이 자연적으로 고려되게 되는데, 보통 멸실이익, 결과적 손해담보를 위한 보험이 고려되는 것이 일반적이다. 따라서, 이를 위해서 포괄적인 업무내역, 책임 관련 사항에 대한 명확한 기준 설립, 운영기준 및 성능미달의 경우 사업주를 보호할 수 있는 조항이 필요하다. 운영비용이 설령 고정급이고 운영비용을 잘 관리하여 비용지출의 수준이 일정 수준이하가 되면 운영수익을 추가로 배정토록 만든 경우도 있다. 무조건적인 절감은 자칫 프로젝트 전체의 운영수준을 저하시킬 수 있으므로 주의가 필요하다. 따라서, 어떠한 경우에도 운영수준을 저하시키거나, 또는 소모품, 기타 연료 소비에 변화를 줌으로써 장기간 프로젝트 운영에 영향을 끼쳐 위험을 주는 수준까지는 허용이 되지 않아야 한다. 뿐만 아니라, 필요한 경우, 부품이나 소모품 비용에 대해서는 일정 수준까지 증액이 가능하도록 미리 정할 필요가 있다. 그 외 비용정산 방식도 있을 수 있는데, 운영비용은 바로 사업주를 통해서 집행되고, 운영자는 단지 해당 운영이 적정할 경우 보너스만 받게 되는 구조이다. 이 경우 보너스뿐만 아니라, 위약금에 대해서도 이를 분명히 명시할 필요가 있다. 보너스 항목으로 관리되는 주된 운영사항은 결과물의 수량, 효율, 환경배출기준 등이며, 위약금은 주로 손해배상예정액으로 설정이 된다. 대수선과 유지보수 계획에 대해서도 사업주가 산정한 연간 운영계획에 반영되어 있어야 하므로 이를 계약에 반영하는 것이 중요하다.

3. 운영유지 계약의 손해배상 및 구제

프로젝트 운영을 통해서 발생할 수 있는 손실이나, 3자 배상책임에 있어서 보통은 이를 운영 및 유지보수 계약을 한도로 설정하므로 사업주는 운영계약상 책임한도를 넘는 금액에 대해서는 이를 각종 보험으로 보완하도록 조치할 필요가 있다.

4. 운영회사의 설립

운영 및 유지계약을 하는 경우에 있어서 현지에서 별도의 회사를 세우는 경우에는 프로젝트 파이낸싱 방식으로 자금을 조달하므로 현지 운영회사의 운영계약 의무사항에 대해서 모회사 보증이 필요할 수 있고 이 경우 한도를 계약서 대금지급 채무한도로 제한할 필요가 있다.

5. 자가 운영관리 (Self O&M)

1) 자가 운영의 특징

별도로 운영 및 유지보수 회사와 운영 및 유지보수 계약을 체결하지 않고 사업주가 직접 자가 운영 형태로 운영 및 유지보수 업무를 수행하기도 하는데, 대체로 이와 같은 자가 운영은 일반적으로 보수업무보다는 프로젝트 운영 측면이 큰 부문을 차지하는 경우, 즉 민자 도로 관련 프로젝트와 같이 보수보다는 운영 측면이 크거나, 설령 유지보수 업무가 차지하는 비중이 크다고 하더라도 유지보수 업무를 별도 계약, 즉 기술지원계약(Technical Support Agreement) 등을 체결하고 기기 제작업체로부터 기기 구매부터 보수업무까지 전담을 하도록 하고, 사업주는 일반적인 운영업무만 수행하는 경우가 대부분이다.

2) 자가 운영의 운영형태

인프라 프로젝트를 적절한 수준으로 운영하고 관리하기 위한 목적으로 보통 숙련되고 전문화된 인력을 사업주 또는 사업주 구성원 회사가 직접 보유하고 있다면, 별도의 운영계약을 체결하지 않고 해당 인력을 통해서 프로젝트 운영과 관련된 거의 모든 분야에 대한 지원을 받고자 할 것이므로, 사업주의 주주사 중 유사 프로젝트 운영사업 경험이 있는 당사자와 전문 인력 및 기술지원을 받을 수 있는 기술지원계약을 체결하는 방식으로 자가 운영을 시행하기도 한다. 이처럼 사업주가 직접 운영을 하기 때문에 별도의 운영수준에 대해서 근거나 제한을 두는 것이 쉽지 않고, 보통은 대주단과 체결하는 금융 대출 계약서에서 특정한 운영수준을 결정해서 사업주를 관리하는 것이 일반적이다. 이처럼 사업주가 주주 또는 주주의 관계사와 관리 운영 계약을 체결하는 경우에는 주주의 이익, 배당을 위해서 적극적으로 때로는, 다소 무리하게 운영업무를 수행할 것이 충분히 예상되고, 운영수준 역시 다소 완화된 수준으로 요구하여 궁극적으로 운영비용은 줄이고 수익은 극대화 하고자 할 것이므로 장기간 안정적인 프로젝트 운영이 필수적인 상황에서 대출금 상환과 투자수익을 우선적으로 확보해야 한다는 관점에서 볼 때 지나친 운영은 오히려, 장기적인 관점에서 문제가 될 소지가 있다.

3) 기술지원계약 (Technical Service Agreement)

일반적으로 자가 운영을 사업주가 시행한다고 하더라도, 프로젝트별로 각각의 특성과 여건을 고려하여 운영 또는 외부 지원이 필요한 부문이 있을 수 있다. 이 경우, 앞서 말한 바와 같이, 기술지원계약을 체결하여 해당 계약을 통해서 사업주의 운영위험을 이전하게 된다.

① 기술지원계약을 사업주의 주주사 중 한 회사와 체결하는 경우에 주주사 소속 인력을 주주사로부터 사업주 회사에 파견하는 경우, 파견의 성격에 대해서 명확히 할 필요가 있다. 즉, 사업주의 소속인지, 아니면 여전히 주주회사 소속인지를 명확히 해야만 소속으로 인해서 수반되는 여러 가지 행정적인 문제를 해결할 수가 있다. 만약 파견인력이 여전히 주주회사 소속이라면, 기본적으로 고용주가 직원들에 대해서 책임을 져야 하므로, 그들의 운영업무에 대해서도 주주사가 사업주와 연대책임에 대한 부담이 발생할 소지가 있고, 주주사는 여전히 근로여건, 연금 및 각종 사회보장 보험에 대해서 가입할 의무가 있으므로 복잡해질 우려가 있다. 이 경우, 일부 국가에서는 계약과는 무관하게 아예 사업주의 직원으로 법률상 의제하는 경우도 있다. 또한, 직무규정, 내부지침 등과 관련하여서도 해당 인력이 부적합한 경우에 사업주가 의사결정을 통해서 해고하는 것이 곤란할 수 있어, 이를 주주사에게 조치를 요청해야 하는 경우가 발생할 수도 있다.

② 기술지원계약이라고 하더라도 제공되는 역무에 대해서 특정하고 분명하게 명시하며 이에 대한 대가 역시 분명하게 서술할 필요가 있다. 그래야만 추가 역무에 대해서 다툼 없이 별도 비용 정산이 가능하기 때문이다. 지나치게 의존하게 되면, 추가 역무가 자칫 큰 비용을 발생하게 되어, 최초 취지에 어긋나는 문제가 발생할 수 있으므로, 사업주는 기술지원계약을 비구속적 또는 교체가 용이하도록 운영을 하고, 필요시 외부로부터 해당 인력을 제공받는 것이 가능하도록 해야 할 필요가 있다.

③ 서비스 제공의 대가를 분명히 명시적으로 확정할 필요가 있다. 주주사는 지원하고자 하는 기술업무와 해당 특정 인력의 급여를 좀 더 분명히 확정할 필요가 있다. 실무에서는 비용절감을 위해서 자가 운영을 선택하는 것이 일반적이므로 고정비는 최소화하고, 시간당 단가로 비용을 지불하는 방식이 선호되기도 한다. 물론 예외적으로 해당 전문 인력이 항상 대기할 필요가 있는 경우에, 이를 급여지급 방식으로 비용을 지불하기도 한다.

④ 기타 주주사가 파견한 직원들의 작위나 부작위로 인해서 프로젝트 회사에 문제가 발생하여 손해가 생긴 경우에 해당 주주사에 대한 면책이 가능하도록 할 필요가 있다.

6. 운영계약의 주요 이슈

지금까지 일반적인 운영 유지보수 계약의 특징에 대해서 살펴보았고, 이제 사업주의 입장에서 Arm's Length Basis로 운영계약을 체결하는 경우, 프로젝트 파이낸싱으로 진행된다는 가정 하에 주의해야 할 개별 이슈에 대해서 살펴보기로 하자.

1) 분명한 역무범위

사업주는 운영단계에서 실질적인 주인으로서 운영자와 유기적인 관계를 끌어가야할 필요가 있고, 운영을 위임하였다고 하더라도 사업주가 직접 부담해야 할 의무사항에 대해서는 이를 분명히 계약적으로 구분하고 운영계약상 명시할 필요가 있으며, 이런 역무범위 구분을 통해서 프로젝트 운영에 문제가 없도록 해야 한다. 따라서, 최소한 해당 프로젝트의 당사자들 (주주, 대주단 등)이 실질적으로 파악이 가능할 정도의 수준으로 명확해야 할 필요가 있다.

2) 객관적인 프로젝트 운영 수준

프로젝트 파이낸싱 방식에서의 운영계약상 기준은 객관적으로 운영자의 의무 또는 운영상의 기준을 수치화(예를 들면, 운영의 효율성이나 생산성을 나타내는 특정 수치를 기준)하거나 그게 아니라면, 최소한 일반적인 운영기준(예를 들면, Good Industry Practice) 정도로 계약서에 명시할 필요가 있다. 이 경우 시공상 또는 기기공급자의 잘못 또는 하자로 인한 것은 제외하고, 해당 기준에 대한 운영 미달에 대한 책임을 물을 수 있도록 명시적으로 규정해 놓아야 운영기준 미달 시 이를 운영자가 입증하고 책임을 지도록 할 수가 있다.[195) 이와 같이 수치로 기준을 설정하는 경우 외에는 통상적으로 이용하는 여러 가지 운영기준이 있을 수 있는데, 보통 Western European Standards, Good Industry Practice or Similar Standards 정도가 있고 이러한 기준 하에서 사업주가 별도로 이행의무를 명시적으로 부과하거나, 또는 시공자가 제공한 운영지침서(O&M Manual)가 있다면 이를 준수토록 해서 계약기간 동안 운영 수준을 결정할 필요가 있고, 특히 매뉴얼의 경우에는 이를 준수하지 않는다면 하자보증과 관련된 문제가 발생할 수 있다는 점에 유의할 필요가 있다. 또한 운영

195) 흔히 일반적으로 인정되는 운영수준 항목으로는 도로의 경우에는 1) 도로포장 상태, 2) 도로 이용률, 3) 도로조명, 4) 도로 전광표지, 5) 도로안전 및 보안요소를 기준으로 평가를 하게 되며, 공항의 경우에는 1) 공항 시설물 관리수준, 2) 보안 및 안전 관리수준, 3) 서비스 수준, 4) 비용 및 예산 운영의 적정성, 5) 환경관련 규정 준수 등이 있다.

기준과 유사하게 일정기간 동안 운영자는 사업주가 작성한 운영계획과 운영예산 범위 내에서 이를 수정/검토하고 사업주가 최종적으로 확정한 대로 프로젝트를 운영해야할 책임도 있다.

3) 운영비용 지불

보통의 프로젝트 운영에 소요되는 비용은 크게 3가지 형태로 나누어지게 되는데, 우선적으로 사업주를 위해서 기자재 공급자에게 사업주 대신 지불한 비용에 대한 지불(Reimbursement), 특정업무 단위(Unit) 또는 시간당 단가(Hourly Rates)로 지불하는 역무 외 추가 비용, 그리고 최종적으로 운영자의 주된 역무에 대한 대가로 지급되는 비용으로 나누어지게 된다. 인프라 사업의 경우에는 대체로 주된 역무에 대한 대가가 비중이 큰 편이라고 볼 수 있다. 이러한 운영비용은 인프라 프로젝트가 장기간 운영되는 프로젝트이므로 물가 변동에 연동시킬 필요가 있다. 이 경우 보통은 소비자 물가지수에 연동하는 것이 일반적이나, 그렇지 않다면, 미리 약정한 비율로 우선적용하고 사후에 실질적인 변동내용에 따라 이를 수정하는 방식을 취하기도 한다.

4) 운영지출

사전에 사업주의 승인을 획득한 연간 또는 특정기간 동안의 예산을 통해서 지출을 진행하고 사후에 결과를 보고하는 형식으로 진행되는 것이 일반적이나, 고가의 물건이나 자본취득에 준하는 물품 또는 기기의 구매에 대해서는 사업주의 사전 동의를 별도로 취한 후에 지출을 하는 것이 일반적이라고 할 수 있다.

5) 운영자의 구매 및 조달

운영자가 사업주를 위해서 프로젝트 운영에 수반되는 기기구매 및 각종 자재 조달을 함에 있어, 조달 방식에 따라서 운영자 직접구매 또는 운영자가 보조자로서 구매하는 방식으로 나누어지게 된다. 운영자가 사업주의 주주이거나, 운영경험이 풍부한 회사라고 하면, 운영자의 Network을 활용하여 효율적인 구매나 Bargaining Power를 활용할 수도 있을 것이다. 그러나, 법률적으로 직접구매를 하는 경우에는 어디까지나 소유주의 입장으로 구매를 해야 되기 때문에 멸실위험에 대한 부담을 운영자가 직접 져야 함에 유의할 필요가 있다.

6) 운영준비단계

건설계약상 시행되어야 할 여러 절차 등 준공 검사기간 중 시공자의 책임 하에 있던 여러 가지 장비, 시설 등이 나중에 운영자에게 양도되어야 하므로 이 경우 보통은 운영기간 전이라도 시험기간 중 운영자가 사업부지에 진입하고 시운전에 참여하게 됨으로써 운영계약상 업무가 개시되도록 하고, 운영개시 전 의무를 충실히 이행하게 되면 추후 보수를 받을 자격이 생기도록 하는 것이 일반적이다.

7) 운영자의 책임한도

일반적으로 운영계약상 책임한도는 특정한 계약기간, 즉 해당년도의 연간 운영비용을 한도로 하고자 하는 것이 일반적이다. 그러나, 이는 어디까지나 일반적인 비용에 한하여 한도를 적용하는 것이므로 장기간 운영하는 프로젝트의 경우에는 교체비용, 대수선 비용 등 필수적인 비용에 대해서 잠재적인 손실이 발생할 수가 있고, 자칫 해당 손실비용이 한도를 넘을 가능성이 있으므로, 운영자의 귀책사유로 운영계약이 해지가 된 경우에는 운영자의 과실정도에 따라, 최초 운영업무 수행 시 고려된 전체기간 중 남은 운영기간 동안 발생할 수 있는 비용은 한도 적용과 무관하게 받을 수 있도록 할 필요가 있다.

8) 해지 관련 조항

사업주가 운영자의 성능미달 또는 낮은 수준의 운영으로 인해서 계약해지가 필요한 경우, 이 기준을 명확하게 설립할 필요가 있다. 또한, 운영기간 동안 지적재산권과 관련해서, 과연 그 권리가 그대로 후속 운영자에게 전달되어서 프로젝트 운영에 큰 문제가 없도록 확인이 필요하다.

9) 기준수립 및 시장여건 조사

불확실한 운영비용 항목에 대해서는 갑작스러운 시장 가격변동에 대비하여 특정 가격변동 사항에 연동하여 적절하게 인상 또는 인하토록 할 필요가 있다. 특정분야, 즉 청소 등 분야에 대해서는 주변 운영기관 또는 관련 기관의 자료나 사례를 활용할 수 있다면 불확실성으로 인한 변동 위험을 덜 수 있다고 보며, 이를 위해서 그 대상을 정할 필요가 있으며, 이 경우 대상은 표준화 및 상품화가 가능한 품목이라야 한다. 따라서, 이처럼 표준화 및 상품화가 가능한 항목에 대해서 참고하고 이를 통해서 기존에 약정한 가격 변동폭 범위를 넘는 경우에 한하여 참조가격을 활용해서 가격조정에 합의토록 하는 것이 일반적이다. 특히, 운영자는 하도급 운영자가 별도로 계약되어 있을 것이므로 결코 참조가격의 영향에서 자유로울 수가 없다. 왜냐하면, 결론적으로 개별 하도급 가격을 집계해서 운영비를 제안해야 할 것이기 때문이다.

10) 주요 운영 관련 이슈

가장 중요한 운영 Risk는 신뢰성이 높은 운영자를 고용할 수 있을지가 관건이 될 수 있다. 최초 예상수준을 넘는 운영비용이 발생하는 주요 원인은 건설하자, 신기술의 적용, 또는 연료공급의 문제점 등이 일반적이며, 운영비용의 상승으로 인해서 현금흐름에 영향을 주는 것을 방지하기 위해서 운영비용을 고정시키는 것이 중요하다. 그럼에도 불구하고 운영자의 과실이 아닌 외부의 요건으로 인해서 운영비가 증가하는 경우에 별도의 확약을 통해서 대비를 하게 되는데 보통, 1) Stand by Equity, 2) 기존 주주의 추가출자, 3) 기존 주주 외 제3의 주주영입 또는 4) 추가적인 Financing을 통해 대주단으로부터 추가 대출을 받거나, 또는 5) 후순위채를 통한 대출을 고려할 수 있고, 6) 마지막으로 별도의 예비계좌(Contingency Account)를 만들어 놓고 그에 대비하는 방법 등을 고려할 수 있다.

11) 성능보장

약정한 수준대로 프로젝트 운영이 안 되는 경우 성능 관련 손해배상예정액(Performance LD)으로 우선적으로 충당해야 하며, 이 비용은 구매자(Off-taker), 대출 원리금 상환, 사업주의 운영비용 조달에 우선적으로 사용되게 된다. 이 경우 운영자의 성능 관련 손해배상예정액은 시공자와는 다르게 그 금액이 1~2년 치의 이익 정도에 지나지 않을 정도로 극히 작다고 볼 수 있으므로, 이를 위해서 손해배상예정액을 부과하는 동시에 운영자를 변경할 수 있는 권리를 사업주에게 주는 것이 운영계약의 특징이다. 이러한 관점에서 성능 미달과 관련된 손해배상예정액을 쉽게 지불할 수 있느냐가 중요한 고려 요소가 된다. 이를 위해서 LD를 별도로 제출하는 것 외에 모회사 보증(Payment Guarantee by way of Parent Company), 신용장개설(Letter of Credit), 지불증권(Payment Bond), 기타 보증 관련 담보제공(Other Surety Instrument) 등이 고려될 수가 있다.

12) 국제계약에 있어 불가항력

프로젝트 파이낸싱 사업의 계약은 상호연결이 되어 있다. 따라서, 운영계약상 불가항력으로 인해 채무면제 사유가 발생했다고 하더라도, 구매계약(Offtake Agreement)상 불가항력으로 인정이 안 되면 계약위반의 문제가 발생할 수 있다. 이러한 상황에 대비하기 위해서 Resurrection 관련 조항이 필요하게 된다. 추가로 설명하면, 운영자는 구매계약이 있는 경우 구매계약을 통해서 사업주가 받게 되는 구제 또는 보상의 범위 내에서만 해당 구제나 보상을 받을 수가 있다.[196] 불가항력 이슈는 기본적으로 현지 국가의 위치에 따라서 심도 있는 고민이 필요하다. 국가별로 노동, 운송, 인프라의 수준 등은 많은 차이가 발생하기 때문이다. 또한 서로 다른 별개의 법규제도 간에도 혼란을 가져올 수도 있다. 불가항력 조항이 제대로 구현되고 보호받을 수 있을 것인지에 대해서 준거법 역시 중요한 요소라고 볼 수 있으므로 세심한 비교 검토가 필요하다.

13) 공급계약 관련 사항

프로젝트가 장기간 안정적으로 운영되기 위해서는 연료나 원재료가 적절한 가격수준으로 장기간 안정적으로 공급되는 것이 중요하다. 구매계약의 주요 조건과 동일하고, 기타 연관성이 조건들이 유사하게 되도록 공급계약을 합의하고 작성할 필요가 있다. 만약 구매계약이 없는 상황이라면, 최소한 대출계약서(Loan Agreement)상 주요 대출조건 중 관련 사항이 있다면 해당 수준과 동일하게 공급이 가능토록 해야 한다.

14) 운영자의 신용상태

운영자는 계약체결 시기 및 운영기간 중에도 꾸준하게 신용을 유지할 필요가 있다. 신용의 적절성이란, 단순한 계약상 책임을 넘어 손해배상예정액을 충분히 감당할 수 있는 재무적인 상태를 유지하는 것도 포함하고 있다. 의무사항과 관련하여 이를 뒷받침할 재무적인 책임이 가능하지 않다면 다른 운영자를 찾을 필요가 있다.

---

196) 보통은 “Operator will not receive the relief greater than the relief available to the project under the other agreement, particularly offtake agreement” 수준으로 계약상 명시하게 된다.

15) 운영비용

운영계약에 있어서 고정비용 방식이 좀 드문 것이 현실이며, 이를 보완하기 위해 지수와 연동하기도 한다. 그러나, 이렇다고 하더라도 모든 경제상황을 고려한다는 것은 어려우므로 고정비용 방식 추진 시 시장상황에 대한 적절한 판단이 필요하다. 그 외 Cost Plus Fee 방식이 있는데 이는 전적으로 운영자에게 유리한 계약구조라고 할 수 있다. 사업주의 입장에서는 운영자금을 줄이고자 하는 의도가 고정가격 구조보다는 Cost Plus Fee에 덜 반영되었다고 볼 수 있다. 이러한 사업주의 의지를 반영해서 이 경우에도 최대가격과 인센티브를 미리 정하고 이를 운영실적 또는 예산운영의 적정성에 연동하기도 한다. 물론 이 경우 위약금도 반영되는 것이 일반적이기도 하다. 최대비용이 넘어가는 경우에는 해당 초과비용을 운영자가 부담하게 하고 사업주는 운영계약을 해지할 수 있는 권한을 가지게 되는 것이 일반적이며, 인센티브의 경우에도 프로젝트 운영 또는 지역사회와의 관계개선 등 다양한 사업주의 운영관련 이슈 수행 정도를 고려해서 그 성과별로 지불되며, 보너스의 경우 재무적 성과에 따라서 지불되기도 하나, 연료비의 변동으로 인해서 긍정적인 재무성과가 반영될 가능성도 있으므로 운영자의 역할이나 비중에 대해서 적절히 반영할 필요가 있다.

7. 주요 계약 조항

1) 운영자의 책임사항

일반적으로 전형적인 운영자 책임사항으로 프로젝트 운영, 유지보수, 인력관리, 채용, 교육훈련, 기자재 구매 및 여유부품 유지보수 및 보관, 수리계획 수립 및 진행, 일상검사, 예방정비, 예정된 대수선 진행, 하자보증 요구조건 준수 및 운영 및 보수, 안전점검, 화재예방, 긴급계획 수립, 인력 운영 및 재무, 프로젝트 운영사항 보고, 프로젝트 운영사항 기록, 운영매뉴얼 작성 및 보수기록 보고, 운영 관련 필수 인허가 사항 취득 및 유지, 하자보증 유지 조건 및 법규 및 기준에 따른 프로젝트 운영 등이 있을 수 있다. 좀 더 세부적으로 프로젝트 시공부터 운영기간까지의 운영자의 책임사항에 대해서 살펴본다면 다음과 같다.

① **부지정리 기간 중 역할**: 예산과 집행계획 준비, 프로젝트 관련 기자재 추천, 운영과 관련된 각종 계약서 검토 및 의견제시

② 성능시험 전 기간 중 역할: 운영인력 확보 및 구인, 각종 기자재 필요사항 의견제시, 기자재 확보방안 및 유지보수 계획 수립, 인력훈련, 기타 성능시험 관련 필요사항 지원

③ 운영기간 중 역할: 운영 준수 및 관리, 예방정비 및 보수 시행, 계획정비 시행, 운영 예산 및 계획 수립, 지역사회 협력 업무 등 정상적인 운영을 위해 필요한 사항

2) 사업주의 책임사항

사업부지 접근 허용 및 프로젝트 운영을 위해 필요한 각종 인허가 취득 및 폐기물처리 관련 인허가 취득 등이 있으며, 어디까지나 운영자의 운영업무 개입을 최소화 하도록 하여, 운영에 방해가 되지 않도록 하는 것이 중요하다. 그 외 명시적으로 표현하지 않은 사항에 대해서는 명시적으로 운영자의 책임사항이 아니라면 일반적으로 사업주가 부담을 하는 것이 일반적이다.

3) 운영기준

명시적으로 운영수준을 정하지 않은 사항에 대해서는 일반적으로 Standard Industry Practice 또는 신중한 관리자의 주의 의무(in a manner that will achieve maximum revenues consistent with prudent operating practice) 정도로 운영하는 것이 일반적이다.

4) 운영비용 및 지급

운영자는 보통 가능한 한 먼저 운영비용을 받는 것을 선호하게 된다. 운영과 관련된 기자재 또는 연료 등을 확보하기에 충분한 자금을 확보하기를 원하기 때문이다. 만약 회기년도 중간에 프로젝트 운영이 시작되는 경우에는 일별 운영비용을 최종적으로 계산하여 월별로 청구토록 하는 것이 일반적이다.

5) 성능보장과 손해배상예정액

프로젝트 파이낸싱에 있어서 특정 수준의 운영기준 보증이 필수적인데, 만약 이를 만족시키지 못한다면, 성능 관련 손해배상예정액이 유일하고 절대적인 배상이 된다. 따라서, 손해배상예정액은 대출 원리금 상환부족액, 운영비용 증가액, 기타 관련 계약상 발생한 손해배상 등을 반드시 충당할 수 있어야 한다.

6) 자본변동

프로젝트가 장기간 진행되는 것이 일반적이기 때문에 자본금 증가, 추가에 대해서는 반드시 언급할 필요가 있다. 왜냐하면, 운영자가 평소 운영업무에 종사하고 있을 것이기 때문에 해당 설비에 대한 이해도가 높을 것이므로 자본 증가 및 변동과 관련된 사항에 대해서 직접 수행이 가능하거나, 관리가 충분히 가능하기 때문이다.

7) 계약위반 사항에 대한 치유

운영자의 의무 위반으로 인한 사항에 대해서 사업주 보상은 필수적이라고 볼 수 있다. 적정한 수준의 운영실패는 손해배상예정액으로 보상하며, 기타 단순한 금전적 보상부터 운영자 교체까지 이르기까지 다양한 방식으로 위반에 대해서 치유를 하게 되는 것이 일반적이다. 프로젝트 파이낸싱 사업의 경우, 대주단 역시 운영자의 의무위반에 대해서 치유가 가능하기도 한데, 이런 경우 1) 사업주가 직접시행, 2) 대주단이 시행, 3) 대주단이 적합한 운영자로 교체하는 방식 등이 있다.

8) 운영업무 중지

사업주는 경제성이 현저히 떨어지는 프로젝트의 경우 운영중지를 원할 수도 있으나, 운영자는 손해배상예정액까지 부담하면서 운영책임을 지고 있으므로 특별한 사정이 없는 한 운영중지가 불가능하도록 하는 것이 좋다. 따라서, 실무적으로 최초 5년 정도의 기간 동안에는 귀책사유가 없다면 해지가 불가능하도록 명시하는 것이 유리하다.

9) 계약종결 시 절차

운영계약 해지 또는 종결시점에 각종 절차, Know-how, 기록 등을 이전하는 것이 필수적이다. 따라서, 프로젝트 운영과 관련된 많은 기록, 정보, 매뉴얼 등을 이전토록 하거나, 신규 운영자를 일정기간 동안 훈련시키는 것도 포함하여 종결하기도 한다. 그 외 예비부품, 기기 제공자의 하자보증 이전, 인허가 지원 등도 필요하며, 최근에는 환경 관련 책임사항에 대해서 확인하고 이전하는 규정이 도입되었다는 점도 특이하다 할 것이다.

10) 보험

운영 계약을 통해서 이전 또는 전가가 불가능한 위험에 대해서는 철저하게 보험으로 보완을 할 필요가 있다. 보험료 산정과 부담에 있어서도 자기 부담금, 보험금 등 실질적으로 운영자의 재무적인 위험을 가중하는 것은 곤란하고, 보험가입의 취지를 살려서 조정하는 것이 필요하다고 볼 수 있다.

11) 불가항력

운영계약 등 프로젝트와 관련된 모든 계약에 있어서 불가항력에 대한 내용은 일치해야 한다. 자칫 일부 계약에서만 인정되거나 인정되지 않는다면, 운영계약상 의무면제가 곤란하여 불가항력으로 인한 손해를 부담해야 할 경우가 생길 수 있으므로 주의가 필요하다.

12) 운영과 정부보수 업무 구분 명확화

운영부분과 정비 및 보수부분을 분리하는 경우가 많은데, 이 경우 주기기 공급자가 정비를 담당하도록 하는 것이 선호되고 있은 것이 사실이다. 그러나, 운영업무에 참여하는 당사자가 많아지면 많아질수록 책임구분 및 문제발생시 소재파악에 대한 어려움이 생길 가능성이 크다. 즉, 문제가 발생하게 되면 누구의 책임인지 또는 누구의 문제로 운영에 문제가 생기게 되었는지 구분이 쉽지 않는 것이 일반적이므로 운영과 정비를 분리할 수 밖에 없는 사정이라면 반드시 업무구분은 명확히 할 필요가 있다.

제 5 장
PPP 사업의 원재료 또는 연료공급계약

Ⅰ. 원재료 또는 연료공급계약 개관

1. 원재료 또는 연료공급계약(Input or Fuel Supply Agreement)의 의의

프로젝트 파이낸싱 계약에 있어서, 사업주의 수익에 영향을 미칠 가능성이 크고 나아가, 대주단 대출 원리금 상환 및 사업주의 이익에 영향을 미칠 수 있는 원재료 또는 연료공급 사항과 관련하여, 원재료 또는 연료공급시장은 언제나 시장 변동성에 노출이 되어 있다는 점을 최소화 하면서, 적정한 가격으로 적절한 시기에 원활한 운영을 위해서 필요한 수준의 원재료 또는 연료가 공급 가능한지를 고민하는 것이 사업주의 입장이라고 볼 수 있다. 이러한 위험을 사업주는 프로젝트 파이낸싱 방식의 프로젝트에서 원재료 또는 연료 공급자에게 공급계약을 통해서 이전코자 하며, 이러한 취지로 원재료 또는 연료공급계약에서 1) 적정한 수준의 원재료나 연료를, 2) 프로젝트 운영이 원활하게 가능하도록 적기에 공급토록 하고, 3) 장기간 적정한 가격으로 공급하고자 하는 요소들이 필수적으로 다루어져야 할 필요가 있다. 이러한 3가지 요소를 프로젝트 운영기간 동안 또는 최소한 대출 원리금 상환기간 동안까지는 통제가 가능한 수준으로 장기공급 해야 하며, 최종적으로 운송과 관련된 문제를 짚어 볼 필요가 있다. 간혹, 실무에서는 양허계약 또는 구매계약의 당사자가 직접 연료를 공급하기도 하며, 이 경우 연료 관련 위험은 사업주가 부담하지 않는 구조가 되므로 최적의 구조라고 볼 수 있으나, 최근에는 점차 줄어드는 추세에 있고, 최근에는 장기공급을 위해서 연료 공급자와 별도 계약을 체결하거나, 또는 독점 공급자와 장기 계약을 체결하기도 한다. 다만, 독점 공급 계약의 경우에는 해당 연료나 원재료가 자원과 관련이 있다면, 해당 계약에서 다루고 있는 연료 또는 원재료가 해당 국가 정부에 의해서 언제든지 국유화가 이루어질 수 있다는 위험을 고려할 필요가 있고, 이를 위해서 해당 이슈에 대해서는 계약서에 명시적으로 다룰 필요가 있다.

인프라 프로젝트라고 하더라도 철도, 항만, 고속도로 등과는 다르게, 직접적으로 생산물을 만들어 내거나, 또는 해당 원재료를 정제하는 등 원재료 가공이 필요한 프로젝트의 경우에는 좀 더 적극적인 공급계약이 필요하다. 운송과 관련된 사항까지 고려하여 공급과 운송이 최소한 프로젝트 운영기간 만큼 장기간으로 원활하게 진행토록 되어야 할 필요가 있고, 이를 위해서 보통은 운송방식, 부지의 위치, 원재료의 성격, 해당지역의 운송 인프라의 상태, 공급 및 수송을 위한 기타 면허 및 인허가 사항 및 제한 사항 등에 대해서도 다룰 필요가 있다.

2. 원재료 또는 연료공급계약(Fuel Supply Agreement)의 특징

공급계약은 공급측면과 구매측면을 모두 가지고 있는 계약이라고 볼 수 있다. 공급자의 측면에서는 구매계약이고, 사업주의 입장에서는 공급계약으로 볼 수 있기 때문이다. 따라서, 공급 의무이행을 장기간 동안 이행할 수 있을 것인가가 관건이 되고, 이를 위해 공급조건 중 하나인 Take or Pay와 같은 방식이 수용이 가능한지, 이러한 조건이나 특징들을 프로젝트의 다른 계약과 적절히 연결할 수 있느냐가 최대의 관건이라고 볼 수 있을 것이다.

공급계약을 통해서 제공되는 원재료 또는 연료의 특성과 종류에 따라, 여러 가지의 이슈들이 관리되어야 할 필요가 있다. 궁극적인 관리 목표는 앞서 언급한 대로, 특정한 소요수량의 연료 또는 원재료를 사업주가 기대하고 있는 운송시점에, 프로젝트 운영을 위한 특정기준에 부합한지, 그리고 그러한 기준에 대한 검사를 하는 시점, 장소 및 최종적으로 지불되는 가격 등이 본 계약의 주요한 이슈라고 볼 수 있고, 이러한 이슈를 중심으로 하되, 장기간 계약이라는 점을 감안하여 가격 조정조항은 인상 및 조정 가능여부 및 범위정도에 대해서 명확히 작성할 필요가 있으며, 공급계약의 지불조건 역시 구매계약(Offtake Agreement) 또는 프로젝트 수익흐름에 연동하여 지불되도록 할 필요가 있다.

발전사업 중 석탄과 관련된 공급계약인 경우, 프로젝트에서 요구하는 특정한 수준이상의 석탄이 프로젝트 운영기간 동안 충분히 공급 가능한 매장량이 있는지에 대해서 확인이 되어야 한다. 또한 해당 석탄 광산으로부터 장기간 동안 프로젝트 부지까지 공급이 가능할 필요가 있다. 따라서, 이 경우에는 연료 공급자가 해당 운송수단을 보유하고 있거나, 아예 처음부터 사업주 현장 부지 인근에 위치하여 공급이 가능하면 훨씬 유리할 수 있다. 그 외 석탄의 경우 공급 중 각종 Ash 처리 등 환경 관련 기준에 대한 적합성도 고려되어져야 할 필요가 있다.

가스복합 발전사업의 경우에는 석탄공급계약과 유사하게 대출 상환기간 동안, 해당 가스보유량이 발전사업에 충분한지 확인하는 것이 중요하며, 이 경우 해당 연료 공급자로부터 공급확약 또는 이에 상응한 수준의 보증(Warranty)을 받아 두는 것도 좋은 방법이다. 그 외 파이프라인을 통해서 공급하는 경우 사업주와 대주단의 심도 있는 실사가 필요하다. 일반적인 공급계약에 있어서 매장량과 운송이 중요한 화두가 되듯이 파이프라인을 통해서 지속적으로 가스 공급이 가능한지에 대한 Capacity 고정 확보 점검과 LNG인 경우에 액화(Liquefaction)작업 이후 해상운송, 가스화와 관련된 절차상 필요한 부문에 대해서도 미리 확인이 필요하다고 볼 수 있다.

발전사업이 아닌 기타 사업 중 원재료공급계약이 필요한 정유, 용해 프로젝트 등에 대해서도 거의 동일하게 해당 연료의 매장량, 운송수단 및 용량확보, 안정적인 가격으로 공급하는 것에 대한 확인이 필요하다고 볼 수 있다.

장기 연료공급계약이 불가능하거나, 시장 상황이나 공급의 변동성을 고려할 필요가 없는 경우에는 장기 계약이 의미가 없으므로, 노출되는 위험에 대비하기 위해서 특정 구간에 한정하여 공급가격 변동을 제한하고 이를 넘은 경우에는 Hedge 계약을 통해서 보호를 받을 수 있는 방법도 선호되기도 한다. 공급계약의 주요 항목인 물량과 가격에 대해서 연료 공급자와 운송자가 서로 동일한 주체가 아닌 경우가 대부분이므로 연료공급계약에서는 이러한 부문을 고려하고 모든 Risk를 감안해야 한다. 해당 연료나 원재료가 어디서나 구입이 가능하고 운송 조달에 큰 어려움이 없다고 한다면, 장기계약보다는 시장에서 거래를 하는 것이 프로젝트 파이낸싱 방식에서 훨씬 높은 비용절감과 사업주의 수익 증대에 기여할 수도 있다. 그러나, 프로젝트 파이낸싱으로 조달을 할 경우에는 가격변동에 영향을 주지 않아야 하므로, 공급시장이 안정되어 있다고 하더라도 공급계약을 체결하여 변동성을 줄이고자 하는 것이 특징이다. 사업주가 특정 공급 계약을 포기하는 경우에는 연료의 이용률, 미래의 연료공급 및 가격 분석 자료를 적극적으로 활용해서 결정할 수 있도록 해야 한다. 특히 역외에서 연료가 들어오는 경우에는 수출입 세금, 관세의 변경, 기타 운송비용 등까지 복합적으로 고려해야 할 필요가 있다.

수차례 언급한 바와 같이 공급계약이 Bankability를 가지려면, 공급계약이 프로젝트의 현금흐름에 영향을 주어서는 안 된다. 더 자세하게 언급하면, 공급계약상 가격변동, 의무불성실 이행 등의 영향으로 프로젝트 운영에 문제가 발생하여 이로 인해서 종국적으로 대주를 위한 대출 원리금 상환을 방해해서는 안 된다는 의미이다. 계약상 의무이행 강제를 통해서 대주단을 보호하는 것 외에도 공급계약상 여러 가지 신용보강이 필요할 수도 있는데, 주로 L/C, 추가 출자확약, 보증 기타 보험을 통하여 보장하는 방식이 적용된다. 공급 계약에서 있어서 대주를 위해서 특히 고려해야 할 요소는 공급 및 운송의 안정성, 판매 결과물의 시장성, 법률변경이라고 볼 수 있다. 공급계약에서 대주단이 선호하는 계약 조건은 장기간, Supply or Pay 방식의 계약을 선호한다. Supply or Pay 방식의 연료공급계약에서 연료공급에 실패하게 되면, 대체 공급자로부터 공급하거나, 사업주에게 배상금을 지불토록 하게 하면 된다. 이와 같이 연료계약에서 대주단이 가장 고려하는 유의사항은 연료공급의 신뢰성(Reliability of Supply), 연료 수송의 안정성(Reliability of Transportation), 비용(Cost) 등이라고 볼 수 있다.

3. 원재료 또는 연료공급계약(Fuel Supply Agreement)의 종류

연료 및 원재료공급계약은 장기독점 방식으로 사업주의 기술기준에 부합하고, 특정 검사과정을 통과한 연료를 대상으로 특정 시점, 주로 준공일 또는 상업운전일 전후로 공급개시가 되도록 하는 것이 일반적이나, 설령 그 이전이라도 성능시험을 위해서 제한적인 소량의 연료는 공급될 필요가 있다. 이와 같은 여러 사항을 고려하여 공급 방식별로 다음과 같이 계약이 구분되는 것이 일반적이다.

1) **Take or Pay 계약:** 공급자의 관점에서 Put or Pay 계약이라고도 하며, 최소 공급량을 특정하고 사업주가 해당 연료 또는 원재료를 소비하지 못하였음에도 대금을 지불하는 계약이며, 대금을 지불하였다면, 일반적으로 사업주는 해당 연료를 매각할 권리를 가지는 것이 일반적이다.

2) **Take and Pay:** 소모되거나, 일단 운송이 완료된 연료 또는 원재료에 대해서만 비용을 지불하는 것이므로 공급과 관련된 위험은 공급자에게 있는 것이 일반적이다.

3) **Tolling Agreement:** 연료 공급자는 공급에 대한 대가로 특별한 비용을 지급 받지 않는다. 이 계약은 사업주의 운영에 중점을 두고, 사업주가 원재료를 적절히 가공하거나 또는 약정한 결과물로 변환한 것에 대한 대가를 받고자 하는 것으로 공급자는 공급대가를 지급할 이유가 없고, 프로젝트 운영자는 변환에 대한 대가만 취득하게 되므로, 사업주가 부담하는 연료공급과 관련된 위험 없다고 볼 수 있다. Tolling 계약도 Off-taker가 연료공급 및 처분에 관한 권한을 가지고 있는 Pulling Tolling 방식이 있고 이 경우

Off-taker와 Input Supplier가 동일인인 경우가 대부분이다. 따라서, 연료 공급자는 대금 지불의무가 보통은 없다. 그 와는 달리 오일 회사의 경우와 같이 연료 공급자의 요구에 의해서 사업주에게 운영을 요구하는 Push Tolling 방식이 있는데, 이 경우 연료 공급자가 직접 사업주 시설 이용대금을 지급하게 된다.

4) 그 외 계약별 공급 수준의 확약정도에 따라, 특정기간 동안 고정량 또는 사업주의 요청에 따라 사전에 그 범위를 정하고 최소, 최대 범위 내에서 공급하는 Fixed or Variable Supply 방식, 연료 공급자의 생산량 전부를 일괄적으로 공급하는 방식 다만, 충실 공급 의무는 없는 Output Dedication 방식, 별도의 계약이 없이는 매장량 전체를 해당 사업주에게 공급하며, 다른 사업자에게 공급 불가한 Reserve Dedication 방식, 연간 특정기간을 한도로 해서 공급 중지가 가능한 Interruptible Supply 방식이 있다.

4. 원재료 또는 연료공급계약(Fuel Supply Agreement) 관련 Risk

1) 원재료 또는 연료공급계약(Fuel Supply Agreement) 관련 Risk 관리

연료공급과 관련된 위험으로는 연료공급시장의 시장위험과 프로젝트 운영위험이 있으며, 연료공급시장의 위험을 방지하기 위해서 특정물량에 대해서 장기간 계약을 체결하고자 하는 것이 일반적이다. 따라서, 이러한 계약상 공급자의 의무사항에는 특정국가로 부터의 수출, 수입, 인허가 취득 업무까지 포함하며, 사업주가 요구하는 수준의 공급 물량 전체에 대해서 책임을 지게 된다. 따라서, 물량 공급 실패 시 손해배상예정액 청구, 공급가격 감소 또는 대체 공급자를 선정하여 공급할 의무 등이 사업주에게 가능한 옵션으로 남게 된다. 프로젝트 운영 중 위험을 방지하기 위해서 연료 공급자는 주어진 연료 또는 원재료의 수준을 유지하고, 프로젝트 운영을 위한 물량이 지속적으로 공급되며, 동시에 확정된 가격으로 정해진 시간에 공급 또는 운송이 되어 프로젝트 운영에 차질이 발생하지 않도록 해야 한다. 이러한 조건으로 공급이 안 되는 경우 프로젝트 운영이 제대로 되지 않을 수 있으므로, 공급자의 귀책으로 인해 프로젝트 운영에 끼친 영향에 대해서는 공급자가 책임을 져야한다. 이를 위해서 적정한 수준의 연료 또는 원재료 Quality를 어떻게 검증하고 검사 기준을 어떻게 둘 것인가도 문제가 될 수 있다. 공급자의 과실로 프로젝트 운영이 제대로 되지 않은 경우에 책임은 공급가격 감소, 손해배상예정액 지불 또는 대체 공급을 하는 것으로 책임을 지게 된다.

2) 연료 및 원재료공급의 위험 이전

해당 연료의 소유권과 손실에 관련된 위험은 공급계약상 운송과정을 통해서 최종 목적지에 도착하는 지점과 시점에서 사업주에게 이전되는 것이 일반적이라고 볼 수 있다. 따라서, 해당지점에서 공급 연료의 소유권 및 손실 관련 위험이 이전되며, 공급계약상 최종 도착지가 사업주의 부지가 아니고, 사업주의 부지까지 추가적으로 수반되는 운송이 필요하다면, 소유권 및 손실위험이 발생할 상황에 대비한 조치가 필요하다. 연료가 파이프라인을 통해서 공급되는 경우라고 하면, 일반적인 운송과는 달리, 파이프라인의 운송 가능량 범위 내에서 사업주에게 확보된 일정 용량에 대한 대가를 지불하는 Capacity Charge를 요구하는 방식으로 운송계약이 체결될 수도 있다. 사업주는 이를 바탕으로 공급가능성(Availability)에 관한 비용을 구매자(Off-taker)에게 청구하는 방식으로 위험을 이전코자 한다. 참고로 연료 공급자는 본인이 통제가 가능한 분야인 채굴 및 가공이 아닌 운송과 관련하여 발생한 불가항력으로부터 운송자와의 계약을 통해서 미리 보호될 수 있도록 조치를 할 필요가 있다.

3) 연료 공급자와 다른 계약당사자와의 관계

일반적으로 연료 공급자는 기본적으로는 운영단계가 시작이 되면 운영자와 연락을 취하면서 본격적인 업무를 시작하지만, 시공 건설단계에서도 시운전, 성능시험 등과 관련된 원재료, 연료공급과 관련하여 시공자와 관계를 맺기도 한다.

① **운영자와의 관계:** 연료 공급자와 운영자와의 관계는 주로 연료의 Quality 및 검수, 운송과정 등에서 일어나게 된다. 특히 운송의 경우 해당 물질이 위험물이거나 규제 수준이 높은 물질이라고 한다면 상당한 비용과 주의가 필요할 수 있고, 나아가 해당 물질의 처분과 관련해서도 사업주의 입장에서는 주의를 기울일 필요가 있다. 운영자는 해당 물질에 대한 검수, Quality 시험절차 및 결과, 심지어는 검사 참석여부 등에 대해서도 명확하게 명시할 필요가 있고, 그게 아니라면 제3자를 통한 시험을 통해서 검수토록 하는 것도 객관성을 확보할 수 있는 방법이 될 수 있다.

② **시공자와의 관계:** 시공자의 성능시험 또는 준공검사 시 수반되는 시험을 위해 제공되는 연료 또는 원재료 등을 공급할 목적으로 공급자와 시공자간에 접촉이 일어나며, 시공자의 경우에도 운영자가 수행하게 되는 동일한 수준의 절차와 검사를 통해서 해당 연료 또는 원재료의 물량과 질적 수준을 조사하게 된다.

4) 연료공급 및 원재료공급 관련 위험

① **공급가격의 인상 관련 위험**: 설령 고정가격으로 계약을 하였다고 하더라도 일정한 기간이 경과하면 해당 기간 동안의 가격변동을 반영해서 차후 협상을 통해서 조정하는 것이 일반적인데, 급격한 인상으로 인해서 대출 상환금에 문제가 발생하지 않도록 현금흐름상 연료비용을 대출 원리금 상환 바로 다음단계로 두고 (Cash Fall 상 일반적으로 보통은 운영비가 되어야 하나) 특정 가격을 넘어서는 연료비용은 청구하지 않고 특정 항목으로 유보하여 두고 대출 원리금이 완전히 상환되면 이를 지불토록 하는 방법이 대안으로 근래에 많이 고려되고 있으며, 또는 가격변동 위험을 극복하기 위해서 연료공급에 해당하는 매장량 전체를 아예 사업주가 구매하는 방식으로 위험을 극복하기도 한다.

② **매장량 및 광산운영 계획**: 프로젝트 파이낸싱으로 자금을 조달한 프로젝트의 연료공급자는 계약기간 동안 연료 또는 해당 원재료 매장량 또는 생산계획을 사업주와 대주단에게 제공할 필요가 있다. 이러한 사항은 진술(Representation) 방식을 통해서 제공되기도 하고, 직접 확인하기 위해서 탐사, 조사, 기타 지질학적 자료의 제공이 필요한 경우도 있다. 매장량 확인은 해당 매장량뿐만 아니라 경제성 또한 파악되어야 하므로 이 역시 사업주에 제공될 필요가 있다. 또한, 확실성을 높이기 위해서 매장량 및 경제성과 관련된 자료는 연도별로 Update되어 제공되어야 한다. 프로젝트의 원활한 운영을 위하여 광산개발, 지질조사기간, 필수조건에 대한 각종 자료도 사업주에게 제공되어야 하며, 운송중 문제가 생길 경우를 대비하여 연료 저장소 관리도 필수적이며, 보통은 저장소 역시 사업주 부지에 두는 것이 일반적이며, 그 규모나 수용량은 프로젝트의 생산물 규모 또는 구매자 시장을 고려해서 한 달에서 세달 정도까지 저장이 가능하도록 준비하는 것이 일반적이다.

③ **사업부지 내 운송시설 또는 하역시설의 준공지연**: 광산 주변 입지에 위치하고 있는 Mine Mouth 프로젝트의 경우에는 운송을 위한 컨베이어 비용 외에는 특별한 추가 시설 및 설치를 위한 비용지출은 필요 없다고 볼 수 있으나, 다른 프로젝트는 파이프라인, 철도, 도로, 기타 항구 등이 필요한 경우가 대부분이고, 해당 공급이 장기간 동안 필요한 경우라면 프로젝트 준공 이전에 운송시설이 완공되는 것이 필요하며, 그게 아니라면 최소한 수준의 작업이라도 프로젝트 준공 전에 이루어져야 하며, 구체적으로 프로젝트의 원재료 및 연료공급이 최초 시작되는 시점은 Start up이나 성능시험

기간 전까지는 완공이 반드시 이루어질 필요가 있다는 점에 유의할 필요가 있다.

④ **연료공급 가능성 관련 위험**: 가격변동과 관련된 위험도 중요하지만, 특정기간 동안 공급이 충분히 가능한지도 세심히 살펴볼 필요가 있다. 이를 담보하기 위해서 특정 공급원이 전적으로 해당 프로젝트 공급만 전담하여 제공되도록 하거나, 아니면 신뢰도가 높은 공급자로부터 장기간 공급 가능성에 대해서 보증(Guarantee)을 제공 받은 것 또는 공급원을 아예 인수하거나, 또는 다양한 공급자와 복수의 계약을 체결하는 것으로 위험을 방지한다.

⑤ **운송 관련 위험**: Mine Mouth 프로젝트를 제외하고는 항상 운송과 관련된 문제가 중요하다. 따라서, 사업주가 아예 운송수단을 소유하거나, 또는 신뢰도가 높은 운송사와 계약을 체결하거나 또는 여러 운송사와 복수의 계약을 체결하여 운송 관련 위험을 회피한다.

⑥ **불가항력**: 불가항력의 경우 대금지급 의무를 제외하고는 모든 계약상 의무가 면제되지만, 좀 더 명확하게 불가항력의 위험 정도에 따라 계약 당사자 중 누가 위험을 부담하느냐를 조항에 명시할 필요가 있다.

⑦ **경험 있는 연료 공급자와 운송사업자**: 연료공급계약의 주체가 되기 위해서는 프로젝트 운영에 필요한 최적의 연료와, 장기간 안정적으로 공급이 가능한 분야에서 충분한 경험과 자원을 보유하고 있는 공급자와 계약을 체결하는 것이 중요하며, 여기에는 재무적인 역량, 우수한 인력, 및 기술자 보유 여부 그리고, 경영 경험들이 복합적으로 고려된다고 볼 수 있다.

⑧ **연료공급 관리**: 연료운송, 연료혼합, 연료공급계약 의무이행과 관련된 관리 경험도 중요하다고 볼 수 있다. 적절한 프로젝트 운영을 위해서 연료의 적극적인 관리가 필요하며, 사업주는 이를 위해서 운영자에게 연료관리 업무를 위탁하거나, 또는 별도의 관리자 선임 또는 계약을 통해서 관리하는 것이 일반적이다.

⑨ 적정연료 질적(Quality) 수준은 그 본연의 가치, 수분정도, 기타 다른 요소들로 결정되며, 이는 운영개시 이후 프로젝트의 판매와 수입에 영향을 미치게 되는 중요한 요소라고 볼 수 있다. 특정 수준의 Quality를 유지해야 한다는 위험은 기본적으로 연료 공급자, 그 외 운송과정에서는 운송사업자가 부담하는 것이 일반적이라고 볼 수 있다. 만약 이를 지키지 못한 경우에는 해당 연료비용 미지불 또는 공급가격 감

액 또는 손해배상(연료공급계약으로 인해서 Off-taker에게 문제가 발생한 경우에 해당 비용만큼의 손해)을 청구하기도 한다. 부적합한 연료를 공급해서 운영비용 증가가 발생하였으면, 마찬가지로 이로 인한 손해를 배상하며, 극단적으로 계약해지도 가능토록 작성하는 것이 일반적이다.

⑩ **원료와 결과물과의 연계:** 장기 프로젝트의 경우 고정가격(With Index)로 장기 공급계약을 체결하기도 하는데, 장기간이라는 특성상 극단적으로 프로젝트의 수익성에 큰 저해를 줄 가능성이 있다. 즉, 다른 사업자가 아주 낮은 가격에 연료조달이 가능하게 되면, 해당 프로젝트의 가격 경쟁력이 현저하게 저하되는 상황이 발생할 가능성이 있다. 따라서, 이를 방지하기 위해서 아주 제한적인 경우에 한하여 가격 재협상이 가능토록 미리 합의할 필요가 있고, 연료비를 Off-taker로부터 받게 되는 경우 이를 구매가격에 반영토록 하거나, 연동을 시키는 방법으로 사업주의 부담을 덜고자 한다.

II. 연료 또는 원재료공급계약 (Fuel Supply Agreement) 주요 내용

연료 또는 원료 공급계약에 있어서 반드시 검토되고 논의되어야 할 사항은 연료공급과 관련한 사항, 운송과 관련된 사항 및 저장 및 해당 연료의 적정수준 및 검사에 관한 사항들로 이는 공급계약의 필수적인 사항들이라고 볼 수 있다. 일반적으로 연료공급계약에서 필요한 주요 규정으로 볼 수 있는 것은 공급물량(Quantities), 공급개시지점(Commencement of Deliveries), 공급가격(Price), 대금지급(Payment), 공급일정(Scheduling), 물량 검수(Metering 또는 Weighting), 연료 수준(Quality), 인수거절(Rejection), 소유권 이전 및 손실 시점(Transfer of Title and Risk of Loss), 공급기간(Term), 불가항력, 의무불이행(Default), 의무불이행 치유(Remedy for Breach) 등이라고 할 수 있다.

1. 공급물량

연료공급이 개시되어야 할 프로젝트 성능시험 및 운영단계에 있어 공급물량 확보는 중요하며 계약이행 시점부터 중요하게 관리되어져야 한다. 발전사업의 경우 계절의 특성을 반영하여 여름과 겨울 각각의 전력수요에 따라서 연료수요가 달라지고, 이러한 전력수요를 충족시킬 수준까지 충분히 연료공급이 이루어져야 하기 때문이다. 이 경우 공급계약은 특정기간 동안 특정한 양을 공급하거나 또는 특정한 광산 또는 매장지역의 공급자와 계약을 하고 최종적으로 고갈될 때 까지 공급을 계약하기도 하는데 이를 Deplete Contract라고 한다.

공급계약상 도입 관련 특정양이 정해져 있다고 하더라도 사업주 역시 전체 물량의 일부분에 대해서는 물량조절이 가능해야 한다. 앞서 이야기한 바와 같이 사업주 역시 구매자에게 제공하는 결과물의 물량을 상황에 따라 조절할 필요가 있기 때문에, 일정수준까지 조절이 가능하기만 하다면 Take or Pay 형식이라고 하더라도 도입계약이 가능한 경우도 있다. 이 경우 Take or Pay 계약의 특성상 연료 또는 원재료의 저장과 관련해서는 수요보다 많은 저장 또는 재고를 사업주가 고민할 필요가 전혀 없고, 추가 공급 비용 부담의 문제로만 남게 되기 때문이다. 이것 역시 연료 공급자의 입장에서도 어느 정도 최소 수익을 보장해 주는 장치이므로 장기계약에서는 가장 선호되는 계약 형태이지만, 저장한도 및 운송 또는 물류 수단의 한계를 고려해서 최소와 최대 공급량을 결정하는 것이 서로의 이익에 합치하는 것이라 볼 수 있다.

시장상황을 고려하여 공급물량 및 가격변동 등에 대해서도 연료공급계약에 반영하는 것이 일반적이다. 즉, Take or Pay 구조로 인해 공급자는 공급 물량 변동과 관련된 위험을 방어하고, 이를 사업주는 시장변동을 고려해서 Off-taker와의 계약에서 역시 Take or Pay 형식을 반영해서 위험을 덜어내고자 한다. 이 경우 여러 번 언급한 바와 같이 공급계약의 목적이 적정한 수준의 공급량을 확보하기 위한 것이므로 사업주나 양허권 승인권자가 직접 연료공급을 시행하는 경우도 있다.

연료라는 것이 처음부터 공급자와 장기간 계약을 체결할 수도 있으나, 가격이라는 요소와 경제성을 고려해야 하기 때문에 필요에 따라서 신규 공급자와 계약을 체결할 가능성도 고려하여 신규공급자와 체결을 하는 경우에, 별도로 제3의 전문가로부터 매장량 등에 대한 자문을 구하고, 모회사 또는 재무능력이 있는 관계사로 보증을 받아 신용을 보강한 상태에서 계약을 체결하기도 한다. 이 경우 공급 가능 여부는 물론 해당 연료 또는 원재료의 매장량에 대한 확인을 받기 위한 과정이 필요하며, 이 경우 1) 총 매장량, 2) 기술적으로 채굴이 가능한 물량, 3) 현재 또는 공급시점을 고려한 특정시점 기준으로 경제적으로 매장이 가능한 물량 정도는 파악하는 것이 중요하다.[197]

197) 보통의 경우 공급계약을 체결하게 되면 해당 프로젝트가 필요한 최대물량에서 25~30% 정도 여유를 확보하는 수준으로 매장량을 확인하는 것이 일반적이라고 볼 수 있다.

프로젝트가 진행되는 현지 국가 사정을 감안하여 현지에서 연료공급이 이루어질 경우 자원 또는 연료를 공급하는 계약에 법률상 규제 또는 양허계약상 의무사항들이 그대로 연료공급계약에 반영되어야 할 필요가 있다. 일반적으로 법령이나 양허계약을 통해서 프로젝트 또는 관련 계약이행 과정에서 적용해야 할 기준에 대해서 직접 제시하거나, 아니면 합리적인 수준(Where Reasonable), 경제적으로 가능한 수준(As Far As Economically Feasible) 등으로 기준을 설정하고 운영하기도 한다.

2. 현지 연료공급

현지에서 연료공급이 이루어지고, 해당지역의 현지 국가 내에서 조달과 관련된 규제가 강제적으로 적용되는 경우에는 해당 규제의 적용여부에 대해서 광산 또는 연료공급지의 소유권 또는 개발권이 외국인에게도 가능한지, 가격 관련 규제사항도 있는지에 대한 사항을 살필 필요가 있다. 규제에 대해서는 번거로울 수도 있으나, 기본적으로 현지 조달을 해야 한다는 것이, 현지 국가나 지역사회에 경제적인 효익을 주고자 하는 것이고 이를 통해서 지역사회 나아가 국가와의 우호적인 관계를 쌓을 수 있다는 기회를 이용해서 법률 및 규제 변경, 행정절차, 외국 투자자 보호 등 혜택을 받을 수도 있고, 추가로 수출입 인허가 용이, 보험료 감면, 통관절차 등에서 이점을 누릴 가능성이 있으므로 적절히 판단할 필요가 있다.

또한, 구매자(Off-taker)로부터 현지화로 매매대금을 받게 되고, 동시에 현지 공급자와 현지화로 연료대금을 지급하는 경우에는 태환 관련 위험이 감소할 수 있다는 장점도 있으므로 현지 지역의 매장량과 운송 인프라에 대해서 면밀히 검토를 할 필요가 있다. 연료공급시장에서의 현지 공급자는 보통은 해당 지역의 주된 사업자일 가능성이 크고, 현지 정부 또는 지자체로부터 각종 지원을 받기도 하며, 심지어는 신용을 제공해 주기도 하므로 현지 연료공급에서 공급의 안정성만 확보한다면 여러 이득을 얻을 가능성도 크다는 장점이 있다.

3. 공급의 안정성 (Consistency of Source)

특정지역의 연료의 질이나 공급수준이 프로젝트에 적합한 경우 장기간 공급을 원하기도 하며, 이 경우 매장량뿐만 아니라, 운송과 관련된 인프라도 검토할 필요가 있다.

4. 운송 및 연료부족

연료공급계약에서 운송수단의 다양성 및 저장시설의 용량 등에 대해서도 면밀하게 검토하고 다루어야 할 필요가 있다. 운송수단의 경우 해당 원료 또는 연료 종류와 상당한 관련이 있고, 연료 또는 원재료 특성을 감안하여 연료운송 수단, 운송방식, 각종 안전장치 등을 고려할 필요가 있기 때문이다. 장기간 공급계약이 일반적인 프로젝트 파이낸싱에 있어서는 운송수단이 문제가 생기는 경우가 종종 있고, 이로 인한 손해배상의 문제는 차치하고라도 연료 조달에 어려움을 겪는 경우가 빈번하게 발생하였으므로 이를 보완하기 위해서 "Own Your Wagons" 정책을 취하여 운송수단을 직접 구매하고 확보하기도 한다. 확보 방식은 사업주가 구매해서 리스를 통해서 운송사에 양도하고, 일종의 운송과 관련된 우선권을 보장받는 방식으로 이루어는 것이 일반적이다.

운송사가 연료 공급자로부터 각종 위험(소유권, 손실위험 등)을 운송개시 지점부터 부담하고 일반적으로 송달지점(Point of Delivery)에서 사업주에게 이전되는 것이 일반적이다. 다만, 저장이 필요한 경우에는 일반적인 연료공급과는 달리 생산지에서의 저장, 정제, 추출 및 특정한 용량 확보가 가능한지에 대한 여러 가지 사항들이 계약에서 고려되어져야 한다. 운송과정에서 발생할 위험이 프로젝트 운영에 미치는 영향이 크다면 보험가입을 고려할 필요가 있다. 즉, 연료생산 단계부터, 공급자의 저장, 현지 국가로의 운송, 현지 국가에서부터 현장까지의 운송, 현장에서의 저장, 사업주에 이르는 과정별로 보험이 필요하고, 보통은 한 보험사를 통해서 모든 피보험 대상을 보호받기도 하나, 단계별로 분리해서 가입하는 경우도 있다. 이 경우에는 한 가지 보험만으로 다른 사고로 인한 손해 또는 손실은 부보가 곤란할 수 있다는 점을 고려해서 각 항목별로 주의 깊게 살펴볼 필요가 있다.

5. 연료의 질적 수준 (Quality)

장기간 안정적으로 대출 상환이 가능하도록 적절히 프로젝트를 운영하기 위해서는 프로젝트의 특성을 고려한 연료 또는 원재료의 질적인 수준이 중요하다고 볼 수 있다. 이런 경우 해당 연료의 질적 수준을 적절하게 유지하기 위해서는 공급계약상 특정 수준, 시험검사 방법 및 해당 검사에 따른 결과 및 각종 조치 사항에 대해서 명시적으로 계약에 규정하는 것이 필요하다.

보통 검사를 통해서 그 결과가 특정수준 미달하는 경우에 부과하는 Penalty로는 1) 최소 기준 미달 시 인수거절, 2) 손해배상예정액 부과(이는 대체 연료 구입을 위한 가격인상 + 기준 미달 연료로 프로젝트에 영향을 끼친 결과로 발생한 예정손해도 포함), 3) 기타 미달한 연료공급으로 발생한 일체의 비용부담, 즉 기기 청소, 수리, 성능미달로 인한 각종 비용, 운영비용 인상분, 기타 Off-taker로부터 부과 받은 위약금 등을 포함하는 정도로 산정되는 것이 일반적이다. 기준 미달 연료 사용에 대해서는 민감하게 반응할 필요가 있다. 왜냐하면, 이러한 기준이하의 연료 사용은 종국적으로 양허권자가 운영기간 이후 양도받게 될 자산의 잔존가치 하락 문제가 발생하고, 대주단의 입장에서는 각종 운영비용 증가로 인한 대출 상환에 악영향을 끼칠 것이 충분히 예상될 것이기 때문이다. 다만, Penalty를 부과하기 전에 공급계약상 계약 불이행 사유와 관련하여 공급자에게 치유 기회를 준다고 한다면, 프로젝트 운영에 영향을 받지 않도록 하기 위해서, 최초 약정된 운송일까지 해당 수준의 원재료를 공급토록 하는 것이 필요하다.

6. 준공 및 운송시점

운영기간이 아닌 시험운전 기간 동안의 원재료 또는 연료공급 책임에 대해서 면밀히 고려할 필요가 있고, 준공 시점은 실질적으로 본 수송과 저장이 개시가 되어야 하므로 공급자 입장에서도 중요한 Time Line이라고 볼 수 있으며 또한 시공자 입장에서도 단지 준공을 위한 검수 단계이므로 검수에 영향을 미치지 않는 연료 또는 원재료공급이 필요하다.

7. 공급기간

공급계약상 계약기간은 장기간 공급이 일반적이고 대출 상환기일 이후까지 공급이 가능하도록 체결하는 것이 일반적이므로, 이 기간 중에는 반드시 연료비용이 프로젝트 파이낸싱 관점에서 예측이 가능해야 한다. 계약개시 시점은 프로젝트의 시공기간 및 성능시험기간과 관련이 있으므로 특정기간까지는 지연이 가능할 수 있도록 할 필요가 있다. 그렇다고 무작정 연기를 할 수는 없으므로 최대한의 Flexibility를 가질 수 있는 수준까지 가능해야 한다. 계약 연장 및 재계약에 대해서도 최초 계약기간을 고려해서 정해져야 하며, BOT 사업의 경우에 잠정적인 양수자인 양허권 승인권자 또는 구매자를 위하여 연장가능성을 명시하거나, 최소한 양허기간 종료 후 특정기간 동안 문제없이 운영이 가능하도록 연료공급을 유지할 필요는 있다.

8. 공급 가격 및 대금 지불

프로젝트 파이낸싱 방식의 프로젝트에 있어서 연료공급가격을 확정하는 것은 미래의 현금흐름을 안정적으로 가늠하고 확보할 수 있다는 측면에서 중요한 사항이므로 연료공급 가격에 대해서 미리 확정하는 것이 중요하다. 가격을 확정함에 있어 가격의 산정방식, 부과되는 세금의 부담주체, 기타 관세부담, 정부기관의 비용 부담, 가격 조정 및 수정방식에 대해서도 상기한 내용을 반영한 범위 내에서 확정해야 할 필요가 있다. 또한 가격 지불 기간 및 방법, 지불화폐에 대해서도 계약상 기재할 필요가 있으며, 공급자의 청구서 발행 및 제품검사와 관련된 시간 역시 충분히 고려해서 확정할 필요가 있다.

적정한 대금 지급은 원재료공급을 위한 적정 Quality 수준 유지 및 제공량 유지를 위한 주요 요건 중 하나이다. 다만, 이러한 대금 지급은 프로젝트의 전체의 운영과 대주단을 위한 대출 원리금 상환을 방해하거나 저해해서는 안 되므로, 연료 가격을 특정 지수에 연동화(Indexation)를 시킨다고 하더라도, 프로젝트의 수입 및 대출 상환을 고려하여 연동이 될 수 있도록 할 필요가 있다. 이러한 취지에서 또한 대금 지급 시기도 양허계약 또는 구매계약상 사업주가 구매자로부터 대가를 수령한 이후에 지불할 수 있도록 일정에 관한 조정이 필요하다.

프로젝트 파이낸싱에 있어서 공급 가격은 사업주가 체결한 구매계약(Offtake Agreement) 상 연료 관련 항목 또는 반영사항에 따라 결정되는 것이 일반적이다. 즉, 연료공급가격이 구입 가격의 한 요소로 반영이 가능한 방식, 또는 연료공급을 최종 구입자가 직접 해당 연료나 원재료를 구입하거나 제공해서 이를 사업주에게 공급하고 (예를 들면, 정유시설) 이를 제조물 판매가격과 연동하는 방식이 일반적이라고 볼 수 있다.

공급가격은 일반적으로 합리적인 수준으로 체결되어야 하나. 시장변동 상황을 감안하여 조정이 가능한 여지는 남겨두어야 할 필요가 있다. 보통 가격 조정이 필요한 경우에 재산출하는 방법으로는 1) 신뢰도가 높은 기관의 지수를 참고하거나 (정부, 유력한 기관 등), 때로는 공급자의 기준을 참고하거나, 2) 시장가격을 참고하여 합리적인 전문가의 의견에 따르는 경우가 있고, 이 두 가지 경우에 특정 지수나 부문이 변경이 가능토록 하거나, 이격도가 심하게 생긴 경우에 이를 조정토록 하는 것이 일반적이고, 그 외 3) 정기적으로 가격을 재협상하거나, 공급계약의 양 당사자가 특정 종류의 Event가 발생한 경우에 합리적인 가격으로 관련 분야 전문가의 의견을 수렴하여 이를 재협상토록 하는 방법이 있고, 4) 연료 공급자에게 미리 약정한 수준의 인상률 범위 내에서 조정토록 명시하고 이는 시장가격 변동과 무관하게 대주단의 입장을 최대한 고려한 수준까지만 조정하기도 한다. 대금 지급 화폐에 관해서도 구매자(Off-taker)에게 대가로 지급하는 지불화폐와 연료 공급자에게 지불하는 화폐가 다른 경우에 어떻게 지급할 것인지도 고려해야 한다. 수준 미달의 연료공급 시 위약금 또는 손해금액을 상계하여 대금지급액을 조정하기도 하고, 특정 수준이상의 연료공급 시 보너스를 지급하기도 한다. 그러나, 보너스의 경우 반드시 사업주가 구매자로부터 받은 보너스 금액 한도 내에서 결정할 필요가 있다.

9. 공급연료 검수

공급연료는 프로젝트의 원활한 운영을 위해서 적정한 수준의 연료공급 또는 원재료가 제시간 내에 공급되어야 한다. 적정한 수준의 연료공급이 이루어지지 못하였다면, 기준 미달의 연료로 인해서 프로젝트의 결과물, 최종 결과물에 대한 매수자의 지불대가, 프로젝트 운영비용, 프로젝트 기기의 수명연한, 프로젝트 수명단축, 기타 처리물 변화 등에 영향을 미칠 것이므로 적정 수준이상의 연료공급은 중요한 사항이라고 볼 수 있다. 이를 위해서 연료 검사는 1) 검사방법을 사전에 양 당사자가 명확히 결정해야 하고, 2) 검사주제를 누구로 할 것인지, 3) 검사방식과 검사장비는 어떤 방식을 사용할 것인지, 4) 운송과정을 감안하여 검사장소를 연료생산지(공급자의 입장) 또는 최종 운송지 또는 저장시설(발주자의 입장)로 할 것인지, 5) 검사비용 부담주체와 검사 장비 채택은 어떻게 할 것인지가 고려돼야 한다. 검사로 인한 결과에 대해서 당사자 간의 경제적인 부담이 발생할 경우, 분쟁이 충분히 예상되므로 이를 위해서 분쟁해결 방식도 미리 확정할 필요가 있다. 수량 역시 적정한 수준의 프로젝트 운영을 위해서 필수적인 사항이므로 원재료의 Quality 뿐만 아니라 Quantity도 일반적인 검수 절차에 준해서 명시할 필요가 있다.

독립된 검사기관과 특정기준이나 계약상 중요한 조건을 대주단이나 양허권자가 요구한다면, 연료공급계약에 반영해야 하며, 검사대상 수량, Quality, 시간에 대해서 반영할 필요가 있다. BOT 방식의 계약에 있어 프로젝트의 잠정 인수자인 양허권자의 입장과 원활한 대출 원리금 상환을 고려한 대주단의 입장을 반영할 필요가 있다는 취지이다.

저질의 연료공급은 특정제품 또는 생산물을 구매자에게 지속적으로 공급해야 하므로 결과적으로 운영비용을 증가시켜 사업주가 대출 상환에 어려움을 겪게 할 수도 있다. 따라서, 상기한 바와 같이 연료의 적정수준에 대해서는 이를 명시적으로 제시하고 작성할 필요가 있고, 수준미달 시 이를 이유로 인수를 거절하거나, 배상청구 또는 연료 공급자 대체를 요구할 수 있도록 해야 한다.

10. 공급자의 신용보강

연료공급계약이 장기간이고 해당 기간 동안 연료시장 역시 변동할 가능성이 있으므로 프로젝트 파이낸싱 방식의 프로젝트에서는 연료 공급자뿐만 아니라, 운송업자의 신용을 중요하게 고려할 필요가 있다. 신용에 대한 판단은 단순한 규모를 보는 것뿐만 아니라, 재무적인 건전성 및 의무이행 가능성을 고려해야 하며, 최소한 의무 불이행시 부과되는 손해배상예정액 정도는 지불이 가능한지 고려해야 한다. 만약 공급자가 신용보강을 위한 적절한 수단이 없는 경우에는 모회사 보증, 신용장, Bond를 제공하는 방식으로 신용보강을 하는 것이 일반적이다.

11. 공급 계약 이행을 위한 공급자의 요구사항

공급계약을 위한 확약사항으로는 사업부지내 연료공급을 위한 시설의 준공 또는 기존 시설의 개선 및 보수 완료가 필수적이다. 이러한 시설 등을 사업주가 아닌 연료 공급자가 새로운 시설을 설치할 필요가 있는 경우, 예를 들면, 파이프라인 설치 등의 경우에는 프로젝트가 준공되지 않았다면, 이로 인해 발생한 비용에 대해서는 대주단 또는 사업주주에게 요청하기도 한다.

연료공급이라는 것이 연료를 먼저 공급하고 사업주가 해당 연료를 활용하여 결과물을 구매자에게 제공하고 사업주는 해당 제조물 판매를 통해 대가를 지급받는 것이 일반적이므로 이 기간 동안 신용을 보강하기 위해서 대주단에 지급과 관련된 보증을 요구하기도 하고, 또는 프로젝트 자산에 일 순위 담보권을 설정하기도 하는데, 결론적으로 대주단은 자신보다 우선순위를 인정하지 않는 것이 일반적이므로, 대주단이 보증한 것과 동일한 순위를 보장받는 것이므로 이를 통해서 연료공급 또는 원재료 공급가액 지급에 대한 담보를 높이게 된다.

12. 불가항력과 법률변경

불가항력으로 인해 의무면제를 보장받기 위해서는 계약상 Event는 구체적으로 계약서상에 정의가 분명하게 명시되어 있는 경우에 인정이 된다. 또한 이로 인하여 계약상 의무 이행이 실제로 해당 불가항력으로부터 영향을 받아야 하므로 상당히 이례적인 경우에 적용된다고 볼 수 있다. 프로젝트 파이낸싱으로 자금을 조달하는 장기간의 프로젝트는 프로젝트 운영기간 동안 불가항력과 관련된 이슈가 발생할 가능성이 다른 프로젝트에 비해서 상당히 높다고 볼 수 있다. 계약상 의무 면제를 받는다는 것은 프로젝트와 관련된 여러 당사자들에게 영향을 미치는 사항이므로 일반적인 수준의 사건 또는 재해나 일반적인 보험으로 부보가 가능한 사유로는 보호가 어려운 것이 사실이다. 설령 의무면제를 받는다고 하더라도 이는 불가항력으로 인해 직접적인 영향을 받은 사항에 대해서만 의무 면제가 가능하므로, 연료 공급자의 불가항력은 반드시 그로 인해 영향을 받은 정도에 한정되어 연료공급 관련 의무가 면제되고, 사업주는 역시 해당 영향을 받은 정도에 한해서 연료수취의무 면제가 가능하다.

법률 변경의 경우 법률 변경으로 인하여 운송 관련 비용 등 공급 중간과정에서 수반되는 운송과정의 비용 상승으로 종국적으로 연료공급가격의 인상이 발생하거나, 또는 각종 세금과 관련된 비용의 증가로 연료공급가격의 인상이 필요하게 된 경우를 염두에 두고 사업주는 구매계약(Offtake Agreement)시 이를 미리 고려하여 반영할 필요가 있다. 그게 아니라면 결국 사업주가 해당 사항에 대한 어려움을 부담해야 할 수도 있기 때문이다. 특히 저개발국가인 경우에는 국가 발전에 따라 새로운 법률 또는 환경 관련 규제가 프로젝트가 진행됨에 따라 점차 강화될 가능성이 상당히 크다고 볼 수 있고, 이러한 규제에 따르기 위해서 상당한 수준의 비용이 수반될 가능성이 크므로 이 경우 해당 비용을 누가, 어떻게 부담할 것인지 미리 결정할 필요가 있다.

13. 의무불이행에 따른 치유

공급계약에 따라서 의무불이행이 발생한 경우에, 장기 계약이라는 특성상 귀책이 있는 당사자에게 이를 치유할 수 있는 시간을 주는 것이 일반적이고 그럼에도 불구하고 해당 사유가 치유되지 않으면 계약해지를 하거나, 해당사유가 해지사유까지 되지 않는다면, 계약상 손해배상으로 가게 되거나, 또는 특별이행(Specific Performance)으로 될 수 있으므로 치유방법과 해지에 대해서는 계약 협상 결과에 따라 달라질 수 있다.

14. 공급계약 해지

연료공급 실패에 대한 책임은 전적으로 연료 공급자에게 있다. 따라서, 원활한 공급이 이루어지지 않은 경우에는 의무 불이행에 따르는 피해를 최소화하기 위해서 사업주가 직접 연료 조달이 가능토록 하고, 사업주에게 추가로 발생한 비용은 합리적인 범위 내에서 연료 공급자가 부담토록 해야 한다. 그럼에도 불구하고 해당 연료 또는 원재료가 사업주가 직접 조달이 불가능한 상황이라고 한다면, 원재료 공급자가 공급을 차후에라도 해야 하고, 대신 손해배상예정액을 통해서 수익감소 부문을 부담토록 해야 프로젝트의 원활한 운영이 가능하다.

의무불이행으로 인해서 해지코자 하는 경우에는 프로젝트 파이낸싱이라는 특성을 고려해서 해지로 인해서 영향을 받을 수 있는 다른 계약자의 문제도 고려해야 하므로 해지사유는 상당히 정확하고 분명하게 계약서에 작성되어야 하며, 이를 위해 당사자의 의견을 반영하는 것이 일반적이고, 일단 해지사유가 선 통지되고 해당 해지 사유에 대한 치유기간을 준 이후에 해지토록 하는 것이 일반적이다. 그 외 연료 공급자가 해지가 가능한 경우는 연료공급비용 미지불, 사업주의 프로젝트 포기, 양도, 준공실패, 사업주의 파산, 중대한 계약사항의 수정 또는 무효화, 프로젝트 자산의 매각, 상업운전일 도달 실패 등 주요 일정의 지연, 특정기간의 도래, 계약을 이행하기 곤란한 사유의 발생, 소제기 등이 있고, 사업주가 해지가 가능한 경우는 연료 공급자의 대금 미지불, 연료공급 실패, 연료 공급자의 파산, 대출 조기 상환 요청에 따른 청산, 연료 공급자의 의무이행이 곤란할 것으로 보이는 사유 발생, 불가항력 또는 연료 공급자의 귀책으로 계약기간 내 프로젝트 준공 불가, 기타 중요한 연료공급계약의 위반, 연료 공급자의 신용보강을 위한 각종 보증제공 실패 등이 있을 수 있다.

그 외 장기간 또는 영속적으로 불가항력이 발생한 경우에 계약해지가 가능한데, 연료공급이라는 것이 손해배상만으로 특정한 재료를 공급받는 다는 것이 쉽지 않으므로 간혹, 연료공급계약에서 금전적인 배상보다는 특별이행(Specific Performance)을 법원에 요청하기도 하는데, 예를 들면, 연료 공급자가 유일한 원료(우라늄) 등을 공급하는 자였다거나, 또는 유일한 운송수단의 보유자였다면, 유일한 방법은 직접 의무를 이행하는 것이라고 볼 수 있다. 즉, 귀책사유 제공자에게 해지사유가 발생하였음에도 불구하고 직접 이행토록 강제하는 것이므로 현지법률 전문가의 의견청취가 필요할 수도 있다. 그 외 해지이후에 사업주가 적절한 연료 공급자를 수배하기가 곤란하다면 연료 공급자가 직접 대체 공급자를 찾도록 하는 의무사항을 두기도 한다.

해지비용은 계약해지의 원인에 따라 달라지는데, 자발적으로 특정 당사자의 귀책 없이 일방당사자의 자유의사로 해지하는 경우 또는 귀책사유가 있는 당사자로 인해 타 당사자가 해지를 하는 경우에는 해당 해지와 관련된 비용은 상당한 수준이 된다. 예를 들면, 연료 공급자의 귀책사유인 경우, 대출 원리금 상환 및 사업주의 투자수익금까지도 부담해야 할 수도 있다.

제 6 장
PPP 사업의 유형별 특징

지금까지 민관합작투자의 계약별 특징과 주요항목에 대해서 알아보았다. 본 장에서는 발전사업을 제외한 일반적인 민관합작사업의 유형별로 프로젝트 추진 시 고려해야 할 사항에 대해서 간단히 살펴보고자 한다. 주로 Transportation과 수처리 중심으로 살펴보고, 해당사업의 특징에 대해서 이해를 돕는 기회로 삼고자 한다.

Ⅰ. 운송 관련 PPP 사업의 유형별 특징

공항, 철도, 도로, 터널과 교량 등은 사회간접자본 중 가장 일반적으로 민간과 공공의 협업이나 합작이 원활하게 일어나는 분야이고, 그 유래를 한번 살펴본다면 철도의 경우 민간에서 우선적으로 발전하여 점차 공공분야가 해당 토지를 제공하거나 또는 수용을 통해 획득한 철도 부지를 제공하는 방식으로 민관협력이 시작이 되었으며, 교량 역시 민관합작의 형태로 주로 민간에서 교량통행료 징구를 하게 되면서 점차 발전되었다. 이에 비해서, 기타 사업은 주로 공항, 도로 등으로 공공에서 먼저 발생하고 발전하다가, 공공 재정의 한계 등으로 인해서 차차 민간의 진입을 허용하면서 발전되어가는 형태로 이루어지게 되었다. 공공에서 출발한 민관협력은 재정의 효율적인 집행을 위해서 민간자본 및 참여를 도입하거나, 또는 공공 인프라를 민영화 시키는 방식으로 민관의 협업이 이루어지고 있다. 특히 사회간접자본의 공급 주체인 정부에서 민관합작투자를 통해서 재정투입의 거대화 또는 적정성을 높이고, 간접자본 운영의 효율성을 극대화 하고자하는 취지로 근래 크게 고려되고 있고, 저개발 국가에서 아주 빈번하게 발생하고 있는 것이 현실이다.

1. 운송 프로젝트만이 가지는 특징

1) **토지 확보:** 운송 프로젝트 구체적으로 추진하고 운영하기 위해서 필요한 토지를 확보하는 역할은 정부가 주도하게 되는 것이 일반적이다. 정부에서 주도한다는 의미는 관련 제도 및 법률에 따라 진행한다는 의미이고, 따라서, 토지확보가 확정되기까지 어느 정도의 시간이 소요되는 지에 대해서는 어디까지나, 해당 국가의 법률시스템과 정부와 토지 소유자와의 협의 진척도에 따라서 차이가 발생한다고 볼 수 있다.

2) **수요 관련 사항:** 발전사업과는 다르게 본 프로젝트의 최종 소비자는 일반소비자로서 해당 소비자의 수요에 따라 이용 정도가 달라질 것이므로 항상 시장 수요와 관련된 위험을 내재하고 있다고 볼 수 있다. 만약 수요 리스크를 사업주가 부담하기로 결정하였다면, 프로젝트의 경제적, 기술적, 재무적 가정에 따라서 수요 예측이 달라질 수 있고, 그리고 실무에서는 최초 예측한 가정에서 70% 정도까지 실질적으로 교통량이 나오는 것이 일반적이다. 만약 이와 같이 교통량이 예측보다 적게 나오는 경우에는 정부에서 해당 프로젝트에 대해서 특정 수익까지 보장을 해주거나 또는 교통량에 대해서 보증을 하는 것이 일반적이다. 대부분의 나라에서 민간이 직접 사용료를 수취하는 것에 대해서 호의적이지 않으므로 Shadow Toll과 같이 차량 또는 이용자에 대한 사용량만 파악하고 별도 수취 없이 지원하기도 한다. AP (Availability Payment) 방식이 많이 논의되고 있는데, 이 방식은 해당 인프라 설비를 적정한 수준 이상으로 이용 가능한 상태로 유지하는 경우에 정부로부터 그에 대한 대가가 지불되는 방식인데, 이 경우 해당 운송수단에 문제가 발생한 경우(즉, 사업주의 보수공사, 신호고장, 안전기준 미준수 등), 기 약정한 지불비용에서 차감을 하고 지불을 하게 되는 방식이다. 이와 같은 AP 구조하에서는 차감 또는 위약금 구조와 주요성과지표(Key Performance Indicator)를 통해서 대가 지불과 차감이 발생하게 되므로 이러한 요소들에 대한 주의가 필요하다고 볼 수 있다. 왜냐하면 교통량이 늘어나게 되면, 무조건 수입이 증가하는 것이 아니라, 해당 주요성과지표에 따라서, 추가 Incentive를 결정하기 때문이다. 만약, 민간사업자가 통행료 징수를 하는 경우에는 해당 지불비용만큼 상계하거나 또는 해당 금액 전체를 별개의 계좌로 두고 이를 다시 양허권 승인권자에게 지불해야 한다. 만약 시장수요를 초과하여 과다하게 자본비용 및 수선유지 비용 등이 계속 발생할 상황이 생기는 경우에는, 지속적으로 운송이 가능한 상황을 유지해야 하므로, 정부로부터 자본지출 부분에 대한 지원을 받을 필요가 있을 수도 있다.

3) 규제 관련 위험: 최초 건설 시공 단계는 물론, 준공 이후 정상적인 운영을 위한 수선, 유지보수 분야에 있어서도 상당한 인허가 규제사항이 존재하고 있고, 이를 지속적으로 준수할 필요가 있다. 인허가 사항과 관련해서는 인허가 취득을 위해서 소요되는 시간을 고려할 필요가 있으며, 정부보조를 받는 프로젝트인 경우 민간사업자의 투자금액과 수익간의 균형을 유지하기 위해서 규제가 발동되기도 한다는 점에 유의할 필요가 있다.

4) 부수적인 사업기회: 운송과 관련된 프로젝트에서 사업주는 해당 운송 관련 프로젝트 외에 부수적으로 수익 창출이 가능한 사업기회를 갖기를 원하는 것이 일반적이다. 프로젝트 파이낸싱으로 자금이 조달되는 프로젝트는 성격상 해당 SPC의 부수 사업에 대해서는 양허권 승인권자 및 대주들이 이를 제한하고자 하나, 사업주는 다양한 비즈니스 기회를 가지고 수익을 창출하고자 한다. 예를 들면, 공항의 경우 터미널 시설, 연료시설, 비행기 격납고 관련 시설, 음식공급, 주차장, 호텔, 사무 공간 및 상업시설 등을 통해서 부수적인 수익을 창출코자 하며, 이와 유사하게 도로, 항만, 철도 등 프로젝트에 있어서도 상기한 유사한 부수적인 사업을 통해서 여러 사업 기회를 가지고자 한다.

2. 도로 및 교량사업의 특징

도로 및 교량 사업의 경우 운송과 관련된 프로젝트 중에서 기본적으로 정부 측의 세심하고 실질적인 지원이 요구되는 사업 분야이며, 민간에서도 참여가 점차 늘고 있는 추세이다. 이런 도로 및 교량사업이 가지는 특징을 살펴보면 다음과 같다.

1) 운영비용: BOT 방식의 발전 또는 플랜트 프로젝트인 경우에는 운영비용이 상당히 소요되고, 지속적인 유지보수가 필요하나, 도로나 교량사업의 경우에는 설령 BOT 사업이라고 하더라도 상대적으로 도로 및 교량의 운영비용 비중이 그리 높지 않기 때문에, 일정 수익이 발생한다면 매출의 대부분을 대출 상환에 충당할 수가 있다는 특징을 가지고 있다.

2) 수익구조: 프로젝트 파이낸싱을 위해서 가장 필수적인 사항은 프로젝트의 현금흐름을 어떤 구매자 또는 소비자를 통해서 확정하느냐 이므로 실질적인 구매자를 확보하는 것이 중요한 사항이라고 볼 수 있다. 여러 민자 프로젝트 중 도로는 상대적으로 시장 수요위험이 크다고 볼 수 있다. 사용자가 일반 소비자이기 때문에 시장 수요위험에 노출될

위험을 가지고 있는 것이다. 미래 현금흐름으로부터 대주단의 금융제공이 가능하게 되는 것이므로 이를 위해서 구매계약 또는 이에 상응하는 형태의 계약이 있어야 하고, 동시에 독점적인 위치를 가질 수 있어야 수익이 고정적으로 확보될 수가 있는데, 이와 같은 구조가 어렵다고 한다면, 실무에서는 수익에 대한 확실성을 높이기 위해서, 1) 최소 수입조건(Minimum Revenue Guarantee : MRG)에 대한 보증을 양허권 승인자에게 요청하고 받는 방법으로 최소 기준보다 미달 시 보조를 받거나, 2) 또는 요금통행료를 아예 징수하지 않고, Shadow Toll과 같이 정부가 사용량에 따라 지불토록 하는 것이 있고, 실제로 이와 같은 Shadow Toll이 최근에는 정치적인 문제로 점점 증가하는 추세이다. 통행료를 통해서 수익을 결정하는 도로 또는 교량의 경우에는 통행료 설정은 경제적, 기술적, 재무적인 여러 가정을 통해서 결정되므로, 이러한 가정 또는 예측의 변동에 따라서 통행료 또는 프로젝트 회사의 수익 산식 변경도 가능해야 하나, 일단 사업 개시가 되면, 통행료 재협상 또는 그 조정이 곤란하다는 특징이 있으므로, 대주들은 반드시 사업권자 또는 승인권자가 제공한 예상 자료를 별도 검증하고, 이를 바탕으로 금융을 제공할 필요가 있다. 보통의 경우 재정사업을 전제로 통행량을 산정하므로 일반적으로 예상량에 대한 자료가 객관성이 떨어진다는 특징이 있다.

3) **기존 시설의 유지보수:** 신설도로가 아닌 경우, 기존 도로 또는 해안선 등의 기존 도로로부터 해당 프로젝트 건설 및 운영에 방해를 받을 수도 있다. 따라서, 방해받지 않고 해당 프로젝트 시공이 가능하도록 여러 가지 사항에 대해서 보장받아야 하며, 교통수요가 최대인 경우에도 계속 공사가 진행되어야 하며, 나아가 기존 도로의 유지보수를 위해서도 해당 도로의 사용이 방해가 되면 건설도 중단하고, 준공기간이 늘어날 수도 있기 때문에 이에 대한 보장 또는 지원이 필요하다.

4) **토지 및 환경 관련 위험:** 도로공사를 위해서는 상당한 양의 토지가 필요하며, 따라서, 정부의 개입을 통해서 해당 도로 및 교량 건설 및 운영이 가능하도록 사전에 환경이나 여건이 조성되어야 한다. 프로젝트에 소요되는 토지를 확보하는 시간은 현지의 법률제도, 도로 설치 및 토지확보에 필요한 각종 컨설팅 수요 그리고 법률적인 저항 등을 통해서 결정된다. 수용이 된다고 하더라도 민간사업자가 적절하게 지질검사를 수행하지 못한 경우에는 지질 조건에 대한 위험을 어떻게 처리할 것인가도 고려되어야 하며, 환경영향 평가도 고려할 필요가 있다. 도로의 경우에는 시공 중에는 일반대중에게 상당한 수준으로 노출이 되기 때문에 언론과 대중의 비난이나 공격에 취약하다. 이는 노출이

일반적이고 직접적으로 주변 환경에 미치는 영향이 크기 때문이며, 이와 같은 이유로 시공자나 사업주는 직간접적으로 민원과 관련된 위험을 부담하기를 꺼려하는 것이 일반적이고, 민원으로 인한 정치적인 영향 때문에 정부나 지역사회가 해당 프로젝트를 반대할 가능성이 있기 때문에 상당한 부담이 있고, 반대로 정부나 관련 지방정부의 경우에는 사업자가 정치적인 사항에 대해서 적극적으로 나서서 지원을 해주길 바라고 있으므로 이와 같은 사항에 대해서는 미리 정부 측과 협의를 거친 후 추진해야할 필요가 있다.

5) **시장수요와 토지의 중요성:** 시장수요는 해당 지역의 유사 운송수단과의 경쟁, 지질학적인 요소를 고려한 설치, 운용, 경제적인 상태, 최종 사용자의 요금, 편리성, 개인적인 취향, 속도, 기타 다른 관련 기관과의 관계 등을 통해서 결정되므로 이에 대한 정확한 예측이 무엇보다도 중요하고, 토지의 경우에는 토지 구획 작업 시간이 장기화 될수록 시공 및 운영에 따른 부지 구입비용 증가가 발생할 수 있으므로 주의가 필요하고 이와 더불어 정치적인 영향 등도 고려해야 한다. 이런 관점에서 무엇보다도 운송 관련 프로젝트가 강력하고 특별한 정부지원이 필요하다고 볼 수 있다.

3. 철도사업의 특징

철도사업은 그 기원이 민간에 의해서 개발이 되었고, 차츰 정부나 공공기관에서 주도하는 형태로 발전된 운송 관련 인프라라고 볼 수 있다. 민간에서 수익중심으로 운영해 오면서 지나친 상업화로 인해 공공서비스 분야의 취지를 살리기 위해서, 공공에서 직접 개입한 경우라고 볼 수 있다. 이러한 관점에서 철도와 관련된 사업이 가지는 특징은 다음과 같다.

1) **수익성:** 단순 여객운송의 경우, 시장의 수요 Risk가 상당하기 때문에 프로젝트 파이낸싱 방식의 자금조달에 상당한 제약이 따를 수 있으므로, 공공부문과 민간이 참여하는 PPP 사업 방식으로 철도사업의 수익성을 확보하는 것이 절대적으로 필요하다고 볼 수 있다. 이와 같은 PPP 사업 형태로 경전철 또는 고속철 사업에 프로젝트 파이낸싱으로 조달이 성공한 사례도 있다. 철도 프로젝트가 BOT 사업의 성격을 가지고 있다고 하더라도, 발전사업과 유사한 구매계약과 같은 구조는 없으므로 철도회사와 구매계약(Offtake Agreement)을 체결한다고 하더라도 비용에 대한 보존을 확정하기 어려운데, 이는 무엇보다 여객이나 운송에 대한 절대적인 보장을 받을 수가 없기 때문이다. 따라서, 정부기관의 특별한 지원이나 참여가 없다면 민간사업자가 종국에는 전적으로 시장 또는 수요

Risk를 부담하게 된다. 만약 특정수준까지 보장이 가능하다고 하면, 해당 프로젝트의 매출은 방식은 주로 Track Access Charge의 형태로 이루어진다고 볼 수 있는데, i) 즉 특정한 운송수단의 사용권한을 미리 확보하고자 고정비 개념의 Fixed Track Charge를 지불하고, 여기에 ii) 변동비와 유사하게 철도의 운행거리와 각종 연료 또는 전력사용 요금을 지불토록 하는 Variable Cost 방식으로 지불하는 방식이 고려되기도 한다. 이 경우에는 무엇보다도 해당 철도를 특정한 수준 이상으로 운영하는 것이 필수적이므로 프로젝트 운영자의 신뢰가 중요하다고 볼 수 있다.

2) **기존설비와의 관계:** 민간사업자가 진행하게 되는 철도사업은 대체로 신규 프로젝트로 기존 정부 또는 제3의 민간사업자가 운영하고 있는 철도와 연결하는 것이 필수적으로 수반되는 프로젝트이거나, 아니면 기존 선로의 개선사업을 하는 프로젝트일 가능성이 크다고 볼 수 있다. 이 경우 해당 프로젝트는 차량 주차, 플랫폼 확장, 역사 개선, 차고, 복선화, 각종 시스템 개선, 추가선로 신설, 기존 철로 폐기, 기타 여객 서비스 운영 등의 업무를 진행할 수 있을 것이고, 해당 선로를 국가 철도망과 연결을 해야 하는 경우, 자칫 국유 철로의 유지보수 업무, 높은 요금, 운영시간 불안정 등으로 인해서 사업주의 수익이나, 프로젝트에 손실이나 문제가 발생할 수도 있으므로 양허승인권자 또는 국가철도 기관으로부터 효율적인 철도 운영을 위한 인센티브와 국가 철도로 인해 영향을 받게 될지도 모르는 사항에 대해서 배상을 받도록 미리 확정할 필요가 있다.

3) **토지 및 환경:** 토지는 운송 프로젝트답게 철도사업에 있어서 상당히 중요하다고 볼 수 있다. 해당 선로가 인구밀집 지역을 통과해야할 경우도 있으므로 원활한 진행을 위해서는 해당 정부의 개발 및 수용단계에서의 참여가 필수적이라고 볼 수 있다. 이처럼 주요한 위치에 확보된 철도부지는 다양한 목적으로 활용이 가능하다면 사업주에게 있어서 다양한 비즈니스 기회를 줄 수 있다는 장점이 있다. 그 외 철도 건설에 필수적으로 고려해야 하는 안전 관련 문제도 고려할 필요가 있고, 특히 선로연장이 긴 철로 건설의 경우 터널이나 교량 건설이 수반되고, 이 경우 환경과 관련된 문제, 복구 계획 등 환경과 관련된 인허가 또는 규제 문제가 발생할 여지도 있을 수 있으므로 주의가 필요하다.

4) **자본금 및 보조:** 철도 프로젝트는 해당 프로젝트가 선로 연장 또는 특정 부분 교체가 필요한 경우에 자칫 프로젝트 파이낸싱을 통해서 조달한 금액을 상회하는 비용이 발생할 수도 있다. 더구나, 기존 선로의 개선 프로젝트라면, 기존 이용자들의 요금인상 예상 수준보다 비용이 더 발생하게 되면 상당한 저항에 부딪칠 수 있으며, 이를 방지하기 위

해서 정부기관의 보조금 지불이 저항을 상쇄하고 수용이 가능한 기간까지 기다리기도 하는 데 이 경우 상당한 기간이 필요할 수도 있다. 이처럼 정부기관의 보조가 대주단이 고민하는 위험을 덜어주는 역할을 하게 될 것이므로, 처음부터 Availability Payment 방식으로 진행되는 것을 선호하기도 한다.

5) **수요예상:** 민간 사업주가 교통량 예측을 해서 시장 위험을 부담하고 사업을 추진해야 한다면 전적으로 자신이 수행한 Forecast에 의존해야 하나, 어디까지나, 실수요자인 일반 소비자를 상대로 시공기간 중 해당 토지의 지질학적 변화, 수요변동, 경쟁시장, 비용 증가 및 지불 관련 문제 등까지 고려해서 확실성이 높은 수준으로 예측하는 것은 상당히 어렵다고 볼 수 있다.

6) **기존선로의 개선 또는 연장:** 기본적으로 어느 정도 수준의 철도를 추가로 부설하느냐가 관건이 된다고 볼 수 있다. 추가로 부설될 철도가 상당한 연장을 가지고 있다면, 그로 인해서 승객 및 물동량의 변화가 일어날 것이기 때문이다. 또한 기존 선로 연장의 경우, 최우선적으로 기존 선로와의 연결을 고려해야 하기 때문에 상당히 제한적인 상황하에서 프로젝트 수행이 진행되어야 한다고 볼 수 있다. 이때 고려해야 할 사항으로는 건설비의 증가, 기존 선로 중단 또는 폐쇄가 곤란할 경우, 제한적인 선로 이용으로 인한 건설시간 제약으로 인한 건설비 증가, 기존 선로 운영과 관련된 안전 문제로 인해 안전규제 준수를 위해서는 준비과정, 확인과정 등 상당한 시간 소요가 발생, 게다가 현존하는 설비(신호기기, 철도, 기타 철도 운영 관련 시스템 장치 등)에 대한 현황도 별도로 파악해야 할 필요가 있다. 마찬가지로 이와 더불어 기존 신호체계에 대한 개선도 수반될 필요가 있으므로, 실제 소요되는 비용 수준은 단순 연장의 개념을 넘는 수준이라고 볼 수 있다.

7) **규제 준수 및 안전:** 철도라는 특성을 고려하면 각종 사고의 여파가 일반 운송수단보다는 크기 때문에 안전을 위해서 규제 정도가 심한 산업이 되어가고 있다. 따라서, 규제 준수 여부 확인 및 철로 시공 및 운영과 관련된 각종 인허가 취득이 중요하다고 볼 수 있다.

8) **사업방식:** 철도사업에서 일반적으로 고려되는 사업방식은 BOT and DBT 방식이라고 볼 수 있다. 민간사업자의 수익을 시설이용 가능여부 및 실 사용자의 요금으로 운영토록 하는 것이 BOT 방식이라고 볼 수 있고, DBT는 설계, 시공 및 이전(Design, Built and Transfer) 구조로 민간사업자가 시장 또는 수요 Risk를 부담하지 않기 위해서, 해당 철도 프로젝트를 운영하지 않고 특정 가격에 운영자에게 인도하는 방식이다. 이 경우에

는 BOT 사업과는 다르게 최종 인수자가 될 인수자는 건설기간 중에 계속적으로 참여가 가능토록 해야 한다.

4. 공항 민자사업의 특징

공항 민자사업은 공항 본연의 기능을 바탕으로 하여 선정된 최소 기준의 고정수익, 일반 항공사의 비행교통료, 공항 여객의 주차 및 해당 공항의 양허권 및 공항 청사 및 사업부지 인근의 자산 또는 토지 대여와 해당 지역에서의 독점적인 위치 선정 등으로 인해서 수익이 발생되고 보장된다. 공항 민자사업의 시작은 공항 건설 또는 운영사업에 민간사업자가 참여하거나 또는 기존 국유재산 매각 시 이를 인수하는 것으로 진행이 되는데, 이 경우 특정 공항의 민영화는 제한된 범위까지만 허용되는 것이 일반적이고, 보통은 기존 공항을 소유, 운영하고 있던 정부가 공항을 전적으로 관할하는 국영기업을 설립 하고나서 민간에서 해당 회사의 지분을 인수토록 또는 공개하는 방식으로 진행되는 것이 일반적이다.

1) **수익원:** 공항은 항공 여객을 위한 다양한 상업시설을 갖추고 있는 것이 일반적이다. 기본적으로 여객 및 운송 설비, 항공기 연료공급 설비, 비행기 보관, 대기, 공항 이용 고객의 주차, 음식공급 시설, 기타 상업시설 및 기타 부대시설 등을 공항설비 운영자가 직접 제공할 필요가 있다. 단순 제공을 떠나서 이러한 시설들이 유기적으로 잘 운영되어야 공항의 수익이 지속적으로 발생할 수가 있다. 일반적으로 양허승인권자와 대주단은 민자 프로젝트의 경우 사업주의 사업을 특정분야로 제한을 하고 목적 외 운영을 금지하는 것이 일반적이다. 즉, 일반적인 발전사업 또는 상수도 사업의 경우와 같이 해당 민자 프로젝트의 사업주가 해당사업만을 하도록 제한하는 것이 일반적이나, 민자 공항사업의 경우 사업의 확장성에 대해서 양허권자나 대주단에서 어느 정도 인정을 해야 해당 프로젝트의 사업성이 확보되게 된다. 공항료는 보통 해당 국가의 세금수준 및 관련된 사회간접자본의 요금 수준에 따라서 책정되게 되는데, 이러한 경우에도 언제나 최종 요금은 해당 프로젝트의 최소한의 사업성을 담보하고자 하는 수준에서 결정될 필요가 있다. 통계적으로 실무에서는 공항 민자사업의 보통 46% 정도의 수익이 비 항공 관련 분야에서 발생하게 되는 것이 일반적이다. 공항사업이 대단위 사회간접자본 프로젝트이기 때문에 공공예산이 책정되는 사업의 경우, 실질적으로 프로젝트가 진행되기 위해서는 준비기간까지 상당한 시일이 소요될 가능성이 크다고 볼 수 있다.

2) **규제사항:** 일반적인 발전프로젝트나 유료도로의 경우와 마찬가지로 상당한 수준의 규제가 이루어지는데, 이착륙 공간의 거리 및 이격거리와 관련된 규제, 비행기 이착륙시의 소음규제 기준, 항공 운영시간, 공항료, 승객요금 등에 대해서도 해당 국가 차원의 규제가 적용이 된다. 여기에 더불어 교통 관련 프로젝트와 비교해도 상당히 엄격한 수준의 규제가 적용되게 되는데, 공항 내 안전 관련 이슈, 비행기 교통 및 통제, 공항근처의 여건 등 공항 설계 단계에서부터 규제기준이나 사항을 고려해야 할 필요가 있는데, 예를 들면, 이착륙시의 비상착륙 등 안전공간의 확보 등이 그런 것이라고 볼 수 있다. 또한 민자사업의 특성상 여러 측면의 심미적 또는 상업적인 고려가 이루어진다는 특성이 있는데, 정부가 안전 등을 이유로 기본적인 설계기준을 충족하는지에 대한 사전 조사 및 운영단계에서의 준수 여부 검토가 사전적으로 필요하므로 규제준수 범위 내에서 상기한 고려를 해야 한다는 것이 필수적이다. 따라서, 정부 정책의 변경 및 규제기준의 변경으로 인해서 사업주의 수익 감소가 발생할 여지가 있는 분야라고 볼 수 있다.

3) **설계 및 장기간 계획:** 공항은 청사 자체가 갖는 심미적 요건이 중요하므로 매력적이고, 또한 이를 반영한 개선적인 설계가 요구되고 있는 것이 현실이다. 비행기나 터미널보다는 여객과 승객의 혼잡을 피할 수 있는 구조 그리고, 비행기의 이동 경로 등이 우선적으로 고려되어야 하고 최종 공항의 수용한도 및 확장 가능성도 고려할 필요가 있으며, 다양한 종류의 항공기 등을 고려해야 하는데, 이를 설계단계에서부터 고려치 않는다면, 운영단계에서 추가적인 자본 지출이 수반되기도 하기 때문이다. 이런 이유로 인해 공항 운영이 공항 설계 및 운영에 단계까지 영향을 끼치게 되며, 항공기의 타입이나 관련 기종에 따라 공항 설계 운영의 변화, 수용가능성도 고려해야 할 필요가 있다. 장기간의 운영과 항공 수요, 여객증가를 고려하면 추가 자본지출이 필수적이나, 민자사업이라면 실질적으로 사업주의 수익을 적절히 고려해서 결정할 필요가 있다.

4) **토지 및 환경 관련 사항:** 공항의 경우 기본적으로 많은 토지공간이 필요하며, 우선적으로 공항 건설 및 운영을 위한 토지 권원의 확보가 필요하다. 설령 기존 토지 확보가 어려워 간척지 등을 활용하는 경우라고 하더라도 환경 관련 침해에 대한 문제가 발생할 여지가 있다. 또한 간척지 활용의 경우 토지 소유관계에 대해서 불분명하므로 이에 대한 철저한 검토가 필요하다고 볼 수 있다. 공항 건설 단계에서 각종 소음 및 공기오염 문제가 발생할 수 있으므로, 공항건설 예정지 인근의 민원발생도 적극적으로 고려할 필요가 있다. 단순 환경문제를 떠나서, 인근 지역의 지가 하락에 따른 각종 보상 문제 등

특히 선진국의 경우 토지가격 하락 등이 문제가 될 수 있으나, 신흥국가의 경우 공항 건설은 토지가격 인상 및 가치 상승에도 영향을 끼치게 되므로 이에 대한 검토가 필요하다고 볼 수 있다.

5) **교통량 예측:** 공항과 관련된 교통량에 대해서는 경제적 또는 해당 공항의 지질학적 여건 그리고 운송수단, 경쟁수단에 따라서 교통량 예측이 결정될 것이므로 종합적인 판단이 필요하다고 볼 수 있다. 또한 국내노선 위주의 공항이라면 해당 공항의 경쟁상대로 초고속 철도 건설 또는 신공항 건설도 고려할 필요가 있다. 승객수, 물류 운송량을 통한 연간 예상 매출액, 기타 시간단위별 승객의 일별, 시간별 특성, 물류 및 비행기 특성을 고려한 공항의 수용가능성 및 각종 서비스 제공 여부 등을 종합적으로 판단해야 한다. 승객 관련 물류는 어느 정도 까지는 예상이 가능하나, 나머지 사항에 대해서는 추가적인 자본 투입 및 운영비용의 증가가 수반되어야 하므로 예측이 곤란하고, 설령 수요가 예상보다 많다고 하더라도 지속적인 서비스 제공을 위한 추가 투자 여부까지 고려해야 하고, 이러한 취지로 공항의 경우 공공에서의 투자가 이루어지곤 한다. 민간투자사업의 경우 입찰자가 교통량 예측을 하기도 하는데 이 경우 지나치게 비효율적인 예측이 대부분이므로 이에 대한 재검증이 이루어지곤 한다는 특징이 있다.

II. 상수도 사업 관련 특징

사회간접자본을 통해서 제공되는 자원 중 가장 제약사항이 많은 자원으로, 전체 용수 중 바닷물이 대부분을 차지하고 있는 자원이면서 동시에 신흥국의 절반 정도만 용수를 공공서비스로 제공받고 있다는 특징을 가지고 있다고 볼 수 있다. 국민 위생과 직접적인 연관이 되어 있는 분야이며, 동시에 상당한 수준의 자본 투입이 필요한 사업으로 공공재정의 한계로 인해서 용수 및 처리시장에 있어서 신흥국에서 민간기업의 참여가 점점 더 요구되고 있는 것이 현실이라고 볼 수 있다. 신흥국 시장의 향후 10년간 수요 대비 공공재정이 제공 가능한 부분은 약 40% 정도만 가능하므로, 현실적으로 민간에서 60% 정도를 공급할 여지가 있는 분야라고 볼 수 있다. 민간에서 투자를 통해서 사업을 추진하고자 한다면, 위생 및 국민건강과 직접적인 관련이 있기 때문에 상당히 복잡하고 다양한 형태의 투자구조가 발생하게 될 여지가 있다. 현재 가장 일반적인 형태의 사업구조는 관리계약(Management Contract)과 BOT 사업 구조하에서의 양허권 방식이라고 볼 수 있고, 본 장에서는 이를 중점적으로 살펴보고자 한다.

1. 관리계약 (Management Contract)

정부 또는 해당 용수사업의 양허권자가 특정한 역무를 요청하게 되면 민간 프로젝트 회사가 해당 업무만을 담당하는 계약구조로 일종의 위탁계약의 형태라고 볼 수 있다. 일반적으로 위탁 역무는 용수 시설 및 설비 운영자의 교육 및 훈련에서부터 해당 시설 및 설비의 운영, 건설 및 시공감리까지 다양한 분야에서 이루어지고 있다. 이러한 경우 일반적으로 승인권자가 지속적으로 전체 운영에 대해 관리가 가능하고, 최종 결정을 할 수 있는 권한을 보유하고 있다는 특징을 가지고 있다. 이 경우 민간사업자는 용수 사업이 가지는 위험을 부담할 필요가 없다. 명칭은 관리위탁 계약이라고 하더라도, 민간사업자가 위험을 부담하는 경우에는 이를 금전적으로 보상이 이루어지도록 해야 하며, 최종 결정을 함에 있어서도 양허권 승인권자의 권한을 제한할 수 있어야 한다. 이와 같은 관리계약이 가지는 특성은 다음과 같다.

1) 민간사업자는 자신이 제공한 용역에 대해서 대가를 수령하고, 용역범위가 처음과 달라지는 경우에는 추가 용역으로 인해서 비용증가분이 발생하게 되면 해당 비용은 양허 승인권자가 부담을 하게 되는 구조이다.
2) 업무실적(Performance Based)을 바탕으로 가격을 지불하는 구조가 되면, 운영 실적이 없는 경우에는 실적이 없으므로 대가를 받을 수 없다는 위험을 부담하게 되므로, 해당 실적별로 자세히 구분을 하는 것이 일반적이고, 해당 용역에 대해서 그 최종 업무실적 결과에 따라서 보너스 지급이나 위약금 부과가 이루어지게 된다.
3) 이러한 방식의 관리 계약은 해당 분야의 전문성이 있는 대기업 규모의 수처리 업체가 현지의 수처리 회사와 계약을 하고 전문성이나 기술을 전수하는 형태로 진행이 되는 것이 일반적이고, 이 경우 승인권자가 대체로 감독을 하게 되며, 업무 개시가 이루어질 때까지 특별한 투자는 진행되지 않는다는 특징을 가지고 있다. 또는 업무를 특정 단계별로 나누어, 이를 바탕으로 해당 단계가 완성되면 다음 단계를 위한 계약을 진행하는 방식으로 처리되는 것이 일반적이다. 외국의 수처리 전문회사의 사례를 보면 해당회사는 용수공급, 정수, 정수 공급, 하수도 취합 및 처리와 관련된 업무를 제공하고 비용을 지불받는 구조로 사업을 진행하고, 반면에 양허 승인권자는

사업권과 소유권을 여전히 보유하면서, 민간회사인 관리회사가 경영지원 및 운영의 효율성 증대 및 수금 관련 Know-how를 제공하는 형태로 서비스를 제공하는 것이 일반적이다. 이와 같은 사업구조하에서는 양허권 승인권자가 추가적인 자본 확충이 필요한 경우에, 최종 투자결정은 정부가 직접 하더라도 그전에 미리 민간회사로부터 정보를 제공받고 투자필요성에 관한 근거자료 정도는 제공받아서 결정하는 것이 일반적이다.

2. BOT 방식

최근의 용수 및 수처리 민자사업은 BOT 방식 사업이 대세라고 볼 수 있다. 즉, 양허승인권자가 그동안 공공에서 직접 해오던 시설 및 운영에 관한 사항들을 민간에게 처리토록 권한을 부여한 것이고, 이를 통해 민간사업자는 사업기간(양허기간 중) 최종 소비자가 지불하는 각종 요금으로부터 해당 설비 및 시설의 각종 운영유지보수비, 대출 상환, 각종 금융비용, 주주 이익을 충당하게 된다.

1) 용수구입계약 (Water Purchase Agreement)

본 계약을 통해서 용수 프로젝트의 지불 구조 및 Project 회사의 현금흐름이 확정이 된다고 볼 수 있다. BOT 구조하에서 특정한 용량의 수량 제공 또는 최종 소비자가 해당 용수를 사용하는 것과 무관하게 양허승인권자가 특정 비용을 지불하는 구조이므로 일종의 Take or Pay 구조와 비슷하다고 볼 수 있고, 하수처리의 경우도 마찬가지로 시장위험을 최종 소비자로부터 공급을 담당하는 공공 사업주 또는 최종 소비자에게 전환하는 구조이다.

2) 운영계약 (O&M Agreement)

성능개선 또는 특정설비의 운영에 국한하여 약정한 서비스를 제공하는 계약의 경우에는 특정설비의 사용과 관련해서 비용을 지불하게 되고, 이는 설비 사용에 국한되기 때문에 용수 구입계약과 같은 계약구조는 없으므로, 비용 및 지불구조는 양허계약에서 결정되는 것이 일반적인데, 발전사업의 Toll Agreement와 유사한 구조라고 볼 수 있다.

3) 원수공급계약 (Raw Water Supply Agreement)

용수 처리를 위해서는 원수 공급이 필수적이므로 고정적인 양의 원수 공급이 필요하다. 이 계약을 통해서 공급되는 용수의 양, 가격 등의 위험을 원수 공급자에게 이전하고 전가토록 하는 구조이다. 실제로 해당지역의 용수공급 기관으로부터 공급받는 것이 일반적이라고 볼 수 있다.

3. 실시양허계약 (Concession Agreement)

해당 국가의 정부기관이 처음부터 용수의 수취, 처리, 공급과 관련된 서비스를, 미리 약정한 기간 동안 민간에게 일괄하여 이전하는 계약을 말하며 다음과 같은 특징을 가지고 있다.

1) 자산의 이전

현재 상태의 모든 자산, 시설, 시스템 등 정부의 양허권 범위에 속하거나, 해당 지역에 있는 것들 중 용수공급을 위한 모든 자산을 민간사업자에게 이전하는 방식, 또는 자산이 없다면 해당 자산 취득을 위한 모든 권한을 주는 방식을 말한다. 또는 준공 이후 바로 이전하고 이전 후에 특정한 기간 동안만 운영토록 하는 것을 말하기도 하는데, 이것은 민간사업자에게 부여하는 양허권의 특성에 따라서 달라진다. 민간사업자는 이러한 양허권의 특성에 따라 양허계약을 근거로 하여 해당 성능을 개선하거나, 자본을 추가로 투입하게 된다. 이전하는 방식에 있어서도 소유권을 이전하기보다는 리스형태 또는 양허 실시권만 부여하는 경우도 발생할 수 있다. 어떠한 경우라고 하더라도, 양허계약 해지 또는 만료 시 즉각적으로 소유권, 이용권이 정부 측에 환원되므로 이를 통해 최종 소비자는 서비스를 계속적으로 받을 수 있다는 특징을 가지고 있다.

2) 소비자 공급권

특정지역의 용수공급권을 민간사업자가 가지고 독점적으로 행사하여 공급하는 경우에는, 최종 소비자로부터 비용 지불 위험을 민간사업자가 직접 부담하게 된다. BOT와 양허(Concession)의 차이는 서비스 대가의 지급 또는 수취 방법의 차이라고 볼 수 있다. 즉, 시장위험과 가격변동 및 수익과 관련된 사항에 대해서 민간사업자가 직접적으로 해당 위험을 부담하는 것이 양허계약이며, 이 경우 민간사업자가 소비자로부터 직접 요금 수취가 가능하고 만약 납부를 하지 않는 경우, 민간사업자가 직접 제재 부과도 가능하다는 특성을 가지고 있다. 그러나 이 경우 승인권자의 입장에서는 상당한 부담스러운 입장이 될 수 있는데, 소비자인 국민을 대상으로 하는 권리 또는 의무 제한 행위를 민간이 직접 행사 또는 집행이 가능하기 때문이다. 따라서, 이 경우 승인권자는 민간사업자의 권리 이행 등에 대해서 상당한 제한과 감독을 하는 것이 일반적이다.

3) 상기와 같은 구조하에서 민자 프로젝트의 수익성 확보가 필요하나, 소비자가 자신이 부담하게 될 요금인상을 원치 않는 경우에, 해당 정부가 직접 정부 보조금 또는 금융조달을 지원해 주는 구조를 만들기도 한다. 특히 저개발국에서 용수와 관련해서 일반국민에게 요금을 징수하는 경우가 상당히 이례적이라고 볼 수 있으므로, 이와 같은 지원방식의 구조가 실질적으로 고려되고 있는 것이 현실이다.

4. 주식 또는 자산 민간 양도

기타 공공사업에 민간이 참여할 수 있는 방법은 민간에게 지분을 매각하거나, 해당 자산을 민간에서 양도하는 방식이 있다. 이는 해당 프로젝트의 효율성 또는 재무 건전성을 높이는 측면에서는 유리하다고 하나, 민영화 또는 지분매각을 하더라도 사용요금이라던가, 또는 해당 자산 운영에 있어서, 공공성을 가지고 있지 않다면 양허권 승인권자의 통제가 어려워지거나, 소비자들을 보호하지 못할 수도 있기 때문에 여전히 규제사항 준수여부를 감독하고 관리하는 것이 중요하다. 따라서, 정부기관의 지속적인 감독, 관여가 필요할 수도 있고, 이것을 현행 규제 또는 법규사항을 통해서 할 것인지, 아니면 정부와의 계약을 통해서 진행을 하고 종국에 법률 제정을 통해서 규제를 신설할 것인지는 방법론의 문제라고 볼 수 있으므로 해당 시기와 국민의식 수준 등을 고려한 적절한 방법의 규제가 필요하다고 볼 수 있다.

5. 용수사업의 민영화 특성

발전사업이나 민자 도로사업의 경우 매수자 전력판매 또는 도로 통행료 징수를 통해서 해당 매출과 현금유입이 발생하게 되지만, 상수도 관련 사업의 경우 직접적으로 개별 소비자에게 수도관을 통해서 직접 서비스를 제공하고 소비자로부터 사용 용수에 대한 요금을 직접 수취해서 운영하는 사업이다. 더구나 용수 사업은 직접위생 및 건강과 관련되어 있으므로 항상, 특별 기준 이상의 용수를 공급해야 한다는 부담이 있고, 대체로 정부의 기준 절차를 엄격히 따라야 하기 때문에 민간사업자의 업무 범위를 세분화하기가 어렵다는 단점이 있을 수 있다. 따라서, 결과물 제공에 한정되는 BOT 사업보다는 국민의 위생과 직결되어 있는 용수사업의 경우 관련 정부는 규제수준을 명확히 하고, 관리의 용이성을 확보하기 위해서 양허권을 통해서 민자사업을 하도록 하는 양허계약(Concession Agreement)의 형태를 더 선호하게 되고, 결국 정부와의 계약을 통해서 대주단 역시 여러 가지 불안 요소를 해소하게 됨으로써, 적극적으로 참여가 가능한 여건이 조성되게 된다. 이처럼 용수사업에 있어서는 선호되고 있는 양허계약 방식의 장단점에 대해서 살펴보도록 하자.

1) 용수사업에 있어서 양허계약을 통한 민영화가 가지게 되는 장점

양허계약 방식의 필요성: 보통은 신규 상수도 및 수처리에 있어서 민간사업자가 참여하기도 하나, 설비 증설 분야는 추가 증설뿐만 아니라, 기존 용수관 교체 등 노후화된 기존 설비 교체가 쉬운 작업이 아니므로 추가증설과 같은 설비설치보다는 운영 중심의 용수공급 및 고객서비스 분야에 한하여 민간이 참여를 선호하게 된다. 이러한 방식은 BOT 방식의 사업으로는 부적절하므로, 양허계약 방식을 통한 프로젝트 추진이 효율적이라고 볼 수 있다.

① **용수공급 투자 참여**: 신규 신설뿐만 아니라 기존 상수도 설비의 보완, 교체 및 유지보수 및 장기간 적정 수준의 관리를 위해서는 양허방식의 구조가 선호되는 것이 일반적이라고 볼 수 있다.

② **경영방식의 개선**: 상수도 관리 분야의 개선 및 소비자 응대방식 등에 개선이 필요한 경우에도 민간을 참여시키게 되면 경영효율 증대, 노동비용 절감 및 서비스 수준 향상이 이루어질 수 있으며, 시장의 소비자 우호 분위기 및 민간분야의 경영 효율성 방식을 도입할 수 있다.

③ **소비자와의 관계**: 요금 청구와 관련된 절차, 고객 불만 처리, 긴급상황 조치 등에 대해서 민간사업자로부터 도움을 받을 수도 있고, 고객의 요구에 부응하는 각종 기술, 방법, 제도 등에 관한 도움 역시 민간으로부터 얻을 수 있다는 장점이 있다.

④ **요금인상 관련**: 최종 소비자가 일반 국민이므로 민간사업자가 포함된 상수도 사업의 요금인상은 정당성이 부여되어야 하며 절차상 상당한 시간이 소요될 가능성이 있다. 따라서, 이러한 경우를 대비해서 상수도 서비스가 적정 수준에 도달하기 위해 최종 소비자가 요금에 대해서 민감한 반응을 보일 수 있는 한계지점까지는 가능한 한 적절하게 인상할 필요가 있다.

⑤ **복합적인 해결방안**: 민간을 통해서 고객 서비스 수준을 향상하고 동시에 각종 시스템의 향상 및 유지보수(기존 수로의 유출 보완, 용량 증가 등)까지 수행하기 위해서는 BOT 방식은 고객을 상대하기에는 어려운 점이 있다. 따라서, BOT 방식의 사업이 곤란한 경우에는 양허계약 방식으로 진행하게 된다. 실제로 이러한 양허계약을 통해서 최근에는 민간사가 최종 소비자를 대상으로 하는 공공서비스 분야까지 진출하는 사례가 점점 더 늘어나는 추세라고 볼 수 있다.

2) 용수사업에 있어서 양허계약을 통한 민영화가 가지는 단점

① 증설 및 기존 용수로 유지보수 분야를 민간이 주도하고자 하는 경우에는 양허방식이 적합하지 않을 수도 있다. 특정 용수공급의무를 이행하기 위해서 어느 정도의 자본이 투입되어야 하는지는 사업개시 후 각종 검사를 하기 전까지는 이를 측정하고 가늠하기 곤란하기 때문에 참여코자하는 민간사업자가 결정을 내리기 어려운 부분이 있고, 만약 참여한다고 하더라도, 대가지급 방식을 고정급 지급이 아니라, 투자단계별, 예산배정별, 또는 성능 운영(Performance Base)으로 민간사업자에게 지불해야 하고, 여기에 최종적으로 부과되는 소비자의 요금수준(인상수준)도 같이 고려할 필요가 있으므로 양허계약이 어려운 측면이 있다.

② 현행 용수 관련 자산 운영을 민간사업자와 양허계약을 통해서 운영토록 한다면, 현행 자산의 범위나 운영방식이 먼저 결정되고 난 다음에 특정대가에 대한 합의를 하고 진행하는 것이 일반적이라고 볼 수 있다. 이와 같은 방식의 계약을 체결하기 위해서는 기존 운영 자산을 살펴본 후, 유지보수 및 대상, 금액 등을 가늠할 수 있다는 단점과 용수로 관로가 주로 지하에 매설되어 있다는 특성까지 고려해 보면 처음부터 특정 금액을 결정하고 진행하는 것은 상당히 위험하다고 볼 수 있다. 사전에 시공과 운영에 관한 계약을 하는 것도 자칫 해당 사업비의 부족으로 인해 곤란한 상황이 발생할 수 있다.

③ 기존 상수도 사업을 인수하는 경우에는 기존 근로자 고용 승계와 관련하여 문제가 발생할 수 있다. 따라서, 계약 협상 또는 체결 전, 즉 정부기관과 고용 승계와 관련된 문제를 미리 해결하는 것이 효과적이라고 볼 수 있다.

④ 요금기준 및 수금과 관련된 사항으로 민간사업자가 용수 요금기준을 직접 설정하고, 요금 미지불의 경우에 직접 최종 소비자에게 제재 또는 각종 위약금 부과가 가능토록 해야 할 필요가 있다. 상수원 특성상 무료 또는 상당히 낮은 요금으로 용수를 공급해 왔다는 특징을 가지고 있기 때문에 갑작스러운 요금 부과는 소비자 저항으로 이어질 수 있고, 민간사업자가 이러한 상황에 적절히 대처할 수 있어야 하기 때문이다.

3) 민영화 관련 용수사업의 금융조달 관련 사항

① **현행 수익구조의 존재**: 만약 현재 용수를 공급하고 있는 상황이라고 한다면 현행 수입구조나 매출구조를 직접 파악할 수 있으므로 소비자, 재무흐름 및 경영 구조에 대해서 인지나 파악이 가능하다는 장점이 있다. 또한 별도의 금융조달 없이 사업개시 이후부터 (기존 BOT 사업과는 다르게 건설기간 경과 없이) 상환이 즉시 가능하다는 장점이 있다. 사업주도 당장의 예상현금흐름을 통해서 사업시작이 당장 가능하다는 장점이 있다고 볼 수 있으나, 실질적으로 현행 자산에 문제가 많고 운영에 어려움을 겪기 때문에 민간에게 양도 또는 이전을 하고자 하는 것이므로 대주단이 아주 제한적인 범위까지만 금융을 제공할 수도 있다는 단점도 있다.

② **자산의 담보 제공가능**: 현행 자산을 보유하게 되는 경우, 건설기간 중 담보를 제공하지 못하는 BOT 프로젝트와는 달리, 대주에게 즉시 담보를 제공할 수 있다는 장점이 있다. 다만, 양허계약이 정식으로 체결되기 전까지는 실질적인 자산에 대해서 파악할 방법이 별로 없고, 게다가, 땅속에 묻혀있는 것이 대부분이라, 현실적으로 이를 확정하는 것에는 어려운 점이 있어 정확한 담보가치를 파악하기 어렵다는 단점이 있다.

③ **대출을 위한 현금흐름 분석 곤란:** 현금흐름의 분석을 통해서 대출규모가 결정되지만, 해당 현금흐름은 민간사업자의 업무분야가 분명히 정해져야 장기간 고정적인 흐름을 예측할 수 있으므로 단순 유지보수 업무의 경우는 BOT 대비 현금흐름을 다소 파악하기 어렵다는 단점이 있다. 용수공급에 대해서만 업무가 주어지고, 민간사업자는 이에 대해서 단순히 개발 또는 수선유지와 개선을 하는 방식이므로 다소 업무분야가 불명확하고, 매출구조가 예측이 어렵다는 단점이 있다. 따라서, 이를 보완하기 위해서 Rolling Base로 업무를 진행하되, 특정 단계 또는 Program별로 양허승인권자와 계약범위 내에서 협의를 하여 진행을 하는 것이 일반적이다. 이와 같은 경우에 초기 5~6년 정도의 기간은 Preliminary로 진행을 하며 동시에 현금흐름을 특정수준까지만 확정하기 때문에 이 기간 동안만 보통 대출이 가능한 것이 일반적이다. 다만, 이 경우 단순 운영사항과 관련이 되어 있으므로 대출계약상 Default를 정하기가 쉽지 않다는 특징이 있다.

PART 4

기타 프로젝트 관련 금융계약 및 타당성 조사

Ⅰ. 인프라 프로젝트의 금융계약상 주요 Issue

Project Financing 분야가 이미 여러 자료나 서적을 통해서 다루어져 왔고, 본 편에서 금융계약의 주요 이슈를 다루는 것 역시 본 서적의 물리적인 제한으로 인해 쉽지 않는 부분이 있으므로 본 장에서는 인프라 프로젝트 파이낸싱에서 다루어지는 사항에 대해서 프로젝트가 진행되는 순서를 고려해서 개괄적인 수준에서 살펴보고자 한다.

1. 예비단계 (Preliminary-Information Memo or Term Sheet)

일단 프로젝트 파이낸싱에 의해서 금융을 조달하려는 인프라 사업자는 해당 인프라 사업에 관한 Information Memorandum과 Term Sheet를 잠재적인 대주단 후보군을 대상으로 송부하고 특정일까지 확약을 요청하는 방식으로 그 최초 단계를 시작한다. 이를 통해서 대주단 후보군들은 실사와 내부 승인을 얻는 과정을 거치게 된다. 이 단계에서 배부되는 Term Sheet를 통해서 금융과 관련된 주된 조건사항들이 소개되며, 이 Term Sheet에서 인프라 사업자는 해당 프로젝트를 관리함에 있어 자기들에게 유리한 조건 및 최대한의 자율권을 가지기를 희망하지만, 대주단의 경우에도 프로젝트와 관련된 내용뿐만 아니라 금융조달을 위해서 필요한 최소사항들도 포함하고자 하며, 금융조달을 위해 필요한 신용조건(Credit Requirements)과 차후 본 계약체결 시 본격적인 협상을 위해서 약간의 여지를 남겨두고자 하는 것이 일반적이라고 볼 수 있다. 이와 같은 배경 하에서 초기 Term Sheet에서 다루어지는 일반적인 사항은 다음과 같다.

우선 Term Sheet에서는 인프라 사업자의 투자 확약(Sponsor's Commitment)이 포함되게 되는데, 이는 인프라 사업자의 주주들이 각각 일정한 수준까지, 주로 각 주주들의 지분수준까지 자본금을 납입하거나, 후순위 대출을 제공하는 수준을 의미하며, 대주단의 대출금 인출시점에 자본금이 납입되거나 대출금이 제공되도록 하는 것으로서 대주단은 투자확약을 통해서 Non-recourse 또는 Limited-recourse 방식의 금융계약하에서 인프라 사업자의 적극적인 사업 참여를 유도하게 된다. Material Adverse Change (MAC)에 관한 내용 역시 중요한데, MAC은 예견치 못한 상황을 대비하는 것으로 대주단 입장에서 보면 특정한 사안이 발생한 경우에 금융조달 의무를 면제받는 것이 중요한데, MAC를 논함에 있어 과연 어느 정도 수준까지를 MAC 조항 범위로 보느냐가 중요하다고 볼 수 있으며, 경제상황의 급격한 변화, 은행의 조달비용의 급격한 상승, Syndication 조달시장의 위축 등이

MAC를 위한 주요 사례가 될 수 있다.

그 외 Term Sheet에 담겨야 할 사항으로서는 보험금 가입 및 보험금 지불 시 사용범위, Recapitalization 또는 Refinancing하는 경우 제한사항, 인프라 사업자의 자산 및 지분 이전 제한, 금융조달 비율, 보험과 Hedge의 주요 조건, 대주단의 프로젝트 계약상 권리, Cross Default 관련 사항, 계약해지 전 인프라 사업자의 계약의무 불이행사유를 치유토록 하는 대주단의 권리, Gross up 조항, Syndication 형태 등이 다루어지게 된다.

Term Sheet에 있어서 중요한 사항으로 추가로 다루어 질 것은 준거법이다. 금융조달과 관련된 사항에 있어서 대륙법과 영미법의 차이는 법적 방어수단, 담보 및 구제 절차에 대해서도 다르게 나타나기 때문이다. 예를 들어, 같은 영미법이라고 하더라도 어떤 법체계는 법률적인 구조(Legal Formation)를 중요하게 생각하고 또한, 다른 체계에서는 양 당사자의 최초 의도를 중요시하게 생각하기 때문이다.[198]

2. 대출계약서 (Loan Agreement)

일반적으로 Common Terms Agreement라고 일컬어지는 계약을 통해서 프로젝트 파이낸싱 금융조달에 참여하는 모든 기관들에게 적용되는 대출 조건들이 결정되게 된다. 본 계약을 통해서 조달 및 상환조건 및 방식이 결정되고, 대주단의 의무사항에 대한 선행조건, 인프라 사업자의 진술 및 보증사항, 인프라 사업자의 프로젝트 운영과 관련된 약정사항(Covenant) 및 대주단이 대출계약을 파기하고 모든 잔여 대출금의 지급 요구가 가능한 기한이익 상실 사유 및 담보물의 처분에 관한 사항이 다루어지게 된다.

일반적으로 상기한 조건 외에 인프라 사업의 대출계약에 있어 주요하게 다루어야 할 것은 프로젝트 건설과 운영에 있어서 이미 담보로 관련 자산 또는 주식이 제공된 여러 가지 프로젝트 제약조건 아래에서 어느 정도까지 인프라 사업자가 권리를 행사할 수 있을 것인지, 대출금은 어느 정도까지 어떻게 사용할 수 있는지가 주된 관심거리가 될 수 있다. 예를 들면, 건설기간 중 공사변경, 프로젝트의 성능시험 및 상업운전 개시, 운영예산의 변경 등이 대주단의 여러 제약에도 불구하고 인프라 사업자가 어느 정도까지 프로젝트 사업과 관련하여 적극적인 활동이 가능한지가 주요한 분야라고 볼 수 있다. 대주단은 Off-taker보다는 인프라 사업자에게 좀 더 많은 제약을 주려고 하고, 특정 프로젝트 계

198) 일반적으로 이 경우에는 가급적 관련된 모든 Jurisdiction의 요건을 따르는 것이 좋다고 보인다. 설령 다른 체계를 가지고 있다고 하더라도, 결국 관련된 모든 당사자의 이익을 위하는 길이기 때문일 것이다.

약에 있어서 인프라 사업자의 권리를 구속하려는 경향이 있어, 특정한 문제가 발생하면, 최대한 해당 문제를 해결코자 적극적으로 치유수단을 동원하려는 인프라 사업자와는 달리, 대주단은 초기에 해당 문제에 참여하여 관리코자 하는 경향으로 충돌하게 된다. 이를 위해서 인프라 사업과 관련된 금융조달계약에서는 대주단의 직접적인 인프라 건설 및 운영과 관련된 사항에 대한 참여여부를 결정하는 여러 가지 상황(Threshold)을 미리 결정하여 서로의 충돌을 예방하고자 한다.

Loan Agreement에서는 단순한 금융계약뿐만 아니라, 대주단의 금융제공의무와 관련된 다양한 선행조건(Condition Precedent)으로서 다른 여러 가지 서류 제출 및 승인, 구득을 필요로 하게 되는데, 인프라 사업자 및 주주의 회사 설립 관련 서류, 정부 및 관련 당사자의 승인, 인프라 사업의 예산 승인, 건설과 관련된 각종 일정, 연료 및 보험과 관련된 보고서 등을 필요로 하게 된다. 또한 수출금융을 제공하는 경우에는 좀 더 복잡한 서류와 수출금융에 필요한 법적 요건사항과 관련한 자료가 필요로 하게 된다.

3. 담보설정 관련 서류 (Security Documents)

일반적으로 담보와 관련된 사항들은 예외적으로, 역외계정을 다루는 계약(Security Deposit Agreement) 또는 역외계약(Off-shore Agreement)을 제외하고는 현지법의 적용을 받게 된다. 이 경우에는 대주단은 담보관리 Agent(Collateral Agent)를 선정하여 대주단을 대리하여 각종 담보와 관련된 사항에 대한 지시와 관리를 맡기게 된다. 개발도상국에서는 담보를 설정하고 이를 집행하기 위한 절차가 제대로 구비되지 못한 경우도 있는데 이에 대한 주의가 필요하다고 할 수 있다.

그 외 주의해야 할 점은 대주단 금융제공의 담보로서 프로젝트 계약상의 인프라 사업자의 권리를 대주단에게 양도(Assignment)하도록 하는 경우에 각각의 프로젝트 계약 상대방의 동의가 필요하다는 점이다. 때로는 Off-taker가 대주단의 권리를 양도받은 인프라 사업자 외 다른 3자와 해당 인프라 사업에 대해 논의하는 것에 대해서 반대할 수도 있고, 대주단이 인프라 사업자의 Default가 발생하고 난 후 일정기간 동안 치유할 기회를 주는 것에 대해서도 반대할 수가 있기 때문이다. 그럼에도 불구하고 본 사항은 금융종결을 위한 중요한 사항이라고 볼 수 있다. 담보 또는 양도에 관한 사항이 해결되지 않으면 결국 대주단은 금융을 제공하지 않을 것이므로 최소한 또는 제한적인 범위에 있어서 동의를 이끌어내는 것이 중요하다고 볼 수 있다.

4. 계정관리와 관련된 계약 (Account Agreement)

인프라 사업자의 결과물 판매로 인한 수익은 인프라 사업자의 Account라고 하더라도 기본적으로 보증 예치금 또는 위탁계약을 통해서 해당 계좌를 설정하고, 운영하게 된다. 이 계좌는 대주단이 담보관리 Agent를 통해서 관리를 하게 되는데, 본 계약을 통해서 특정 계좌로 지불의무를 확정하고, 해당 계좌간의 지급 순서(Waterfall)도 정해지게 된다. 국제적으로 금융이 조달되는 민자 프로젝트에 있어서, 본 계약을 통해서 Account Agent가 정기적으로 현지화를 역외대출금 상환을 위해서 환전을 하게 된다.

계좌관리 계약은 특정한 수익이 없는 프로젝트 초기에는 기술적 또는 행정적인 사항에만 영향을 끼치는데, 수익이 점차 발생함에 따라 차주인 인프라 사업자의 현금흐름(Cash Flow)에 영향을 미치는 수준까지 이르게 되는 경우도 있다. 인프라 사업자는 이러한 금융상의 현금흐름 제한으로 인해 일상적인 운영에 방해를 받지 않으려 하고, 이에 반해 대주단에서는 단순한 담보 목적뿐만 아니라, 효율적인 관리를 추구하고자 하기 때문에 양 당사자 간에 적절한 주의와 협상이 필요하다고 볼 수 있다. 이 경우 양 당사자는 협상과정에서 예치된 금액의 사용 및 대주단의 담보관리 Agent가 해당 계좌의 금전을 선취하여 대출 상환에 지불케 하는 채무불이행 사유에 대해서도 많은 논쟁을 벌이게 된다.[199)]

5. 자본금 출자 관련 계약 (Equity Funding Agreement)

인프라 사업의 주주들이 프로젝트와 관련된 대주단의 대출금 인출시기에 각각 약정한 금액에 달하는 자본금액 또는 여신을 제공하는 것에 관한 계약을 말하는 것으로, 대주단은 보통 인프라 사업의 경우 프로젝트 비용의 20~30% 정도까지 자본금 납입을 확약하기를 원하는 것이 일반적이며, 기타 Cost Overrun이나 Contingency가 발생한 경우에도 해당 비율만큼 비용을 지불하기를 원하게 된다.

본 계약을 통해서 인프라 사업의 주주들은 자본금 납입에 한하여 계약상 의무를 부담하기를 원하나, 대주단에서는 이와 관련하여 부수적인 확약을 원하기도 하는데, i) 주주들의 진술과 보증, ii) 규제 또는 법규 준수 및 보고의무, iii) 인프라 사업자의 자산이전의 제한 등이 있다. 또한 추가적으로 배당을 수취하기 위한 조건으로 특정한 금액을 유보하

---

199) 이 경우에 누가 담보관리 Agent에게 지시를 내릴 것 인지, 해당 Agent의 작위, 부작위로 인한 책임으로부터 면책을 어떻게 줄 것인지도 대주단과 담보관리 Agent사이에서도 다루어져야 할 것이다.

기 위해서 L/C를 개설하기를 요구하기도 하며, 특정한 Default 사유가 발생하면, 배당을 환수하는 조항을 넣기도 한다.[200] 그 외 본 계약에서는 인프라 사업자의 채무불이행 발생 시 기한이익을 상실할 지의 여부가 다루어지는데, 보통은 인프라 사업의 주주들은 기한이익이 상실토록 문제가 된 대출금에 한해서만 책임을 지고자 한다.

인프라 사업자의 자산 또는 이권을 이전할 수 있도록 하는 것에 대해서는 대주단과 논쟁이 발생할 수가 있다. 대주단은 해당 인프라 사업을 추진한 최초 인프라 사업자를 신뢰하고 이와 관련된 담보를 설정하고 금융을 제공하였기 때문에, 인프라 프로젝트에 어떠한 영향을 끼칠만한 인프라 사업자의 소유권에 변동이 생기는 것을 원치 않는 것이 대부분이다. 설령 양수 또는 인도를 허락한다고 하더라도, 일부 대주단은 양수인의 자격을 제한하기도 한다. 인프라 사업자의 경우에는 실질적으로 프로젝트를 개발했다고 하더라도, 특정시점에 가서는 그들의 투자 분에 대해서 일정 부분은 회수할 능력을 가지기를 희망하고, 또한 이를 통해서 투자금을 재구성하기를 원하기 때문에 추가적인 신용의 제공이나, 양수인의 자격에 대해서 협의를 통해 이를 허용하기도 한다.

6. 헤지 관련 계약 (Hedging Documents)

결과물 판매계약에 있어 프로젝트 파이낸싱 방식으로 조달한 대출금을 상환하는데 지불되는 고정비용이 일반적으로 확정되고, 현지화로 지불되는 경우에, 대주단에서는 실질적으로 대출 상환에 충당될 해당요금이 태환 및 환율 등 외환 관련 위험에 Hedge되기를 희망한다. 따라서, 프로젝트금융방식으로 자금을 조달한 경우에 Swap을 제공하는 것이 중요한 사항이 되었다. Swap이 해당 위험을 방어하기 위한 유일한 수단인 역외 대주인 경우에는 금융제공에 참여하지 않은 Swap 제공자와 자신의 담보물을 공유하기를 원하지 않는다. 따라서, 대주단에서는 Swap을 제공하는 자는 반드시 해당 인프라 프로젝트의 금융을 제공한 대주단의 일원이거나 해당 일원의 관계사가 되기를 희망하는 것이 일반적이다.[201]

200) 이러한 조항들은 여유분의 현금흐름을 통해 추가적으로 다른 프로젝트에 투자하려는 인프라 사업자의 의도와 프로젝트를 위험에 빠트리게 하는 자본금 감소를 방지하려는 대주단의 의도를 적절히 반영한 타협안이라고 볼 수 있다.

201) 이 경우에도 차주인 인프라 사업자의 입장에서는 Swap을 위해서 Auction을 통해서 경쟁력 있는 조건을 성취하고자 하여, 대주단의 일원이 Swap을 제공하는 것에 반대하기도 한다.

7. 대주단 Inter-creditor 계약 (Inter-creditor Agreement)

Offtake 계약에 있어 프로젝트 파이낸싱 방식으로 금융을 조달하게 되면서 다양하면서도 서로 다른 방식의 금융형태로 인하여 구조적인 문제나 이해관계의 충돌이 발생할 수도 있기 때문에, 대주단 Inter-creditors에 관한 사항을 다루는 계약이 필수적이라고 할 수 있다. 이 계약을 통해서 대주단 사이의 주요사안에 관한 투표, 각종 권리의 행사 등 주요안건 및 안건별 처리 절차가 정리된다. 예를 들면, 1차 금융종결 이후에 금융을 제공한 대주는 Financing Closing 이전 사항에 대해서는 투표할 권한을 가지지 못하게 되는 것과 같은 것이다. 본 계약을 통해서 Inter-creditor 관리인(Inter-creditor Agent)이 선정되게 되는데, 본 계약을 통해서 대주단의 의사결정 과정 또는 투표가 필요 없는 특정한 사항에 대해서 직접 결정할 수 있는 권한이 부여되고, 일반적으로 제한적인 범위 내에서의 승인사항, 단순 계산적인 사항에 대한 승인, 일반적인 사항에 대한 개정 등이 본 계약의 내용이 된다고 볼 수 있다.

II. 기타 민자 인프라 사업 관련 이슈

금융계약에 앞서서 지금까지 민자 인프라 사업을 추진함에 있어서 일반적으로 다루어지는 계약을 중심으로 여러 가지 이슈와 해당 이슈의 배경에 대해서 살펴보았다. 민자 인프라 사업 분야와 관련된 계약을 다루기 위해서는 사업 전반에 관한 이해가 필수적이라고 볼 수 있다. 따라서, 최종적으로, 인프라 사업에 있어서 계약 성격은 아니지만, 계약 내용에 반영되는 것이 중요한 영향을 미치는 사항에 대해서 간략히 소개하고자 한다. 이는 인프라 프로젝트를 구체화하기 위한 타당성 조사와 관련된 환경 영향보고서 등이라고 볼 수 있으며, 다음과 같이 간략히 소개하고자 한다.

1. 타당성 분석 및 환경 관련 평가(Feasibility Study)의 의의

인프라 사업을 추진하기 전에 가장 먼저 추진하는 공식적인 업무라고 할 수 있는 것이 해당 인프라 프로젝트에 대한 타당성 조사라고 볼 수 있다. 비록 인프라 프로젝트가 구체화되지는 않았지만, 해당 시점에서 프로젝트의 기술적, 수익적, 계약적, 법률 및 규제, 시장의 개괄적인 분석을 통해 조금 더 구체적으로 해당 인프라 프로젝트의 미래를 예측해

보는 것으로서 대단위 자금의 투입여부를 결정하기 위해서라도 반드시 거쳐야 할 중요한 과정이라고 볼 수 있다. 본 타당성 조사결과를 바탕으로 사업주의 입장에서 사업추진 여부를 결정하는 것은 물론, 이를 바탕으로 기타 이해관계자들(대주단, 기타 사업주들)이 사업주와 같이 해당 인프라 프로젝트에 추진할 것인지의 여부 역시 결정하기 위한 기초자료로서 활용하기 위해서 만들어 진다고 볼 수 있다.[202)]

2. 타당성 조사의 주요 내용

1) 일반사항

타당성 조사보고서는 보통 인프라 프로젝트의 일반적인 사항으로 시작되게 되는데, 해당 인프라 프로젝트의 예정위치, 지도, 주변지형, 날씨, 인구 및 사회간접자본 현황 등에 대해서 개괄적으로 설명을 하며, 이후에 사업주 및 인프라 프로젝트 회사의 주주구성, 지분율, 인프라 프로젝트의 운영과 관련된 사항, 사업주의 신용상태 및 사업경험 등 사업주와 관련된 일반적인 사항이 소개된다. 그 이후에 본 사업과 관련된 다수의 계약당사자, 건설시공자, 인프라 운영자, 연료 공급자, 결과물 구매자에 대한 사항들이 소개되며, 각 계약당사자의 신용상태, 사업경험에 관해서도 서술되게 된다.

2) 기술 관련 사항

기술 분야 타당성 조사보고서에는 인프라 프로젝트에 활용될 기술적인 사항, 인프라 운영과정, 기타 기기의 특성 및 관련 공급자에 대해서 소개를 하며, 해당 기술이 새로운 기술 또는 검증이 충분히 안된 기술 분야라고 한다면, 해당 기술에 대한 상세한 설명 또는 해당 기술을 활용하여 운영하고 있는 인프라 프로젝트에 대한 소개가 추가되기도 한다. 또한, 기술적인 사항과 관련된 모든 분야, 즉 연료공급 관련 사항, 야적장 또는 공급 관련 시설, 용수, 사회간접자본 시설, 철도, 도로, 항만, 현지 노동력, 하청업체, 시공자 및 인프라 운영자의 기술적인 능력 등이 소개되며, 프로젝트금융과 관련하여 대주단의 주된 관심사인 해당 인프라 프로젝트의 인프라 성능 및 성능검사와 관련된 사항도 포함되게 된다.

---

202) 타당성 조사 결과를 다양한 이해관계자를 위해서 사용한다고는 하지만, 개별적인 이해관계자의 Needs와 이해관계를 고려하여 해당 조사결과를 선별적으로 활용하는 것이 일반적이다. 사업주가 사업추진 여부를 결정하지 않은 단계에서 자칫 경쟁관계에 있는 사업주에게 주요한 정보가 노출될 수도 있기 때문이다.

3) 사업수익성 관련 사항

본 타당성 조사보고서 항목에서는 건설, 인프라 운영비용 등 인프라 프로젝트의 소요 비용과 사업주의 투자수익 예상치가 소개되며, 금융모델의 주요 가정 사항에 대한 소개와 추가적인 비용발생 요소에 대한 검토결과가 포함되게 된다.[203] 사업수익성 관련 타당성 조사보고서에서 다루는 내용은 다음과 같다.

① **건설비용 관련 항목**: 사업성 분석의 가장 중요한 항목으로 해당 인프라 프로젝트 비용항목 중 가장 비중이 큰 항목으로 개발비용, 부지 관련 비용, 건설비용, 건설허가 비용, 시운전 비용 및 관련 연료비용, 성능검사와 관련된 비용이 포함된다고 볼 수 있다.

② **인프라 운영 관련 비용 항목**: 인프라 운영과 관련된 비용으로 O&M 비용항목이 대부분을 이루고 있으며, 운영비용, 연료비, 현지인력 관련 비용, 보험, 폐기물 처리비용 등이 포함되게 된다.

③ **재무 관련 비용 항목**: 본 항목에서는 재무적인 비용, 즉 대출 원리금 상환에 소요된 비용, 대출원금, 이자, 관련 수수료, 기타 대주단에게 지급해야 할 비용, 감가상각비, 건설기간 중 인출과 관련된 Schedule이 소개되며, 현금흐름과 관련된 사항 및 상업운전이 지연되거나, 정지된 경우를 대비한 Working Capital 등이 포함되게 된다.

④ **기타**: 그 사업수익성 분야에 포함될 내용으로는 재무분석에 활용된 주요 가정에 대한 것으로 이자율, 인플레이션, 환율, 연료비용에 대한 사항이 포함되게 된다. 또한, DSCR, ROI 등 각종 수치 및 비율과 인프라 프로젝트의 Valuation 관련 사항이 포함된다.

3. 환경영향평가 (Environmental Impact Assessment)

최근 환경 관련 분야의 관심증대와 이로 인한 규제강화로 환경 관련 분야가 인프라 프로젝트의 성공적인 운영에 중요한 항목으로 부각되게 되었다. 환경 관련 규제 강화는 관

203) 사업주 및 대주단의 입장에서는 사업수익성과 관련된 타당성 조사보고서에 가장 많은 관심을 가지게 된다고 볼 수 있다. 투자를 통해서 수익실현이 가능한지, 대출제공을 통해서 원리금 상환이 가능한지가 사업 참여의 가장 중요한 요소이기 때문이다. 이와 별도로 본 분야에서 다루는 사업성에 대해서 현지 국가의 프로젝트 관련 기관 또는 결과물 구매자 역시 많은 관심을 가지고 있다고 볼 수 있다.

련 비용의 증가로 귀결되므로 사업성을 논하기에 앞서 관련 사항에 대한 검토와 영향에 대한 분석이 절대적이라고 볼 수 있다. 더구나 프로젝트 파이낸싱이 필수적인 인프라 프로젝트에 있어서 다자간 은행 또는 국제금융기구의 금융지원 결정여부에 환경과 관련된 사항이 중요한 요소로 작용하기 때문에 이제 환경에 대한 사항은 더 말할 나위도 없이 필수적 사항이 되었다고 볼 수 있다.[204)]

사업의 타당성을 검토하는 시점에서 인프라 프로젝트의 환경영향과 관련된 검토가 필수적으로 이루어져야 하며, 여기에는 초기 환경영향 평가 보고서 및 이후 구체적인 환경영향 요소, 환경침해 요소 및 처리방안 등이 다루어지게 된다. 환경평가보고서에서 다루어야 할 항목은 인프라 프로젝트의 유형 및 형태, 현지 국가의 환경기준 등에 따라서 다르지만, 일반적으로 환경영향보고서에서 다루어지는 사항들을 살펴보면 다음과 같다.

1) **인프라 부지:** 환경영향평가의 가장 기본이 되는 사항으로 지반, 토양, 침식여부 및 인프라 건설 및 운영 시 해당 토지에 미치는 영향과 인프라 설계 등이 포함된다.

2) **대기 및 용수:** 건설기간, 성능시험 및 인프라 운영기간 중 각종 배출과 관련된 사항과 인프라 운영에 필요한 각종 용수와 관련된 사항이 검토되게 되며, 인프라 용수와 관련해서는 용수의 근원, 수질, 사용 후 폐용수의 처리와 인프라 용수의 사용으로 인한 호수, 강, 하천에 미치는 영향에 대한 사항도 포함된다.

3) **동식물 보존, 유해물질 및 소음:** 인프라 건설 및 운영이 도심에서 떨어진 지역에서 이루어지는 경우 주변 동식물에 끼치는 영향도 검토대상이 된다. 또한 최근 생활수준의 향상에 따라 인체에 유해한 성분 배출 및 생성에 대한 사항과 소음과 관련된 사항도 중요한 환경평가 요소로 여겨지며, 현지 국가의 소음 관련 기준, 특히 정숙을 요하는 시간대에 어떻게 소음을 관리할 것인지도 포함되게 된다.

4) **기타:** 그 외 인프라 부지의 유물 존재여부, 인프라 건설 및 운영 시 운송 관련 시설 확충 및 교통유발 문제 및 기존 주민의 주거이전과 관련된 이전비용 및 대체 주거지와 관련된 사항도 본 환경영향평가에서 다루게 된다.

---

204) 환경과 관련해서는 이처럼 각종 국제 금융기구의 금융제공 요건뿐만 아니라, 국제조약 가입을 통해서도 점점 더 규제수준이 올라가고 있다고 볼 수 있다.

부 록

부록 1

Due Diligence Checklist for Legal and Institutional Enabling Environment for PPP[205)]

Issues that may need to be considered regarding legal and institutional enabling environment of a country contemplating a PPP program:

1. Government Organization

- What institutions are involved in the approval and Award of PPP Projects?
- What role are PPP units playing?
- Is there a clear process for identifying, carrying out outline business case study/ pre-feasibility and feasibility studies, appraising, hiring transaction advisors, choosing procurement process and approving PPP Projects?
- Where there is government support in the form of viability gap fund, subsidy or other, will there be additional approvals required?
- Monitoring and Regulation of PPP Projects post financial close – will this be sole responsibility of line ministries or will there be a central agency involved also?
- Regulation - if the PPP project is in a regulated sector, what will interface be?

2. Procurement

- Fair and transparent process
- PPPs are different from traditionally procured projects – how will process differ? What entities are involved in procurement process alongside line ministry?
- What about unsolicited bids? Is there clear mechanism to move these to the mainstream of project appraisal and competitive bidding?
- For more, visit Procurement Laws

205) https://ppp.worldbank.org/public-private-partnership/library/due-diligence-checklist-legal-and-institutional-enabling-environment-ppp-issues world bank 홈페이지를 참조.

3. Tariff Setting/Funding Constraints

- If projects are contemplated that involve private sector charging end users for service, is this permitted under law/sector laws? Are there limits on charging? Can private sector cut off a supply of a utility for non-payment?
- Are there regulators/other bodies that will set tariffs to be charged to end users?
- Are there subsidies in place/can government grant subsidies – are there limitations on this?
- For more, read Tariff Settings and Funding Constraints

4. Lender Issues

- Taking Security – is it possible to take security over assets, current and future income streams, bank accounts, shares, insurance policies?
- Is it possible to be named on insurance policy as a lender?
- Step-in Rights – can lenders be granted Step-in rights to step in where project is in trouble? Are direct agreements between lenders and sub-contractors possible?
- What forms of Government Support are available/permissible?

  i. Does the law allow the Government to issue guarantees to a private party? If so, what approvals, processes need to be followed

  ii. Can Government grant subsidies?

  iii. Is there possibility of a fund or a line of credit that might be made available for projects? If so, what is the process for this?

5. Land/Environmental and Social Issues

- What type of land rights can be assigned to private sector – especially regarding public assets?
- Are there rules regarding ownership of assets on public land and when it passed to public ownership?
- What environmental laws are in place? Is there clear framework for enforcement and clear allocation of liabilities and penalties?
- Are there processes to be followed to ensure environmental and social safeguards?

6. Restrictions on Foreign Investors/Currency Exchange Controls

- Can foreigners hold shares in/ control local companies?

- Can foreign company hold interest over public assets?
- Are there currency exchange controls?
- Are there limitations on repatriation of profits/capital investment?

7. Labor Law/Employment Issues

- A key issue particularly where there are existing assets of facilities that are to be taken over by the private sector is
- What is to happen to public sector employees,
- How they will be transferred if at all to the private sector and
- What happens to them at the end of the contract period?
- Are there requirements in the law to employ local staff? Are there limitations on foreign staff?
- For more, visit Labor Law/Employment Issues

8. Dispute Resolution Systems Available

- Is an objective and proven mechanism for resolving disputes available to the parties to the PPP project? Can it be demonstrated that the courts are fair, independent and efficient and that the rule of law is upheld?
- What alternative dispute mechanisms and forums are available? - is it possible under the laws of [country] to use international arbitration and other forms of dispute resolution and also that the courts if asked to enforce foreign arbitral awards are required to do so- i.e. whether [country] is a signatory to the New York Convention on Recognition and Enforcement of Foreign Arbitral Awards, and if so, whether the local courts recognized this properly
- For more, visit Dispute Resolution Systems Available

9. Sovereign Immunity

Can granting authority claim sovereign immunity from being sued, prosecution and enforcement. If so, can the public entity:

- waive such immunity under contract,
- agree not to invoke such immunity and/ or
- acknowledge that actions taken under the project agreement do not constitute sovereign acts.

10. Regulated sectors

- what are the powers of the regulator?
- If regulator can set tariffs and this results in a lower return for private sector, can private sector seek redress?
- Can private sector appeal against regulatory decisions?

11. Contract Law - Limitations on Freedom of Contract

- are there implied terms in the law that would have an impact on PPP projects?

12. Insolvency Laws

- What is the insolvency regime if the private party or the public sector was in difficulty?
- Would secured lenders have priority claims over other creditors?
- For more, read Insolvency Laws

13. Insurance

- Are there restrictions in law on type of insurance that is available?
- Limitations on terms of insurance?
- Restrictions on assignment of insurance proceeds?
- Restrictions on right to endorse policy in favor of lenders?

14. Taxation

- What is taxation regime?
- Does the government have the flexibility to apply special tax regimes/ grant exemptions for specific projects?
- For more, read Taxes and Taxation Issues.

15. Standards and Public Liability

- Environmental and other standards such as construction standards

16. Health and Safety Laws

- Are there laws that could impact construction/ services/ employees?

부록 2

Joint Venture/Joint Stock Company Checklist[206)]

Preliminary issues

1. Structure of joint venture:

   Should it take the form of:

   - a joint venture company with its own legal identity separate from those of its shareholders,
   - in which the parties will participate on an equity basis, and there is a limitation on liabilities – in the context of project finance or joint venture between the public and private sectors, this is recommended;
   - a partnership arrangement – an arrangement with profit sharing between partners created for a specific purpose – no separate legal entity created and each of the partners with full legal responsibility for the project, generally there is no limitation on liabilities unless this is a formalized into a limited partnership;
   - a contractual consortium – parties contract to work together on a specific project – there is no concept of sharing of pool of profits as there is with a partnership – each party likely to be remunerated for specific services provided to the consortium. No separate legal entity created and limitations of liability will be set out in the contract, if at all.

2. Purpose of the joint venture

   - In the case of project financed transactions, the banks will be anxious to ensure that the joint venture does not diversify into any risky activities and so will impose restrictions on what the joint venture may engage in.
   - Even where there are no bankability considerations, the parties should be clear as the objectives and purpose of the joint venture and whether the joint venture should be permitted to diversify etc.

206) PPP in Infrastructure Resource Center for Contracts, Laws and Regulations at www.worldbank.org/pppirc 참조

Joint Venture Company – Key Issues

Assuming that the parties will want a separate corporate entity, we set out below the key issues to consider in establishing it:

1. Equity/shares

- Will it be a 50:50 deadlock joint venture, or will one party have a majority interest?
- Will economic ownership and voting rights be the same?
- Should there be different classes of shares, with different rights attached to them or different levels of priority, such as ordinary and preference shares? Preference shares tend to have a set rate of return (or coupon) (provided that there are sufficient distributable profits) and the shareholders will be paid out in priority to the ordinary shareholders on insolvency?
- In the case of a public private joint venture company, where there is provision for future dilution of public interest, will the government still want to retain a "golden share" that would give it certain non-economic interests such as the right to veto the successor in title or the right of the company to change its charter? This is a tool that was commonly used by the UK government in partial/whole privatizations of public companies.

2. Funding

- What will be the initial and future contributions of each of the parties?
- Will initial capital be provided in cash or non-cash assets?
- If non-cash assets, how will these be valued?
- What will the initial debt/equity ratio be? In project finance deals this will be scrutinized by the banks.
- Will the parties undertake obligations to contribute further capital?
- Will there be shareholder loans?
- Will the parties be obliged to provide guarantees or counterindemnities to support finance raised by the joint venture?
- By what authority or procedure are new issues of shares to be made – by mutual agreement or by majority decision of the shareholders or board of directors? Pro rata offerings are also possible.
- Will there be outside finance such as project finance secured on, and serviced from, the income stream of the venture?

3. Corporate Governance

- What rights will each party have to appoint directors?
- Who will appoint the executive management team?
- What authority is to be given to individual managers (e.g. CEO) (this is usually set out in a schedule to the joint venture (JV) agreement and then approved at the first board meeting) and what matters must be dealt with at board level?
- What will the quorum for the board be?
- Will the Chairperson of the Board have a casting vote in the event of deadlock?
- What matters are to be reserved for decision by the shareholders themselves – and/or will a super-majority vote be required for particular decisions at shareholder or board level ?
- Matters to consider include:
  - ✓ changes in the joint venture company (JVC)'s articles of association;
  - ✓ new issues of share capital (including grant of share options);
  - ✓ significant changes in the nature of the JVC's business;
  - ✓ major acquisitions or disposals;
  - ✓ annual revenue/capital budget;
  - ✓ capital expenditure or contract commitments above pre-agreed limits;
  - ✓ borrowing limits;
  - ✓ dividend policy;
  - ✓ appointment and dismissal of key management;
  - ✓ material dealings with intellectual property rights; and
  - ✓ dealings between the JVC and its shareholders (except, perhaps, arms' length dealings in the ordinary course of business).

4. Minority Protection

If a minority participant is involved, it will wish to protect its interests through: -

- participating in management through board representation;

- being involved in major decisions (including, possibly, a right of veto);
- protecting against its equity stake being improperly diluted;
- ensuring proper distribution of profits;
- establishing adequate access to information regarding the joint venture's affairs; and
- establishing exit routes (including, possibly, put option rights or tag along rights – see below).

5. Dividend Policy

The parties should have a common understanding about the dividend distribution policy to be adopted by the joint venture clearly setting out when dividends should be issued, particularly where profits need to be reinvested in the business. This is particularly important as distribution of dividends can only be made out of distributable profits and at the discretion of the board and shareholders. A private or minority party will also want to be sure that distribution of dividends will not be blocked by the other party(ies) if minimum profit levels are reached, although in some jurisdictions such a commitment may not be enforceable.

6. Non-compete clause

It may be necessary to prevent or limit competition between one of the parties and the joint venture.

Any non-compete obligations will need to be drafted carefully in terms of:

- scope (territory or field) of restriction; and
- exceptions (e.g. freedom to run or acquire businesses not significantly in a competing field possibly subject to offering the competing business to the joint venture).

7. Termination/ Exit provisions

when, and how, should a party be able to terminate its interest in the joint venture?

(a) Unilateral exit or termination allowing one party to terminate and/or exit by notice.

- It usually involves a right to sell to a third party purchaser subject to a right of pre-emption (i.e. right of first refusal) in favor of the continuing party(ies).

- The parties may require consent of the other shareholder(s) for all transfers; the question then is whether a party should have a right to compel liquidation in certain circumstances.

(b) Termination for cause or upon a “trigger event”

- This is where a particular event triggers the right of another party to institute a call option or other termination procedure. The ‘trigger event’ needs to be carefully defined e.g.:
- insolvency of a party;
- change of control – inclusion of a change of control provision can be material and
- contentious, particularly if the joint venture comprises a significant element of a party’s business;
- material breach – this is often more relevant for a venture where funding commitments are significant; and
- deadlock (see below).

8. Put/ call options

Sometimes the parties will agree at the outset that one party will have a right, at a specified time and usually at a specified price or at a third party valuation, to ‘put’ its shares (i.e. to require the other party to buy its shares in the JVC) or to ‘call’ for the other party’s shares (i.e. to acquire that other party’s shares).

9. Pre-emption rights and drag-along and tag-along rights

It is common for joint ventures to include contractual provisions whereby, before a transfer of shares to a third party, the other shareholder(s) are given a pre-emption right. Points that arise include the following.

The price may be set by reference to a price:

- that an identified third party purchaser is prepared to pay (the continuing party having a right to match that price – a right of first refusal);
- proposed by the transferor before it finds a third party purchaser (the continuing party having
- a right of first offer at that price); or

- determined by a third party evaluator (if so, it will be important to establish the valuation
- criteria to be applied, including whether a discount/premium is to apply to reflect the size of
- the shareholding being sold).
- If a majority party wishes to sell, should it be entitled to 'drag along' the minority party (i.e.,require the minority party to sell its shares at the same price per share as that offered by the third party) so that it can deliver the whole JVC to the third party?

Should the minority party have the right to 'tag along' or 'piggyback' by requiring that a third party purchaser extends to the minority party the same offer price per share as it is offering to the majority party?

10. Deadlock resolution

Joint ventures have an inherent prospect of management deadlock, even if it is only on the issues where the minority party has a power of veto. The parties will need to decide whether, in the interest of certainty, to set a contractual solution for breaking the deadlock, or whether the parties will by necessity in a prolonged deadlock situation have to reach an agreed solution. Possible solutions could be:

- Any deadlock or dispute to be referred to the Chairman or chief executives of the joint venture participants, to an intermediate panel of executives or to a formal mediation procedure.
- For any prolonged and fundamental dispute, a right to terminate and initiate liquidation or to commence a 'shoot-out' procedure between the parties as a result of which one party will buy out the other:
- a Russian roulette procedure allows one party to offer to buy the shares of the other party at a certain price – but the other party has the right to decide either to accept and sell its shares or, instead, to buy out the first party's shares at the same price; and a Texas shoot-out (at least in some variants) occurs where both parties wish to buy and a sealed bid procedure takes place to determine the higher bidder.
- Personnel – will parties be contributing personnel – in the case of a utility, how will these be supplied to the JVC – by secondment or transfer, etc.?

11. Business Plan

The business plan is rarely itself a legal document and failure to achieve future targets will not

usually give rise to a legal claim. However, it can be a vital document to ensure that the joint venture parties have clear objectives for the venture. It is common to identify the opening business plan in the joint venture agreement.

Liabilities – to what extent individual parties should be liable for liabilities of JVC, if at all?

Accounting Policies – The accounting principles and policies to be adopted by the joint venture should be addressed from the outset.

Intellectual Property – to the extent that a party is bringing intellectual property rights into the joint venture, how this will be respected, whether the JVC will have a license to use it, etc.

Dispute Resolution – should the parties rely on the local courts or do they want to follow an alternative form of dispute resolution, such as arbitration?

Governing law – normally

부록 3

Concession Agreement Checklist[207)]

Concession Agreement Check list

Concession Contracts Questionnaire and Checklist Between Public and Private Sector

1. Civil Law/Common Law Jurisdictions

2. If Civil Law:

   2.1 Does law provide for adjustment of terms in the event of change in circumstances?

   2.2 Does the purpose behind the project constitute public service obligations/public interest and what is effect of this in relation to:

      (a) change in cost structure;

      (b) use of assets;

      (c) compensation on termination

   2.3 Can the private sector acquire land/assets/land use consents in its own right? And if so, how onerous is this?

   2.4 Does State have continuing liability for services carried out (e.g. public service obligation or public interest)?

   2.5 Is contract or are assets used for project alienable?

3. Is there a Concession Law or similar?

   3.1 If so does it restrict:

      (a) ownership of project company;

      (b) control of project company;

      (c) assignment by lenders to the project company;

      (d) change in assets (renewal or replacement);

---

207) https://ppp.worldbank.org/public-private-partnership/ppp-overview/practical-tools/checklists-and-risk-matrices/concessions-checklist/concessions-checklist at www.worldbank.org/pppirc 참조

(e) payment for services (does it restrict profit element in payment);

(f) use of assets owned by State.

4. Is there procurement legislation?

4.1 If so does it permit:

(a) change in ownership of project company;

(b) assignment of project agreement;

(c) negotiated procedure or similar for letting contract;

(d) prequalification of bidders and restricted number of bidders;

(e) sufficient time to run a complex tender - if not what are the restrictions;

4.2 What approvals during the tender process are required and from whom? If there is a concession law what is the relationship between the two laws?

5. Is there any legislation which impacts upon the proposed project and which:

5.1 requires the public sector to exercise certain functions; restricts delegation down to private sector of certain functions.

6. How long does the use of land consents procedure take and what are the stages?

7. How long does the compulsory acquisition of land procedures take and what are the stages?

8. What is the position of lenders to the project or project company:

8.1 are step-in rights by lenders recognised;

8.2 can the lenders obtain protection from claims by third party creditors so as to protect the use of assets for and income stream from the project;

8.3 can administrators of an insolvent project company prevent the project assets from being used by:

(a) the public sector; and/ or

(b) the lenders or their nominee;

8.4 are there restrictions in using a charge or pledge over assets so as to enable those assets to be used for revenue earning in relation to the project - e.g., must the holder of the pledge auction those assets subject to a pledge?

9. Are different classes of shares recognised under corporate law?

10. Can a holding company of the project company be based off-shore?

11. Can security packages be created off-shore and be subject to English or New York law?

12. What is the tenor of debt in the debt market?

13. What is the availability of hedging:

    (a) interest;

    (b) foreign currency, if applicable.

14. How are changes in cost of living reported and what are the indices used?

15. Are there restrictions on the remittance of currency to outside the host country?

16. What is the incidence of tax (including VAT and Stamp Duty) on transfer of project assets between the public and private sector?

17. If the projected assets are vested in the State:

    17.1 can the project company obtain writing down allowances against tax on the capital valve of the project assets;

    17.2 is a leasehold interest sufficient to obtain writing down allowances?

18. In real property law is there the concept of stratified title – namely buildings and structures an be in separate ownership to the land on which they are erected?

19. Are utilities state owned?

20. Do the administrators (civil servants) change with the Government?

21. Is the concept of an indemnity understood and permitted in law?

부록 4

Construction Contracts Checklist[208]

1. General points

1) Has a full set of the contractual documents been provided for review?

2) Does there appear to be any inconsistencies or any potential for inconsistencies between and of the contractual documents, e.g., two documents may cover the same area?

3) Have all areas of the contract which need to be checked by a technical adviser been identified in the review, e.g.:

   (a) technical aspects;

   (b) employer obligations;

   (c) rely on information;

   (d) performance tests;

   (e) all limits on liabilities; and

   (f) levels of liquidated damages?

4) Has the contract been entered into? [If so, has it been executed as a deed?]

5) Is the contract unconditional?

6) Is there or has there previously been any interim arrangement in place between the employer and the contractor, e.g., work may have commenced under a letter of intent? If so, what are the implications of this ongoing or previous arrangement?

7) What law governs the contract? Has advice been taken on the implications of this choice of law?

8) Is the contract based on one of the well-known standard forms of contract e.g. I Mech E or FIDIC?

---

208) https://ppp.worldbank.org/public-private-partnership/library/construction-contracts-checklist-0 www.worldbank.org/pppirc 참조

2. Design responsibility

1) What is the level of duty of care assumed by the contractor in respect of design? Is it an absolute obligation or only an obligation to use reasonable skill and care?

2) Does the contract identify "performance criteria" which the plant when completed is required to meet? Is the contractor's obligation to meet these criteria an overriding obligation or is it subject to a contractor's duty only to use reasonable skill and care if such a duty of care is specified in the contract?

3) What responsibility does the employer assume in respect of any designs, plans or technical information provided by him to the contractor?

4) As regards any design/information provided by the employer, does the contract require the contractor to check this information and to assume responsibility for errors which could have been discovered by an experienced contractor?

5) Is the contractor entitled to rely on the accuracy of any of this information (normally referred to as rely on information)? If so, does the employer have adequate recourse against the third parties who may have provided this information originally? (NB all rely on information will need to be checked by a technical adviser).

6) Does the contract provide a mechanism for the employer to be able to review the detailed design of the contractor as and when it is produced?

7) Are there adequate time periods provided for in the contract in order for the employer to carry out such review?

8) If the detailed design is to be reviewed by the employer, by reference to what criteria is such approval to be made?

9) Does the contract provide in respect of any design review and generally that approval by the employer does not release the contractor from any liability which he might otherwise have in respect of the design?

10) If the review is to be carried out by a third party, such as an independent engineer, on behalf of the employer, is there provision elsewhere for a duty of care deed to be executed by that third party in favour of the lenders?

11) Does the contract provide for performance tests to be performed to check (inter alia) that the plant is capable of achieving the performance criteria (see C.(2) above)? These tests will need to be reviewed by a technical adviser.

12) When does the contract provide for these tests to be carried out? (This is normally upon mechanical completion.)

13) Is the passing of the performance tests a condition precedent to handover?

14) What does the contract provide for in the event that there is a failure in the performance tests? Does the contract provide for the employer to choose between the following remedies:

(a) unlimited remedying of the defect by the contractor and retesting;

(b) termination of the contract and recovery of damages from the contractor;

(c) handover of the plant nevertheless to take place and for the contractor to pay "buy down" liquidated damages (see E.(11)?

15) What is the effect of the plant passing the performance tests? (e.g., this should not exclude the contractor from any ongoing liability.)

3. Remedies for delay

1) Does the contract provide for the payment of liquidated damages in the event of delay? If so, at what rate and up to what maximum limits? (The level of these damages should impose an adequate incentive on the contractor to complete on time 10-25 per cent. of the contract price as a maximum limit is a reasonable guideline.)

2) What is "completion" for the purposes of establishing the payment of liquidated damages? Ideally the performance tests should have been successfully completed before completion can take place.

3) Are there any unusual terms contained in the liquidated damages clause, e.g., liquidated damages calculated as being a percentage of the unfinished part of the work or only payable if the other parts of the project are already in place?

4) If the contract is governed by English law, does the contract entitle the contractor to claim for extensions of time for employer's default? (If not, the liquidated damages provision may not be enforceable). What other matters entitle the contractor to claim an extension of time?

5) Consider the impact of the governing law on liquidated damages.

6) Does the contract provide for a clear right of the employer to terminate for prolonged delay (i.e., when the maximum limit of liquidated damages has been reached)?

7) If the employer is entitled to terminate the contract for prolonged delay, what damages are recoverable from the contractor following such termination? Is any element of consequential loss recoverable?

8) Is there a clause in the contract requiring the contractor to catch up any delay which arises and providing that failure to do so amounts to a breach of the contract?

9) Is the payment of the contract price front end loaded? The technical adviser should be asked to comment on this. If the contractor receives the bulk of his payment up front, the incentive on him to complete the works may be significantly reduced.

4. Defective work

1) What is the duty of care imposed by the contract in respect of materials and workmanship?

2) Does the contract provide for the employer or engineer to be able to inspect the works as they are performed and to require the contractor to put right any defective work?

3) Is there a defects liability period and, if so, for what period? Does the contract draw any distinction between different aspects of the work (e.g., between engineering and civil works)?

4) What is the effect of any final certificate issued at the end of the defects liability period? Does the contractor try to exclude his liability in any way for any defects arising after the end of this period (e.g., is there an exclusive remedies clause)?

5) What does the local law provide as regards a contractor's residual liability for latent defects?

6) If the contractor fails to remedy any work for which he is responsible, does the contract entitle the employer to employ a substitute contractor to do this work and then for the employer to recover his costs from the original contractor?

7) Are there any caps on the liability of the contractor to put right any defective work? Does this cap apply to any re performance requirements imposed on the contractor prior to handover?

8) What does the contract provide for in respect of defects remedied during the defects liability period, i.e., does a new defects period start to run in respect of the replaced part and/or is the overall defects liability period extended by the period of time during which the works were put out of use due to that particular defect?

9) How does the contract deal with the responsibility for costs in the situation where the employer requires the contractor to uncover work on the grounds that he has a reasonable suspicion that there may be a defect, having identified a similar defect elsewhere in the works? It is not necessarily logical simply to allocate the costs of uncovering work by reference to whether or not a defect is discovered.

10) Does the contract require the contractor to notify the employer/engineer prior to any work being covered up?

11) Is the employer entitled to take over the plant if it is not operating as required by the terms of the contract (e.g., it has failed the performance tests) and recover liquidated damages in respect of the short falls in performance ("buy down" liquidated damages)?

12) Does the contract exclude liability for consequential and/or economic loss?

13) Is the employer entitled to deduct sums from interim invoices in respect of defective work?

5. Employer's risks

1) Are all of the obligations of the employer under the contract within the employer's control? Refer to technical adviser

2) Have all risks in relation to the site and the locality been passed on to the contractor? (See suggested list of matters in Schedule 1 which the contractor should be deemed to have taken into account.)

3) What does the contract provide for regarding the following matters:

4) responsibility for local taxes and in particular changes to local taxes;

   (b) responsibility for obtaining permits (import, export, foreign exchange, employment etc.);

   (c) change of law (the contractor should possibly be obliged to take into account any laws which are known to be coming into effect or which are notified to the contractor before the entry into the contract)?

5) Are all the risks which are allocated to the employer reasonable? See suggested list set out in Schedule 2.

6) Does the contract deal with situations, where although the matter in question is prima facie an employer's risk, the contractor is wholly or partly at fault?

6. Force Majeure

1) How widely is force majeure defined? (Consider excluding events reasonably foreseeable by an experienced contractor.)

2) If a force majeure event arises, is the contractor entitled to any monetary claim or only to extensions of time?

3) Do the periods of prolonged force majeure need to be continuous periods or are cumulative periods occurring within a fixed time period also taken into account?

4) Does the contract provide for termination for prolonged force majeure? If so, after how long and at whose option? (Consider a provision extending the period of force majeure before termination can take place, but making the employer responsible for the contractor's additional costs as a result of this extension).

7. Performance security

1) Does the contract provide for parent company guarantees? (This will depend on the identity of the contractor and its parent.)

2) Is the parent company guarantor the ultimate parent company of the contractor?

3) Are the parent company guarantees indemnities or do they impose an obligation on the part of the guarantors to take over and perform the contract should the contractor fail to do so? (If the latter, this is unsatisfactory since it may be necessary to identify the breach of contract and call upon the guarantors to perform.)

4) Do the guarantees provide for wording to the effect that the guarantor shall be under no greater liability than under the contract?

5) Is the form of the parent company guarantee within the employer's control, i.e., is the form of parent company guarantee annexed to the contract or is it to be approved by the employer?

6) Does the contract provide for performance bonds? Are these payable on demand or on proven default?

7) Is the identity of the issuer of the performance bonds to be approved by the employer? Are the terms of the bonds annexed to the contract or subject to the approval of the employer?

8) Do the terms of the bonds/parent company guarantees include all the usual protective wording which an employer would look for e.g. confirmation that amendments to the underlying contracts do not relieve the surety of liability?

9) When are the bonds to be released? Is part of the bond to be released on handover and the rest at the end of the defects liability period? (Consider the timing of performance tests as regards the release of the bonds.)

10) Are the guarantees and bonds assignable to the lenders and to any third party nominated by the lenders?

11) Are there provisions for the performance bonds to be adjusted to take account of increases or decreases to the contract price? (It would be normal for the bonds to be increased in value only if the contract price increases by certain amounts.)

12) If the contractor fails to issue bonds following an increase in the contract price, is the employer entitled to make retentions of equivalent amounts?

13) Does the contract provide for retentions to be made from payments to the contractor?

8. Suspension/termination

1) Does the contract entitle the employer to suspend the contract?

2) Is the contractor entitled to terminate the contract following prolonged suspension? If so, after how long?

3) What is the cost to the employer of suspending the contract?

4) Does the contract provide for rights of the employer to terminate the contract for:

   (a) convenience;

   (b) contractor's unremedied breach;

   (c) prolonged delay;

   (d) prolonged force majeure; and

   (e) insolvency of the contractor (check all events of insolvency are covered)?

5) Is the contractor entitled to terminate the contract for any reasons in addition to:

   (a) employer's unremedied breach (check the contract provides for prior service of a notice and for a period within which to remedy the breach);

   (b) prolonged force majeure;

   (c) prolonged suspension; and

   (d) insolvency?

6) If the contract is terminated, in what circumstances is the contractor entitled to loss of profits on outstanding work? Are there any limits on the level of lost profits which are recoverable?

7) Upon termination, does the contract provide that the employer is entitled to take over any sub contracts it requires and be transferred materials, equipment, plans and construction equipment?

9. Contract price/payment provisions/tax

1) Except for clearly identified additional payments, is the contract price a fixed lump sum? Have all entitlements to additional payments been identified in the review?

2) Is the contract price expressed to include all contingencies and not to be subject to revision to take account of any fluctuations?

3) How are payments triggered? What is the time for payment? What interest is payable by the employer if there is delay in making payment?

4) Does the contract provide for payment by reference to milestones? (If so, they should be reviewed by the technical adviser.)

5) If payment is by milestones, does the contract deal with what is to happen where progress is delayed due to the employer's default? (The contractor should not be entitled to a milestone payment in these circumstances simply because the employer's default has prevented this milestone being achieved, since otherwise there is a danger of overpayment.)

6) Is payment by reference to a pre agreed payment schedule? If so, in what circumstances is the employer entitled to adjust this schedule?

7) Is the employer entitled to deduct sums for defective work or for the cost of repairs carried out by a replacement contractor?

8) Does the contract price include any provisional sums? Are these subject to maximum limits?

9) What is the size of the "project negative" gap throughout the contract, i.e., the gap between expenditure by the employer and value received by the project either in terms of engineering or on the ground? (This should be reviewed by a technical adviser.)

10) Does the contract envisage amendments to take account of the requirements of export credit agencies?

11) Does the contract provide for the contractor to supply sufficient evidence of work done with interim invoices in order for the employer to be able to check that payments are due under the contract?

12) Does the contract provide for any retentions from payments to be made to the contractor?

13) Is the employer responsible for any taxes otherwise payable by the contractor? If the employer is responsible for payment of such taxes, does the contract expressly exclude penalties payable by the contractor and is there provision for the contractor to reimburse to the employer any tax credits subsequently recovered?

10. Insurance

N.B. This area will require the review of a suitable insurance consultant.

1) Does the contract provide for any insurances to be taken out by the contractor to include the employer and the lenders as co insured parties?

2) Does the contract provide for a waiver of subrogation in respect of the employer and the lenders?

3) Are the limits of the insurance and the limits of any deductibles appropriate?

4) Does the contract impose an obligation upon the contractor to comply with the terms of all insurance policies?

5) Are there provisions in the contract entitling the employer to inspect the contractor's insurances on an ongoing basis, to receive evidence that premiums have been paid, to approve the identity of the insurers and the terms of the insurance and to take out insurance at the contractor's costs in the event that the contractor is in breach of his insurance obligations?

6) Does the contract provide for business interruption insurance covering the loss of production due to delay caused by force majeure or employer's risks, or to top up the liquidated damages payable by the contractor for delay?

7) Is there provision in the contract for the contractor to take out defects liability insurance?

8) Does the contract provide that insurance shall not operate as an exclusion of liability for the contractor?

11. Intellectual property/documents

1) What licenses of intellectual property is the contractor obliged to provide in respect of the development?

2) If the contractor is not responsible for all intellectual property licenses required to build and operate the development, what other licenses are required and are these provided for in other project documents?

3) Does the contract provide for the contractor to indemnify the employer against any claims brought by third parties for infringement of intellectual property rights?

4) What is the contractor's liability in respect of successful third party claims for infringement of intellectual property? Is it limited to the payment of damages or an obligation to procure the necessary intellectual property rights for the benefit of the employer?

5) Does the contract provide for documents supplied by the employer to remain the property of the employer and to be returned on request?

6) Does the contract provide for the contractor to supply the employer with complete sets of plans and operating manuals on completion/termination?

12. Assignability

1) Is the contract freely assignable by the employer? If not, is it at least assignable by way of security to lenders and on to purchasers of the development in the event that the lenders exercise their security and wish to dispose of the development?

2) Is any assignment of the contract by the contractor subject to the employer's consent?

3) Does the contract provide for direct agreements to be issued in favor of the lenders and covering the following areas:

   a) any rights of the contractor to terminate the contract or to stop work to be suspended for a fixed period while the banks take a view on the action required;

   b) within the suspension period the lenders or their nominee to have the right to step in as an additional obligor for a further period and during which it would be obliged to meet the company's obligations under contract, but would also have the right to step out at any time and would only be liable for obligations incurred up until the step out date;

c) during the step in period the lenders to have the right to arrange a permanent replacement for the employer under the construction contract; and

d) the direct agreement should also limit the ability of the contractor to terminate the contract for prolonged force majeure?

4) Does the contract provide that sub-contracting of the contractor's obligations may only be done with the consent of the employer?

5) Is the identity of all sub-contractors subject to the approval of the employer? (Such approval should not release the contractor from any liability)

6) Does the contract provide that the contractor is not released of any liability under the contract in the event of any such sub-contracting?

7) Does the contract require all sub contracts to be freely assignable to the employer, the lenders, or a third party nominated by the lenders?

8) Does the contract provide for all sub contracts required by the employer to be assigned to it upon termination of the main contract?

9) Does the contract require the contractor to ensure the terms of the sub contracts reflect the terms of the main contract?

13. Dispute Resolution

1) Is any form of dispute resolution specified? If not, will the courts of any country have jurisdiction by default?

2) If litigation in the English courts is specified, will those courts have jurisdiction over the issues? Does English law apply to the contract? If so, will the Brussels convention result in the other party having to be sued in his own country rather than in England? If the litigation can take place in England, does the judge need to have the powers of an arbitrator because of "Crouch" problems?

3) If arbitration is specified, is there an effective arbitration clause? I.e.,

i. Does the arbitration clause clearly refer disputes to arbitration?

ii. Is it clear where the arbitration is going to be held?

iii. Does the arbitration clause specify an appointing authority?

iv. Is the arbitration to be supervised by an institution or to be ad hoc?

v. How many arbitrators are there to be and what sort of people?

vi. Is the language of the proceedings specified?

vii. Are there any procedural rules?

viii. Is it an international arbitration in which the right of appeal can be excluded?

4) If the contract specifies a multi-tier system of dispute resolution, including adjudication, expect determination and ADR, is it clear which sorts of disputes are to be decided by which tier of jurisdiction and at what stage and in what order?

5) Can the judgment/arbitration awards be enforced against assets of the other party?

i.e., does the Brussels Convention apply or is there a reciprocal enforcement of judgments treaty; or is the country where the assets are a signatory to the New York Convention of 1958 on the recognition and enforcement of foreign arbitral awards - if arbitration is the chosen form of dispute resolution?

14. Miscellaneous

1) Is the contractor required to ensure that key personnel of the contractor remain available during the course of the contract?

2) Is the employer entitled to require the contractor to remove any of its employees?

3) Is the contractor obliged to ensure his employees comply with local laws?

4) Are there obligations imposed on the contractor to maintain confidentiality?

5) Do any confidentiality obligations imposed upon the employer allow for the employer to pass on information to his legal, technical and insurance advisers, to the lenders and to their legal, technical and insurance advisers?

6) Is the contractor obliged to keep the site clean at all times and to leave it clean at the end of the contract?

7) Is the contractor obliged to comply with all local and international environmental regulations?

8) Does the contract provide for the issue of a final certificate? If so, does the issue of the final certificate prevent the employer raising future claims that the works were defective?

9) Is the employer entitled to vary the scope or the timing of the work by way of an instruction to the contractor?

10) Does the contract provide for resolution of disputes in the pricing of any variations to the work? (e.g. by reference to an expert and pre agreed criteria).

11) Does the contract provide for the employer and the contractor to appoint individuals who are authorized to represent them in all contractual matters, receive notices, issue instructions etc.?

12) Is the employer entitled to order the replacement of the contractor's representative?

13) What is the effect of notices served on the contractor's and the employer's representatives?

14) Does the contract provide for when ownership in materials and work is to pass to the employer? Ideally, this should be at the earlier of delivery of the materials to the site or when payment is made in respect of that work and/or materials to the contractor.

15) Does the contract oblige the contractor to ensure there are no liens or retention of title claims in respect of materials supplied by him? If there are any such liens, is the employer entitled to withhold payment?

16) Does the contract provide for the contractor to supply the employer with weekly, monthly and/or annual reports covering:

a) progress of the works;

b) details of events affecting the progress of the work;

c) accident reports; and

d) security reports?

17) In respect of variations, is the contractor obliged to maintain detailed records of work done and to allow the employer to inspect these?

18) Is the contractor responsible for site security?

19) Does the contract provide that the lenders and representatives of the lenders are to have the same rights of access and the same rights of attendance at all tests and inspections as the employer? In addition, does the contract provide a right of access on the part of the lenders or their advisers to documents and to the site at any time?

Schedule 1: Local Conditions Affecting the Work to be Allocated to the Contractor

1) The nature and location of the site including means of access.

2) The atmospheric, meteorological, topographic, hydrological, geological and subsurface conditions.

3) The equipment, facilities and resources needed for the performance of the work.

4) The availability of labor, equipment, parts consumables, procurement items, fuel, water, electric power and other utilities.

5) The applicable laws and regulations, local customs, fiscal and social legislation practices and customs.

6) Generally all and any other local conditions and/or other conditions of the site that affect or may affect the contractor's performance.

Schedule 2: Reasonable Risks to be Assumed by an Employer

1) Any change order issued by the employer or required as a result of deficiencies in the information provided by the employer on which the contractor is entitled to rely, but excluding change orders required as a result of a breach of the contract by the contractor or the contractor's negligence.

2) Any failure of the employer to fulfil its obligations under the contract, e.g., if there are any defects in items to be supplied by the employer or delay in their supply. N.B. The contractor should ideally be responsible for checking items supplied by the employer on their delivery.

3) Delay or default of other contractors employed by the employer.

4) Suspension of the contract, except as a result of a default of the contractor.

5) Force majeure (see Section G). Consider excluding events which were reasonably foreseeable by an experienced contractor, but including reasonably foreseeable events where it is not reasonable for the risk of these events to be taken into account in the contract price.

6) Any re inspection or re testing required by the employer where the work examined was in accordance with the contract terms and there were no other defects elsewhere in the work which suggested this might not be the case.

7) National industrial disputes, but excluding disputes which arise as a result of the act or omission of the contractor or which involve matters specific to the contractor.

8) Any changes in applicable laws and/or rulings given by appropriate regulatory authorities.

9) [The use or occupation of the Site by the works or any part thereof, or for the purposes of the contract; or interference, whether temporary or permanent with any right of way, light, air or water or with any easement, way leaves or right of a similar nature which is the inevitable result of the construction of the works in accordance with the contract.]

10) [Use or occupation of the works or any part thereof by the employer.]

11) [The right of the employer to construct the works or any part thereof on, over, under, in or through any land.]

12) [Damage (other than resulting from the contractor's method of construction) which is the inevitable result of the construction of the works in accordance with the contract].

[Items 9 12 are employer risks in FIDIC, but are these reasonable risks to be assumed by the employer?].

N.B. Lenders in project financing often require that the balance of risk is altered in favor of an employer by excluding events which are the risk of an employer and might therefore give rise to claims for additional time and/or money. Where this is not practicable, an alternative is to require shareholders to inject additional equity into the project company in the event that specified events give rise to claims by the contractor.

부록 5

Operation & Maintenance Contracts Checklist[209)]

1. General points

1) Are there any areas of the agreement which need to be checked or developed by a technical adviser been identified, e.g.:

   a. scope of operating and maintenance services;

   b. scope of authority's obligations;

   c. performance standards to be achieved;

   d. all limits on liabilities;

   e. the level of any liquidated damages; and

   f. incentive mechanisms?

2) Is the operator a significant entity? If not, is it supported by adequate performance guarantees or will there be a minimum level of paid up capital in the company? Is the operator a local or foreign company? If it is a foreign company, is there a way of ensuring that it can be held accountable for its actions?

3) Is the grantor a significant entity? If not, is it to be supported by a state or other guarantee?

4) Is the grantor allowed to delegate responsibility as proposed under the agreement?

5) Are there any other legal impediments to the agreement being entered into?

2. Term of agreement

1) If there is any capital investment being undertaken by the operator, then the operator would expect the term of the contract to be at least five years, more likely 8 or more years.

2) If the term is more than 5 years, is there to be a review process during the term of the contract to review performance, investments etc, or this to be ongoing?

---

209) https://ppp.worldbank.org/public-private-partnership/library/construction-contracts-checklist-0 www.worldbank.org/pppirc 참조

3) If there is any financing to be provided by a third party, is the term of the agreement at least as long as the term of the funding? Does the agreement entitle the grantor to terminate for convenience before the end of the original term (this could difficult for lenders).

4) Are there any usual conditions precedent to the agreement which would have the result of the agreement not coming into force? Should there be some conditions precedent included in the agreement to ensure that the operator is not obliged to perform its obligations before it can in fact do so – e.g., permits to start operating, access to facilities, work permits for key foreign personnel.

3. Operator's obligations

1) What are the operator's obligations? See Schedule 1 for a list of what might be included within those services.

2) Service Area to be well defined – the geographic limits of the operator's responsibilities should be clearly identified. If different types of service are to be provided, are the service areas the same for each?

3) Clear definition of performance standards to be achieved – and whether performance standards are predicated on other factors, e.g. quality of inputs (for example, in the case of water treatment, the quality of raw water), who bears the risks of other exceptional circumstances such as force majeure and how this risk is borne. Are there any prescribed remedies to non-performance, such as liquidated damages?

4) Where meters are installed/to be installed, is it clear who is responsible for the meters, their accuracy, the consequences of inaccuracies?

5) Are standards of operation and maintenance clearly set out? Does the agreement contain an obligation to comply with certain fundamental requirements, such as those listed in Schedule 2? Is there a maintenance schedule? Is it assumed that certain assets will be replaced as part of maintenance, and included in the cost? Is the operator required to make some replacements towards the end of the agreement? Is there a mechanism to protect the assets to ensure that they are not run-down when they are handed back at the end of the agreement? What is the operator's responsibility for normal wear and tear and unexpected wear and tear?

6) Does the agreement provide a mechanism allowing for additional services to be included within the scope of the operator's responsibilities ("variations") and a procedure for resolving any disputes as to the costing of those additional services?

7) Is operator responsible for financing any capital investment? If not, is the operator to oversee or make recommendations for capital investment programme?

8) Is the operator required to have an interface with customers? Is the operator is to issue bills and collect revenues, is this permitted under law?

9) What licenses and other permits does the operator need to obtain? Will the government or grantor give any assistance in obtaining these permits?

10) What are the operator's responsibilities in relation to spare parts?

4. Pro-poor initiatives

general provisions encouraging operator to reach poor communities will prove unsatisfactory unless there are details as to areas to be served, service levels (i.e., should there be a household connection, community standpipe, bulk connection with local supplier then supplying beyond that via hoses, pipes etc.), billing methods, involvement of local community etc. It should also be clearly indicated if performance standards are to be reduced or different in these areas to meet local needs.

5. Payments and incentives

1) Is the operator to be paid a fixed fee or on a reimbursable basis or is he to be paid by a combination of these two approaches?

2) Is any part of the operator's fee subject to escalation?

3) In the case of the operator being paid on a reimbursable basis in whole or in part, what safeguards exist in the agreement to prevent this procedure being abused by the operator? For examples of how an authority might protect itself, see Schedule 5.

4) Does the fee provide an adequate incentive upon the operator to perform? See Schedule 6 for examples of how the operator might be incentivized. Also, when considering pro-poor issues, create detailed incentive mechanisms for provision to poor areas (even where this involves alternative technology, local billing arrangements, grants for connections etc)

5) What is the time for payment? What interest is payable by the authority if there is delay in making payment? Is there any legal constraint on interest penalty payments?

6) Is the authority entitled to exercise rights of set off, for example in the case of defective services?

7) Is the authority responsible for any taxes payable by the operator? If the authority is responsible for payment of such taxes, which might be appropriate in an overseas project, does the agreement expressly exclude penalties payable by the operator and is there provision for the operator to reimburse to the authority any tax credits subsequently recovered?

6. Liability and liquidated damages

1) What is the regime for non-performance by the operator?

2) Are there to be cure periods within which the operator must remedy a breach, with failure to do so resulting in a right of the authority to terminate, etc.? Is the operator to re-perform any defective services and to repay or replace any components damages as a consequence of the default?

3) Are liquidated damages to be imposed? If so, in many jurisdictions these need to be a genuine pre-estimate of loss and have no element of penalty.

4) Are there to be limitations on liability - per single claim and in aggregate? Are there any exceptions to these limitations, such as willful default?

5) Is there an exclusion of consequential loss? Are liquidated damages included as exceptions to any general "exclusion of consequential loss" rule?

6) What is to happen about liabilities to third parties and breach of laws?

7) Is there to be any indemnity where liability is no fault of the operator? It is unlikely that the operator will be able to be indemnified against criminal liability as many jurisdictions will not uphold provisions of this sort.

8) What environmental laws are in place and what is the consequence of environmental pollution - can the operator face fines?

9) If the operator fails to carry out any services for which he is responsible or re-perform any defective services, does the agreement entitle the authority to employ a substitute operator to perform these services and then for the authority to recover the costs of doing so form the original operator?

10) Is there an exclusive remedies clause (i.e., that provides that liquidated damages are the exclusive remedy for a certain default)? See more on liquidated damages below.

7. Authority's obligations

1) Are all of the obligations of the authority within the authority's control? (See Schedule 3 for a list of what such obligations might include.)

2) What does the agreement provide for regarding the following matters:

   (a) responsibility for local taxes and, in particular, changes to local taxes;

   (b) responsibility for obtaining licences/permits;

   (c) change of law (the operator should possibly be obliged to take into account any laws which are known to be coming into effect or which are notified to the operator before the entry into the agreement)?

3) Authority's data - What are the authority's obligations regarding the condition of the assets and performance of the facilities immediately prior to take-over by the operator? A key issue for an operator coming into an agreement of this sort, particularly if it bears risk of performance and some risk of the asset condition, is whether it can rely on the data as to asset condition and performance provided by the authority and on which it based its bid:

   (a) If the information is found to contain inaccuracies, where will the risk of this lie?

   (b) Is the operator required to make its own enquiries and satisfy itself as to the condition of the assets and the performance?

   (c) This is often difficult for the operator to accept as information may not be forthcoming or may only be able to be evaluated once the operator is operating the facilities. Is there to be a benchmarking period during which information is to be verified? Go to Checklist on Benchmarking Period for more information.

4) Granting access to facilities - The operator will need unimpeded access to facilities of system and will also need rights to lay pipes on third party lands etc.

   (a) Is the operator to be granted land rights over the facilities - are these permitted under local law?

   (b) Which party bears risk of obstruction by third parties?

   (c) Need to ensure that authority has access when needs it - will this be on notice?

   (d) Will spare parts be transferred to operator?

8. Exclusivity

An operator will be keen to be granted exclusivity in a service area and ensure that other parties cannot provide the same service in that area. However, it may be that the service area is widely defined to cover dwellings that are not served by the operator and rely on third party provision, including poorer areas where the operator is unable or unwilling to connect people. Care should therefore be given by the authorities to ensure that those people are not deprived of alternative provision - even if alternative provision is only permitted for a limited period until the operator is able to make a suitable connection.

9. Warranties

1) A contract often contains warranties as to each of the parties - these are statements that they are validly constituted, have the rights and powers to enter into the contracts, have entered no material litigation etc.

2) If the authority is warranting the information provided to the operator, then this will be set out here.

3) Warranties are made as at a certain point in time - and can be repeated at certain times - but it should be made clear whether the warranties are made at contract signature - whether they are repeated on the Effective Date of the contract - and whether they need to be repeated at any other time. If there is no reference to when the warranties are given, they are likely to be deemed to be made at the time the parties entered into the agreement.

4) The parties should consider what should happen if there is a change in circumstances that would make the warranty incorrect - should the party having given the warranty be required to notify the other of the change?

5) Warranties should not be confused with covenants - which are obligations of a party to do or refrain from doing something. For example, the authority may covenant not to enter into similar arrangements within the service area with a third party - these obligations are for the duration of the contract and are not given as of a specific date, unlike warranties.

10. Tariffs

Are tariffs at an appropriate level to cover the cost of operations, maintenance and fees? If not, are there to be tariff increases or subsidies? Even where operator does not bear risk of revenues, this will be a factor in determining potential for public unrest etc

11. Who bears the risk of events post-contract award (some of these are discussed elsewhere)

1) raw water/ wastewater not meeting specification that can be treated by facilities (e.g. containing pollutants/ hazards);

2) authority information proving incorrect - e.g., re collection rates, unaccounted for water, poor water quality or asset condition;

3) changes in law;

4) force majeure events;

5) failure to increase tariffs in accordance with contract;

6) emergencies - does the authority want the right to take over the facilities in the event of an emergency;

7) variations to the services - does authority want right to introduce changes?

12. Employees

1) Will existing employees of Authority be transferred or seconded to operator? Are the employees unionized?

2) Is it possible to transfer employees?

3) What are pay levels of employees - do these follow civil service pay scales, is it possible to introduce bonus schemes?

4) If the system is to be made more efficient and efficiency requires reduction in personnel, is operator free to reduce employee levels or is there to be a system or retirements, voluntary redundancies, or transfer of employees to different government agencies? Who is to bear cost and risk of these activities?

5) How are unions to be engaged? It is important to engage unions at an early stage if redundancies are to be proposed - experience has shown that if unions are not engaged in the process from an early stage the project can be adversely affected or delayed and can lead to the project failing.

13. Reporting

1) What reports need to be prepared on regular basis?

2) What is to be covered by the reports - this will depend on the level of involvement that the authority wishes to have in the services.

3) How often should accounts be prepared?

4) Will these accounts be audited?

5) Is there to be an inventory of spare parts?

6) Is there to be an asset register? Does this already exist? If not, how long will the operator be given to prepare one?

7) Does the agreement provide for the authority (and where relevant, lenders) to have rights of access to the facilities and to documents of the operator for inspection and audit purposes?

14. Monitoring of performance

1) Who is to monitor operator performance – is this to be the authority, or an independent expert?

2) If it is to be a regulator or a government department, does it have sufficient capacity and resources to monitor effectively? Is the entity sufficiently objective for a private operator to be comfortable with its decisions. What are to be its powers?

3) What is to be the method for monitoring?

15. Financial monitoring

1) Is this to be carried out by a regulator, government department, the awarding authority itself?

2) If it is to be a regulator or a government department, does it have sufficient capacity and resources to monitor effectively? Is the entity sufficiently objective for a private operator to be comfortable with its decisions. What are to be its powers?

16. Termination/Suspension

1) Does the agreement provide for the authority to be able to terminate the agreement in the case of those events listed in Schedule 4?

2) Is the operator entitled to terminate the agreement for any reasons in addition to:

(a) authority's unremedied breach (check the agreement provides for prior service of a notice and for a period within which to remedy the breach);

(b) prolonged force majeure;

(c) prolonged suspension; and

(d) insolvency?

3) Does the agreement provide for satisfactory cure periods in the case of default of the authority before the operator is entitled to exercise its termination rights?

4) If the agreement is terminated, in what circumstances is the operator entitled to loss of profits? Are there any limits on the level of lost profits which are recoverable? If the authority wishes to retain a right to terminate for convenience, the operator is likely to seek compensation for loss of future profits to be made on termination.

5) Upon termination, does the agreement provide that the operator is entitled to take over any subcontracts it requires and be transferred materials, equipment, plans, intellectual property etc.?

6) Does the agreement provide for the operator to handover the plant in a certain state following termination?

7) Does the agreement oblige the operator to cooperate with a successor operator and to handover to that operator all relevant information, equipment and materials?

8) What is to happen to employees on termination/ expiry?

9) Does the agreement give the authority the right to operate the facilities using any of the operator's personnel following termination and prior to the appointment of successor operator, subject to reimbursement of the employment costs and there being a time limit applicable to such obligation?

10) Does the agreement entitle the authority to suspend the agreement?

11) Is the operator entitled to terminate the agreement following prolonged suspension? If so, after how long?

12) What is the cost to the authority of suspending the agreement?

17. Expiry of agreement

1) Should the assets be handed back on termination in a particular condition?

2) What is to happen to employees?

3) Will operator be required to work alongside successor for a period?

18. Force Majeure

1) How widely is force majeure defined? (Consider excluding events reasonably foreseeable by an experienced operator.)

2) Where operations relate to a whole network as opposed to a single plant, the likelihood is that a force majeure event will not result in a total breakdown in service. However, force majeure clauses are often drafted assuming that the consequences will be total breakdown and do not deal with the circumstances where the breakdown is partial.

3) If a force majeure event arises, is the operator entitled to any monetary claim (e.g. for increased costs) or is he only relieved of liability? Is the operator still to be paid any part of his fee if he is unable to operate the plant?

4) Does the agreement provide for termination for prolonged force majeure? If so, after how long and at whose option?

5) Do the periods of prolonged force majeure need to be continuous periods or are cumulative periods occurring within a fixed time period also taken into account?

19. Sub-contracting

1) Is operator permitted to subcontract?

2) If so, are there to be restrictions on parties to whom it may subcontract?

3) Are clear procurement procedures to be set out in the contract?

4) Does the agreement provide for any subcontracts to be freely assignable to the authority?

5) Does the agreement provide for all sub-contracts required by the authority to be assigned to it upon termination of the agreement?

20. Assignment of agreement

1) Parties will need to consider whether to allow assignment of whole or part of the contract to a third party and if this is permissible, whether to impose conditions on the standing of the assignee and the place of registration of the assignee.

2) Is the agreement freely assignable by the authority? If not, is it at least assignable by way of security to any relevant lenders?

3) Is any assignment of the agreement by the operator subject to authority consent?

21. Insurances [for more information on insurance in infrastructure projects, see Insurance Checklist].

1) Care will need to be given that the appropriate levels and types of insurance are taken out. Due diligence will need to be made to determine what insurance is available in the host country.

2) Does the agreement provide for any insurances to be taken out by the operator to include the authority and the lenders as coinsureds?

3) Does the agreement provide for a waiver of subrogation in respect of the authority and the lenders?

4) Are the limits of the insurance and the limits of any deductibles appropriate?

5) Does the agreement impose an obligation upon the operator to comply with the terms of all insurance policies?

6) Are there provisions in the agreement entitling the authority to inspect the operator's insurances on an ongoing basis, to receive evidence that premiums have been paid, to approve the identity of the insurers and the terms of the insurance and to take out insurance at the operator's costs in the event that the operator is in breach of his insurance obligations?

7) Does the agreement provide for business interruption insurance covering the loss of production due to delay caused by force majeure or authority's risks.

8) Does the agreement provide that any insurance shall not operate as an exclusion of liability for the operator?

9) Does the agreement provide for non-vitiation insurance to be taken out or address this risk another way?

22. Intellectual property and confidentiality

1) What licenses of intellectual property is the operator obliged to provide in respect of the operation and maintenance of the facilities, during the agreement, and post termination? The authority should be given post termination at least a royalty free license to use the documents or technology used and developed by the operator in relation to the systems - and this should extend to successor operators. Is there a necessity for the authority to have greater rights than this? Does it wish to be able to apply the technology etc. to other systems elsewhere? If so, it is likely to have to pay a premium for this - and the operator will resist it.

2) If the operator is not responsible for all intellectual property licenses required to operate and maintain the facilities, what other licenses are required?

3) Does the agreement provide for the operator to indemnify the authority against any claims brought by third parties for infringement of intellectual property rights?

4) What is the operator's liability in respect of successful third party claims for infringement of intellectual property? Is it limited to the payment of damages or an obligation to procure the necessary intellectual property rights for the benefit of the authority?

5) Does the agreement provide for documents supplied by the authority to remain the property of the authority and to be returned on request?

6) Thought should be given as to confidentiality - should there be a right for authority to publish the contract itself - if so, are there certain provisions which the parties will want to withhold from publication?

23. Dispute resolution

1) The appropriate forum for dispute resolution will partly depend on the nature of the parties - a local operator will be more likely to be comfortable with local courts than an international operator.

2) If alternative dispute resolution mechanisms are to be considered, these need to be clearly drafted.

3) A mechanism that is often used for disputes of a technical nature is reference to an independent expert - the parties will need to make it clear whether the expert's findings are to be final.

4) If the parties consider arbitration, they will need to determine how many arbitrators are appropriate, the rules for appointment and conduct of the arbitration, the location of the arbitration and, if the parties wish to have international arbitration, whether the host country is a signatory to a convention recognizing enforcement of arbitral awards.

5) For a more detailed list of issues re dispute resolution, go to the checklist on Dispute Resolution.

24. Priority of documents

1) It is important to be clear which documents form the contract other than the conditions of contract - i.e., are there any schedules, bidding documents etc. that form part of the contract. If so, which of the documents should take priority in the event of inconsistency between them?

2) To the extent that there are to be specifications set out in a schedule, care should be taken when drafting to limit the schedule to the technical specifications to avoid inconsistency with the conditions. Often great care is taken to involve lawyers in drafting the conditions and in negotiating them, with the technical specifications by a separate team, often with little or no reference to the conditions, and with statements as to standards of care expected etc. This can lead to confusion and problems in the event that the parties fall into dispute.

25. Performance security

1) Does the agreement provide for parent company guarantees? (This will depend on the identity of the operator and its parent.)

2) Is the parent company guarantor the ultimate parent company of the operator?

3) Are the parent company guarantees indemnities or do they impose an obligation on the part of the guarantors to take over and perform the agreement should the operator fail to do so? (If the latter, this may be unsatisfactory since it may be necessary to identify the breach of contract and call upon the guarantors to perform.)

4) Do the guarantees provide for wording to the effect that the guarantor shall be under no greater liability than the operator under the agreement?

5) Is the form of the parent company guarantee within the authority's control, i.e., is the form of parent company guarantee annexed to the agreement or is it to be approved by the authority?

6) Does the agreement provide for performance bonds? Are these payable on demand or on proven default?

7) Is the identity of the issuer of the performance bonds to be approved by the authority? Are the terms of the bonds annexed to the agreement or subject to the approval of the authority?

8) Do the terms of the bonds or parent company guarantees include all the usual protective wording which an authority would look for e.g. confirmation that amendments to the underlying agreement do not relieve the surety/guarantor of liability?

9) (If lending is involved) are the guarantees and bonds assignable to lenders and to any third party nominated by the lenders?

부록 6
PPA 주요내용

PPA는 일반적으로 본문, 부속서류 및 서식의 3개 부분으로 구성되며, 통상 본문에는 아래와 같은 내용이 포함되어 있다.

| 사례. PPA 본문의 주요내용 |

조 항	주 요 내 용
Definitions	용어의 정의
The Project	프로젝트의 개요
Conditions Precedent	선행조건: 주요계약서류 체결, 금융조달 완료 등
Implementation of the Project	IPP사업자와 전력구매자의 의무
Construction of the Project	발전소 및 송전선로 건설 의무
Start-up and Commissioning	시운전 및 위약금 지급 의무
Operation and Maintenance of the Project	발전소 운영, 운영위원회 구성 및 운영
Sale and Purchase of Energy	전력판매 구매에 관한 의무
Billing and Payment	전력판매대금 지급 및 이의제기 절차
Metering	계량 절차
Covenants	특약
Insurance	건설 및 운영보험에 관한 의무
Indemnification	손해배상책임
Force Majeure	불가항력
Termination	계약해지
Representations and Warranties	진술 및 보증
Settlement of Dispute	분쟁해결절차
Project Purchase Option	발주자 발전소 구매 의무사항
Assignment	계약양도금지
Monitoring, Records, Reports, Audit	정기보고, 감사 등
Miscellaneous	기타

1) PPA 부속서류 및 서식

PPA 부속서류 및 서식의 주요내용은 다음과 같다.

| 사례. PPA 부속서류 및 서식의 주요내용 |

구 분	주 요 내 용
Appendix(부속서류)	
Project Description and Design Conditions	프로젝트 개요 및 설계규격
Technical Limits	기술제한사항
Project Milestone Schedule	프로젝트 예정공정표
Financing Date Document	금융서류
Schedule of Minimum Insurance Requirement	보험
Consequences of Termination	계약해지 절차 및 조건
Calculation of Payment	전력요금 계산
Adjustment in Certain Events	법률변경 시 전력요금 조정
Special Facilities	송전선로 및 접속점 설계기준
Testing, Taking-Over, Commissioning and Nominal Rated Capacity Testing	시험 및 검사, 시운전 절차
Electricity Measurement and Testing Procedures	계량 및 시험 절차
Operating Procedures	발전소 운영절차
Activity Reports	발전소 운영보고의무
Environmental Requirements and Procedures	환경 규제 및 절차
Invoicing and Payment Procedures	전력요금 청구 및 지급절차
Consents	계약상대방 동의사항
Land and Governmental Authorizations For Special Facilities	발전소 및 송전선로부지 인허가
Site and Easements	발전소 부지이용
Schedule(서식)	
Form of Sponsors' Agreement	출자자 동의서
Form of Legal Opinion	법률의견서
Form of Minister of Energy Letter	에너지부 전력요금단가 동의서
Form of Bank Guarantee	은행보증서
Letter of Intent	의향서
List of Manufactures of Major Equipment	주요기기 제작자 목록
List of Expected Local Goods And Services	현지기자재 공급 목록
Consent Letter	전력구매자 동의서

부록 7
PPA 요금구조

1) 전력요금 산정모델

IPP사업자가 전력판매의 대가로 받는 전력요금은 일반적으로 용량요금과 에너지요금으로 구분되며, 전력요금 산정에 관해서는 다음과 같은 세 가지 모델이 있다.

| 표. 전력요금 산정모델 |

Reasonable rate of return model	IPP사업자가 프로젝트 파이낸스 대출 원리금을 상환하고 프로젝트 출자자가 적정 투자수익을 얻을 수 있도록 전력요금을 정하는 구조
Market price model	경쟁입찰에서 낙찰된 입찰자가 제안한 전력요금이 (매년 조정되는 일정한 비용요소를 제외하고) PPA기간 동안 고정되는 구조
Avoided cost model	발전소별로 전력구매자가 책정한 비용상한선을 초과하지 않는 범위 내에서 전력요금이 지급되는 구조

2) 전력요금의 구성요소

| 사례. 전력요금 구성항목 |

구분	Component	구성항목	환율변동	비고(*)
용량요금	A	발전설비 투자액에 대한 보상	영향 없음	물가 미반영, 실제 발전량이 계약발전량 초과 시 초과분의 50% Bonus 지급
	E	송변전설비 투자액에 대한 보상	영향 없음	물가 미반영, 계약발전량 기준 지급
	B	고정운영비에 대한 보상	일부 제한적 영향 (현지통화 portion)	물가 반영, 계약발전량 기준 지급
에너지 요금	C	연료구입비에 대한 보상	실질적 영향 없음(pass-through)	물가 반영, 가격 변동분 pass-through 적용
	D	변동운영비에 대한 보상	일부 제한적 영향 (현지통화 portion)	물가 반영, 실제발전량 기준 지급

(*) 실제가동률 > 계약가동률인 경우 기준

| 사례. 전력요금 산정구조 |

<table>
<tr><th>Component</th><th>구분</th><th>산정구조</th></tr>
<tr><td rowspan="2">A</td><td>실제가동률〉계약가동률</td><td>순발전가능량 × 청구시간/연간 총시간 × Component A 단위당 단가 × [계약가동률 + (실제가동률 - 계약가동률) × 50%]</td></tr>
<tr><td>실제가동률〈계약가동률</td><td>순발전가능량 × 청구시간/연간 총시간 × Component A 단위당 단가 × [실제가동률 +/- (계약가동률 - 실제가동률)]</td></tr>
<tr><td rowspan="2">E</td><td>실제가동률〉계약가동률</td><td>순발전가능량 × 청구시간/연간 총시간 × Component E 단위당 단가 × 계약가동률</td></tr>
<tr><td>실제가동률〈계약가동률</td><td>순발전가능량 × 청구시간/연간 총시간 × Component E 단위당 단가 × 실제가동률</td></tr>
<tr><td rowspan="2">B</td><td>실제가동률〉계약가동률</td><td>순발전가능량 × 청구시간/연간 총시간 × Component B 단위당 단가 × 계약가동률</td></tr>
<tr><td>실제가동률〈계약가동률</td><td>순발전가능량 × 청구시간/연간 총시간 × Component B 단위당 단가 × 실제가동률</td></tr>
<tr><td>C</td><td colspan="2">청구기간 동안의 실제발전량 × Station Heat Rate × 석탄발열량 × Component C 단위당 단가</td></tr>
<tr><td>D</td><td colspan="2">청구기간 동안의 실제인프라량 × Component D 단위당 단가</td></tr>
</table>

부록 8

PPA 주요 이슈별 관련 조항210)

1) 전력요금 관련 조항

9. COMPENSATION, PAYMENT AND BILLING

9.1 Capacity Payment

9.1.1 Beginning on the Commercial Operations Date, Utility shall pay to the Company each Month, in arrears on the [__________] Business Day of each Month, an amount equal to the Capacity Payment in accordance with Section 9.6. For each Month, the "Capacity Payment" shall be equal to the product of the Capacity Purchase Price and the Dependable Capacity, as each is in effect for such Month; provided, however, that if the Commercial Operations Date occurs on a date which is not the first Day of a Month, the Capacity Payment, for the period from the Commercial Operations Date through the last Day of the Month in which the Commercial Operations Date occurs, shall be the Capacity Payment for such Month multiplied by a fraction the numerator of which is the number of Days remaining in the Month from and including the Day immediately following the Commercial Operations Date and the denominator of which is the number of Days in such Month; and provided further, that if the last payment period of the term of this Agreement is not a full Month, the Capacity Payment, for such period through the last Day of the term of this Agreement, shall be the Capacity Payment for such Month multiplied by a fraction the numerator of which is the number of Days in such last payment period prior to the last Day of the term of this Agreement and the denominator of which is the number of Days in the Month in which the term of this Agreement ends.

9.1.2 The amount of the Capacity Purchase Price shall be as set forth in Schedule 6 and shall be adjusted from time to time in accordance with Schedule 6.

---

210) 이하 PPA 계약조항의 출처:
https://mfin.gov.mt/en/home/enemalta/Documents/World%20Bank%20ppa%205.pdf

9.2 Energy Payment

9.2.1 During the Commissioning of the Complex, in accordance with Section 9.6, Utility shall pay to the Company, in arrears on the [__________] Business Day of each Month, for each kWh of Energy Output delivered from the Complex to Utility during the preceding Month, an amount equal to the Company's actual fuel costs for generating such output.

9.2.2 After the Commercial Operations Date, in accordance with Section 9.6, Utility shall pay to the Company, in arrears on the [_____] Business Day of each Month, the Energy Purchase Price for each kWh of Net Energy Output delivered from the Complex to Utility during the preceding Month (each Monthly payment, an "Energy Payment").

9.2.3 The amount of the Energy Purchase Price shall be as set forth in Schedule 6 and shall be adjusted from time to time in accordance with Schedule 6.

9.3 Liquidated Damages

9.3.1 Delays in Commissioning

If the Complex shall not have been Commissioned on or before the Required Commercial Operations Date, then the Company shall pay to Utility [AMOUNT] for each Day by which the Complex is delayed beyond its Required Commercial Operations Date; provided, however, that the cumulative amount of such payments shall not exceed [AMOUNT]. These payments shall be liquidated damages for the detrimental impact of such delay upon Utility's generation planning.

9.3.2 Shortfalls in Commissioned Dependable Capacity

If there is a Commissioned Shortfall, then the Company shall pay to Utility as liquidated damages for the detrimental impact upon Utility's generation planning [AMOUNT] per kW of such Commissioned Shortfall.

9.3.3 On-Going Dependable Capacity Shortfalls

If after the Commercial Operations Date, there is an On-Going Dependable Capacity Shortfall, then the Company shall pay to Utility, as liquidated damages [AMOUNT] for each kW per month of such On-Going Dependable Capacity Shortfall until the next testing of Dependable Capacity which may be requested by the Company pursuant to Article 10 and Schedule 4.

9.3.4 Dispatch Levels

From and after the Commercial Operations Date, in the event that after [ ] identical Dispatch requests separated by a sufficient period of time for the Company to have complied with the first request based on ramp time schedules as provided in the Minimum Functional Specifications, the Company does not achieve the operating level requested by Utility pursuant to Section 6.1 within the time allowed by the Minimum Functional Specifications, within a tolerance of plus or minus [ ] percent, then the Company shall pay to Utility, as liquidated damages [AMOUNT] per kWh for each kWh outside the tolerance; provided, however, that Utility shall not be entitled to liquidated damages pursuant to this Section 9.3.4 if the requested operating level cannot be achieved within the Minimum Functional Specifications or is above the Declared Available Capacity of the Complex (as adjusted by Forced Outages declared subsequent to such Dispatch requests).

9.3.5 Adjustment

The amounts of all of the liquidated damages set forth in Section 9.3 shall be adjusted from time to time in accordance with Schedule 6.

9.3.6 Waiver of Defenses

The Parties agree that Utility may be substantially damaged in amounts that may be difficult or impossible to determine in the event that the Complex or any part thereof (a) is not in service by the dates required, (b) is not capable of achieving and maintaining the expected Dependable Capacity, or (c) cannot achieve the designated operating levels. The Parties also agree that the Company may be substantially damaged in amounts that may be difficult or impossible to determine in the event that the Interconnection Facilities are not in service by the date required. Therefore, to the limited extent set out in this Agreement, the Parties have agreed on sums that the Parties agree are reasonable as liquidated damages. It is further understood that the payment of liquidated damages is in lieu of actual damages for the occurrences defined in the first two sentences of this Section 9.3.6, and that the payment of liquidated damages under Sections 7.3 and 9.3.1 through 9.3.4 shall be the exclusive remedy of Utility or the Company, as appropriate, for such occurrences unless and until (a) the Company has committed a Company Event of Default within the meaning of Section 15.1.14 in the case of liquidated damages payable to Utility and (b) Utility has committed a Utility Event of Default within the meaning of Section 15.2.3 in the case of liquidated damages payable to the Company. The Company and Utility hereby waive any defense as to the validity of any liquidated damages in this Agreement on the grounds that such liquidated damages are void as penalties.

2) 계통연결 관련 조항

7.1 Utility Responsibilities

7.1.1 Utility shall design, construct, install, commission, operate and maintain the Interconnection Facilities (excluding the equipment referred to in Section 8.1.2) in accordance with the terms of this Agreement and Schedule 3, and Utility shall own all such Interconnection Facilities.

7.1.2 Upon completion of the Interconnection Facilities described in Section 7.1.1, Utility shall test such Interconnection Facilities in accordance with the procedures set forth in Schedule 4.

7.1.3 Utility shall complete construction of the Interconnection Facilities [__________] Days prior to the Scheduled Commercial Operations Date; provided, however, that such date shall be extended day-for-day in the event that the monthly progress reports of the Company and/or the construction schedule for the Complex, as revised from time to time, projects a delay in the Scheduled Commercial Operations Date.

7.1.4 If Utility fails to complete the Interconnection Facilities by the date specified in Section 7.1.3, the Required Commercial Operations Date shall be extended day-for-day for each Day that the Interconnection Facilities are delayed beyond that date, and the Company shall be entitled to no other damages or relief therefor except as provided in Section 7.3.

7.2 Company Responsibilities

7.2.1 The Company shall permit Utility such access to the Complex as Utility shall require for the design, construction, installation, commissioning, operation and maintenance of the Interconnection Facilities, and the Company shall cooperate with Utility in the design, construction, installation, commissioning, operation and maintenance and testing thereof.

7.2.2 The Company shall be responsible for designing, constructing, installing, commissioning, operating and maintaining all auxiliary and interconnecting equipment on the Company's side of the Interconnection Point, and the Company shall own all such auxiliary and interconnection equipment.

7.3 Delay in Completion of Interconnection Facilities

7.3.1 If Utility has not completed the Interconnection Facilities by the date specified in Section 7.1.3 or such later date as may be determined by the Parties in accordance with this Agreement, and (b) the Technical Agent witnesses the [no-load] tests specified in Section [__________] of Schedule 4 and, in his reasonable judgment, certifies on the day of the [no-load] tests that the Complex has satisfied the requirements specified in Section [__________] of Schedule 4, then Utility shall pay to the Company as liquidated damages [AMOUNT], [as adjusted from time to time in accordance with Schedule 6,] for each Day on which the Interconnection Facilities are not completed after the date specified in Section 7.1.3 or such later date as determined by the Parties in accordance with this Agreement. Notwithstanding any other provision of this Section 7.3.1, the cumulative amount of the liquidated damages payable to the Company under this Section 7.3.1 shall not exceed a cumulative amount equivalent to [AMOUNT].

7.3.2 When Utility completes the Interconnection Facilities, an authorized representative of Utility shall certify in writing to the Company, that the Interconnection Facilities have been completed in accordance with the requirements of this Agreement and are ready to begin receiving electricity. Utility shall promptly provide to the Company copies of the results of all tests and procedures (and supporting data) conducted by or for Utility in connection with the construction, completion and testing of the Interconnection Facilities, which results shall be certified by an authorized representative of Utility as complete and correct. In addition, if Utility has contracted with a third party contractor for the construction, completion or testing of the Interconnection Facilities, Utility shall promptly furnish to the Company copies of any of such contractor's completion certificate(s) and any of Utility's acceptance certificate(s) as may be issued in respect of such construction, completion and testing. Commencing with the date on which Utility provides the Company with the certificates and other documents set forth in this Section 7.3.2,

Utility shall bear no further liability for liquidated damages under Section 7.3.1, and the Company shall proceed promptly with testing and Commissioning in accordance with Article 10 and Schedule 4.

7.4 Protective Devices

7.4.1 Each Party shall notify the other Party in advance of any changes to either the Complex or the Utility Grid System that may affect the proper coordination of protective devices between the two systems.

7.4.2 All protective devices to be installed by the Company shall be approved in writing by Utility. Subject to giving the Company reasonable notice, Utility may require the Company to modify or expand the protective devices. Utility shall reimburse the Company for the reasonable costs of such modification or expansion.

7.5 Testing of Interconnection Facilities

The Parties shall cooperate in testing the Interconnection Facilities in accordance with Schedule 3 and the schedule developed by the Operating Committee (but in no event later than the time provided in Section 7.1.3) and at such other times thereafter as either Party may reasonably require. Each Party shall bear its own costs in connection with any such testing.

3) 불가항력 관련 조항

13. FORCE MAJEURE

13.1 Meaning of Force Majeure

In this Agreement, "Force Majeure" means any event or circumstance or combination of events or circumstances beyond the reasonable control of a Party which materially and adversely affects the performance by that Party of its obligations or the enjoyment by that Party of its rights under or pursuant to this Agreement. Without limitation to the generality of the foregoing, "Force Majeure" shall include the following events and circumstances to the extent that they satisfy the above requirements:

13.1.1 natural events ("Force Majeure - Natural") including:

(a) acts of God; (including lightning, fire, earthquake, flood, storm, hurricane, cyclone, typhoon, tidal wave and tornado);

(b) epidemic or plague;

(c) explosion or chemical contamination (other than resulting from an event or circumstance described in Section 13.1.2(a)(i), in which case it shall be a Host Country Political Event); and

(d) any event or circumstance constituting Force Majeure - Natural under the Implementation Agreement; and

13.1.2 other events of Force Majeure ("Force Majeure - Political") including:

(a) Force Majeure - Political which occurs inside or directly involves Host Country ("Host Country Political Events") including:

(i) any act of war (whether declared or undeclared), invasion, armed conflict or act of foreign enemy, blockade, embargo, revolution, riot, insurrection, civil commotion, act of terrorism, or sabotage;

(ii) nationwide strikes, works to rule or go-slows that extend beyond the Complex or are widespread or nationwide, or that are of a political nature, such as, by way of example and not limitation, labor actions associated with or directed against a Host Country political party, or those that are directed against the Company (or its Contractors) as a part of a broader pattern of labor actions against companies or facilities with foreign ownership or management;

(iii) any Change in Law;

(iv) radioactive contamination or ionizing radiation originating from a source in Host Country or resulting from another Host Country Political Event;

(v) any Lapse of Consent; and

(vi) any event or circumstance constituting a Host Country Political Event under the Implementation Agreement; and

(b) Force Majeure - Political which occurs outside Host Country and does not directly involve Host Country ("Foreign Political Events") including:

(i) any act of war (whether declared or undeclared), invasion, armed conflict or act of foreign enemy, blockade, embargo, revolution, riot, insurrection, civil commotion, act of terrorism, or sabotage;

(ii) strikes, works to rule or go-slows that are widespread or nationwide;

(iii) radioactive contamination or ionizing radiation originating from a source outside Host Country and not falling within Section 13.1.2(a)(iv); and

(iv) any event or circumstance constituting a Foreign Political Event under the Implementation Agreement.

13.2 Notification and Obligation to Remedy.

In the event of the occurrence of a Force Majeure that prevents a Party from performing its obligations hereunder (other than an obligation to pay money), such Party shall:

(a) notify as soon as reasonably practicable the other Party in writing of such Force Majeure;

(b) not be entitled to suspend performance under this Agreement for any greater scope or longer duration than is required by the Force Majeure;

(c) use all reasonable efforts to remedy its inability to perform and to resume full performance hereunder as soon as practicable;

(d) keep such other Party apprised of such efforts on a continuous basis; and

(e) provide written notice of the resumption of performance hereunder. Notwithstanding the occurrence of a Force Majeure, the Parties shall perform their obligations under this Agreement to the extent the performance of such obligations is not impeded by the Force Majeure.

13.3 Consequences of Force Majeure

13.3.1 Neither Party shall be responsible or liable for, or deemed in breach hereof because of, any failure or delay in complying with its obligations under or pursuant to this Agreement which it cannot perform due solely to one or more Force Majeure or its or their effects or by any combination thereof, and the periods allowed for the performance by the Parties of such obligation(s) shall be extended on a day-for-day basis for so long as one or more Force Majeure continues to affect materially and adversely the performance of such Party of such obligation(s) under or pursuant to this Agreement; provided, however, that no relief shall be granted to the Party claiming Force Majeure pursuant to this Section 13.3 to the extent that such failure or delay would have nevertheless been experienced by that Party had such Force Majeure not occurred; and provided further, that the Party not claiming Force Majeure may immediately terminate this Agreement without further obligation if Force Majeure delays a Party's performance for a period greater than (a) [__________] consecutive months prior to the Commercial Operations Date or (b) [__________] consecutive months after the Commercial Operations Date.

13.3.2 During the pendency of Force Majeure - Natural or a Foreign Political Event, the Company shall not be entitled to receive Capacity Payments or Energy Payments [or Supplemental Payments] from Utility; provided, however, that if such Force Majeure - affects only part of the Complex, then the Capacity Payments [and Supplemental Payments] during the pendency of such Force Majeure shall be pro-rated to reflect the portion of the Complex not affected thereby, and the Company shall be entitled to receive such pro-rated Capacity Payments [and Supplemental Payments] and Energy Payments for electrical energy actually delivered to Utility.

13.3.3 During the pendency of a Host Country Political Event, the Company shall be entitled to receive Capacity Payments from Utility at the same level as the Capacity Payments paid immediately prior to the Host Country Political Event for a maximum period of [__________] months commencing with the date of the occurrence of the Host Country Political Event; provided, however, that if the Host Country Political Event affects only part of the Complex, then the Capacity Payments during the pendency of such Host Country Political Event shall be the sum of (a) the payments previously described in this sentence pro-rated to reflect the portion of the Complex affected by the Host Country Political Event plus (b) Capacity Payments calculated in accordance with Article 9 pro-rated to reflect the portion of the Complex not affected by the Host Country Political Event.

4) 전력구매계약 해지 관련 조항

15. DEFAULTS AND TERMINATION

15.1 Company Events of Default

Each of the following events shall be events of default by the Company (each a "Company Event of Default"), which, if not cured within the time permitted (if any) under Section 15.3, shall give rise to the right on the part of Utility to terminate this Agreement pursuant to Section 15.4; provided, however, that no such event shall be a Company Event of Default hereunder if (a) it results from a breach by Utility of this Agreement or (b) if it occurs as a result of a Force Majeure for the period provided pursuant to Section 13.3:

15.1.1 the failure of the Company to post the Construction Security in accordance with Section 9.4.1 on or before Financial Closing;

15.1.2 the failure of the Company to achieve the Commencement of Construction within [__________] Days after Financial Closing;

15.1.3 the Abandonment by the Company of the construction of the Complex after the Commencement of Construction without the written consent of Utility;

15.1.4 the failure of the Company to achieve the Commercial Operations Date within [__________] after the Required Commercial Operations Date;

15.1.5 the failure of the Company to provide or replenish the Operations Security in accordance with Section 9.4.2 of this Agreement;

15.1.6 the Abandonment by the Company of the operation of the Complex without the written consent of Utility;

15.1.7 the appointment or replacement by the Company of a Construction Contractor or an O&M Contractor or any [material] amendment to or waiver of any terms of the Construction Contract or the O&M Contract without the prior consent of Utility;

15.1.8 the assignment or transfer of this Agreement or an assignment, transfer or acquisition in breach of Section 17.1 or 17.2 of this Agreement;

15.1.9 any failure by the Company to make any payment or payments required to be made by it under this Agreement within [__________] Days after the Company is given notice that the payment was not made by the due date for payment;

15.1.10 except for the purpose of amalgamation, reorganization or reconstruction (provided that such amalgamation, reorganization or reconstruction does not affect the ability of the amalgamated, reorganized or reconstructed entity, as the case may be, to perform its obligations under this Agreement), the occurrence of any of the following events:

(a) the passing of a resolution by the owners of the Company for the winding up of the Company;

(b) the admission in writing by the Company of its inability generally to pay its debts as they become due;

(c) the appointment of a provisional manager, trustee, liquidator or similar person in a winding up proceeding after notice to the Company and due hearing; or

(d) the making by a court with competent jurisdiction over the Company of an order winding up the Company;

15.1.11 reduction of the Dependable Capacity to less than [__] MW for a period of at lease twelve (12) consecutive Months; or

15.1.12 any [material] breach by the Company of this Agreement, which breach has a [material and] adverse impact on Utility.

15.2 Utility Events of Default

Each of the following events shall be events of default by Utility (each a "Utility Event of Default"), which, if not cured within the time permitted (if any) under Section 15.3, shall give rise to the right on the part of the Company to terminate this Agreement pursuant to Section 15.4; provided, however, that no such event shall be a Utility Event of Default hereunder if (a) it results from a breach by the Company of this Agreement or (b) if it occurs as a result of a Force Majeure for the period provided pursuant to Section 13.3:

15.2.1 the expropriation, compulsory acquisition or nationalization by Government or any Public Sector Entity of (a) any shares in the Company, or (b) all or any substantial assets or rights of the Company;

15.2.2 except for the purpose of amalgamation, reorganization or reconstruction (provided that such amalgamation, reorganization or reconstruction does not affect the ability of the amalgamated, reorganized or reconstructed entity, as the case may be, to perform its obligations under this Agreement), the occurrence of any of the following events: (a) the passing of a resolution by the shareholders of Utility for the winding up of Utility; (b) the admission in writing by Utility of its inability generally to pay its debts as they become due; (c) the appointment of a provisional manager, trustee, liquidator or similar person in a winding up proceeding after notice to Utility and due hearing; or (d) the making by any court with competent jurisdiction over Utility of an order winding up Utility;

15.2.3 any failure by Utility to make any payment or payments required to be made by it under this Agreement within [__________] Days after Utility is given notice that the payment was not made by the due date for payment;

15.2.4 the assignment or transfer of this Agreement or an assignment, transfer or acquisition in breach of Section 17.1 of this Agreement; or

15.2.5 any [material] breach by Utility of this Agreement, which breach has a [material and] adverse impact on the Company.

15.3 Notice and Cure

15.3.1 In the case of a Utility Event of Default or a Company Event of Default (each, an "Event of Default"), as the case may be, set forth in Section 15.1 or Section 15.2, the defaulting Party shall have [__________] Days to cure the Event of Default. If such Event of Default is incapable of being cured within that period, the defaulting

Party may request from the non-defaulting Party an additional period of [   ] Days to cure the Event of Default, and approval by the non-defaulting Party of such request shall not be unreasonably withheld or delayed. The defaulting Party shall furnish to the non-defaulting Party during any cure period weekly reports on its progress in curing the Event of Default.

15.3.2 Upon occurrence of an Event of Default that is not cured within the applicable period (if any) for cure, the non-defaulting Party may, at its option, initiate termination of this Agreement by delivering a written notice ("Notice of Default") of its intent to terminate this Agreement to the defaulting Party. A Notice of Default shall specify in reasonable detail the Event of Default giving rise to the Notice of Default.

15.4 Rights and Remedies Upon an Event of Default

15.4.1 If a Company Event of Default has occurred and the Company Event of Default has not been cured within the period specified in Section 15.3, Utility, in its sole discretion, may:

(a) terminate this Agreement by delivering written notice to the Company; and/or

(b) proceed in accordance with Article 16 to protect and enforce its rights, to recover any damages to which it may be entitled (including all costs and expenses reasonably incurred in the exercise of its remedy); and/or

(c) retain all or part of the Construction Security and/or the Operations Security provided by the Company pursuant to Section 9.4 in full or partial satisfaction of the damages to which it may be entitled under subsection (b) above; and/or

(d) purchase the Complex pursuant to Section 15.5.

These rights and remedies shall not be exclusive but, to the extent permitted by law, shall be cumulative and in addition to all other rights and remedies existing at law, in equity or otherwise; provided, however, that Utility may seek to exercise such rights and remedies only in accordance with the procedures set forth in Article 16. Utility may exercise each right and remedy afforded by this Agreement or by law from time to time and as often as may be deemed expedient by Utility. No delay by, or omission of, Utility to exercise any right or remedy arising upon any Company Event of Default shall impair any such right or remedy or constitute a waiver of such event or an acquiescence thereto.

15.4.2 If a Utility Event of Default has occurred and the Utility Event of Default has not been cured within the period specified in Section 15.3, the Company, in its sole discretion, may:

(a) terminate this Agreement by delivering written notice to Utility; and/or

(b) proceed in accordance with Article 16 to protect and enforce its rights and to recover any damages to which it may be entitled (including all costs and expenses reasonably incurred in the exercise of its remedy); and/or

(c) retain all or part of any Letter of Credit issued pursuant to Section 9.7 or make a demand under the Guarantee, in either case, in full or partial satisfaction of the damages to which it may be entitled under subsection (b) above.

These rights and remedies shall not be exclusive but, to the extent permitted by law, shall be cumulative and in addition to all other rights and remedies existing at law, in equity or otherwise; provided, however, that the Company may seek to exercise such rights and remedies only in accordance with the procedures set forth in Article 16. The Company may exercise each right and remedy afforded by this Agreement or by law from time to time and as often as may be deemed expedient by the Company. No delay by, or omission of, the Company to exercise any right or remedy arising upon any Utility Event of Default shall impair any such right or remedy or constitute a waiver of such event or an acquiescence thereto.

15.5 Option to Purchase

15.5.1 If this Agreement terminates because of a Company Event of Default pursuant to Section 15.4.2, then Utility shall have an option to purchase the Complex (including Fuel, materials, records, drawings and spare parts) at a purchase price equal to the value of the Complex which shall be the greater of (a) the fully depreciated value of the Complex or (b) the remaining debt service under the Loan Documents minus, in either case (a) or (b), any liquidated damages or other Damages and accrued interest thereon to which Utility is entitled (the "Termination Purchase Price"). Said option may be exercised by Utility at any time within [__________] Days after the termination of this Agreement by written notice to the Company. If the Company and Utility do not agree on the Termination Purchase Price within [__________] Days following Utility's exercise of the above option, then either Party may submit the determination of the

Termination Purchase Price for expert determination in accordance with Section 16.2. As soon as practicable following the receipt of said notice by the Company, but in no event later than [____________] Days after the Termination Purchase Price has been fixed, the Company shall transfer and assign to Utility all of its right, title and interest in the Complex, free and clear of all liens, charges and encumbrances except the liens, charges and encumbrances created under the Loan Documents, and Utility shall simultaneously pay to the Company the Termination Purchase Price and assume the outstanding debt under the Loan Documents.

15.5.2 Upon the written request of Utility, the Company shall sign, execute and deliver, or cause to be signed, executed and delivered, and do or make, or cause to be done or made, any and all agreements, instruments, papers, deeds, acts or things, supplemental, confirmatory or otherwise, as may be required by Utility for the purpose of or in connection with the option set forth in Section 15.5.1, including transferring to Utility, for the major items of plant incorporated into the Complex, copies of all manufacturers' specifications, manufacturers' operation and maintenance manuals, schedules of protection schemes and protective relay settings, and signed and sealed copies of all as-built drawings for the Complex, including the civil and architectural works.

15.6 Obligations Upon Termination

Upon expiration or termination of this Agreement, the Parties shall have no further obligations or liabilities hereunder except for those obligations and liabilities that (a) arose prior to such termination, or (b) expressly survive such termination pursuant to Section 19.13.

5) 국가주권면제 관련 조항

16.4 Waiver of Sovereign Immunity

Utility unconditionally and irrevocably:

16.4.1 agrees that the execution, delivery and performance by it of this Agreement and those agreements included in the Security Package to which it is a Party constitute private and commercial acts rather than public or governmental acts;

16.4.2 agrees that, should any proceedings be brought against it or its assets other than assets protected by the diplomatic and consular privileges under the [RELEVANT SOVEREIGN IMMUNITY ACTS] ("Excepted Assets") in any jurisdiction in relation to this Agreement or any transaction contemplated by this Agreement, no immunity from such proceedings shall be claimed by or on behalf of itself or with respect to its assets (other than Excepted Assets);

16.4.3 consents generally in respect of the enforcement of any judgment against it in any such proceedings in any jurisdiction to the giving of any relief or the issue of any process in connection with such proceedings (including the making, enforcement or execution against or in respect of any property whatsoever irrespective of its use or intended use).

6) 분쟁해결 관련 조항

16.3 Arbitration

16.3.1 Any Dispute arising out of or in connection with this Agreement that has not been resolved following the procedures set forth in Sections 16.1 and 16.2 shall (regardless of the nature of the Dispute but without prejudice to the provisions of this Agreement requiring any matter to be referred to an expert for final determination) be referred to arbitration and finally settled in accordance with the Convention on the Settlement of Investment Disputes between States and Nationals of other States (the "Convention") and the Rules of Procedure for Arbitration Proceedings of the International Centre for Settlement of Investment Disputes (the "Centre") established by the Convention (the "ICSID Rules") and the Parties hereby consent to arbitration thereunder. The Parties agree and acknowledge that the Company shall be deemed a foreign controlled company for the purposes of consenting to the jurisdiction of the Convention so long as not less than thirty-five percent (35%) of the shares of the Company are held by Foreign Investors. Arbitration proceedings conducted pursuant to this Section 16.3.1 shall be held at [LOCATION] in Host Country.

16.3.2 As from the date on which the shareholding of the Foreign Investors falls below [_____]% of the [shares of the Company], then the dispute shall be finally settled by arbitration under the [ARBITRATION ACT OF HOST COUNTRY]. Arbitration proceedings conducted pursuant to this Section 16.3.2 shall be held at [LOCATION] in Host Country.

16.3.3 No arbitrator appointed pursuant to Section 16.3 shall be a national of the jurisdiction of either Party to this Agreement or of the jurisdiction of any of the Initial Shareholders (nor shall any such arbitrator be an employee or agent or former employee or agent of any such person).

16.3.4 The language of any arbitration under Section 16.3.1 or Section 16.3.2 shall be [__________].

16.3.5 Each Party hereby agrees to be bound by any final decision or award of any arbitrator(s) duly appointed under this Agreement.

16.3.6 Except as awarded by the arbitrator(s), each Party shall be responsible for its own costs incurred by it in connection with an arbitration hereunder.

부록 9
PPA 주요 계약서 국문본

Power Purchase Agreement

전력구매자와
독립민자발전사업자

0000. 0. 0

차 례

전력구매계약서

본 전력수급계약 (이하 '본 계약'이라 한다) 는 [월 일] 현재 다음의 당사자들 사이에서 체결된다.

1. AAA, [ ] 법에 의하여 설립되고 주된 사무소를 에 둔 Off-taker (이하 '전력구매자'이라 한다); 와

2. BBB, 주된 사무소를 ***번지에 둔 독립민자발전에너지주식회사 (이하 '계약상대자'라 한다).

전 문

가.

나.

다.

라.

따라서, 당사자들은 전문과 본 계약사항의 이행을 위하여 다음사항에 대해 합의한다.

[PPA 계약을 체결하게 된 경위를 간략하게 설명하여 계약체결의 배경을 이해하고, 계약해석을 위해 보충적으로 활용할 목적으로 작성]

제 1 장 용어

1.1 용어의 정의(Definition)

본 계약에서 사용되는 용어의 정의는 다음 각호와 같다. 다만, 이 계약에서 정의되지 않은 용어는 전력구매자, 전력산업계 또는 해당사회에서 일반적으로 사용되는 의미의 순으로 해석한다.

[PPA 계약의 목적과 범위 Business model에 대한 간략한 소개 등 PPA의 특성을 고려하여 각각의 용어정의가 필요]

제 2 장 목적

2.1 본 계약의 목적 (Purpose and Objective)

본 계약서의 목적은 계약상대자가 본 계약을 통해 선정된 발전기별로 각각의 계약물량을 산정하고 전력구매자에 판매하며, 이에 대해 전력구매자는 대금을 지불할 목적으로 체결되었다.

2.2 전력구매계약 (Power Purchase Agreement)

[본 계약을 통해 계약당사자에게 직접 부여되는 계약물량 및 관련 권리, 의무사항에 대해 좀 더 구체적으로 서술하고 계약 이행을 위해 필요한 여러 사항에 대해서 기본적인 정보와 Scheme 을 제공 (예를 들면, 특정 발전 Unit 별로 연간 발전용량, 성능 등)]

2.3 계약기간

이 계약은 본 계약상의 계약 발효일부터 [ ] 년간으로 한다. 전력구매자는 본 계약기간을 법률이 정하는 바에 따라 연장할 수 있으며, 이 경우에 계약상대자와 사전에 협의하여 계약기간 만료 [ ] 개월 전까지 계약상대자에게 서면으로 통지한다. 계약기간을 연장하는 경우 연장기간은 설비노후화 정도, 가동능력 등을 감안하고, 연장 기간 동안의 요금은 설비노후화 정도 등을 고려하여 **발전**소의 **발전**원가, 추가투자비 등을 감안하여 양사가 합의하여 정하고 그 이외의 사항은 원칙적으로 이 계약에 따른다.

제 3 장 선행조건

별도로 당사자 들 사이에서 합의하거나, 본 계약서 상 달리 정함이 없다면, 양 당사자의 의무사항은 다음의 각각의 조건들이 충족된 이후에 이행을 해야 한다. 원칙적으로 각각의 조건들은 양 당사자를 대표하는 권한 있는 자의 서명이 날인된 문서로서 입증되어야 한다.

3.1 관련 계약 및 행정사항 (Other Agreement and Documents)

본 계약의 이행을 위해 본 계약상 권리, 의무관계와 관련이 있는 필수적인 사항과 기타 관련 계약과 문서가 적법하고 유효해야 하며, 해당 계약과 관련된 세부 선행조건들이 적법하고 유효하게 충족되어야 한다. (첨부필요)

[PPA을 이행키 위해 관련 계약 및 부수적인 행정절차 등 관련 사항들이 적법하게 처리되고 성립되는 것을 조건으로 함 (필요한 계약과 행정절차에 대해서는 첨부를 통해 제시)]

3.2 정부승인 (Government Authorization)

본 계약서에 이행을 위해 계약 이행일에 필수적으로 득해야 할 정부 승인사항 및 관련 계약상 필요한 모든 정부 승인사항에 대하여 정부로부터 승인 또는 합의를 득해야 한다. (첨부필요)

[본 계약서에서 체결된 계약사항의 이행을 위하여 계약의 실제 이행일 기준으로 필요한 모든 인/허가, 라이센스 등 기타 정부 당국의 승인을 의미하고, 또한 발전소 설비 운영과 관련하여 환경영향평가 및 기타사항들에 대한 모든 관련 기관의 승인 등 원활한 계약이행을 위해 필요한 정부승인을 득하는 조건]

3.3 진술 및 보증 (Reps and Warranties)

본 계약서에 대해서 양 당사자가 진술 및 보증한 사항은 계약이행일 기준으로 모든 사항에 대해서 진실이며 거짓이 없음을 입증하고 이는 양당사자 중 권한 있는 자에 의해서 문서형식으로 확인되어야 한다.

3.4 선행조건의 포기 (Waiver)

본 계약서의 선행조건에 대해 보호를 받는 당사자는 상대방이 충족해야 할 조건에 대해서 문서로서 선행조건의 포기를 통지하는 것으로 관련 선행조건의 포기가 가능하다.

제 4 장 진술, 보증 및 의무사항

4.1 계약 상대자의 진술과 보증

본 계약서의 이행을 위하여 계약 상대자는 계약이행일 기준으로 다음사항에 대하여 진술 및 보증을 한다.

1. 계약대상자의 모든 진술 내용은 사실이다.
2. 본 계약의 체결 및 의무 이행에 있어서 관련된 모든 계약 사항 (bond 발행, 보증/신탁 또는 기타 관련 기관과 체결한 계약 등)은 유효하며, 관련 법규를 준수한다.
3. 계약상대자는 계약 체결 및 수행과 관련된 모든 인허가를 획득하였고, 본 계약서는 법적으로 유효한 구속력을 갖는다.

4. [첨부]의 경우를 제외하고, 본 계약의 이행과 관련하여 정부기관으로부터의 추가적으로 어떠한 특별한 허가를 필요로 하지 않는다.
5. 계약상대자는 본 계약에 부정적인 영향을 미치는 어떠한 소송도 진행하지 않고 있다.
6. 본 계약서와 관련된 모든 진술 사항(statements) 및 제공한 정보에는 일말의 거짓이 없으며 중요한 사실/사항들은 누락되어 있지 않다.

4.2 계약 상대자의 의무사항 (Responsibility)

계약상대자는 원활한 계약의 이행을 위하여 다음사항에 대하여 책임을 진다.

1. 발전소 및 계통연계설비의 입지확보와 건설
2. 발전설비의 운영
3. 발전용 연료 및 용수 확보
4. 생산된 전력 및 전력량 중 소내 사용분을 제외한 계약물량을 전력구매자에 공급
5. 계량설비의 설치, 소유 및 운영
6. 급전자동화설비의 설치와 운영에 필요한 감시・제어용 케이블과 통신선설치
7. 기타 위 각호의 이행과 관련되는 모든 사항

4.3 전력구매자의 진술과 보장

본 계약서의 이행을 위하여 전력구매자는 계약이행일 기준으로 다음사항에 대하여 진술 및 보증을 한다.

1. 전력구매자의 모든 진술 내용은 사실이다.
2. 본 계약의 체결 및 의무 이행과 관련된 모든 계약 사항 (bond 발행, 보증/신탁 또는 기타 관련 기관과 체결한 계약 등)은 유효하며 및 관련 법규를 준수한다.
3. 전력구매자는 본 계약의 체결 및 수행과 관련된 모든 인허가를 획득하였다. 본 계약서는 법적으로 유효하며 구속력을 갖는다.
4. 전력구매자는 계약 체결 및 수행과 관련된 모든 인허가를 획득하였고, 본 계약서는 법적으로 유효한 구속력을 갖는다.
5. [첨부]의 경우를 제외하고, 본 계약의 이행과 관련하여 정부기관으로부터의 추가적으로 어떠한 특별한 허가를 필요로 하지 않는다.
6. 전력구매자는 프로젝트 수행에 부정적인 영향을 미치는 어떠한 미결 상태의 소송에 연루되어 있지 않다.
7. 본 계약서와 관련된 모든 진술 사항(statements) 및 제공한 정보에는 일말의 거짓이 없으며 중요한 사실/사항들은 누락되어 있지 않다.

4.4 전력구매자의 의무사항 (Responsibility)

전력구매자는 원활한 계약의 이행을 위하여 다음사항에 대하여 책임을 진다.

1. 급전운용, 전력 및 전력량 수전, 요금의 산정 및 지급
2. 계통연계설비의 인수, 소유 및 운영

3. 발전소의 송전선로 보호계전기 정정 및 시험
4. 전력구매자변전소 구내에 설치되는 계통연계설비의 건설, 소유 및 운영
5. 전력구매자변전소 이후의 전력구매자전력계통에 필요한 설비의 보강
6. 기타 위 각호의 이행과 관련되는 사항

4.5 정부승인을 위한 양 당사자의 협업노력 (Mutual Efforts for Government Approval)

양 당사자는 본 조항에서 명시한 의무사항을 달성함에 있어 상대방의 도움과 협의가 필요한 경우에, 계약 상대방이 이를 달성할 수 있도록 최선을 다하여 지원해야 한다.

제 5 장 전력의 공급 및 판매

5.1 전력공급 및 판매

계약상대자는 계약사항을 준수하여 본 계약의 이행일로부터 계약기간 동안 매년 약정 계약물량을 제공해야 하며, 전력구매자는 해당 약정 물량을 계약가격에 기반 하여 구매한다.

[PPA 체결에 따라, 본 계약을 통해 체결될 계약물량 및 가격산식에 대한 1) 일반적인 원칙, 2) 계약항목, 약정발전량 및 특징(Band)을 서술하고, 2) Incentive & Penalty 사항과 3) Hedging Scheme 등에 대해서 언급하는 조항]

제 6 장 전력공급 접속점

6.1 전력공급지점 및 수급방식

양 사 간의 전력수급지점은 발전소구내 옥외변전소의 154kV 송전선로 측 철구의 인류애자련 크람프단으로 한다. 양 사 간의 전력수급방식은 전력수급지점에서 전압 154kV 급, 3 상 교류, 주파수 60Hz 를 원칙으로 한다.

6.2 전력수급한계점 및 재산한계점

양 사 간의 전력수급책임한계점 및 재산한계점은 제 6.1 조 [전력수급지점 및 전력수급방식] 전력수급지점으로 하고 이로부터 발전소 측의 제반 설비는 계약상대자가, 그리고 전력구매자 변전소 측의 제반 설비는 전력구매자가 각각 설치, 소유 및 운영한다.

[일반적으로 통용되는 전력거래 수급지점 및 재산한계의 Scheme과 용어 통일을 위해 전력구매자가 PPA 계약 시 적용하는 전력공급지점 및 수급방식을 내용을 준용]

제 7 장 계량 및 검침 (Metering)

7.1 계량설비 설치 및 운영 (Metering System)

계약상대자는 자체 비용으로 전력구매자의 관리감독 하에 전력수급지점에 발전용량을 측정할 계량기와 주요 장비(전류 변압기, 전위/포텐셜 변압기)를 설치하여 측정이 가능하도록 한다. 해당 계량기는 [ ] 간격으로 측정하며, 발전량(Energy)은 지속적으로 측정한다. 계량기는 계약 사양에 준하는 특징 및 사양을 갖추어 해당 장소에 설치되어야 하며 공인된 실험 기관의 승인을 받아야 한다. 계약상대자는 전력구매자의 사전 서면 승인 없이 계량기를 고치거나 분리시킬 수 없다.

① 계약상대자는 자신의 부담으로 계약이행일전까지 전력수급지점 또는 양사가 합의하여 정하는 지점에 다음 각호의 모든 기능을 갖춘 계량설비를 계량 및 측정에 관한 법률이 정하는 소정의 검정을 받아 설치하고 운영하여야 한다.

1. 각 호기별 발전기별로 매시간별 수급 전력량을 정하여 전력량요금을 계산하고 기록할 수 있어야 한다.
2. 각 호기별 발전기별로 매시간별 전력량요금을 적산하여 월간 전력량요금을 계산하고 기록할 수 있어야 한다.
3. 각 호기별 발전기별로 월간 전력량요금을 적산하여 발전소의 모든 호기에 대한 전력량 요금을 계산하고 기록할 수 있어야 한다.
4. 각 호기별로 매시간별 수급 전력량을 급전자동화 설비로 취득할 수 있어야 한다.

② 계량설비의 결함이나 오차를 발견하는 당사자는 이를 즉시 상대방 당사자에게 통지하여야 한다.

③ 계량설비는 양사가 봉인하며 검사·시험·조사·조정 등(이하 '검사'라 한다)의 목적으로 봉인을 제거할 경우에는 양사의 관계자가 입회하여야 한다.

④ 계량설비의 검침은 양사의 관계자가 매 월말 자정에 실시함을 원칙으로 한다.

7.2 부정확한 계량사항 조정 (Retroactive Adjustment)

계량기가 작동을 멈추거나 테스트 결과 측정값에 오차가 있다고 판명되거나, 계량설비 봉인이 뜯어진 채 발견되거나, 계량장치가 측정치를 나타내지 못하거나, 계량측정치가 시험시 사용된 표준계량기 측정치보다 [ ] %이상 차이가 난 경우에는 전력량계 측정치 수정을 위해서 첨부한 기준에 따라 계량사항을 조정한다. (첨부필요)

7.3 계량설비 조사와 검사 (Metering Inspection and Testing)

양 측은 최소 [72]시간 사전 통지 후, 영업일 근무시간 중에 정확한 대금 청구서 작성을 위하여 상대방의 기록, 그래프 및 technical information을 점검/검사할 수 있다. 고장 및 기타 원인에 의하여 계량설비가 정상적으로 작동하지 아니한 경우의 매시간별 수급전력량 및 전력량요금은 양사가 각각 제시하는 관련 자료를 참고하여 협의, 결정한다.

① 계량설비의 검사는 다음 각호와 같이 실시한다.

1. 정기검사는 연 1 회 실시하고 그 시기는 양사가 합의하여 정한다.
2. 수시검사는 당사자가 요청하고 그 상대방 당사자가 수락하는 경우에 실시하며, 상대방 당사자는 정당한 사유 없이 요청을 거절할 수 없다.

② 검사에 소요되는 비용은 계약상대자가 부담한다.

7.4 계량설비에 관한 세부기준

양사는 계량설비의 대수, 형식, 구성, 설치장소, 검침, 검사 등에 관한 세부기준과 절차를 규정하는 "계량설비 설치 및 운영지침"을 별도로 합의하여 정한다.

제 8 장 요금 (Pricing)

8.1 요금의 종류와 구성

본 계약에 의한 요금(부가가치세가 포함되지 아니한 금액을 기준으로 한다)은 그 구성내역에 따라 [용량요금, 전력량요금 및 기동요금]으로 구분한다. 상기한 요금은 산정시점 및 산정목적에 따라 [약정요금, 보정요금 및 지급요금]으로 구분한다.

8.2 약정요금

약정요금은 계약기간 중 불변가격 기준으로 다음 각호와 같다.

1. 약정용량요금은 [ ]원으로 한다.
2. 약정전력량요금은 다음의 출력별 송전단 열소비율을 근거로 작성된 열소비율곡선과 약정열량단가를 기준하여 산정하되, 열소비율곡선 작성방법은 [계량설비에 관한 세부기준]에서 정하는 바에 따른다. 다만, 다음의 출력별 송전단 열소비율은 운전 중 열소비율이며 전 계약기간 동안 변동되지 아니한다.
3. 약정기동요금 산정의 기초가 되는 기동 1 회당 기동요금은 냉간기동시에는 [ ] 원, 난간기동시에는 [ ] 원, 열간기동시에는 [ ] 원으로 한다.

기타 약정요금의 세부산정기준은 첨부와 같이 정한다. (첨부필요)

8.3 보정요금

보정요금은 계약이행일을 기준으로 9.2 [약정요금]에 다음 각호의 요금증감요인을 반영하여 산정하며, 보정용량요금 산정시 반영할 요금의 증감요인은 다음 각호와 같다.

1. 보정전력량요금은 약정전력량요금에 전력구매자의 기준 [ ] 열량단가지수의 변동을 반영하여 산정한다. 다만, 비상연료의 경우는 정부가 고시하는 가격(세전제조장반출가격)지수 또는 전력구매자 경유열량단가지수의 변동을 반영하여 산정한다.

2. 보정기동요금은 약정기동요금에 전력구매자의 기준 [　]열량단가지수의 변동을 반영하여 산정한다.

기타 보정요금의 세부산정기준은 첨부와 같이 정한다. (첨부필요)

8.4 지급요금

지급요금은 9.3 [보정요금]에 보정요금 산정시점 이후 요금증감요인을 반영하여 산정하며 그 산정 기준시점 및 적용기준은 다음 각호와 같다.
(생략)

지급요금의 세부산정기준은 첨부과 같이 정한다. (첨부필요)

8.5 지급용량 요금의 감액

발전소 운영실적이 다음 각호에 해당하는 경우 지급용량요금을 감액하여 지급한다.
(생략)

8.6 요금의 적용개시시기

지급용량요금은 계약이행일부터 적용한다. 다만, 지급 전력량 요금은 해당 발전기의 최초 계통병입일부터 적용한다.

제 9 장 전력요금의 청구 및 지급 (Billing and Payment)

9.1 요금의 청구 및 지급

계약상대자는 이 계약에 의한 해당월분 요금을 익월 [10 일]까지 청구하고 전력구매자는 이를 검토하여 말일까지 지급한다. 다만, 말일이 영업일이 아닌 경우 그 다음 첫 영업일까지 지급한다.

9.2 지급방법

이 계약에 따라 전력구매자가 계약상대자에게 지급하는 요금 등의 지급방법은 정부투자기관회계규정 및 회계규정시행세칙에서 정하는 바에 따른다.

9.3 요금지급의 연체

전력구매자가 계약상대자에게 지급할 요금의 일부 또는 전부를 전력구매자의 사정으로 10.1 [요금의 청구 및 지급]에 정한 날짜를 경과하여 지급하는 경우에는 전력구매자의 전기공급규정에 따라 전력구매자가 일반고객에게 적용하는 연체요율을 적용하여 산정한 연체료를 가산하여 지급한다.

9.4 계산단위의 단수처리

이 계약에 의한 단위는 다음과 같으며, 계산 시 계산단위 미만 첫째자리에서 반올림한다.

1. 용량요금단가 : 0.01 원
2. 용량요금 : 10 원
3. 전력량요금단가 : 0.01 원
4. 전력량요금 : 10 원
5. 기동요금단가 : 0.01 원
6. 기동요금 : 10 원
7. 열량단가 : 0.000001 원/kcal
8. 용량 : 1 kW
9. 전력량 : 1 kWh
10. 발열량 : 1 kcal/kg
11. 열소비율 : 1 kcal/kWh

기타 지급금액의 단수처리는 국고금 단수계산법에서 정하는 바에 따른다.

제 10 장 세금 및 보험 (Tax & Insurance)

10.1 세금 (Tax)

① 발전소의 소유 및 운영과 관련하여 계약상대자에게 부과되는 국세, 지방세와 기타 법령상 부과되는 제세공과금 및 이에 부수되는 일체의 비용은 본 계약상의 합의에 의한 경우를 제외하고는 계약상대자가 부담하여 납부한다.

② 계약체결일 이후에 국내 세금 관련 법령의 제정 및 개폐에 따라 법인세 등의 변동이 있는 경우 당사자는 동 법령의 시행일로부터 [60 일 이내] 법인세 등의 증감에 따른 용량요금의 증감을 상대방 당사자에게 요청하여야 한다.

③ 계약체결일 이후에 신설 또는 개폐되는 법령이 법인세 등의 혜택을 부여하고 있는 경우 계약상대자는 그러한 감면을 획득하도록 최대한 노력하여야 하며, 만일 계약상대자가 이를 태만히 하여 감면을 받지 못하는 경우에는 전력요금에서 감면 받을 수 있었던 금액 상당액을 감액한다.

10.2 보험 (Insurance)

① 본 계약서와 관련된 계약상대자의 위험, 의무, 책임과 관련된 사항은 계약 상대자의 보험가입 여부와는 별개로 적용된다. 따라서, 위험 부담에 따른 의무/책임 금액은 본 조항의 보험 가입여부나 보상범위(coverage)에 따라 별다른 변동 없이 감축되지 않는다.

② 설비 운영과 관련된 위험을 커버하기 위하여, 계약상대자는 3 항과 관련하여 보험증권을 취득하고 그 효력을 유지한다. 동 보험 증권은 제 1 순위 보험으로서 기타 보험 납부에 우선한다.

③ 발전소 운영기간 동안의 종합책임(comprehensive, all-risks) 보험

④ 계약상대자(또는 그의 하도업체/Contractors)는 본 조항에서 요구하는 모든 보험 증권의 지명 보험계약자이다. 계약상대자는 자신의 재량 하에 하나의 보험 증권에 그의 하도업체들을 통합 가입시킬지 말지 여부를 선택할 수 있다. 단, 제 11.2 항에 의거한 모든 책임들은 반드시 부보(insured)되어야 한다.

⑤ 계약상대자, 전력구매자 및 모든 양수인(讓受人)들은 본 조항에서 요구하는 모든 보험 증권의 지명 수혜자이다.

⑥ 모든 보험 증권은 전력구매자가 인정하고 지불 능력이 있다고 평가되는 보험회사에서 발행되어야 한다.

⑦ 계약상대자 측의 보험사 또는 보험대행 업체가 전력구매자에 통지해야 할 사항은 다음과 같다.; (i) 보험 증권 만료일 및 주요 변동 사항, 발생 즉시 통보해야 하고, (ii) 계약상대자가 납부 만기일 이후 미납한 보험료의 경우에는 즉시 통보해야 한다.

⑧ 계약상대자는 다음과 같은 사건 발생 시 즉시 전력구매자에 통지해야 한다.; (i) 보험증권으로 부보 되는 주요 피해/손실, (ii) 보험사와의 주요 분쟁(argue) 이슈, (iii) 보험증권의 조기 해약, (iv) 보험료 미납, (v) 어떠한 사유로 인하여 보험증권의 효력 상실, (vi) 계약상대자가 가입한 보험의 보상범위에 중요한 변동사항 발생

⑨ 각 보험증서 획득(가입)일로부터 [80 일] 이내에, 그리고 매 후속연도의 만기 1 주년 일자로부터 [40 일] 이내에, 계약상대자는 보험사 및 재보험 사가 발급한 보험 증서 사본을 전력구매자에 제출한다. 동 보험 증서들은 상기 조항에 규정된 (적용/보상) 범위 이외에도 다음의 사항들을 명기해야 한다.; (a) 증권을 발급한 보험사 상호, (b) 적용/보상 범위, 공제 금액(deductibles), 예외, 한도 및 만료일, (c) 해당 보험증권은 완전한 법적 효력을 갖는다는 진술/선언(statement), (d) 계약상대자가 보험료를 완납하였다는 진술, (e) 전력구매자 및 전력구매자의 양수인들이 보험 증권의 우선 수혜자로 지명되어 있다는 진술

⑩ 별도의 규정이 없는 한, 본 조항에서 요구하는 모든 보험증권은 최소 [12]개월 동안 유효하다. 계약상대자가 해당 보험의 만기 내 동 보험을 갱신하지 못하거나 발급받지 못할 경우, 전력구매자는 다음의 두 가지 사항 중 택일할 수 있다. (a) 각 단계별 보증금에서 집행/추징하여 계약상대자의 명의로 동 보험의 갱신 비용을 납부/지불하며, 계약상대자는 이러한 조치가 실행된 직후에 집행/추징된 금액만큼을 재 납입하여 보증금(Guarantee)총액을 원상태로 복구시켜 놓아야 한다.

⑪ 계약상대자는 기타 본 조항의 규정 외 보험계약을 체결하였다는 사실을 입증하는 서류가 있다면 이를 전력구매자에 제출하여야 한다.

제 11 장 책임 및 면책

11.1 면책 by 발전 회사

계약상대자는 계약상대자의 잘못으로 인하여 다음사항에 대해 소송, 요구, 항의 및 기타 법적 절차를 통해서 전력구매자 및 전력구매자의 직원 및 자회사에게 야기된 피해 및 손실에 대해서 보상을 해야 한다. 보상의 범위는 소요 비용, 각종 세금, 변호사 fee 및 소송 비용 등이다.

1. 발전소 운영의 결과로 발생한 인명 혹은 재산 피해 (전력구매자에 대한 피해 포함)
2. 계약상대자 또는 그의 하도업체(Contractor)의 직원이 입은 상해
3. 발전소 운영과 관련된 특허, 면허 및 기타 보호 대상 권리에 대한 위반/침해
4. 계약상대자 또는 그 하도업체(Contractor)의 관련 법규 미준수
5. 계약상대자 또는 그 하도업체 직원들이 노동법 및 산업안전법과 관련하여 제기한 클레임
6. 자재와 운송 도중 발생한 도로, 교량 등 운송 발전 훼손으로 인한 클레임
7. 계약상대자에게 양도/이전한 부지와 관련된 환경문제로 인한 책임 또는 프로젝트 자산의 프로젝트 자산 및 운영과 관련된 책임

11.2 면책 by 전력구매자

전력구매자는 전력구매자의 잘못으로 인하여 다음사항에 대해 소송, 요구, 항의 및 기타 법적 절차를 통해서 계약상대자, 계약상대자의 직원 및 자회사에게 야기된 피해 및 손실에 대해서 보상한다. 보상의 범위는 소요 비용 및 각종 세금, 변호사 fee 및 소송비용 등이다.

1. 전력구매자의 운영상의 잘못으로 인하여 야기된 인명, 재산 피해
2. 전력구매자의 관련법 준수 불이행
3. 전력 사용자로부터 제기된 클레임

11.3 소송절차의 통보 및 처리

양 당사자중 중 일방이 본 조항에 의거 보상을 받고자 할 경우에는 (i) 보상받을 자격이 있는 자는 상대방에게 즉시 손해배상 청구를 통지하며, (ii) 보상을 하는 측의 직원 및 대리인들은 그러한 손해배상 청구에 대하여 조사, 방어(변호), 및 타협(합의)할 권리를 갖는다. (iii) 보상받을 자격이 있는 자는 보상 하는 상대방이 요청하는 한도까지 조사, 방어(변호), 타협(합의) 등에 협조한다.

11.4 Survival after termination

본 조항들은 본 계약의 해지 이후에도 유효하다.

제 12 장 계약보증

12.1 계약보증금

① 계약상대자는 발전소 운영 등 본 Vesting Contract 의 성실한 이행을 보증하기 위하여 운전이행보증금 [ ]원 (요금____일분)의 보증금을 계약보증금으로 전력구매자에 납부하여야 한다.

② 제 1 항의 경우 현금에 갈음하여 다음 각호의 보증서 등으로 계약보증금을 납부할 수 있다.

1. 예산회계법령시행령 제 135 조의 규정에 의한 금융기관 및 은행법에 의한 외국금융기관이 발행한 지급보증서
2. 보험업법에 의한 보험사업자가 발행한 보증보험증권

③ 각호의 보증금 예치기간 또는 보증기간은 계약이행일로부터 계약기간 만료일까지의 기간에 2 개월을 가산한 기간으로 한다.

④ 제 1 항의 보증금 납부기한은 계약이행 예정일까지로 한다.

⑤ 상기한 보증서 등으로 계약보증금을 납부한 경우로서 계약이행일이 연기될 경우에는 그 연장기간을 가산한 기간을 보증기간으로 하는 보증서 등을 제출하여야 한다.

⑥ 전력구매자가 [지체상금]에 의한 지체상금을 계약보증금에서 충당할 경우 계약상대자는 전력구매자의 충당에 관한 통지를 받은 날부터 7 일 이내에 계약보증금 부족액을 납부하여야 한다.

⑦ [계약의 해제 및 해지]에 따라 계약을 해제 또는 해지할 경우 계약보증금은 위약금으로서 전력구매자에 귀속된다.

⑧ 계약보증금은 전력구매자의 청구에 의하여 전액을 일람 인출할 수 있어야 한다.

⑨ 계약보증금과 관련하여 발생하는 모든 비용은 계약상대자가 부담한다.

12.2 지체상금 (Liquidated Damage)

본 계약서에서 달리 정하는 경우를 제외하고, 계약상대자의 귀책사유로 인하여 전력공급이 되지 아니한 경우 계약상대자는 지체일수 매 1 일에 대하여 [별도의 기준으로 정한 금액]을 지체상금을 전력구매자에 납부하여야 한다. 다만, 계약상대자의 책임이 아닌 사유로 인하여 지체된 경우는 지체일수에 산입하지 아니한다.

제 13 장 채무불이행과 계약해지

13.1 조기 계약해지

양 당사자는 다음과 같은 경우에 계약기간의 종료전이라고 하더라고 본 계약을 해지할 수 있다

1. 양당사자의 합의
2. 계약상대자의 의무 불이행 이후 전력구매자의 해지 통보
3. 전력구매자의 의무불이행 이후 발전자회사의 해지 통보
4. 일방당사자의 불가항력의 기간의 연장으로 인한 계약의 이행불가 통보

위 사항으로 인하여 계약의 종료, 해지가 발생한 경우라고 하더라도 해지일 이전에 발생한 권리, 의무 이행과 관련된 사항에 대해서는 영향을 미치지 않는다.

13.2 계약상대자의 의무불이행

다음에 명시된 사건들 중 하나가 발생한 경우에 계약상대자의 의무 불이행으로 인정된다. 단, 전력구매자의 의무 불이행으로 발생한 사건, 불가항력에 기인한 결과일 경우에는 예외로 한다.

1. 발전소의 운영이 중단/방치 되어 전력구매자의 시정권고를 받고도 [ ]일 이상 중단/방치 상태가 유지되는 경우
2. 본 계약을 통해서 약정한 계약물량 및 이용률의 최소값(Minimum Value)에 도달하지 못하는 경우
3. 전력구매자에 대한 지불 대금(채무) 미지급 또는 보증서의 개설, 유지, 유효 기간 연장, 증액 또는 관련된 지불 불이행이 전력구매자의 시정권고를 받고도 [ ] 영업일 이상 지속될 경우
4. 본 계약에서 요구하는 보험 증권의 획득 및 효력 유지의 불이행이 전력구매자의 시정권고를 받은 일자로부터 [ ] 영업일 이상 지속될 경우
5. 법률 규정에 대한 위반 행위
6. 계약상대자가 첨부한 주요 일정을 맞추지 못하거나, 기타 약정된 유예기간 동안 이상 지연될 경우
7. 본 계약서에 명시한 진술 및 보증사항 중 (i) 중요한 사항이 거짓으로 판명되었으며, (ii) 그러한 거짓으로 전력구매자에게 실질적인 피해를 끼쳤고, (iii) 정정이 가능함에도 불구하고 전력구매자의 시정권고를 받은 일자로부터 [ ] 일 이내에 정정되지 않을 경우
8. 계약상대자가 파산 혹은 채무 지급 불능 상태가 되거나, 부채 및 자산의 전체 혹은 상당부분에 대하여 정리절차에 돌입하게 되는 경우; 계약상대자 자체 혹은 계약상대자의 자산 및 수익의 전체 또는 상당 부분이 파산이나 지불유예, 청산의 대상이 되는 경우; 채권자로부터 위에 상응하는 절차에 대한 통지를 받은 경우 또는 관련 법상 본 조항과 유사한 조치를 받은 경우

13.3 전력구매자의 의무불이행

다음에 명시된 사건들 중 하나가 발생한 경우에 전력구매자의 의무 불이행으로 인정된다. 단, 계약상대자의 의무 불이행으로 발생한 사건, 불가항력에 기인한 결과일 경우에는 예외로 한다.

1. 계약상대자에게 계약상의 대금을 지급하지 않고 이러한 미지급 상황이 계약상대자로부터 시정권고 통지를 받은 일자로부터 [ ] 영업일 이상 지속될 경우
2. 본 계약서상의 제반 의무의 준수, 이행, 수행을 중단하고, 계약상대자로부터 시정권고를 받은 일자로부터 [ ] 영업일 이상 지속될 경우
3. 본 계약서에 명시한 진술 및 보증사항 중 (i) 중요한 사항이 거짓으로 판명되었으며, (ii) 그러한 거짓으로 계약상대자에게 실질적인 피해를 끼쳤고, (iii) 정정이 가능함에도 불구하고 계약상대자의 시정권고를 받은 일자로부터 [ ] 일 이내에 정정되지 않을 경우
4. 전력구매자가 파산 혹은 채무 지급 불능 상태가 되거나, 부채 및 자산의 전체 혹은 상당부분에 대하여 정리절차에 돌입하게 되는 경우; 계약상대자 자체 혹은 계약상대자의 자산 및 수익의 전체 또는 상당 부분이 파산이나 지불유예, 청산의 대상이 되는 경우, 채권자로부터 위에 상응하는 절차에 대한 통지를 받은 경우 또는 관련 법상 본 조항과 유사한 조치를 받은 경우

13.4 불이행의 결과

본 계약서상 달리 정한 경우가 없다면, 일방 당사자는 불이행 사유가 계속되는 동안, 그 당사자는 법정 판결과 상관없이 30 일 이전에 상대방에게 사전 통지하여 계약을 종료/해지할 권리를 가지며, 본 계약서 또는 관련법에 의거 해당되는 (손해) 보상을 요구할 권리를 갖는다.

제 14 장 불가항력

① 불가항력의 사유로 당사자가 일시적으로 계약상의 의무를 이행할 수 없을 경우에는 사유 발생 후 15 일 이내에 상대방 당사자에게 서면으로 통지함으로써 당사자가 이행할 수 없게 된 계약상 의무는 그 기간 동안 중지된다.

② 당사자는 제 1 항에 의한 불가항력의 사유로 상대방 당사자가 입은 손실, 손해 또는 이행지체에 대하여 책임을 지지 아니한다.

③ 당사자는 불가항력의 사유가 종료된 날부터 1 월 이내에 해당 국가의 정부나 그 위임을 받은 기관이 발행하는 확인서 또는 상대방 당사자가 인정할 수 있는 증빙자료를 첨부하여 불가항력으로 인한 지체의 정도를 상대방 당사자에게 서면으로 통지하여야 한다. 다만, 증빙자료 제출은 확인서를 발급 받을 수 없는 경우에 한한다.

④ 계약상대자가 계약이행일 이전에 발생하는 불가항력의 사유에 대하여 제1항 및 제3항에 따라 전력구매자에 통지한 경우 전력구매자는 양사 합의하에 타당한 기간을 정하여 그 기간만큼 계약이행일을 연장하고 해당연장기간에 대하여는 [지체상금]을 적용하지 아니하며, 계약기간 중에 발생한 불가항력의 사유에 대하여 제1항 및 제3항에 따라 전력구매자에 통지하고 전력구매자가 이를 인정한 경우에는 [요금의 감액]을 적용하지 아니한다.

⑤ 당사자가 제1항 및 제3항에 의한 상대방 당사자의 서면통지를 받고 상대방 당사자의 책임 있는 사유로 계약불이행이 발생하였다고 판단하는 경우에는 그 통지를 받은 날로부터 1월 이내에 그 내용을 상대방 당사자에게 서면으로 통지하여야 한다.

⑥ 불가항력의 사유로 이 계약상의 의무를 영구적으로 이행할 수 없는 경우에 양사는 이 계약상의 의무가 면제된다.

⑦ 제1항 내지 제4항 및 제6항의 불가항력이라 함은 당사자의 과실 없이 통제 불가능한 경우로서 다음 각 호와 같다.

1. 양사가 합리적으로 통제할 수 없는 자연재해로서 태풍, 홍수, 가뭄, 낙뢰, 지진, 악천후 등과 같은 천재지변, 화재, 폭발, 화학적 오염, 전염성 역질 또는 그 밖에 양사가 합리적으로 통제할 수 없는 사건이나 상황
2. 다음과 같은 정치적 사건이나 상황

   가. 내란, 전쟁, 폭동, 혁명, 전시배급, 무장충돌 또는 적대국의 행위
   나. 관련 법령의 제정개폐, 정부당국의 조치 또는 부작위
   다. 입출항금지, 국제적 무역제한
   라. 계약당사자가 근로계약을 위반함으로써 발생한 것이 아닌 동종업계 2/3 이상 참여한 전국적인 연대파업
3. 계약상대자의 연료공급계약에 명기된 불가항력 사유로 인하여 연료공급이 중단된 경우. 다만, 계약상대자의 연료공급계약에 명기된 불가항력은 제7항 제1호 및 제2호에서 정한 불가항력에 국한하여 인정한다.

14.1 불가항력

불가항력이라 함은 다음의 경우에 해당되는 들을 말한다. (a) 일방 당사자가 계약이행이 불가능 하거나 지연될 정도로 영향을 받았으며, (b) 그 영향의 정도가 합리적으로 통제 관리가 불가능한 수준이며, (c) 그 원인이 일방의 과실 또는 태만에 기인한 것이 아니며 (d) 그 상황이 불가피 할 경우를 말하며, 해당 기간 동안 계약의 의무는 중지된다.

다음의 경우는 불가항력으로 보며, 그럼에도 불가항력은 다음 경우로만 제한하지 않는다.

가. 폭풍, 홍수, 번개 및 지진과 같은 자연 현상;
나. 전쟁, 내란, 폭동, 사보타주 및 관련국에 대한 무역중지 연료나 주요 부품의 인도/공급(delivery)에 있어 차질이 발생하는 경우;

다. 운송 재난, 해상, 육상, 철도 및 항공 운송에 있어서의 재난 상황;
라. 근로 계약을 준수했음에도 불구하고 발생한 파업 및 기타 분쟁(Conflict), 혹은 사업국가 이외의 지역에서 발생한 파업 및 분쟁으로 인하여 주요기기를 계약상 대자에게 인도함에 있어 납기 지연이 발생하는 경우;
마. 화재;
바. 본 계약서 혹은 기타 관련법의 미 준수나 일방의 요청으로 인한 것이 아닌 관련 당국의 법률 및 관련 규정의 누락,

14.2 의무 불이행 책임의 면제

본 계약서에 예외 사항으로 규정한 경우를 제외하고, 양 당사자는 불가항력 기간 동안에 발생한 의무 불이행 사건에 대하여 책임을 지지 않는다. 불가항력의 발생을 주장하는 당사자는 해당 불가항력에 따른 사건을 수습하고 관련 피해를 최소화하기 위한 최선의 노력의무를 다해야 한다.

14.3 불가항력으로 인한 계약의 종료 및 해지

계약상의 일방 당사자는 불가항력이 발생하여 연속적으로 [180 일] 또는 누적하여 불연속적으로 연간 [270 일] 동안 지속되면 양 측 중 누구라도 상기한 기간 경과 후 30 일 이내에 본 계약을 종료/해지할 수 있다.

14.4 불가항력의 입증

양 당사자중 일방이 불가항력 발생을 인정하지 않을 경우, 불가항력을 주장하는 측이 제 18.3 항 중재절차에 의거하여 전문인 감정/검증 및 중재 절차를 진행할 의무를 갖는다.

14.5 통지의무

불가항력 발생을 주장하는 당사자는 (a) 불가항력 의 발생 및 (b) 사고 발생 후 의무 이행을 재개할 수 있는 시점을 다른 상대방에게 통보해야 한다. 문제를 제기한 측은 전술한 (a), (b)를 인지한 날로부터 최소한 [ ]영업일 이내에 상대방에게 통지해야 한다. 본 규정에 따라 통지하지 않을 경우, 불가항력을 주장하는 측은 불가항력으로 인한 면책의 권리를 갖지 못한다. 불가항력을 주장하는 측은 정부 당국 기관, 기기 제작사, 하도업체(subcontractors), 운송업체, 보험사 등의 제 3 자의 보고서, 의견서, 자료를 통하여 다른 당사자에게 다음의 상황이 납득되도록 문서상으로 증명해야 한다. 문서상으로 입증해야 하는 사항은 다음과 같다.

1. 불가항력 발생으로 인하여 계약상의 의무 전체/일부를 수행할 수 없었음 (일부일 경우, 불가항력의 영향을 받은 부분에 대한 의무 한하며)

2. 불가항력을 주장하는 당사자가 관리/통제력으로 감당할 수 없는 성격으로써, 불가항력을 주장하는 당사자의 귀책사유가 아님

3. 불가항력을 피하기 위하여 최선의 노력을 다하였음

불가항력 발생을 주장하는 당사자가 상기 언급한 사항에 대해서 상대방에게 모든 정보를 제출하고 난 후에, 상대방이 추가적으로 필요한 정보가 있을 경우에는, 정보/보고자료 수신일로부터 [ ]영업일 이내에 해당 자료를 요청해야 한다. 동 기한 이내에 요청하지 않을 경우, 기 제출한 정보/보고 자료를 수락한 것으로 간주한다. 정보/보고자료 수신일로부터 [ ]일 이후를 기점으로 [150]일 까지 승인/기각 여부를 표명하며, 기간이 경과되었는데도 답변이 없는 경우 승인한 것으로 간주한다.

제 15 장 법률의 변경

15.1 법률의 변경

본 계약상의 당사자가 본 계약의 의무를 이행함에 있어 법률의 변경, 송변전 운용규정, 기타 전력시장과 관련된 법률, 규정의 변경으로 인해 영향을 받게 될 경우, 계약상대자는 해당 사실을 인지한 후 [ ] 영업일 이내에 법제상의 변경이 발생하였음을 통지하여야 한다. 통지를 받은 [30] 일 이내에 전력구매자에 법률 변경으로 유발된 비용의 증감분과 월별 지급 금액 조정에 대한 의견 및 그러한 의견의 근거가 되는 분석 보고서를 제출해야 한다. 이에 따라, 양 당사자들은 상호 협의 하에 법률변경에 따른 조치를 취한다. 그럼에도 불구하고, 계약대상자는 어떠한 상황에서도 법률 변경으로 인한 가격 변동이 최소화 될 수 있도록 노력해야 한다.

15.2 법률변경으로 인한 구제

전력구매자가 계약대상자가 제시한 조치사항에 동의하지 않거나, 해당 조치를 통해 계약대상자의 법률 변경 이전의 재무/경제 상황을 반영한다는 것에 의견의 일치를 이루지 못할 경우, 양 측 중 일 방은 법률 변경 통지일 이후 [60]일 이내에 제 18.3 항 중재절차에 의거 외부독립전문가를 통하여 문제(분쟁)를 해결한다. 양 측의 중재가 진행되는 동안에는 전력요금은 조정되지 않는다. 조정 금액은 향후 법률 변경으로 인한 계약대상자의 비용 지출 증감분 또는 변동치가 결정된 일자로부터 이자를 포함하여 소급적용 된다.

제 16 장 기타의 계약 조건

16.1 통지 및 청구

① 이 계약에 의한 통지 또는 청구는 한글로 작성한 서면으로 하여야 하며 상대방 당사자에게 도달한 때에 효력을 발생한다.

② 제 1 항에 의한 통지, 청구 등은 다음 각호의 주소에 인편, 우편, 팩시밀리 또는 전보로 하여야 한다. 다만, 주소를 변경하는 경우에는 변경될 주소와 날짜를 변경 [30]일전까지 상대방 당사자에게 통지하여야 하며 이를 이행하지 아니함으로써 발생하는 모든 책임은 주소변경통지를 하지 아니한 당사자가 진다.

1. 전력구매자 주소 : ***
2. 계약상대자 주소 : ***

16.2 현장 출입

이 계약에 의한 업무를 수행하기 위하여 전력구매자가 발전소 또는 계통연계설비 현장 또는 운전 중인 발전소를 출입하고자 하는 경우 계약상대자는 출입을 허용하고 업무수행에 필요한 현장안내 등의 편의를 제공하여야 한다.

16.3 분쟁의 해결

① 본 계약상 별다른 조항이 없는 한, 본 계약으로 인하여 또는 이 계약과 관련하여 발생하는 모든 분쟁은 양 사 간의 합의에 의해서 다음의 절차에 의거 해결한다.

② 우선적으로, 양 측은 상호 합의를 통하여 이견(입장 차이)과 관련된 사안들을 해결하기 위하여 적극적으로 노력한다.

③ 양 측이 만약 기술적, 운영적 문제와 관련된 이견(입장 차이)이나 대금 지급과 관련된 사안들과 관련하여 분쟁이 발생하고 합의에 도달하지 못할 경우, 문제를 외부전문가에게 의뢰한다. 문제의 해결을 외부전문가에게 의뢰하는 당사자는 상대방에게 해당분야의 전문가군 [ ]명의 후보를 선별하여 제안하며 상대방은 수신일로부터 [ ]일 이내에 해당 전문가를 선정한다. 명시한 기한 내에 상대방이 외부전문가를 선정하지 않을 경우, 의뢰당사자는 후보 중에서 임의로 선정하여 외부전문가를 임명하고 이를 상대방에게 통보한다. 양 측은 이러한 절차에 소요되는 비용을 각자 부담하며, 외부전문가의 서비스 비용은 양 당사자가 균등하게 부담한다. 외부전문가의 선정 또는 임명일로부터 [ ] 일 이내에 양 측은 분쟁 현안과 관련된 정보를 외부전문가에게 제공한다. 외부전문가는 양 당사자와 몇 차례 회의를 개최하여 주요 쟁점을 설정하고 추가적으로 필요하다고 귀결되는 정보를 요청할 수 있다. 외부전문가는 분쟁 조정 절차의 종결일로부터 [ ]일 이내에 결정/판결 사항을 발표해야 한다. 동 분쟁 조정절차는 양 측이 별도로 합의하지 않는 한, 개시일로부터 [ ]일 이내에 종결되어야 한다. 외부전문가의 결정/판결 사항은 관련 문제에 한하여 최종적인 것으로서 양 측은 이를 준수해야 할 의무를 갖는다. 외부전문가 선정과 관련하여 양 측 중 일방은 자신과 어떠한 형태로 유착관계가 있는 전문가를 지명할 수 없다.

④ 기술적, 운영적 문제와 관련된 이견(입장 차이)이나 대금 지급과 관련된 사안들을 제외하고, 분쟁발생일로부터 [ ] 이내에 상기한 절차에도 불구하고 양 당사사간에 합의가 이루어지지 않을 경우 당사자는 상대방 당사자에게 통지하고, ICC 중재를 신청할 수 있다. 중재는 ICC 중재원의 상사중재규칙에 따라 [ ]에서 개최하며 중재결정시 제조건(諸條件)의 해석은 다음 각호를 순차적으로 적용한다.

1. 이 계약에 표현된 용어의 문자상 의미
2. 이 계약의 내용 전체에 비추어 합리적으로 인지되는 당사자의 의도
3. 분쟁발생시점의 관련 법령

⑤ ICC 중재인단은 [3]인으로 하고 양사가 각각 선정한 중재자 [2]인과 동 [2]인의 중재자가 합의하여 선정한 제 3 의 중재자 [1]인으로 구성하며, 2 인의 중재자가 선정된 후 60 일 이내에 제 3 의 중재자 선정에 대한 합의가 이루어지지 아니한 경우에는 당사자는 ICC 중재원에 제 3 항의 중재자 임명을 요청할 수 있다.

⑥ 중재에 대한 비용은 당사자가 각각 부담한다. 다만, 제 3 의 중재자 1 인에 대한 보수와 경비는 중재인단 결정시 정한 방법에 따라 부담한다.

⑦ 중재절차에 사용될 언어는 영어이다.

⑧ 제 4 항에 의한 중재판정은 최종적이고 양사를 기속한다.

⑨ 분쟁발생일로부터 양 사 간의 합의, 재정 또는 중재에 의해 분쟁이 해결될 때까지 이 계약의 해석은 일반 법원칙 및 상관례에 의한다.

16.4 양도

① 당사자는 상대방 당사자의 사전 서면동의 없이 이 계약과 관련한 권리를 타인에게 양도 또는 이전할 수 없다.

② 이 계약에 의한 당사자의 권리 의무는 그 승계인과 양수인에 대하여도 동일한 효력을 갖는다.

③ 계약상대자가 전력요금영수채권을 다음 각호와 같은 목적으로 대주에게 양도담보로 제공하고자 전력구매자에 동의를 요청할 경우 전력구매자는 특별한 사유가 없는 한 이에 동의하여야 한다. 이행절차, 검토기준 및 비용부담 등은 양사가 별도로 합의하여 정한다.

1. 계약발전소의 프로젝트금융을 목적으로 할 경우
2. 신규발전소의 건설자금 조달을 목적으로 할 경우

16.5 권리의 불포기

이 계약서의 다른 조항에서 달리 정하지 않는 한, 전력구매자가 계약상대자에 의한 규정의 엄격한 이행을 요구하지 않는다 하더라도 이것이 추후 동 규정의 이행요구권을 포기한 것이나 금반언이 되지 아니하며, 특정의 경우 권리포기나 금반언이 있다 하더라도 이는 추후 유사한 경우의 권리포기나 금반언으로 간주되지 아니한다.

16.6 계약의 변경

① 양사는 서면합의하여 산업통상자원부장관의 인가를 득함으로써 이 계약을 변경할 수 있다.

② 양사는 사회적·경제적 사정의 변경에 따라 계약내용이 현저하게 부당하여 공공이익에 지장이 된다고 인정되는 경우 등 이 계약을 변경하여야 할 사유가 발생한 경우에 신의성실의 원칙에 입각하여 계약변경을 위한 협의에 응하여야 한다.

16.7 준거법

이 계약의 준거법은 영국법으로 한다.

16.8 부분무효

이 계약의 어떠한 규정이 관할권을 가진 법원에 의하여 시행이 불가능하게 되든가 또는 무효가 될 경우 나머지 규정에는 전혀 영향을 미치지 아니한다. 그러나, 양사는 시행이 불가능하게 되거나 무효가 된 규정이 추구하는 목적을 달성할 수 있도록 새로운 합의에 이르도록 한다.

16.9 공식원본

본 계약은 영어로 2 부를 작성하여 전력구매자와 계약상대자가 각각 1 부씩 보관하며 전부 원본으로 간주한다. 다른 언어로의 번역본이 있는 경우에는 영어 원본이 우선적 효력을 가진다.

16.10 이 계약과 기존합의서 등과의 관계

이 계약의 발효와 동시에 이 계약 체결이전에 양 사 간의 약정 또는 합의한 사항은 그 효력을 상실한다. 이 계약을 증명하기 위하여 이 계약서의 원본 2 통을 작성하고 양사의 대표자가 이에 기명날인한 후 각각 1 통씩 보관한다.

❑ 이 승 교

- 외국변호사(미국 Washington D.C.)로 국내 에너지/인프라 기업의 다양한 실무 경험을 바탕으로 PF 방식의 다양한 해외 IPP 및 PPP 인프라 프로젝트 관련 계약을 자문하고 있음.
- 현재 법무법인(유한) 태평양의 에너지/인프라 팀장으로 Chambers Asia-Pacific, Legal 500, Asia Law 등 법률 관련 전문 매체에서 Leading Lawyer로 선정되었음.

• **자격취득** : 외국변호사(미국 Washington D.C., 2009)

• **학력**
- 중앙대학교 법학과 졸업(1997)
- 미국 Indiana University Maurer School of Law(LL.M., 2009)

• **경력**
- 한국전력공사 법무업무 및 해외계약 담당(1996.12. ~ 2014.4.)
- 법무법인(유한) 태평양(2014.4. ~ 현재)
- 해외사업 심의위원회 외부 심의 위원(한수원/중부/남부/동서발전, 수자원공사) (2015.1. ~ 현재)
- 해외 PF-IPP사업 프로젝트 계약의 이해 저서 출간(2016.2.)
- 동북아 슈퍼그리드 법률/계약 분과 전문위원(2016.5. ~ 현재)
- KDI 예비타당성 조사관련 위원(2016.8. ~ 현재)
- 한국 엔지니어링 협회 강사(해외 PF-IPP사업관련) (2018.3. ~ 현재)

PF를 기반으로 하는 **해외 IPP 사업 및 PPP 인프라 프로젝트 계약의 이해**

제1판1쇄 발행 • 2021년 1월 08일
제1판2쇄 발행 • 2022년 9월 01일
저　　자 • 이 승 교
발 행 인 • 정 성 열
발 행 처 • 도서출판 ONE
주　　소 • 서울특별시 영등포구 선유로3길 10
등　　록 • 제312-2003-000037호
전　　화 • 02-323-8536
팩　　스 • 02-323-8531

저자와의
협의하에
인지생략

ISBN 978-89-6481-425-3

정가 35,000원

- http://one-book.co.kr